Zu diesem Buch

»Gerd-Peter Eigners Roman handelt von immer neuen brennenden Wünschen und Begehren und von immer neuem Scheitern. Seine Helden sind die heutigen Mittvierziger, die während der Studentenbewegung mit Macht dem ›verlockenden Trugbild‹ einer anderen, besseren Gesellschaft nachgingen und heute ihren Mangel an Sein in religiös verbrämter Innerlichkeit kompensieren. Eigner versteht es, die Doppelbödigkeit der Sprache so auszustellen, daß ihre Verdrängungsleistung erkennbar wird. Dadurch entsteht Witz... Mit emphatischen und mäandernden, oft an Thomas Bernhard erinnernden Sätzen evoziert er grelle Bilder aus Sex, Crime und Kitsch...›Brandig‹ ist ein ärgerliches wie vergnügliches, ein so vorder- wie tiefgründiges, auf jeden Fall ein lesenswertes Buch.« (»Die Zeit«)

»Der Leser wird an Grenzerfahrungen teilhaben, die sein Leben verändern könnten, wenn er die erzählerisch entfaltete Dialektik einer leidenschaftlichen Liebe und den schleichenden Wahnsinn auf sich selber und sein Leben überträgt.« (»Frankfurter Rundschau«)

»Ein literarisch sehr anspruchsvolles Verfahren ist das, mit dem Eigner spannende, gute Beschreibungen seines Reißerthemas ›Geschlecht und Gewalt‹ gelingen.« (»Süddeutsche Zeitung«)

Gerd-Peter Eigner (eigtl. Sobczyk), geboren 1942 in Malapane (Oberschlesien), studierte Volkswirtschaft, Soziologie und Pädagogik und war zwei Jahre Lehrer und Jugendfürsorger in Bremen. Er veröffentlichte mehrere, mit verschiedenen Preisen ausgezeichnete Hörspiele; 1978 bekam er für seinen Roman »Golli« das Villa Massimo-Stipendium. Gerd-Peter Eigner lebt in Paris.

Gerd-Peter Eigner

BRANDIG

Roman

rororo
Rowohlt

Veröffentlicht im Rowohlt Taschenbuch Verlag GmbH,
Reinbek bei Hamburg, Juni 1988
Mit freundlicher Genehmigung
des Carl Hanser Verlag, München/Wien

Umschlaggestaltung Jürgen Kaffer
(Foto von Robert Longo aus dem Band
»Men in the Cities«. Mit freundlicher Genehmigung
von Metro Pictures, New York)
Gesamtherstellung Clausen & Bosse, Leck
Printed in Germany
1280-ISBN 3 499 15976 7

Erster Teil

I

Der Fehler hatte bei mir gelegen.

Ich hatte nach meinem Spaziergang im Bürgerpark einsteigen wollen und sie war ausgestiegen. Wir waren aufeinandergeprallt. Ich hatte eine Entschuldigung fallenlassen, hatte mich an der Frau vorbeigedrängt und meinen Fuß aufs Trittbrett gehoben. Da war die Tür vor meiner Nase zugeklappt.

Es kommt mir vor, als geschähe es in diesem Augenblick, jetzt.

Ich drehe mich nach der Frau um. Sie lächelt. Ich haste nach vorn zur Einstiegstür. Der Fahrer macht eine ungeduldige Bemerkung, als ich das Lächeln, das ich hinter mir gelassen habe, wiedererkenne. Ich winke ab. Der Fahrer drückt auf einen Knopf. Vor mir schließt sich die Einstiegstür. Ich blicke zur Seite. Die Frau steht noch immer an der Stelle vor der Ausstiegstür, wo ich auf sie geprallt bin. Die Bahn fährt ab.

Ich weiß, daß wir uns nur ein einziges Mal begegnet sind; ich weiß weder wo noch wie noch mit wem. Ich bin aber sicher, daß sie in Begleitung gewesen ist. Sie streckt mir die Hand entgegen.

»Sie waren einer der ersten«, sagt sie, »mit denen ich in diesem Lande etwas habe anfangen können.«

»Ja, ich erinnere mich«, sage ich. Ich erinnere mich ja tatsächlich. An dieses Lächeln – und daran, daß sie in Begleitung gewesen ist.

»Was macht Paul?«

»Paul?« frage ich.

»Paul Brandig, mit dem ich Sie dort draußen auf dem Land besucht habe.«

Daran erinnere ich mich nicht.

»Was macht Ihre Frau?«

Sie läßt mich gar nicht zur Besinnung kommen.

»Was macht die Landwirtschaft?«

Also muß sie mich besucht haben, als ich schon zu Trude hinausgezogen war.

»Darf ich mich revanchieren?« sagt die Frau.

Sie hakt sich bei mir ein.

»Bevor wir hier zusammen erfrieren«, fügt sie hinzu.

Sie weist mit der freien Hand in die Richtung, aus der ich komme. Verpasse ich die nächste Straßenbahn, verpasse ich Trude. Das wäre das erste Mal.

Die Frau geht mit kleinen festen, gleichsam Gleichschritt verspottenden Schritten, zu denen mir kein ausgeglichenes Ausschreiten gelingen will, neben mir her. Nach vielleicht sechzig Schritten von mir, die entsprechen mögen hundert von ihr, macht sie einen Seitenschritt direkt in meinen Schritt herein, so daß ich in sie hineinstolpere. Ich sage:

»Tut mir leid.«

Sie sagt:

»Macht nichts.«

Jetzt erst zieht sie ihre Hand aus meiner Armbeuge. Sie stößt ein gußeisernes Gartentürchen auf, das, als ich folge, unter einer verborgenen Federspannung heftig zurückpendelt gegen meinen Unterleib. Reflexartig krümme ich mich. Hab aber nichts abgekriegt.

Die Frau dreht sich um und sagt:

»Oh.«

Dann steigt sie die Außentreppe zum Hochparterre hoch. Ich folge. Sie trägt einen etwas zu üppigen, offenbar gefütterten, hellblauen Anorak. Sie verschwindet fast gänzlich darin. Die Jeans sind ein bißchen zu kurz abgeschnitten. Die Ausfransung ist zu unregelmäßig, als daß das Nachlässige an ihr Absicht sein könnte. Sie steigt die Stufen hoch wie über Waldboden, immer mit einem winzigen Zögern. Als könnte sie in jeder folgenden Stufe versinken. Sie öffnet die Haustür, tritt ein in den Vorflur. Sie blickt jeweils durch den Einblickschlitz wie den anzuhebenden Einwurfschlitz aller Briefkästen, die an der Wand hängen.

»Niemand läßt von sich hören«, sagt sie.

Dann schließt sie eine Zwischentür auf. Ich folge. Sie steigt wieder vor mir die Treppe hoch. Ich blicke an ihr vorbei auf den schlaglichtartig sich vervielfältigenden Glanz der Messingstangen, die den dicken roten Läufer straffen. Auf dem weichen Velourimitat wirken ihre Schritte entschiedener als auf Stein. Die Treppe ist wie ein Schacht begrenzt von dunklen rauhfasertapezierten Wänden, die sich rauh anfühlen rechts und links unter den Fingerkuppen meiner Hände. Über uns ein kleines bläuliches Lämpchen wie das ewige Licht in einem sakralen Versteck. Die Treppe ist sehr steil. Ich nehme einen intensiven Geruch wahr. Einen Geruch, der mich an Yoghurt erinnert. Oder an Tiere in einem zoologischen Garten. Jedenfalls an eine Säuerlichkeit zwischen Schimmel und Schweiß.

Ich schließe für Sekunden die Augen.

Im ersten Obergeschoß schließt die Frau eine von drei Türen auf. Ich trete in einen dämmrigen Raum. Sie dreht sich zu mir um.

»Nun, wo Sie schon mal oben sind«, sagt sie.

»Was?« frage ich.

Sie faßt mir von der Seite an den Kragen, unter dem ich wegtauche. Sie wirft meinen Mantel auf ein breites, die Mitte des Raumes einnehmendes Bett. Dann zupft sie an den wollenen Gelenkbündchen ihres Anoraks und wirft ihn zu meinem Mantel. Mein alter englischer Gabardineraglan mit dem deutlichen Grünstich – übrigens ein Geschenk von Trude, die ja nicht meine Frau, jedenfalls nicht meine Ehefrau ist – wirkt unter dem sportlichen Himmelblau seltsam blaß.

»Bitte«, sagt die Fremde und deutet mit einem mich einweisenden, wenn nicht gar Beweis führenden Blick auf ein Porträtphoto von Paul, das an die schmale Tür eines hohen schwarzen Schranks geklebt oder geheftet ist, und stellt sich, die Hände auf der Lehne, hinter einen Stuhl, auf den mich zu setzen ich schon nicht mehr umhin kann.

Endlos lange schweigend bleibt sie hinter mir stehen.

2

Eliada Jeanne Carla Guinetti. Eliada. Die unendliche Ferne, die eine Woche ausmacht. Ich habe das Licht in meinem Zimmer gelöscht und starre in das vollkommene Dunkel des Moors. Ich habe mir Mühe gegeben mit ihr, wie ich mir noch niemals mit jemandem Mühe gegeben habe.

Der Tisch, an dem wir gesessen hatten, war rund und stand in einem Erkervorbau, von dessen beiden äußeren Fensterflügeln die Straße in beide Richtungen einsehbar war. Ich saß zum Park hin, von wo ich gekommen war, sie zu der Querstraße mit der Straßenbahnlinie hin, von wo wir gemeinsam gekommen waren. Ich war auf dem Weg vom Park zur Haltestelle schon bei ihr vorbeigekommen.

»Wenn er mir damals geglaubt hätte, daß es mir ernst ist«, sagte sie, »brauchten Sie ihn heute mit Sicherheit nicht zu suchen.«

»Ich suche ihn nicht«, erwiderte ich.

»Sie sind ja geradezu wie ein Besessener hinter ihm her.«

Ich verabscheue Höflichkeit in dem Maße, wie ich aufrichtiges Mißtrauen bewundere; zu meinem Leidwesen jedoch verleihe ich, wenns wirklich drauf ankommt, meiner Einstellung zu beiden immer nur im umgekehrten Verhältnis Ausdruck.

»Er war mein Freund«, sagte ich, »mein Freund und mein Teilhaber.«

»Teilhaber«, sagte sie und senkte das Kinn auf die Brust, so daß ihr das Haar wie ein Vorhang vors Gesicht fiel. Ich vernahm ein unterdrücktes Lachen, das einem Schluckauf nicht unähnlich war.

»Teilhaber«, wiederholte sie hinter dem Vorhang, »Teilhaber ist gut.« Ruckartig kam sie mit dem Kopf wieder hoch.

»Sie liebten sie«, sagte sie.

Sie strich sich mit den Fingerspitzen das Haar aus der Stirn.

»Wen?« fragte ich.

»Elisabeth!«

Jetzt, da ich den Namen Eliadas immer wieder in der Dunkelheit vor mich hinbete, weiß ich, warum sie Elisabeths Namen aussprach mit einem Anflug von Mitgefühl und Achtung. Elisabeth und Eliada, mein Gott.

»Aber Paul wußte von nichts«, sagte ich.

»Pech«, sagte sie – und ihre Stimme nahm plötzlich einen helleren Ton an, »wenn einem die innigsten Wünsche hinter dem Rücken in Erfüllung gehen.«

Es entstand eine kleine Pause. Sie strich sich noch immer mit den Fingerspitzen über die längst freie Stirn.

»Und schade auch«, fuhr sie fort, »daß Paul es nicht übers Herz gebracht hat, meinen Mann kaltzustellen.«

Ich glaubte einen Augenblick lang, ich habe mich verhört.

»Was meinen Sie mit kaltstellen?«

»Umbringen«, sagte die Frau.

Mir stockte das Herz.

»Ich hatte schon alles genauestens ausgearbeitet, er hätte nur noch das Seil, ein Stahlseil besorgen und anbringen müssen zwischen den Bäumen. Ich habe ihm die Stelle gezeigt.«

Mein Herz raste, glaube ich.

Die Frau aber mir gegenüber, sie lächelte. Sie lächelte mit der dem mittleren Erkerfenster zugewandten Seite ihres Gesichts. Ein feiner dunkler Strich stand senkrecht neben dem Mundwinkel auf ihrer Wange. Der fiel mir zum ersten Mal auf. Ich blickte weg von der

Frau. Ich blickte hinaus aus dem Fenster, hinaus auf die alten Stuckfassaden der Bürgerhäuser, auf die gefälligen Simse und Kolonnen, die Balkone und die sie schwungvoll in die Luft stemmenden Karyatiden, die in duftig pastellenen Farbabstufungen von dem tiefgrün, kastanienbraun, preußischblau und brandocker gestrichenen glatten Gemäuer abgesetzt waren.

»Entweder«, vernahm ich, »er würde eine – wie sagt man da? – tiefjährige Freiheitsstrafe –«

»Langjährige«, murmelte ich.

»– eine langjährige Freiheitsstrafe verbüßen, und ich selbst mit aller Wahrscheinlichkeit auch, oder er säße hier zwischen Ihnen und mir.«

Sie machte wieder eine kleine Pause, aber ich sah weiter hinaus aus dem Fenster.

»Oder er säße zwar neben mir, aber sicher nicht hier. Er hat hier ebenso wenig verloren wie ich.«

Aus dem Augenwinkel sah ich, wie sie die Hand von der Stirn fallen ließ.

»Wer hat schon«, sagte ich ein wenig zerstreut, »dort, wo er ist, etwas verloren.«

Wie erleichtert sah sie mich an. Unmerklich war es heller geworden in dem geräumigen Zimmer. Jetzt fiel ihr die Sonne, die über dem Dach des gegenüberliegenden Hauses aus dem weißen Winterhimmel gebrochen war, direkt ins Gesicht. Sie hielt den Kopf, als merkte sie auf, schräg in die Wärme. Sie schien zu lauschen. Der dunkle Strich war von ihrer Wange verschwunden. Allerdings lächelte sie auch nicht mehr. Es sah aus, als widmete sie der Sonne auf ihrem Gesicht die Aufmerksamkeit einer persönlichen Begegnung. Die Schläfen, sah ich, waren von feinem Flaum bedeckt und in ständiger Bewegung. Die Wintersonne hier oben im Norden ist von außerordentlicher Kraft. Man sieht alles, worauf sie fällt, wie unter einem Vergrößerungsglas.

Abgesehen von der breiten flächigen Stirn und der geraden Nase war das ganze Gesicht der Frau von Flaum bedeckt. Von den Schläfen zur Oberlippe, vom Kinn über die Wangen zum Hals. Zarter, matt glänzender Flaum. Diese Frau ist von großer Schönheit.

Wenn man ihr in die Augen sieht, kann man keinen klaren Gedanken mehr fassen. Jedenfalls erging es mir so. Ich begann mich für sie zu interessieren wie für die tausend und abertausend Variationen des Lichteinfalls in gemeinhin für eintönig gehaltener Landschaft. Ich weiß, wovon ich spreche.

Die Augen dieser Frau sind wasserblau. Sie werden blaßblau, wenn sie einen beim Sprechen anschauen. Schauen sie durch einen hindurch, werden sie türkis und sehen aus, als erblickten sie etwas, dessen sie zuvor nie ansichtig geworden sind.

Die Frau hat rostbraunes, rötlich schimmerndes Haar, das ihr lang und glatt von einem Mittelscheitel über die Schultern fällt.

Ihr Körper erinnerte mich an den einer jungen Bäuerin; so, wie sie mir gelegentlich bei meinen morgendlichen Gängen begegnet am Rande des Moors. Sie auf einem Traktor, mit dem sie ein regennasses Kartoffelfeld pflügt. Kräftig und breitbeinig saß sie da vor mir auf der Kante des schmalen Stuhls, die Hände auf den Rand des runden Tischchens gestemmt wie auf ein Lenkrad. Sie ist gedrungen und klein. Sie hat etwas kurze Beine. Die Jeans, die sie trägt, sitzen sehr eng. Unter den feinen Maschen des anthrazitgrau glänzenden Pullovers, der zu den Achseln hin schwarz wird und stumpf, nimmt man die harten Schalen eines zu klein angepaßten Büstenhalters wahr.

Sie ist von großer Schönheit. Von jener Schönheit, die man Menschen wünscht, vor denen man sich nicht fürchtet. Sie ist jedoch nicht unnahbar. Denn das Gesicht müht sich ebenso wenig ab mit dem Körper wie der Körper mit dem Gesicht; wo sich doch bei vertrauter Schönheit immer das eine sehr schwer tut mit dem anderen. Die Gedrängtheit dieses Körpers hier erscheint wie eine Geborgenheit – eine Geborgenheit allerdings, die ihre Entsprechung und Spannung, einen Ausdruck und eine Öffnung also, findet in der verwilderten, fast Fell gewordenen Ebenmäßigkeit des Gesichts. Diese Frau entspricht keinem Ideal. Ihre Schönheit ist ohne Beispiel. Sie als Einheit – als Einheit von Gesicht und Körper – erfassend, schien es mir, als widerspräche sie, ohne es selbst zu ahnen, auf das heftigste der von den Wunderwünschen aller Menschen erzauberten Vollkommenheit mit der weitgespanntesten, sich selbst denn auch am meisten gefährdenden Einzigartigkeit, die ich je an einem Menschen wahrgenommen habe. Und sieht man ihr dann vor Bestürzung in die Augen, kann man keinen klaren Gedanken mehr fassen.

Ich nahm diesen Körper wahr und zugleich dies Gesicht. Ich sah der Frau in die Augen und ließ beiläufig meinen Blick abschweifen auf die Häuser und Vorgärten uns gegenüber. Dann folgte ich, meinen Kopf wendend, unwillkürlich dem ihren. Gemeinsam blickten wir in dieselbe Richtung. Durch das seitliche Erkerfenster. Und vernahmen das Geräusch einer vorbeifahrenden Straßenbahn, die unmittelbar darauf plötzlich – und wie nur für uns ein wenig verzögert – als Bild eines in die Luft geworfenen Puzzlespiels im blattlosen Geäst eines Vorgartenbäumchens erschien und verschwand.

Es herrschte Stille. Und es fiel kein Wort.

Die Frau schien in sich versunken.

Während ich nun den Kopf, mit geflissentlichen Verrenkungen Interesse an Möblierung und Innenarchitektur des Raumes vortäuschend, wieder ihr zukehrte, erschien mir die nachmittägliche Dämmerung, die uns umgab, tief violett. Die Sonne auf der Stirn der mir gegenüber Sitzenden änderte nichts daran. Die helle Stirn hob sich von einem violetten Hintergrund ab. Vor ihr aber stieg der Rauch einer Zigarette auf, die von gehobener Hand zwischen Zeige- und Mittelfinger gehalten wurde wie von einer Nichtraucherin.

Ja, und dann dieser Mund! Der Mund der Frau war leicht geöffnet. Der Mund einer in sich versunkenen Frau, einer in violetten Schimmer gesunkenen Frau. Ich sah deutlich die Zungenspitze zwischen ihren Zähnen. Selbst die Zungenspitze zwischen sehr weißen ebenmäßigen Zähnen hatte einen violetten Schimmer. Wie die Luftblase in einer Wasserwaage strich diese violette Zungenspitze in kipplig zögerlicher Sanftheit von einem Mundwinkel zum anderen; von mir aus gesehen vom linken zum rechten, neben dem wieder einmal der dunkle senkrechte Strich auf der Wange erschienen und sofort wieder verschwunden war. Als hätte sie dies Fältchen jetzt einfach so mit weggeleckt. Das hübsche harte Fältchen. Wie gegen die Einfalt.

Ich senkte den Blick. Ich war am Ende der schonungslosen Versunkenheit dieser Frau nicht mehr gewachsen.

»Verzeihen Sie«, drang es nach einer Weile jedoch geradezu einschmeichelnd an mein Ohr, »Sie werden verzeihen.«

Ich blickte auf. Wahrscheinlich räusperte ich mich.

»Es tut mir leid«, sagte die Frau, »ich war in Gedanken.«

Ja, wahrhaftig – und nicht nur sie!

Im übrigen rauchte sie gar nicht. Sie hielt die Zigarette, die schon über die Hälfte zu Asche verqualmt war, senkrecht in die Luft. Mit der freien Hand zupfte sie am Vorderteil ihres Pullovers herum. Der Büstenhalter darunter schien sie zu stören. Sie streckte sich auf der

Kante ihres Stuhls und machte ein Hohlkreuz. Sie schob die Schultern vor. Sie kreuzte die Arme. Asche fiel auf das gestickte Deckchen in der Mitte des Tisches. Sie rollte die Schultern wie – ja, wie ein sich auf eine schwierige Übung vorbereitender junger Athlet. Sie machte einen Buckel. Ohne hinzusehen drückte sie die Zigarette aus in einem über die Tischkante ragenden Preßglasaschenbecher, der in der Sonne glänzte wie Kristall. Sie drückte mit nach oben gekehrten Armbeugen die Arme zusammen, als wollte sie ihren Busen verbergen. Ja, so kam es mir vor: als wollte sie mit diesen kraftvollen, fast männlichen Bewegungen ihren ohnehin schon von dem zu klein angepaßten Büstenhalter zusammengepreßten Busen gänzlich in sich hineinpressen. In den Körper hineinarbeiten. Denn es waren sichtlich keine Lockerungsübungen mehr, die sie da machte. Sie blickte starr geradeaus. Sie blickte starr an die Wand neben der Küchentür. Sie blickte, erkannte ich schließlich, als ich ihrem Blick folgte, in einen Spiegel. Genaugenommen handelte es sich um eine Scherbe. Ein Riesenbruchstück von einem Spiegel, das mit Nägeln unterschiedlicher Länge und Stärke an der fleckigen Tapetenwand angebracht war. Die Nagelköpfe, die die Bruchkanten der Scherbe hielten, verdoppelten sich im Spiegelglas. Von meinem Platz aus sah ich in der Scherbe das an den schwarzen Schrank zu meiner Linken geheftete oder geklebte Porträt von Paul Brandig.

Ich blickte zurück zu der Frau. Beim Wenden des Kopfes nahm ich wahr, woher das den Raum beherrschende Violett rührte. Die untergehende Sonne streifte gerade das Kopfende des großen Bettes. Es war mir vorher entgangen, daß der genoppte Überwurf, auf den die Frau meinen alten unauffälligen Mantel mit ihrem himmelblauen Anorak – den Anorak auf meinen Mantel drauf! – geworfen hatte, ein tief violetter Überwurf war.

Die Zigarette im Aschenbecher war nicht erloschen. Sie qualmte in dünnen Schlieren weiter zur Decke. Dahinter flackerte das Gesicht der Frau im schwindenden Licht.

Ihr Körper aber war zur Ruhe gekommen. Trotzdem blieb noch eine unerfindliche Bereitschaft in ihm.

Der Oberkörper war eingesunken, schlaff und ermüdet wie nach einer übermenschlichen Leistung. Unterhalb der Taille aber wirkte die Frau auf das höchste gespannt. Fest die Hüften, die Oberschenkel, der Bauch. Wie sprungbereit saß sie auf der Kante des Stuhls. Eigentlich saß sie gar nicht. Sie schien zu sitzen. In Wirklichkeit schwebte sie. Sie schwebte mit ihrem festen untersetzten Unterkörper über einem kleinen schmalen Stuhl. Eine Frau, die, immer noch in den Spiegel starrend, nun mit beiden Händen ihr langes Haar aus der Stirn über die Ohren strich. Die Hände ließ sie auf den Ohren liegen.

Nein, sie ließ sie nicht liegen. Sie preßte, sich selbst im Spiegel anstarrend, die Hände auf ihre Ohren. Als wollte sie die Ohren vor etwas verschließen. Als könnte sie die Stille, die sie selbst mit herbeigeführt hatte, nicht ertragen.

Das war auch schwer erträglich für mich.

Also sagte ich so behutsam wie nur irgend möglich diesen einen Satz, nichts als den Satz.

»Ich möchte«, sagte ich, »Sie was fragen.«

Worauf sie aufsprang von ihrem Stuhl, mit herzzerreißender Stimme

»Nein!«

schrie, mich mit weit aufgerissenen Augen anstarrte und unmittelbar darauf wie geistesabwesend hinzufügte:

»Was haben Sie gesagt?«

3

Daß eine Frau, der ich gesagt habe, daß ich sie etwas fragen möchte, aufspringt von ihrem Stuhl, mit herzzerreißender Stimme

»Nein!«

schreit, mich mit weit aufgerissenen Augen anstarrt und unmittelbar darauf wie geistesabwesend hinzufügt:

»Was haben Sie gesagt?«

um sich mit energischem Schulterschwung abzuwenden, in die Küche zu stürzen, hinter der Küchentür zu verschwinden, mich so sitzen zu lassen, wie ich da sitze, mich warten, das Pfeifen eines Teekessels abwarten zu lassen, um mit dem Teekessel wieder hervorzutreten hinter der Tür, auf einer Küchenanrichte kochendes Wasser in eine Kanne zu schütten, den Teekessel zurückzutragen hinter die Tür, mit der von der Anrichte gehobenen Kanne in der Hand durch den Türrahmen auf mich zuzutreten, Tee durch ein zierliches Schwenksieb, in dem sich die schwarzen Blätter fangen, in eine zweite schon auf dem Tisch stehende Kanne zu schütten, die leere dann aber zurückzutragen in die Küche, wiederzukehren und vor meinen Augen mit einem Streichholz das Wachslicht in einem friesischen Stövchen aus durchbrochenem Messingblech zu entzünden, mich dabei lange eindringlich anzuschauen, das brennende Streichholz aber weiter zwischen Daumen und Zeigefinger zu halten, plötzlich dann die Hand hoch in die Luft zu reißen, das Streichholz also fallen zu lassen, um die herabsinkende Hand so im Herabsinken anzupusten, als pustete sie eine Flamme zwischen Daumen und Zeigefinger aus, und schließlich die volle Teekanne, auf den sie noch einen kleinen Deckel gesetzt hat, gedankenversunken *neben* das Stövchen auf den Tisch zu stellen,

so daß ich, von der unerträglichen Dauer der Wahrnehmung geschwächt und schon im Glauben, alles sei so, wie ich es wahrgenommen habe, ganz außer mir und insofern auch in der allerbesten Ordnung der Dinge,

so daß ich nahe daran bin zu weinen:

das – so etwas – vergißt man nicht.

4

Durch mein Moor streifend, den asphaltierten Wegen ausweichend, vergegenwärtige ich mir im Licht der winterlichen Tageszeiten, wie ein Kind namens Eliada Jeanne Carla Guinetti sich, da es an jenem Morgen die Schule geschwänzt hatte und vor den Geschwistern nach Hause gekommen war, verpflichtet fühlte, die Mutter in den Gemeinschaftsabtritt zwischen der Waschküche und den dunklen Kellerverschlägen zu kippen. Es will mir scheinen, als sei sogar die Wendung *ohne viel Federlesens* gefallen – in meiner Muttersprache.

Eindringend in das verhangene Land, mit jedem Schritt feine Eisschichten durchbrechend und in den schweren feuchten Boden einsinkend, bewege ich mich fort in Gegenden der Welt und des Herzens, derer ich in meinem bisherigen Leben – einem Leben des unbeirrbaren Wartens und Wägens, des Sammelns und Sonderns – nie ansichtig wurde.

»Kennen Sie Montevideo?« hatte mir die erwachsene Eliada Jeanne Carla Guinetti über die Flamme des Teestövchens hinweg zugeraunt. Ich hatte den Kopf geschüttelt und auf meine Handknöchel geblickt.

Es sei das dritte Mal gewesen, daß die Mutter den Versuch unternommen habe, sich umzubringen.

Einmal sei sie aus für zerbrechliche Körper eigentlich ausreichender Höhe in sperriges Gestrüpp gefallen. Ein anderes Mal habe sie sich, bevor die Tabletten ihre volle Wirkung hatten entfalten können, über der gelähmten Körperhälfte ihres Mannes übergeben. Jedesmal sei das Kind Zeuge gewesen. (Die Erwachsene sprach von sich als Kind wie von einer Schutzbefohlenen, die zugleich als Leumundszeuge auftrat zugunsten der Erwachsenen.) Vom regelmäßigen Verschwinden der Mutter ganz zu schweigen – oder vielmehr: von deren unausbleiblicher Heimkehr. Irgendwann, nach ein paar Tagen, selten nach mehr als einer Woche, habe man sie ja immer wieder zurückgebracht. Der Transport sei eine öffentliche Aufgabe, in die sich Rot-Kreuz-Ambulanz und Stadtpolizei, darin einander so ziemlich die Waage haltend, teilten; und zwar, vernahm ich, genau wie jene allenthalben zu Diensten stehenden Hände, deren eine von den Bemühungen oder – wenn ich dem treffenderen Ausdruck eine Chance einräumen wolle: von den Manipulationen der anderen nichts wisse. Der zerbrechliche Körper sei jedenfalls meist in leidlichem *(leidlichem!)* Zustand ausgeliefert (ja, es hieß: *ausgeliefert!*) worden. Was sich jedoch mit ihm im Hause abgespielt habe, ginge die Öffentlichkeit nichts an. So hatte die Mutter selbst es verfügt.

Zwar habe das Kind, schlug es mir mit einem kleinen, verschwörerisch sanften Stolz gegen das Ohr, nicht selten die Schule geschwänzt. An jenem Morgen aber habe sich eher die Schule dem Kind als das Kind sich der Schule entzogen. Denn diesmal habe die knapp Zehnjährige sich nicht wie üblich auf Umwegen in die Schule geschlichen, um sich mit einiger Verspätung und unter dem neidisch-abfälligen Gekicher der Mitschülerinnen in ihre Bank zu schlagen. Diesmal sei sie nach dem völlig überraschenden Kuß der Mutter losgerannt, ja, sei geradezu geflogen, so daß sie sich, weit vor der Zeit, außer Atem und wirklich mutterseelenallein vor dem verschlossenen Tor der mächtigen Bildungsanstalt anlangend, habe fragen müssen, was es denn sei, das sie dermaßen trieb. Da habe sich dann fast auf Anhieb – nein, kein Bangen, keine Furcht –, auf Anhieb der Verdacht eingestellt. Den habe sie aber nun nicht einfach fliehen können. Sie habe sich nicht einmal flüchten können in ihre Schulbank (welch Widersinn! sagte die Erwachsene), in die stumpfe Vertrautheit von Büchern und Heften, in denen man nur widerwillig liest. Das Tor sei verriegelt gewesen, noch zu. Warten jedoch sei ihr schon damals wie blanker Hohn auf jede Rettung erschienen. Alles andere als erleichtert, geschweige denn trotzig-munter oder gar triumphierend wie sonst, sei sie also durch die Straßen geschlendert mit der alten ledernen Aktentasche des Vaters in der Hand. (Die Tasche sei übrigens viel zu groß gewesen und habe auf dem Boden geschleift!) Es habe sie aber auch nicht wie sonst zum Meer gezogen, von wo aus sie ja immer am wenigsten den Weg gefunden habe zur Schule. Sie habe sich herumgetrieben, herumtreiben lassen.

Zunächst sei sie geradewegs ins Geschäfts- und Bankenviertel geraten. Sie sei eingetaucht in den Fluß der Menschenmassen und wieder aufgetaucht aus dem Fluß der Menschenmassen, indem sie innegehalten habe. Sie habe sich alles angeschaut. Sie habe die Auslagen der Modegeschäfte und Juwelierläden betrachtet. Sie habe in Pelzhandlungen und Phono-Music-Shops, in Schuh-Boutiquen, Reiseagenturen, Konfiserien und Wettbüros geblickt, ohne von all dem Glanz und all der Schönheit wirklich etwas wahrzunehmen. Sie habe sich weitergeschoben, die Hauswände entlang, und sei mitten hindurch zwischen Stühlen, Tischen, Gläsern und Menschen gewandert, die ihr den Weg versperrten in den Straßencafés. Es sei wie im Traum gewesen. Grellste Sonne habe mit den kühlsten Schatten gewechselt. Sie sei sogar an der erhabenen, einer Kirche ähnelnden Fassade des Bankgebäudes vorbeigekommen, in dem ihr Vater bis zu seiner Erkrankung gearbeitet hatte. Schließlich sei sie abgedriftet in den Park und habe sich die nackte Schulter an Brunnen und steinernen Denkmälern gewetzt. Dort habe sie sich mehr oder weniger im Kreise bewegt. Bis sie wieder herausgefunden habe aus den weitläufigen Anlagen, heraus aus der Ansammlung von Kinderwagen, Fontänen und weiß behandschuhten Frauen. Da aber sei sie unversehens in Gegenden geraten, die sie sonst mehr noch mied als die Parks. Die Bezirke der Stille. Die Territorien der Betörung, wo die Düfte intensiver und die Klänge eines Klaviers oder einer Flöte hörbarer seien als anderswo. Wo die mit Maschinengewehren behängten Wachen stünden vor schmiedeeisernen Toren und ruhig entlangschritten die Hibiscus- und Bougainvilleagärten der Reichen. Dort habe sie unter den Blicken der Wachen angefangen zu tanzen. Sie habe die Augen geschlossen, den eigenen Sprüngen im Kies und den Vögeln gelauscht und die Düfte der Magnolienbäume eingesogen. Und sie sei gestürzt. Sie habe sich ohne fremde Hilfe wieder erhoben. Habe die Augen geöffnet und, da ja alles nicht half, kehrtgemacht. Auf dem schnellsten Wege sei sie zurückgeeilt in die Mietskaserne nach Haus. Die Schule habe sich ihr entzogen, sagte die erwachsene Eliada Jeanne Carla Guinetti, so wie die Freiheit. Und der Verdacht habe sich bestätigt. Diesmal hatte es die Mutter mit dem Rasiermesser des Vaters gemacht.

Das Kind Eliada Jeanne Carla Guinetti aber war zunächst die Stufen und Treppen hinaufgestürmt auf das Wäschetrockendach des Hauses. Es hatte sich nach allen vier Himmelsrichtungen die Brüstung hochgezogen und hinuntergespäht, um zu erkunden, ob unten Anzeichen eines Sturzes auszumachen wären. Es war nichts Auffälliges zu erkennen gewesen. Das Kind war die Hälfte der Treppen und Stufen wieder hinuntergestürmt, hatte, da ihr Wohnungsschlüssel in der wegen der Klimmzüge auf dem Dach abgestellten Aktentasche zwischen Heften und Büchern steckte, vergeblich mit den Fäusten gegen die Tür getrommelt, war abermals und schon fast atemlos nach oben gestürmt und wieder zurück, bis sie die Tür aufriß und den Vater sah, der wie gewöhnlich, seinen Stock besabbernd, im Lehnstuhl am Fenster saß und blöd grinste. Die Sonne fiel ihm (ich erinnere mich an jedes Wort) auf die schöne faltenlose Stirn. Nur auf der Wange hatte er eine kleine verkrustete Wunde. Normalerweise verletzte die Mutter den Vater nicht beim Rasieren. Das Kind hastete wieder hinaus aus der Wohnung, nahm im Sprung immer mehrere Stufen auf einmal nach unten, lief hinaus aus dem Haus und mehrmals in beide Richtungen herum um das Haus und machte ganz zapplig-spastische Hüpfer, die den im Schatten der Wellblechanbauten sitzenden und Karten spielenden Männern Kinderspiel vortäuschen und somit ausschließen sollten jede Teilung seines schweren Verdachts. Aber auch da nichts. Ein weiteres Mal ging es nach oben, hinein in die Wohnung, wo das Kind die Tür zum Zimmer mit den Matratzen der Kinder aufriß. Nichts. Es schlug den Vorhang zur Dusche neben dem Toilettenbecken zurück. Nichts. Warf einen Blick in die winzige Ecke der Küche, wo der Wasserhahn lief. Beiläufig, wie die rechte Hand der Mutter, drehte sie ihn zu. Und drehte sich grübelnd um die eigene Achse, verharrte. Es blieb am Ende nur ein einziger Ort. Der Ort, den das Kind fürchtete. Die Bretterverschläge des Kellers, hinter die es nächtens die Ärmsten zu den Tieren verschlägt.

Eliada Jeanne Carla Guinetti, keine zehn Jahre alt, fand ihre Mutter hinter einem Bretterverschlag im Keller. Im Dämmerlicht erkannte sie die Hülle. Wie ein mit dem Kreuz zu Boden gelegter Leichnam Christi sah der weiße, eingefallene Leib der Mutter aus. In den Ecken gackerten leise die Hühner. Selbst der Truthahn, der Unzüchtigen im Keller die Augen aushackt, hatte sich in den äußersten schwarzen Winkel verkrochen. Hier lag etwas anderes vor. Die Mutter hatte sich vorsorglich einen Zwiebelsack unter die Schultern gezogen; wegen des Gefälles, damit es richtig abfließt, das Blut. So hingen die Arme schräg in die Schüsseln. Der Körper war schon völlig ausgelaufen. Es hing eben nur noch diese schlaffe weiße Hülle wie ein Laken über dem Sack. Der Kopf war in den Nacken gefallen. Der Mund stand offen. Das blonde, volle, zu einem Zopf geflochtene Haar fiel zu Boden und wand sich wie eine Schlange, nach der die dummen, mit dem Eintritt des Kindes mutig gewordenen Hühner zu picken begannen. Da lief das Kind in größter Verwirrung hinaus aus dem Keller und hinaus aus dem Haus an die Sonne. Es schrie. Männer und Frauen liefen zusammen. Die Frauen nahmen das Kind an die Hand, in den Arm. Und es schrie. Ein Mann hob das Kind vom Boden in die Höhe der Erwachsenen. Es schrie. Niemand verstand, was es schrie. Erst als der Mann es wieder auf den Boden setzte, es losließ und niemand mehr wagte es zu berühren, sagte es deutlich und klar: Die Mutter *ist* tot, sie *ist* hinter den Verschlägen im Keller, dort, ganz hinten im Dunkel, wo der Truthahn *ist* und nie einer schläft.

Eliada Jeanne Carla Guinetti blieb in der Sonne stehen. Niemand kümmerte sich um sie. Sie weiß heute nicht, wie lange sie damals in der Sonne gestanden hat. An jenem Tag habe übrigens ihr bis dahin pechschwarzes Haar, das so pechschwarz gewesen war wie das Haar ihres Vaters, angefangen, hell und heller zu werden. So blond wie das ihrer Mutter aber sei es bis heute noch nicht.

Sie trugen die Mutter, nein: die federleichte *(federleichte!)* Hülle, nichts als weiße Haut mit Knochen darin, an dem Kind vorbei aus dem Haus und es schleifte der schwere Zopf hinter ihr her. Genau genommen haben sie den Zopf, am Leib der Mutter packend, aus dem Haus gezogen. Sie haben die Hülle nicht niedergelegt bis zum Eintreffen der Ambulanz. Als alle aber auf das umständlichste damit beschäftigt waren, die Hülle auf eine Bahre zu legen und festzuschnallen, damit sie nicht heruntergezogen werden konnte von dem Gewicht des Haars, ist das Kind zurück in das Haus gelaufen und in den Keller gestürzt. Dort fand es die Mutter unberührt vor; so wie sie aus ihrer Haut und Hülle herausgelaufen war, fand sie das Kind in den zwei bis zum Rande gefüllten Schüsseln.

Es schleppte sich schwer ab damit bis zu dem Abtrittsloch, in das hinein nachts immer die Obdachlosen und tagsüber die Wäsche waschenden Frauen und die spielenden Kinder ihre Notdurft verrichteten. Es kippte den Inhalt einer jeden Schüssel dort hinein, um den jüngeren Geschwistern den Anblick der Mutter zu ersparen. Das Kind hatte die erste wirkliche Leistung in seinem Leben vollbracht. Auch wenn, da es ihm an Körperkräften noch mangelte, beim Anheben der Schüsseln jedesmal ein wenig verschüttet worden war.

So versteckte es sich denn auch in dem großen Waschkessel in der Waschküche. Es zog sich den schweren Deckel über den Kopf. Durch einen Schlitz zwischen Kesselrand und Deckel konnte es die Außenwelt gut überblicken. Aber die ließ auf sich warten. Nacken und Kniekehlen begannen schon zu schmerzen. Da stoben die Hühner plötzlich auseinander und der alte Truthahn trat aus dem dunklen Hintergrund hervor. Er war ganz aufgeplustert und die roten und hellblauen Fleischwülste an Schnabel und Hals, die normalerweise schlaff herabhingen, waren dick angeschwollen. Das Federrad am Rücken des Tieres zitterte. Die schwarz und weiß gestreiften Federn des Hinterteils tauchten in das verschüttete Blut. Die Federn spreizten sich und senkten sich mehr und mehr und das Hinterteil begann zu wackeln, so daß es aussah, als wollte dieser Hahn ein Ei legen in das verschüttete Blut. Plötzlich aber erstarrte er und stieß einen furchtbaren Schrei aus. Sein Gefieder sank gleich darauf in sich zusammen und, mickrig, wie er nun ausschaute, schleppte er sich wieder davon ins Dunkel. Nur die Außenwelt schien mit einem Mal aufmerksam geworden zu sein.

Aufgeregt liefen Nachbarn, Verwandte und Menschen, die das Kind bis dahin nicht zu Gesicht bekommen hatte, zusammen. Tanten und Onkel machten besorgte Gesichter, die Fremden zeterten und die Geschwister, die inzwischen aus der Schule nach Hause gekommen waren, klammerten sich an die umherirrenden Gürtel, Hände und Jackenschöße der Erwachsenen. Nur eine der Schwestern stand bleich und still auf der oberen Stufe der Treppe, die ans Tageslicht führt.

»Wo ist sie nur abgeblieben, die Kleine?« hörte das Kind. »Wie entsetzlich und schrecklich! Daß ihr um Himmels willen nichts zugestoßen ist! Wo sie doch die Mutter gerettet hat! Wo sie doch ein reiner Engel ist und womöglich nichts davon weiß. Wo nur, Jungfrau Maria, Erlöserin, wo?«

Am Ende, hat mir die erwachsene Eliada Jeanne Carla Guinetti in jenem wie absichtlich verzögerten Augenblick zugemurmelt, da sie den Kopf über das Stövchen neigte, sich mit einer Hand das Haar in den Nacken schlug, sanft die Flamme ausblies und schließlich die *neben* dem Stövchen auf dem Tisch erkaltete volle Teekanne auf den Stövcheneinsatz stellte: am Ende sei die bleiche Schwester ganz gemessen die Stufen heruntergekommen, habe sich auf dem kürzesten Weg durch die Ansammlung der Aufgeregten, die sich vor ihr geteilt hätte, auf den Waschkessel, »auf mich«, zubewegt und habe, ohne auch nur die geringste Gemütsbewegung in ihrem empfindsamen Gesicht zu verraten, den Deckel des Kessels weggezogen »von meinem Kopf« – mit derartiger Gewalt übrigens, daß er scheppernd und polternd, über seinen Rand auf dem Betonfußboden kreisend und abrollend, einen anhaltenden, geradezu Gespenster vertreibenden Lärm erzeugte. Alle waren auf das höchste verwundert, aber sicher auch zornig und froh.

»Sie haben es nicht gewagt, mich zu bestrafen. Und ich glaubte ihnen natürlich kein einziges Wort. Reiner Engel! Mein Gott. Die Mutter gerettet! Sie haben mich nur hervorlocken wollen, dachte ich. Woher sollte ich denn wissen, daß vielmehr *sie* mich getäuscht hatte, die Mutter. Sie hatte Wasser in die Schüsseln laufen lassen, bevor sie sich die Pulsadern aufschnitt. Sie hatte lediglich mit ein bißchen Blut das Wasser verfärbt. Ich konnte es aber nicht glauben, noch nicht. Ich kletterte aus dem Kessel. Ich riß mich aus dem handgreiflichen Entzücken der Leute – jenem Entzücken, das einer höheren Gerechtigkeit, der Selbstbeschwichtigung und dem irdischen Vergessen dient –, rannte nach oben in die Wohnung und weinte mich drei Tage und drei Nächte lang leer auf dem fühllosen Bein meines Vaters. Er schien von allem nichts zu begreifen. Er sabberte und grinste und streichelte mir mit mechanischer, wie von sehr fern gesteuerter Geste eines Geistlichen, den Kopf. Ich schwänzte die Schule. Erst als sie nach einer Woche die Mutter brachten – nicht in der Rot-Kreuz-Ambulanz übrigens, nein, in einem der gepanzerten und vergitterten Sammelwagen der Stadtpolizei –: als die Mutter auf ziemlich wackligen Beinen, sonst aber in durchaus leidlichem Zustand auf mich zutrat in der Matratzenkammer der Kinder: als sie mich anlächelte, nach meiner Hand griff, die ich wegzog, und sie nachsichtig mit den schmächtigen Schultern zuckte, begriff ich, daß sie noch lebte.«

Heimkehrend von großen Umwegen im Moor, wegtauchend unter den tief hängenden Zweigen der Erlen, die hell knisternde Töne von sich geben wie Zeugen von der Lebendigkeit des Eises (oder sind es gar die weiblichen Blütenzäpfchen, die als Fruchtstände verholzen und winters an den Bäumen hängenbleiben und klagen?), vergegenwärtige ich mir das völlig unbewegte Gesicht einer erwachsenen jungen Frau, die mir vor nunmehr genau einer Woche sagte, es gebe ein Verstehen jenseits von Liebe und Haß. Man müsse mit dieser Dürftigkeit leben. Das Schwere an dem Verstehen sei nur, daß es ein unteilbares, wenn ich wolle, ein extrem einsames sei, denn es schließe von selbst jede Wirkung und Erwiderung und somit auch jede Möglichkeit, es verständlich zu machen, von vornherein aus.

Mich tiefer in meinen Mantel hineinziehend, eine versteppte Bruchkante über vor langer Zeit schon weggestochenem Torf entlangstapfend und mich von der Dämmerung im Westen entfernend in Richtung auf das Dunkel, wo ich zu Haus bin, erinnere ich mich an den Nachmittag, da mir diese Frau, bevor ich mich das erste Mal anschickte aufzubrechen, ihre Hand auf meine Handknöchel legte und sagte:

»Vielleicht verstehen Sie mich jetzt.«

5

Am Ende hatte ich einen Luftzug verspürt und mich umgewandt. Die Tür war geöffnet worden. Im Türrahmen stand ein großer jugendlicher Neger. Ich wollte mich erheben, wurde aber niedergehalten von verstärktem Druck und wachsender Wärme auf meinen Handknöcheln. Der Neger trat heran. Er lächelte. Er hatte schmale Lippen. Plötzlich ging er halb in die Knie, beugte sich vor, ergriff jene Hand der Frau, die ihr wie überflüssig am Körper herunterhing, zog sie zu sich hoch an den Mund und somit den Körper der Frau in den Stand. In verblüffendem Einklang mit der geradezu tänzerisch anmutenden Gebärde des Mannes, dem Kuß, schwenkte sie unter dem eigenen Arm hindurch und ließ mühelos die auf meinen Handknöcheln festgedrückte und erwärmte Hand davonschweben. Einen Augenblick kehrte sie mir, gerahmt von dem mächtigen Körper des Mannes, den Rücken zu. Dann vollendete sie die um die eigene Achse erfolgte Körperdrehung und kam neben und unterhalb des Negers zum Stillstand. Der ging abermals ein wenig in die Knie, beugte sich nieder und schob ihr von hinten die Hand unter die Achsel. Sie hob dann schräg den Kopf zu ihm hoch.

»Wie ist das noch mit dem Schlachten der Tiere?« sagte sie. Sie reckte das Kinn und sah ihn unverwandt an.

»Dem Schlachten der Tiere?«

»Dem Schächten, wie es wohl heißt«, sagte sie.

Das Lächeln des Negers ging über in Nachdenklichkeit.

»Deine Begrüßungen«, sagte er, »deine Begrüßungen und deine Verabschiedungen. Du hältst einen in Atem.«

Der Mann schien mich überhaupt noch nicht wahrgenommen zu haben. Ich betrachtete ihn. Er trug eine dunkelbraune, an den Knien hellgewetzte Cordhose. Dazu ein Lumberjack mit großen schwarzen und karminroten Karos. Darunter ein seiden glänzendes helllila T-Shirt, das mit seinem geschwungenen Rand dem sehnigen Negerhals etwas Weibliches gab.

»Also«, sagte er, in der die Frau haltenden Haltung verharrend, »gläubige Muslims dürfen nur Fleisch von solchen Tieren essen, die beim Schlachten völlig ausgeblutet sind – gemäß der fünften Sure: Verboten ist Euch Fleisch von verendeten Tieren, Blut, Schweinefleisch und das, über dem ein anderer Name als der Allahs ausgerufen wurde.«

Sie küßte ihn, sich hochreckend, unterhalb des Kinns.

»Zweifelsfrei eine Frage der menschlichen Hygiene«, sagte sie und wandte mir den Kopf zu. Wie zu sich selbst aber fügte sie hinzu: »Meine Mutter verfiel übrigens nach jenem letzten mißglückten Versuch einem religiösen, allerdings – wie sich von selbst versteht – wohl eher christlichen Wahn. Seitdem hat sie nichts Ernsthaftes mehr mit sich angestellt und meines Wissens ist sie wohlauf.«

Ich war aufgestanden.

»Hello!« sagte der Neger. Da er ins Leere blickte, entstand eine kleine Pause, in der sich niemand rührte.

»Alles klar?« fragte er.

Die Frau legte ihren Kopf auf ein rotes Lumberjackkaro.

»Alles klar.«

Ich wäre nun gegangen. Die – wie durch meine Antwort – wiederbelebte tänzerische Gegenwart des jungen Mannes, die Geschmeidigkeit, mit der er sich nun, die Frau von hinten mit den großen schwarzen Händen haltend, aus den Hüften und Schenkeln heraus zu wiegen begann, hielten mich zurück. Ich stand wie festgewurzelt. Fast versagten mir angesichts der fremden Anmut die eigenen Beine den Dienst. Ich griff mit der Hand hinter mich nach dem Stuhl, auf dem ich gesessen hatte. Da aber sprang mir die Frau, die ihre hellen Hände wie Adern spreizte auf den Händen des Negers, in unvermuteter Hilfsbereitschaft bei. Sie kam noch einmal auf Paul zu sprechen. Paul Brandig.

Sie sei, sagte sie, zu allem Überfluß *(allem Überfluß!)* auch noch genau an dem Tag, an dem sie ihre Mutter in den Gemeinschaftsabtritt zwischen Waschküche und den Kellerverschlägen gekippt hatte, zur Vegetarierin geworden. Und sei Vegetarierin geblieben bis zu dem Tag, da sie Paul begegnete. Auf dieser gottverlassenen Insel, auf die es sie wegen eines ziemlich gräßlichen Heuschnupfens verschlagen habe. Ja, seltsam genug: vielleicht nicht gerade am ersten Tag, aber kaum sei er ihr nach Frankreich gefolgt, habe sie einen geradezu unbändigen Appetit auf Fleisch bekommen.

Die Frau wiegte sich, während sie mit versonnenem Blick gegen die Zimmerdecke sprach, in den Armen des Negers.

Heißhunger, sagte sie, nenne man das wohl auf deutsch.

Wie sie sich in den Hüften wiegte im Gegenrhythmus zum Hüftschwung des Manns!

Aller Ekel sei dank Paul sehr schnell und doch wie von selbst von ihr abgefallen.

Sie hielt ein wenig inne.

Das sei schon eine sehr seltsame Geschichte, sagte sie, genauso wie die ihres Heuschnupfens, der da auf dieser von der Sonne durchglühten und jeden widerstandsfähigsten Blütenpollen in stehender Luft versengenden Insel zwar erwartungsgemäß vorübergehend gelindert worden sei, sie endgültig aber erst verschonen sollte, als sie Paul: wart mal – (sie zählte an den schwarzen Fingern, die sich unterhalb ihrer Schlüsselbeine spreizten, ab:) zwei – drei – vier Jahre später verließ.

Sie legte nun den Kopf in den Nacken, dem Neger auf die Brust. Sie schloß die Augen. Ich setzte mich auf den von mir bereitgehaltenen Stuhl. Die Frau öffnete nach einem kleinen Seufzer wieder die Augen. Sie nahm die Hände von den Händen des Negers, rutschte mit ihrem Körper am Körper des Negers ein winziges Stück abwärts, schloß die Ballen ihrer Hände über ihrem Kopf und hob sie unter das Kinn des Mannes, dessen schwarzer Schädel mit dem schwarzen Gesicht nun wie abgetrennt von seinem Rumpf ruhte in einem kunstvoll aufstrebenden Kelch von Fingern. Einen Augenblick verharrte sie so. Auch der Neger hielt inne. Ganz so, als seien sie aufeinander eingespielt selbst in erstarrtester Pose. Dann ließ die Frau sich niedersinken, rutschte unter den Händen des Negers weg, machte eine halbe Drehung und sagte, mir den Rücken zukehrend:

»Sie müssen nun gehn.«

Ich erhob mich. Der Neger neigte den Kopf zur Seite, zuckte mit den Schultern, als bedauerte er die Schroffheit der an seine Brust Gelehnten.

Mir war ein wenig schwindelig. Vielleicht machte ich auch nur eine kleine Verbeugung, die bei mir allerdings einem Ohnmachtsanfall gleichkommt.

»Hello«, sagte der Neger abermals.

Ich zuckte zusammen.

»Sie arbeitet zuviel«, sagte er, »sie arbeitet rund um die Uhr. Tag und Nacht Labordienst für nichts als einen akademischen Rang.«

Er stockte.

»Irgendwann muß sie doch auch mal schlafen, oder?«

Ich wankte und machte einen Schritt auf die beiden zu. Ich streckte ihnen die Hand entgegen. Die Frau aber wandte wie gedemütigt den Kopf zur Seite. Sie schien keine Kraft zu haben, sich dem Mann zu entwinden. Sie blickte mit halb geschlossenen Augen an die Wand. Ihr Mund stand offen. Aber davon konnte der Neger nichts sehn.

»Schon das Fach«, fuhr der Neger unbeirrt fort, »Biochemie. Humangenetik. Und dann das Thema. Wenn mich nicht alles täuscht, lautet es: Systematische Spermatozoenanalysen unter besonderer Berücksichtigung maligner Tumorbildungen in den männlichen Testikeln. So. Oder so ähnlich.«

Der Neger neigte den Kopf.

»Stimmts?«

Sie rührte sich nicht. Er packte sie nun bei den Schultern und schüttelte sie. Bis sie lächelte. Dann nickte sie und schüttelte – nein, sie wiegte ihren Kopf, ganz so wie zuvor den Körper im Gegenrhythmus zum Körper des Negers. Und so, als sei ihr der Kopf, den sie wiegte, nur vorübergehend anvertraut worden von einer Flüchtenden.

Der Neger aber lachte lautlos und breit.

»Oder haben Sie«, lächelte er, »schon mal etwas von weiblichen Testikeln gehört?«

6

Zwei Tage lang hat Trude geschwiegen. Sie schlief unten in ihrem Alkoven. In Reichweite des Schreibtischs. Aber ich hörte sie nicht schreiben. Das beruhigende Schreibmaschinentippen blieb aus. Ich schlief oben im gemeinsamen Bett. Auf dem Weg nach unten, die enge Treppe hinunter, suchte ich eine Begegnung zu vermeiden. So geräumig, ja weitläufig das Haus auch ist, die Treppe ist sein Schwachpunkt. An jeder anderen Stelle des Hauses, auf der Tenne, im Badezimmer, das saalmäßige Ausmaße hat, in der heimeligen Bauernküche (Trudes *heimelige* Bauernküche!), selbst oben im gemeinsamen Schlafgebälk wäre ich Trude ohne jeden Vorbehalt und mit der folgsam-aufrechten Haltung dessen, der sich etwas hat zuschulden kommen lassen, entgegengetreten. Ich hätte Rede und Antwort gestanden. Trude aber schwieg. Das einzige Wort, das sie während der zwei Tage fallen ließ, war das gepreßte *Tschuldige,* als ich ihr eben doch auf der Treppe begegnete. Sie war schon halb oben und ich schon halb unten. (Mir war mit einem Mal eine gewisse Ähnlichkeit unserer Treppe mit der Treppe, die zu der Guinetti hochführt, bewußt geworden.) Ein Ausweichen war ausgeschlossen. Auf einer solchen Treppe kommt man nicht umeinander herum. So begegneten wir uns eben, und Trude sagte, als sie mich mit dem Ellenbogen streifte: *Tschuldige*. Als sei hier etwas vorgefallen, das einer Entschuldigung ihrerseits bedurft hätte. Als habe *sie* sich etwas vorzuwerfen gehabt. Als habe ich ihr, indem ich mich nicht an die Wand drückte, Veranlassung gegeben, sich für die Enge, die auf der Treppe ihres Hauses herrscht, zu entschuldigen. Schließlich ist ihr Haus ihrem ausdrücklichen Wunsch zufolge ja auch schon seit langem zu dem meinen geworden. Da hätte mich, wäre nicht dieses dumme *Tschuldige* gefallen, die Ellenbogenberührung von Trude – sie streifte meinen leicht abgewandten Rücken – mit Sicherheit bewogen, mich ihr zuzukehren und sie in den Arm zu nehmen. Ihr alles zu erklären. Aber dieses eine Wort, hervorgestoßen nach einem ersten langen Tag des Schweigens, machte alles zunichte und mußte zwangsläufig zu einem weiteren langen Tag des Schweigens führen. Daß ich ihr aber nicht unmittelbar nach meiner außer Haus verbrachten Nacht oder wenigstens – wie sie vielleicht erwartet haben mag –, nachdem ich mich bis gegen Mittag ausgeschlafen hatte, Rede und Antwort stehen wollte, hat seinen Grund. Nicht daß ich etwa zu betrunken und dann verkatert gewesen wäre. Gewiß, ich hatte getrunken. Ich hatte gegen meine Gewohnheit eine ganze Menge getrunken. Aber doch nicht so viel, als daß ich etwa von Zungenfertigkeit und Geistesgegenwart her außerstande gewesen wäre, ihr zu erklären, wo ich so lange gewesen war. Schließlich war ich – sagen wir mal: schätzungsweise – nicht mehr als zwei Stunden bei der Guinetti gewesen, während ich danach noch sechs oder acht oder auch neun Stunden, ich erinnere mich nicht an die Feinheiten, die folgten, in den Gaststätten gewesen war. Was aber sollte ich Trude aus den Gaststätten berichten? Was schon? Außer – ja außer eben, daß mich die ganze Zeit, während ich mich da gegen Theken drückte oder auch – eingangs eher von rudernden Ellenbogen und später von gähnender Leere – in äußerste Sitzecken gedrängt wurde, diese Frau mit dem unsäglichen Namen, der ich wegen nichts anderem als einem Lächeln gefolgt war, über die Maßen beschäftigte. Immer wieder zog ich mein Einnahmen- und Ausgabenbuch aus der Tasche – ich hatte, nachdem ich von ihr und dem Neger entlassen worden war, den Namen buchstäblich vom Briefkasten abgeschrieben – und buchstabierte den Namen leis vor mich her. E.L.I.A.D.A. J.E.A.N.N.E.C.A.R.L.A.G.U.I.N.E.T.T.I. Statt nach meinem Spaziergang im Bürgerpark, wo mich Trude am frühen Nachmittag abgesetzt hatte, um ihre Besorgungen und Einkäufe zu machen, wie vereinbart die Straßenbahn zu nehmen und um halb fünf im Café an den Wallanlagen zu sein, folge ich einer wildfremden Frau. Nur weil mir das Lächeln bekannt vorkommt.

Mir war durchaus bewußt, meinerseits im nachhinein durchaus schmerzlich bewußt, daß ich Trude, indem ich nicht am vereinbarten Treffpunkt erschienen war und sie hatte warten lassen, tief beunruhigt haben mußte. Sollte ich sie dann auch noch am Morgen oder am Mittag wecken? Sie hat ihren Schlaf verdient. Immerhin hatte ich, nachdem mich das Taxi bis zum noch asphaltierten Wendepunkt am Rande des Birkenwäldchens gebracht und ich den Rest

Wegs durch die von Trude verursachten Schlammspuren zu Fuß zurückgelegt hatte, feststellen können, daß ihr VW ganz der Ordnung entsprechend unter dem Schuppendach zwischen den beiden Großkastanien eingeparkt war. Sie wird sich gesorgt haben, sagte ich mir, als ich das Fahrzeug dort sah. Sie wird womöglich gar das Überfallkommando der Polizei (die Parks der größeren Städte sind beliebte Aufenthaltsorte zwielichtigen Gesindels) oder aber den Bereitschaftsdienst der Städtischen Kliniken (erst unlängst, so haben wir beide gemeinsam in der Zeitung gelesen, wurde in der Stadt wieder einmal ein Kind von einer Straßenbahn erfaßt): sie wird alle möglichen Institutionen angerufen haben. Nicht zum vereinbarten Zeitpunkt am vereinbarten Ort sein, das kann für Trude nur *verschwinden* bedeuten. Verschwinden im Sinne von verunglücken. Sie wird gedacht haben, daß ich verunglückt bin. Denn ich bin, das weiß gerade Trude, ein bedachtsamer und zuverlässiger Mensch; ein Mann des unbeirrbaren Wartens und Wägens, des Sammelns und Sonderns, von dem Unberechenbarkeiten und Leichtfertigkeiten nicht zu gewärtigen sind. Jedenfalls bis dahin nicht zu gewärtigen waren. Vielleicht, dachte ich, mit dem Schlüssel in der Hand vor der Haustür stehend, ist Trude sogar an allen Aufnahmestationen der Krankenhäuser persönlich vorbeigefahren und hat in den Einlieferungsprotokollen gewütet. So schnell nämlich läßt sie nicht lokker. Nicht jemand wie sie. Das wäre nicht zum ersten Mal gewesen. Ich erfahre es immer wieder. Vom ersten Tag an habe ich es erfahren. Am eigenen Leib. Das ist es aber eben auch, was sie so anziehend macht. Für mich. Was mich sie lieben läßt. Ja.

So trat ich denn also, um größtmögliche Schonung Trudes bemüht, ins Haus. Ich schaltete das Licht im vorderen Seitenflur an. Die Tür zur großen Diele stand offen. Ich lauschte. Stille. Absolute Stille. Mir wäre in diesem Augenblick ein kleines Scharren oder Schnaufen von Vieh in der Stallgasse, die gemeinsam mit der Tenne sowie dem quer gelagerten Altenwohnteil am Ende den Kernraum des einstigen landwirtschaftlichen Betriebes und heute unsere großzügige zusammenfassende Gesamtwohndiele darstellt, nicht unwillkommen gewesen. Aber natürlich nichts. Kein Laut. Nicht einmal die Katze kam mir entgegen. Ich trat durch die Tür und drückte den Drucklichtschalter für die Diele. Die von Trude an den Pfosten der Stallboxen angebrachten Droschkenlampen aus blitzendem Messing erhellten den Raum. Einen Augenblick lang konnte ich überhaupt nichts erkennen. Als wäre ich zu lange außer Haus gewesen. Mein Blick suchte meinen Alkoven linker Hand zu erfassen. Die von der Treppe zum Obergeschoß und dem Kamin voneinander getrennten Alkoven liegen weit auseinander und direkt an den Außenwänden neben den niedrigen Fenstern. Sie gehören, wie Trude immer sagt, zum *klassischen* Wohnteil, der, lange bevor Trude das Haus gekauft und die Ölheizung hat einbauen lassen, von tierischen Ausdünstungen, von Atem, Schweiß und Kot des landwirtschaftlichen Nutzviehs beheizt worden war. Doppelt gebrannte Ziegel, von Trude beschaffte sogenannte Oldenburger Klinker, schimmerten mir bläulich schwarz und wie schwankender Boden entgegen.

Und da saß sie nun. Trude. Auf der Kante *meines* Alkovens. Nicht des ihren. Auf der Kante meines Alkovens, in dem ich nie schlafe, diesmal aber, um sie zu schonen, beabsichtigt hatte die Nacht zu verbringen. Und sie sah mich an. Den Vorhang meines Alkovens hatte sie gar nicht erst zur Seite gezogen. Aufrecht und – ja wie? Aufrecht und stolz? Nein. Aufrecht, starr und stumm saß sie da. Mir stieg Hitze zu Kopf. Als wäre der Raum überheizt. Auch Trude schien es zu heiß zu sein. Sie saß da in ihrem knielangen und von oben bis zum Nabel aufgeknöpften Baumwollhemd, die Hände im Schoß gefaltet. Ihre schweren Brüste wie nach außen gekehrte Verletzungen vorweisend, sagte sie nichts. Sie blickte mich nur an. Ich verharrte auf halbem Weg. Sie blickte mich unverwandt an. Sie hatte einen eigentümlichen Glanz in den Augen. Keinen Tränenglanz. Sie sah aus wie in Trance. Und sie erhob sich. Langsam erhob sie sich. Sie schlug das Hemd über die Brüste und schob dann die Hände auf die Brüste unter den Stoff. Sie sah mich weiterhin mit diesem eigentümlichen Glanz in den Augen an und begann zu wandeln. Ja, ich sage: sie wandelte. Mich nicht aus den Augen lassend, wandelte sie seitlich seitwärts wie im Krebsgang vor meinen Augen von meinem Alkoven in Richtung zu dem ihren, wo auch ihr Schreibtisch steht. Schließlich wandelte sie rückwärts und sah mich immer noch an. Sie setzte sich aber nicht an den Tisch. Als habe schwankender Boden ihre Schritte aufgesogen, als habe eine Erdbewegung einen Körperrhythmus aufgehoben, vernichtet, wandelte Trude dahin und erreichte die sonst auch von ihr nur während der nachmittäglichen Arbeitspausen zum Ausruhen benutzte Schlafstatt. Und ließ sich dort nach hinten fallen. Oder fiel einfach um. Jedenfalls stürzte sie hintenüber in den Vorhang ihres Alkovens hinein. Der Vorhang teilte sich. Ich wollte zu Hilfe eilen. Ja, ich wollte. Ich wollte wohl. Aber blitzschnell schloß sich der Vorhang hinter Trude und es verließ mich der Mut. Eine Weile starrte ich wohl noch auf den von schwerem Atem oder gar Körperkonvulsionen bewegten Faltenwurf des Vorhangs. Dann schlich ich mich über die schmale Treppe nach oben ins gemeinsame Bett, wo ich unruhig die Nacht verbrachte und zwischendurch schlief.

Den ganzen folgenden Tag begegnete mir Trude mit besagtem Schweigen. Am frühen Abend begegneten wir uns auf der Treppe und es fiel das *Tschuldige*. Am späteren Abend schloß ich mich in meinem Arbeitszimmer, das neben dem gemeinsamen Schlafzimmer gelegen ist, ein und beschäftigte mich mit der Akte Brandig. Ich suchte nach dem Restbetrag, den ich ihm schuldete und den er nie mehr abberufen hat. Die letzte Buchung datierte vom 17. November 1978. Da hatte ich ihm einen Brief – Brandig wollte nur Bargeld in Wertbriefen von mir – in irgendein Schloß in der Südsteiermark geschickt. Seitdem hat er sich nicht mehr gemeldet. Und es liegen noch immer mehr als fünftausend Mark hier für ihn rum. An Brandig denkend, kam ich ins Grübeln. Fast vergaß ich dabei Trude. Spät, sehr spät für meine Begriffe, gegen Mitternacht tastete ich ins gemeinsame Schlafzimmer hinüber, um dort auf Trude zu warten. Aber sie kam nicht. Sie ließ mich allein. Ich machte kaum ein Auge zu. Am frühen Morgen, unausgeschlafen und entschlossen wie ich war, machte ich mich ohne jedwede Geräusche unterdrückende Vorkehrungen – ich hustete und zog die Moorstiefel an – auf und war diesmal gefaßt, Trude auf der Treppe zu begegnen, um sie in meine Arme zu schließen. Aber ich begegnete ihr nicht. Nicht einmal auf der Treppe. Erst als ich die volle Länge der Tenne bis zum scheunentorgroßen Tennentor durchschritten, auf dem Absatz kehrt und schließlich vor dem Kamin halt gemacht hatte, nahm ich sie wahr, rechter Hand am Schreibtisch, statuenhaft stumm. Ich werde wohl mit den Achseln gezuckt haben. Und stieg wieder in mein Arbeits-, mein Arbeits- und Verwesungszimmer nach oben. Mein Arbeits- und Verwesungszimmer hat seinen Namen von Trude, die es nicht ausstehen kann, daß ich ihr Badezimmer ein Hallenbad nenn. In meinem Arbeits- und Verwesungszimmer verbringe ich den Großteil meines Lebens. Seitdem mich Trude hierher verschleppt hat. Und wenn ich nicht gerade im Moor unterwegs bin. In meinem Arbeits- und Verwesungszimmer verbringe ich mein bewußtes Leben. Nur gelegentlich betritt Trude den düsteren niedrigen Raum. Sie legt mir die Hand auf die Schulter, während ich sondere und wäge, was ich gesammelt habe, gebeugt über die Medaillen und Münzen mit meiner Lupe und wartend auf Anfragen und Angebote, auf Bestellungen und hin und wieder auch Berichtigungen, die mich als Antwort auf meine in alle Welt versandten Kataloge aus aller Welt erreichen. Das Telephon unter der Schreibtischlampe ist von mir auf den leisesten Surrton gestellt. Und Trude zieht meinen Kopf zu sich heran gegen ihren warmen weichen Bauch, fährt mir mit einer Hand über die Stirn, bis ich ihr folge ins gemeinsame Bett. Dort hat sie die kleine Stereoanlage an und spielt Mozart. Meist Mozart. Die große Stereoanlage befindet sich unten neben dem Kamin, linker Hand – auf *ihrer* Seite also – auf der Tenne. Die beiden geradezu gigantischen Lautsprecherboxen hat Trude oberhalb der Alkoven angebracht und auf die Boxen des Viehs gerichtet. Unten spielt sie alles: Wagner-Opern, Rossini, die französischen Impressionisten... hin und wieder sogar mal – im übrigen vorzugsweise südamerikanische – Volksmusik.

Auch am zweiten Tag kam Trude nicht in mein Arbeits- und Verwesungszimmer. Ich begegnete ihr noch einmal am späten Abend in der Küche. Dort putzte sie den Elektroherd. Von der Seite sah ich, daß sie einen kleinen Streifen Eigelb im Mundwinkel hatte. Ich schnitt mir eine dicke Scheibe von dem luftgetrockneten Schinken, der von der Decke über dem Tisch hing.

Zwei Tage lang hat sie geschwiegen. Dann, gleichgültig geworden dem gegenüber, was sie mir noch hätte vorwerfen können, legte ich mich mit meiner Schinkenschnitte ins Bett. Sie aber, Trude, muß den Putzlappen sehr bald fallen gelassen haben. Sie folgte mir nach oben. Ich hatte das Licht schon gelöscht. Ich vernahm den Reißverschluß ihrer Jeans. Das Knistern ihres Pullovers. Ich hörte ihren Atem.

»Ja«, sagte ich, als sie mir die Hand auf eines meiner empfindlichen Knie legte, »ich war bei einer Frau.«

Sie preßte ihren Körper gegen den meinen. Ich trug noch T-Shirt und Slip; sie war vollkommen nackt. Sie legte mir die freie Hand auf den Mund. Und sie begann an mir herumzuriechen. Unter den Achseln. Am Hals. Auf der Brust. Auf dem Bauch. Überall. Sie drehte mich auf den Bauch. Ich tastete mit meiner Schinkenschnitte nach dem Nachttisch und legte sie ab. Trude zog mir den Slip vom Gesäß und das T-Shirt über den Kopf. Sie drehte mich abermals um. Sie streichelte mich. Sie umklammerte meinen Unterleib mit ihren breiten Schenkeln.

Ich verbarg meinen Kopf in ihren Brüsten.

»Erst du«, flüsterte sie, »erst du.«

Da war es dann auch bald schon geschehn.

Und Trude blieb reglos auf mir sitzen.

»Jetzt erzähl«, sagte sie.

»Es gibt nichts zu erzählen.«

»War es schön?«

»Gar nichts war«, sagte ich.

»Ach du, mein Liebling«, sagte Trude, was sie sonst nie sagt.

»Ich war bei der Frau zum Tee«, sagte ich.

»Aha, Tee«, sagte Trude. Und fügte nach kurzer Pause hinzu: »Sonst noch was?«

»Es war«, sagte ich, »eine alte Bekannte.«

»So, eine Bekannte«, sagte Trude.

»Genaugenommen eine Bekannte von Paul Brandig, eine frühere Geliebte, eine Freundin von ihm.«

»Ach«, sagte Trude, »interessant.«

»Wieso interessant?« sagte ich.

»Du hast wirklich eine ausgeprägte Schwäche für Brandigs Frauen, mein Schatz.«

Trude sagt sonst nie *mein Schatz* zu mir.

Sie preßte nun fester die Schenkel um meine Hüften. Ich sah ihre großen Umrisse im Dunkel des Zimmers und legte meine beiden Hände auf ihre Schenkel.

»Dein altes Trauma Brandig«, sagte Trude.

»Ich wußte«, sagte ich, »zuerst gar nicht, daß sie was mit Brandig zu tun hatte. Ich hatte nicht die geringste Ahnung.«

»Oh«, sagte Trude, »dafür hast du die Nase.«

Sie beugte sich über mich, verfehlte offenbar meine Nase und küßte mich auf die Stirn.

»Ich erinnerte mich nur an das Lächeln«, sagte ich, »und daß ich ihr ein einziges Mal begegnet war. In Begleitung. Aber nicht in Brandigs Begleitung. Ich erinnere mich nicht einmal in wessen Begleitung. Und auch nicht mehr wo.«

Und da sagte Trude:

»Ach so.«

Und ich sagte:
»Wieso ach so?«
»Du bist ihr begegnet in Begleitung von mir.«

7

Damals, sagte Trude, sei ich ja noch mit meinen Moorleichen beschäftigt gewesen.

Sie löste ihre Schenkel von meinen Hüften, stieg behutsam über mich hinweg, drückte auf den Knopf der zierlichen japanischen Nachttischlampe, so daß der auf den Schirm getupfte Drache Feuer spie, warf sich diese indische Zottelstola, die sie Sari nennt, über die Schultern und kniete sich auf dem aus einem guten Dutzend Schulterstücken zusammengenähten Lammfellteppich nieder neben dem Bett. Mit der Hand strich sie beim Sprechen über meinen entblößten schorfigen Körper.

Anstatt mich im Moor mit Moor zu versorgen, das sie sich immer bereit erklärt hatte zu zerkleinern und zu sieben, um es mit Wasser – auch Mineralwasser – zu versetzen und breiige Bäder daraus zu richten – weshalb sonst denn habe sie ein so geräumiges Badezimmer mit einer Badewanne, die mehr Ellenbogen- und also Bewegungsfreiheit biete als das denkbar komfortabelste Ehebett, bei den Instandsetzungsarbeiten an die erste Stelle gerückt? –, anstatt mich also im Moor mit Moor zu versorgen, hätte ich mich vielmehr von Anfang an vornehmlich um die Moorleichen gesorgt. Außer den Moorleichen hätte mich doch früher nichts im Moor interessiert. Ich hätte gar nichts anderes wahrgenommen als Moorleichen, die, das hätte ich ja am Ende selbst zugegeben, gar nicht vorhanden gewesen seien. Da wundere es sie nicht im mindesten, daß ich mich nicht an diese Frau, diese Geliebte von Paul, erinnern könne. Sie, Trude, würde ihre Hand dafür ins Feuer legen,

tatsächlich hielt sie mit der Hand inne auf meinem Bauch,

daß ich mich, auch wenn ich einen ganzen Tag lang mit ihr und der Geliebten Pauls gemeinsam durchs Moor spaziert wäre, schon am darauf folgenden Tag nicht mehr an sie, weder an sie, Trude selbst, noch an die Geliebte von Paul erinnert hätte. Dermaßen sei ich ja von der fixen Idee meiner Moorleichen, sagte Trude, besetzt gewesen. Ja, ich sei nachgerade von den Moorleichen besessen gewesen. Und das auf eine Weise, die mich sogar gehindert habe, an mich selbst, an meinen eigenen Körper zu denken. Denn mir selbst sei ja die Erkrankung immer lästiger und widerwärtiger gewesen als irgend jemandem sonst. Sofern sie das beurteilen könne. Gewiß, da urteilte Trude richtig. Jedenfalls habe sie, Trude, meine Erkrankung nie gestört. Ich hätte sie nie abgestoßen. Wenn sich überhaupt je jemand abgestoßen gefühlt hätte, dann sicherlich am ehesten ich vor mir selbst.

Trudes Hand begann sich wieder auf meinem Körper zu bewegen; sie strich abwärts in Richtung der mit den Ellenbogen am stärksten von meiner so hartnäckigen wie harmlosen Hauterkrankung betroffenen Knie.

Anstatt, sagte Trude, mir also mittels Moor die nötige Wärme zu verschaffen: bekanntlich – sie hört nicht auf, es zu beteuern – beruhe die Hauptwirkung, die medizinische Hauptwirkung, des Moores auf Wärme, so daß sowohl die Durchblutung des oberflächennahen Gewebes gefördert, als auch in der Tiefe liegende Entzündungsherde günstig beeinflußt werden, was es in einem Falle wie dem meinen geraten sein lasse, sich nicht mit Teilpackungen, sogenannten Moorkataplasmen, zu begnügen, sondern, wenn die Verhältnisse es erlaubten – und diese erlauben es ja glücklicherweise dank ihrer, Trudes, umfassenden Umsicht –, gleich Gesamtbäder, einfache Gesamt- oder auch Gesamteisenmoorbäder in Erwägung zu ziehen, wenn schon nicht Schwefelmoor verfügbar ist, das natürlich auf Grund seines Gehalts an freiem Schwefel, an Sulfiden und Schwefelwasserstoff am wirksamsten wäre in einem Falle wie dem meinen, denn Schwefelmoor wirke nicht nur günstig bei rheumatischen Störungen, Lähmungen und Neuralgien, sondern in erster Linie bei den meisten chronischen Gelenk- und Hautkrankheiten: anstatt mir endlich, sagte Trude, wenn schon nicht Heilung, so doch Linderung und Minderung zu verschaffen, hätte ich es mit angeblich im Moor lagernden Moorleichen zu schaffen gehabt. Jedenfalls noch zu der Zeit, als ich ihr mit der früheren Geliebten von Brandig begegnet sei. Während sie, Trude, sich um mein Wohlbefinden gekümmert habe, sei ich in diese, sagte sie, morbide und morose Moorleichenobsession verfallen. Ja, so drückt sich Trude, die Schriftstellerin, aus. Sie habe mich, sagte sie, ja nicht zwingen wollen, an den Moortrinkkuren teilzunehmen. Die Moortrinkkuren, die sich Trude zur Behandlung ihrer schmerzhaften und immer wieder auftretenden entzündlichen Magen-Darm-Erkrankungen selbst verschreibt. Allerdings bezieht sie das Getränk aus der Apotheke oder auch aus einem alternativen Laden in Bremen. Sie hat mich nie aufgefordert, ihr Moorwasser mitzubringen von meinen Spaziergängen im Moor. Von meinen Forschungsgängen. Aber sie beschwert sich noch heute, daß ich mich so ausschließlich mit den Moorleichen beschäftigte. Als hätte ich nicht immer auch in aller Sorgfalt und Verantwortlichkeit mein Münzen- und Medaillengeschäft betrieben. In meinem Verwesungszimmer. Oben. Ich habe meine Pflichten nie vernachlässigt. Ich zahle auch Miete. Und nicht nur eine symbolische. Außerdem ist das mit den Moorleichen auch schon seit geraumer Zeit vorbei. Ich weiß nicht mehr genau, seit wann. Aber es ist vorbei. Mein Interesse an Moorleichen hat sich gelegt.

Es ist Trude, die immer wieder auf sie zurückkommt. Ich habe den Verdacht, Trude kamen meine Moorleichen immer zupaß. Sie hängt an ihnen als etwas, an dem ich einmal hing. Das wird es sein. Sie hängt über die Moorleichen an mir. Sie hängt an meinen dunklen Seiten. Während sie nämlich, sagt sie, sich in den – ja, sie sagt: in den *Jahren des Aufbaus* um die Rettung des Moorbauernhauses bemühte, tagein tagaus über Jahre hinweg, und alles, eigene Körperkraft wie diverseste Fremdmittel, Kredite, daransetzte, es bewohnbar zu machen, freundlich, geräumig und hell, sei ich in meine morose und morbide Moorleichenobsession verfallen. Was Trude übrigens ihre *Jahre des Aufbaus* nennt, versteht sie, eigenen persönlichen Beteuerungen wie auch mehreren kleineren von ihr veröffentlichten Werken zufolge, als Widerstand gegen die Vernichtung menschenwürdigen Zusammenlebens, die nach dem letzten Krieg durch den allgemeinen Wiederaufbau in Gang gesetzt und seitdem nie mehr zum Stillstand gekommen sei. Ich, sagt sie, hätte mich, während sie gekämpft habe, ins Moor geschlagen. Hätte mich mit Moorleichen abgegeben, während sich ihre Kräfte und Mittel erschöpften. Ich meine: ihre Mittel vielleicht, aber ihre Kräfte? Ganz abgesehen davon, daß sie zu vergessen scheint, wer mich überhaupt auf die Moorleichen gebracht hat. Hätte nämlich sie, Trude, mich nicht hierher ins Moor verschleppt, ja, ich wiederhole ohne jeden Vorbehalt: *verschleppt* – so hätte ich aller Wahrscheinlichkeit nach mein Lebtag nicht erfahren, was überhaupt eine Moorleiche ist. Es war Trude, die mir einredete, ich müßte ins Moor. Dort allein gehöre ich hin. Nichts entspräche mehr meinen Bedürfnissen und meinem

Charakter als Einsamkeit, eine natürliche Einsamkeit, eine Mooreinsamkeit. Ich sei zur Einsamkeit geboren (was mir von allein gar nicht klar war). Ich sei, sagte sie, immer zu allein gewesen, um zu begreifen, daß mir die Einsamkeit fehle. Dem könne ich mich nicht verschließen, hatte sie gedrängt. Man müsse mir eben sagen, was gut für mich sei. Ja, Trude. Wirklich. Sie hat mich verschleppt. Sie hat mir die nötige Einsamkeit geboten. Und so habe ich denn – nachdem ich schon als Anwalt neben Brandig gescheitert war – die Stadt zugunsten einer ganz ausschließlichen Konzentration auf meine numismatischen Aktivitäten aufgegeben, bin ins Moor gezogen und habe die Moorleichen entdeckt. Sowie den Münz- und Medaillenhandel im Moor in dem Umfang ausgebaut, wie ich den Publikumsverkehr reduzierte. Ich mache heut fast alles telephonisch und per Korrespondenz. Verirrt sich aber mal ein Kunde von weiter her – aus Übersee etwa; auch die Japaner sind in diesem Geschäft ziemlich im Kommen –, dann stelle ich meinen Alkoven zur Verfügung. Manch einer jedoch hat auch schon mal ein paar Stunden warten müssen. Dann war ich gerade im Moor.

Allerdings geht es mir heute nicht mehr um Moorleichen. Ich nehme den Torfspaten seit geraumer Zeit schon nicht mehr zur Hand. Was früher Forschungsgänge waren, sind jetzt Ausflüge. Zwar keine Ausflüge zum Vergnügen, aber doch Ausflüge. Es sind Erkennungsausflüge. Einsamkeitsausflüge. Bestenfalls Genugtuungsausflüge, denn wenn wir Erkennen als Erkenntnis nehmen, so kann das nie ein Vergnügen sein. Dafür sind Erkenntnisse zu schmerzlich. Und wie deren magerer Lohn – Genugtuung – mit niemandem zu teilen. Das habe ich nach meiner Verschleppung am eigenen Leibe erfahren. Auf meinen Gängen, meinen Ausflügen ins Moor.

Nur Trude war mit einem Mal nicht zufrieden. Vielleicht hat sie gedacht, ich bliebe für ewig im Hause hocken. Vielleicht hat sie gehofft, ich fürchtete wie sie Ausflüge ins Moor. Kaum nämlich hatte ich ihrer Einschätzung meines großen Einsamkeitsbedürfnisses entsprochen, war – gleich nach dem Umzug in ihr Haus – querfeldein, genauer: quermoorein durch Schilf, Versumpfungen, Moosbestände hinausgezogen, hatte sie zu nörgeln angefangen. Sie sagte, ich übertriebe. Sie hielt meine Einsamkeit nicht aus. Sie sah mich vorwurfsvoll an und ging gegen meine Einsamkeit vor. Ich verlöre mich, sagte sie. Was ich denn da draußen suche? fragte sie. Moorleichen, sagte ich. Das seien Spökenkiekereien, wie man hierzulande sage, sagte sie. Spökenkiekereien oder nicht, sagte ich, das sei mir egal. Ich ginge den Moorleichen nach. Gespenstern, sagte sie bitter. Woher ich diese meine Moorleichen denn habe? Aus Büchern, sagte ich, da brauchte ich mich doch wohl nicht zu schämen. Ich ginge nichts als den Ursachen der Bücher auf den Grund: natürlich hätte ich mich vor meinem Umzug zu ihr vorbereitet. Auf alles. Hintergründe. Untergründe. Landschaft, Geschichte, Geologie. Die Moorleichen, befand Trude, hätte ich mir mithin nur angelesen. Ich hätte den abrupten Wechsel von der Stadt ins Moor nicht so richtig verkraftet. Sei in eine Art Wahn verfallen. Eine Art symbiotischen Begegnungswahn mit Moorleichen. Und das behauptet sie heute noch.

»Was Wunder, daß du dich nicht erinnerst an die Begegnung mit Pauls Geliebter und mir!«

Ja, zumal sich Trude selbst nie allein ins Moor gewagt hat. Um Mißverständnisse auszuschließen: von außen, von der Stadt aus gesehen, steht unser Haus natürlich *im* Moor, von unserem Haus aus gesehen aber liegt das Moor *draußen*. Das ist kein unwesentlicher Punkt. Wie man an Trude sehen kann. Sie fürchtet, vom Haus aus gesehen, nämlich das Moor. Sie fürchtet das Moor, obwohl man dort kaum eine Menschenseele antrifft. Nur jenseits der schlammigen Außenwege sieht man hin und wieder eine junge Bäuerin auf einem Traktor sitzen. Da, wo die Kartoffeln anfangen. Aber im Moor selbst? Kein Mensch. Und da hat Trude Angst. Wahrscheinlich hat sie Angst vor sich selbst. Denn da sie behauptet, es gebe gar keine Moorleichen hier in unserem Moor, dürfte sie ja vor solchen mitnichten Angst haben können.

Seltsam nur, dachte ich,

als mir Trude mit den warmen Händen ins Nackenhaar fuhr und eine Wange sanft auf meine entblößte Brust legte,

seltsam, daß sie mit der Guinetti nicht Angst gehabt hat. Schließlich behauptet sie ja, mir mit ihr begegnet zu sein im Moor, ausgerechnet im Moor.

»Seltsam«, sagte ich also, ihr mit den Fingerspitzen über die leicht gerötete nach oben gekehrte Wange streichend, »daß du dich ohne mich ins Moor gewagt hast.«

Worauf Trude ihren Kopf hob und so, als lauschte sie den eigenen Worten, sagte:

»Mit dir ins Moor? O nein, du. O nein!«

Ihre Hände glitten aus meinem Haar und ihr Kopf glitt unter meiner Hand weg von meiner Brust.

»Noch weniger mit dir als in tiefster Nacht auf meine eigenen Sinne gestellt und allein. Jedenfalls damals.«

Sie schaute mich an.

»Denn damals warst du dieser morosen und morbiden Moorleichenobsession verfallen, erinnerst du dich?«

Auf ihrem Gesicht flackerte das japanische Licht.

»Oder um es in aller Deutlichkeit zu sagen: du warst gar nicht zurechnungsfähig... zurechnungsunfähig, wenn ich mich da richtig ausdrück, warst du. Außer deinen Moorleichen nahmst du ja überhaupt nichts mehr wahr. Nicht einmal mich.«

Das war übertrieben. Das war übertriebener als mein gewiß ausgeprägtes Moorleicheninteresse je hätte sein können. Aber heute – warum noch rechten, Trude? – interessieren mich die Moorleichen nicht mehr. Heute interessieren mich, wenn ich ins Moor geh, andere Dinge. Heute interessieren mich Flora und Fauna. Das Übergreifende. Die Begegnung zwischen den Untergründen und Oberflächen. Die Gründe schlechthin. Das Wachsen und das Vergehn. Das Keimen, das Blühen, das Welken. Gewiß, auch das Verwesen. Der Humus. Das Sterben, aus dem alles lebt.

Trude erhob sich.

»Und heute hörst du mir nicht einmal zu«, sagte sie.

»Doch«, erwiderte ich, »ich höre dir zu.«

»Du hörst mir nicht zu«, wiederholte sie, trat auf die Tür zu, wandte sich um, fügte hinzu:

»Aber ich bin gleich wieder da und dann, das garantier ich, hörst du mir zu«,

und verschwand.

Entweder, dachte ich, geht sie runter ins Badezimmer oder sie geht nach nebenan in mein Arbeitszimmer, das sie, obwohl ich die Moorleichen seit geraumer Zeit hinter mir gelassen habe und auch das Badezimmer nicht mehr laut ein Hallenbad nenne, immer noch als mein Verwesungszimmer bezeichnet. Überhaupt! Was hat sie eigentlich in meinem Arbeitszimmer verloren, wenn ich nicht drin bin? In meinem Arbeitszimmer, wo Gedanken eindringen aus aller Welt. Gedanken, Informationen. Außer Bestellungen und Prägekorrekturen durchaus auch Ideen, Reflexionen, Spekulationen. Gedanken. Licht, Sauerstoff, Luft. Ja, vor allem Sauerstoff. Luft. Luft.

Denn bekanntlich verwest nur, was mit Luft in Berührung kommt. Luft braucht man zum Atmen wie zum Verwesen. Sonst hätte es nie Moorleichen gegeben. Das ist der einfachste chemische Prozeß. Das ist organisch. Durch Ritzen, Schlitze, Spalte und Schlüssellöcher dringt Luft ein. So ist das. Zum Leben. Verwesen. Nach dem Aufbau der Abbau. Dekomposition. Man lebt nicht länger als man verwest. Da gebe ich Trude recht. Es gibt keine Dauer. Außer bei den Moorleichen, wie gesagt. Die halten sich, weil ihnen die Luftzufuhr fehlt. Eine richtige Moorleiche hält sich Jahrhunderte, was sage ich? Jahrtausende. Wenn ihr nur die Luftzufuhr fehlt. Nur eine Moorleiche ist von Dauer. Fast möchte ich sagen: nur eine Moorleiche überlebt. Allein was wirklich isoliert ist, kommt über die Runden. Das ist wissenschaftlich erwiesen. Es liegen um mein Haus, um Trudes Haus, das längst auch zu dem meinen geworden ist, eine ganze Menge Leichen herum, ich hab sie bloß nie gefunden, mein Spaten ist zu kurz und die Leichen liegen zu tief, denn sie liegen da schon seit der Zeit, als der Mensch den Spaten erfand, seit der Eisenzeit, das ist wissenschaftlich erwiesen, ja, und darüber – im wahrsten Sinne des Wortes: darüber hinaus habe ich es auch am eigenen Leibe gespürt, unter den Sohlen meiner Moorstiefel auch ohne wissenschaftliche Beweise gespürt, wie man eben beim Ausschreiten im Moor die Moorleichen unweigerlich verspürt, denn der Boden ist weich und geebnet und federt unter den Schritten wie kein Boden sonst auf der Welt, denn die Leichen liegen geschichtet, jawohl, tief unter den Füßen versunken, überall, hier um das Haus und darüber hinaus, im ganzen norddeutschen Raum sind sie verteilt, auch in nordholländischen, dänischen, irischen sowie weiten baltischen Gebieten trifft man sie an; wohlerhalten, konserviert, spurlos ging die Zeit an ihnen vorbei, als seien sie erst gestern gestorben oder überhaupt noch nicht tot. Und wenn die Wissenschaft behauptet, daß die Mehrzahl der bislang gefundenen ca. 150 Moorleichen ins Moor versenkte Tote, entweder kultische Menschenopfer oder auf Grund germanischen Rechtsbrauches Hingerichtete sind, so kann dem nicht entschieden genug widersprochen werden. Ehebrecherinnen, Gattenmörder und Kindesschänder, sicherlich, das ist das eine. Ich aber bin nach den Jahren angewandter Forschung, die ich durch mein Moor wandernd betrieben habe, zu der Überzeugung gelangt, daß die meisten Moorleichen, jedenfalls die in dieser Gegend hier, die, die um mein Haus herum liegen unter dichten Schichten des

Vergessens (und ich bitte nicht zu übersehen: Schichten des Erwartens: häufig gut erhaltene Leder- und Gewebereste geben Aufschluß über die Trachten, Selbstschutz- und Dämonenabschreckungsmethoden jener Zeit und somit Hinweise auf die Trachten, Selbstschutz- und Dämonenabschreckungsmethoden, deren sich unsere Nachfahren werden bedienen müssen dereinst!) – daß diese Leichen Zeugnis ablegen von solchen Menschen, die in sich gegangen sind, hinaus in die Einsamkeit des Moores, um zu sich selbst zu gelangen, die erkennen und zu den Gründen vorstoßen wollten, die das Entschiedenste und Mensceneigentlichste zu erreichen trachteten, die Erkenntnis, in der sie sich schließlich verirrten, in der sie versanken. Die sie erhielt. Es erging ihnen nicht anders als mir. Nur standen ihnen zu ihrer Zeit nicht meine Orientierungshilfen zur Verfügung. Sie stießen blindlings vor zu sich selbst und fanden naturgemäß nicht mehr heraus. Denn vorstoßen zu sich selbst, zu den Gründen, das heißt ja: eindringen in die Natur. Die bekanntlich stärker ist als wir selbst. Da kommt man am Ende nicht ohne fremde Hilfe heraus, so stark man auch im übrigen dank aller Einsamkeit, der Mooreinsamkeit, ist. Man braucht jemanden, der einem die Richtung angibt. Und das sind für mich nun in erster Linie unsere militärischen Verbündeten, ich meine, die Engländer. Briten. Denn die von Norden her startenden und von Süden her einschwebenden Düsenjäger des britischen Luftstützpunktes sind mir hier tagsüber die allerbeste Hilfe. Die kann man gut sehen und hören. Jedenfalls bei gutem Wetter. Aber auch bei den im Moor nicht selten auftretenden Nebelverhältnissen bin ich nicht verloren. Zumal der unter dem Typennamen *Phantom* in der aeronautischen Welt bekannte Jäger das Moos unter den Füßen auf das empfindlichste in Schwingungen bringt. Es versteht sich von selbst, daß es eines ganz gehörigen Antriebspotentials – die Aggregate der Maschinen zerren an Gräsern und Halmen, ja reißen mir fast die Haare vom Kopf – und eines entsprechend unerhörten Geräuschaufwandes bedarf, um diesen nachgiebigen, ich sage es mal mit den Worten Trudes: diesen morosen und morbiden Boden hier in Schwingungen zu versetzen. Denn gemeinhin schwingt lediglich das Starre. Aber wenn der Lärm nur infernalisch genug ist, bringt er selbst Senkböden, Moose und Moraste zum Schwingen. Und an diese Schwingungen braucht man sich – insbesondere bei Nebel – nur zu halten. Sie weisen einem den Weg. So daß man auch nicht auf dem Boden, der weich ist und federnd, weil unter ihm Jahrtausende alte Schichten von Moorleichen lagern, auf Abwege gerät. Da ist man gegen jede Verirrung wie auch Verwirrung gefeit. Gegen den Sog der Natur, die, wie gesagt, stärker ist als man selbst. Gegen Abend und nachts aber, wenn der Flugverkehr aussetzt, halte ich mich an die langgestreckte gelbe Lichterkette des Autobahnzubringers im Westen. Gegenüber schließlich erkenne ich die hell erleuchtete, von Trude immer hell erleuchtete Tenne meines Hauses. Die niedrigen Fenster und die Luken der Schweine- und Rindviehboxen von Osten her waren mir noch immer die zuverlässigsten Wegweiser und Orientierungshilfen. Nächst den Phantomen, ich meine, den britischen Abfangjägern. Selbstredend.

Über vergleichbare Beleuchtungen und Schwingungshilfen, wie sie mir hier zu Diensten sind, verfügten die zu Moorleichen Gewordenen also mit einiger Sicherheit nicht. Deshalb mußten sie versinken. Und konnten sich erhalten. Luftdicht abgeschlossen überdauerten sie. Sie überlebten. Was niemand so ohne weiteres eine Spökenkiekerei nennen kann. Auch Trude nicht. Denn wenn hier überhaupt jemand Gespenster, Phantome – einmal abgesehen von den greifbaren und erdnahen, mir persönlich außerordentlich dienlichen Geistererscheinungen meiner britischen Nachbarn und mancherleut militärischer Verbündeter –: Phantome und Gespenster also sieht, dann ist sie es, Trude. Nicht ich. Schließlich ist es ja auch sie, die sich nicht allein ins Moor wagt. Wenn ich ihr aber doch tatsächlich einmal, aber eben auch nur dieses einzige Mal im Moor begegnet bin, dann doch deshalb, weil sie sich an jemand angehängt hatte. An diese Frau. Die Guinetti.

Ja.

Unglaublich. Aber ich gehe davon aus, daß es den Tatsachen entspricht. Denn ich konnte mich ja, als sie mir vergangene Woche über den Weg lief, tatsächlich an ihr Lächeln erinnern. So sehr ich aber auch grübelte,

von Trude liegengelassen auf dem gemeinsamen Bett,

so sehr ich auch in der Vergangenheit grub und mich bemühte, mir Trude in Begleitung dieser bemerkenswerten Frau vorzustellen, so wenig wollte mir doch eine Annäherung zwischen uns dreien gelingen, bis

ja, bis Trude wieder in der Tür auftauchte, groß, leibhaftig, fest und sagte:

»Komm mit!«

Ich fragte:

»Wohin?«

»Nach unten. Ich habe im Kamin ein Feuer gemacht.«

Sie zerrte an einem der unteren Zipfel der Daunendecke.

»Ich habe es auch widerspruchslos hingenommen«, sagte sie, »daß du mich hast sitzenlassen und von nachmittags um vier bis morgens um vier mit der Geliebten von Paul Brandig Tee getrunken hast.«

Sie hatte mir schon die ganze Decke vom Leib gezogen. So lag ich da, grübelnd, fröstelnd, entblößt. Trude reichte mir die Hand und sagte, sie habe unten am Kamin einen Grog für mich aufgebrüht. Sie zog mich mit der Hand aus dem Bett. Ich bräuchte mich im übrigen auch gar nicht zu verstellen, sagte sie. Und während ich da zitternd am Bettrand stand und auf dem Boden des Schlafzimmers Ausschau hielt nach meinem Morgenmantel – irgendwo hatte ich ihn doch gelassen, irgendwohin auf die Lammfellteppiche oder in eine Ecke der mit einer Art Heidehonigsubstrat getränkten Diele hatte ich ihn doch geschmissen –, während ich da stand und ihn nicht fand, sagte Trude, daß es mich, wenn ich es nicht ohnehin wüßte, mich aber nur nicht erinnern wollte, ja nicht gänzlich kalt – kalt! sagte sie – lassen dürfte zu erfahren, unter welchen Umständen ich schon einmal die Gelegenheit – die Gelegenheit, sagte sie – gehabt hatte. Auch wenn sie, Trude, dabeigewesen sei. Und ich mich meinerseits nicht entbrechen könnte – entbrechen, sagte sie – zu behaupten, ich erinnerte mich lediglich an das Lächeln dieser erbarmungswürdigen Person.

8

Trude war in der günstigeren Position.

Oft frage ich mich, ob sie das, was sie tut, wissentlich und willentlich tut, oder ob es vielmehr eine Art unfehlbarer und eben auch unerbittlicher Instinkt ist, der ihre Worte und Handlungen lenkt. Ja, sowohl die Handlungen als auch die Worte.

Sie legt Villa-Lobos, Heitor Villa-Lobos, auf und nennt mich einen *Frostköddel.* Das muß man sich mal vorstellen.

Ich hatte meinen Morgenmantel nirgendwo gefunden, meinen weinroten Morgenmantel mit den nachtblauen Revers, den ich immer anzieh, wenn ich von innen her frier. Friere ich nämlich von außen her, ziehe ich den dicken Bademantel, den zitronengelben Bademantel an, den mir Trude von einer ihrer zahlreichen Reisen in die nähere und weitere Umgebung mitgebracht hat. Obwohl der Bademantel dicker ist und objektiv besser wärmt als der Morgenmantel, der ziemlich dünn ist, ziehe ich ihn nicht an, wenn ich von innen her frier. Denn wenn ich von innen her frier, macht mich der Bademantel, der, weil er mich an Bäder, Schwimmbäder und Strandbäder, Hallenbäder und Moorbäder – kurz: an Feuchtigkeit und Hautkrankheiten, die an solchen Orten bekanntlich öfter erworben als geheilt werden, und vor allem die unvermeidlichen Blikke der von keinerlei Schuppen, Krusten, Erosionen, Schrunden, Borken, Narben, Atrophien und Erythemen Befallenen erinnert, eher frösteln als der dünne Morgenmantel.

Trude hatte mir den Bademantel gereicht, die Platte aufgelegt und mir diesen Hieb versetzt: *Frostköddel!*

Der Bademantel läßt mich, wenn ich sowieso schon von innen her friere und fröstele, nur noch empfindlicher abkühlen. Er verkörpert Trudes umfassende Fürsorge. Mit der sie mich umhüllt und umgibt. Ja, sie ist stets zu Diensten. Sie schreckt vor rein gar nichts zurück.

Sie reicht mir den Bademantel, legt Klaviermusik auf und schleudert mir dieses Wort an den Kopf: *Frostköddel!* Als wäre man, nur weil man empfindlich ist, das Exkrement irgendeines zugelaufenen Hunds. Kalter Köterkot, in den sie versehentlich tritt. Irgendeine Scheiße! Ja, gewiß. Nicht anders nennen sie hierzulande zum Beispiel ein frierendes Kind. Für volkstümlich und lebensnah halten sie solch eine Sprache, die von nichts anderem zeugt als von Mangel an ästhetischem Feingefühl. Sonst stieße doch Trude gewiß auch meine Hautkrankheit ab. Aber nichts. Meine Hautkrankheit stößt Trude nicht ab. Die stößt nur mich selbst ab, so wie ich selbst die Haut abstoße an Ellenbogen, Knien, Kopfhaut und Kreuzbein. Gutartig ist die Erkrankung, ich sagte es schon, aber hartnäckig ist sie dazu. Verschorfungen, Verschuppungen, Flechten. Trockene, silberglänzende und weißgelbliche auf rötlichen Flecken, die kreisrund und oval, ringförmig bis landkartenartig und peripher wachsend auch geschütztere Teile meines Körpers bedecken. Und wenn der praktische Arzt, zu dem mich Trude gelegentlich fährt im ersten Dorf jenseits des Moors, von *normaler* Schuppenflechte spricht *(psoriasis vulgaris)*, Ursache vorwiegend (vorwiegend!) unbekannt, dann diagnostiziert der Fachmann in der Dermatologie der Städtischen

Krankenanstalten eine *ichthyosis vulgaris,* was auf deutsch nichts anderes als Fischschuppenkrankheit heißt. Das habe ich mir schon immer gedacht.

Aber das macht ihr, Trude, alles nichts aus. Sie hat ein stark reduziertes Feingefühl. Sie hat keine Ästhetik. Sie liebt mich so, wie ich bin. Wegen der Erkrankung, aufgrund der Erkrankung, für die Erkrankung. Nicht trotz der Erkrankung. Sonst würde sie mich doch zum Beispiel ja mal verreisen lassen. In sonnigere Gegenden. Denn es ist die Sonne, die heilt. Nicht Bäder heilen, nicht einmal Moorbäder. Es wäre die Sonne, die mich von meiner Erkrankung befreien könnte. Das ist erwiesen, medizinisch-wissenschaftlich erwiesen. Aber Trude läßt mich nicht weg. Sonst, das sagte sie einmal vor Jahren, zu der Zeit, als wir hin und wieder noch mal auf Paul Brandig zu sprechen kamen – sonst, sagte sie ganz unverblümt, erginge es ihr womöglich noch wie Elisabeth mit Paul. Ich käme womöglich nicht wieder.

Trude hat meine Hauterkrankung gleichsam zu der ihr eigenen gemacht – allerdings ohne die Konsequenzen zu tragen. Wobei ich nicht vom Juckreiz spreche, der Juckreiz ist gering. Ich spreche vom Anblick. Sie kann weggucken, ich nicht. Sie kann wegfahren, ich nicht. Daß sie mich aber ohne Scheu und ohne Unterlaß anguckt, daß sie sich nicht ekelt vor mir – das macht mich erschauern. Das macht mich mehr erschauern als die Krankheit *an sich.* Was müssen das für Instinkte sein, die Trude innewohnen! Was für Gewalten, die sie treiben! Was für eine Natur! Oder wenigstens: was für vertrackte Beweggründe! Die sie mich lieben machen, wenn sie sich nicht vor mir ekelt. Und mit was für einer Ausdauer sie zu mir hält! Sie läßt nicht locker. Nicht jemand wie sie. Das habe ich vom ersten Tag an erfahren. Am eigenen Leib. Das ist es eben auch, was sie ihrerseits so anziehend macht. Ich sagte es schon.

Aber Trudes Gewalten, Trudes Instinkte, Trudes Natur machen mir auch angst. Immer bin ich in der Defensive. Denn ich bin meinerseits in einer Position, die mich in nichts – sieht man einmal ab von Trudes Brüsten, die ein wenig schwer geworden sind in den Jahren mit mir, sowie ihrer Vernunft, ich meine jene übergreifende Vernunft, die alles, was sie zum Gegenstand des Denkens und Diskurses nimmt, unter dem Gesichtspunkt sowohl persönlichen Gewinns (ihr Haus) als auch allgemeinen Nutzens (Landschaftsschutz), autonomen Lustzuwachses (meine Krankheit) als auch repräsentativer Bewußtseinserweiterung (Moorheilbadeeffekt) zu betrachten versteht –: bin ich in einer Position also, die mich in wahrhaft gar nichts dazu bewegen könnte, offen etwas an ihr auszusetzen. Mir fehlt eben ein wenig das Schwache an ihr. Trude ist stark. Sie ist immer in der günstigeren Position.

»Setz dich dort hin«, sagte sie und zeigte auf den großen Ohrensessel mit dem Blumenmuster, der frontal vor dem Kamin stand. Ich griff zum Stochereisen und stocherte von der Sesselkante aus in der ersten durch weiße Asche schimmernden Torfglut herum. Währenddessen trat Trude hinter ihren Schreibtisch, in den, von vorne unsichtbar, die große Stereoanlage eingebaut ist. Sie legte die Platte auf.

»Villa-Lobos«, sagte sie, »Heitor Villa-Lobos. Hab ich in der Stadt gekauft.«

Klaviermusik.

Trude trat hinter dem Schreibtisch hervor. Und da erst bemerkte ich, daß sie meinen Morgenmantel trug. Ich ließ das Stochereisen fallen und lehnte mich in meinem Sessel zurück. Trude rückte den kleinen grünen samtbezogenen Armsessel dicht an meinen Ohrensessel heran.

»Hab ich mir in der Stadt gekauft«, sagte sie, »weil du mich versetzt hast. Zum Trost. Hör einmal hin.«

Ich hörte.

»Das ist keine Volksmusik«, sagte Trude, »das ist brasilianische Kunstmusik mit europäischem Raffinement.«

»Zwei Pianos«, sagte ich.

»Ja, denkst du«, sagte Trude, »das ist es ja eben, ein einziges nur.«

»Erstaunlich«, sagte ich und hielt mir den Bademantelkragen am Hals zu.

»Ist das nicht wunderbar?« sagte sie und ergriff meine freie Hand. Sie war in der günstigeren Position.

»Hörst du zu?« sagte sie.

»Ja, ich höre zu.«

»Erinnerst du dich?«

»Woran?« sagte ich.

Sie drückte mir, als wollte sie mir beistehen, etwas fester die Hand. Mich überkam ein kurzer heftiger Schauer und ich schüttelte mich.

»Ich meine nicht die Musik«, sagte Trude und fügte, mir mit den

Fingerspitzen einer ihrer schönen kräftigen Hände über meine rötlichen, krankhaft veränderten und vom praktischen Arzt Tüpfernägel genannten Nägel streichelnd, die aus ihrer geschlossenen anderen Hand hervorlugten, hinzu:

»Du mein kleiner *Frostköddel*!«

Das war, wie ich inzwischen weiß, durchaus liebevoll gemeint. In gewisser Weise – in seiner Roheit – war es sogar das Allerzärtlichste.

Aber dann begann das Verhör. Ich nenne es ein Verhör, denn Trude fragte mich nach etwas aus, das sie wußte und von dem sie wissen mußte, daß ich es nicht wußte. Ausgerechnet nach dem, von dem sie wußte, daß ich es nicht wissen konnte, fragte sie mich aus.

»Erinnerst du dich nicht, wie sie verstört zu Boden blickte?«

»Wer blickte verstört zu Boden?«

»Na diese Kleine von Paul.«

»Wo blickte sie zu Boden?«

»Na wo schon«, sagte Trude, »wo schon? Natürlich hier, hier draußen, hier vor unserer Tür.«

»Ich weiß nicht, wovon du redest«, sagte ich.

»Du wirst es schon noch wissen«, sagte sie in einem Tonfall, der etwas Drohendes annahm. Gleichzeitig ließ sie meine Hand fallen. Sie beugte sich hinüber zu dem Melkschemel, der neben dem Kamin und wie das schmiedeeiserne Kaminbesteck in Reichweite stand. Auf dem Schemel standen die zwei Gläser mit Grog. Trude reichte mir ein Glas herüber. Das ihre ließ sie unberührt.

»Stand sie nicht dort vor der Tür?«

Ich zuckte mit den Achseln.

Der Grog war schon ziemlich kalt.

»Kannst du dich nicht erinnern, wie erbarmungswürdig sie aussah?«

»Kann ich nicht«, sagte ich, »denn ich war nicht dabei.«

»Du wirst dich schon noch erinnern«, sagte Trude und verengte die Lider zu einem schmalen Spalt. So als wollte sie mich näher an sich heranholen.

»Sie war bis auf die Haut naß«, sagte Trude, »und sie zitterte wie Espenlaub. Mitten im Sommer. Kann man im Sommer wie Espenlaub zittern?«

»Kann man«, sagte ich.

»Richtig«, sagte Trude, »kann man, besonders wenn man bis auf die Haut naß ist.«

Sie öffnete wieder ganz die Augen, als könnte ich mich nun wieder entfernen.

»Aber erinnerst du dich denn nicht an ihren Zustand? Und wie sie in diesem Zustand, in dem sie da, nachdem sie geklingelt und ich aufgemacht hatte, in der Tür stand und fragte, ohne auch nur guten Tag zu sagen, ob Paul da sei?«

»Ich war im Moor«, sagte ich.

»Ich«, sagte Trude, »verstand erst gar nicht, wen sie meinte mit Paul. Kannst du dir das vorstellen?«

»Nein«, sagte ich, zugegeben, sehr trocken.

Trude erhob sich nun und griff nach ihrem Grogglas. Sie stand seitlich zwischen dem Kaminfeuer und mir. Ihr Körper zeichnete sich in seiner aufrechten Fülle deutlich unter meinem Morgenmantel ab. Die großen Brüste wirkten weniger groß unter dem sanft fallenden, Seide imitierenden Stoff.

»Ja erinnerst du dich denn nicht, wie sie sagte, daß ihr Paul weggelaufen sei?« Das war mir nun wirklich neu.

»Nicht umgekehrt?« sagte ich.

»Wie umgekehrt?«

»Nicht vielmehr sie ihm?«

»Stell dich nicht dumm«, sagte Trude, »du weißt ganz genau, daß Paul ihr weggelaufen ist, genauso wie er Elisabeth weggelaufen ist. So einer läuft doch jeder davon.«

Trude kippte ihr volles Grogglas mit ausgestrecktem Arm über dem Torffeuer aus, daß es zischte. Dann wandte sie sich wieder mir zu.

»Also gut«, sagte Trude, »du erinnerst dich also nicht, wie dies arme schutzlose Wesen dort an unserer Tür, klitschnaß und am ganzen Leib wie Espenlaub zitternd, stand und sich kaum auf den Beinen halten konnte und ihren Kopf an den Türpfosten lehnte und sich mit einer Hand an meinem Unterarm festhielt und berichtete, daß sie am Mittag in Begleitung von Paul aus der Stadt gekommen sei mit dem Fahrrad, daß sie gemeinsam eine Radtour unternommen hätten und daß sie einen Blick hätten hereinwerfen wollen bei uns, weil Paul sie, das arme Kind, uns habe vorstellen wollen; daß ich aber um diese Zeit wie immer außer sonntags auf der Post war, um mich um deine aus- und eingehende Korrespondenz zu kümmern, während du hinter deinen Moorleichen her warst, die dich ja noch voll in Anspruch nahmen bis zu jenem Tag –«

»Bis zu jenem Tag?« unterbrach ich.

»Erinnerst dich also auch nicht«, fuhr Trude fort, als habe sie mein Erstaunen, was selten vorkommt, gar nicht wahrgenommen, »daß die beiden um unser Haus herumspaziert waren, um uns zu suchen, und daß sie sich dann, als sie uns nicht fanden, sich die Zeit vertreibend und auf unsere Heimkehr wartend, immer weiter von unserem Haus entfernten, bis sie schließlich ins Moor gerieten, immer weiter und tiefer hinein ins Moor, wo sie sich schließlich erschöpft niederließen im Schilf am Rande eines Tümpels oder einer Versumpfung, in die sie, das Mädchen, dann die vom Wandern brennenden Füße streckte, das unerfahrene Ding, worauf sie natürlich, da Moorbäder zunächst die Zirkulation anregen und dann heilsam entspannen, binnen kürzester Zeit einschlief, er aber, wie es kaum anders zu erwarten ist von jemandem wie Brandig, die Gelegenheit wahrnahm, um sich davonzumachen, weil ihn ja nichts wirklich hält außer«, wie wir, Trude und ich, wohl zur Genüge wüßten, »außer seine mit übertriebener Juristerei betriebenen umstürzlerischen Ambitionen, so daß sie, das Mädchen, als sie wieder erwachte – und zwar erwachte von der feuchten Kühle des Sumpfes, in den sie in ihrem unruhigen Schlaf mehr und mehr hineingerutscht war ... daß sie sich noch gerade so (gerade so!) retten konnte vor dem Versinken in dem zähen körperverschlingenden Morast, während er, Brandig, weg war und verschwunden blieb, verschwunden blieb mitsamt seinem Fahrrad, denn als sie, die Im-Stich-Gelassene, nach langem Suchen und Herumirren im Moor endlich herausfand aus ihrer Orientierungslosigkeit, stieß sie am Ende auf den Schlammweg, der zu unserem Haus führt, und somit eben direkt auf unser Haus, an dessen Tennentor zwei Fahrräder hätten lehnen müssen statt eines, aber es stand eben nur eines da, gib es doch zu ...«

Trude stellte ihr leeres Grogglas auf dem Melkschemel ab und nahm wieder Platz auf ihrem kleinen grünen Armsessel.

»Ich weiß nicht«, sagte ich, »was ich hier zugeben soll.«

»Ich hab dir doch damals alles haarklein erzählt«, sagte sie, »alles haarklein – und außerdem bist du ihr – bist du uns – schließlich auch noch persönlich begegnet. Gibs zu, wenigstens das.«

»Ja, wahrhaftig«, sagte ich, »da war was, da war was gewesen. An irgendetwas erinnere ich mich dunkel. Etwas ist mir ja auch durchaus bekannt vorgekommen, als ich ...«

»Na also, bitte«, unterbrach Trude, »warum nicht gleich so. Dann weißt du auch, daß ich sie begleitet habe, als sie loszog, um Brandig zu suchen. Denn sie glaubte doch tatsächlich, er, Brandig, sei, während sie geschlafen hatte, neben ihr im Moor versunken. Absurd, wirklich absurd. Dann hätte doch zumindest sein Fahrrad an unserer Hauswand stehen müssen. Sie aber war wie entfesselt und keinerlei vernünftigem Argument zugänglich, stapfte in ihrer Panik, um nicht zu sagen: Hysterie, mitten hinein ins Moor. Um Paul zu suchen. Da konnte ich sie kaum allein lassen.«

Trude schlug ein Bein über das andere unter meinem Morgenmantel.

»Und so stießen wir natürlich auch nicht auf Paul Brandig, weder auf einen toten noch auf einen lebendigen«, sagte sie, »wir stießen auf dich.«

Trude sah mich fest an.

»Ach, auf mich«, sagte ich.

»Ja, auf dich – und du kannst auch zugeben, daß du sie angeschaut hast, zwar nur kurz, aber doch voller Erstaunen, und daß du mich dabei gar nicht wahrgenommen hast, nur *sie* hattest du im Blick, allerdings wie eine Art Erscheinung, deshalb wandtest du dich ja auch sofort wieder ab und gingst weiter dort am Erlenrand in Richtung Fliegerhorst. Deinen Moorleichen nach. Aber ich hatte es selbst gesehen, du kannst es nicht mehr leugnen, sie hat gelächelt, sie hat dich in dem erbarmungswürdigen Zustand, in dem sie war, noch anlächeln können, so daß du – offenbar deinerseits in einen Zustand, durch diese Person in eine Art Zustand völliger geistiger Umnachtung versetzt – überhaupt nichts mehr wahrnahmst...«

Trude hielt, ein wenig kurzatmig geworden, für einen Augenblick inne.

»...stattdessen weiterzogst«, fuhr sie fort, »als wäre nichts geschehn, während sie, dies kleine verzweifelte Biest, sagte: Ist das Ihr Mann? Worauf ich, blöd, wie ich bin, antwortete: Ja, gewissermaßen, ja. Worauf sie dann auch noch glaubte erwidern zu müssen: Ein sympathischer Mensch.«

Trude holte tief Luft.

»Gibs zu«, sagte sie.

»Was denn nun noch«, sagte ich, »war ich nicht schon weitergezogen?«

»Daß sie dich persönlich angelächelt hat.«

»Natürlich«, sagte ich.

»Und daß sie mir, als du weitergezogen warst, sagte: Das ist also der, der jahrelang Paul mit Elisabeth hintergangen hat!«

»Das kann ich nun aber wirklich nicht wissen«, sagte ich.

»Aber zugeben kannst du es«, sagte Trude, »denn du hast es immer geleugnet.«

Ich sah Trudes starke schöne Hände, die ineinandergriffen, als hätten die gegeneinander zu kämpfen.

»Mit der Frau deines besten Freundes. Wahrscheinlich«, sagte Trude, »auch noch zu der Zeit, als er sie schon längst verlassen hatte... wahrscheinlich auch noch, als wir beide schon längst zusammen waren, ich hatte es immer geahnt; mit Sicherheit bis zu dem Tag, als ich es endlich geschafft hatte, dich in die dir angemessene Mooreinsamkeit hereinzuholen, dich, der du bei allem zu allein warst, um das für dich Notwendige zu erkennen, gegen alle nur allzu sehr außerhalb deiner Macht stehenden Widerstände zu retten, damit du nicht in ihren Armen verreckst.«

Trude starrte mich an.

»Gibs zu!« flüsterte sie.

»Das ist Jahre her«, sagte ich, »und es gibt nichts zuzugeben.«

Die Schallplatte war abgelaufen; erst das Verklingen der Klaviermusik machte mir bewußt, daß sie das Verhör begleitet hatte.

»Gibs endlich zu!« beharrte Trude noch immer.

»Trude!« sagte ich.

Sie rutschte wie von einem Schwächeanfall erfaßt von ihrem Sessel und schüttelte sich. Ich beugte mich vor und berührte sie mit einer Hand an der Schulter.

»Du«, sagte ich.

Nun warf sie sich mir zu Füßen.

»Wie lange hat das mit Elisabeth gedauert?« stieß sie hervor.

»Ich weiß es nicht mehr«, sagte ich, »das ist zu lange her. Ich habe es vergessen. Ich weiß nicht einmal mehr, wie Elisabeth aussieht.«

»O du Scheusal!« rief Trude, warf den Bademantelsaum von meinen Knien und umklammerte meine Unterschenkel.

»Und wann«, fragte ich wie zur Beschwichtigung, »wann waren wir drei, Brandigs Geliebte, du und ich, uns begegnet dort draußen im Moor? Das würde mich interessieren. Wann, zu welcher Zeit ungefähr?«

Trude hob den Kopf.

»Im Sommer«, sagte sie, mit einem Mal ganz ruhig.

Sie richtete sich auf und rückte zwischen meinen Beinen auf Knien näher an mich heran.

»Im Sommer 79«, sagte sie.

Sie streichelte mir, an mir vorbei in die Ferne blickend, Hals, Stirn und Nacken.

»Die Zeit«, sagte sie, »die Zeit – je ferner die Ereignisse rücken, desto deutlicher und endgültiger stehen sie als festes Bild vor unseren Augen.«

Ich küßte Trudes mich streichelnden Hände. Sie sah mir nun in die Augen.

»Das Kind«, sagte sie, »hätte doch selbst glatt dort im Moor, wo es eingeschlafen war, im Sumpf versinken können. Hast du es nicht auch immer gesagt, daß es ein leichtes sei, im Moor zu versinken? Daß sich viele im Moor verirren und dann versinken und nie wieder auftauchen?«

Sie hielt eine Weile den Mund geöffnet, ohne zu sprechen.

»Aber zum Glück hast du ja von dem Tag an dein Interesse an den Moorleichen verloren gehabt.«

Trude schüttelte sich wie in dem Augenblick, als sie vom Sessel gerutscht war, sackte plötzlich regelrecht weg, legte ihren Kopf in meinen Schoß und die Hände auf meine bebenden Knie. Sie schwieg lange. Bis die Torfglut im Kamin allmählich erlosch.

»Ich hoffe«, sagte sie, »es fängt nicht jetzt wieder an.« Und ich verspürte Wort für Wort ihren Atem auf meinem Geschlecht.

9

Elisabeth hatte sich kaum verändert.

Mit dem Kind an der Hand kam sie mir aus den dichten Pulks grölender, pfeifender, vorwärtsdrängender und Fahnen schwingender Fußballfans, die mich überholt hatten, entgegen. Die zahllosen Rücken mit den grün-weißen Trikots, den von Silberkopfnägeln starrenden schwarzen Lederjacken und den mit grellbunten Adlern, himmelblauen Schlangen und goldenen Totenköpfen bestickten Jeanswesten, die in Cowboy- und Sturmtruppstiefeln, in Turn- und Fliegerbundschuhen dahinschwankenden und stampfenden Gestalten hatten sich um Elisabeth und das Kind herum geöffnet und sofort wieder um sie geschlossen. Elisabeth wie früher mit dem zögernden, wie über steinige Umwege auf sich selbst zu gerichteten Schritt. Nun jedoch so, als sei sie beschützt von dem Kind. Sie trug einen für die Jahreszeit nicht ausreichend wirkenden Mantel, ein etwas bläßliches graues Kleidungsstück, das sehr eng anlag und – wie ich beim Näherkommen sah – um die den Schritten gegenläufigen Taillenpartien herum rhythmische Falten schlug. Sie hatte halbhohe, wie entschiedenerer Eleganz abgesägte Stöckelschuhe an. Sie hatte sich kaum verändert. Vielleicht war sie etwas breiter geworden in den Hüften, von denen sie die zerbrechliche Zartheit, die mich immer angerührt hatte wie die eines Kindes, nunmehr weiter- und womöglich für immer abgegeben hatte an die ein wenig mager, aber doch keineswegs schwächlich ausschauende Tochter. Die schmalen Schultern, der ausgeprägt lange Hals, das von hohen Wangen spitz zum Kinn auslaufende Gesicht wirkten auf den ersten Blick nicht anders als früher. Nur ihre Augen hatten sich mehr der ihr seit je innewohnenden Müdigkeit geöffnet – einer Müdigkeit allerdings, mit der sie auf das behutsamste und achtsamste begegnete den hellwachen Augen des Kinds.

Sie kam mir auf der Außenseite des Deichs entgegen.

Wir begegneten uns inmitten ohrenbetäubenden Lärms. Gebrüll und Getöse, Geschrei, Gelächter, Johlen, Heulen und Kreischen. Gesang. Die Fußballfans schwangen Bierflaschen und führten auch die verschiedensten Instrumente mit sich. Trommeln und Tuten und Pauken. Fahrradketten, Gummischläuche, Knüppel. An Nebelhörner und Autohupen gemahnende batteriebetriebene Geräte. Trompeten, Posaunen und Tonsäcke, deren zahlreich in die Luft ragende Rohre und Pfeifen gespeist wurden durch in alten Kinderwagen mitgeführte Preßluftflaschen. In einem über die Unebenheiten des betonierten Fußgängerwegs ratternden Handwagen mit Deichsel waren auch Bierkästen gestapelt, die immer wieder – und trotz aller richtunggebenden Stöße, Flüche und Gesänge – auf die spitzen Granitquadern der Außendeichböschung zu kippen drohten.

Der Lärm näherte sich mir immer von hinten, schwoll an, brandete an mir vorbei und begegnete schließlich Elisabeth mit dem Kind. Sie hatte die roten Flecken am Hals, die ich von ihr kannte. Die immer aufgetreten waren in Gegenwart von Paul. Oder genauer: die gelegentlich auftraten, allerdings immer nur in Gegenwart von Paul – und natürlich von mir in Gegenwart von Paul.

Sie streckte mir die Hand entgegen und zog sie kaum an ihren Körper heran. Ich hätte sie nicht umarmen können. Das Kind machte ohne Aufforderung – und ohne mich anzusehen – einen Knicks, ergriff erst dann meine Hand und blickte gleichzeitig den wilden lärmenden Gestalten nach.

Ich hatte mich von der Telephonzentrale der Klinik mit der Schwesternausbildung verbinden lassen und einfach nach Frau Brandig gefragt. Obwohl sie wohl kaum mehr so heißt. (Trude, die derlei Dinge nicht nur in Erfahrung, sondern mir auch in der ihr eigenen Art lauernd beiläufig zur Kenntnis zu bringen weiß, hatte mir bei Gelegenheit schon erzählt, daß Elisabeth inzwischen wieder verheiratet sei. Von einem Kind aber wußte Trude offenbar ebenso wenig wie ich!) Ich hatte Glück und wurde umgehend mit Elisabeth, die Dienst hatte, verbunden.

Wir hatten uns am Fluß verabredet. Am Fährhaus. Wie früher. Sich nur wegen früher nicht am Fährhaus zu treffen, hatte sie gesagt, das wäre doch albern.

In Anbetracht der mich von der Innenstadt, vom Rathaus, von der Bürgerschaft und vom Dom her von hinten überrollenden und mit überwiegend grün-weißen Trikots und grün-weißen Fahnen ausgestatteten Massen – am Bahnhof war ich schon mit rot-weiße Trikots tragenden und rot-weiße Fahnen schwingenden Massen von Fans der gegnerischen Mannschaft, die zu Gast war, zusammengestoßen – bin ich, vor der vereinbarten Zeit, mitgerissen von den grün-weißen Massen, lange vor der vereinbarten Zeit am Fährhaus anlangend, einfach weitergezogen, habe mich weiter mitreißen lassen, absichtlich mitreißen lassen, um Elisabeth, die aus entgegengesetzter Richtung kommen mußte, entgegenzugehn. Sonst kam den Massen und mir niemand entgegen. Es schien Elisabeth nicht zu überraschen, mir schon in Stadionnähe zu begegnen. Eingebettet in den Strom der zum Stadion ziehenden Massen, hatte ich mich, obwohl gelegentlich angerempelt beim Überholtwerden und trotz des ohrenbetäubenden Lärms, der mich umbrandete, nicht bedroht gefühlt. Erst als mir Elisabeth die Hand entgegengestreckt und das Kind seinen artigen Knicks gemacht hatte und ich mit beiden die von ihnen gehaltene Richtung zum Fährhaus, an dem ich schon vorbeigekommen war, und also zurück zur Innenstadt einschlug, den Massen entgegen, nahm ich deren ganze schonungslose Begeisterung wahr. Eine selbst durch den ungünstigsten späteren Spielausgang nicht zu besiegende Begeisterung. Ich sah in die Gesichter. Mitten hinein. Und sah die Entschlossenheit. Aber auch den ohnmächtigen Taumel hinter dem Traum von Entschlossenheit her. Es gab welche, die erwiderten meinen Blick. Allerdings aus den Augenwinkeln. Als sie schon fast an mir vorbei waren – und mich gerade noch anrempeln konnten. Mich, nicht aber Elisabeth, die geschützt war durch das Kind, rempelten sie jetzt absichtlich an. Als hätte ich mutwillig die falsche Richtung eingeschlagen gehabt.

Ich lag immer einen halben bis einen ganzen Schritt vor Elisabeth und dem Kind, um mögliche Ellenbogenschläge oder Fahnenstangenhiebe abzufangen. Ich weiß, ohne mich wären sie keinerlei Gefahr gelaufen. Aber wir waren nun einmal zu dritt.

Zum Glück jedoch passierte uns nichts.

Nur konnten wir vor lauter Lärm und vor lauter Aufmerksamkeit für die sich uns entgegenwälzenden Massen kein Wort miteinander reden.

Über dem Fluß hingen Schwaden gelblichen Nebels. Dahinter, jenseits des Flusses über den erstarrten Hecken, Zäunen und Obstbaumästen der Schrebergärten, im Weiß ein rötlicher Schimmer. Da war die Sonne. Weiß und starr auch das Gras, das von der Fußgängerpiste den Deich hochwuchs. Rauhreif, der sich gehalten hatte vom Morgen und den man hätte knirschen hören müssen unter den Stiefeln und Tritten der Massen. Aber dafür war es zu laut. In unserer Richtung, den Fluß abwärts, schob sich ein Lastkahn. Er überholte uns nicht. Vielleicht ließ er sich treiben. Die große Weserbrücke, die die Neustadt mit dem Zentrum verbindet, war noch nicht zu sehn.

Ich zog mich in meinen dicken Wintermantel aus Lammfell hinein. Ich fragte Elisabeth, ob sie nicht fröre. Fast brüllte ich sie an. Da blieb sie stehen und zurrte den Schal der Tochter ordentlich und fest um deren Hals. Dann sah sie mich mit erschrockenen Augen an. Als hätte ich ihr etwas angetan.

Trude hatte ich am Mittag am Tisch in ihrer *heimeligen* Küche erzählt, daß ich in die Stadt führe, um mir ein Fußballspiel anzusehn.

Sie hatte mich entgeistert angeschaut.

Ich gehe sonst nie zu Fußballspielen. Das stimmt. Aber wenn man, sagte ich, von heute auf morgen sein Interesse an Moorleichen verlieren kann, dann kann man auch von heute auf morgen ein Interesse an Fußball gewinnen.

»Gegen wen spielen die denn?« hatte Trude gefragt.

Das wüßte ich nicht, sagte ich.

Und sie hatte mir mein Versprechen abgenommen, daß ich nicht wieder zu dieser Frau ginge, dieser früheren Geliebten von Brandig, mit der ich ja schon die Nacht von Mittwoch auf Donnerstag verbracht hätte.

»Bei Tee!« sagte Trude.

Ja, die Tage.

Donnerstag, Freitag. Schweigen.

Von Freitag auf Sonnabend das Verhör.

Am Nachmittag Fußball.

10

Frauen unbestimmten Alters, deren Lebensgram bei entsprechender Beleuchtung immer wie ein Lachfältchen wirkt. Ein Satz von Trude, den ich mir gemerkt habe. Gelegentlich schreibt sie ein Feature für den Rundfunk. Zum Geldverdienen. Wenn sie glaubt, daß mich das Thema interessiert, gibt sie mir das Manuskript vor Ablieferung zu lesen. In jener Arbeit, in der es um Frauenfragen ging, war unter anderem die Rede gewesen von einem Punsch- oder Punchhaus – einem *Punchhouse* für Lotsenwitwen, die die Vorzüge regelmäßigen ehelichen Zusammenlebens ins Feld führen gegen die vornehmlich von Gattinnen noch aktiver Offiziere (auf großer, auch mittlerer Fahrt!) verteidigten Vorzüge ausgedehnter partnerschaftlicher Trennung. Für einen Augenblick war ich im Zweifel gewesen, ob Trude mit der gewählten Bezeichnung den Austragungsort von Faustkämpfen oder aber einen Ort meinte, an dem heiße Getränke gereicht werden. Das eben ist die Trude eigene schriftstellerische Ironie, die nie gänzlich frei von Selbstironie ist.

Ich glaubte denn auch im ersten Moment, ich sei mit Elisabeth und dem Kind an einen von Trude beschworenen Ort geraten. Das Kind hatte sich für das blaue phosphoreszierende Transparent über dem Kneipeneingang begeistert. *Unter dem Himmelsgewölbe* hieß der Ort, wenn ich mich recht erinnere. Wir waren durch eine rotierende Windfangtür eingetreten. Das Kind war uns vorangegangen und dreimal gefolgt.

Die vorhandenen drei oder vier Tische rechts von der Theke waren sämtlich von Frauen besetzt. Trotz der maritimen, astrologischen und gewissermaßen seefahrtszoologischen Inneneinrichtung doch spürbar ein Ort, an den es keinen Seemann verschlägt.

Über der Theke war ein Netz gespannt, in dem ausgenommene und vertrocknete oder auch ausgestopfte Meerestiere schwebten, ein Sägefisch, ein Schwertfisch, ein Hai, ein paar gefällig verteilte Seeigel, ein jüngerer Alligator (sofern es sich nicht doch um ein Exemplar jener Zwergart von Ganges-Gavial handelte, den mir einmal vor Jahren mein bester englischer Kunde als Gastgeschenk ins Moor mitgebracht hat) sowie ein paar Schildkröten. Auch in Hanftau eingeflochtene grünliche Glaskugeln. Über allem aber, bis hinüber über die Köpfe der Frauen, über denen kein Meergetier in Netzen mehr schwebte, wölbte sich ein dunkelblauer, offenbar mit Spezialleuchtfarbe ausgestrichener und von indirekter, jedoch besonders leuchtkräftiger Leuchtstrahlerbeleuchtung ausgeleuchteter und somit auf das äußerste strahlender dunkelblauer Himmel mit zahllosen goldenen Sternen. Auf Elisabeths und meinen Stehtisch hingegen fiel durch das Fenster, das die Form eines ziemlich großen Bulleyes hatte, gefiltert und gestreut von geraffter Tropengaze, der Tag. Er fiel auf jenen Sternenhimmel, der als Karte unter der Glasplatte des Stehtisches ausgelegt war. Elisabeth saß auf einem Hokker vor dem südlichen Sternhimmel, ich saß vor dem nördlichen. Das Kind kniete auf einem Hocker an der Theke und tippte mit dem Zeigefinger auf ein hin- und herpendelndes Schildchen aus Messing.

»Pschorr«, sprach es nachdenklich, dann »Pschorr« etwas erstaunt und »Pschorr, Pschorr« schließlich leise vergnügt. Auch die Frauen an den Tischen sprachen leise. Bis sie sich einander entgegenbeugten und schwiegen. Eine der das leise sprechende Kind Betrachtenden räusperte sich.

Elisabeth war zusammengezuckt. Sie hatte plötzlich wieder diese roten Flecken am Hals. Ich blickte auf meine roten Handknöchel. Das Kind sah sich um zu den Frauen und entdeckte, den Kopf hebend, in diesem Augenblick wohl erst das strahlende Blau des Himmels mit den goldenen Sternen. Es blickte zum Himmel und schien ein wenig auf seinen Knien zu schwanken.

»Sie kann schon lesen«, sagte ich hilflos zu Elisabeth.

Die hob kaum merklich wie entschuldigend die Brauen.

»Anna kommt im Sommer zur Schule.«

Elisabeth griff sich an den Hals, als wollte sie sich die Flecken wegwischen. Mit einer Stimme, wie gesprochen von einer anderen Person, sagte sie überlaut und ohne hinzusehen:

»Anna, bitte, komm jetzt hierher!«

Anna blickte noch immer zum Himmel und sah dabei aus, als wollte sie das Flehentliche ihrer Mutter nachahmen. Tatsächlich aber zog sie wohl eher einen Flunsch. Mit diesen zum Himmel aufgeworfenen Lippen, die, bemerkte ich erst jetzt, so sehr ähneln den vollen Lippen der Mutter, sagte sie zweimal noch »Pschorr!« – einmal mehr trotzig und dann nurmehr enttäuscht. Und rutschte artig vom Hocker.

Die Mutter streckte die Hand nach ihr aus.

Die Frauen an den Tischen begannen wieder leise miteinander zu sprechen.

Anna legte den Kopf mit dem Ohr an Elisabeths Knie und schaute schräg auf mich, ohne mich anzuschauen; so wie jemand, der telephoniert und an den denkt, den er nicht sieht, aber ganz genau hört am anderen Ende der Leitung. Die Mutter strich dabei der Tochter mit der Hand über das Haar. Auch der silbrigblonde Glanz des Haars ähnelt dem der Mutter.

Indessen war der Wirt oder Ober, ein junger Mann in Lederschürze, an unseren Tisch getreten.

Ich bestellte, da Elisabeth und Anna zögerten, für mich erstmal ein großes Guinness vom Faß. Dann sah ich Elisabeth an.

»Oder«, korrigierte ich, »vielleicht doch besser ein Pschorr.«

Der junge Mann sagte nichts.

Elisabeth bestellte ein Kännchen Ostfriesentee mit Kluntjes und Sahne,

»falls es keine Umstände macht«, sagte sie.

Unter den leicht angehobenen, etwas besorgten Brauen der Mutter bestellte Anna eine Cola.

»Sonst noch was?« sagte der Mann.

Schweigen. Langes Schweigen.

Auch wie Elisabeth nun da saß. Mir gegenüber, das Kind an ihrem Knie, als müßte sie es mir wie etwas erst noch Auszutragendes gestehn. Dabei starrte sie auf den südlichen Sternhimmel. Und ich auf den nördlichen. Oder auf den dunkelblauen mit den zahllosen goldenen Sternen an der Decke des Raums.

»Warum hast du angerufen?«

Ich schrak zusammen. Ich sah Elisabeth an.

»Es sind über acht Jahre her«, sagte sie.

Das Kind löste sich vom Knie der Mutter, griff mit beiden Händen nach zwei Hockerbeinen an der Theke und trug den Hocker an unseren Stehtisch heran. Es setzte ihn zwischen uns ab und kletterte hinauf. Während Elisabeth Anna das sichtlich handgestrickte Wollmäntelchen auszog und ich immer noch oder schon wieder auf den nördlichen Sternhimmel starrte, studierte das Kind die sternkundlichen Erläuterungen, die auf seiner Seite unter der Glasplatte des Stehtisches ausgelegt waren. Elisabeth und ich behielten unsere Mäntel an.

Denn es war alles, das spürte gewiß auch sie, eine Qual.

»Schau, Mama«, rief das Kind, den kleinen Zeigefinger weißgedrückt auf einer Zahl, »schau, was hier steht.«

Elisabeth beugte sich vor. Auch ich beugte mich vor. Elisabeth benutzte das gleiche Parfum oder die gleiche Seife wie früher.

»Kentaur«, sagte das Kind.

»Ja, Kentaur«, sagte Elisabeth und lehnte sich zurück.

»Kentaur oder Zentaur«, sagte ich, »den finden wir am südlichen Sternhimmel.« Ich beugte mich weiter und tiefer über den Tisch und suchte nach dem Bild auf Elisabeths Seite.

»Achtung! Vorsicht!« Anna zog ihren Finger vom Tisch. Ich lehnte mich zurück und sah, wie Elisabeth ihre Hand von dort wegzog, wo vorher mein Kopf gewesen war. Ich hatte sie nicht gespürt. Und sie griff auch, als habe die Geste nicht mir, sondern einer vorausschauenden Behilflichkeit gegolten, sogleich nach dem Sahneschälchen auf dem zwischen sie und Anna gehaltenen Tablett.

»Danke, gnädige Frau«, sagte der Mann in der Lederschürze.

Und Elisabeth verschüttete etwas Sahne auf dem Tablett.

Der Mann stellte sorgsam Kännchen, Tasse, Sahneschälchen und Zuckernapf, die Cola und das Bier auf den Tisch.

»Vom Faß«, sagte er. Und wischte mit einem feuchten Lappen die verschüttete Sahne von dem Tablett. Während Elisabeth, wie nach einem Halt greifend, ihre Finger in den groben Maschen des Strickmäntelchens ihrer Tochter versenkte.

Was für eine unendliche Qual!

Der Mann richtete auf dem Rückweg hinter die Theke die durch einen weggenommenen Hocker durchbrochene Reihe der sonst unberührt gebliebenen Hocker, Stück für Stück lässig mit der Linken zurechtrückend, geradlinig aus und pfiff die Melodie von *La Palo-*

ma fein und ein wenig falsch vor sich her. Von den Frauen vernahm man nur die Geräusche der Schuhe und Stiefelchen unter dem Tisch. Aber sie blickten doch zu uns herüber.

»Zahlen!« rief ich hinter dem Mann her. Das ist sonst nicht meine Art.

Auch ich konnte nicht mehr.

Elisabeths Hand zitterte beim Einschenken des Tees. Der Kandis knisterte in der Tasse. Ich trank mein Bier mit wenigen Schlucken aus. Das Kind rührte seine Cola nicht an. Draußen fragte es:

»Mama, sag endlich: was ist ein Kentaur?«

11

Auf einer Spielplatzbank, von der aus wir den akrobatischen Turnübungen Annas an einem Klettergerüst zusahen, erfuhr ich dann doch noch etwas über Paul. Und nicht nur über Paul. Ich erfuhr etwas über Elisabeth und mich. Zuallererst aber erfuhr ich etwas über die Guinetti. Elisabeth kannte sie. Sie kannte sie nicht nur vom Hörensagen als die Frau, von der Paul Brandig nicht zu ihr zurückgekehrt war. Sie kannte sie persönlich. Sie kannte sie als die Frau, mit der Brandig nach jahrelangem – sagte sie – Herumirren durch aller Herren Länder schließlich heimgekehrt, ja heimgekehrt war, um – immer Elisabeths Worten zufolge – wieder Fuß zu fassen dort, wo er hingehörte. Wo er hergehört! Wo er alles hinter sich gelassen hatte, was für ihn von Bedeutung gewesen war. Selbst seinen Beruf. Wo er über Bord geworfen hatte, was er nie hätte über Bord werfen dürfen. Auch nicht wegen einer anderen Frau. Wohin er also zurückgekehrt war nach den Jahren in Begleitung dieser Frau, die dann sie, Elisabeth, auf das *widerwärtigste mißbrauchen* sollte.

Ich verstand zunächst kein Wort. Ich könne, sagte Elisabeth, ihr ruhig Glauben schenken. Es handele sich in diesem Falle nicht um die natürliche, sie sagte: natürliche und nur allzu verständliche Eifersucht einer verlassenen Frau. Es handele sich –

Hier sprach sie nicht weiter. Aber ich schenkte ihr ohnehin Glauben. Denn derart entschiedene Worte hatte ich aus ihrem Munde nie vernommen. Sie sprach, wie ich sie nie habe sprechen hören. Sie, die, ungleich unmittelbarer als ich dem Bann der allzu dominierenden Persönlichkeit Brandigs unterworfen, ihrer Entschiedenheit am

Ende fast nur noch sprachlosen Ausdruck zu verleihen gewußt hatte. Und sei es dadurch, daß sie mich in ihre Arme zog.

Aber eins nach dem anderen.

Kaum hatten wir uns gesetzt, kaum war das Kind losgerannt, war inmitten der Wippen, Schaukeln, Klettergerüste, Palisadenhäuschen sowie zu Türmen gestapelten oder von den kräftigen Ästen einer großen Kastanie herabbaumelnden Autoreifen stehengeblieben – das Kind war das einzige Kind und wir die einzigen Erwachsenen auf dem von einem niedrigen Lattenzaun umgebenen Platz –: kaum war eine Ordnung hergestellt und Ruhe eingekehrt – das Kind hatte sich für ein aus eisernen Kubengestängen gefügtes Klettergerüst entschieden –, kam Elisabeth ganz entschieden und also gegen die mir von ihr vertraute Art auf Paul zu sprechen. Sie fragte mich rundheraus nach seinem Ergehen. Das muß man sich mal vorstellen. Ich hatte ihn, wie ich vermuten durfte, länger nicht gesehen als sie. So sagte ich denn auch, daß vielmehr ich erwartet hatte, etwas über Pauls Verbleib zu erfahren von ihr.

Sie habe Paul das letzte Mal gesehen, sagte sie, als sie noch keinen Gedanken – sie blickte hinüber zum Klettergerüst – *daran* verschwendet, sie sagte: verschwendet gehabt habe. Daß er später eine Glückwunschkarte zur Geburt des Kindes geschickt habe, könne man ja wohl kaum rechnen. Sie habe sich nur gefragt, woher er davon erfahren hatte. Ironischerweise oder besser: zynischerweise habe den Glückwunsch auch noch dieses Ungeheuer, dieses Scheusal, mit unterschrieben gehabt.

Welches Scheusal? Welches Ungeheuer? hatte ich gefragt.

Nun eben, diese Frau, mit der er sich herumtrieb. Jeanne. Elisabeth nannte Eliada Jeanne Carla Guinetti einfach nur Jeanne. Diese Frau, sagte sie, die er mitgebracht hatte nach den ersten Jahren des Herumirrens, die ja alles andere wollte, als daß er Fuß faßte hier.

»Die ja selbst nicht Fuß fassen kann«, sagte sie, »die vielmehr alles untergräbt, mehr: die sogar denen, die ihr den Boden bereiten wollen, in den Rücken fällt und sie zum Dank auch noch auf das *widerwärtigste mißbraucht.*«

»O ja«, sagte sie und berichtete mir, wie sie mißbraucht worden ist. *»Auf das widerwärtigste mißbraucht!«*

Paul und sie seien ja nicht gerade in bestem Zustand hier oben aufgetaucht nach den Jahren. Er habe daran gedacht, wieder in die alte Anwaltspraxis einzusteigen, aber das habe nicht geklappt. Sie habe den Eindruck gehabt, daß die früheren Freunde – Sozi...i, sprach sie, die beiden i weit trennend, aus – ihn nicht wieder hätten aufnehmen wollen. Das wäre ihnen wohl zu riskant gewesen. Wieso riskant? fragte ich. Elisabeth zog die Brauen hoch. Ach, weißt du, sagte sie.

Ich wisse doch wohl von der Zeit, als ich selbst noch Partner in der Kanzlei gewesen sei, am besten, daß Paul die politischen Desperados, die er als Anwalt verteidigte, nicht nur als Anwalt verteidigte. Das sei auch meinen Nachfolgern nicht entgangen. Sosehr sie vielleicht das Sperrige an ihm gereizt haben mochte zu Beginn, eingeschlossen seine persönliche Unnahbarkeit, ja, gewiß auch seine politische Unerschrockenheit, die der Kanzlei überhaupt erst das Renommee verschafft hätten, das sie, die Jüngeren, bewogen haben mußte, sich mit einer Person wie ihm, Paul, einzulassen.

»Jetzt«, sagte sie, »waren sie die Chefs. Oder?«

Ich glaube, ich nickte.

Und so habe sie natürlich, als er wieder aufgetaucht sei, zur Verfügung gestanden. Ohne jeden Vorbehalt. Trotz allem. Also auch dieser Frau. Die sie dann auf das *widerwärtigste mißbrauchte*.

Ich wurde zunehmend unruhig und ungeduldig. Worauf wollte sie denn nun hinaus? Ich fing schon wieder an zu frieren. Ich legte den linken Fußknöchel aufs rechte Knie und wippte mit dem Fuß. Elisabeth ergriff meine Hand.

Die, sagte Elisabeth, *die* sei mit Paul bei ihr hereingeschneit, einigermaßen runtergekommen, verwildert, aber bei offenbar bester Gesundheit.

Außerdem mittellos und arbeitslos, sagte sie, und – ja, sie, Elisabeth, werde es nie vergessen: *die* saß doch immer mal wieder stundenlang in ein Wörterbuch vertieft bei ihr herum und brüstete sich schließlich noch, indem sie sagte: arbeits*scheu* vor allem! Da sie sich aber nicht von Paul aushalten lassen wollte, wie sie selbst sich ausdrückte, werde sie aller Voraussicht nach bald wieder verschwinden. Da habe dann Paul sie, Elisabeth, unter vier Augen um Rat gefragt. Schließlich sei er zu lange weggewesen und wüßte nicht mehr, an wen sich wenden; ganz abgesehen davon, daß es besser sei, wenn möglichst wenige Leute von seiner Wiederkehr erführen.

»Ich hatte den Eindruck«, sagte Elisabeth, »irgendwer war hinter ihm her. Er wirkte wie ein Gejagter. Und da bin ich eben zu Hilfe gekommen. Ich mit meiner Naivität.«

Sie sei also persönlich bei ihrem Chef »vorstellig« geworden. Dem Chef der Klinik persönlich. Sie habe ihm erklärt, daß wegen der sich häufenden Auswärtslehrgänge der Schwesternschülerinnen, aber auch wegen saisonbedingter Krankheiten, »es war Sommer!« sagte Elisabeth, wegen Urlaub und verständlicher Abwanderung eines Teils des Pflegepersonals in andere Abteilungen des Hauses und weiß Gott weswegen noch mit den Kindern aus der Abteilung Kinderpsychiatrie die von ihr im Einvernehmen mit dem leitenden Oberarzt eingeführten wöchentlichen Ausflüge in die nähere Umgebung, um die so lange gekämpft worden war, voraussichtlich endgültig eingestellt werden müßten. Sofern nicht Abhilfe geschaffen werde!

Sie sagte, sie habe sich ganz enorm ins Zeug geworfen, geradezu verausgabt. Sie habe geredet wie ein Buch. Der Klinikchef habe sie die ganze Zeit freundlich und aufmerksam angeschaut, so daß bei ihr der Verdacht aufgekommen sei, er hörte gar nicht zu. Aber sie habe nicht lockergelassen. Sie hatte schließlich Paul versprochen, alles Menschenmögliche zu tun.

Da sei also dieser personelle Engpaß, habe sie zu dem Klinikchef gesagt, und es wäre ein Jammer, die einmal eingeführte bewährte therapeutische Praxis aufzugeben. Man könne das Erreichte nicht aufs Spiel setzen usw. Der Personalrat habe nicht nur nichts dagegen, sondern befürworte... Die Honorierungsfrage sei mit dem Leiter der Verwaltung schon geklärt... auch der Oberarzt, usw.: so daß der Chef schließlich *o.k.* sagte, *grundsätzlich o.k.*, seinetwegen eine *Stelle halbtags*, was ihr, Elisabeth, bewiesen habe, daß der Chef mit den Gedanken woanders gewesen sei, denn sie habe doch nur ganz bescheiden um die Beschäftigung einer *Aufsichtsperson* für die *einmal wöchentlich* stattfindenden nachmittäglichen Ausflüge in die Natur nachgesucht, schon weil sie sich gar nicht getraut hätte, die von ihr ins Auge gefaßte Person bereits persönlich zu benennen. Da wäre sie ja gezwungen gewesen, auf deren mangelhafte deutsche Sprachkenntnisse hinzuweisen. Die aber – ihrer Ansicht nach – zuallerletzt ein Hindernis hätten darstellen dürfen.

»Denn bekanntlich«, sagte Elisabeth, »brauchen all die Autistiker, Epileptiker, Hebephrenen und Spastiker, mit denen wir es zu tun haben, nicht viele ausgesuchte, ausgeklügelte und ausgefeilte Worte, nein, sie bedürfen vielmehr der Zuwendung, der unmittelbaren persönlichen und eben auch –«, in diesem Augenblick stieß Elisabeth einen eigentümlichen, sowohl schrillen als auch zittrigen Kicherlaut aus, »eben auch körperlichen Zuwendung« – und, nun ja, wenn sie, fuhr Elisabeth mit angestrengt kehliger und wie erkälteter Stimme fort, die Verantwortung übernehmen wolle, habe der Oberarzt nach dem Plazet des Chefs gesagt, dann ginge das mit der Halbtagsstelle schon in Ordnung.

So wurde Jeanne Halbtagskraft in der Kinderpsychiatrie.

»Dank meines Einsatzes«, sagte Elisabeth und fügte nach einer kleinen Pause hinzu: »Soviel Menschenfreundlichkeit und Selbstverleugnung hätte ich mir bis dahin selbst nicht einmal zugetraut.«

Dafür sei sie dann aber auch hinreichend gestraft worden. Denn als die neue Kraft sich – kaum länger als eine Woche in der Klinik tätig – auf dem zweiten Ausflug in die Natur an den Jungen heranmachte, seien sie, Elisabeth und Jeanne, ja fast schon Freundinnen gewesen.

An diesem Punkt hielt Elisabeth mit ihrem so ausführlichen wie entschiedenen Bericht inne. Sie steckte beide Hände in die schrägen Taschen der eng auf ihren schmalen Oberschenkeln aufliegenden Mantelschöße. Als sei sie mit einer Hand auf etwas ihr Untergeschobenes gestoßen, zog sie ein zerknülltes Papiertaschentuch hervor, das sie wie befremdet betrachtete. Sie blickte kurz zum Klettergerüst hinüber und rief nach dem Kind. Anna kam fröhlich herangesprungen. Elisabeth schneuzte die Tochter, auf deren Stirn sich ein ganz unkindlich ergebener Unmut abzeichnete. Daraufhin schneuzte sich Elisabeth mit demselben Tuch selbst. Sie steckte das Tuch wieder in eine Manteltasche zurück und behielt auch beide Hände in den Taschen. Dann lehnte sie sich zurück. Und ich vernahm, was die beiden Frauen, die fast schon zu Freundinnen geworden waren, schließlich unwiderruflich trennte.

Ob ich wüßte, fragte mich Elisabeth, was ein autistisches Kind sei? Ich verneinte. Ein autistisches Kind sei etwas Furchtbares, sagte sie. Ob ich mich an unsere gemeinsamen Kunsthallen- und Museumsbesuche erinnerte? An alle, sagte ich. Sie meine nicht die Besuche selbst, nicht die Fahrten in andere Städte, nicht die Tage, nicht die Gemeinsamkeiten, nicht uns. Sie meine vielmehr die Kunst. Jedenfalls gewisse Gemälde. Ob ich mich zum Beispiel an Gemälde von Schlemmer, Oskar Schlemmer, erinnerte. An Gestalten, die ganz eng beieinander stehen, fast ineinander stehen, ohne miteinander etwas zu tun zu haben. Die einfach so dastünden, zukunftslos und mit Blicken, als warteten sie erst noch auf ihre Vergangenheit. Oder Chirico, Giorgio de Chirico, der habe von allem am meisten begriffen. Der stelle seine Gestalten in große Architekturen und Räume. Einzelne Gestalten in schöne klassische oder scheinbar klassische, jedenfalls Unvergänglichkeit *signalisierende*, selbst wenn es sich um Trümmer handele, Unvergänglichkeit signalisierende Architekturen und Räume. Auf leere Plätze in von jeder Natur befreite, sie sagte: von jeder Natur befreite Räume. Wie Statuen. Gestalten, die nicht Schöpfer der Architekturen seien, sondern vielmehr ihrerseits von den Architekturen geschaffen wurden. Gestalten im Licht, in einem Licht allerdings, das immer Schatten werfe wie Waffen. Säulen wie Lanzen. Chirico. Aber nicht etwa die in der lichtvollen Leere, die inmitten der Unvergänglichkeit stehenden Gestalten werden von den Waffen getroffen. Es wird der Betrachter dieser Bilder getroffen. Ob ich mich daran erinnerte. Ja. Ich erinnerte mich wohl. Ich habe mir nach den mit Elisabeth unternommenen Kunsthallen- und Museumsbesuchen zahlreiche Kataloge und Kunstbände, auch Kunstpostkarten, gekauft und sie studiert. So wie ich alles studiere, seien es Moorleichen, seien es Flora und Fauna der Tiefebene, seien es Werke der Kunst.

Autistiker seien die einsamsten Menschen der Welt, sagte Elisabeth. Die haben keinen sichtbaren Kontakt zur Außenwelt und die Außenwelt sieht sich außerstande, einen erwiderbaren Kontakt zu solchen Menschen aufzunehmen. Autistiker stehen, wenn sie nicht schlafen, einfach nur rum. Sie stehen in der Gegend herum. Wohin man sie auch stellt, sie stehen herum. Sie lassen sich hinstellen, wohin man sie stellt. Und meist bleiben sie auch dort stehen, wo man sie hingestellt hat – und sehen über alles hinweg und durch alles hindurch. Sie erkennen uns nicht, sagte Elisabeth. Sie reagieren nicht im mindesten auf uns. Selbst dann nicht, wenn wir uns auf den Kopf stellen. Man kann sogar die Hand gegen sie erheben. Sie merken es nicht. Man kann ihnen gut zureden. Sie hören es nicht. Und sie sprechen auch nicht. Sie blicken sprachlos durch alles hindurch und über alles hinweg und nehmen nichts wahr. So jedenfalls sieht es aus. Aber sie nehmen doch etwas wahr. Manchmal jedenfalls. Und zwar sich selbst. Sie sind imstande, sich selbst zu erkennen. So brauchen sie auch gar nicht zu sprechen. Oder viel herumzuspazieren. Es sei hinwiederum nicht etwa so, daß sie nach innen blickten, wie unsereins leichterdings annehmen könnte. Eben auch *das* nicht.

Das eben *auch* nicht. Das ginge ja sozusagen noch. Wäre ein Trost. Aber nein. Man muß diesen Menschen Spiegel besorgen. Die erste und wirksamste therapeutische Maßnahme für Autistiker ist die Beschaffung von Spiegeln. Jede psychiatrische Abteilung, die auf sich halte, richte einen Spiegelsaal für Autistiker ein. Das sei wie bei den Fürsten und Königen in ihren Schlössern. Denn, sagte Elisabeth, die starr und meist ohne erkennbare Wahrnehmungsfähigkeit herumstehenden Autistiker erkennen sich selbst in den Spiegeln. Es ist noch nicht erforscht, ob sie sich *wieder*erkennen oder ob sie sich nur mit ihren Nebenleuten verwechseln. Jedenfalls erkennen sie sich. Und zwar in dem Moment, da sie sich bewegen. Wenn die Motorik einsetzt, sagte Elisabeth. Dann hüpfen sie mit steifen Beinen hin und her. Springen von einem Bein auf das andere wie auf Stelzen. Schütteln die Köpfe. Halten die Arme steif an den Körper und spreizen die Finger wie Struwwelpeter. Ja, und dann raufen sie sich die Haare. Und lassen sich dabei nie aus den Augen. Und stoßen furchtbare Schreie aus. Laute wie Tiere. Und greifen sich an den Hals. Sie versuchen sich selbst mit eigenen Händen zu erwürgen. Was beweise, sagte Elisabeth, daß sie sich nicht nur erkennen, sondern auch fühlen. Nur weinen täten sie nicht.

Wenn sie schreien und Versuche unternehmen, sich selbst zu erwürgen, sagte ich, wäre es dann nicht sinnvoller, ihnen diese Spiegel erst gar nicht vor die Nase zu setzen? Ja, sagte Elisabeth, das sei die andere Theorie. Da sei tatsächlich was dran. Denn das Erkennen der eigenen Person in den Spiegeln scheine den Autistiker ja tatsächlich auf das höchste zu ängstigen. Zu entsetzen. Aus der Fassung und zur Raserei zu bringen. Nur müsse man leider anheimstellen: wie sonst sollten diese bedauernswerten Wesen es lernen, zum Beispiel uns, auch unsereins, einmal zu sehn? Uns in sich zu erkennen? Denn immerhin sehe man hin und wieder diesen oder jenen Kranken plötzlich vor den Spiegeln innehalten mit seinen Sprüngen, Schreien und Händen. Dann wende er sich seinem Nachbarn zu. Einem, der gerade mal nicht schreie und nicht hüpfe. Er schaue ihn voller Erstaunen und Neugier an. Nicht Entsetzen. Das sei das Entscheidende. Das den Spiegeln zu verdanken sei, in denen er sich selbst mit den Nebenleuten verwechsele – oder *wieder*erkenne. Sie strecken die Hände nach dem Nachbarn aus. Sie berühren ihn, seine Arme und Hände. Als griffen sie nach sich selbst. Ohne sich selbst berühren zu müssen. Sie betasten sein Gesicht. Manche belecken sogar Kinn, Hals und Ohren des anderen. Sie drücken ihre Finger in die weichen Stellen seines Körpers. Und sie stemmen sich gegen den Körper. Sie versuchen die Körper zu verschieben wie Säulen. Sie wuchten sich regelrecht gegen die Säulen, sagte Elisabeth, wahrscheinlich um herauszukriegen, wann diese fallen. So sieht es jedenfalls aus. Nur geschlagen, sagte Elisabeth, haben sie nie.

Mit geradem Rücken beugte sich Elisabeth ein wenig vor. Als fühlte sie einem Schmerz nach in ihrem Leib.

Es sei wahrhaft nicht einfach, jahraus, jahrein, jahrein, jahraus mit solchen Menschen umzugehen. Am Ende nämlich beginne das kranke autistische Kind seine Krankheit zu übertragen auf die Gesunden. Das habe sie selbst beobachten können, sagte Elisabeth, beim Personal, bei den Schwestern und Ärzten. Selbst der erwachsene Gesunde sei gegen die Übertragung nicht gefeit. Wenn er auch nur im mindesten etwas begriffe. Er laufe beständig Gefahr, selbst zu erstarren beziehungsweise ins Hüpfen und Schreien zu geraten. Das sei die Realität. Auch wenn ich, sagte sie, es mir nicht vorstellen könne.

Ich versuche, es mir vorzustellen, sagte ich.

Man müsse nur das Entsetzen in den Augen eines autistischen Kindes gesehen haben, hob sie noch einmal an. Reinstes Entsetzen. Keine Verzweiflung wohlgemerkt. Entsetzen!

»Und«, sagte ich, »Pauls Freundin kümmerte sich dann also um ein solches Kind.«

»Ja«, sagte Elisabeth, »das kann man wohl sagen. Und wie!«

Sie habe sich auf das unverantwortlichste an ein solches Kind herangemacht. Habe sich einer erkrankten Kinderseele bemächtigt und sich selbst der Verantwortung des Erwachsenen, des erwachsenen Gesunden, auf eine Weise begeben, daß man hätte meinen können, sie selbst sei plötzlich von einer geistigen und seelischen Verwirrtheit überwältigt worden. Weit gefehlt jedoch! Denn eine so vordergründig rätselhafte *(vordergründig rätselhafte!)* wie hinterrücks unverschämte *(hinterrücks unverschämte!)* Bemerkung, die den *widerwärtigen Mißbrauch* nur rechtfertigen sollte, erstickte jeden freundschaftlichen Versuch im Keim, Jeannes *abweichende Verhaltensweise,* wie Elisabeth sich nun ausdrückte, zu *rationalisieren.* Da habe keine Freundschaft geholfen. Diese Frau sei nicht von etwas überwältigt worden. Sie habe genau gewußt, was sie tat.

»Und was war das für eine Bemerkung?« warf ich ein. Elisabeth aber schien mich gar nicht mehr wahrzunehmen neben sich. Das Kind hing im Klettergerüst, ich rieb mir die Haut von den kalten Knöcheln meiner Hände und sie blickte ins Leere. Sie blickte weit über den Spielplatz hinweg.

Die habe ja schon am ersten Tag nach dem Krankenblatt des Jungen gefragt. Es habe eine unheimliche Zielstrebigkeit in ihrem Vorgehen gesteckt. Sie habe sich auch darüber mokiert, daß die Ärzte sich nicht einig gewesen seien, ob es sich bei dem Andreas um einen Autistiker oder doch eher um einen schwereren Fall von Hebephrenie, also um jene Form von Jugendirresein gehandelt habe, die sich ja meist unausweichlich im Erwachsenenalter zu einer schweren Schizophrenie auswächst. Aber es liege, sagte Elisabeth, nun einmal in der Natur der Sache, nämlich der seelischen Erkrankungen, daß wir ihnen mit Worten nicht beikommen. Das habe sie der spitzfindigen Jeanne, die sich über das tatsächlich widersprüchliche Krankenblatt mokierte, auch freundschaftlich auseinandergesetzt. Der Streit um die Worte, habe sie, Elisabeth, gesagt, mit denen diese oder jene Symptome und Syndrome, dieser Augenschein und jene mutmaßliche Befindlichkeit eines Patienten bezeichnet werden sollten, sei immer nur ein Streit um des Kaisers Bart gewesen. Das wisse jeder, der mit geistig Kranken zu tun habe. Worte und Wörter seien im Grunde immer eine Art Kapitulation. Im Grunde, könne man sagen, änderten Worte nichts. Weswegen der leitende Oberarzt in der Kinderpsychiatrie ja auch zum Beispiel kein Hindernis in dem Umstand gesehen habe, daß sie, Jeanne, nur recht unzulänglich der deutschen Sprache mächtig gewesen sei. Das, habe sie, Elisabeth, gesagt, müsse sie, Jeanne, berücksichtigen. Sie habe sich um die Kranken zu kümmern, hatte der Oberarzt gesagt, nicht zu reden. Aber das habe sie, Jeanne, gründlich mißverstanden. Oder vielmehr: das habe sie weidlich ausgenutzt. Denn es kann ja nicht von Mißverständnis die Rede sein, wo boshaft vorgegangen wird, sagte Elisabeth. Jeanne habe nämlich Partei ergriffen. Gegen alle. Allerdings nicht offen. Sie habe insgeheim gegen alle und alles Partei ergriffen. Sie sei eigentlich gegen die ganze Klinik gewesen. Gegen die Klinik selbst. Wäre sie nicht boshaft vorgegangen, hätte sie, sagte Elisabeth, nämlich gar nicht erst den Job annehmen dürfen. Aber so sei sie nun einmal. Sie sei geradezu zersetzend, subversiv. Von Grund auf schlecht. Das habe sie, Elisabeth, ziemlich schnell begriffen. Aber sie habe das Unheil nicht verhindern können. Jeanne habe zum Beispiel nicht nur insgeheim die den Kranken zu verabreichenden Medikamente mißbilligt, nicht nur die medikamentöse Behandlung, an der nicht zuletzt innerhalb der Ärzteschaft und des übrigen Personals in der Klinik selbst hinreichend Zweifel geäußert werden (die ihr, Elisabeth, im übrigen als vollauf berechtigt erschienen!), sie habe insgeheim alles und jeden mißbilligt, die Klinik an sich und schließlich auch uns, sagte Elisabeth, und als sie, Elisabeth, darauf zu sprechen gekommen sei, habe Jeanne scheinheilig, ja scheinheilig erwidert: Aber nein, sie habe nichts gegen uns, weder gegen die Medikamente noch gegen die sonstigen Methoden, weder gegen das In-der-Gegend-herum-stehen-Lassen der kranken Kinder noch etwas gegen das – wie sie sich, wenn ich sie richtig verstand, etwa ausdrückte – abendliche *Abräumen* der kranken Kinder; sie habe nicht einmal etwas gegen die Spiegel. Nicht einmal! Was ja hinreichend bewiesen habe, wieviel sie dagegen hatte, gegen alles,

»ja sogar gegen mich!« sagte Elisabeth, »gegen mich, die sie bewußt und absichtlich so auf das *widerwärtigste mißbrauchte.* Indem sie sich heranmachte an das wehrlose Kind.«

Elisabeth hatte sich wieder zurückgelehnt. Sie hielt einen Augenblick inne, atmete tief. Sie blickte mir kurz ins Gesicht. Dann blickte sie hinüber zu der Tochter, die jetzt frei schwebend kopfüber in den Kniekehlen an einer Reckstange hing. Die Arme hatte sie ausgebreitet wie die Flügel eines großen Vogels.

Andreas, fuhr Elisabeth fort, ohne die Augen von ihrem Kind zu lassen, sei nicht einmal fünfzehn Jahre alt gewesen. Er habe seit seiner Einlieferung, laut Krankenakte sogar noch nicht ein einziges Mal in seinem Leben, ein Wort von sich gegeben. Das müsse man sich einmal vorstellen, sagte Elisabeth. So sei sie denn auch auf das zunächst natürlich angenehmste überrascht gewesen, daß er schon am ersten Tag, da Jeanne in der Klinik Aufsicht führte, angefangen habe zu lallen. Ja, ich hätte richtig verstanden. Zu lallen. Auch das habe er noch nie getan. Er habe bis dahin lediglich Schreie des Entsetzens vor dem Spiegel ausgestoßen. Und nun mit einem Mal das. Angesichts der neuen Kraft habe der Junge plötzlich angefangen zu lallen. So als suchte er nach einem Wort.

Elisabeth machte eine kleine Pause und fügte hinzu:

»Das er dann am Ende auch fand.«

Abermals eine Pause und ein knapper Seitenblick auf mich. Aber was sollte ich schon sagen.

Es sei also auf dem zweiten Ausflugsnachmittag geschehen. Sie seien in zwei Personenwagen gefahren.

Natürlich saß Andreas mit Jeanne in einem Wagen. Er hatte ja schon die ganze Woche an Jeanne geklebt. Sofern man bei jemandem wie dem Andreas, der wie alle anderen schweren Autistiker meist nur säulenartig in der Gegend herumstand oder anfallartige Sprungbewegungen vor den Spiegelwänden machte oder sich die Hände auf die Ohren preßte, um sie vor den eigenen entsetzlichen Schreien zu verschließen – sofern man bei so einem von kleben sprechen kann. Andreas hatte sich an sie gehängt. Oder noch genauer: er nahm sie zweifelsfrei wahr. Er stand immer ihr zugewandt. Obwohl er sie nicht anzublicken schien, stand er ihr zugewandt. So als hörte er sie. Wenn sie, was gelegentlich vorkam, auch mal was sagte. Aber auch wenn sie nichts sagte. Er hatte sie jedoch nicht angefaßt, dafür war er ein zu schwerer Fall. Er war noch nicht da angelangt, wo manche vor dem Spiegel anlangen, wenn sie ihre Nebenleute bemerken, sich ihnen zuwenden und sie abtasten und sie belecken. Er lallte sie nur an.

Er, Andreas, sei einer der schwierigsten Fälle und sie, Elisabeth, sei zunächst über die Maßen froh gewesen, daß sich da bei ihm etwas anbahnte. Eine winzige Öffnung. Ein Erkennen. Ja. Dank Jeanne.

Aber die sollte diese Öffnung dann eben skrupellos ausnutzen, um sie, Elisabeth, auf das *widerwärtigste zu mißbrauchen,* wie gesagt. Elisabeth sagte nicht: den Jungen mißbrauchen. Das hätte mir eher eingeleuchtet, nachdem ich erfahren hatte, was vorgefallen war.

Denn sie waren hinausgefahren aufs Land. Dort hatte Elisabeth ein Waldstück ausfindig gemacht, an dessen von Kiefern bestandenem Saum eine sandige Bruchkante abfiel, die den kranken Kindern besonders viel Freude machte. Sofern sie überhaupt merkten, daß sie sich freuten. Manchmal nämlich, sagte Elisabeth, konnte man so etwas wie Freude wahrnehmen in den Gesichtern. Wenn die kranken Kinder auf ihren Hosenböden den weichen Geeströckenabhang hinunterrutschten und mit ihren Händen den Sand pflügten. Denn es war fast ausgeschlossen, auf der weichen pulverigen Schräge stehenzubleiben wie zu einer Säule erstarrt. Sanft wurden die ungelenken Körper mitgerissen. Wie von Lawinen, die sie aber nicht verschütteten, sondern auf denen sie glitten wie auf Schneeschuhen,

Skiern, Schlitten. Nicht selten waren den Kindern beim Hinabrutschen Töne und Laute entfahren, die nicht viel anders klangen als Lachen. Das gab es nicht in der Klinik.

Auf der Bruchkante, von der aus man einen guten Überblick über die den Kindern wie von selbst widerfahrenden Spiele hatte, konnte man es sich bequem machen und sich niederlassen. Der Abhang stand gegen Südwesten. Die Nachmittagssonne schien einem, wenn sie schien, warm ins Gesicht. Unterhalb der mählich auslaufenden golden und rostbraun glänzenden sandigen Verwerfung trennte die sich meist von selbst erhebenden Kinder ein Maschendrahtzaun von einem kleinen Fluß, einem Bach. Dahinter Weideland, weit und bis an den Horizont, wo zwei oder drei von hohen Bäumen umstandene Bauernhäuser, Bauerngehöfte, lagen. Auf den Wiesen zahllose weidende schwarzweiße Kühe und Pferde. Das bräunliche Wasser des Baches plätscherte und gurgelte an den Pfählen eines Steges, der über ihn hinwegführte. Das Plätschern und Gurgeln des Wassers war kaum zu unterscheiden vom Lachen oder möglicherweise auch Seufzen der Kinder. Im Rücken hatte man, wie gesagt, Wald, aus dem das Rascheln von Getier und das Knacken von Gehölz drangen. Von wo der trockene Duft von Tannenzapfen und Kiefernnadeln, jungen Pilzen und Moospolstern kam.

Sie wisse heute nicht mehr genau, wie es eigentlich vonstatten gegangen sei, sagte Elisabeth, aber irgendwann habe sie den Andreas vermißt. Sie habe den Andreas vermißt, nicht Jeanne. Sie sei aufgestanden und habe sich umgeschaut. Sie habe ihn nirgendwo entdeckt. Der Andreas sei nicht einer von denen gewesen, sagte sie, die sich von selbst fortbewegten. Sie habe nach einer der Schwesternschülerinnen, die unten Kinder auffing, gerufen, aber keine Antwort bekommen. So sei sie die Böschung hinuntergestiegen und habe die Schülerin gefragt. Die wies nach oben zum Waldsaum in westlicher Richtung: dorthin sei der Andreas gegangen. Mit Jeanne, sagte sie. Jeanne habe den Jungen an der Hand gehabt. An der Hand, an die ihn noch nie jemand hatte nehmen können.

Sie, Elisabeth, sei die Böschung wieder hochgestapft, habe sich noch einmal umgeschaut und sich dann auf den Weg gemacht. Den Pfad am Waldsaum entlang. Schließlich sei auch an Aufbruch zu denken gewesen, um nicht unnötig in den die Kinder sehr ängstigenden Spätnachmittagsverkehr in der Stadt zu geraten. Und sie sei den Pfad entlanggegangen, habe die Geräusche des Waldes vernommen und die Düfte des Waldes in sich eingesogen und habe eigentlich gar nicht mehr an Andreas und Jeanne gedacht, sondern an weiß Gott was,

»bis ich«, sagte sie, »wie festgewurzelt stehenblieb dort am Waldsaum und sie vor mir sah, wie mit Händen zu greifen. Vor mir unterhalb der Bruchkante an der sandigen Böschung. Es verschlug mir den Atem.«

Elisabeth ließ ein deutliches Schluckgeräusch vernehmen neben mir. In den Taschen auf ihren Schenkeln bewegte sie Fäuste.

Sie wisse gar nicht, warum sie mir das alles erzähle, fuhr sie fort, warum sie mir das alles gestünde.

Ja, sie sprach von Geständnissen.

Wahrscheinlich wegen der Schuldgefühle, sagte sie. Der Schuldgefühle Paul gegenüber und – hier nun begriff ich wahrhaft gar nichts mehr – der Schuldgefühle mir gegenüber. Ich bat sie um mehr Deutlichkeit. Sie aber sagte, daß sie, da sie nun schon einmal so deutlich geworden sei mit Jeanne, nicht auf halbem Wege stehenbleiben wolle. Sie müsse mir alles bis zum Ende, zum bitteren Ende, sagte sie, erzählen, damit ich begriffe, was sie mir schuldig sei.

Wieder schluckte sie. Und dann sagte sie:

»Jeanne hat das kranke Kind vergewaltigt.«

Es folgte eine Pause. Elisabeth zog die Fäuste aus den Manteltaschen und legte die Hände flach auf die vom Mantel bedeckten Schenkel. Sie bewegte den Kopf, spürte ich an meiner Seite, wie auf der Suche nach einer Haltung, aus der heraus man am wirkungsvollsten der Gewalt der eigenen Worte die Stirn bieten kann. Oder sie horchte dem von ihr Ausgesprochenen nur nach.

Ich sagte nichts.

Sie wisse, sagte Elisabeth, daß ich es nicht glauben werde, aber es sei wahr. Jeanne habe Andreas vergewaltigt. Sie, Elisabeth, habe es mit eigenen Augen gesehen. Sie sei, sagte sie mit fast versagender Stimme, ja noch gerade rechtzeitig gekommen, um alles mitzuerleben. Ja.

Pause.

Sie frage sich noch heute, warum sie nicht eingegriffen hat. Sie mache sich heute noch Vorwürfe.

Ich schwieg weiter.

Aber das sei es ja eben gewesen, sagte sie, das sei ja das Unglaubliche,

»ich konnte nicht«, sagte sie, »ich war wie gelähmt, ich war wie zu einer Säule erstarrt. Als sei ich der Kranke ...«

Pause.

»Und die da unten im Sand die Gesunden.«

Abermalige Pause.

»Außerdem«, sagte sie, »war der Junge ja noch angezogen, als ich da auf sie stieß. Nur sie war entkleidet. Sie stand ohne einen Fetzen am Leib splitternackt vor ihm da, die Arme gehoben ...«

Elisabeth atmete nicht.

»Sie stand«, fuhr sie fort, »einfach so da, ich muß es mir in aller Genauigkeit vergegenwärtigen, es verfolgt mich, mein Gott, seit Jahren, in Nächten, an Tagen. Sie stand da, die Beine leicht geöffnet im Sand, während der Junge auf seine Ellenbogen gestützt ihr gegenüber saß. Er gegen die Böschung und sie gegen den Horizont. Er, als wolle er über die Ellenbogen in die Böschung, den Sand, die Erde hineinwachsen. Sie, als käme er nie an ihr vorbei. Und sie wiegte sich in den Hüften, dies Scheusal. Oh«, sagte Elisabeth zu mir auf dieser Spielplatzbank, »wenn du wüßtest, wie schön sie war gegen das Licht.«

Kurze Stille. Vielleicht ein Vogelruf im Geäst der großen Kastanie.

»Nein, nicht schön«, verbesserte sie sich, »schlimmer als schön.«

Ja, schlimmer als schön.

Und der Junge habe sich schließlich, als Jeanne sich ihm, ihre gespreizten Beine um seine angezogenen zusammengepreßten Knie schlagend, näherte und näherte, so als gäbe es eben – und es gab ja auch – keinen anderen Ausweg, keinen hinein in die Erde im Rükken, keinen vorbei an den Schenkeln der Frau, mit dem Kopf gegen die Frau gelehnt, an ihren Bauch. Er habe seinen Kopf, sein Ohr, an den Bauch der Frau gelegt und gelauscht. Ja gelauscht. Und beim Lauschen, sie, Elisabeth, habe es genau gesehen, hätten sich seine Arme und Beine, sein ganzer Körper entspannt. So als habe er etwas Besänftigendes, etwas Vertrauenerweckendes, vernommen – das arme in die Irre geführte Kind, der junge Mensch, der unausgewachsene Mann. Und er habe begonnen, den Körper der Frau zu betasten. Wie eben die in der Therapie Fortgeschrittenen und die weniger schweren Fälle in der Klinik nach den Anfällen vor den Spiegeln immer den nächstbesten Nachbarn, den Leidensgefährten, den anderen Kranken, betasteten. Voller Andacht und Behutsamkeit, voller Ferne, Vorsicht und Erstaunen.

»Da konnte ich«, sagte Elisabeth, »doch nicht eingreifen. Da hätte ich«, sagte sie, »doch etwas zerstört – und außerdem war ich doch selbst ganz hilflos, stand wie gebannt, war zu einer Säule, einer richtigen Salzsäule, erstarrt.«

Sie ergriff meine Hand. Und ich hatte ihre Tochter, die da vor meinen Augen herumturnte, ein weiteres Mal vor Augen als die, die ihren Kopf ans Knie der Mutter legt und mich anschaut, als telephonierte sie mit mir.

»Aber dann ging *die*«, fuhr Elisabeth fort, »auch noch in die Knie. Du wirst es nicht glauben. Während das kranke Kind an ihr lauschte und sie betastete, ging sie in die Knie und begann, ja du wirst es nicht für möglich halten, das arme wehrlose Kind auszuziehen. Erst knöpfte sie das Hemd auf. Dann öffnete sie den Gürtel. Ich hörte das Geräusch vom Reißverschluß. Schließlich zog sie ihm die Hosen herunter. Während das Kind sie weiter betastete, jedoch, statt zu lauschen, anfing sie auch noch zu belecken. Erst den Bauch, dann die Brüste, die Schultern, die Arme abwärts und schließlich die Hände, die ihm das antaten, was es gar nicht verstand. Denn es konnte doch gar nicht verstehen, was da mit ihm geschah. Dafür war es«, sagte Elisabeth, »doch viel zu sehr mit dem Körper der Frau beschäftigt. Es wußte mit Sicherheit nicht, was ihm geschah und wie ihm geschah und daß da geschah, was ihm mit Sicherheit noch nie geschehen war. Denn die Nackte entblößte ihn ganz. Das war was anderes als das allabendliche Zubettbringen in der Klinik. Sie richtete dann den Jungen vor sich auf. Erhob sich. Und umarmte ihn. Und er umarmte sie.«

Elisabeth hielt wieder einen Augenblick inne.

»Sie streichelten sich gegenseitig die Rücken«, sagte sie mit ein wenig ermattender Stimme, »und ich sah von oben durch das Geäst von Holundergebüsch oder Vogelbeersträuchern – ja, es mag lächerlich klingen, ich hatte mich niedergekniet in dem Augenblick, als Jeanne aufgestanden war und den Andreas an sich gezogen hatte: ich sah von oben nun, wie der Andreas, der größer war von Gestalt als Jeanne und nun unterhalb stand von ihr, die Lippen bewegte, sie spitzte. Als wollte er etwas sagen. Als wollte er sprechen. Aber er sprach nicht. Noch nicht. Erst«, und nun gewann Elisabeths Stimme wieder an Kräften, »als sie ihr Teufelswerk beendete, sollte er sprechen. Denn sie war ja noch keineswegs fertig, o nein, sie wollte ja alles, dieses Ungeheuer, wie sie immer alles gewollt hat und wohl auch immer alles bekam, was sie wollte, so auch dort an dem Abhang, wo sie sich niedersinken ließ, sich mit dem Rücken gegen die Böschung warf, und ihn, Andreas, der da gegen die Sonne stand, betrachtete, dies arme kranke autistische Kind, das«,

Elisabeth wandte mir halb den Rücken zu, als sie es sagte,

»du wirst es nicht glauben«, sagte sie, »erigierte.«

Sie entzog mir ihre Hand und legte sie sich in die andere. Gleichzeitig wandte sie sich mir nun ganz zu. Sie sah mir in die Augen.

Nie, sagte sie, habe sie so etwas für möglich gehalten. Das Kind habe mit aufrecht stehendem, *irgendwie* ganz erwachsenem Glied vor der im Sand liegenden Frau gestanden, den Kopf mit den weichen blonden Haaren in den Nacken geworfen, das ebenmäßige Gesicht,

»dies wunderbar weltferne Antlitz!«

irgendwie stolz und männlich gen Himmel gerichtet, bis sie, diese Frau, dieses Ungeheuer und Scheusal, mit beiden Händen nach dem Glied gegriffen habe und auf diese Weise ihn, den ganzen (den *ganzen*!) Kranken an seinem Glied zu sich herunter gezogen habe zwischen ihre Beine.

Elisabeth machte eine Pause. Sie sah mich weiter unverwandt an. Als hätte ich Fragen.

»Das Schreckliche aber war«, fuhr sie nach einer kleinen Weile der Stille fort, »daß der Andreas wieder die Lippen spitzte. Und dabei aufstöhnte. Er spitzte die Lippen und stöhnte auf mit einem einzigen Wort. Er stöhnte das Wort DU ! Kein Lallen mehr wie in der Klinik, sondern ein Du. Nichts als ein Du.«

Mir fröstelte. Ich fror. Ich glaube sogar, ich schüttelte mich.

»Der Junge stöhnte und sprach dies einzige Wort aus«, fuhr Elisabeth fort, »aber er bewegte sich nicht auf dem Körper, in oder über dem Körper der Frau. Ganz starr lag er wie eine Statue schräg gegen den sich unter seinem Gewicht windenden Körper der Frau gelehnt, der sich zwischen ihn und die Erde geschoben hatte, und blieb, den Kopf im Nacken, so liegen, unbewegt, und es entfuhr seinem gespitzten Mund immer wieder nichts als das Du. Als sei das Wort in seinem Mund die Bewegung seines Gliedes in der Scheide der Frau.«

Ich konnte Elisabeths unverwandtem Blick nicht mehr standhalten. Es war etwas Erbittertes in diesem Blick.

»Das Du aber«, fuhr sie fort, »das da aus dem Mund des kranken Jünglings kam« – Jüngling, sagte sie jetzt – »war ganz eindeutig an dem Kopf der unter ihm liegenden Person vorbei gesprochen. Es zielte auf mich.«

Stille. So große Stille, daß ich den Atem des in einiger Entfernung vor uns herumturnenden Kindes zu vernehmen glaubte.

»Das Du, jawohl, zielte auf mich. Auf mich, die ich im Gebüsch versteckt über ihm kniete. Und ich spürte in mir, daß es mich auch erreichte.«

Ich rührte mich nicht. Elisabeth zitterte am ganzen Leib.

»Jeanne hat mich auf das widerwärtigste mißbraucht«, sagte sie. »Nicht den Jungen, nein. Mich hat sie mißbraucht. Dabei hätten wir Freundinnen werden können.«

»Gewiß«, sagte ich.

Der Kranke habe sich im übrigen von selbst erhoben, sei, ohne ejakuliert zu haben, ja, zweifelsfrei ohne sich, sagte Elisabeth, *gegeben* zu haben, mit schlappem Kinderglied aus dieser Unwürdigen, dieser Unwürdigen, sagte sie, herausgekommen und habe zu weinen angefangen. Was normalerweise Autistiker nicht täten. Was nicht einmal Autistiker täten. Und was der Andreas noch nie getan habe. Jedenfalls nicht in Gegenwart eines anderen Menschen.

»Er tat mir unendlich leid«, sagte Elisabeth und:

»Das hätte sie mir nicht antun dürfen.«

Sie, Elisabeth, habe sich denn auch nicht zu erkennen gegeben. Sie sei vielmehr zurückgeschlichen zum gemeinsamen Lagerplatz und habe sich dann – von weitem für jedermann sichtbar – wie in sich versunken schlendernd dem Platz genähert, wo der Junge mit der Frau im Sand stand, und habe, als sie von ihnen eindeutig zu erkennen gewesen sein mußte, haltgemacht, gewinkt und kehrtgemacht. Die beiden schienen schon wieder angezogen gewesen zu sein.

Sie ließen dann auch nicht mehr lange auf sich warten.

Am folgenden Tag habe sie, Elisabeth, Jeanne lediglich mitgeteilt, daß die Krankenhausleitung kurzfristig die Streichung der Halbtagsstelle verfügt habe. Worauf Jeanne nur achselzuckend erwidert habe, das wundere sie nicht. Um dann diese über die Maßen rätselhafte und doch auch über die Maßen unverschämte Bemerkung zu machen. Bei ihr zu Hause, habe sie gesagt, werde Unzüchtigen von Truthähnen die Augen ausgehackt.

»Als habe sie mich im Gebüsch gesehen«, sagte Elisabeth, »als habe *die* Augen hinten im Kopf.«

Nie hatte ich Elisabeth derart entschieden reden gehört. Wie eingeschüchtert beschäftigte ich mich mit meinen Handknöcheln.

Selbstverständlich wisse sie, daß ich die Zusammenhänge nicht begreifen könne, sagte sie.

Ich schwieg immer noch.

So entschieden und ausführlich aber der Bericht über jenen Ausflugsnachmittag gewesen war, so entschieden und knapp war die Begründung dafür, warum ausgerechnet ich, der Elisabeth seit Jahren nicht mehr gesehen hatte, ihn zu hören bekommen hatte.

Ob ich mich erinnerte, sagte sie am Ende, wie sie zum ersten Mal allein zu mir in meine frühere Münzen- und Medaillenhandlung gekommen sei? Sie meine den Anfang mit uns.

Und *ob* ich mich erinnerte.

Ob ich mich erinnerte, wo Paul sich an jenem Abend aufgehalten habe.

Wie sollte ich, sagte ich. Der habe doch sicherlich auswärts zu tun gehabt. Freunde, Mandanten. Verfahren.

Eben nicht, sagte Elisabeth. Er habe zu Hause im Bett gelegen. Während wir –

Ja, das hatte ich tatsächlich nicht ahnen können.

Sie seien doch ein paar Tage zuvor von einem Spanienurlaub zurückgekehrt – und zwar gemeinsam, was sie zumindest mir gegenüber nicht verschwiegen habe. Nur habe sie auch mir gegenüber verschwiegen, was Paul in diesem Urlaub widerfahren sei. Sie habe sich dafür nicht weniger geschämt als er.

»Wie kann ein Mensch nur so sehr die Gewalt über sich selbst verlieren«, sagte sie, »daß er sich vor den Augen der eigenen Frau von spanischer Polizei das Trommelfell zerschlagen und die Eier eintreten läßt.«

Ich werde diesen Satz aus Elisabeths Mund nie vergessen.

Mehr als alle Geschichten, die er mit anderen Frauen gehabt haben mag, sagte Elisabeth, mehr als all die langen Wochen, die er weggewesen sei, und all die Wochen, die er dagewesen sei, ohne sie überhaupt wahrzunehmen, weil er nichts anderes im Kopf gehabt habe als seine Arbeit, habe es sie getroffen, daß er sich am letzten Urlaubstag in Spanien wegen einer Lappalie habe festnehmen und dann vor ihren Augen fast habe totschlagen lassen. Das habe er nicht zulassen dürfen.

Ich bin, gebe ich zu, nicht sicher, ob ich Elisabeth fragte, um was für eine Lappalie es sich gehandelt hat. Wahrscheinlich habe ich fragen wollen. Es aber nicht gewagt.

Zwar sei Paul schließlich doch noch relativ glimpflich, *relativ glimpflich*, sagte sie, davongekommen. Sie habe ihn nach der einen Nacht im Gefängnis und seiner Verurteilung vor dem Schnellgericht in dem Zustand, in dem er war, mitgenommen in dem normalen Ferienreisezug. Dort sei er von einem zufällig im Zug mitreisenden Arzt vorläufig behandelt worden. Er habe sich jedoch geweigert, sich zu Hause, hier, sagte Elisabeth, in ein Krankenhaus einliefern zu lassen. Wahrscheinlich habe er die Trivialität und Würdelosigkeit des Vorfalls nicht verkraftet. Er habe sich geschämt. So die Gewalt über sich zu verlieren, das müsse man sich mal vor Augen führen. Er, der Anwalt und Strafverteidiger. Der einem spanischen Polizisten einen Cognac ins Gesicht kippt. Und dann natürlich geprügelt wird wie ein Hund. Jämmerlich. Erniedrigend. Lächerlich nachgerade.

»Und wenn man tausendmal recht hat«, sagte Elisabeth.

Jedenfalls habe er sich mit Verletzungen, die von dem Arzt im Zug als Gehirnerschütterung und Verlust des rechten Trommelfells sowie schwere traumatische Einwirkungen auf die Hoden diagnostiziert worden seien, zu Bett gelegt. Er habe drei Wochen bei abgedunkeltem Zimmer im Bett gelegen und aus dem rechten Ohr seien ihm die ganze Zeit Blut und Eiter gelaufen. Er habe kaum geschlafen. Nachts habe er gestöhnt. Und er habe ihr, sagte Elisabeth, aufgetragen, allen, die nach ihm fragten, zu sagen, er sei noch im Urlaub. Er sei geblieben, während sie zurückgekehrt sei.

Das, sagte sie, habe *sie* nicht verkraftet gehabt. Da sei dann diese entsetzliche Leere in ihr entstanden. Und sie sei zu mir gekommen. Mit leeren Händen sozusagen. Jedenfalls habe sie mich, sagte sie, in leere Arme genommen.

Ob ich nun begriffe, was sie mir schuldig sei?

Aus Angst, sagte sie, ich würde sie zurückweisen, wenn ich von Pauls Zustand erführe, habe sie mir nichts gesagt. So wie sie mich immer eingeschätzt habe, hätte ich es fertiggebracht, sie zurückzuweisen. Aus purem Anstand. Insofern habe sie nicht nur Paul betrogen mit mir, sondern auch mich mit ihm.

Ich spürte, daß sie immer weiter wegrückte von mir auf der Spielplatzbank, auf der wir saßen. Ihre Stimme wurde immer leiser.

Sie habe nichts zu bieten gehabt außer ihrer Leere, sagte sie. Und die zu füllen, sei mir nicht gegeben gewesen. Wahrscheinlich war das wohl auch zuviel verlangt.

Auch ich rückte nun ein wenig weg zur Kante der Bank.

Erst dieses Scheusal und Ungeheuer Jeanne sei es gewesen, vernahm ich, die ihre Leere zu füllen verstanden habe. Sie habe sie gefüllt mit einem Schmerz. Keinem Eifersuchtsschmerz, hörte ich, keinem Schmerz des Verlustes. Nein. Eher dem Schmerz eines Gewinns. Einer Einsicht. Der Einsicht nämlich, daß jemand wie sie wohl immer nur durch Mißbrauch zu sich selbst gelange. Durch notwendig widerwärtigsten Mißbrauch. Sonst bliebe sie immer mit allen Fasern ihres Wesens hängen an den anderen. An Paul oder, wenn ich selbst nicht so schwankend und entschlußlos gewesen wäre, wenn nicht Trude die Stärkere gewesen wäre, womöglich auch noch an mir. Eine bittere Einsicht, ein schwer wiegender Gewinn, ein übermäßiger Schmerz, der sie noch heute anfülle. Dafür müßte sie im Grunde sogar dankbar sein. Dieser Jeanne.

Inzwischen hatte sich Elisabeths Kind Anna einem von dem dicksten Kastanienast baumelnden Autoreifen zugewandt. Sie saß in ihm drin und nahm Schwung.

Ich erhob mich und griff nach Elisabeths Arm.

»Was ist?« sagte sie und wich zurück.

»Das Kind«, sagte ich.

»Was ist mit dem Kind?« Sie blickte hin und her zwischen mir und dem Kind.

»Daß es sich nicht weh tut«, sagte ich.

Da lächelte Elisabeth. Sie lächelte wie früher.

Und schon baumelte das Kind, die gespreizten Beine in die Gummifelgen gestemmt, über Baumstümpfe, Gestrüpp und die scharfen Spitzen des Lattenzaunes hinweg zwischen dem tiefen Morast des Wallgrabens und dem Himmel.

12

Der Winter wird kälter.

Erkennungsausflüge. Einsamkeitsausflüge. Genugtuungsausflüge.

Seit mir diese Eliada Jeanne Carla Guinetti über den Weg lief, rückt das Moor näher heran. Trude aber rückt mehr und mehr in den Hintergrund. Sie hat mich nicht einmal gefragt, wie das Fußballspiel ausgegangen ist. Sie hat sich wieder ihrer Schreiberei zugewandt.

Sie legt das *Stabat Mater* von Pergolesi auf, das über die Tenne hallt und die leeren Boxen des Viehs anfüllt. Es hallt durch das ganze Haus. Ich vernehme die klagenden Streicherklänge. Die Orgel bringt das Gebälk meines Arbeits- und Verwesungszimmers in Schwingung. Es fällt ein wenig Putz von den Wänden und ich winde mich unter der tiefen Wehmut der Altstimme und dem schönen Sopran. Ich greife nach meinem Mantel.

Ich steige die Treppe hinab.

Trude blickt auf von ihrer Maschine. Ich mache ein paar Schritte auf sie zu, küsse sie auf die Stirn. Mit einer Hand zieht sie mich an der Schulter tiefer herunter und flüstert mir gegen die stereophone Gewalt, die am Tennentor rüttelt, scharf und laut etwas ins Ohr.

»Wenn man richtig zuhört«, verstehe ich, »dann begreift man, warum es eigentlich heißen muß: *Stabat Mater Dolorosa.*«

Sie läßt meine Schulter los und beginnt wieder auf der Maschine zu tippen. Ich flüchte.

Der Himmel ist grau.

Aber Ruhe ist nirgendwo bei wachsender Kälte.

Hinter den winterlich starren Gräsern des Ästigen Igelkolbens, der hervorsticht aus dem Geflecht erstorbener Stengel und Halme von etwas, das bis in den Herbst hinein noch Schwanenblume, Wasserschwade und Flatterbinse gewesen ist, schrecken unvermittelt Eisvögel auf. Rohrweihen schießen mit ihren raubvogelgebogenen Schnäbeln senkrecht nach oben und zerreißen die Luft wie ein Tuch. Brandenten, Spießenten, Stockenten schnattern und quaken, kreischen und schreien. Sie machen einen bis ins Mark selbst des bewandertsten Wanderers unerträglich eindringenden Lärm. Der tritt nieder die Spitzen von Schwertlilie, Pfeilkraut und Kalmus und schreitet voran, um am Ende womöglich, schon bis zur Hüfte im Wasser, inmitten von breit- und schmalblättrigen Rohrkolben und Schwimmendem Laichkraut auf einen von sauren Niederschlägen ermatteten Haubentaucher zu stoßen, den auch er nicht mehr rettet. Oder gar beim Wegsacken des Bodens unter den Füßen einen der schmalen zarten Austernfischer, eine der in den niedrigen Nebelschwaden verborgenen Bekassinen zu Tode zu erschrecken, worauf diese für immer zurücksinken in die Versumpfung der Tümpel und Teiche oder hinter die gerade noch erreichten Büsche, das Schilfrohr, ins Moos:

so daß es für den Wanderer nur noch darum gehen kann, sich selbst in Sicherheit zu bringen.

13

Diese Reise hätte ich mir ersparen können. Und doch will ich nicht ausschließen, daß sie am Ende den Ausschlag geben wird für eine Entscheidung, die zu fällen ich bis dahin natürlich noch nicht einmal in Erwägung habe ziehen können.

Als ich am Sonntagabend angerufen und mich als alten Freund von Paul vorgestellt hatte, war ich von seiner Mutter zunächst mit der lapidaren – wenn auch kaum vernehmbaren – Bemerkung beschieden worden, daß sie keinerlei Auskünfte geben könne. So hatte ich – meinerseits nun sowohl um Vernehmbarkeit wie Kürze bemüht – hinzugefügt, daß es mir leid täte, sie in der feiertäglichen Ruhe gestört zu haben. Worauf sie am anderen Ende der Leitung – abermals kaum vernehmbar, jetzt aber doch spürbar gereizt – erwiderte, daß es mit der Ruhe sowieso nicht sehr weit her sei bei ihr. Da war dann einen Augenblick lang jene feine streitbare Stille zwischen uns entstanden, die den zunächst Abweisenden allmählich zugänglich und den Vertrauensvollen nach und nach kühl zu machen vermag.

»Ja dann«, hatte ich gesagt. Und nach einer weiteren, allerdings schon gänzlich von mir beherrschten Weile: Ob sie sich denn nicht erinnere. Ich sei Pauls Trauzeuge gewesen. Elisabeth und Paul. Die Eheschließung in Bremen. Da war dann mit einem Mal eine geradezu enthusiastische Vernehmbarkeit in die Stimme der Frau am anderen Ende geraten. Ja, gewiß doch, wie habe sie nur können. Oder vielmehr: nicht können. Wie es mir denn ginge. Oder ergangen sei. Und o mein Gott, wie lange das alles schon her sei, schon gar nicht mehr wahr. Aber ob ich nicht trotzdem mal, wenn ich in der Gegend sei, vorbeikommen wolle. Da könnte man doch, sagte Frau Brandig, ein wenig plaudern, über die vergangenen Zeiten, die sie ja um Himmels willen nicht die alten nennen wolle, aber immerhin, die schönen Tage. Das Leben, und wie es so spiele, rief sie mir zu.

Nachdem ich geantwortet hatte, gerne, es sei ja nur ein Katzensprung, keine Dreiviertelstunde mit dem Wagen, hatte ich am Montagmittag den Bus nach Bremen und dann den Zug genommen, um sie aufzusuchen.

»Sie wissen ja gar nicht, wie ich Ihnen dankbar bin, daß Sie mir ein Lebenszeichen von Paul überbringen«, rief sie mir auf der Schwelle entgegen.

Da lag offenbar ein Mißverständnis vor. Ich hätte auf dem Absatz kehrtmachen können. Aber das war natürlich nicht möglich. Ich roch – ja tatsächlich: ich roch schon den Braten. Was hatte mein Anruf nur für Erwartungen wecken können! Obwohl wir meinen Besuch für halb vier nachmittags vereinbart hatten und ich natürlich schon mit Trude zu Mittag gegessen hatte, lud mich Frau Brandig ein zu einem Braten. Ich stand noch halb draußen und schon hatte mich diese schmale Person, deren in ein schwarzes Plisseekleid gehüllte Gestalt beim Handgeben in eine Vibration geraten war wie eine von einem vorbeifahrenden Lastwagen erschütterte Schaufensterpuppe, vollständig im Griff.

»Sie wissen ja gar nicht«, sagte sie, »wie gut es einer alten einsamen Frau tut, mal wieder etwas für einen jungen Mann zu tun.«

Ich betrat den engen Flur. Die Frau nahm mir den Mantel ab und hängte ihn in eine offene Schrankgarderobe.

»Bitte«, sagte sie und trat zurück in die Küchentür, aus der der Bratenduft kam, »setzen Sie sich nur schon zu Tisch. Einen kleinen Augenblick müssen Sie sich noch gedulden.«

Sie wandte mir nun den schmalen Rücken zu und ich vernahm ganz deutlich die Worte:

»Soße mit saurer Sahne hat er immer über alles gemocht.«

Ich betrat das Wohnzimmer.

Von einer ausladenden Couch und aus Bergen von Kissen, Dekken, Zeitungen und Zeitschriften erhob sich schwer atmend ein Mann. Ein schwergewichtiger und rotgesichtiger Mann. In einer Hand hatte er eine Papierserviette, mit der er sich den Mund betupfte. Die andere streckte er mir entgegen.

»Keine Umstände«, kam es hinter der Serviette hervor, »setzen Sie sich, es kann nicht mehr lange dauern.«

Dem Mann stand Schweiß auf der Stirn. Er war mir schon auf Brandigs Hochzeit aufgefallen. Er war mir aufgefallen als unauffällig, glatzköpfig und dick. Er war mir aufgefallen wegen seiner Körperfülle, seiner kleinen runden hervorstehenden Augen, seiner Glatze, die weiß war, und der Röte in seinem Gesicht. Er war mir aufgefallen wegen der raumgreifenden Übertreibung von Unauffälligkeit, die er verkörperte.

Ich setzte mich in den vor einem niedrigen länglichen Tisch frei stehenden Sessel. Vor mir war gedeckt für eine Person. Die Serviette neben den Tellern hatte das gleiche Sternchenmuster in Gold auf grünem Grund wie die Serviette in der Hand des Mannes, der sich schnaufend hatte zurückfallen lassen zwischen die Kissen und Dekken, die Zeitungen und Zeitschriften sowie allerlei Krimskrams inmitten phototechnischen und kleinradiophonen Geräts. Der Mann sah flink und behende an mir vorbei. Womit ich sagen will, daß seine kleinen hervorstehenden runden Augen mich umkreisten, ohne mich zu erfassen. Oder aber mich sehr wohl erfaßten, es jedoch auf das geschickteste verstanden, sich nicht erfassen zu lassen von mir. Ich kam mir gemustert vor, ohne angesehen zu sein.

»Nichts für ungut«, sprach der Mensch unvermittelt hinter seiner Serviette hervor, so daß ich mich schon ertappt fühlte. Ich sah mich ein wenig um.

Rechts neben dem Dicken stand eine Zimmerlinde. Oder eine Begonie. Jedenfalls etwas in dieser Richtung. Ich kenne mich mit Hausgewächsen nicht sonderlich aus. Eines jener gummiblättrigen Schwalbenwurzgewächse, von denen Trude mehrere in unser Hallenbad, das Badezimmer, auf gläserne Regale gestellt hat – von ihr Aasblumen, Ekelblumen, aber auch Ordenskakteen genannt –, stand hier in einem Teakschrankregal zwischen verschiedenen Büchern. Ich machte einen Duden (Rechtschreibung), einen Weltatlas und mehrere Tier-, Pflanzen- und Gesundheitsbücher aus, an die sich eine längere Reihe gleich hoher zeitungspapiergebundener Buchrücken anschloß.

Vor lauter Ratlosigkeit aber fiel mein Blick bald schon auf meine verschuppten Handknöchel. Ich legte eine Hand in die andere, um sie zu verbergen. Ich rieb meine Hände ineinander.

Bis zu meiner Erleichterung die schmale Frau Brandig in der Tür erschien. Sie hatte einen Topf zwischen bunten Topflappen in den Händen, den sie neben dem vor meinen Augen gerichteten Gedeck absetzte.

Sie hob den Deckel vom Topf und schenkte mir mit einer kleinen fein geschwungenen silbernen Kelle den Suppenteller voll.

Der Dicke sagte:

»Knochenmark, Kraft!«

»Bitte«, sagte Frau Brandig.

Dann setzte sie sich neben den Mann und zwischen all die Kissen, Decken, Zeitschriften, Zeitungen und den übrigen Krimskrams in eine Mulde, in der sie versank.

Ich begann zu löffeln.

Paul Brandigs Mutter schaute mich nun unverwandt an. Sie sah mir zu. Der ausladende Mensch sah abwechselnd in eine Zimmerecke in meinem Rücken und auf meinen Teller. Halb unterhalb der Tischkante hantierte er mit etwas herum.

»Für unsereins macht man heutzutage natürlich schnell mal ein Süppchen aus der Dose oder aus dem Beutel. Aber da war Paul immer sehr empfindlich. Das lehnte er ab. Jedenfalls bei seiner Mutter«, sagte Frau Brandig.

Sie seufzte.

»Da war er sehr eigen«, fügte sie hinzu.

Der Dicke hatte weiße Speichelbläschen in den Mundwinkeln.

Ich löffelte. Mittlerweile war ich froh, daß ich mich an diese Suppe halten konnte. Ich hatte einen Löffel und hatte eine Suppe. Ich löffelte gemächlich.

»Ja, sehr eigen«, sagte Frau Brandig – und dann:

»Wenn Ihnen nur der Braten würzig genug ist.«

Es folgte eine kleine Pause.

»Mögen Sie Rotkohl?« fuhr sie fort, und fast besinnlich heiter klang es, als sie sagte:

»Rotkohl mit Nelken und Boskopapfelscheibchen darin. Wie hat Paul den immer geliebt.«

Und abermals eine Pause.

»Wenn er nur nicht so eigensinnig gewesen wär.«

Unvermutet plötzlich, als wollte sie das gerade Gesagte noch erreichen, festhalten und doch lieber wieder zurückziehen, sprang sie auf. Sah sich ein wenig hilflos um, starrte auf den Tisch, zog mir den Teller unter dem Löffel weg und huschte zur Tür.

Der Mann bediente ein kleines Gerät in seiner Hand. So ein Ding, mit dem man die Programme umschaltet beim Fernsehen. Das Fernsehgerät stand in meinem Rücken. Der Ton abgeschaltet.

Frau Brandig huschte wieder herein und huschte hinaus.

Nacheinander trug sie eine Schüssel mit dampfenden Salzkartoffeln, eine hohe ovale Porzellanschale, aus der der Duft der Bratensoße stieg, und eine Bratenplatte mit zwei – einem rotbraunen und einem rostbraunen – bereits in Scheiben geschnittenen Braten heran.

Ich war nach der Suppe, der Brühe, der es nicht an Kraft gemangelt hatte, nun wirklich satt.

Aber die Frau trug auf. Sie nahm meine vorsichtig abwehrenden Handbewegungen sowie die Bemerkung, daß ich schon zu Mittag gegessen hätte, offenbar für so etwas wie falsche Bescheidenheit – wenn nicht für die ausgesuchte Höflichkeit des Wohlerzogenen, die umso rückhaltloser belohnt zu werden verdient. Zwei Scheiben Schwein, zwei Scheiben Rind. Fünf Löffel Kartoffeln.

Sie übergoß aus einer kleinen Soßenkelle Kartoffeln und Bratenscheiben reichlich mit Soße. Sie wollte gar nicht mehr damit aufhören. Bis sie in halber Schwenkbewegung mit der Kelle innehielt und eine ganze Weile auf den Teller starrte. Da entglitt ihr die Kelle, so daß sie auf meinen Tellerrand fiel und mir die dunkle Anzugjacke und den Schlips mit heller Soße bespritzte.

»Um Himmels willen«, stieß sie hervor und stürzte hinaus.

Der Dicke reichte mir die Serviette, die er sich vorher vor den Mund gehalten hatte. Ich ergab mich einem kurzen heftigen Hustenanfall, den ich in schwierigen Situationen herbeizuführen weiß, vertauschte dabei unauffällig seine Serviette mit der meinen und tupfte mir die Flecken vom Revers.

Frau Brandig kehrte zurück mit dem Rotkohl. Sie stellte ihn zwischen sich und mich.

»Vom Kohl nehmen Sie ganz nach Ihrem Belieben«, sagte sie.

So fand ich mich drein. Und während ich mich nun dem Kleinschneiden von Fleischscheiben, dem Zerquetschen einzelner Kartoffeln und deren Vermischen mit Rotkohl und Soße widmete, so daß neben der einen Hälfte des Tellers mit den noch getrennten Bestandteilen der Speise ein bräunlich-bläulicher Brei entstand, setzte mir die Frau auseinander, inwiefern ihr Sohn, der Paul, ein eigener, ein eigenwilliger und eigensinniger, ja, ein schwieriger Sohn gewesen sei. *Gewesen!* sagte sie. Obwohl sie gerade erst in meinem Erscheinen noch ein Lebenszeichen von ihm erblickt haben wollte.

Paul habe sich immer gegen alles aufgelehnt, sagte sie. Das sei sozusagen querbeet gegangen. Ich wußte nicht, was sie meinte.

Ihr Gesicht war überzogen von einem feinen engmaschigen Faltennetz, das sich von der hohen Stirn über die hohen Wangenknochen zum schmalen Kinn spannte. Die Wangen wirkten wie ausgehöhlt. Eine stark hervorspringende kräftige Nase. Keinerlei Ähnlichkeit mit dem Sohn, bis auf diese hervorspringende Nase. Und vielleicht den Blick. Diesen dunklen unruhigen Blick. Sonst aber, trotz der Falten, eher jung, fast jugendlich jung. Wie eine früh gealterte Junge. Oder eine unerfindlich jung gebliebene Alte. Keineswegs aber so, wie man sich die Mutter von solch einem Sohn vorstellt. Sie wirkte auf mich wie Mutter, Tochter und Schwester Brandigs zugleich – und insofern weniger verwandt mit ihm, als jemand es nur sein kann mit irgendeinem anderen. Oder – wenn es das gäbe – nur insofern verwandt mit ihm, als er es nicht war mit ihr. Je näher ich die Frau ansah, desto deutlicher wurde mir aber auch, wie sehr die Züge Brandigs in meiner Erinnerung verblaßt waren.

Querbeet habe er sich immer gestellt, sagte sie. Gegen alles. Schon drüben in Rostock, wohin es sie verschlagen habe. Sie hätten es sich nach der Flucht aus Königsberg und nach den ersten Jahren des Hungers dort nicht schlecht eingerichtet gehabt. Bei allem Mangel. Zwar habe sie arbeiten müssen, schwer arbeiten müssen, aber immerhin habe sie dem Jungen den Schulbesuch ermöglichen können. Was gar nicht so einfach gewesen sei. Denn sie habe keine Rente bezogen wie andere Kriegerwitwen. Obwohl Pauls Vater auf See geblieben sei. Sozusagen auf See. Auf dem Frischen Haff, genauer gesagt. Er habe einen letzten Sturmangriff gegen die anrückenden Russen gewagt. Mit einer Handvoll Leuten. Oder allein, sagte die Frau.

Was nun? dachte ich: und warum muß ich mir das alles anhören? Ich stocherte in dem Fleisch-Rotkohl-Soßen-Brei herum.

Die ostdeutschen Behörden haben nach dem Krieg den Sturmangriff nicht als kriegsnotwendige Handlung anerkennen wollen, fuhr die Frau fort. Aber so ginge es eben her in der Geschichte. Im nachhinein will keiner verantwortlich sein. Keiner will geradestehen für das Geschehene. Da stünden dann die Hinterbliebenen ziemlich allein. Aber damit habe sie sich abgefunden.

Nur mit Pauls Wesen habe sie sich nie abgefunden. Denn eigen, eigensinnig und eigenwillig, ja, wie sage man da heute? ja – unangepaßt sei er gewesen. Friedlos, ruhelos und durch nichts zufriedenzustellen. Schon von Kindesbeinen an. Unfähig, sich einzuordnen und unterzuordnen. Ein richtiges Sorgenkind sei er gewesen. Da habe er es natürlich drüben zu nichts bringen können.

»Er wollte nicht«, sagte die Frau.

Der Sohn habe die Mutter dann regelrecht gezwungen, im Sommer 61 mit ihm in den Westen zu gehn.

»Was sollte ich denn als alleinstehende Frau dort drüben allein?«

Im Grunde habe der Sohn sie ein zweites Mal entwurzelt. Erst die Russen. Dann er. Um sie schließlich im Westen sitzenzulassen.

Zwar habe sie hier sehr bald die ihr zustehende Witwenrente bezogen, wenigstens insofern sei ihr Gerechtigkeit widerfahren, ebenso wie Paul selbst, der ja während des Studiums Waisenrente bezogen habe; aber er habe sie eben doch, indem er sich – undankbar wie er war – wieder *querbeet* stellte, sitzengelassen. Er habe sie im Stich gelassen. Und wofür? Nun, das wisse ich, sagte sie, ja wohl auch.

Ich wisse von nichts, sagte ich.

Er habe zwar, sagte sie, ordnungsgemäß sein Jurastudium absolviert...

»gemeinsam mit Ihnen doch, nicht wahr?«

Ich nickte und legte Messer und Gabel beiseite.

... aber kaum habe er Fuß gefaßt als Anwalt – seltsam genug: dieselbe Formulierung, die Elisabeth gebraucht hatte –, sei er wieder in die alte Unruhe verfallen. Sei wieder in die alte Unzufriedenheit zurückgefallen und habe sich gegen alles, weiß Gott, was alles, aufgelehnt. Er habe sich ja sogar wohl am Ende –

Sie sprach nicht weiter.

»Paul war von vornherein zum Scheitern verurteilt«, sagte sie, »das war eben mein Schicksal.«

»Ihr Schicksal?« wagte ich mich nun mal ein wenig vor.

Da aber fiel schon das Wort, das mir den Atem verschlug.

»Irgendwann mußte er sich ja das Genick brechen«, sagte sie, »er wollte nie hören.«

Verstört, glaube ich, blickte ich zwischen der Frau und dem ausladenden Menschen, der neben ihr saß und an mir vorbeiblickte, hin und her.

»Ist Paul etwas zugestoßen?« sagte ich. Erst jetzt wurde mir in aller Deutlichkeit bewußt, daß sie die ganze Zeit von Paul gesprochen hatte, als gäbe es ihn schon gar nicht mehr.

»Er hatte doch alles, was er brauchte«, bekam ich zur Antwort.

»Jawohl«, sagte der Dicke, »ihm fehlte nichts, das kann ich bezeugen.« Und er tippte auf seinem Programminstrument herum.

»Haben wir nicht alles, was wir brauchen?« sagte die Frau. »Sagen Sie selbst.«

»Gewiß«, sagte ich, »nur –«

»O nein! Widersprechen Sie nicht. Er war ein Unglücklicher, ein Ruhloser und Unruhestifter. Das konnte nicht gutgehn.«

»Aber«, wollte ich hinzufügen.

»Kein Aber«, sagte die Frau, »sagen Sie selbst: Haben wir« – wir! sagte sie – »das verdient?«

Sie sah mich so ernst und dunkel, ja, unruhig an, wie Paul mich oft angesehen hat.

»Sie haben doch mit ihm gemeinsam die schönste Zeit des Lebens verbracht. Wenn wir einmal absehen von der Kindheit, die Ihnen und Ihrer Generation genommen wurde. Nicht wahr? Nichts zwischen den Zähnen und kaum ein Hemd auf dem Leib.«

Ich nahm nun den Suppenlöffel zur Hand und reinigte den Teller von den Resten des Breis. Und sie beugte sich über den Tisch zu mir herüber.

»Hätte er nicht bei Elisabeth bleiben können?«

Ich blickte nicht auf.

»Er hätte Kinder haben können. Ein Heim.«

Ich legte den Löffel beiseite und lehnte mich zurück. Im Rücken vernahm ich jetzt aus dem Fernsehlautsprecher abwechselnd Stimmen und verhaltene Musik. Der Mann vor mir stellte sie ungefähr auf die Lautstärke der Stimme von Frau Brandig.

»Mußte er sich ausgerechnet mit solchen Leuten abgeben«, flüsterte die mir zu.

Ich sah sie, glaube ich, verständnislos an.

»Mit solchen Verbrechern«, sagte sie.

»Er ist Strafverteidiger gewesen«, sagte ich – und zuckte zusammen. Sprach ich nicht auch schon von Paul, als gäbe es ihn gar nicht mehr?

»Da kann man es sich nicht immer aussuchen«, fügte ich hinzu.

»Ja aber«, sagte Brandigs Mutter, »das waren doch alles Terroristen.« Sie atmete kurz. »Die kann man doch nicht verteidigen. Das habe ich ihm immer wieder gesagt«, sagte sie, »und da hat er nur gesagt: Das sind *meine* Leute.«

»Wann hat er das gesagt?« fragte ich nach.

»Immer wenn er sich noch mal bei mir blicken ließ«, sagte die Frau.

»Und wann hat er sich das letzte Mal blicken lassen?«

»Ja wann eigentlich?« sagte sie zu sich selbst – und dann zu dem ausladenden Dicken gewandt:

»Wann war der Paul das letzte Mal zu Haus?«

Der Dicke guckte nachdenklich und treu.

»Jahre her«, sagte er. Er fummelte jetzt an dem Programminstrument herum. Irgendetwas war offenbar nicht in Ordnung. Immer wenn er umschaltete, gab es einen Knacks und er blieb auf demselben Programm.

Frau Brandig dachte nach. Zu mir gewandt sagte sie nach einer Weile:

»Verzeihen Sie, was haben Sie mich eigentlich gefragt?«

»Wann Paul das letzte Mal hier gewesen ist.«

»Ja, man wird alt«, sagte sie, »77 – 78 – 79: warten Sie mal... Aber er hätte sich ja schon mal wieder blicken lassen können. Dann wüßte seine alte Mutter es auch genauer.«

»Und Sie haben seitdem nichts mehr von ihm gehört?«

»Nichts«, sagte die Frau, »das mußte ja so enden.«

»Keinen Brief, keinen Gruß?«

»Nichts.«

Frau Brandig schlug die Augen nieder und schwieg.

Während ich in meinem Rücken eine Fernsehstimme vernahm, die sagte, daß immerhin zu beachten sei, daß selbst der französische Ärzteverband sich hinter Mediziner stellte, die Zellen menschlicher Föten für die Heilung todkranker Kinder verwendeten...

Frau Brandig war aufgestanden und aus dem Zimmer verschwunden. Der Dicke schaltete das Programm um. Sein Gerät schien wieder zu funktionieren.

Im Rücken vernahm ich eine Frauenstimme, die sagte, Amerika habe es besser. Denn in den Rockies sei der Schnee trockener, die Natur gnädiger und die erschließbare Bergwelt höher als in den Alpen. Die Baumgrenze verlaufe in dreitausend Meter Höhe. Das schaffe bretterschonenden Humus...

Vor mir stand am Ende eine große Kristallschale mit eingemachten Pflaumen.

»Von Frau Brandig«, sagte der Dicke, »selbst eingemacht.«

»Essen Sie nur«, sagte die, an der Tischkante lehnend.

»Sowas Gutes«, sagte der Dicke, »kriegen Sie so bald nicht wieder auf den Tisch.«

»Essen Sie nur, essen Sie nur.«

Ich war schon einigermaßen stumpf und benommen vor lauter essen. Ich ließ es mir sogar gefallen, eine Aufnahme mit der Polaroidkamera von mir beim Pflaumenessen machen zu lassen. Der Dicke überreichte mir das Photo zum Abschied. Diese Reise hätte ich mir sparen können. Wenn sie mir nicht doch die Gewißheit verschafft hätte, daß es mit Pauls Verbleib ein besonderes Bewenden haben muß.

14

Es ist eine Woche her, daß mir die Guinetti über den Weg lief. Sie hat mein Leben verändert. Natürlich werde ich mich hüten, die Polizei einzuschalten. Die Guinetti hat mein Leben grundlegend verändert. Ich finde keine Ruhe mehr. Ihre Schönheit, diese beispiellose Schönheit, geht mir durch den Kopf. Und nicht nur ihre Schönheit. Vor allem geht mir Brandig durch den Kopf. Brandig, den ich schon fast vergessen hatte, der mein Freund gewesen ist und der nun, da er mir in Erinnerung gerufen wurde durch die beispiellose Schönheit dieser Frau, mit einem Mal wie vom Erdboden verschwunden ist. Und in meinem Kopf wieder auftaucht. Als existierte er nur noch dort. Als gäbe es ihn gar nicht mehr. Als sei er die Ausgeburt einer krankhaften Phantasie.

Natürlich werde ich trotzdem nicht die Polizei einschalten. Ich hege ein anderes Interesse an Brandig, als die Polizei es hegen könnte (ein die Würde von Objekt und Subjekt derart vereinigendes Interesse, daß sich natürlich jeder Eingriff – welcher exekutiver Provenienz auch immer – von selbst verbietet; ein legislatives Interesse also sozusagen, das das allerzurückhaltendste und doch ... und *deshalb auch* das allergründlichste ist).

Ich kann Paul nicht verraten. Dafür verdanke ich ihm zu viel. Er war mir immer Vorbild und Freund. Er war mir ein derart bedeutendes, um nicht zu sagen: leuchtendes Vorbild, daß ich zum Glück, zu meinem eigenen und gewiß auch meiner Mandanten Glück, noch rechtzeitig, nämlich schon nach knapp zwei Jahren Praxis, begriff, wie wenig ich in dem gemeinsam mit Brandig ergriffenen Beruf zu suchen hatte. War ich schon von vornherein ziemlich untauglich für die Aufgaben des Strafverteidigers, so mußte ich mit meiner ausgleichenden Art am Ende zwangsläufig ebenfalls scheitern als Vertreter von Scheidungswilligen. Meine eigentlichen Qualitäten, die des unbeirrbaren Wartens und Wägens, die des Sammelns und Sonderns, konnte ich in diesem aufreibenden Geschäft nicht im mindesten zur Geltung bringen. Wäre ich jedoch hinübergewechselt in jenes Lager der Rechtspflege, das wir das unabhängige nennen, weil es das richterliche ist, hätte mich Paul, so wie ich ihn kenne, mit Sicherheit nicht nur hinter vorgehaltener Hand auf den Fluren der Justizgebäude, sondern gewiß auch *coram publico* im Gerichtssaal wie versehentlich mit *Herr Staatsanwalt* tituliert. Vor Brandigs vernichtender Nachsicht versinken nicht wenige augenblicklich im Boden.

Aber nun ist er selbst verschwunden. Er, dessen kollegiale Umsicht und freundschaftliche Einfühlung mich zu den Wurzeln meiner Begabungen und Neigungen zurückgeführt haben, ist selbst wie vom Erdboden verschwunden. Während ich auf sein Anraten hin meine Kindheitssteckenpferde, das Mich-Versenken in vergangene Zeiten sowie den Erwerb und die Veräußerung von Geld, zu einer Wissenschaft und meinem neuen Beruf gemacht, also im wahren Sinne des Wortes: umgesattelt habe; während ich seit nunmehr zwölf Jahren – zunächst noch in der Stadt, dann schließlich hier auf dem Lande – geduldig den Boden beackere, in dem – einstmals klingende – Münze von mir gepflügt wird, Münze, die stumm und umso beredter Zeugnis ablegt von den tiefen Impulsen und Strebungen gesellschaftlichen Miteinanders, von Wechsel und Wucher menschlicher Natur im – wenn ich einmal so sagen darf – Prägegriff monetärer Kulturverfeinerung; während ich seßhaft, nach allerlei beruflichen Reisen und inneren Wirren mit Trude seßhaft und zum Numismatiker wurde, ist Brandig verschwunden und selbst nicht einmal Rechtsanwalt mehr.

Ich habe die Anwaltskammer angerufen, die gemeinhin keinerlei Auskünfte gibt. Brandig ist dort nicht mehr geführt. Ich habe beim Landgericht und beim Oberlandesgericht angerufen. Die zuständige Kammer des Landgerichts bedauerte, während die des Oberlandesgerichts mitteilte, daß, wie ich ja doch als Anwalt am besten wissen müsse, leider über Personen, denen die Zulassung vom Präsidenten entzogen worden sei, keinerlei Auskünfte erteilt werden könnten. Zulassung entzogen, aha! Das Einwohnermeldeamt, bei dem ich mich – vom Oberlandesgericht ermutigt – als Rechtsanwalt ausgab (genau genommen bleibt ja auch der nicht praktizierende

Arzt immer ein Arzt), teilte mir mit, daß Brandig, ein Paul Brandig, nicht registriert sei. Ich hakte nach und zeigte mich beharrlich. Der sei, erfuhr ich schließlich, längst aus dem Melderegister gestrichen. Und zwar auf Betreiben des Besitzers des Hauses, in dem er zuletzt gewohnt habe. Der habe nämlich die Wohnung für sich selbst in Anspruch genommen. Der Herr Brandig habe sich nie abgemeldet, daher könne man mir auch nicht mitteilen, wo er sich augenblicklich aufhalte, ganz abgesehen davon, daß das Einwohnermeldeamt grundsätzlich gar nicht befugt sei, Auskünfte über die Meldepflichtigen Dritten gegenüber zu geben – was es nun mir gegenüber durchaus zur Genüge getan hatte; wenn auch mit recht geringem Nutzen.

Ich habe die raren Daten untersucht, über die ich verfüge. Rare und vage Daten.

Elisabeth hat Paul, wie sie mir am Telephon sagte – ich erreichte sie in der Kinderpsychiatrie – noch einmal und ein letztes Mal gesehen, als sie ihm, ohne ihm die *wahren* Gründe, nämlich den *widerwärtigen Mißbrauch* durch die Guinetti, zu *gestehen,* in aller Form, sagte sie, mitgeteilt habe, daß es ihr unmöglich sei, dieser Frau noch einmal *unter die Augen* zu treten. Da habe Paul natürlich die Konsequenzen gezogen und sich selbst nicht mehr blicken lassen. Das sei ja lange vor ihrer Schwangerschaft gewesen, oder zu Beginn ihrer Schwangerschaft, sie erinnere sich nicht mehr. 76/77, um den Dreh herum, wie sie sich ausdrückte. Mehr war aus ihr nicht herauszuholen.

Pauls Mutter, die ich am Montag unmittelbar nach meiner Heimkehr zu Trude noch einmal angerufen hatte, um wenigstens in Erfahrung zu bringen, ob Paul vielleicht zufällig in Begleitung gewesen war bei seinem letzten Besuch, an dessen Zeitpunkt sie sich nicht erinnerte, teilte mir mit einer mich einigermaßen befremdenden Stimme, die sich vor Diensteifrigkeit überschlug, mit, daß Paul ja nach seiner Scheidung keinerlei Einblick in sein Privatleben mehr zugelassen habe; da sei aber, das wisse sie von Elisabeth, so eine Person gewesen, eine Ausländerin, wahrscheinlich eine, so drückte sie sich aus: *aus dem Umfeld.* Die Scheidung jedenfalls sei schon am 22. September 1975 gewesen.

Der einzig halbwegs stichhaltige Anhaltspunkt ist Brandigs Besuch mit der Guinetti bei uns hier draußen im Moor. Als er sich davonmachte mit dem Fahrrad.

Und wenn er sich gar nicht davongemacht hat?

Woher hatte er, der ja schon alles, wie Elisabeth sagte, über Bord geworfen hatte, denn überhaupt ein Fahrrad?

Und ist Brandig ein Mensch, der sich davonmacht, wenn jemand eingeschlafen ist neben ihm?

Und dann noch im Moor?

Trude behauptet es. Sie behauptet, die Guinetti habe es behauptet.

Trude sagt, die Guinetti habe es ihr im Sommer 79 gesagt. Als ich auf beide stieß mitten im Moor. Als mir zugelächelt worden war. Wie von einer Erscheinung.

Am 17. November 1978 habe ich Paul zum letzten Mal einen Wertbrief mit tausend Mark in dies Schloß in der Südsteiermark – vermutlich eine Schloßherberge – geschickt. Paul ließ sich das, was ich ihm schuldete und wofür ich ihm einen Zins genau in der Mitte zwischen den jeweiligen Soll- und Habenzinsen der Geschäftsbanken gewährte, immer nur in Wertbriefen schicken. Er wollte, was ihm gebührte, immer in bar. Seit der Steiermark kein Lebenszeichen mehr von ihm.

Es scheint mir am Ende keineswegs erwiesen, daß Paul tatsächlich hier draußen bei uns mit der Guinetti aufgetaucht ist. Wer hat ihn denn gesehn? Wer hat denn zwei Fahrräder gesehn?

15

Gestern, Dienstag, mitten in die Anspannung meines veränderten Lebens hinein Kundschaft. Seit Wochen keine Kundschaft, und nun, ausgerechnet nun, da ich in meinem Arbeits- und Verwesungszimmer sitze, um der Existenz eines alten verschwundenen Freundes auf die Spur zu kommen, Kundschaft. Am frühen Mittag, noch bevor ich mich ins Moor schlagen konnte, aus heiterem Himmel Kundschaft. Und nicht einmal Kundschaft von allzu weit her, Kundschaft, die ich nicht hätte abweisen können. Kundschaft aus Amsterdam vielmehr, die ich sehr wohl hätte abweisen können. Die ich aber nicht abwies, weil mich die intensive Beschäftigung mit Paul Brandig und die sich zwischen ihm und der Guinetti türmenden Widersprüche hinsichtlich seines Verschwindens für Geschäftsfragen unempfänglich machen... stumpf und tumb machen und schwächen: und demzufolge also daran hindern, Kundschaft abzuweisen. Die Beschäftigung mit Brandig und der Guinetti hindert mich auf eine Weise an meinen Geschäften, daß ich ihnen mit verminderter Widerstandskraft begegne. Meine Aufmerksamkeit ist erheblich eingeschränkt. Und schon haben mich die Geschäfte in ihrer Gewalt. Ich stecke mitten in ihnen drin. In Geschäften, für die ich gar nicht empfänglich bin. Mittendrin wie noch nie. So daß die Kundschaft, die, aus Amsterdam anreisend, ja hätte abgewiesen oder auf ein andermal vertröstet werden können, mit einem Mal die Oberhand über mich gewinnt.

Aber dafür, daß sie die Oberhand gewann und meinen Widerstand brach, habe ich mich schließlich auf das fairste und eben auch geschäftlichste gerächt.

Der Mann wurde mir von Trude zugeführt. Sie hatte ihn hereingelassen ins Haus. Er wartete unten auf der Diele und Trude rief mich hinunter. So daß ich, in Gedanken schon die abgelegensten überwachsenen Torfgräben und trügerischen Versumpfungen abschreitend, an denen sich Brandig und die Guinetti einmal hätten niederlassen können, auf Trudes Ruf einging, ihm folgte, die Treppe hinabstieg und mich am Ende dem Mann gegenüberfand, der mir die Hand entgegenstreckte. Er habe, sagte er, meine letzte Lagerliste erhalten. Er bedanke sich dafür. Und schon hatte er die Oberhand gewonnen über mich. Ob ihn etwas Spezielles interessiere. Nein, sagte er, das eigentlich weniger.

Ich kannte ihn von früher und hatte ihn teils aus Nachsicht, teils aus Nachlässigkeit noch nicht aus meiner Adressenkartei gestrichen. Es handelte sich um einen jener Sammler, die es schon immer, sei es in Paris oder Zürich, in Berlin oder Amsterdam, glänzend verstanden hatten, sich auf den bis zu meiner Verschleppung ins Moor regelmäßig von mir besuchten Händler-Auktionen aus dem Hintergrund in den Vordergrund zu spielen; und zwar weniger durch spektakuläre Käufe denn durch hin und wieder aufblitzende bemerkenswerte numismatische Detailkenntnisse. Ein Mann, dem man nicht den Respekt versagen, mit dem man aber leider auch nicht sein Brot verdienen kann.

Was ihn denn zu mir führe, fragte ich ihn, worauf er antwortete, daß er seit Stunden kreuz und quer durch diese verdammte Torfgegend gefahren sei. Bis er eher zufällig – er sagte: auf dieses mein Versteck gestoßen sei.

»Auf dieses Ihr Versteck!«

Unterwegs sei er gelegentlich Bauern begegnet, aber die hätten ihn immer in die entgegengesetztesten Richtungen geschickt. Es könne sich aber auch um Künstler gehandelt haben. Das halte man ja heutzutage nicht mehr auseinander.

»Wieso Künstler?« fragte ich.

»Wieso eigentlich nicht?« fragte er zurück, fügte aber nach einem bedauernden Zungenschnalzer hinzu:

»Die haben so verkrümmt und verhärmt ausgesehen wie früher nur Bauern.«

»Nun gut«, sagte ich, »und sonst?«

»Es leben doch nicht wenige Künstler in dieser Gegend, nicht wahr?«

»Ich antwortete nicht. Trude aber, die in Hörweite an ihrem Schreibtisch gesessen hatte, erhob sich und zog sich in die Küche zurück.

Der Mann stand vor mir in dickem dunklem Wintermantel, mit dem Hut in der Hand und einem Regenschirm über dem Arm, ein Pensionär mit klarem Blick und der nicht selten bei Menschen in meinem geschäftlichen Umfeld (ja, hier möchte ich mal wie Frau Brandig von Umfeld sprechen!) anzutreffenden ungetrübten und furchenlosen Leidenschaftlichkeit des Anorganischen auf der Stirn. Um den Hals und unter den Strängen des Halses aufgebauscht ein feiner silberner Schal. Der Mann war von großer Gestalt, eine Erscheinung sozusagen, und er beugte sich ein wenig zu mir herab.

Er habe da ein Stück, sagte er.

»Ja bitte«, sagte ich.

»Ein ganz wunderbares und außerordentliches Stück.«

Er fuhr mit der Hand in die Manteltasche.

Einen Holländer, sagte er.

Er reichte mir ein schwarzes Samttäschchen und ich ließ das Stück in meine Handfläche gleiten.

Ich las.

ALS:HY:ME DE: GENIET:SO : IST:HEM:GEEN:VERDRIET ✿

»Wenn er mit genießt, es ihn nicht verdrießt«, sagte der Mann mir gegenüber. Dann zog er ein Blatt Papier aus der Innentasche seines Mantels und reichte es mir:

Ein ganz ungemeiner und sonderlicher Thaler, auf den Anfang der Holländischen Republik, und den Abfall von den Spaniern ge-

schlagen. Zwei neben einander stehende Männer, in mit Pelz gefütterten Röcken, so die abgenommenen Barets in den Händen halten: über ihnen stehet die Jahreszahl: 1571.

Ich wendete das Stück.

MENNICH ❀ BENYT ❀ DAT ❀ EEN ❀ ANDER ❀ GHENIET ❀

»Mancher«, sagte ich, »beneidet den Wohlstand der anderen.«

»So ist es«, sagte mein Gegenüber und tippte mit dem Zeigefinger auf das Blatt Papier in meiner Hand. Ich las weiter:

Ein ansehnlicher, und eben so, wie die auf dem Avers, gekleideter Mann, mit einem Baret auf dem Haupte, beyde Arme ganz erschrocken aus einander breitend, weil ein vor ihm stehender Spanischer Soldat ihn beym Nacken anfasset, und den blossen Degen auf ihn ziehet. Ist ein haupt=rares Stück, dafür wol ehemals 4 bis 5 Dukaten bezahlet worden.

Der Mann sah mich prüfend an. Ich wendete abermals prüfend das Stück in meiner Hand.

»Madai«, sagte der Mann, »David Samuel, Sie können die Beschreibung behalten. Sie stammt aus dem Vollständigen Thaler-Cabinet, 1. Teil, Königsberg 1765, und bezeichnet die Nr. 2115.«

Ich wiegte den Kopf.

»Ein Holländer?« sagte ich.

»Nicht weniger als ich«, sagte der Mann.

»Und wie Julius und Albert Erbstein«, fügte er hinzu, »feststellten, ist so ein Stück auch in der Ritterlichen Schulthess-Rechberg'schen Münz- und Medaillen-Sammlung zu Dresden vorgekommen, und zwar in der Zweiten Abteilung unter der Nummer 6730.«

Ich wog das Stück zwischen Mittel- und Zeigefinger.

»31,4 Gramm, Durchmesser 43 Millimeter«, sagte der andere.

»Der Schulthess-Rechberg'sche soll aber«, sagte ich, »drei Lot, also ca. 44 Gramm, was eineinhalb Talern entspricht, gehabt haben.«

Der Mann sah mich voller Erstaunen an. Ich nahm ihn am Arm und führte ihn zu dem großen eichenen Bauerntisch, der in unmittelbarer Nähe meines Alkovens am niedrigen Fenster stand. Ich zog die Häkelgardine zur Seite. Ich setzte mich und lud den Mann ein, sich zu setzen, um sogleich meine Ablenkungsmedaille aus der Hosentasche zu ziehn. Meine Ablenkungsmedaille ist eine prachtvolle Medaille, deren Herkunft ich nicht kenne. Niemand hat sie mir bisher nennen können. Es handelt sich offensichtlich um eine Ehrenmedaille, deren Vorderseite ein kräftiges ausgewachsenes Weib zeigt, das einen gehorsamen elephantenartigen Dickhäuter am Rüssel zu sich heran- und davonzieht. Die umlaufende Buchstabenbezeichnung lautet:

DAS GROSSE THIER WIRD ZAHM FÜR MIR.
MAN SPIRET AN DER LIEB HEILIGEN GEISTES TRIEB.

Die Rückseite aber zeigt einen etwas mickrig geratenen Adler mit rundem Leib, Wasserkopf und verkümmertem Schnabel, der zwei umkränzte Herzen in den Krallen hält und dort, wo sich sein Schwanzgefieder befinden müßte, zwischen – ja, nicht anders sieht es aus: zwischen sie scheißt. Die Buchstabenbezeichnung ist wegen eines Doppelschlages nicht zu entziffern.

Zu der Medaille reichte ich dem Mann eine Lupe.

Mich hatte das Münzzeichen auf seinem Holländer, der mit einem Zainhaken gekreuzte vierblättrige Kleestengel, stutzig gemacht. Es verwies eindeutig auf den in Emden wirkenden ostfriesischen Münzmeister Dirk Iden, genannt Kruitkremer. Hatte nicht auch schon Maurin de Nahuys 1892 in der *Revue Belge de Numismatique* das Stück nach einer Abbildung in der gleichen Zeitschrift aus dem Jahre 1878 als »Gedenktaler, geprägt in Emden« bezeichnet? Aber wessen und welchen Umstandes wurde gedacht? Plattdeutsch war – und ist noch heute – Umgangssprache, und Niederländisch war damals jedenfalls die Hochsprache in Emden. Nahuys vermutet denn auch in der Prägung eine Anspielung auf die Erhebung des Zehnten Pfennigs durch den Herzog Alba in den Niederlanden im Jahre 1571, die zu schweren Unruhen in Brüssel und Utrecht führten. Und wird nicht in einem der *Jahrbücher der Gesellschaft für bildende Kunst und vaterländische Altertümer zu Emden*, im Band 14 von 1902, wenn ich nicht irre, auf eben diesen Aufsatz von Nahuys Bezug genommen und offen gesprochen von dem »Emder Geusen-Thaler von 1571«?

Der Holländer mit meiner Ablenkungsmedaille in der Hand räusperte sich. Ich blickte auf.

»Bruch«, sagte er.

»Sie meinen Schrott?« sagte ich.

»Schrott«, nickte der Holländer.

Ich reichte ihm seinen Taler zurück und griff nach meiner Medaille.

»Sie wollen ihn nicht?« sagte der Mann.

Ich schüttelte den Kopf.

Er steckte das schöne Stück in das Samttäschchen.

»Dreitausend«, sagte er.

Ich erhob mich. Der Mann blieb sitzen. Er wirkte mit einem Mal weniger stattlich und aufrecht. Er schien geradezu seinem Alter zu entsprechen und blickte auf meinen Alkoven.

»Tausend«, sagte ich.

Der Mann begann zu atmen, als sei er vorher die ganze Zeit ohne Atmen ausgekommen. Er starrte nun auf den Alkoven, den weinroten Vorhang.

»Tausendfünfhundert«, sagte er mit belegter Stimme.

»Okay«, sagte ich, »nehmen Sie es in Sorten?« (Um nicht schnöde zu sagen *in bar*.)

»Ich bitte darum«, sagte er still und wie einem ganz anderen Gedanken nachhängend. Er wirkte nun auf mich nachgerade ein wenig verkrümmt und verhärmt. Ich machte einen Schritt auf meinen Alkoven zu, zog die beiden Vorhangteile zur Seite und wies auf die zum Kopfende hin leicht ansteigende Lagerstatt.

»Wenn Sie sich inzwischen einen Moment ausruhen wollen«, sagte ich. Und stieg die Treppe zu meinem Arbeits- und Verwesungszimmer hoch, wo ich an den großen Münztresor trat, auf dem verchromten Zahlenknauf die sechsstellige Geheimnummer einstellte, die schwere stählerne Tür öffnete und fünfzehn Hunderter abzählte. Dann schloß ich die Tür und wandte mich meiner Handbibliothek zu.

War nicht der tatsächlich aus Holland stammende und unter den beiden Grafen von Ostfriesland, Edzard und Johann, in Emden tätige Münzmeister Iden, der schon zuvor auf der Flucht vor Gläubigern beim Fräulein Maria von Jever untergeschlüpft war, von Kappelhoff eine »etwas tragische Figur« genannt worden? Und hat nicht auch Kennepohl, ein wenig abweichend von Kappelhoff, Stellung genommen? In ANS Cent. Vol. 1956, New York 1956, schreibt er unter dem Titel »Der ostfriesische Münzmeister Dietrich Iden« (siehe S. 381–399) unter anderem: »Es ist einleuchtend, daß die unterwertigen ostfriesischen Taler nicht aus volkswirtschaftlichen Gründen geprägt wurden, vielmehr war beabsichtigt, durch die Ausfuhr, besonders in das Ostseegebiet, ein gutes, allerdings auch ein recht schmutziges Geschäft zu machen.« Nur so ist zu erklären, daß Bendig, der ja das in Frage stehende Stück mit den gängigen

Talern der Grafen Edzard und Johann von Ostfriesland aus den Jahren 1570 und 1571 verglich und nachwies, daß die Buchstaben auf allen Münzen mit denselben Punzen hergestellt worden sind, in seiner beispielhaften Art zu dem Schluß kommen konnte, es handele sich hier um einen »Schautaler auf die brüderliche Ein- und Zwietracht der Grafen Edzard und Johann von Ostfriesland« und müsse gelten »als persönliche Betroffenheit des Münzmeisters Dirk Iden Kruitkremer auf eine bösartige und neidische Umwelt«.

Denn es ist ja zur Genüge bekannt, daß der um 1570 offen zum Ausbruch gekommene Streit zwischen den Grafen Edzard und Johann von Ostfriesland, der auch auf dem Reichstag zu Speyer nicht beigelegt werden konnte, nicht nur dem ganzen Lande Ostfriesland einen dauerhaften Schaden zufügte, indem er es in zwei – auch konfessionelle – Lager spaltete. Es wurde selbst der Münzmeister Iden mit hineingezogen in den Zwist. Denn der hart lutherische Edzard, der Teilhaber und Finanzier, gleichsam *spiritus rector* des überaus umsichtigen Iden wurde, um auf diese Weise die Oberhand über seinen reformierten Bruder Johann zu gewinnen –

so wie immer einer gerne über den anderen, wie wir gesehen haben, Oberhand gewinnt! –

konnte am Ende doch nicht verhindern, daß Johann den Iden auf seiner Burg in Emden gefangennahm, der Erstellung allzu großer Mengen unterwertiger Taler und sonstiger Betrügereien anklagte sowie folgerichtig mit dem Tode bedrohte. Nur die vielen Gläubiger Idens, denen am Tode des Schuldigers nicht gelegen sein konnte, hatten die Macht und den Anstand, den Armen zu retten. Bevor der aber sein Münzamt verlor – und an seinen Sohn weitergab –, hatte er wohl noch die Gelegenheit, auf künstlerisch herausragende Weise zu dem Bruderzwist, dessen Opfer er geworden war, Stellung zu nehmen.

Die beiden vornehmen Herren auf der Vorderseite meiner neuen Erwerbung stellen zweifelsfrei die gräflichen Brüder dar, und zwar, wie unschwer zu erkennen ist, in Eintracht. Während es sich auf der Rückseite bei dem die Arme ausbreitenden Mann um den seine Unschuld beteuernden Edzard und bei dem spanischen Soldaten, der ihn mit dem Degen bedroht, um den vorübergehend dominierenden Johann handelt.

Die zwei Seiten des Talers. Nicht meiner Medaille. Die trug ich in meiner Hosentasche.

Ich schätze mein neuestes Schmuckstück auf einen derzeitigen Handelswert von 25 000 DM. Allerdings möchte ich zu meiner Entlastung hinzufügen, daß natürlich nur derjenige, der in ihm den von Dirk Iden, genannt Kruitkremer, geprägten ostfriesischen Taler erkennt, bereit sein kann, einen solchen Preis zu zahlen.

Man muß sich eben auskennen.

Als ich mit den fünfzehn Hundertern unten auf der Diele, von Trude auch gern Flett genannt, ankam, war mein holländischer Kunde im Mantel, den Hut auf der Brust und den Schirm in der Rechten, in meinem Alkoven liegend eingeschlafen. Meine neue Münze lag ihm blitzend in der offen nach oben gekehrten linken Hand, die auf dem Unterleib ruhte. Ich griff sie behutsam auf, um den Schlafenden nicht in seiner Ruhe zu stören, und legte ihm stattdessen die Scheine in die Hand.

In der Küche fand ich Trude vor, die wuselte, wartete und wischte. Ich bat sie, dem Gast, wenn er aufwache, einen Tee zu bereiten. Ich müsse derweil ins Moor. Trude aber sagte, ich könne mich selbst um meine Kundschaft kümmern. Außerdem fände sie es unappetitlich, daß drüben in meinem Alkoven einer läge, während sie am Schreibtisch vor ihrem Alkoven Berge von Arbeit erwarteten.

Da haben wir schon so ein riesengroßes Haus und es ist immer noch nicht gut.

Ich ließ es darauf ankommen.

Ich ging hinaus in mein Moor und bin auch jetzt fast sicher, daß Trude, die den ungebetenen und ungerufenen Gast ja ins Haus gelassen hatte, am Ende nicht umhin konnte, die ihr angeborene Gastfreundschaft zu üben und ihm den Tee zu bereiten, den er nach seinem Schlaf gewiß brauchte.

Ich habe aber nicht mehr weiter danach gefragt.

16

Hätte Elisabeth die Guinetti nicht bei einem ihrer Vornamen genannt, wäre ich gewiß in nicht ganz unbegründete Zweifel gestürzt worden. Denn es ist kein leichtes, sich vorzustellen, daß es sich bei der, die als Kind die erste wirkliche Leistung in ihrem Leben vollbrachte, indem sie die Mutter in den Gemeinschaftsabtritt zwischen der Waschküche und den dunklen Kellerverschlägen kippte, um die selbe Person handelt, die einem kranken hilflosen Kind auf die von Elisabeth geschilderte Weise nahegetreten ist. Obwohl ich mir durchaus zutraue, eine Verbindung herzustellen – und sei es mittels jenes Stahlseiles, das Paul Brandig nur noch hätte besorgen und anbringen müssen zwischen Bäumen, um ihren Mann umzubringen.

Kaltzustellen, hatte sie gesagt.

Eliada Jeanne Carla Guinetti. Unter E. J. C. Guinetti steht sie im Bremer Telephonbuch. Und wo steckt ihr Mann?

Ich habe bis in die späten Abendstunden hinein gezögert. Trude war in mein Zimmer, das Arbeitszimmer, das Verwe... lächerlich: war in mein Zimmer getreten und hatte sich mit dem Bauch gegen meine Schulter gedrückt. Sie ginge schon zu Bett, sagte sie; und ich hatte das Gefühl, mir würden die Zinken einer jener Torfgabeln, die an den tief herabreichenden Dachpfannen unseres Hauses lehnen, vom Nacken her in die Kopfhaut getrieben, als sie mir mit den offenbar gespreizten kräftigen Nägeln ihrer starken Hand die Haare hochfuhr. Ich bekam eine Gänsehaut.

Das große schwarze Digitaltasten-Telephon vor meinen Augen war größer und schwärzer als das Fenster hinaus in die Nacht. Mir zitterten, die Kniekehlen fest auf das Leder des drehbaren Schreibtischstuhls gepreßt, die Knie.

Trude zupfte mit den Lippen ein wenig an meinem rechten Ohrläppchen und zog sich zurück. Sie schloß leise die Tür.

Ich stemmte die Füße auf den Boden, nahm den Hörer ab und wählte. Ich mußte herausbekommen, was es auf sich gehabt hatte mit dem Besuch der Guinetti bei uns hier draußen im Moor. Und was es auf sich gehabt hatte mit Paul. Sowie mit dem Fahrrad.

Paul ist kein Mensch, der sich so ohne weiteres auf ein Fahrrad schwingt, um hinauszufahren ins Moor. Und dann noch ausgerechnet zu mir. Abgesehen von dem auf Anforderung rückzahlbaren Kredit, den er mir in Umwandlung seiner früheren Einlage in meiner Münzen- und Medaillenhandlung gewährt hatte – eine großmütige Geste nach meinem Ausscheiden aus der gemeinsamen Kanzlei –, verband uns nichts mehr, was ihn hätte bewegen können, eine derartige Anstrengung auf sich zu nehmen. Aus der Stadt hierher. In die Einsamkeit. Das Geld hätte ich ihm ja wie sonst immer schicken können. Meines Wissens war keine der Wertbriefsendungen verloren gegangen. Da brauchte er sich nichts zu holen.

Brandig suchte nie Anstrengungen um der Anstrengung willen.

Obwohl alles andere als einen schwächlichen, körperlich unbelastbaren Menschen, ganz im Gegenteil, hätte ich ihn aber auch zu keiner Zeit einen Sportsmann genannt. Zum Sportsmann fehlte ihm der dem Sportsmann eigene Geist. Der Sportsgeist. Brandig war immer ein Mensch von ganz anderem Geist. Sportsgeist ging ihm nicht weniger ab als Geschäftsgeist. Was sollte er also bei mir? Was hatte er gewollt? Bei Trude und mir? Mit dieser Frau? Und was hat diese gewollt mit ihm? Die ihn doch, wenn ich richtig zurückrechne, längst verlassen hatte, nämlich, wie sie ja an den Fingern eines Negers abzuzählen wußte: zwei – drei – vier Jahre, nachdem sie ihn kennengelernt hatte auf einer, so hieß es doch: von der Sonne durchglühten und jeden widerstandsfähigsten Blütenpollen in stehender Luft versengenden Insel.

Um zu ihm zurückzukehren? Dann hätten sie beide sicher was Besseres zu tun gehabt, als mich und Trude zu besuchen. Um ihn in die Irre zu führen? in eine Falle zu locken? zu –

Ich mußte diese Frau noch einmal sehn. Deshalb hatte ich sie angerufen. Aber in einem Hallenbad?

Ich wußte nicht, wie ich es über mich bringen sollte, ihr in diesem Hallenbad, keineswegs das von mir Hallenbad genannte Badezimmer, das Trude hat einrichten lassen für mich, nein: in einem richtigen Hallenbad, in einem städtischen Bremer Hallenbad, das sie mir genannt hatte, gegenüberzutreten. Diese Frau stellt mich bis auf das äußerste auf die Probe. Sie erspart mir nichts.

Ich bitte sie mitten in der Nacht telephonisch um ein dringliches Treffen. Ich erkläre, daß ich bereit sei, wo und wann auch immer, aber möglichst bald, mit ihr zusammenzutreffen. Und sie schlägt ein Hallenbad vor. Als wüßte sie, daß nichts mich mehr peinigt als die Blicke der Menschen auf meinen geschundenen Körper. Als wollte sie mich quälen.

Ich wußte nicht, wie ich es anstellen sollte.

Ich sagte, gern, warum nicht, vielleicht in dem Café, dem *ihrem* Hallenbad angegliederten Café. So gut wie jedes Hallenbad – Schwimmen mache durstig – vergebe eine Lizenz für ein Café. Ansonsten finde sich garantiert in unmittelbarer Nähe des Hallenbadeingangs eine Gaststätte. Dafür trüge schon hanseatischer Geschäftsgeist, der eigentlich nichts anderes sei als ins Bekömmliche und Einträgliche gewendeter Sportsgeist, die allerverläßlichste Sorge.

Worauf sie mir vom anderen Ende der Strippe entgegenschleuderte, ich solle nicht so einen Blödsinn quatschen. Wenn ich sie nicht in der Schwimmhalle des Hallenbades treffen wolle, dann könne ich es ja bleiben lassen. Sie könne nicht immer nur auf die anderen Rücksicht nehmen. Sie habe keine Zeit. Nur im Hallenbad habe sie Zeit. Und sie sei auch derzeit nicht sonderlich entspannt. Nur in einem Schwimmbad sei sie entspannt.

Entspannt oder nicht, dachte ich, das ist mir wirklich egal.

Sie aber fügte hinzu: auch sie habe schließlich ein Privatleben.

Ein Privatleben?

Nur in einem Schwimmbad sei sie wirklich entspannt, wiederholte sie, und überhaupt, was denn eigentlich so überaus dringlich sei. Wir könnten uns ja in drei Wochen treffen, wenn sie die wissenschaftliche Versuchsreihe, in die sie eingebaut sei, abgeschlossen habe.

Das wäre mir leider etwas zu spät, sagte ich.

»Warum zu spät?« sagte sie.

Ich erinnere mich, wie ich den Hörer ein Stück vom Ohr weghielt, Luft holte und log:

»Weil ich verreisen muß.«

Ja, noch war es die unverschämteste Lüge.

Dann solle ich eben reisen, sagte die Guinetti, sie wolle mich nicht halten, es sei denn, wie gesagt: das Hallenbad.

Ich schloß die Augen. Ich faßte mir mit der freien Hand, in der ich plötzlich etwas Kühles verspürte, an die Stirn. Das Stück fiel von der Stirn auf die Tischplatte. Es handelte sich um meine Ablenkungsmedaille.

Nun, sagte ich in den Hörer hinein, indem ich die Sprechmuschel, ich erinnere mich genau, mit beiden Händen fest umschloß, nun, ich habe da was vor. In numismatischen Angelegenheiten. Sie müsse verstehen: die Numismatik, die sei mein Beruf. Eine Wissenschaft. Vielleicht nicht so eine wie die ihre, aber doch eine Wissenschaft.

Da antwortete sie, daß sie sich zu ihrem Bedauern in dieser Wissenschaft nicht auskenne und also auch keine einschlägigen (einschlägigen!) Auskünfte geben könne. In Sachen Münzen, Geld und Geldanlagen hätte vielleicht ihr Vater Auskünfte erteilen können. Aber der sei nun leider längst tot.

Ich schwieg, fühlte mich hier verurteilt zu schweigen.

»Also«, hörte ich.

»Ja aber«, fiel ich ein, »Südamerika ...«

»Was Südamerika?«

»Ich meine«, sagte ich, »sollte mich meine Reise auch dorthin führen, dann wäre es mir eine Freude, mal was aus erster Hand zu erfahren.«

»Reiseprospekte sind da bestimmt zuverlässiger als ich«, gab sie zurück.

Mein Interesse, sagte ich, sei aber, wie gesagt, weniger ein touristisches. Es sei ein wirklich wissenschaftliches. Keine Numismatik ohne Grundlagen- und Hintergrundforschung. Landeskunde. Kulturkunde. Völkerpsychologie.

»Sie wollen also nach Uruguay?« fragte mich die Guinetti frei heraus.

»Nein«, sagte ich, »das nun auch wieder nicht. Eigentlich nicht.«

»Das würde ich Ihnen auch nicht raten!« gab sie zurück.

»Wieso?« fragte ich.

Es entstand eine lange Pause, in deren Verlauf ich den Hörer vom linken ans rechte Ohr wechselte.

»Nun denn«, vernahm ich vom anderen Ende, »dann kommen Sie eben morgen um halb fünf ins Zentralbad. Da kann ich Ihnen erzählen, was immer Sie wollen.«

Was immer ich will!

Ich wußte weder ein noch aus. Ich ließ den Hörer sinken.

Sie im Hallenbad treffen!

Ich hatte Schweißausbrüche. An meinem Schreibtisch. Wenn ich nur daran dachte. Meine Hände erglühten. Ich legte den Hörer auf die Gabel, als handelte es sich um ein Stück mir hinterrücks in der Hand entzündeten Torfs.

Ich blieb so lange am Schreibtisch sitzen, bis ich sicher sein konnte, daß Trude nicht mehr auf mich wartete. Vor mir lag meine Ablenkungsmedaille. Ich las wieder und wieder die Inschrift.

DAS GROSSE THIER WIRD ZAHM FÜR MIR

Lächerlich!

MAN SPIRET AN DER LIEB

Schwachsinn!

HEILIGEN GEISTES TRIEB

Ich schloß das Stück gegen Morgen in den großen Münztresor ein.

17

Ich habe es hinter mich gebracht. Ich habe die Guinetti im Hallenbad getroffen. Und mein Entschluß steht fest. Ich muß nur noch den Zeitpunkt wählen. Ich werde tatsächlich verreisen. Sie hat mich dazu gezwungen. So abwegig ihre Bemerkung, ich sei geradezu wie ein Besessener hinter Paul her, vergangene Woche noch gewesen ist, so wegweisend wäre sie heute. Aber sie ist gar nicht mehr vonnöten. Ich fahre auch so. Obwohl von Besessenheit keine Rede sein kann, nein, von Besessenheit auf diesem Weg gewiß keine Spur. Die Guinetti hat mich gezwungen, hinter ihm her zu sein. Das ist das mindeste, was ich für ihn tun kann. Ich bin es einem alten Freund schuldig; ganz abgesehen davon, daß er mir nie die Gelegenheit gab, mich auszusprechen über diese alte Geschichte, ich meine: Elisabeth. Ihn und Elisabeth. Und mich.

Aber eins nach dem anderen.

Ich hatte mich also durchgerungen. Seit meiner Schulzeit war ich nicht mehr in einem Hallenbad, einem öffentlichen Hallenbad, gewesen. Gegen heftigsten inneren Widerstand und trotz hochnotpeinlichen Anlaufs – Trude fragte, wohin ich denn schon wieder wolle, ob auch mittwochs Bundesligaspiele stattfänden, worauf ich sagte, meines Wissens ja, gelegentlich jedenfalls, aber diesmal müsse ich vielmehr wegen einer dringlichsten ostfriesisch-niederländische Münzkonventionen betreffenden Frage zur Staatsbibliothek in die Stadt: tja, ich werde zu meinem aufrichtigen Bedauern dank Brandig langsam, auch Trude gegenüber, zum Causeur und Urheber von etwas, das es nicht gibt, um nicht zu sagen: zum Lügner – gegen heftigsten gesundheitsbedingten Widerstand und trotz hochnotpeinlichen Anlaufs also habe ich mich in diese scheußliche Situation begeben. Ich habe mich in ein Hallenbad begeben. Der Sog war zu stark. Allen Schutzes – zumindest des meine körperliche Hauptunzulänglichkeit, die Hautentstellung, bedeckenden Schutzes – entkleidet, wußte ich am Ende nicht einmal, ob es der Sog Brandigs oder der Sog dieser Frau gewesen war. Statt aber endgültige Gewißheit über den Verbleib Brandigs zu erlangen, bin ich in tieferen Zweifel gestürzt worden als schon zuvor. Ins Wasser jedoch ging ich nicht.

Nein, ins Wasser sollte sie mich nicht kriegen. Schließlich konnte ich von Glück sagen, daß ich nicht schon unmittelbar hinter der Fußdesinfektionswanne abgewiesen worden war.

Doch wie gesagt: eins nach dem anderen.

Ich war lange vor der Zeit, gewissermaßen um einen letzten Anlauf zu nehmen, vor dem Hallenbad angelangt. Ich bin um das Hallenbad herumgegangen und habe es mir von außen angeschaut. Hinter beschlagenen riesigen Scheiben in der Höhe sprangen halbnackte Kinder herum. Ich bin in eine dem Hallenbadeingang gegenüber liegende Imbißstube getreten und habe eine Flasche Bier und zwei doppelstöckige Korn getrunken. Um Viertel nach vier habe ich mir eine Eintrittskarte gekauft. Die junge Frau hinter dem Schalter händigte mir ein Kettchen aus, an dem eine Plakette mit einer Nummer und ein Schlüssel hingen.

»Für die Kabinen«, sagte sie.

Sie hatte mir also sofort angesehen, daß mir die Badebedingungen fremd waren.

Oben wandelte ich zwischen Kachelwänden umher, wich auf nassen Fliesen wie auf zugefrorenen Torfkanälen glitschenden jungen Burschen aus, wurde von verirrten Schlauch- oder Duschdüsenstrahlen erfaßt, als ich noch nach der meiner Nummer entsprechenden Kabine suchte. Die Kleidung, die ich schließlich in meiner Kabine verstaute, war schon halb durchnäßt – zu einem Viertel, sagen wir, durch das Gespritze von außen, zu einem weiteren Viertel durch den Schweiß, den ich, sagen wir wiederum, zu einem Achtel wegen der feuchtwarmen Außenverhältnisse innerhalb des Hallenbades und zu einem weiteren Achtel wegen meiner inneren Erregung von mir gab. Die Badehose, die ich schon anhatte, war keine Badehose, sondern einer jener feinen knallroten Slips mit eingenähter Vorderverstärkung, die Trude zu jeder Zeit auf das aufmerksamste für mich bereithält. Die trage ich immer.

Ich war also bereit. Ich nahm mir ein Herz. Vor der Fußdesinfektionswanne, die mit ihrem seichten urinfarbenen Geplätscher nichts anderes als eine Fußinfektionswanne war, wollte ich mich drücken. Mit dem Fuß gegen eine Wandkante gepreßt suchte ich mich, mit einer Hand nach dem fest in der Wand verankerten Rohr der Dusche greifend, über die Brühe hinwegzuhangeln. Aber da vernahm ich auch schon den Ruf:

»Hallo, Sie da!«

Entmutigt ließ ich meine Füße in die Brühe sinken. Der Bademeister sah mich an. Ein Jüngling. Ein Jüngling in weißen Shorts mit Bügelfalte und einem weißen Hemd, auf das in Brustwarzenhöhe ein kleines grünes Krokodil oder ein Alligator aufgenäht war. Ein tadellos frisierter (toupierter? pomadisierter?) Jüngling mit stark behaarten Beinen. Gesicht und Knie von goldgelber Bräune.

Wie ich ihn, so betrachtete er mich von oben bis unten. Ja, er fixierte mich geradezu. Ich bemerkte sehr wohl, daß er, mich von oben bis unten und unten bis oben betrachtend und fixierend, den Katalog seiner Zuständigkeiten und Machtbefugnisse durchblätterte, um mich gegebenenfalls zurückzuweisen wegen meiner entzündlichen Haut (auf der er blätterte mit seinem Blick, als seien die Vorschriften in mir – mir persönlich – zu finden: und also subkutaner Natur). Ich aber blickte unbeirrbar zurück, ja, mehr noch: ich machte einen entschiedenen Schritt auf ihn zu. Und sagte: Das hätten wir denn! Und wandte mich um.

»Vor dem Schwimmen aber duschen, mein Herr!« rief er hinter mir her.

Ich zupfte mir meinen Slip zurecht im Schritt, machte einen Bogen um die Startblöcke herum und nahm auf den unteren Zuschauerbänken gegenüber Platz. Von dort aus sah ich, wie sich der junge Bademeister an einen weiteren jungen Bademeister wandte, der verstohlen zu mir herüberblickte. Ich mußte damit rechnen, daß sie meine Hauterkrankung diskutierten und gemeinsam einer Entscheidung zustrebten.

Auf die Guinetti brauchte ich dann nicht mehr lange zu warten. Sie erschien in einer Glastür am anderen Ende der Schwimmbahn und blickte sich um. Ich erhob mich und da hatte sie mich wohl auch schon erkannt. Sie kam auf mich zu. Mit kurzen entschiedenen Schritten kam sie auf mich zu. Sie trug einen engen einteiligen Badeanzug, der schwarz glänzte. Der Beinanschnitt des Badeanzugs sehr steil und hoch auf der Hüfte. Die Schönheit der Erwarteten – ich erschrak – wie Schritt für Schritt aufgebraucht von der Schönheit der Erschienenen. Oder nur verborgen unter dem glänzenden Schwarz, das als zweite Haut auf den Bewegungen des Körpers aufgetragen war.

Da sei ich ja, sagte sie und sah sich abermals um. Als hielte sie noch nach jemand anderem Ausschau.

Auf dem Einmeterbrett wippte mit steifen Knien und ohne mit den Zehen die Kante zu verlassen ein Greis, der mit einem Mal, als habe er einen Tritt in den Rücken gekriegt, vornüberstürzte und selber wie ein Brett aufs Wasser aufschlug. Kinder sprangen kopfüber mit gespreizten und gewinkelten Armen und Beinen wie Frösche von den Startblöcken. Manche ließen sich mit umklammerten Knien aufs Wasser platschen.

Die Guinetti setzte sich auf die Holzlatten der Zuschauerbänke, zog die Knie an den Leib und umklammerte sie mit den Armen, so daß sie eine Haltung einnahm wie die aufs Wasser platschenden Kinder.

»Na«, sagte sie mit einem schrägen Blick auf meinen Körper, »Sie sollten auch mal in den Süden.«

»Wie bitte?«

Ich drehte mir das Kettchen mit der Nummernplakette und dem Kabinenschlüssel um den Finger.

»Ich meine, wegen Ihrer Haut.«

»Ja«, sagte ich.

»Das ist wie mit dem Heuschnupfen, alles allergisch, psychisch, neurotisch.«

»Ja«, sagte ich, »ich weiß.«

Ich ließ mich neben ihr nieder.

»Was wissen Sie?«

»Ich meine«, sagte ich, »daß Sonne bei Irritationen der Haut immer sehr vorteilhaft ist.«

»Ja sicher«, sagte die Frau nun mit geradezu emphatischem Tonfall, »aber nur bis zu einem gewissen Grade.«

»Das konnte ich mir schon denken«, setzte ich nun meinerseits eher kühl dagegen.

»Sie müssen erst jemanden«, sagte sie, »den Sie lieben, endgültig verlassen.«

Sie machte eine kleine Pause.

»Dann gesundet auch endgültig die Haut.«

»Und«, fügte ich hinzu, »das Niesen und das ununterbrochene Laufen der Nase hören auf.«

Sie sah mich ganz ungläubig an und fing dann vergnügt an zu lachen. Ja, sie wirkte richtiggehend entspannt. Aber sie lachte nicht laut.

Ich blickte hinüber zu den Bademeistern, die immer noch die Köpfe zusammensteckten. Jetzt aber hatte ich den Eindruck, es ging ihnen mehr um meine Begleitung.

Neben mir auf den hölzernen Banklatten bewegten sich Zehen. Die großen Zehen der Frau, die nicht groß waren, sondern klein, von zarter pastellener Farbe, rundlich und hübsch. Anmutig kippelten sie abwechselnd aufwärts und abwärts über die Kante. Als wollten sie nach etwas greifen.

»So«, sagte die Frau, »es geht Ihnen also um die Wissenschaft.«

Ich zuckte zusammen.

»Wenn Sie so wollen«, sagte ich.

»Wissen Sie, was Pökelfleisch ist?«

Ich zuckte abermals zusammen und zog nun selbst meine Knie an den Körper, um sie, obwohl sie ja längst gemustert worden waren, doch noch vor den Blicken dieser Frau zu verbergen.

»Pökelfleisch ist ein sehr billiges, leicht transportables und nicht weniger leicht konservierbares Nahrungsmittel, das unter tropischer Hitze nicht verdirbt. Es ist gesalzen und hat – Verzeihung!« – sie tippte mir mit einem Finger auf einen meiner großen rötlich verschorften und von hellen Härchen bewachsenen Zehenrücken: »ungefähr diese Farbe.«

Ich hätte zwischen den Spalten der Latten, auf denen ich hockte, versinken mögen.

»Die Kubaner nennen Pökelfleisch noch heute Montevideo«, fuhr die Frau fort, »und wissen Sie warum?«

Ich schüttelte den Kopf und starrte in das grünlich blaue Geplätscher des Wassers im Schwimmbecken. An drei über die hinteren Bahnen gespannten Leinen waren Korkpfropfen aufgezogen, die auf und nieder hüpften.

»Weil traditionsgemäß am Rio de la Plata, also in Argentinien und Uruguay, in großem Umfang eingesalzenes Dörrfleisch, das heißt: Pökelfleisch hergestellt wurde.«

Sie holte einmal tief Luft. »Sie werden bemerkt haben«, fuhr sie fort, »daß ich in der Vergangenheit rede. Denn heute sieht natürlich alles ganz anders aus. Das ganze System ist zusammengebrochen. Das Produktions- wie das Verteilersystem.«

Kleine Pause.

»Hören Sie eigentlich zu?«

»Sicher«, sagte ich.

»Sie selbst haben von Wissenschaft gesprochen«, sagte sie, »und von Geld.«

»Von nicht mehr in Umlauf befindlichem Geld«, korrigierte ich, »und von der Wissenschaft davon.«

»Da sind wir uns ja einig«, sagte sie, »auch ich sprech von dem, was nicht mehr gilt. Hören Sie! Argentinien und Uruguay gehörten früher zusammen und hatten ihre Wirtschaft auf den Export von Dörrfleisch, Fellen, Fett und Talg in großem Umfang eingestellt. Brasilien und Kuba waren ausgezeichnete Märkte besonders für das unverderbliche Fleisch, das in dünnen trockenen Streifen verschifft wurde. Dummerweise aber stellte Uruguay 1965 den Export ein, um sich der unter der Schirmherrschaft der Vereinigten Staaten entstandenen *Organisation amerikanischer Staaten* und somit der von dieser gegen Kuba verfügten Blockade anzuschließen. So verlor Uruguay, nachdem auch schon Brasilien zahlungsunfähig geworden war, seinen letzten halbwegs potenten Absatzmarkt. Es handelte sich um einen langsamen Selbstmord aus Solidarität. Ein wirtschaftlicher Selbstmord, der am Ende den Vorwand liefern sollte für Wiederbelebungsversuche ganz spezieller Natur. Man untersagte nämlich kurzerhand dem dahinsiechenden, noch nicht gänzlich ausgebluteten Körper, um Kräfte zu schonen, das Atmen.«

Die Frau neben mir sah mich an. Ob ich verstanden habe. Der Boykott Kubas sei im übrigen fast zusammengefallen mit dem letzten Selbstmordversuch ihrer Mutter, sagte sie. Ob ich mich erinnerte.

Und ob ich mich erinnerte!

»Schon als Kind machte ich mit«, sagte sie, »und wurde als Jüngste in der Stadtteilgruppe zu Kurierdiensten herangezogen. Verstehen Sie, was ich meine?«

»Ich glaube«, sagte ich, von ihrem Gedankensprung ein wenig in Verlegenheit gebracht.

»Das können Sie natürlich gar nicht verstehen. Sie wissen ja nicht, was es heißt. Das heißt Untergrundarbeit und Lebensgefahr.«

»Sie haben also«, sagte ich, »bei diesen –«

»So ist es«, unterbrach sie mich, »ich habe bei den Tupamaros mitgemacht, genauer (sie betonte auf der letzten Silbe): den Tupamar*as*, den Frauen innerhalb des M.L.N.«

»Ach so«, sagte ich.

»Das war die Nationale Befreiungsbewegung«, sagte sie, »Sektion T. Bis wir zur Novemberwahl 71 diesen verhängnisvollen Waffenstillstand mit den Regierenden schlossen.«

Sie machte eine kleine Pause. Ich räusperte mich. Womöglich sah ich mich gar unwillkürlich um zu den leeren Rängen der Zuschauertribüne. Schließlich hat man es nicht alle Tage – und dann auch noch in einem Schwimmbad – mit einer Person zu tun, für die Untergrundarbeit und Lebensgefahr einmal der Alltag gewesen ist.

Der Waffenstillstand, fuhr sie fort, habe natürlich, wie vorauszusehen gewesen sei, nicht lange gehalten. Denn die Verfolgungen, Verhaftungen und Verschleppungen seien weitergegangen. Die stillhaltende Guerilla sollte beim Stillhalten zerschmettert werden. Da habe sie allerdings vorgezogen, sich wieder zu bewegen.

»O Montevideo!« sagte die Frau.

Am 14. April 1972, dem Día D., sei von seiten des Widerstandes endgültig und offiziell der Krieg erklärt worden. Ob ich mich, sagte sie, auch daran erinnerte.

Ich erinnerte mich nicht. Überall werden ständig Kriege erklärt und geführt. Im Jahre 1972, wenn auch erst im August oder September, erinnere ich mich, ist Elisabeth bei mir erschienen und hat mich zum ersten Mal in ihre leeren Arme genommen, während Paul mit Verletzungen, die er sich als Urlaubsreisender in Spanien zugezogen hatte, bei abgedunkeltem Zimmer im Bett lag.

»Nachdem aber«, sagte die Frau, als wollte sie sich meiner unausgesprochenen Abschweifungen erwehren, »unser Führer im September 72 festgenommen worden war, gab es keine wirklichen Siegeschancen mehr. Ja, im September. Raúl. Raúl Sendic. Unser großer Raúl.«

UNSER GROSSER RAUL!

Bislang hatte sie nicht den Eindruck einer Schwärmerin auf mich gemacht, aber diese Herausstellung von einzelnen Personen! Ich weiß nicht. Da saß sie in ihrem schwarzen Badeanzugsglanz und stammelte:

Raúl Sendic.

»Wie schreibt sich das?« warf ich vorsichtig ein.

»S - E - N - D - I - C«, sagte sie, »Raúl mit Akzent.«

Fast hätte ich verstanden: Paul. Brandig, Paul. Während sie, wie zum Gedenken, für einen Augenblick innehielt.

»Ich war gerade siebzehn Jahre alt«, fuhr sie dann fort, »ich hatte noch nicht mal die Schule beendet. Und er war uns genommen. Da war keine Hoffnung mehr. Da war keine Rettung. Da blieb nichts mehr zu tun. Ich bin über die Grenze.«

Sie schloß nun die Augen. Nur ein kleiner weißer Augapfelstreifen blieb sichtbar.

»Mit siebzehn Jahren den Ort verlassen, an dem man bis dahin sein Leben verbracht hat. Heimlich verschwinden. Die Flucht. Können Sie sich das vorstellen?«

»Ich weiß nicht«, sagte ich.

»Mutter und Schwestern und den kranken Vater verlassen. Das muß man sich mal vorstellen. Und wissen, daß man nicht mehr zurückkehren kann.«

Sie öffnete wieder die Augen.

»Meinen Vater habe ich nie mehr gesehen. Er ist vor einigen Jahren gestorben. Am schrecklichsten aber sind die Gedanken an die, die noch nicht gestorben sind. An die Festgenommenen, die Verhafteten. An die Gefolterten und Verstümmelten. Ich habe mit eigenen Augen einen früheren Mitkämpfer mit ausgestochenen Augen gesehn.«

Stille. Nur das Klatschen und Platschen der Badenden und ins Wasser Springenden war zwischen uns. Gelegentlich ein Kreischen oder ein jauchzender Schrei.

»Ich habe«, sagte die Guinetti, »zu Krüppeln geschlagene Jungen und Mädchen mit abgeschnittenen Brustwarzen gesehn.«

Ich sah, wie sie die Hände hinter ihren Kopf führte und ineinander verschränkte. Sie beugte sich vor und zurück, als wollte sie Verspannungen lösen. Sie drehte sich von der Hüfte aufwärts auch in der Waagerechten, die Ellenbogen wie gestutzte Flügel spreizend, hin-hin und her-her mit elastischem Schwung. Und währenddessen sprach sie weiter:

»Das waren aber alles noch die sogenannten demokratischen Verhältnisse. Auch wenn inzwischen der Ausnahmezustand verhängt war. Man wurde eben bei Nacht und Nebel von Trupps, die mit echten oder fingierten auf ihre Bajonette gespießten Haftbefehlen die Türen einstießen, aus den Betten geholt. Oder abgepaßt auf dem Heimweg vom Kirchgang. Verhört, mißhandelt, verschleppt. Bis schließlich der Putsch, der Staatsstreich, endgültige Ruhe herstellte. Diejenigen jedenfalls«, sagte die Guinetti und hielt in ihren Bewegungen inne, »die es verpaßt hatten, das Land wie ich noch rechtzeitig zu verlassen, waren in jedem Falle geliefert. Nach dem Putsch kam niemand mehr raus. Da half auch kein Generalstreik. Bekanntlich wurde das Parlament aufgelöst. Ein eiligst erfundener Staatsrat löste sicherheitshalber auch gleich noch die Gewerkschaften auf.«

Die Frau neben mir streckte beide Arme waagerecht in die Luft.

Sie spreizte die Finger und ballte sie zu Fäusten, spreizte die Finger und ballte Fäuste... zwischendurch ließ sie die Arme sinken und schüttelte die Hände aus, als wolle sie sich von etwas an ihnen Haftendem befreien.

»Aber wie es das Leben eben so an sich hat«, fuhr sie fort, »wer wie ich unversehrt geblieben war –«

Sie hielt einen Augenblick mit dem Schütteln der Hände und mit dem Sprechen inne, besah sich ihre Handflächen und setzte ein weiteres Mal an:

»Das Leben geht weiter. Was mich anbelangt, so setzte ich mich rechtzeitig nach Brasilien ab. Ich schlug mich über Rio Grande, Porto Alegre und Blumenau – eigentümlich, nicht wahr? Blumenau! – hoch nach Norden. Nach Rio. Nahm mir aber nach all der Aufregung zu Hause ziemlich viel Zeit. Schlug mich durch mit Schwarzen«, jetzt lachte sie hell auf, »mit Schwarzen jeder Couleur ... wie es im Deutschen wohl heißt. Eigentümlich, nicht wahr? Bis mich einer beim Autostopp hinter Volta Redonda aufgriff.«

Sie legte nun die Hände flach auf ihre Schenkel.

»Mein späterer Mann.«

»Ein Schwarzer?« fragte ich, ehrlich gesagt: ich weiß nicht warum. Aber schließlich hatte sie mit all dem angefangen.

»Nein, ein Weißer«, sagte sie, stockte und fügte hinzu: »Aber Schwarzer oder Weißer – ist das nicht ziemlich egal?«

»Ja natürlich«, antwortete ich augenblicklich und ein wenig erschrocken.

Sie aber sah mich mißtrauisch an. Als traute sie mir nicht mehr. Als zweifelte sie sogar daran, daß ich noch glaubte, was sie erzählte. Bis ihr eine Strähne ihres langen glatten Haars vors Gesicht fiel, die sie sich nach einer kleinen Verzögerung mit entschiedener Hand über die Schulter zurückwarf.

»Egal«, fuhr sie nun fort, »ich folgte ihm jedenfalls nach Europa, genauer: Toulouse, wo er ein höheres Tier in der Flugzeugindustrie war. Und ließ mich naturalisieren.«

Sie machte eine kleine Pause; so als überprüfte sie noch einmal die eigenen Worte. Und nickte:

»Erst dann kam Paul.«

»Wann?«

»Ach, so im Frühjahr 74.«

»Den sie dann«, sagte ich, »vier Jahre später verließen.«

Sie sprang plötzlich neben mir auf. Sie baute sich breitbeinig vor mir auf, stemmte die Hände auf die Hüften und sagte mit hochgeworfenem Kopf:

»Was wollen Sie eigentlich von mir?«

»Nichts«, sagte ich.

»Dann lassen Sie mich in Ruhe.«

Und sie machte kehrt, trat an den Beckenrand und sprang mit einem gestreckten, überaus eleganten und sehr flachen Kopfsprung ins Wasser.

Kaum aber war sie aufgetaucht, erklang ein schriller Pfiff aus der Trillerpfeife *meines* Bademeisters von gegenüber. Die Guinetti reagierte nicht. Sie schwamm die äußere der mit Korkpfropfen bespannten Leinen entlang bis zum rechten, von mir aus gesehen rechten, Ende der Schwimmbahn. Dort hielt sie sich an einem blitzenden Gestänge unterhalb eines Startblocks fest. Der Bademeister trat an sie heran und beugte sich zu ihr hinab. Er sprach auf sie ein und reichte ihr die Hand, die sie ausschlug. Stattdessen stemmte sie sich selbst hoch aus dem Wasser, das an ihr hinablief, wischte sich mit dem Unterarm übers Gesicht, ging auf Zehenspitzen hinter dem Bademeister her bis zu einem die Mitte des Schwimmbeckens markierenden Glaskasten, das Bademeisterbüro, in dem mein Bademeister verschwand. Sie wartete dort, bis der Mensch, der auf sich warten ließ, wieder erschien. Er hatte etwas Weißes in der Hand, das er der Guinetti aushändigte. Und dann zog sie sich das Weiße, eine Badekappe, über den Kopf. Sie stopfte sich die langen nassen Haare vom Nacken her darunter, so daß es von mir aus gesehen den Anschein hatte, als habe sie eine von einer Kappe bedeckte Geschwulst oder eine schwere Verletzung am Kopf. Sie sprang dann wieder vom Beckenrand ins Wasser. Als sie jedoch wieder auftauchte, trillerte der Bademeister abermals mit seiner Pfeife. Diesmal reagierte sie sofort. Der Bademeister streckte drohend seinen Zeigefinger in die Höhe und wies mit demselben auf ein am Beckenrand angebrachtes Messingschild, auf dem vermutlich das stand, was da auf dem Messingschild auf meiner Seite – direkt vor meinen Augen – stand:

SPRINGEN VOM BECKENRAND VERBOTEN!

Na klar. Nur konnte die Schwimmerin aus dem Wasser heraus die nach außen weisende Vorschrift natürlich jetzt nicht mehr lesen.

Ich weiß nicht, warum ich ausgerechnet nach diesen Maßnahmen des jungen Bademeisters mein Kettchen mit dem daran hängenden Schlüssel und der Blechplakette mit meiner Kabinennummer von oben in meinen roten Slip hinter die eingenähte Vorderverstärkung gleiten ließ. Ich weiß nur, daß mich bei allem noch eine ganze Weile die tänzerisch anmutenden Schritte der Guinetti beschäftigten. Sie geht, als ginge sie barfuß nur auf Zehenspitzen. Als brauchte sie keine Ballen zum Abrollen. Als schwebte sie über die nassen Fliesen hinweg. Als trüge nicht sie eine eigentümliche starke Heiterkeit im Körper, sondern als trüge eine solche Heiterkeit sie. Denn sie selbst schien mir ja, nach allem, was sie mir gerade erzählt hatte, alles andere als heiter zu sein. Dazu hatte sie kaum Veranlassung. Zumal zu allem Überfluß auch noch diese Rotznase von Bademeister meinte, sie belästigen zu müssen.

Sie schwamm mindestens eine halbe Stunde lang. Von den Startblöcken rechts zu den Startblöcken links, Brustschwimmen, ruhige, gleichmäßige Züge, fünfundzwanzig Meter hin, fünfundzwanzig Meter zurück, zehnmal, zwanzigmal hin und zehnmal, zwanzigmal zurück, möglicherweise schwamm sie tausend Meter, einen ganzen langen Kilometer vor meinen Augen hin und her, immer an der äußeren Bahnleine mit den Korkpfropfen entlang; nur einmal tauchte sie wie in Gedanken und aus Versehen unter einer Leine hindurch, schnappte nach Luft und befand sich somit auf einer der drei zwar unbeschwommenen, aber doch offensichtlich für andere reservierten und also verbotenen Bahnen: denn ein letztes Mal wurde sie per Trillerpfeife zur Ordnung gerufen, aus der Bahn hinaus und zurückgepfiffen in die lediglich durch rote Bodenmarkierungen und eben nicht mittels Leinen und Korkpfropfen gekennzeichnete Abteilung, in der sich die Kinder tummelten, denen sie immer wieder ausweichen mußte, und die immer wieder von neuem wie Frösche oder aber mit umklammerten Knien und auf Hinterteilen, die schäumende Krater rissen, ins Wasser stürzten. Und ich sah zu, dachte nach und vergegenwärtigte mir, was die dort vor mir mit kräftigen und gleichmäßigen Schwimmstößen dahingleitende Gestalt schon alles hinter sich hatte in ihrem kurzen Leben. Und während ich zusah und nachdachte und meine Vorstellungskraft sich erschöpfte, so daß ich zu überlegen begann, was nun mit dieser Frau, die mich immerhin mit einer einigermaßen unbegründeten Schroffheit dort hatte sitzen lassen auf der Bank, anzufangen sei, fing es draußen, hinter den von unten her beschlagenen Scheiben der Schwimmhalle, an zu schneien.

Ich hatte mich in dieses Hallenbad gewagt. Ich hatte mich überwinden müssen. Ich konnte nicht unverrichteter Dinge wieder davonschleichen. Ich mußte diese Frau zum Sprechen bringen. Mußte ihr mit klaren Fragen begegnen. Ich mußte endlich herausbekommen, was es wirklich auf sich hatte mit ihr und meinem alten Freund Paul.

Gelegentlich winkte sie mir zu und lachte, ganz so, als habe sie vergessen, wie sie mich gerade noch dort auf der Zuschauerbank hatte sitzenlassen.

Dann lassen Sie mich in Ruhe!

Diese Frau ist unberechenbar, dachte ich. Ja, sie ist unberechenbar. Das sollte sie mir noch auf eine Weise unter Beweis stellen, die den Entschluß, den ich schließlich faßte, unumgänglich machen mußte. Sie – diese da vor meinen Augen in gleichmäßigen Zügen dahingleitende Schwimmerin; diese wie eine beispielhafte Ergänzung der kabblig kurzen Wellen vorwärtsdrängende Natur, über deren schwarzglänzendes rundes Gesäß das Wasser strömte wie über das Fell einer Robbe, um Strudel und Wirbel bildend aufzuschäumen zwischen zusammenschlagenden, eher an die Flanken eines fliegenden Wesens gemahnenden Schatten; die herüberwinkte, lachte, den Kopf in den Nacken warf und dann bis zur Stirn unter der Wasseroberfläche verschwand: sie sollte mir von etwas berichten, von dem ich erst unlängst, wenn auch in ungleich strengerer und hartnäckiger Vertrautheit, gehört hatte. Und zwar von einem Versinken. Ausgerechnet einem Versinken. Oder einem Fast-Versinken, das Trude, von der ich es vernommen, ihrerseits geschildert bekommen hatte von derselben Person. Jedoch vor allzu langer Zeit, was mich eingangs glauben machen wollte, Trude erinnere sich nicht mehr so genau. Je genauer ich selbst aber schließlich zuhörte, desto unumstößlicher wurde meine Gewißheit, daß Trude nichts verfälscht haben konnte von dem, was sie damals zu hören bekommen hatte, sondern daß vielmehr die betreffende Person mir gegenüber von einem gänzlich anderen Versinken sprach als gegenüber Trude: auch wenn es um die Schilderung ein und derselben Begebenheit ging.

Diese Person stieg aus dem Wasser wie eine Göttin.

Sie hatte während der letzten Bahnen an Geschwindigkeit zugelegt. Sie hatte sich verausgabt. Sie stieg aber über eine der an den Längsseiten der Bahn angebrachten Leitern auf eine Weise aus dem Wasser, daß sie nicht etwa erschöpft wirkte, nein: wie wirkte vielmehr gestärkt. Als sei sie – keinem Jungbrunnen (wozu auch bei solcher Jugend) –, als sei sie einem Gewässer entstiegen, das dem Menschen das alles überwindende Alter der Götter verleiht. (Und sowas verschlägt natürlich dem auf dem Trockenen Sitzengebliebenen, ganz unbeschadet seines eigenen äußeren Erscheinungsbildes und Lebensalters, unweigerlich den Atem.)

Die Schultern der Guinetti glänzten, das Wasser perlte ihre kräftigen, etwas gegen die Knie hin nach innen gestellten Beine hinab. Sie warf die Hände über den Kopf, zog sich die Badekappe herunter vom Kopf und schüttelte ihn, so daß das Knäuel Haar an ihrem Hinterkopf sich löste und in strähnig nassen Streifen über die glänzenden Schultern fiel. Dann breitete sie die Arme aus, als wollte sie davonfliegen. (Sie blieb jedoch vor mir stehen.) Und öffnete den Mund. Sie blickte mich an, lächelte (lächelte sie eigentlich nachsichtig oder herausfordernd? Ich kann es nicht mehr unterscheiden bei ihr!). Dann blickte sie um sich, als wollte sie sehen, ob sie sonst jemanden sah, der sie sah: sah auf diese Weise wie zufällig hinaus aus den hohen Fensterwänden der Schwimmhalle, hielt sich erschrocken die Hand vor den offenen Mund und rief aus:

»Oh, sehen Sie nur, es *schreit.*«

»Wie bitte?« sagte ich.

»Sehen sie denn nicht, daß es schneit?«

»Doch doch«, sagte ich, »ich glaubte nur, ich hätte mich verhört.«

Dann machte sie kehrt, ging auf Zehenspitzen – oder sagen wir eben: auf den Fußballen, ohne mit den Fersen den Boden zu berühren, davon. Drüben warf sie im Vorbeigehn dem Bademeister die Badekappe zu und verschwand durch die Tür zu den Umkleidekabinen für Damen. Ich griff mir hinter die eingenähte Verstärkung meines Slips, um mir mein Kettchen mit Nummer und Kabinenschlüssel hervorzuzurren. Aber da erschien die Guinetti schon wieder in der Tür, in der sie gerade erst verschwunden war. Um den Kopf gewunden trug sie nun ein Handtuch wie einen Turban.

»So«, sagte sie, als sie sich neben mir auf den Holzlatten der Bank auf dem Bauch ausstreckte.

»Und sie? Gehen Sie nicht ins Wasser?«

»Vielleicht später«, sagte ich.

»Sie lügen«, sagte sie, lächelte und fügte hinzu:

»Wenn Sie nicht ins Wasser gehn, dann war doch alles umsonst.«

»Ja, dann«, sagte ich, »war es wohl wirklich umsonst.«

»Sie müssen doch auch entspannen«, sagte sie.

»Ja«, sagte ich.

»Andererseits«, sagte sie, »ist sowieso alles umsonst.«

Was sollte ich darauf schon sagen.

Ich blickte auf meine Handknöchel und spielte mit dem Kettchen, an dem die Plakette und der Schlüssel baumelten. Ich sah aus dem Augenwinkel, daß sie auf *ihren Handknöcheln* kaute. Aber ich spürte auch, daß sie mich aufmerksam ansah. Ich fürchtete einen Augenblick lang, sie blickte mich spöttisch – um nicht zu sagen: aus dieser Bauchlage spöttisch hoheitsvoll an. Wahrscheinlich hatte sie wieder diesen kleinen dunklen Strich, ihr Fältchen wider die Einfalt, auf der Wange.

Meine nackten Füße standen flach auf dem Boden. Ich hatte meine Ellenbogen auf die Knie gestemmt. An meinem rechten Schenkel verspürte ich, glaube ich, ihren Atem. Und plötzlich spürte und sah ich sogar ihre Hand auf meinem pendelnden Arm, der wie ganz von selbst innehielt.

»Sie wissen also auch nicht, wo Paul steckt?« hörte ich sie sagen.

Nun wandte ich mich ihr zu. Ich muß sie einigermaßen verstört angeschaut haben.

»Und Sie?«

Sie schüttelte den Kopf. Das Handtuch verrutschte ein wenig.

»Das heißt«, fügte sie sogleich hinzu, »nach diesem Hinterhalt, in den er mich gelockt hat, gibt es nur eine einzige Möglichkeit.«

»Hinterhalt?«

»Aber hören Sie doch erst einmal zu«, sagte sie und rückte noch dichter mit ihrem Atem an meinen Schenkel heran.

»Hören Sie gut zu!«

Und ich hörte zu. Hörte rückhaltlosen und schonungslosen Worten zu. Worten, die, je heftiger sie mich ausschlossen, desto tiefer zu Ursprüngen zurückführten, die ich glaubte hinter mir gelassen zu haben. Denn die Worte weckten wieder mein Interesse an den Moorleichen. Oder vielmehr: an *einer* Moorleiche! Jawohl. Ein Interesse, das ich verloren geglaubt hatte. Das aber nur geruht hatte seit dem Tag, da das geschehen war, was ich nun von der – neben

Brandig – am unmittelbarsten Betroffenen zu hören bekommen sollte.

Denn die Guinetti war damals gar nicht eingeschlafen im Moor. Sie war in Ohnmacht gefallen.

Nicht einfach besinnungslos aber sei sie geworden, sagte sie, nicht einfach nur schwach – von einem Schwächeanfall könne gar keine Rede sein. Nein, eher von einem Stärkeanfall, der sie übermannte. Sie sei, sagte sie, gewissermaßen aus Überzeugung in Ohnmacht gefallen.

»Mit der Schnauze in den Dreck«, sagte sie und erhob sich.

Sie stieg von der Bank und stellte sich vor mich hin. Sie sah an sich hinunter, wischte mit den Handrücken über die auf ihren Oberschenkeln hinterlassenen Druckstreifen der Banklatten und ließ sich zu meinen Füßen auf den nassen Fliesen nieder. Sie sah mich an. Sie sah mich mit geradezu schamloser Inbrunst und herzerweichender Hilflosigkeit an. Ich blickte von ihr weg. Hinaus aus den Fensterwänden des Bads. Auf den unhörbar in die Dämmerung fallenden Schnee. Hin und wieder kreischte ein Kind. Oder es schlug ein Körper aufs Wasser.

»Sie werden es nicht glauben«, sagte die Guinetti, »aber er hat mich einfach so liegenlassen. Als ich zu mir kam, wurde mir schließlich klar, warum er mit mir hinausgefahren war. Sie und Ihre Frau, das war mir gleich klar, waren nur ein Vorwand gewesen.«

»Ich habe keine Frau«, sagte ich; so fern war mir plötzlich Trude.

»Er ist mit mir hinausgefahren, um es mir zurückzugeben. Selbst wenn Sie zu Hause gewesen wären in Ihrem schönen Haus: er hätte einen Weg gefunden, es mir zurückzugeben.«

»Zurückzugeben was?«

»Was ich ihm angetan hab.«

»Und was haben Sie ihm angetan?«

»Ach Gott«, sagte sie und fuhr sich mit der Hand an die Stirn, als müßte sie überlegen.

»Ich hatte ja keine Ahnung«, sagte sie, »wo er sich rumgetrieben hatte in der Zwischenzeit. Ich wollte es natürlich auch gar nicht wissen. Die Sache war ein für alle Male erledigt, dachte ich. Er war weg. Endlich weg. Seinen Anwaltsjob hatte er ja auch nicht wieder aufgenommen. Jedenfalls nicht in Bremen. Soweit ich unterrichtet war. Denn ich war ja geblieben.«

Sie ließ die Hand von der Stirn fallen.

»Und plötzlich taucht er auf. Nach mehr als einem Jahr taucht er wieder auf. Und er ist, wie soll ich sagen: oh, Sie hätten ihn sehen sollen: er war schöner denn je. Können Sie sich das vorstellen?«

Sie wartete erst gar keine Antwort von mir ab.

»Er war ziemlich abgemagert, zugegeben, ein wenig abgerissen, aber nicht im mindesten verhärmt. Nein: er war wirklich schöner geworden.«

»Schöner?« sagte ich jetzt doch noch – und blickte der vor mir knienden Schönheit ins Gesicht, »Paul Brandig und schön? Ich weiß nicht.«

»*Lindo, más lindo,* heißt es auf spanisch«, sagte sie, »und das bedeutet auf deutsch sowohl gut als auch schön.«

»Schön und gut«, sagte ich, »aber –«

»Deshalb«, sagte sie, »habe ich mich ja von ihm überreden lassen, diese Radtour zu machen.«

»Weshalb?« fragte ich, vielleicht um es nochmal zu hören.

»Eben wegen –« sagte sie, »weil er irgendwie anders aussah, kaputter – was ihn schöner machte, als er früher gewesen war – wenn auch anders schön als einfach nur schön –«.

Also anders.

Aber wie dem auch sei, sagte sie, sie sei ja nicht deshalb in Ohnmacht gefallen. Da hätte sie wohl schon öfter in ihrem Leben in Ohnmacht fallen müssen. Sie sei aber nun einmal noch nie zuvor in Ohnmacht gefallen. Eigentlich sei sie, das sei damit unter Beweis gestellt worden, noch nie wirklich in Ohnmacht gefallen. Jedenfalls nicht wegen einem Mann. Beileibe nicht. *Beileibe!* Und schon gar nicht bei so einer Sache.

»Bei was für einer Sache?«

Das sei ein bißchen schwierig zu sagen, sagte sie. Sie blickte sich in dem Hallenbad um. Die beiden jungen Bademeister gingen auf der Gegengeraden mit auf dem Rücken verschränkten Händen, aus denen die Trillerpfeifen baumelten, auf und ab.

»Haben Sie sich schon einmal nehmen lassen?« flüsterte die Frau mir zu.

Ich verstand nicht. Sie aber wiederholte: *nehmen lassen!* Ich sagte, daß ich sie nicht verstünde. Ob ich, sagte sie, es noch nie mit einem Mann *gehabt habe.*

Ich weiß nicht, was ich für ein Gesicht machte. Wahrscheinlich machte ich ein stumpfsinniges und erinnerungstrübes Gesicht. Jedenfalls mußte ich schlucken. Sowas hat mich mein Lebtag noch niemand gefragt. Schon gar nicht eine Frau. Geschweige denn eine mir dermaßen ferne und fremde. Nehmen lassen! Die Frau kniete nun vor mir und sah mich mit großen ernsten Augen an. Fast wie ein Kind.

»Verstehen Sie«, sagte sie, »was ich meine? Ich meine: von hinten. Anal.«

»Ich habe verstanden«, sagte ich.

»Haben Sie es noch nie gemacht? Oder sagen wir genauer: sich machen lassen? Denn darauf kommt es ja an.«

Nein, täte mir leid, sagte ich, da hätte ich keine Erfahrung.

»Schade«, sagte sie, »schade. Dann wissen Sie nicht, was es bedeutet. Obwohl es nicht für jeden das gleiche bedeuten muß. Es soll welche geben, die haben gar nichts davon. Aber nur wer es gemacht hat, kann etwas davon haben. Die, die nie genommen worden sind von einem Mann, haben in keinem Fall eine Ahnung von dem, was mir widerfährt, wenn –«

Sie holte tief Atem.

»– also gut. Normalerweise, wie gesagt, fall ich auch nicht gleich in Ohnmacht. Aber diesmal. Wenn man empfindlich ist. Und empfänglich, ja, empfänglich. Wenn der Körper ganz da ist, und wenn noch etwas hinzukommt. Anders kann ich es mir auch nicht erklären. Die Erregung. Ich hatte Paul doch seit weit über einem Jahr nicht mehr gesehen. Wir waren schon zu lange voneinander getrennt. Ich hatte ihn verlassen. Und als er da plötzlich auftauchte bei mir und wir uns bei Ihnen dort draußen im Moor wiederfanden, da war ich erregt wie noch nie.«

Vor mir aber kniete sie auf den Fliesen ganz steif und ganz aufrecht und starr. Das zu einem Turban gewundene weiß-blaue Handtuch um ihren Kopf schien durch die Rötung, die ihr Gesicht angenommen hatte, wie um einige Windungen verlängert.

»Ich hatte«, sagte sie, »eine eigentümliche Angst. Aber auch ein Gefühl von Stärke, wenn Sie sich vorstellen können, was das zusammen ist.«

Ich glaube, ich starrte sie nur demütig an.

»Wegen der Stärke des Gefühls.«

Wegen der Stärke eines Gefühls eine eigentümliche Angst haben und ein Gefühl von Stärke, dachte ich. Eigentümliche Frau.

»Und doch fühlte ich mich von Paul zum ersten Mal in einen

Hinterhalt gelockt, ob unsere Verirrung von ihm geplant war oder nicht. Ich spürte, daß es ihm das erste Mal gelingen könnte, mich zu demütigen«, was, sagte sie, ich nicht mißverstehen solle: an sich habe sie Analverkehr nie als demütigend empfunden, ganz im Gegenteil.

Im Gegenteil?

»Denn ich konnte diesmal nicht darauf verzichten. Und Paul gab mir alles zurück. Alles was ich ihm je angetan hatte. Alles. Das war die Stärke des Gefühls. Ja, das Gefühl, das mir Paul gab.«

Sie sah mich nun geradezu flehentlich an.

»Verstehen Sie das?« beharrte sie.

Ich glaube, ich zuckte mit den Achseln. Während sie fahrig an einem ein Stück abwärts gerutschten Träger ihres Badeanzuges zupfte, als habe sie schon zuviel preisgegeben von sich.

»Paul war in einem Zustand, den ich gar nicht kannte von ihm«, sagte sie, »er wußte überhaupt nicht, wo anfangen mit mir. So jedenfalls tat er. Er warf mich, kaum hatte ich mich und dann ihn entkleidet, ohne mich überhaupt eines Blickes gewürdigt zu haben, in den Morast. Dort zwischen Binsen und Schilf. Er war wie blind. Verstehen Sie? Das erregte mich tief. Er war außer sich und von Sinnen. Bis ich es verstand ihm den Rücken zu kehren. Und mich unter ihm befand. Bis ich zu versinken begann, langsam versank. Meine Beine und Arme waren schon tief drinnen im Schlamm. Nur Paul hielt mich noch. Seine Hände in meinem Nacken. Und ich schluckte den zum Himmel stinkenden Schlamm. Ich weiß wirklich nicht, was für eine Erregung –«

Und plötzlich griff diese Frau mit ihren Händen nach meinen kranken Knien. Ich glaube, ich vernahm sogar ein kleines kehliges Schluchzen.

»– eine Erregung, wie ich sie noch nicht gekannt hatte, eine Stärke des Gefühls und eine Angst –«

Ja, sie schluchzte tatsächlich.

»– die Gewißheit, alles falsch gemacht zu haben in meinem Leben und immer wieder alles falsch machen zu müssen, was die Erregung nur noch steigerte, das Gefühl der Stärke (jetzt sagte sie: das Gefühl der Stärke!) und die Angst und dann –«

Sie hielt eine Sekunde inne.

»Pauls Eindringen, das Eindringen in mich, die Penetration, mein Gott, sie war ganz anders als früher, ich weiß nicht warum und inwiefern, Paul kniete ja hinter mir, wie früher, er mußte doch außerdem selbst auch weggesackt und weggesunken sein wie ich selbst im Schlamm, er, Paul, und der Schmerz, der meinen Körper durchfuhr, dieses ungeheure Eindringen, diese Herausforderung, o nein – als wäre das Glied, Pauls Schwanz, als wäre das Glied gar nicht seins.«

Ich sah die Frau weinen.

»Ich fiel einfach in Ohnmacht«, sagte sie, »aber ich fiel aus Überzeugung in Ohnmacht«, wenn ich begriffe, was sie damit sagen wolle. Zwar habe sie die Ohnmacht übermannt, aber sie habe sich ihr ja ergeben aus Stärke. Wie bei einem richtigen Orgasmus. Obwohl das gar keiner gewesen sei.

»Gar keiner war!«

Sie strich die innere Handkante unter ihrer Nase entlang und zog hörbar Rotz nach oben.

»Und als ich wieder zu mir kam, da war Paul verschwunden. Einfach verschwunden. Können Sie sich das vorstellen?«

Ich blickte sie wortlos an.

»Alles hätte ich ihm zugetraut, nur das nicht«, sagte sie, »ich hätte ja da liegenbleiben können, sagen Sie selbst: hätte ich nicht glatt dort ersaufen können?«

»Ja«, sagte ich, »das hätten Sie.«

»Na also«, sagte sie.

Hier nun fragte ich nach den Fahrrädern. Und sie gab Auskunft. Wenn auch einigermaßen unbefriedigende Auskunft.

Da er – anders als sie, die ein eigenes Fahrrad gehabt habe – mit einem geliehenen Fahrrad gekommen sei, habe er es nicht an der Hauswand, *meiner* Hauswand, stehenlassen wollen. Er habe gefürchtet, jemand könnte es stehlen. Er habe das Fahrrad ins Moor mitgenommen. Was sie ja schon der Frau, mit der ich damals lebte –

»mit der ich immer noch lebe«, sagte ich –

in aller Ausführlichkeit auseinandergesetzt habe, als sie mit ihr nach Paul auf die Suche gegangen sei. Statt aber ihn zu finden, seien sie ja dann auf mich gestoßen, wenn ich mich daran erinnerte. Ja, daran erinnere ich mich sehr wohl. Ich erinnere mich vor allem an das Lächeln. Eigentlich nur an das Lächeln. Keinesfalls aber erinnere ich mich daran, daß Trude mir berichtet hätte, Brandig habe das in Frage stehende Fahrrad mit ins Moor genommen. Überhaupt, dieses Fahrrad, dachte ich noch, als die Guinetti aber schon fortfuhr:

»Paul ist verschwunden geblieben. Wie vom Erdboden verschluckt« – *meine* Worte übrigens, *meine* Worte!

»Er war weg und das Fahrrad war weg«, sagte sie.

Er habe es nie zu den Leuten in der Stadt, bei denen er es ausgeliehen hatte, zurückgebracht. Es sei auch nie gefunden worden. Er muß es, um seine Spuren vollständig hinter sich zu verwischen, liegen ... nein, sagte sie, verschwinden lassen haben. Nach seiner Flucht. Flucht, sagte sie. Und ich fragte mich und frage mich noch heute, was es mit diesem unseligen Fahrrad denn nun wirklich auf sich hat. Bislang gibt es noch keine Antwort. Aber wie dem auch sei. Warten wir ab.

Er, Brandig, habe es ihr jedenfalls auf das schäbigste zurückgegeben. Er habe, alle Achtung, einen Volltreffer erzielt. Er habe es eben nicht verkraftet gehabt, daß sie ihn verlassen habe. Und außerdem habe er vor allem anderen nicht verkraftet gehabt, daß sie – eingestandenermaßen – immer Schwarzen den Vorzug gegeben habe. Das mit ihm sei ja nur ein Intermezzo gewesen. So langwierig und quälend es gewesen sei. Ob ich mir das vorstellen könne. Ja, sagte ich, das könne ich mir vorstellen. Er habe etwas gegen Schwarze gehabt, sagte sie. Das, sagte ich, könne ich mir weniger vorstellen. Nun, sagte sie, was auch immer. Jedenfalls sei ihm Erfolg beschieden gewesen. Sie werde ihn nie vergessen. Sie fühle sogar so etwas wie Schuld.

Schuld? Sie und Schuld? Seltsam. Derlei hätte ich, nach allem, was ich inzwischen zu hören bekommen hatte, gar nicht mehr für möglich gehalten. Aber vielleicht war ja sogar mehr dran, als sie mir gegenüber eingestehen konnte. Ich halte bei dieser Frau inzwischen alles für möglich.

Denn konnte es nicht ebensogut Paul, Paul Brandig, gewesen sein, der da in meinem Moor in Ohnmacht gefallen ist?

Schließlich ist er es, der verschwunden ist.

Kann nicht er versunken sein? Er unter ihr?

Und kann nicht durchaus sie es gewesen sein, die sein Fahrrad anschließend verschwinden ließ? Vielleicht gleich mitversenkte?

Durchaus nicht ausgeschlossen.

Und wer will ausschließen, daß sie vorausschauend jemanden aufgetrieben hat, einen Neger womöglich, der sich zutraute, was sich Paul nicht hatte zutrauen wollen mit ihrem Mann?

Sollte man alles bedenken.

Daher hakte ich auch ein letztes Mal nach.

Warum sie denn, fragte ich, der Frau gegenüber, mit der ich lebe und der sie ja, wie sie selbst zugebe, diese nun wirklich nicht uninteressante Begebenheit schon einmal erzählte, eine ganz andere Version zum besten gegeben habe? In der sei sie lediglich eingeschlafen neben meinem Freund Paul.

Da sagte sie: Weil sie sich vor einer Frau schäme. Das sei ja wie bei einer Mutter.

Und vor einem Vater schäme sie sich nicht?

Nein, vor einem Vater schäme sie sich nicht, sagte sie, hielt einen Augenblick inne und verschränkte nun die kräftigen Beine zum Schneidersitz auf den Fliesen.

Denn der habe ja nichts Besseres verdient als die Wahrheit, fügte sie nachdenklich hinzu.

Nichts Besseres als die Wahrheit? Was denn besser sei als die Wahrheit? fragte ich.

»Ach«, sagte sie, »entspannen zum Beispiel.«

»Ach so«, sagte ich.

Sie aber stand, ohne mit den Händen den Boden zu berühren, mit gekreuzten Beinen vor meinen Augen aus dem Schneidersitz auf.

Ich betrachtete sie.

»Sie wollen also nicht baden«, sagte sie. Sie hatte im Stehen immer noch die Beine überkreuz.

»Nein«, sagte ich.

Sie trat nun mit einem Bein zurück und wandte mir den Rücken zu. Ihr in das Handtuch eingewickelter Kopf sah von hinten viel zu groß aus für ihren Körper.

»Und Sie haben also wirklich keine Ahnung, wo Paul sich heute aufhält«, sagte ich.

Da riß sie sich mit einer heftigen Bewegung des ganzen Arms das Handtuch vom Kopf und schmetterte es zu Boden. Sie trampelte darauf herum. Erst langsam begriff ich, daß sie mit System trampelte. Sie trampelte das Handtuch, das ein Frotteehandtuch war und in das die Umrisse einer Insel hineingewebt oder -gefärbt waren, voller Kraft und System auseinander. Dann ging sie abermals in die Knie, auf das Handtuch drauf. Und stieß mit einem Zeigefinger auf einen runden schwarzen Fleck am Rande der weißen Insel im blauen Meer und sagte:

»Wahrscheinlich hier.«

Sie blickte starr auf das Tuch. In den Schultern kämpfte sie, wie mir schien, gegen Muskelverkrampfungen an.

»Hier«, schrie sie fast, »wo ich ihm in die Arme gelaufen bin.«

Um dann flüsternd hinzuzufügen:

»Wenn sie ihn, was ja sein einziges Lebensziel ist, nicht schon längst umgebracht haben.«

»Ach«, sagte ich, »wer sollte ihn umbringen wollen?«

»Wer?« fragte sie zurück.

»Ja, wer?« beharrte ich.

»Ach, lassen wir das«, sagte sie und machte eine wegwerfende Handbewegung. Sie erhob sich wieder und sah plötzlich ganz verändert aus. Selbstvergessen sah sie hinaus in den immer noch fallenden Schnee. Die Schultern hatte sie leicht nach vorn gedrückt. So als wollte sie ihren Busen in sich hineindrücken. Hineinarbeiten.

»Außerdem wollte er ja noch das Buch schreiben«, sagte sie.

»Was für ein Buch?«

»Nachdem er schon die justizkritische Schrift, von der er jahrelang und pausenlos sprach, nicht geschafft hat, müßte er ja nun wenigstens noch das Buch schreiben. Das Buch über diesen unglückseligen Ort.«

Sie bückte sich nach dem Handtuch und schüttelte es vor meinem Gesicht aus.

»Einen kleinen Bericht hatte er ja schon mal irgendwo veröffentlicht.«

»Erinnern Sie sich wo?«

»Nein«, sagte sie, »das habe ich vergessen.«

Und ging auf Zehenspitzen oder – wie gesagt –: auf den Fußballen davon.

Zweiter Teil

1

Hier sitze ich nun in diesem wunderschönen römischen Garten, am inneren Rande der Bocciabahn, die von den Stipendiaten kaum genutzt wird, und lecke meine Wunden. Lediglich gegen neun Uhr abends erscheint jeden Tag ein älteres Paar – er Ehrengast und federnden Schritts; sie, von der Strenge eines Künstlerlebens an ihrer Seite geprägt, mit leicht nachziehendem Fuß – und beansprucht Kugeln und Bande. Dann räume ich die Bahn. Es ist ohnehin Zeit, da ich mit Karl in die *Casetta,* das ausgezeichnete und unserem *Staatswesen* am nächsten gelegene Restaurant, zum Essen gehe. (Karl nennt die Akademie, in der, wie er sagt, keinerlei akademische Aktivitäten *zum Tragen* kämen, schlicht das *Staatswesen* – nicht aus Unentschlossenheit, er hebt in solchem Fall etwa steil den Zeigefinger über den flach aufgetragenen, nämlich schon über die Gräte aufgeblätterten, ganz vorzüglich mundenden Fisch, nein, eher aus *symbiotischem Verdichtungsdrang,* sagt er, denn so unbestritten das *An*wesen ein staatliches sei, so zweifelsfrei sei das, was in ihm getrieben werde, ein *Un*wesen, was sich bekanntlich in höchstem Grade bedinge, so daß undsoweiter undsofort.)

Ich habe mir von Karl eine Schreibmaschine ausgeliehen, die sein Vorgänger im Atelier 11, ebenfalls ein Schriftsteller, vergessen oder aber aus Dankbarkeit für den einjährigen Aufenthalt, den das Innenministerium – fern, fern, zu Haus – begabten Künstlern gewährt, seinen Nachfolgern oder aber gar der Institution selbst überlassen hat. Eine kleine *Olympia,* keine *Olivetti,* wie ja ohnehin alles, außer der Natur, an diesem wunderschönen Ort etwas unbedingter und unausweichlicher deutsches hat als in Deutschland selbst. Schon Karl und dessen Zeigefinger. Ja, es ist seltsam. Dorthin, wies er mit ihm und teilte mir die kleine Kammer zu, für die ich ihm über die Maßen dankbar bin. Er brachte mich in dieser angenehm abgelegenen, von seinem Atelier unabhängigen Kammer im sogenannten Villino unter. Mir stehen zur Verfügung: eigenes Klo und eigene Dusche. Kochen kann ich nicht. Brauch ich auch nicht. Wenn ich nicht mit Karl unter den Hortensien frühstücke, die sich weiß und üppig hochstauen an den Wasserrinnen der an klösterliche Kreuzgänge gemahnenden ziegelgedeckten Pergola, gehe ich in eine der verschiedenen, um das *Staatswesen* herum zu findenden Bars.

Ich bin Karl und somit Trude über die Maßen dankbar. Gegen –

zumeist ja in Büchern – verbreitete Unterstellungen über Mißgunst, Futterneid, wenn nicht gar offene Feindschaft von Künstlern untereinander, hat Karl, der wie Trude gewerkschaftlich organisiert ist und darüber hinaus neben ihr im Vorstand des Schriftstellerverbandes – auf Landesebene – ein Amt bekleidet, ihr auf einem der kurz vor meiner Abreise in Hannover stattgefundenen Vorstandstreffen, zu dem er eigens aus Rom anreiste, angeboten, ihn zu besuchen. Sie aber, der die Förderung und Auslandsauszeichnung bislang vorenthalten blieb und die – nach eigener Einschätzung aus *Altersgründen*: sie gehe ja nun schon über die Vierzig (genau genommen: sie ist sechsundvierzig!) – kaum mehr in den Genuß eines solchen begehrten Rom-Stipendiums gelangen werde: sie habe innerlich verzichtet. (Insofern ist Trude eben innerlich.) Nicht, daß sie der Anblick dessen, was ihr entgangen sei, schmerze. (Sie war nie in Rom.) Nicht, daß sie die ihr vorenthaltene Ehrung kränke. Oder daß sie, sagte sie vor meiner Abreise, die sie noch mit mir gemeinsam vorbereitete, *scharf* sei auf das von ökonomischer Sorge befreite einjährige unbesorgte Schaffen, nein. Aber sie könne sich schon hinreichend vorstellen, wie die jüngeren Kollegen – zwei oder drei seien ja dort neben verschiedenen Malern, Bildhauern, Architekten und Komponisten ständig zu Gast – mit dem Hochmut der Jugend herabsähen auf jene, die schon eine Strecke Wegs hinter sich gelegt haben. Zumal dann, wenn man wie sie wohl eher zu den Spätentwicklern zu rechnen sei. In dieser Hinsicht unterschieden sich, sagte Trude, Künstler und Schriftsteller nicht von anderen Menschen. Nur, fügte sie ein wenig bitter hinzu, für die Verbandsarbeit, da sei man natürlich mit seiner Erfahrung und seinem Überblick diesen Nachrückenden noch allemal gut. Deshalb gebe sie mir, sozusagen stellvertretend, sagte sie nach meiner Eröffnung, ich würde nach Griechenland fahren, um Paul Brandig zu besuchen, ja, ich sagte: besuchen! – deshalb gebe sie mir für den Fall, daß ich auf der mir ungewohnten beschwerlichen Reise eine kurze Unterbrechung und Erholung brauche, die Anschrift Karl Ebentegens – in eben besagter Deutscher Akademie in Rom – mit auf den Weg.

Und so habe ich nach den Mißhandlungen, denen ich unterdessen ausgesetzt war, gern von Trudes bzw. Karl Ebentegens Angebot Gebrauch gemacht. Ja, ich bin mißhandelt worden. Mißhandelt an jenem Ort, den die Guinetti, wie ich heute weiß, überaus zutreffend einen unglückseligen genannt hat. Um ein Haar hätte ich meine

Freundschaft zu Brandig mit dem Leben bezahlt. Hätte allzu schwer für diese Freundschaft gebüßt.

So sehr aber die Tatsache, daß ich Paul nicht antraf, Indiz sein müßte dafür, daß tatsächlich die Guinetti ihn auf dem Gewissen hat, so sehr ist es – widersinnig wie es auf den ersten Blick erscheinen mag – Indiz dafür, daß sie ihn nicht auf dem Gewissen hat. Gegen Brandig erhob nicht nur eine oder einer die Hand.

Ich habe mir also den kleinen hell gebeizten Schreibtisch aus dem überzähligen Atelierzimmer auf die Schulter, die noch schmerzt, gestemmt und ihn auf die Bocciabahn gestellt. Hart an die Bande. Davor einen Stuhl. Und oben drauf auf den Tisch die Maschine. Über mir und um mich herum Schatten, Lichtspiel und sirrende Luft. Zypressen, Zierpalmen, Zedern. Und die zirrenden Girlanden der Zikaden, die sie miteinander verknüpfen. Im Hintergrund tönerne Amphoren und arg lädierte Büsten aus Marmor, die aussehen, als hätten sie wütende Künstler mit den Blättern der an ihnen hochragenden Schwertkakteen geköpft. Antike Kolonnen, edel nachempfundene Säulen, Brunnen, Sarkophage, und in diskretem Abstand das Personal: Sekretärinnen, Gärtner, der *portiere* und zwei gewaltige schwarze Labradore, die von Atelier zu Atelier trotten und von den Tischresten und der Tierliebe der Künstler zehren. Kieswege. Spinnenglitzer. Glanz. O welch Erbarmen. Welch Erbarmen mit mir. Dem Zugerichteten. Welch ein Geschenk! Denn jenseits der hohen mächtigen Mauern, auf denen je eine Bahn sowohl nach innen als nach außen gerichteten Stacheldrahts verläuft, erschüttert die Welt weiter das Leben. (Oder das Leben die Welt.) Von ferne vernehme ich das Tosen und Dröhnen, das Rumoren der Stadt.

Wer könnte da nicht schreiben? Schöpferisch sein? Oder wenigstens in sich gehen wie ich. Und dann von innen, aus der Erinnerung heraus notieren. Was mich anbelangt, so kann ich es. Man erträgt die elysischen Sockel und Vorsprünge, möchte ich mal sagen, wenn man den Abgründen des Infernos entkommen ist. Für manchen aber muß das ein rechtes Fegefeuer hier sein. Für Ebentegen zum Beispiel. Denn Ebentegen kann nicht. Ebentegen, der von Berufs wegen Schriftsteller ist, kann nicht schreiben. Daher gehe ich so oft mit ihm essen. Er trinkt jedoch ungleich mehr als ich. Er liebt den italienischen Wein, vorzugsweise den weißen. So wie die *spigola,* den rareren Fisch. Und er hebt seinen Finger. Man könne nicht schreiben, sagt er, wenn man umgeben sei von Leuten, die auch nicht schreiben, weil sie beobachteten, ob man selbst gerade schreibe. Werde man nämlich einmal beim Schreiben ertappt, so werde man von dem, der ertappt, sowie denen, die ihm auf dem Fuße folgen, weil die ihn schon als zweiten in ihrer Mitte vermissen, sogleich in großer geselliger Runde gelobt. Das sei dann immer ein sie alle seltsam verbindendes stilles Hallo.

Man könne nicht schreiben, sagt er, angesichts solcher, denen auch nichts anderes bleibe im Leben als einem selbst. Als genügte einem nicht schon die eigene nur allzu unzureichend liebgewonnene *Visage* – eigentümlicherweise stößt Ebentegen plötzlich mit seinem geraden Zeigefinger auf mich, ausgerechnet auf mich! –: als reichte einem nicht der eigene Anblick. Weswegen er – das habe er immerhin von den Malern, denen es hier auch nicht besser ergehe, gelernt – schon alle seine Atelierspiegel mit chinesischer Tinte bemalte.

Kein Schreiben, sagt Ebentegen, nein, gnädige Selbstauslöschung finde in diesem *Staatswesen* statt. Aber das brauche mich ja nicht zu beunruhigen.

Ganz recht. Das beunruhigt mich nicht. Hauptsache ich kann schreiben. Denn ich habe wirklich zu tun.

Ich schreibe auf, was mir widerfahren ist, seit ich mich auf die Reise begab.

Ich schreibe auf, warum ich mich auf die Reise begab.

Ich schreibe auf, warum ich so lange blieb.

Und ich schreibe auf, warum ich meine Rückreise unterbrochen habe, um aufzuschreiben, was mir widerfuhr.

Trude muß sich noch ein wenig mit meiner Heimkehr gedulden.

Denn ich schreibe ja nicht zum Spaß.

Nachdem ich an jenem unglückseligen Ort, von dem die Rede sein wird, schon in eine Kladde übertragen habe, was ich vor meiner Abreise aus dem Moor noch auf Kassette gesprochen hatte, kann ich jetzt darangehen, mit der Maschine direkt zu erledigen, was von der Reise festgehalten zu werden verdient. Und was ich aufschreiben *muß*.

Denn ich habe einen Auftrag. Nicht weniger als Trude habe ich einen Auftrag. Und den werde ich – im Gegensatz zu ihr – auch erledigen. Ihr geht es ja, obwohl von keinerlei *Staatswesen* behelligt, sondern in ungestörter Zweisamkeit mit mir, nicht anders als ihren ausgezeichneten Kollegen. Wie lange redet sie zum Beispiel nicht schon um ihr Buch über die *Wirklichkeit der Liebe* herum. (Das ist ja keine Erfindung von mir!) Sie redet, seit wir uns kennen, um dieses Buch herum. Ich konnte – und kann – davon schon gar nichts mehr hören. Ich hatte – und habe – allen Grund anzunehmen, daß sie noch keine einzige Zeile über die *Wirklichkeit der Liebe* geschrieben hat. Zugegeben, sie macht es sich nicht leicht. Oder genauer: es wird ihr nicht leicht gemacht. Denn sie hat sich ja ganz offenbar das Thema nicht ausgesucht. Es sei ein Auftrag, hat sie immer gesagt. Ich aber habe nie zu fragen gewagt, ob der Auftrag mehr ein innerer oder eher ein äußerer ist.

Was den meinen anbelangt, so ist der eindeutig ein innerer. Denn ich rechne ab, rechne ab mit mir selbst. Und das geht niemanden außer mich selbst etwas an. Daß ich jedoch auch einen äußeren habe – je nun, das steht natürlich auf einem anderen Blatt.

Aber ich will Trude trotzdem nicht zu lange warten lassen. Schließlich habe ich ihr versprochen, so bald wie möglich wieder zu Hause zu sein. Ich werde mich beeilen. Zwar werde ich, da ich meines kleinen Kassettengeräts mit Aufnahmeteil wie auch zu meinem noch größeren Bedauern des empfindlichen großen Spezialmikrophons, das Trude sich eigens bei Radio Bremen auslieh, infolge der Ereignisse an jenem unglückseligen Ort verlustig ging, ihr keine Aufzeichnungen griechischer Hirtenmusik mitbringen – aber sei's drum. Ich habe mein Mögliches getan. Ich werde, da einigermaßen ungeübt auf der Maschine, im folgenden weiterhin die Anführungsstriche weglassen. Ich mit meinem Zweifingersuchsystem. Um des Tempos willen. Um Trudes willen. Die Anführungsstriche, die Gänsefüßchen, sind das Schwierigste auf der Maschine. Ich hatte nie Gänsefüßchen zu tippen in meinem Leben, denn es war, wie es nun einmal im Geschäftsleben ist, alles – ob Ziffer, Zahl, Summe, Betrag und freundliche Mahnung – immer die allerwörtlichste Rede. Eine andere Abrechnung also als die, um die es hier geht.

Was nun aber noch den äußeren Auftrag anbelangt, den ich habe, so ist der nicht schriftlicher, er ist mündlicher Natur. Und offizieller. Fast Diplomatie. Und mithin fast schon wieder künstlerischer Natur. Aber er ist doch nichtsdestoweniger einer, der gilt. Insofern er nämlich ein ebenso staatlicher ist wie jener, den zu erfüllen sich diese von tausenderlei unerfindlichen Skrupeln geplagten Ebentegens so hartnäckig weigern. Wahrscheinlich hat man ihnen ihren Auftrag nur nicht klar genug umrissen. Das wird es sein. Denn mein

Auftrag ist klar. Auch wenn selbst in meinem Fall alles dagegen spricht, daß ich ihn werde erfüllen können. Jedoch bin ich bereit. Ja, mit was für einer großen Freude würde ich dem mir vom zuständigen Herrn in der Rechtsabteilung der Botschaft der Bundesrepublik Deutschland in Athen erteilten Auftrag entsprechen und Paul informieren. Nichts wäre mir lieber und leichter, als ihm auszurichten, daß er, wie es hieß, nunmehr nichts mehr zu befürchten habe.

Zwar hielt sich der Zuständige ja einigermaßen zurück mit klareren Auskünften, aber immerhin konnte ich noch ein paar begleitende allgemeine Erörterungen zur politischen Lage in der Bundesrepublik aus ihm herausholen. Trotz des gesundheitlichen Zustands, in dem ich mich befand. Oder vielleicht auch wegen meines Zustandes. (Ich komme darauf zurück!) Dank der festen Hand des neuen Innenministers in Bonn, jedenfalls sagte der Mensch, den ich eigentlich in meiner – und nicht in Brandigs – Sache konsultierte (von einer Sache Brandig war mir überhaupt erst infolge meiner Sache zu Ohren gekommen!) ... dank der Entschiedenheit und Souveränität der Regierung und des neuen Innenministers, dank einer festen Hand also, sei die Bundesanwaltschaft in Karlsruhe in die glückliche Lage versetzt, Leuten wie Brandig gegenüber Milde walten zu lassen.

(Ich werde nie vergessen, wie mir zumute war bei diesen Worten – seltsam war mir zumute; jawohl: und ich komme natürlich auch darauf noch zurück!)

Die neue Haltung, sagte der Mensch, ein durchaus sympathischer junger Herr, käme einer Amnestie gleich. Ja was denn nun, dachte ich. So weit soll Paul, den ich ja kenne und dem ich allerhand zutrau, schließlich gegangen sein? Welch Dunkel in dieser außerordentlichen Existenz!

Aber Amnestie hin oder her. Brandig ist nicht da. Ich kann ihm also auch nichts ausrichten. Kann meinen Auftrag nicht erfüllen. Brandig ist verschwunden. Ich weiß gewissermaßen weniger über seinen Verbleib als die Botschaft in Athen oder die Bundesanwaltschaft dort oben in Deutschland. Brandig ist und bleibt wie vom Erdboden verschluckt. Wie versunken im Moor. Oder vielmehr verschollen in den wilden unzugänglichen Bergen, Schluchten und Tälern, die den unglückseligen Ort, den ich aufsuchte, allein aufsuchte, um *ihn* zu finden, auf das gewaltigste, ja, gewalttätigste umklammern. So daß die Gewalttätigkeit zurückfällt auf die Menschen in ihm. Was einem Charakter wie dem Brandigs natürlich zum Verhängnis werden kann. Sogar einen Charakter wie mich, einen, dem das Warten und Wägen, das Sammeln und Sondern eigen ist und weniger die heftige aufbegehrende Art eines Brandig: sogar einen solchen Charakter hätte es, wie gesagt, um ein Haar erwischt.

Aber nun bin ich ja glücklicherweise in Sicherheit. Anheimgegeben jenem neuen Innenminister der Bundesrepublik Deutschland, der sich einer Formulierung Ebentegens zufolge *verschärft* um unsere – er sagt: *unsere* – nur scheinbar so disparaten Staatsbelange wie Terrorismusbekämpfung, Abwässerbeseitigung und Kulturförderung sorgt. Gut. Schön. Und wenn schon. Ich kann mich deshalb nicht kleinmütig aus dem Staub machen. (Wenn ich mich mal so ausdrücken darf in einer Umgebung, in der die Natur samt Bocciabahn-Ziegelpulver aus feinsten Wassersprengdüsen benetzt wird bei Tag und bei Nacht!) Ich kann mich also nicht bei Nacht, und, nun, also. Ich werde mich nicht davonschleichen. Das wäre Defätismus. Ich bleibe. Bleibe und schreibe. Mir ist erst hier an meinem kleinen ausgeliehenen Tisch auf der Bocciabahn so richtig bewußt geworden, welche Macht das Schreiben darstellt. Man nimmt seine eigene Erschöpfung, seine eigene Bedeutung und Nichtigkeit, möchte ich einmal zusammenfassen, – samt einem wie auch immer verfahrenden Innenminister – gar nicht mehr wahr. Man geht gewissermaßen sogar über sich selbst hinweg. Man schont sich nicht. Man stößt vor zu den Ursachen seiner eigenen Bedeutung und seiner eigenen Nichtigkeit.

Ich vergegenwärtige mir, wie ich mit äußerster Not dem Tode entkam. Da kann man sich schon ein bißchen äußere Schonung gönnen. Den Innenminister einen Innenminister sein lassen. Und seine Lebensgefährtin vergessen. Oder besser: das Wiedersehen noch ein wenig hinausschieben.

Sollte es aber den Anschein erwecken, als leckte ich meine Wunden, die – das kann Karl Ebentegen bezeugen – tatsächliche Wunden sind: Prellungen, Schürfungen, ausgerissenes Haar, als leckte ich sie – wie die Dichter, Denker und Zweifler hier um mich herum – um eines womöglich uns alle seltsam verbindenden stillen Hallos willen, dann möchte ich doch immerhin darauf hingewiesen haben, daß mich hier auf meiner Bahn niemand besucht. Und niemand stört. Bis auf das ältere Ehrengastpaar am Abend. Ich bleibe allein. Mit meinen Abrechnungen. Mit mir.

Auch die Rechnungen in dem ausgezeichneten *ristorante,* das ich mit Ebentegen aufsuche, bezahle meist ich. Nicht, weil ich es, um es mal so auszudrücken, besonders dicke hätte oder gar dick tun wollte vor ihm. Nein. Mitnichten. Ebentegen ist eben nur auf dieser und jener Ebene ein wenig stärker. Er hebt den Zeigefinger steil in die vom flammenden Pizzaofen aufsteigenden und sich wie auf sein Geheiß mit den durch die abendlich offenen Türen eindringenden schweren Abgasen der Stadt gleichsam symbiotisch vereinigenden Düfte, die ich hermetisch nennen möchte insofern, als Ebentegen gerade ein ausladendes Kolloquium über Hermes Trismegistos, den dreimal Größten, zu einem glücklichen Ende geführt hat mit der Bemerkung, daß er, Ebentegen, den sogenannten *Hermetischen Verschluß,* den jener zu seiner Zeit überaus bedeutende Zauberer beherrschte, indem er beispielsweise Schätze und Gefäße unzugänglich machte den von ihm bestimmten Menschen, in nicht allzu ferner Zukunft um einige Dimensionen zu erweitern trachte ... wendet – immer Ebentegen! – mit einem Mal unerwartet den Finger direkt gegen mich, nickt dem Ober zu und ruft laut und vernehmlich und in offenkundig so unmißverständlichem wie einwandfreiem Italienisch:

Paga il signore!

Dagegen komm ich natürlich nicht an.

2

Im übrigen werde ich, sobald ich wieder oben im Norden bin, Abbitte leisten. Sowohl der Guinetti als auch Trude gegenüber Abbitte leisten.

Trude gegenüber, weil ich, was sie gewiß gekränkt haben muß, die Rede – zugegeben: einigermaßen rücksichtslos – von mir aus auf ihr Buch über die *Wirklichkeit der Liebe* brachte. (Aber was sollte ich machen? Einfach nur Brandig zu besuchen, um ihn zu besuchen, hatte sie gesagt, das sei ja kein Grund. Zumindest kein ausreichend triftiger. Denn ich hatte leichtsinnigerweise zugegeben, daß ich nicht einmal sicher war, ihn überhaupt anzutreffen. Daß ich ihn beabsichtigte zu suchen wie einen Vermißten – das habe ich ihr natürlich nicht gesagt. Soweit hatte ich mich durchaus zurückzuhalten gewußt. Sonst hätte womöglich nicht einmal mein Hauptargument

– die *Wirklichkeit der Liebe* – gefruchtet. Denn schon das *Haut*argument – Sonne und milde Mittelmeerluft bekämen, hatte ich gesagt, meiner empfindlichen Haut sicher gut – hat sie als wenig stichhaltig und – wörtlich – fadenscheinig bezeichnet. So blieb mir gar keine andere Wahl. Ich sagte, daß sie mit Sicherheit in meiner Abwesenheit dazu käme, sich ernsthaft mit der *Wirklichkeit der Liebe* auseinanderzusetzen. Mit dem Buch, an dem sie arbeite. Ich tat wirklich so, als glaubte ich, sie arbeite daran. Aber sie arbeitete, dafür lege ich meine Hand ins Feuer, damals genausowenig daran, wie sie jetzt, in meiner Abwesenheit, daran arbeitet. Wie sollte sie denn? Wo ich weg bin. Wo sie auf mich wartet. Sie wird vor lauter Warten nicht eine Zeile zu Papier bringen. Jedenfalls keine über die *Wirklichkeit der Liebe.* Aber wie dem auch sei. Immerhin hat mein Hauptargument gefruchtet. Sie ließ mich, wenn auch zögernd, ziehn.)

Der Guinetti gegenüber aber werde ich Abbitte leisten für eine Heimlichkeit. Die Heimlichkeit der Unterstellung nämlich, sie habe meinen Freund Brandig auf dem Gewissen. Zwar werde ich, wenn nicht die Unterstellung, so doch sicherheitshalber wenigstens einen kleinen Verdacht aufrecht erhalten; ich werde ihn ihr gegenüber jedoch offen äußern. Als letztlich minimalen, gemessen an dem, den ich mittlerweile aus guten Gründen gegenüber anderen hege. Ich werde allerdings nicht versäumen, ihr zu verstehen zu geben, daß sie selbst nicht ganz unschuldig ist an der ganzen Geschichte. Oder dem Mißverständnis. Denn wenn sie keine Veranlassung hatte, etwas zu fürchten, dann hätte sie mich auch nicht auf Brandigs Fährte setzen müssen. So weit weg. Die Kosten hätte ich mir sparen können, werde ich sagen. Niemand erweckt ungestraft einen derart mutwilligen Eindruck von Besessenheit und auch Kaltblütigkeit, wie sie es getan hat. Aber ich werde ihr keinen Vorwurf daraus machen. Ich werde ihr sagen: Jetzt sind wir quitt.

3

Dabei hätte ich gewarnt sein sollen.

Trude hatte mich frühmorgens mit dem Wagen vom Moor in die Stadt gefahren, so daß wir uns noch in den Buchhandlungen umtun konnten. Wir taten uns in drei oder vier Buchhandlungen um. Trude forschte nach Literatur, die Insel betreffend, zu der ich auf dem Weg war. Ich schob mich mühselig – die vorangegangene Nacht hatte ich schlaflos in Trudes Armen verbracht – die Regale entlang und konnte mich nicht entscheiden: Belletristik/Abenteuer/Geographie. Trude im Rücken fürchtete ich bei jedem Schritt näher an die mit Büchern gespickten Stellwände und Drehständer heran, ich könnte meinen Zug verpassen. Trude aber war in ihrem Element. Sie warf sich auf die Bücher, in die Bücher, stöberte, blätterte, las. Bis ich mich in meiner Unruhe – ich glaube, wir befanden uns in der zweiten oder dritten Buchhandlung – für Brandig entschied. Ich schaute nach in der Abteilung Rechtswissenschaft. Buchstabe B, BR, BRA. Nichts. Dann schaute ich nach in der Abteilung Politikwissenschaft. Ebenfalls nichts. Schließlich entfernte ich mich bis in die Abteilung Allgemeines. Zum Sachbuch. Und Populären. Aber auch da fand ich nichts. Als gingen Brandigs Titel nicht mehr. Oder stünden auf einer Art Index. Den Buchhändler wollte ich lieber nicht fragen. Ich ließ ab von den Wänden. (Übrigens auch in der vierten bzw. dritten und vierten Buchhandlung dasselbe!) Ich kehrte zu Trude zurück.

Sie hatte inzwischen mehr Glück gehabt. Sie mit ihrem unfehlbaren Griff. Ja, ich hätte gewarnt sein müssen. Schließlich kenne ich den Griff. Ich weiß, wie unfehlbar und unerbittlich er ist. Man kann Trudes Griff vertrauen. Sie hatte Stapel und Tüten voller Bücher für mich.

Ich aber mißachtete die Bücher, die Zeitschriften und Broschüren. Das ganze Material. Ich mißachtete die Literatur. Das geschriebene Wort. Allerdings mißachtete ich es nur insofern, als ich es zu ernst nahm und zu genau las. Das war mein Fehler. Denn bekanntlich übertreibt es ja, das geschriebene Wort, jedes. Und untertreibt. Das ist seine Art. Es übertreibt und untertreibt, jenachdem. Gewissermaßen übertreibt es, um zu untertreiben, und untertreibt, um zu übertreiben, sowohl als auch. Es treibt sein Spiel mit uns, mit mir, dem Leser. Es treibt alles dort hin, wo es sein Autor hin haben will. Oder wo es der Autor zwar nicht unbedingt hin haben will, wohin es ihm aber entgleitet. So daß es hilflos treibt im Strom der Gedanken und fortgerissen wird und hinuntertreibt und sich schließlich auflöst in der hehren Unabsehbarkeit eines Meeres von Vergessen und Schweigen. Bis es wieder aufsteigt in Nebeln, landwärts zieht und als Tropfen warmer Vergeblichkeitsschauer niedergeht auf die Häupter derer, die schreiben. O ja, ich kenne es, das geschriebene

Wort. Nichts als Übertreibungen, Untertreibungen, Treibgut. So ist es, und doch hatte ich es, als Trude auf dem Bahnsteig des Bremer Hauptbahnhofs meinen Blicken entschwand, noch gar nicht in seiner ganzen Tragweite erfaßt.

Nun aber war ich, in den Sitz des Intercity gedrückt, gehalten zu lesen. Ich saß, wie immer, wenn ich Zug fahre, mit dem Rücken zur Fahrtrichtung; das verschafft mir ein angenehmes Prickeln im Nakken – die sanfte Genugtuung nämlich, immer schon hinter mich gebracht zu haben, was sich erst noch meinen Blicken erschließt. Ich blickte, da ich las, natürlich nur von Zeit zu Zeit – und dann meist auch noch bei den Halten auf Bahnhöfen – aus dem Fenster. Ich weiß nicht, ob mir gegenüber bis München jemand Platz nahm. War zu vertieft in die Literatur. Ich bereitete mich mit Hilfe der Literatur vor auf den Ort, den ich im Begriff war aufzusuchen.

Natürlich hätte ich besser ein Flugzeug nehmen können. Das hätte mir die Strapazen der langen Reise erspart. Und auch nicht wenige von den mir von Trude mitgegebenen Büchern. Das Gewicht von in Flugzeugen mitgeführtem Gepäck ist begrenzt. Da wäre kaum mehr als eine Broschüre neben meinem Koffer erlaubt gewesen. Aber ich fürchte nun einmal das Fliegen. Ich leide unter Flugangst. Das Fliegen ist mir zuwider. So sicher es angeblich ist. Es ist mir, bedenke ich es recht, womöglich zu sicher. Und zu schnell. Ich will die Entfernungen am eigenen Leibe spüren, die ich zurücklege. Und etwas riskieren. Ohne gleich abgeschossen zu werden z. B., was, wie ich erst diesen Winter im Moor einmal mit eigenen Ohren vernahm und Wochen darauf schließlich auch von der Zeitung bestätigt bekam, immer wieder, selbst unter den besten militärischen Verbündeten, vorkommen kann. Da ist dann sicher irgendwann auch mal der Zivilflugverkehr dran. Deshalb lasse ich mich lieber fahren. Von Trude im Wagen. Oder im Zug. Muß dafür allerdings mancherlei in Kauf nehmen – und nicht nur das geschriebene Wort. Das ich – nun allein auf der Reise – mit wachsendem Ernst und wachsender Aufmerksamkeit las.

Da las ich zum Beispiel, die Menschen in der Gegend, die ich im Begriff war aufzusuchen, seien von ungewöhnlicher Natur. Sie seien wie die Natur, die sie umgebe. Die Natur, die sie umgebe, habe sie geprägt. Sie seien also wild, schroff, unnahbar, hart. Maßlos, heftig, unzugänglich, abweisend. Ungebärdig, gewalttätig, furchteinflößend, grausam, stolz und allem Fremden abhold. Das las ich, um nach einmaligem Umblättern zu erfahren, sie seien die liebenswürdigsten, umgänglichsten, freundlichsten, ausgeglichensten, unverdorbensten, offensten, hilfsbereitesten, verständigsten und warmherzigsten Menschen, die man sich vorstellen könne. Allerdings könnten sie durchaus auch ein wenig starrköpfig sein, dumpf, tumb, gefühl- und gemütlos, ja, roh. Dafür seien sie bekannt. Unbeherrscht, unbarmherzig, hemmungslos. Raubgierig, blutrünstig, mordgierig sogar. Ursprünglich eben. Es sei denn, man lasse sich mehr auf ihre Sanftmut, ihre Milde und Güte, ihre Friedfertigkeit und Toleranz, Versöhnlichkeit, Verträglichkeit, Weitherzigkeit und Nachgiebigkeit ein. Oder auf die Harmlosigkeit, die Gutartigkeit, die Unschädlichkeit gewissermaßen. Auch den Unabhängigkeits- und Freiheitsdrang – man denke nur an die Jahrhunderte und Jahrtausende andauernden und nie endenden Widerstandskämpfe gegen die von See und aus den Bergen her einfallenden Sarazenen, Araber, Venezianer, Türken und schließlich noch gegen die aus der Luft her niedergehenden Deutschen –: Die Erdverbundenheit, die Heimatliebe, den Patriotismus. Da werde der Mensch naturgemäß so, wie er sei. Und so seien sie denn auch, jene. So seien sie jedenfalls früher gewesen. Heute seien sie aber eher umgekehrt. Schon wegen der Touristen. Es komme, las ich mit wachsendem Ernst und seltsam in mein eigenes Inneres wuchernder Aufmerksamkeit, darauf an, wie man es sehe. Der eine sehe es so, der andere so. Man könne es sehen, wie man wolle. Man müsse nur ein bißchen Einfühlungsvermögen mitbringen. Einfühlung und Verständnis. Selbst zurücktreten. Das könne nicht schaden. Man müsse die Menschen eben wie die Dinge etwas differenzierter sehn, wenn man reise.

Ja, so erging es mir auf meiner Reise. Ich las zu genau und nahm alles ernst. Ich mißachtete die Literatur. Insofern ich sie – Übertreibungen hin, Untertreibungen her – zu ernst nahm und zu genau las, mißachtete ich sie. Was mir um ein Haar zum Verhängnis geworden wäre. Ja. Man macht sich nicht ungestraft frei von der Literatur. Nicht weniger als von einer Frau. Man muß mit den Übertreibungen und Untertreibungen leben.

Nachdem mich meine Lebensgefährtin also an jenem eisigen Montagmorgen mit ihrem alten VW aus dem Moor in die Stadt gefahren und durch die Buchhandlungen gezerrt hatte; nachdem ich es mir im Intercity bequem gemacht hatte – beim Anfahren des Zuges war ich nur noch einmal aufgesprungen, ins nächstbeste Erste-

Klasse-Abteil gestürzt, hatte das Fenster heruntergerissen, um Trude zu winken – und, nach der ersten intensiven Lektüre, in München eine ausgiebige Umsteigepause zu nutzen wußte: ich stellte meinen Koffer in ein Schließfach und trank an weiß gescheuerten Tischen in einer Halle außerhalb des Bahnhofs verschiedene Maß Bier; nachdem ich kurz vor – ich vergesse die Abfahrtszeit nicht – 21.38 Uhr den direkten Zug bestiegen hatte, um dann zwei Tage später, nach allerlei Strapazen im Sitzen und Liegen sowie mich bis zur Mißachtung der Literatur treibender Lektüreintensität, auf der mittleren Liege eines Liegewagens, mit kaum mehr als einer guten Stunde Verspätung am Nachmittag (Mittwoch) die griechische Hauptstadt zu erreichen, wo ich mich von den beiden Mitreisenden, zwei deutschen Studenten sowie einem Herrn mittleren Alters und unbestimmter Herkunft, mit denen ich nicht ein einziges Wort gewechselt hatte während der langen gemeinsamen Fahrt, auf das freundschaftlichste verabschiedete (ein mazedonisches Gastarbeiterehepaar hatte uns schon in Niš verlassen); nachdem ich die Untergrundbahn nach Piräus genommen, im Hafen noch eiligst das notwendige Kontoführungsbuch zum Übertragen des auf Kassetten Gesprochenen erworben und mich schließlich eingeschifft hatte und am darauffolgenden Morgen (Donnerstag) in der an der Nordküste gelegenen Hafen- und Provinzhauptstadt angelangt war, um von dort einen Überlandbus zu nehmen, der mich in halsbrecherischer Fahrt über die gewaltig sich auftürmenden Bergmassive an die einsame Südküste brachte, wo sich der Ort befindet, der von den schmalen Füßen der Guinetti durch ein Frotteehandtuch hindurch gleichsam in die Fliesen des Zentralbades zu Bremen gestampft worden war – nach alldem hatte ich auch schon alles, was man sich nur denken und ausmalen kann, über den Ort und die Gegend gelesen gehabt.

4

Ist es eine Schande zu den Zurückhaltenden, den eher Schüchternen und Stillen zu gehören?

Mit was für einem Herzklopfen war ich in diesem klapprigen, von Lehm und Staub zusammengehaltenen Überlandbus über halsbrecherische Kurven und Felsvorsprünge hinaufgeschaukelt worden in die Berge! Wie das Rütteln und Schütteln des Fahrzeugs eins geworden war mit meinem Körper! Wie ich die Menschen auf den Sitzen neben mir und um mich herum – junge ausländische Rucksacktouristen, alte, ganz in Schwarz gehüllte Frauen mit Federvieh in den Schößen und immer wieder aus- und zusteigende Männer in hohen Schaftstiefeln und mit bunten Leinentüchern, auf knorrige Hirtenstäbe über die Schultern gehängt –: wie wenig ich sie alle wahrgenommen hatte.

Ich war vertieft gewesen in die – mit dem stetigen auf die Trommelfelle drückenden Anstieg der Fahrt – mächtig anwachsende eigene Erregung.

Weswegen nur bin ich gekommen?

habe ich mich in jäher Bestürzung gefragt. Als stürzte ich selbst. Als würde ich mit einem letzten zittrigen Herzschlag am Ende über den Rand des Himmels gekippt. Dort hinüber. Hinein in den Krater –

Ich hatte mich dem Schwindel ergeben, hatte die Augen geschlossen. Der Motor des Fahrzeugs, in dem ich saß, aber hatte aufgeheult. Das Fahrzeug verharrte. Ein Geräusch im Getriebe, als bräche das Fahrzeug entzwei. Mitten durch mich hindurch. Und ich öffnete die Augen.

Ich war – wir alle waren über den Scheitelpunkt der Paßstraße hinweg. Vor mir nun breitete sich in unermeßlicher Weite aus: ein matt strahlendes und von keiner Brise bewegtes Meer. Ein Meer, wie ich es noch nicht zu Gesicht bekommen hatte in meinem Leben. Ein Meer von tief matt strahlendem Blau. Nur in der Ferne des Ostens verlor sich ein feiner weißer Streifen von auf Strände und Felsgestein treffender Gischt.

Ich jedoch mußte – dem meiner Literatur beigefügten Kartenmaterial zufolge – nach Westen.

In engsten Schleifen, die mich abwechselnd gegen die Bergwelt und gegen die Unermeßlichkeit des Meeres warfen, war es die Serpentinen hinabgegangen. Dann – gleich hinter der flachen, von Schafherden bevölkerten und mählich ins Meer auslaufenden Hügelkette, die sich unter die schon niedergehende Sonne erstreckte, hatte ich die Ortschaft erblickt. Die wie von einem Fußtritt der Götter hingeschleuderten Würfel der Häuser. Die Punkte auf den Würfeln. Fensterläden. In hellerem Blau. Wie aus Meer und Himmel gemischt. Und war nicht auch schon Harz- und Thymiangeruch eingedrungen ins Innere des Gefährts, dessen Fenster vor der Anfahrt in die kühleren Regionen fest geschlossen worden waren? Geruch von Schweiß und Hunden und Fisch? Ich erblickte Olivenhaine. Ich sah und roch und vernahm – mein Koffer auf der Dachladefläche des Fahrzeugs streifte die Nadeln – ein Pinienwäldchen am Eingang des Orts.

Ist es eine Schande so zu sein, wie man ist?

Denn kaum hatte ich mich aus dem Fahrzeug gezwängt, kaum hatte ich mir vom Fahrer den Koffer vom Dach des Fahrzeugs reichen lassen, kaum hatte ich Luft geschnappt in der Hitze dieses frühen Märznachmittags, war ich auch schon angesprochen worden. Oder war ich angerempelt worden? Nein, nicht angerempelt. Im nachhinein meint man vielleicht, man sei angerempelt worden, wo man nur angesprochen worden ist. Nur weil man später schlechte Erfahrungen gemacht haben sollte mit dem Menschen, der einen ansprach.

You want a room? hatte er mir ins Ohr gebrüllt, bevor ich mich auch nur habe umschauen können. Ich schaue mich zunächst immer gern einmal um. Außerdem widerstrebt es mir über die Maßen, Fragen zu beantworten, wenn ich selbst welche zu stellen habe. Besonders dann, wenn ich mich mit den meinen noch zurückhalte. Man will sich ja schließlich erst einmal umschauen, bevor man fragt. Erst recht, bevor man gefragt wird.

Jedenfalls war ich von dem, der mich ansprach bzw. mir ins Ohr brüllte, von Anfang an aufs höchste beeindruckt. Deshalb nannte ich ihn auch von Anfang an im stillen den Chef. So stark und strahlend, muskelbepackt und stolz sah er aus. Um mich und um ihn herum aber noch andere, die brüllten. Zusammengenommen etwas weniger stark. Im Hintergrund hingegen welche, die nicht brüllten. Die sahen nur zu. So daß ich mich – nicht ohne noch von dem Chef einen einigermaßen derben Schlag auf die Schulter eingesteckt zu haben – in den Hintergrund zurückzog. Der Chef lachte und winkte freundlich hinter mir her. Und die anderen aus dem Lager der Kämpfer, wie ich sie im stillen fortan nannte, machten mir Platz.

Ich schlug mich also vom ersten Augenblick an zu den Stillen. Die Kämpfer waren mir, so sehr sie mich auch hätten anziehen können, denn ich bewundere insgeheim ja durchaus das Unverstellte, Direkte – sie waren mir vom ersten Augenblick an fremd. Sie waren eher von jener Sorte, denen ich jemand wie Brandig zugeschlagen hätte.

Er, eher geradeheraus, offensiv, wenn nicht gar kühn und nicht ein Zurückhaltender, mehr Schüchterner, wie ich, er hätte gut zu den Kämpfern gepaßt. Aber was sag ich: hätte? *Hat* er etwa gepaßt? Hat er wirklich zu ihnen gepaßt? Es gibt dafür keinen Anhaltspunkt. Kein Indiz. Außer eben, daß er war, oder ist – es ist wahrhaft nicht einfach, sich korrekt auf das Verschwinden eines alten Freundes einzustellen! –, was ich eine kämpferische Natur nennen möchte. Ja. Einer, der nicht ausweicht. Der keiner Auseinandersetzung aus dem Wege geht. Einer, dem nicht zufällig eine wie die Eliada Jeanne Carla Guinetti über den Weg läuft. Einer, der dann am Ende wie vom Erdboden verschluckt spurlos verschwindet. Ist er etwa zurückgekehrt an den Ort ihrer Begegnung wie der Täter an den Ort seiner Tat? Um dann doch noch zu ernten, was er gesät hat? Um Erfüllung zu suchen, die er womöglich schon immer gesucht hat, die ihm aber bis dahin versagt geblieben war? Wenn er, Paul Brandig, den ich kenne, nicht im Moor versunken liegt, dann liegt er zerschmettert in einer der zahllosen tiefen Schluchten der Berge oder aufgedunsen am Grund des Meers. Irgendwo. Unweit. Hier. Irgendwo in der Umgebung dieses unglückseligen Orts.

So wenig ich Paul Brandig aber auch einen Gewalttätigen nennen würde, ganz im Gegenteil – wie hätte er sonst mein Freund sein können? –, so sehr zog er doch Gewalttätigkeit auf sich.

Er zog Gewalttätigkeit auf sich, weil er – im Gegensatz zu mir – in seinem tiefsten Innern, den Verdacht werde ich nicht los: weil er in seinem tiefsten Innern die Gewalt guthieß. Sie insgeheim verherrlichte. Sie rechtfertigte und sich zunutze machte. Sonst hätte er sich nicht auf die Seite von Gewalttätern geschlagen. Immer auf ihre Seite. Ob er zu ihnen paßte oder nicht. Ob sie zu ihm paßten oder nicht. Indem er sich aber all diesen – wie soll ich mich ausdrücken? – Verirrten, Verblendeten und Verzweifelten, allen möglichen Träumern und Heiligen, politischen Fanatikern und Hasardeuren zur Verfügung stellte – Trude, die (o herbe Brotarbeit!) gelegentlich für bürgerliche Blätter aus seinen Verfahren berichtete, hielt mich immer auf dem laufenden und bekundete seinem, wie sie es nennt, Engagement immer eine Idee (eine Idee!) zu emphatisch ihre Sympathie –: indem er Bombenlegern, Meuchelmördern und kaltblütigen Erpressern, sofern es sich nur um Überzeugungstäter handelte, die seine Überzeugungen teilten, allem Anschein nach nicht nur im Rahmen seiner beruflichen Verantwortlichkeit Rechtsbeistand gewährte, solidarisierte er sich mit ihnen. Und zwar nicht allein wegen der Überzeugungen, nein, ich befürchte: auch wegen der Taten selbst. Es ging ihm nicht nur um die Menschen, die Täter. Es ging ihm wohl zuallererst um die Tat selbst. Er machte sich die Taten der Täter für sich zunutze. Er war und er ist, wenn ich ihn mir heute vor Augen führe, der geborene Sympathisant. Und er wäre, gesetzt den Fall, er hätte überlebt, gewiß immer ein solcher geblieben. Auch dann, wenn es außer ihm selbst niemanden mehr gäbe, mit dem er sympathisieren könnte. Womöglich gar, wenn die Ideen, die den Taten zugrunde liegen, wie auch die Täter, die sie einmal verübten, gar nicht mehr existierten.

Was aber mich anbelangt, so bin ich alles andere als ein Sympathisant. So sehr ich auch Verständnis aufzubringen vermag für die den Taten zugrunde liegenden Ideen und Gefühle – auch ich habe Ideen und Gefühle! –, so wenig kann ich die Taten billigen, die Gewalttaten sind. Wer denn sympathisiert mit mir, der ich die Wut kenne, den Zorn und die Empörung nicht nur über die naturgegebene Unzulänglichkeit der Welt, eingeschlossen die Dummheit, die Bosheit und den unausrottbaren Haß? Wer sympathisiert mit mir, der ich die Kraft aufbringe, mich nicht überwältigen zu lassen von meinen Gefühlen. Der sich diszipliniert angesichts des Chaos. Der in sich Ordnung schafft. Statt sich einzureden oder einreden zu lassen, er könne Ordnung schaffen in der Welt. Da müßte der Mensch ja Amok laufen. Oder – in welchem Sinn und mit welchem Ergebnis auch immer – Hand anlegen an sich. Zuallererst an sich!

Nein, ich bin kein Sympathisant. Ich lehne Gewalt und Gewalttätigkeit ab. Schon Gebrüll ist mir zuwider.

So schlug ich mich denn auch, unmittelbar nachdem mir ins Ohr gebrüllt worden war, zu den Stillen und ließ die Kämpfer links liegen; so möchte ich mich einmal ausdrücken. Ich ließ die Kämpfer zunächst einmal hinter mir.

Ich trug meinen Koffer und die Plastiktüten mit den Büchern die schmale Hafenpromenade entlang und schaute mich um. Gleich das erste Hotelrestaurant gehörte offenbar den Kämpfern, das sah ich sofort.

Die Kämpfer kontrollieren den Eingang des Orts. Damit kontrollieren sie alles. Die Stillen aber sind ganz offensichtlich in der Überzahl.

Ich nahm das letzte Hotel, jenes, von dem aus sich die kaum drei zu Boden gelegte Fischerbootsmasten lange Betonmole, der Anleger, um die winzige Hafenbucht schließt. Das DEDALOS. Es sah, anders als die übrigen karg und kantig auf zwei oder drei Stockwerke hochgezogenen Herbergen, aus denen zum weiteren Aufstocken himmelwärts rostende Spannbetonhaken ragten, bereits fertiggestellt aus. Eine niedrige zum Ort hin fensterlose Front wie eine Festung. Geweißter Wurfputz. Vor dem Rundbogeneingang ein paar krüpplige Aleppokiefern oder ähnliches. Nadelgewächse. Daneben und zu ebener Erde eine Veranda mit gemauerter Sitzecke, gemauertem Tisch und einem einfassenden Mäuerchen darum. Ein bißchen maurisch-andalusische Stilrichtung, aber je nun. Jedenfalls ein guter Beobachtungsposten.

Weswegen war ich denn gekommen?

Umziehen kann man immer noch. Was ich denn später ja auch tun sollte.

Den ersten der mehlig-sandigen kleinen Kaffees nahm ich, nachdem ich meinen Koffer und die Tüten aufs Bett geworfen und mir die geröteten Hände gewaschen hatte, unten auf der Veranda. Dem Sud hinterher kippte ich wie die Männer drüben unter den Kiefergewächsen gleich ein kühles Glas Wasser.

Die Männer nickten mir zu.

Am Abend ging ich hinüber in Giorgos' Restaurant, um zu essen. Draußen war es schon kühl geworden. Ich saß drinnen. Es gab Lammfleisch gekocht, Nudelauflauf und Tomatensalat. Die Männer, die am Nebentisch saßen, aßen Tintenfische und Fisch.

Einer, erinnnere ich mich, lehnte sich herüber und griff nach der Drittel-Liter-Flasche *Retsina*, dem würzigen geharzten, den ich mir bestellt hatte. (Trude bringt einen solchen immer wieder mal mit aus der Stadt!) Er wechselte sie aus mit einer Literkaraffe voll Rotem. Ich weiß nicht mehr, wie ich reagierte. Jedenfalls stand der Mensch auf, füllte mir und sich jeweils randvoll ein Glas, stieß mit der Kante des seinen gegen die Kante des Tischs, blickte mich an und wies mit der ausgestreckten freien Hand zur Decke. *Mavró grassí*, sagte er, vom Himmel. Wie? Schwarzer Wein? Ja.

Das war Stylianos, der Hirte.

Ich zog am ersten Abend, wenn ich mich recht erinnere, auch noch in das Restaurant von Janis.

Wahrscheinlich landete ich gar noch bei Kostas, dem Berg.

Stratis, dessen Schwager, sagte, er sei Kapitän.

Das war alles, was er sagte. Er war mir auf Anhieb der Liebste. Der Liebste von allen.

Auch Christos, der Stumme mit dem geschorenen Kopf, schlurfte mit seinen übergroßen Schuhen schon am ersten Abend über die Hafenpromenade und durch die Lokale.

Nur von Brandig weit und breit keine Spur.

Schließlich rechnete ich noch Pandelis und Orestis, den Postmeister, der dann am Ostersonntag spurlos verschwinden sollte, auf Anhieb zum Lager der Stillen.

Alle fragte ich sie am ersten Abend, am zweiten, am dritten, nach Brandig, Paul Brandig, dem Deutschen. Paul, einem Advokaten. Einem, der hier mal vor Jahren auf eine Frau gestoßen sein muß. Auf eine Südamerikanerin, so eine komme ja wohl nicht alle Tage vorbei.

Aber die Männer hoben nur immer den Kopf und machten mit der Zunge diesen kleinen Titsch- oder Tatschlaut gegen Zähne und Gaumen. Immer wieder. Wen suchst du, fragten sie, wen?

Paul Brandig.

Sie sahen mich an.

Sein Äußeres könne ich folgendermaßen beschreiben: Dunkler unruhiger Blick, wie soll ich sagen: ewig angegriffene Augen-Wangen-Partien ... (O mein Englisch, mein Englisch!)

Die Männer hörten gar nicht zu.

Habt ihr denn niemanden gesehn?

Sie hoben würdevoll den Kopf in den Nacken, machten den Titsch- oder Tatschlaut und ich begriff, daß sie sagen wollten: nein.

So sagen sie: nein. *Sorry, ochi,* wortwörtlich nein.

Eine geradezu schwermütig würdevolle Kopfbewegung, ein klarer Blick und ein freundlicher Laut: Nein.

So daß ich schon am ersten Abend und – je länger desto entschiedener – zu der Überzeugung kam, daß Paul seit langem nicht mehr an diesem Ort gewesen sein konnte. War er überhaupt noch mal aufgetaucht? Nach jenem Sommer 79. Nach dieser Geschichte fast unmittelbar vor meiner Tür. Der Geschichte – der Ohnmachtsgeschichte – im Moor? Ich zweifelte.

Vielleicht hat es ihn im Verlaufe seines unsteten Lebens ganz woandershin verschlagen? Wie anders sollte es zu erklären sein, daß niemand sich an ihn erinnerte. Kann überhaupt irgend jemand einen wie Paul Brandig vergessen?

So ging es mir tagelang durch den Kopf. Tage- und nächtelang.

Die hier, dachte ich, sehen nicht so aus, als seien sie von der Sorte, die einen Brandig vergißt.

Bald aber – da war ich dann schon umgezogen vom DEDALOS in des alten Sterghios' Haus – sollte ich begreifen, daß womöglich Nachsicht und Verschwiegenheit ist, was wie Vergeßlichkeit tut.

Denn natürlich konnte ich auch das Lager der Kämpfer nicht vernachlässigen. Nur weil mir die Stillen lieber sind. Ich laß mich nicht gern von einem Lager dem anderen gegenüber ausspielen. Freundlich waren ja auch die Kämpfer zu mir, vielleicht etwas breitbeinig, unvermittelt und laut, aber doch über die Maßen freundlich. Und zudem kommt man, hat man sich erst mal eingefunden an diesem Ort, um das Lager der Kämpfer gar nicht herum. So klein es von der Zahl her auch sein mag im Vergleich zum Lager der Stillen. Man kommt um die Kämpfer nicht herum, denn ihr Hotel mit dem Restaurant wie auch noch ein *kafeníon*, das von einem der älteren Kämpfer betrieben wird, stellen sich gleich dort dem Besucher in den Weg, wo der Vorplatz sich spaltet in die Hafenpromenade und die Gasse, die zum Postamt und zum Telegraphenamt führt. Zwischen dem Hafen und dem Pinienwäldchen, in dem die Erste Hilfe des staatlichen Gesundheitsdienstes verborgen ist, steht das Vorplatz, Promenade, Bootsanleger und Hafenbecken beherrschende Gebäude der Polizeistation; zur Hälfte auf Betonpfählen, die es tragen wie einen schweren versteinerten Vogelkörper, im Wasser.

Ich wollte es mir mit den Kämpfern nicht verderben. Nicht ohne Not. Gelegentlich trank ich einen Kaffee oder aß zu Abend an ihren Tischen. Wo sich dann auch die kleine sommersprossige Engländerin ohne Scheu und jede Vorsichtsmaßnahme zu mir an den Tisch setzen sollte. Um mir anzuvertrauen, wie der, der im Begriff war uns zu bedienen – Michalis mit freiem Oberkörper und weißem Geschirrtucheck vor den Jeans, der Bruder von Stavros, dem Chef –, ihren Hund erschoß. Wie bitte? Ihr Haus werde frei. Wenn ich es haben wolle, sagte sie. Es gehöre dem alten Sterghios. Ja aber, sagte ich. Sie sagte, sie habe genug. So gern sie hier gewesen sei, einen ganzen Winter lang, nun habe sie genug. Ich weiß, sie nestelte an ihrem aus Lederriemen geflochtenen Stirnband. Nach dieser Sache mit ihrem Hund, sagte sie. Ein kleiner fleckiger Bastard, aber immerhin ein Hund. Der habe sie überallhin, hoch in die Berge und hinüber zu den Stränden begleitet. Ins offene bellende Maul habe

Michalis, der den Wein herantrug an unseren Tisch und mich einmal vergnügt-vertraulich schubste, so daß ich von dem schmalen Stuhl zu stürzen drohte, und mir beim Weggehen zuzwinkerte: ins offne Maul habe Michalis dem Hund geschossen. Und warum? Warum? fragte ich, als Michalis in der Küche verschwand. Nun, weil der Hund bellte. Bellte? Wo bellte? Im Haus, sagte das Mädchen. Und dort hat er geschossen? Nein, nicht dort, sagte sie, er hat erst später geschossen. Nachdem es nicht geklappt hatte. Was geklappt hatte? Er wollte, sagte das Mädchen. Sie stockte. Ich erinnere mich, wie sie neben mich blickte. Er habe nicht können. Sie habe ihn ganz gern gehabt, sagte sie. Sie habe sich gar nicht gewehrt. Aber er habe nicht können. Er könne nur, sagte sie, wenn sich die Mädchen wehren. Und deshalb mußte ihr Hund dran glauben, sagte sie. Ob ich es glauben wolle oder nicht. Sonst würde sie ja nicht weggehn. Ich könne ihr Haus haben, wenn ich wolle, sagte sie, es gehöre dem alten Sterghios. Dem mit dem Stock. Dort oben am Berg.

Also so sah das aus.

Trotzdem wollte ich es mir mit den Kämpfern nicht verderben. Ich richtete mich auf einen längeren Aufenthalt ein.

Die kleine Engländerin zeigte mir das Haus. Einen großen länglichen Raum mit einem Fenster zum Meer. Auf den langen hell gescheuerten Brettern, die sich unter meinem Gewicht bogen, eine Bank, ein Tisch und ein Stuhl mit zerissenen Binsen. Die Bank ist die Schlafbank, sagte das Mädchen. An der Wand Nägel für Kleidung. Im Winter regnet es rein. Aber da sei ja nun für mich nichts zu befürchten. Ein schöner Raum. Schön, geräumig und kahl. Wasser gibts an der Wand draußen. Immerhin hast du elektrisches Licht, sagte sie.

Sie reiste ab, und ich sprach mit dem alten Sterghios.

Ich hatte ihn unten auf der Hafenpromenade angesprochen, und er hatte mich vorausgeschickt. Ich solle oben am Haus warten, hatte er gesagt. Ich wartete lange, denn so ein Alter braucht seine Zeit für die steilen Stufen hoch zu dem Haus. Er wandte den Kopf, bevor wir das Haus betraten. Also gut, sagte er, nachdem er die Tür hinter uns geschlossen hatte, du kannst das Haus haben, wenn es dir gefällt. Er zeigte mit der Spitze seines Stocks auf Tisch, Schlafbank und Stuhl. Mehr könne er leider nicht bieten, sagte er, mehr habe er nicht. Die anderen Räume des Hauses seien überhaupt nicht bewohnbar, sagte er, wenn ich sein Hirtennuscheln richtig verstand. Und die Miete?

fragte ich. Der Mann sah zu Boden. Wie hoch die Miete sei? Das, sagte der Alte, wisse er nicht. Wie? Er wisse nicht, was er wolle? Meines Wissens betrage die Miete – ich hatte schon recht gut die Zahlen gelernt in seiner Sprache, alles andere machte ich mit Armen, Händen und Englisch: die Miete betrage … Da aber stieß der Alte mit der Spitze seines Stocks mehrmals fest auf die schwingenden Bretter des Bodens und sagte: Ich will es nicht wissen. Und wandte sich ab. Ich war, zugegeben, einigermaßen verblüfft. Sollte ich nach eigenem Ermessen zahlen? Immerhin hatte mir die Engländerin einen festen Mietpreis genannt. Du zahlst, aber sagte der Alte, der sich mir wieder zugewandt hatte – allerdings ohne mir in die Augen zu blicken: Du zahlst bei Stavros. Stavros? Nicht bei Stavros, dem Einarmigen – er schlug sich mit dem Stock auf den linken Oberarm, als wollte er ihn abtrennen –, nein, bei dem anderen – er griff nach Spitze und Knauf seines Stocks und zerrte ihn hinter seinem gekrümmten Genick auseinander wie einen Expander –: du zahlst bei dem Starken. Also dem Chef.

So wandte ich mich an Stavros, den Chef, der das Doppelte von dem verlangte, was die Engländerin gezahlt hatte. Ich wies auf die Differenz hin und wurde auf den Unterschied zwischen Winter und Sommer verwiesen. Die Sonne, sagte Stavros, die sei Kapital. Das leuchtete mir ein, und ich zahlte den geforderten Preis. Nur bemängelte ich die Schlafbank. Das heißt: das fehlende Bett. Immerhin führe er, Stavros, mit seinen Brüdern ein Hotel. Da dürfte es an Betten nicht mangeln. Ich brauche ein Bett, sagte ich. Ich könne auf einer Schlafbank nicht schlafen. Für so einen Preis. Okay, sagte Stavros, du bekommst dein Bett.

Das ich dann noch lange nicht bekam. Ich mußte vielmehr um dieses Bett kämpfen. Immer wieder sprach ich Stavros an auf das Bett. Und immer wieder hatte er gerade keine Zeit. Hatte anderes zu tun, als sich um mein Bett zu kümmern. Er vertröstete mich, während ich mir oben auf hartem Holz und ohne jede Unterlage den Rücken wund schlief. Sofern ich überhaupt schlief. Als hätte ich nicht genug zu kämpfen mit meiner Erkrankung der Haut, nun auch noch das. Ein Kampf um ein Bett. Gegen den Chef, den eindrucksvollsten und stärksten der Kämpfer, der mit den Schultern rollte, wenn er lachte, und dem der Brustkorb unter sich straffendem Hemd anschwoll, wenn er mir nach allzu beharrlichem Drängen ernst zu verstehen gab: Das Bett, das hat Zeit.

Obwohl ich jedoch eher zu den Zurückhaltenden, den Schüchternen und Stillen zu rechnen bin, gab ich nicht auf. So schnell geb ich nicht auf. Ich kämpfe. Wochenlang kämpfte ich um mein Bett. Und um eine Matratze.

Ich kämpfte, obwohl mir keineswegs entgangen war, wie sich Kämpfer und Stille für gewöhnlich begegnen. Die unvermeidliche Begegnung zwischen den Kämpfern und den Stillen ist das eigentliche immerwährende Geschehen am Ort. Begegnen sich zwei, so habe ich beobachtet, dann zuckt der aus dem Lager der Stillen immer ein wenig zusammen. Oder er macht einen Schritt seitwärts, ganz so, als wolle er einem unsichtbaren Hieb ausweichen, einem Gebrüll oder Schrei, der auf ihn niederzugehen droht. Es sieht denn auch genau genommen eher aus, als wiche der Stille einem mehr inneren Kampf aus, den der aus dem Lager der Kämpfer mit sich selbst gerade führt. Nur führen alle aus dem Lager der Kämpfer fortwährend mit sich einen Kampf. Noch wußte ich nicht, welchen. Sonst hätte ich vielleicht selbst nicht so unerbittlich – oder besser: unbekümmert – um mein Bett und um meine Matratze gekämpft.

Fast war mir schon der eigentliche Grund meines Besuches aus dem Bewußtsein geschwunden in Anbetracht dieses Kampfes um mein Bett, als ich eines Mittags auf Stavros' Tisch, einem Büroschreibtisch, der schräg ins leere Innere seines Restaurants gestellt war – Tische und Stühle für die Gäste blieben inzwischen auch nachtsüber schon draußen – unvermutet auf die Zeitschrift stieß. Die deutschsprachige Zeitschrift mit dem Titel DER HÄUSLICHE HERD.

Seltsam genug. Das Periodikum kannte ich nicht.

Ich war erschienen, um Stavros abzupassen und ihn zu erinnern. Ich blätterte in der Zeitschrift. Ich las im Inhaltsverzeichnis. Ich stieß auf den Namen Brandig. Paul Brandig. Ich warf einen erneuten Blick auf die Titelseite. Ja, ich hatte richtig gelesen: DER HÄUSLICHE HERD – *Zeitschrift für Kultur, Politik und konsolidierte Subversion*. Das sah Paul ähnlich. Auch noch scherzen! Aber ich hatte gefunden, was ich suchte. Endlich ein Stück verläßlicher Literatur. Und wie lautete Brandigs Aufsatz? Nun, es war offenkundig: Der Begriff UNGLÜCKSELIGER ORT stammte – wenn nicht von der Guinetti – von ihm. Oder von beiden. Jedenfalls traf er ins Schwarze. Er hätte – das sollte ich ja am eigenen Leibe zu spüren bekommen – gar nicht genauer ins Schwarze treffen können. Brandigs Aufsatz, zweifelsohne jener, von dem die Guinetti gesprochen und nach dem ich – eingestandenermaßen – in den Bremer Buchhandlungen geforscht hatte, lautete: DER VERGEWALTIGTE MYTHOS – AUGENZEUGENBERICHT VOM UNAUFHALTSAMEN AUFSTIEG EINES UNGLÜCKSELIGEN ORTS.

Ich war ganz außer mir vor Aufregung. Ich schlug die Zeitschrift auf, ich fand die richtige Seite und las. Ich vergaß alles um mich herum. Alles. Sogar den toten Hund, der, sobald ich das Restaurant der Kämpfer betrat, immer schrecklich aufbellte und noch schrecklicher verstummte in meinem Kopf. Und ich vergaß mein Bett. Aber ich kam nicht weit. Ich verspürte den Schlag auf der Schulter; gewiß, ein freundschaftlicher... ein freundschaftlich gemeinter Schlag. Davon mußte ich ausgehen. Ich wandte mich, das Heft in der Hand, um. Stavros blickte mich an und er zwinkerte mir zu.

Is it good what they write? sagte er.

Oh, sagte ich, dafür möchte ich bürgen. Jedenfalls was den Aufsatz anbelangt, den ich im Begriff sei zu lesen. Der stamme nämlich, welch glückliches Zusammentreffen, von einem Freund. Meinem besten Freund. Hier, sagte ich und tippte mit dem Zeigefinger auf den Namen: Paul Brandig. Ich sei so froh, sagte ich, ich habe schon immer mal fragen wollen, ob er, Stavros, nicht zufällig eine Ahnung habe, wann und wie und weshalb...

Stavros aber blickte plötzlich im leeren Saal umher, als wollte er sich eines Beistands versichern. Oder als wollte er sich vergewissern, daß wir tatsächlich unter uns waren. Jedenfalls bemerkte ich dieses Funkeln in seinem Blick.

Ob er mir nicht sagen könne, sagte ich, was Paul –

Shut up, zischte er, wandte sich dem Schreibtisch zu, riß mit einem Finger die Schublade auf, griff hinein und hielt mit einem Mal einen Revolver in der Hand. Den Lauf hielt er auf meine Füße gerichtet.

Ich weiß nicht, was ich tat. Wahrscheinlich erstarrte ich. Oder sagte so etwas wie: *What do you do?*

Stavros aber richtete langsam den Lauf des Revolvers vom Boden auf das Zeitschriftenheft in meiner Hand.

Put it away, zischte er. Und wies mit dem Revolverlauf ins Innere der Schublade.

Ich ließ das Heft in die Schublade fallen. Stavros aber legte – geradezu behutsam – den Revolver auf das Heft.

Ich nehme an, mir stand der Schweiß auf der Stirn und unter den

Achseln. Auf jeden Fall verspürte ich ein starkes Kribbeln an den Knien und auf den Handrücken; ganz so, als lösten sich von selbst die schorfigen Verschuppungen von meiner empfindlichen Haut.

And never, flüsterte Stavros, *never mention the name of your friend again.* Machte kehrt und stapfte breitbeinig in Richtung Küche davon.

Natürlich erwähnte ich den Kämpfern gegenüber seit diesem Tag nicht ein einziges Mal mehr Brandigs Namen.

Aber ich hielt die Augen offen und hielt, ganz besonders nachdem ich endlich mein Bett und meine Matratze bekommen hatte, auf Abstand. (Unmittelbar nach diesem Vorfall nämlich führte mich Stavros hoch in die Berge – fast hätte ich eine Ausrede ersonnen gehabt, um dem zu entgehen, hätte mich am Ende gar mit der harten Schlafbank begnügt: aber im Grunde, möchte ich einmal sagen, war ich sogar dafür zu feige. Stavros führte mich in einen in den Fels gemauerten Schafstall. In der Ecke stand ein breites verrostetes Bettgestell. Statt Sprungfedern notdürftig quer gezogene krumme Drähte. Ich trat in den Mist, in dem das Bettgestell stand. Hinter mir Stavros. Trags dir hinunter, hörte ich ihn sagen. Ich ergriff das Gestell und stemmte es mir mit Hilfe von Stavros auf den Kopf. Die Hände hatte ich weit ausgebreitet und stand auf wackligen Beinen. Als ich davonging, daran erinnere ich mich genau, sahen mir die Schafe, die bei unserem Eintreten an uns vorbei ins Freie gedrängt waren, nach, als hätte ich ihnen ihr Bett genommen. Am selben Tag brachte Stavros sogar eigenhändig die versprochene Matratze.)

Ich schlug mich – offen gesagt – zumindest innerlich fürderhin voll und ganz auf die Seite der Stillen. Auch wenn ich nunmehr annehmen mußte, daß ihre Vergeßlichkeit eher eine begründete Verschwiegenheit war. Vielleicht um mich zu schonen. Das muß man respektieren. Dachte ich noch. Zu dem Zeitpunkt. Auch ich erwarte ja einen gewissen Respekt. Jeder kann nur so sein, wie er ist.

Es ist doch keine Schande, dachte ich, wenn man so ist, wie man ist.

5

Und der Alltag? Ich meine: das Tagfürtag, die weniger aufregenden Phasen, das Einerlei und die von keinerlei Kampf beeinträchtigten Momente. Nun, nehmen wir das Erwachen. Es war ja überhaupt viel Erwachen.

Ein ewiges Erwachen.

Über mir der Himmel, spüre ich, in meinem Rücken die Berge, zu meinen Füßen das Meer. Nichts als der Himmel, die Berge, das Meer. Selbst mit geschlossenen Augen, auf dem Rücken ausgestreckt auf dem harten Bett, um das ich habe kämpfen müssen, sehe und vernehme ich nichts als den Himmel, die Berge, das Meer. Ich erwache. Aber noch halte ich die Augen geschlossen. Ich halte den Himmel, die Berge, das Meer fest unter den Lidern. Ich drehe mich auf die Seite und ziehe den Schlafsack, den mir Trude vor meiner Abreise aus zwei schmalen Alkovenlaken zusammengenäht hat, über die nackte Schulter. Und lausche. Kein Laut. Das Krähen der Hähne und das Tuckern der hinausfahrenden Fischerboote waren noch Verschleppungen des Schlafs. Habe ich die flüchtenden Hufe der halbwilden Maultiere vernommen, die die Betontreppen des Dorfes belagern während der Nacht? Hat eine Eule geschrien? Ein Habicht? Ich stecke auch die Hände unter den Schlafsack und ziehe mir das Leinen über den Kopf. Dann öffne ich die Augen. Helligkeit, die durch das Leinen dringt... die rechteckig durch das Fenster schimmert von draußen, wo die Sonne hoch am Himmel steht zwischen Bergen und Meer. Ich sehe Gegenstände und Gestalten. Gestalten und Gegenstände, die sich wie ich und das Bett, auf dem ich liege, einfinden zwischen Himmel, Bergen und Meer. Menschen, die sich träge bewegen. Gegenstände, die verharren. Dinge und Menschen, die sich kaum voneinander unterscheiden. Durch das lichtdurchlässige Filter meines leinenen Schlafsackes hindurch. Ich lausche. Wieder ist nichts zu vernehmen – außer: waren da nicht Schritte? Hustete nicht die Wahnsinnige auf dem Dach des Hauses nicht weit von hier? Jedenfalls kläfft in diesem Augenblick irgendwo ferne ein Hund. Auf den wackligen Tischen am Promenadengeländer unten am Hafen stehen große Henkeltassen. Blaue Sonnensegel über den Tischen. In den Tassen Nescafé. Vor den Tassen junge blonde Menschen mit roten Beinen und Rücken. Auf den Tischen gegenüber, die gegen die Kaffeehauswände geschoben sind, stehen die kleinen Täßchen mit dickem Sud und sandigem Satz. Der türkische Kaffee wird hier *Greek Coffee* genannt. Die Männer an den Tischen tragen schwarze Stiefel. Unter den weißen Hemden schaut dickes Schafwollgestrick hervor wie von der Sonne gebleichte männliche Behaarung. Einer der Männer hat blaue Augen wie Himmel und Meer. Er trägt kein weißes Hemd. Sein Hemd ist schwarz wie Stiefel und Hose und das seidene Tuch um den Kopf. Manolis. Der Hirte. Stavros, der einarmige Fischer mit den nackten Füßen, greift nach einem der großen Gläser mit Wasser. Das in großen Gläsern zu den kleinen Täßchen von Giorgos, dem Wirt, gereichte Wasser. Klares kühles über den Glasrand perlendes Wasser. Wasser, das aus den Bergen kommt. Das aus dem Fels sprudelt. Wasser, das nährt. Die Quelle des Wassers ist verborgen hinter den dichtgedrängten Häusern und Ruinen im Westen. Unterhalb des den Ort vor dem Absturz bewahrenden steilen Gemäuers, über das die schwarzen Frauen ihre Abfälle kippen. Zementierte Stufen führen hinab. Die Plastiktüten, die in den Blättern und Früchten der aus dem Fels ragenden Klettergewächse hängen, sind blau, grün, gelb, rot und tief violett. Campbell's Suppendosen, Waschpulvertonnen, steifgetrocknete Kaninchenfelle. Gespinst hängt zwischen den stachligen Knollen der Feigenkakteen. Fischernetze, gesponnene Wolle, vom lebendigen Tierleib gerissenes Fell, Stacheldraht, Schiffstau und Hanf. Die von wilden Winterstürmen hochgepeitschten Wogen des Meeres werden sie forttragen an andere – ferne – Gestade. Samt den schwarz gefleckten Monatsbinden, die aus geplatzten Schafsblasen quellen. Samt den Makkaroniresten, welche die beim Beschneiden der Rosenstöcke in den Innenhöfen der besseren Häuser anfallenden Triebe umranken. Samt der in Zeitungspapier gewickelten Lumpen. Den Zeitungsballen, mit Perlonstrümpfen verschnürt. Samt Schmierölkanistern und Olivenölkanistern. Alles hinweg, hinweg damit. An andere Gestade. Unter die breiten Füße des Atlas, der die Welt trägt auf seinen gewaltigen Schultern. Vielleicht auch einfach hinüber in Afrikas Wüsten, die ja bekanntlich von Jahr zu Jahr wachsen. Oder auch zum Ursprung der großen Versprechungen zurück. An die Küsten des Heiligen Lands. Hinweg. Hinweg. Ich aber folge der Grenze zwischen Unrat und Meer, folge den zementierten Stufen. Zur Pumpstation. Zur Quelle. Zum verborgenen Wasser. Und erwache. Wenn ich aber geweckt wurde heute, dann nicht von den Pumpen. Nicht vom fernen Rumoren der

Dieselmotoren, die das Wasser hochpumpen in das große Betonreservoir oberhalb des Orts. Heute wurde ich geweckt von meiner trockenen Zunge. Als hätte ich vom ersten Strahl der Sonne an auf dem Dach der Pumpstation gelegen, den offenen Rachen zum Himmel gestreckt zwischen Bergen und Meer. Heute fließt das Wasser, da die Motoren nicht pumpen, kühl und frisch aus dem Fels über die in Stein gehauenen Wäschekummen ungehindert ins Meer. Und nicht hinauf über den Ort. Von wo es dann fließt in die Häuser. Die Häuser aber drängen sich den Berg hoch dem Wasser entgegen. Zwischen Trümmern, Ruinen und Schutt. Und das hochgepumpte Wasser fließt hinab zu den erhaltenen und noch bewohnten Häusern des Orts. Ich wohne in einem der oberen Häuser. Einem der weißen Häuser. Die weißen Häuser sind gut zu erkennen. Vom Meer aus, von den Bergen aus, vom Himmel. Und auch von innen, auch aus einem Schlafsack aus Leinen heraus. Ich wohne in einem Haus zwischen Himmel, Bergen und Meer und erwache. Ich habe kein Wasser im Haus. In meinem Haus stehen ein Bett und ein Tisch, eine Bank und ein Stuhl. Die Bank ist eine Schlafbank. Die Schlafbank ist mir zum Schlafen zu hart. Daher habe ich um ein Bett gekämpft. Ich bin kein Hirte aus den Bergen und kein Fischer vom Meer. Ich habe ein Bett mit einer Matratze aus Stroh. Ein hartes Bett. Das aber nicht so hart ist wie eine Schlafbank. Ein Bett von gut und gern einsfünfzig Breite. Eines für zwei. Und liege allein. Und habe Durst. Entsetzlichen Durst. Ich halte die Augen geschlossen und werfe mich auf den Rücken. Die Sonne ist grell hier. Sie ist eine andere Sonne als jene, die sich sanft spiegelt in den Tümpeln des heimatlichen Moors. O was für ein plötzliches Wort! Das heimatliche Moor. Ach Heimat! Mein Moor. O Himmel, Berge und Meer, die mich umgeben. Die mich erdrücken wie ein Gewölbe. O Kopf und Rücken. Was habe ich nur verloren an diesem Ort. Was? Außer Brandig. Den ich nicht antraf. Mein Gott. Was für ein Zustand. O Durst. O Trude. Reich mir das Wasser. Ich habe einen schrecklichen Durst. Fast schlafe ich wieder. Und taste. Ich taste. Mit meiner Hand. Ich greife nach ihm. Ja, nach IHM. Ich greife und zögere. Ich presse. Ihn. Der noch hart ist, aber gerade wegkippen will. Ins Erwachen. Ich reibe, bin allein, heftig allein und nicht wach. Mit ihm und dem Durst. Ich halte ihn oben und dürste. Halte ihn, der vernachlässigt ist. Denn er ist mein Körper. Ist mein ganzer erwachender Körper. Den ich beginne zu reiben. Auf. Ab. Ich strecke, spanne die Haut um den Körper. Ich winde mich und schlage ein Bein über das andere. Ich atme tief durch und straffe die Schenkel. Ich spüre die Ferse meines Fußes auf dem Spann des anderen Fußes. Als wäre – als wäre die Ferse auf meinem Spann nicht die meine. Ich spüre einen fremden Fuß auf meinem Fuß. Wo bin ich? Nicht blinzeln. Luft und Gestalten. Was für Gestalten? Was für Gestalten! Was für eine Gestalt! Was für ein Fuß? Ich halte die fremde Ferse unter einen Wasserstrahl. Löse sie von meinem Spann. Es ist die Ferse eines Mädchens. Ja, eines Mädchens. Schnell ziehe ich die Ferse zurück. Aber das Mädchen, es bleibt. Dort steht es und beugt sich hinab. Trinkt Wasser. Das aus dem Fels strömt. Aus einem in den Fels gemauerten Rohr. Kein Laut, außer das Plätschern des Wassers. Das Mädchen hält den Kopf schräg und hält den offenen Mund gegen den Strahl. Dann prustet es und beginnt sich zu waschen. Das Mädchen ist nackt. Ein Mädchen. Nein, zwei. Da, da, noch ein anderes Mädchen. Das auf dem Rand der wie künstliche Kaskaden hintereinander angeordneten Wäschewaschkummen sitzt – nein, kein Mädchen. Doch, ein Mädchen. Das wie auf der Kante eines Alkovens sitzt. Ja, wahrhaftig, sie ist es, sie ist's. Trude. Trude, wie ich sie nur von Photographien her kenn. Trude mit einem Mädchengesicht. Aber nicht nackt. Sie sitzt da in ihrem knielangen und von oben bis zum Nabel aufgeknöpften Baumwollhemd, die Hände gefaltet im Schoß. Sie weist ihre schweren Brüste wie nach außen gekehrte Verletzungen vor. Ich sehe, wie sie dem nackten Mädchen zuschaut. Trude. Wie leicht sie mich hat gehen lassen. Wie unvorhersehbar leicht. Als hätte sie Übung. O wär sie jetzt hier. Hier mit mir unter den von ihr zusammengenähten Laken. Aber sie ist nicht hier. Meine Hand schließt sich fester. Das Mädchen hält noch einmal den Kopf schräg unter den Strahl des sprühenden Wassers, geht in die Hocke. Es legt sich unter den aus dem Eisenrohr sprühenden Strahl. Es streckt sich... es streckt sich aus in der obersten der steinernen Kummen. Während ihr Trude, meine Trude, zuschaut von unten, vom Schatten her zuschaut, die Hände auf den Rand der dunkel glänzenden Steine gestemmt. Das Mädchen aber liegt in der Sonne. Der Wasserstrahl trifft genau die Mitte seiner flachen Brust. Gischt sprüht über die knochigen Schlüsselbeine. Das Mädchen winkelt eines der Beine ab. Schmale lange knabenhafte Beine. Über die Brust und die über die unteren schmalen Rippenbögen gespannte Haut des Mädchens fließt das Wasser hinab in die tiefe Einbuchtung des

Bauches. Es spült um die fein behaarte Erhebung herum. Um den Venushügel herum, der in der Sonne schillert wie das fein behaarte geschlossene Augenlid eines amphibischen Wesens. Das Wasser spült um die Aufwerfung verzückter Selbstvergessenheit herum und zwischen den Beinen hindurch, die sich jetzt spreizen. Sie spreizen sich unsäglich langsam. Sie werden gespreizt. Sie werden gespreizt von Trudes Blick. Denn Trude sitzt unterhalb des Mädchens und schaut wie gebannt und weiß nicht, daß ich ihr zuschau. Trude sieht zwischen die geöffneten Beine des Mädchens. Das Geschlecht des Mädchens ist nichts als ein Strich. Und Trude lächelt. Sie preßt die breiten Schenkel unter ihrem Baumwollhemd zusammen. Sie schließt nun selbst die Augen. Wie ich. Während mein eigener Körper sich zusammenzieht über meinem Bauch, während mir Blut in den Kopf schießt und der Körper sich aufbäumt und ... Trude. Der Himmel. Die Berge. Trude. Ich ergieße mich in die von dir zusammengenähten Laken.

Das Mädchen aber, das du gerade betrachtet hast, ist in dem Augenblick, da du die Augen zumachtest, hinweggeschwemmt worden über die wie Kaskaden angeordneten Wäschekummen. In deinem Rücken, an deinen auf den Rand der steinernen Kummen gestemmten Händen vorbei durch unsichtbare Öffnungen, Kanäle und Spalten, in unterseeische Becken, Mulden und Rinnen, durch Täler und Gräben und Schluchten hindurch und über weite Plateaus, Kuppen, Bänke, Riffe hinweg, die besetzt sind von Muscheln und Schnecken und wunderbar in den Strömungen wehenden Algen – hinweg und weit hinaus zu den Haien aufs Meer. Sie brauchte nicht auf Winterstürme zu warten wie der Unrat, der in den Felsen hängt, wie die ölverdreckten Schleier und Fetzen und Felle und.

Mit geschlossenen Augen greife ich auf die Bretter des Bodens, suche den Slip, den knallroten Slip, den du, Trude, mir in den Koffer gepackt hast und den ich auch, wenn ich nicht in die Steine gehe, wo ich allein bin, als Badehose benutze. Ich richte mich auf. Erhebe mich. Ich kenne auch bei geschlossenen Augen den Weg. Ich trete zur Tür und schiebe den hölzernen Riegel zur Seite. Mit geschlossenen Augen trete ich ans Licht. An den Tag. Rechter Hand an der Wand befindet sich der Wasserhahn. Ich drehe ihn auf und beuge mich nieder. Ich verbrenne mir die Schalen der Hände. Aber ich spüre es nicht. Ich verbrenne mir die Lippen. Ich trinke kochend heißes Wasser aus meinen noch klebrigen Händen. Das Wasser hat in den an der Wand entlangführenden Rohren in der prallen Sonne gestanden. Es verbrennt mir die Zunge, den Rachen, die Kehle. Aber es löscht doch den Durst. Und als löschte es nicht nur den Durst, öffne ich vorsichtig die Augen. Ich blicke auf die blendend weiße Wand. Und reibe mir die Augen. Als wäre ich hier an einem Ort, an dem Wasser – selbst kochend heißes – auch noch hilft gegen Erblinden.

(Ich hätte gestern abend besser nicht so viel Wein trinken sollen, denke ich, oder war es der *Tsikoudia,* dieser teuflische Tresterschnaps, den ich mir von Manolis, dem Hirten mit den schwarzen Stiefeln, der schwarzen Hose, dem schwarzen Hemd und dem schwarzen seidenen Tuch um den Kopf, und Stavros, dem einarmigen Fischer, beide Leute aus dem Lager der Stillen, einschenken ließ? Von den Touristen halte ich mich ja, nicht nur betrunken, meist fern.)

6

Ich weiß nicht, was mich hielt an diesem gottverlassenen, die Menschen in zwei Lager spaltenden Ende der Welt.

Brandig hatte ich begonnen endgültig abzuschreiben. Sogar Trude rückte immer mehr in den Hintergrund. Obwohl wir in stetem Kontakt miteinander blieben. Ja, genau genommen blieben wir, je weiter sie in den Hintergrund rückte, desto näher und intensiver in Kontakt. Fast allabendlich stellte ich mich an im Vorraum des Telegraphenbüros, das zugleich öffentliches Fernsprechbüro ist. Es standen immer schon einige jüngere Touristen und ein paar ältere Einheimische in der Schlange vor der Selbstwählkabine. Oder sie standen alle durcheinander und merkten sich die, die vor ihnen dagewesen waren, und die, die nach ihnen kamen. Manchmal war ich schon nach zwanzig Minuten dran. Manchmal dauerte es mehr als eine Stunde. Aber auch die Herstellung der Verbindung nahm ihre Zeit in Anspruch. In der Regel gab ich nach einer halben Stunde auf. Wenn ich durchkam, vergrößerte sich von Mal zu Mal das Schweigen zwischen Trude und mir.

Fast täglich schrieb ich zudem eine Karte. Eine Ansichtskarte. Es gibt sechs verschiedene farbphotographische Ansichten von dem Ort. Im Handel an zwei Kiosken auf der Hafenpromenade und auf dem Postamt. Ich schrieb bestimmt täglich eine Karte. Bis auf Sonntag, wenn das Postamt geschlossen war.

Die Ansichten von dem Ort sind entweder aufgenommen von der Hügelkette aus, über die man mit dem Bus hereingefahren kommt in den Ort, über die alle kommen, wenn sie nicht mit Fischerbooten von der Großen Schlucht im Westen gebracht werden, die sie in mühseligem und kräftezehrendem Abstieg aus den Bergen durchwandert haben – oder eben aufgenommen von einem der Boote aus: vom Meer. Die Höhe der Berge aber, die sich wie eine Wand hinter dem Ort erheben, ja, auf denen sich die weißen Häuser wie auf eine graubraun gekarstete Leinwand projiziert hervorheben, ist nicht zu ermessen. So weit reichen die Weitwinkel nicht. Die Höhe ist erst zu ermessen, wenn man – wie ich es wochenlang tagtäglich einmal tat – hinausschwimmt. Weit hinaus in die unermeßliche Weite des Meers. Von dort aus erblickt man die Kuppen der Berge, die bedeckt sind von Schnee. Von dort aus nehmen sich die Häuser des Orts auch nicht mehr aus wie von Göttertritten hingeschleuderte Würfel (die Punkte der Würfel, die Fensterläden und -löcher, verschwimmen im Gegenlicht des weiß von den Gipfeln strahlenden Lichts), die Häuser werden zur losen Anhäufung von Schneebällen, abgelegt am Saum des Meeres für eine Schneeballschlacht, die den Göttern erst noch bevorsteht.

Die beeindruckendste Ansicht des Orts aber ist zweifelsfrei jene, die den Ort von der Hügelkette aus im Vordergrund zeigt, während sich im Hintergrund – Richtung Westen, die Küste entlang – hintereinandergestaffelt die dunklen Felsformationen auf eine Weise ins Meer schieben, daß man – jedenfalls einer wie ich – durchaus geneigt sein kann, mit dem Schnappschuß einen Stillstand der Zeit über alle Zeiten hinweg zu erblicken – und insofern die Erdverwerfungen für riesige versteinerte Mammuts zu halten, die ihre Rüssel hineinstrecken in das lebensverweigernde Naß. Salz, Schwärze und Schutt.

Eine weitere Karte ist aufgenommen vom Anleger aus. Auf dieser kann man am besten die Anordnung der Häuser des Orts erkennen. Ein weißer Kasten neben dem anderen. Wo ein Zwischenraum ist, verfällt ein Gebäude. Dort leben die Hühner. Auch mein Haus ist deutlich zu erkennen. Auf das Fenster habe ich für Trude ein Kreuz gemacht. Dahinter sitz ich, schrieb ich, und schreibe. Was nicht ganz der Wahrheit entsprach. Denn die Karten schrieb ich immer unten in einem der Kaffeehäuser und Restaurants am Hafen. Oder in den Felsen, in Grotten und Höhlen, am Strand. Wo ich auch mit Kopfhörern auf den Ohren in Schönschrift in mein Kontoführungsbuch übertrug, was ich mir einmal vergegenwärtigt hatte auf Kassetten.

Die Post, der Postdienst, funktionierte nicht schlecht. In vier bis fünf Tagen waren die Sendungen da. Meine oben bei Trude, ihre bei mir. Denn auch Trude schrieb täglich. Nie haben wir uns so viel geschrieben. Trude beschränkte sich natürlich nicht auf Karten. Sie schrieb lange Briefe. Fast täglich postlagernd ein neuer Brief für mich mit ausführlichen Berichten von – ja, wie soll ich sagen? soll ich sagen: zu Haus? Heute, auf dem Heimweg, kann ich es wieder sagen. Aber noch vor wenigen Tagen und Wochen, dort unten an diesem unglückseligen Ort, wäre es mir kaum über die Lippen gekommen und schon gar nicht auf unschuldig weißes Papier. Zu Haus! Ich schickte von Montag auf Sonnabend täglich eine neue Ansicht von dem Ort, an dem ich mich aufhielt, ließ den Sonntag aus, und begann am Montag wieder von vorn, die Karten immer in derselben Reihenfolge. Ich hoffe, ich habe mich nie vertan. Trude aber schrieb, daß der Frühling sich angekündigt habe. Mit Frost sei nicht mehr zu rechnen. Die Schneeglöckchen blühn. Auch Krokusse sprießen. Sie habe schon die Frühkartoffeln gepflanzt. Wie immer die von mir bevorzugte mehlige Sorte; eine von ihr persönlich entwickelte Umzüchtung der holländischen Bintje. Ob es mir gut gehe dort, wo ich sei. Den Schlammweg zwischen dem asphaltierten Wendeplatz am Rande des Birkenwäldchens und dem Schuppendach unter den beiden Großkastanien, wo sie immer den Wagen parke, habe sie von einem arbeitslosen Moorarbeiter mit drei Lastwagenladungen Kies befahrbar machen lassen. Der offene Hof zwischen Gemüsegarten, Wagenschuppen, also der Garage, und dem Geräteanbau sei nunmehr – vom Hauseingang her in halbmondstrukturiertem Muster, das auch an Fischschuppen erinnere – mit aus moorfernen Gegenden stammenden Feldsteinen gepflastert, die sie preisgünstig erstanden habe auf einer Art Feldsteinauktion. Sie scherze, natürlich, sie scherze. Aber gemeinsam mit dem Kies für den Schlammweg seien die Feldsteine – genau berechnet – fast geschenkt zu haben gewesen. Der Moorarbeiter kenne sich auch aus mit Reet. Er wolle sich einmal des Dachs annehmen im Laufe des Sommers. Die Abende seien jedoch noch kühl. Sie sitze vor dem

Torffeuer am Kamin und denke viel nach. Sie habe auch ein Theaterstück angefangen. Titel: GESUALDO. Falls ich mich erinnerte an die wunderschönen Madrigale, die über ihre Anlage wie durch gewaltige Kirchenschiffe zwischen den Viehboxen über unserer Tenne hallten? GESUALDO! Ob mir der Titel gefalle? Es ginge in dem Stück um die gesellschaftlichen Ursachen, die dem Mord zugrunde liegen, die dieser begnadete Künstler (1560–1614) und Fürst von Venosa an seiner Frau verüben ließ. Es könnten unmöglich niedere Eifersuchts- und Rachegelüste gewesen sein, die einen solchen Mann dazu trieben, sich gewissenlosester Schergen zu bedienen. Auch wenn es das Opfer *in flagranti* erwischte (*erwischte!* schrieb Trude). Immerhin habe der Fürst die ihm Angetraute nachweislich schon seit je einigermaßen vernachlässigt gehabt. Das beschäftige sie sehr, schrieb Trude. Und sie denke viel nach. Wenn sie sich nicht täusche, habe sie mir gegenüber ja schon mal angedeutet, daß sie sich jetzt mehr dem Theater zuwenden wolle. (Hat sie übrigens nicht – vielmehr redet sie, wie gesagt, immer nur um das Buch über die *Wirklichkeit der Liebe* herum.) Sie denke jedenfalls viel nach, schrieb sie, auch über sich und über mich. Es sei vielleicht nicht das Schlechteste, daß ich mal für eine Weile weg sei. So komme sie ein wenig zur Ruhe, kümmere sich mehr um das Haus. Siehe die Steine. Und so weiter. Und so fort.

Da, wo ich mich aufhielt, herrschte kein Mangel an Steinen. Und kein Mangel an Kies. Ich ging täglich geradewegs hinein in die Steine, den Kies und die Kiesel. Wenn ich nicht bei den Stillen saß – am Morgen zum Frühstück: ein paar Kanten Salzzwieback zu zwei, drei Täßchen von dem kaffeesatzreichen Kaffee und einigen Gläsern frischen Wassers; am Abend zum Abendbrot: nun, etwa *moussakás*, den Auflauf aus Auberginen, Hackfleisch, Eiern, delikatesten wilden Gewürzen und Kräutern oder den schlichteren, wenn auch ebenso herzhaften Makkaroni-Fleisch-Auflauf, *pastítsio* genannt, in der Regel aber Lammkoteletts gegrillt mit fritierten Kartoffelwürfeln und einem Tomatensalat, sowie bei Gelegenheit, und nicht nur sonntags, auch schon mal eine Barbe oder einen Zahnfisch, zwar nicht gerade geschenkt wie Feldstein und Kies, aber doch direkt vom Netz in die Pfanne – wenn ich nicht unten im Hafen an den Tischen saß, ging ich in die Steine. Den Kies und die Kiesel. Ich stieg auf ins Gebirge und ab an die einsamsten Strände. Das Gebirge ist Stein und die Strände sind Kies. Ich ging in die Steine, wo ich allein war. Ich streckte mich aus auf Kieseln im Kies. Spürte, worauf ich lag, hart auf der Haut. Breitete mich aus. Fern dem Getriebe, dem Rummel, dem sand- und sonneversessenen Trubel der Welt. Obwohl ich durchaus die Sonne nicht mied. Im Gegenteil. Meine Haut verlangte nach Sonne. Nach Sonne und Meer. Und so sah ich hinaus auf das Meer. Schwamm hinaus und zurück, erhob mich mit den Fußballen auf tellergroße Kieselsteine, blickte zum Himmel auf, hockte mich nieder und sah hinaus auf das Meer.

Ein einziges Mal strich ein großes Schiff am Horizont vorbei. Es mag ein Kreuzschiff gewesen sein. Oder ein Containerschiff. Die hohen Aufbauten in silbrigem Glanz.

Manchmal tuckerte auch am hellichten Tag – mithin nicht nur bei Sonnenaufgang – ein Fischerboot weit hinaus. Nicht zum küstennahen Transport von Touristen. Nein. Denn bald stiegen weiße Fontänen auf aus dem Meer. Steile weiß aufsprühende Fontänen neben dem Boot. Den dumpfen Unterwasserton der Detonationen trug der Schall immer erst dann an mein Ohr, wenn die hohen Wassersäulen schon wieder in sich zusammengesunken waren auf der ebenen Fläche des Meers.

So hat auch Stavros, der Fischer, seinen Arm verloren, hatte ich erfahren von meinem neuen Vertrauten Stratis. Stratis, dem Kapitän und Schwager von Kostas, dem Berg, der am Hafen ein Restaurant führt. Ich hatte mich mit Stratis schon angefreundet, als er noch kein Schiff besaß. Er war mir, wie gesagt, von Anfang an der Liebste gewesen. So still und freundlich war er.

Daß das Fischen mit Dynamit längst verboten sei, sagte er, kümmere die, die es noch heute machten, natürlich nicht. Sie jagen alles in die Luft und vernichten die nachwachsenden Bestände. Aber du wirst es bemerkt haben, sagte er, was wir hören, sehen wir nicht mehr, wenn wir es hören. Und was wir sehen, hören wir noch nicht, so daß wir, wenn wir es hören, glauben können, wir haben es niemals gesehn. Am wenigsten hören und sehen die, die es hören und sehen sollten. Die Polizei. Denn auch die Polizei ißt hier Fisch. Die Polizei ißt den besten. Die Polizei ißt die dicksten Fische von allen Fischen, die mit geplatzter Blase und zerrissenen Kiemen abgeschöpft werden von der Oberfläche des Meers.

Aber was soll er auch tun, so ein Polizist, wenn ihm, kaum hat er in feiner Uniform und mit dem Revolver am Koppel den Hafenanleger betreten, die Fischer schon drohen mit Armstümpfen und von der Stirn gerissener Haut. Außerdem hören geplatzte Trommelfelle sowieso schlecht. Und jeder Arm, der abgerissen werde beim unsachgemäßen Gebrauch des Dynamits, bliebe immer noch der Arm dessen, dem er abgerissen worden sei. Der sei nicht Sache der Polizei. Geschweige denn der Regierung, die die Gesetze macht. So vernünftig, sagte Stratis, die Gesetze auch sein mögen. Hier gelten sie nicht.

7

Freiheit oder Tod, hatte mir Stratis bei der Überführung der aus zweiter Hand erworbenen und untadelig weiß gestrichenen SOFIA, eines Touristenfährschiffs von Ausmaßen, ins Ohr gebrüllt, als sei er – auf hoher See – mit einem Mal übergelaufen ins Lager der Kämpfer: Freiheit oder Tod ... Eiswind von Norden in durch nichts zu beugende Nacken, lodernde Stürme von Süden in die Schärfe des Blicks, im Westen an unserer Seite die klare Stirn der Gefährtin und über die Ebenen des Ostens verstreut, auf schillernde Schilde gelehnt und lagernd in blühenden Polstern, die Söhne und Töchter, das Leben, die Macht und die Kraft ... (ich gebe nach bestem Wissen und Gewissen wieder, wie ich Stratis verstand!) oder, mein Freund, nichts von alledem, sondern Norden auf Süden geschweißt, und Westen auf Osten, die voneinander abgewandten und nunmehr aufeinanderprallenden Himmelsrichtungen auf der uns vom Körper gezogenen Haut, in stehender Sonne, glühendem Licht, zu weißem Leintuch gedörrt und getrocknet und schließlich aufgespannt als Schattenspender des Feindes. Das eine oder das andere. Ein Drittes gibt es nicht. So ist es immer gewesen. So wird es, Gott steh mir bei – Stratis führte die fünf geschlossenen Fingerspitzen der Rechten spitz an seinen Mund –, immer sein.

Natürlich brüllte Stratis, der Stille und Freundliche, nicht von ungefähr; auch nachdem er mit einem Strick das Ruder festgebunden hatte – es ging nach Westen, genauer: Nordwesten – und wir an die vom Dröhnen der beiden schweren Dieselmotoren am weitesten entfernte Höhe des aufgerichteten Bugs getreten waren, hatten wir Mühe, uns über dem Rauschen des unter uns auseinandersprühenden Wassers verständlich zu machen. Freiheit oder Tod, brüllte Stratis, es gebe keine andere Wahl. Trotz des Fahrtwindes standen ihm –

wie auch sonst – winzige Schweißperlen auf der Stirn, dieser herrisch hoch gewölbten Stirn unter schwarzem, von gelblich grauen Inseln durchsetzten Haar. Unter der Stirn aber zwei Augen, wie ich sie noch nicht gesehen habe in meinem Leben. Augen, so blau. Ungleich blauer als ich sie von meinen Torfbauern her kenn. Deren Blau ist mehr ein schattiges, tiefes. Kein blendendes – südliches – wie dies.

Er habe mich beobachtet, sagte er. Ich wisse Bescheid. Das könne man sehn. Er habe mich schreiben gesehn. Und er habe gesehn, wie ich in den Felsen bei der Pumpstation gesessen habe. Nein, versteh mich nicht falsch – er lachte: jetzt auch blendende Zähne, elfenbeingelb – nein, nicht die Mädchen, die ich beobachtet hätte. Die meine er nicht. Er habe gesehn, wie ich in ein Mikrophon gesprochen habe. Und wie ich meine eigene Stimme eingeschaltet habe in dem kleinen Apparat, den ich immer an einem Gurt um meine Schulter trage.

Wo hast du ihn jetzt?

Ich habe ihn im Haus gelassen. Auf einer Schiffsfahrt brauch ich ihn nicht.

Er habe die Stimme erkannt. Meine Stimme. Von weitem. Ich nähme, sagte er, alles auf, was ich wisse. Das wüßte er längst.

Ich möchte aber auch Musik und Gesang aufnehmen.

Musik und Gesang?

Stratis sah mich groß mit diesen blendend blauen Augen an und schüttelte den wolfsmilchhaarigen Kopf. Dann blickte er auf die hochgekantete Spitze seines polierten Schuhs.

Aber wahrscheinlich weißt du schon alles, sagte er.

Er habe mich auch mit Büchern gesehn. Das sei gut so. Ich solle lesen, schreiben und sprechen. Und hören. Genau hinhören. Und ganz genau sehn. Ich solle alles wissen. Ich sei der richtige Mann.

Ich solle jedoch auch vorsichtig sein.

Vorsichtig sein?

Denn es sei längst nicht hinreichend bekannt, was es auf sich habe mit dem Ort, an den es mich geführt habe. An den es immer mehr Fremde führe, auch wenn die allermeisten – anders als ich – kaum eine halbe Stunde blieben. Im Sommer – in der Saison – dränge Tag für Tag bald ein halbes Tausend durch den Ort. Das seien doppelt so viele wie in ihm wohnen. Die könne er natürlich nicht dem anderen überlassen.

Dem anderen? Welchem *anderen?* fragte ich – und brüllte nun gewiß kaum weniger als er.

Das werde ich noch rechtzeitig sehn, rief er, wandte sich von mir ab und spuckte über die Reling ins Meer. Dann griff er, ohne mich anzublicken und wie in die sicherste Leere hinein, nach meinem Arm und zog mich dicht an sich heran; hautnah gleichsam an seinen abgetragenen anthrazitgrauen Nadelstreifenanzug heran, den er, seit ich ihn kannte, das erste und, solange ich ihn kennen sollte, das – ja, das vorletzte Mal trug.

Bald ginge die Saison los, sagte er – und brauchte nicht mehr zu brüllen, so nah stand er an meinem Ohr: und wenn die Saison losgehe, dann nehme der *andere* mit seinem Kahn wieder, wie schon im vergangenen Jahr, den Fischern, die nichts mehr zu fischen haben, die Touristen weg, die im Westen –

Ich werde es dir zeigen, wenn wir dran vorbeikommen!

– aus den Höhen der Berge, wo sie hingekarrt worden sind mit Reisebussen, durch die Große Schlucht herabsteigen ans Meer. Wo sie nicht weiterkommen mit ihren Rucksäcken und prall voll Proviant gestopften Plastiktüten. Denn der Küstenweg ist beschwerlich. Über steilste Ziegenpfade, die schattigen Rastplätze von Skorpionen und Vipern, das von Dorn- und Stachelsträuchern überwachsene Geröll, das nachgibt unter dem Fuß, kommen unbeschadet, sagte Stratis und legte seine Hand auf meine Schulter, nur Leute wie wir.

Rechnete er mich, frage ich mich noch heute, tatsächlich schon zu den Seinen?

Die Fremden müssen mit Booten und Schiffen die knapp zehn Seemeilen an der Küste entlang hinübergeschafft werden in den sicheren Hafen, zu uns (zu uns!), wo am Bushalteplatz die inzwischen über die Paßstraße im Nordosten herabgekommenen Reisebusse warten. Sie brauchen sich dann nur noch vom Anleger in eines der Restaurants oder *kafeníons* zu schleppen. Oder gleich in ihre gepolsterten Sessel.

Man könne sie aber nicht einfach dem *anderen* überlassen. Deshalb, Stratis schlug mit der Hand auf den eisernen Rand der Reling und kniff die Augen zusammen – er spähte über das Meer: deshalb habe er sich ja auch die SOFIA zugelegt. Und er strich über die Rundung der Reling wie ein schläfriges Kind über das Fell einer Katze, die sich zutraulich und unbemerkt unter seine Hand geschmiegt hat.

Stratis hingegen hellwach. (Er hatte sie auch eigenhändig getauft; denn nachdem wir von Kostas, dem Berg, den über mittleres Mannesgewicht hinaus gut zwei zusätzliche Zentner überwölben, im Morgengrauen, gewissermaßen gestapelt – ich auf Stratis' Schoß – gegen die Beifahrertür des Lieferwagens gedrückt, übers Gebirge gefahren worden waren in die Stadt im Norden, hatte er, Stratis, während Agenten und Schiffsausrüster, Hafenverwaltungsbeamte und Hafenpolizei mit Papieren in den Händen am Kai standen, im Nadelstreifen zum Pinsel gegriffen und von einem zu Wasser gelassenen Rettungsboot aus die bis dahin namenlose Weiße zu beiden Seiten des Bugs mit dem ihr gebührenden Namen versehen.)

Man müsse der Herausforderung begegnen, sagte Stratis. Am Ende habe er sich entschlossen, einen Kredit aufzunehmen. Etwas, das es früher nicht gegeben habe. Denn obwohl wir (wir?) keine Steuern zahlen – weil wir, da wir nie Steuern zahlten, seit es uns gibt, uns weigern Steuern zu zahlen –, gewährt uns die Staatliche Zentralbank – im Gegensatz zu den privaten Banken – Kredit. Die privaten Banken mögen uns nicht. Sie trauen uns nicht.

Stratis zeigte sein Elfenbein; er grinste.

Die vom Staat haben uns hin und wieder schon mal einen Steuerbeamten geschickt. Den haben wir immer freundlich empfangen und bewirtet, haben ihm reichlich zu trinken und zu essen gegeben und mit Grüßen versehen an die Regierung. Sie haben mit Soldaten gedroht. Aber es sind nie welche gekommen. Sie nehmen es nämlich nicht mit uns auf. Sie kennen uns. Wollen sie denn das, was von uns übriggeblieben ist, mit Panzern überrollen? Das, was ihnen selbst zur größten Ehre gereicht? Nachdem wir ihnen über Jahrhunderte und Jahrtausende gezeigt haben, wie es gemacht wird. Wie man dem Feind widersteht. Nachdem wir nicht nur um unsere eigene Ehre, sondern eben auch um die ihre gekämpft haben, damit wir – du kennst das Wort, mein Freund: es heißt ENOSIS – damit wir vereinigt werden mit ihnen. Nein, sie wagen es nicht. Denn sie wissen auch, daß ihre Panzer und Kampfflugzeuge, ihre Hubschrauber und Haubitzen nicht vorstoßen können in die Buchten und Schluchten, die Höhlen und Grotten, von wo aus wir immer gekämpft haben. Nicht einmal von See her würde es ihnen gelingen. Weder mit Schlachtschiffen noch mit Zerstörern. Und wenn sie mit Landungstruppen kämen; sie hätten zu tun – die Berge abzutragen, die uns geboren haben und schützen.

Stratis fuhr sich mit dem Rücken der geballten Faust unter der Nase weg und zog heftig Schleim unter die Stirn.

Heute kommen sie nicht mehr, sagte er, stattdessen bieten sie Kredite.

So habe er sich denn entschlossen, die SOFIA zu kaufen. Die ist fast doppelt so groß wie – na, du wirst sehn, sagte er.

Ja, ich würde sie sehen, die ANASTASSIA. Die von dem *anderen*.

Seltsam, höchst seltsam, gewiß. Der Stillste von den Stillen – auf See, allein an Bord der SOFIA mit mir, wollte er gar nicht mehr aufhören zu reden. Nur ein einziges Mal sollte er noch einmal derart ausgiebig zu mir reden wollen. Aber das an Land. Und nicht, um von Größe, Glanz und Heldentum zu berichten. Nein, im Gegenteil. Er sollte mich zwingen, ihm brüsk das Wort abzuschneiden. Ausgerechnet einen wie mich, der ich ihm dort auf dem Schiff noch ergeben und andächtig lauschte. Und der ich kein Wort vergaß ... zumal ich alles, was ich an Daten und Fakten zu hören bekam, zur Vertiefung nachschlug in den von mir mitgeführten Büchern.

253 Jahre, drei Monate und 29 Tage, brüllte Stratis, denn er hatte mich inzwischen wieder losgelassen, 253 Jahre, drei Monate und 29 Tage, das ist keine Kleinigkeit, das weißt du, mein Freund, und du weißt auch: es war der größte und heldenhafteste Kampf, der allergrößte und allerheldenhafteste, der je ausgetragen wurde von uns ... und überhaupt. Ein Kampf um Freiheit. Ein Kampf auf Freiheit und Tod. Dagegen war der – er zwinkerte mir zu – gegen euch, verzeih mir, so gut wie nichts. Glaub mir. Genau so gut oder schlecht wie all die Jahrhunderte und Jahrtausende dauernden Kämpfe davor. Gegen alle Himmelsrichtungen und Winde, gegen Rom und Venedig, gegen Alexandria, Venedig, Byzanz. Alles nichts oder fast nichts gegen die 253 Jahre, drei Monate und 29 Tage. Rechne es aus. Du kannst doch rechnen, mein Freund. Vom 24. Juni 1645 bis hin zum 23. Oktober 1898 dauerte der Kampf. Zweihundertdreiundfünfzig Jahre, drei Monate und neunundzwanzig Tage. *Jawohl.* (Das Jawohl sagte er auf deutsch; im übrigen sprach er ein meinen Wortschatz fast überforderndes Englisch.) Und während die ganze Insel unterjocht war, während Athen und London und Wien und Paris und Moskau und die ganze restliche Welt nichts zustande brachten, blieben wir (wir!), brüllte Stratis, die wir einmal dreitausend, nein, fünftausend, waren an diesem Ort, auf den wir zusteuern, frei. Nie hat der Feind die Schwellen unserer Häuser übertreten.

Uns hat er nie unterjocht. Wir sind die Freien. Die freiesten aller Freien. Die ausgebluteten Freien. *Jawohl.*

Stratis verstummte eine Weile. Ich sah, er atmete schwer. Sein breiter Brustkorb hob und senkte sich. Er näherte seinen Mund wieder meinem Ohr.

Wir sind, sagte er, die Übriggebliebenen. Vielleicht sind wir heute dreihundert. Oder zweihundert. Mehr nicht. Jedenfalls sind wir so viele, wie wir am Ende des Großen Kampfes waren. Wir haben uns nie mehr erholt. Obwohl nie jemand von uns arbeiten gegangen ist nach Norden. Zu euch. Es gibt welche, die reisen. Das ist alles. Manche fahren ein paar Jahre zur See. Das ist alles. Aber so frei wir auch geblieben sein mögen: wir tragen eine schwere Last. Die uns niemand abnimmt. Zwar trägt ein jeder, das weißt du wie ich, mein Freund, sagte er, die Last all derer mit sich herum, die vor ihm gewesen sind. Väter und Ahnen. Wir aber tragen mehr. Wir tragen unvergleichlich mehr in unseren ausgebluteten Herzen. Jeder von uns trägt mindestens ein Dutzend Märtyrer und Helden mit sich herum. Und beugt doch nicht das Haupt und die Schulter.

Singen aber, sagte er, kann man freilich bei solcher Last kaum.

Singen? sagte ich. Ich glaube, ich schüttelte den Kopf. Und sah ihn an. Wie kommst du aufs Singen?

Hast du es nicht auf Musik und Gesang abgesehen?

Ja doch, aber.

Stratis ließ mich nicht aussprechen.

Wer so viel Schuld abzutragen hat wie wir, brüllte er nun wieder, der kennt keine Musik und keinen Gesang. Er brüllte es über das weite unbewegte Meer und schien neben mir zu wachsen. Er, der mich ohnehin um mehr als einen halben Kopf überragte. Ich trat einen Schritt zurück.

Er hatte sich tatsächlich auf die Schuhspitzen erhoben. Er reckte seinen mächtigen Körper hoch gegen den Himmel und brüllte über das Meer.

Schuld, Schuld? Wovon sprach dieser Mann?

Ich trat einen weiteren Schritt zurück. Und hatte mit einem Mal das Gefühl, ihn allein lassen zu müssen. So wie ich ihn da sah. Wie er sich aufbäumte. Kaum aber war ich an der offenen Steuerhaustür angelangt, hielt er mich auch schon von hinten fest.

Ich sah ihn an. Er sah plötzlich ein wenig müde und abgekämpft aus. Und erwiderte nicht meinen Blick. Als könnte er meinem Blick nicht standhalten. Stattdessen schob er mich in das Steuerhaus hinein. Dort löste er den Strick, mit dem das Ruder an der Steuersäule festgebunden war.

Und nun, sagte er, geht es nach Süden.

Ja, eine wahrlich sonderbare Reise, zu der er mich da eingeladen hatte. Eine beredte Reise. Nur von Norden nach Süden fiel kein Wort. Kein einziges Wort. Oder?

Denn zunächst waren wir – nach der Namensgebung und der amtlichen Übergabe des Schiffes – mit der Sonne im Rücken nach Westen, genauer: Nordwesten gefahren. Das Meer spiegelglatt und backbords, zu unserer Linken, hatten die weißen Kuppen der Berge geschimmert.

Dann änderte Stratis, einen spitzen Winkel steuernd, den Kurs. Es war Mittag. Die Sonne stand über uns. Und mit einem Mal kam Bewegung ins Schiff. Vor der Westküste erwartet den Seefahrer eine ewig, wie es heißt, kabbelige See. Die Westküste weist keine Buchten und Strände auf. Sie ist schroff. Zerklüftungen und Steilhänge, wüste, schwarze Grate und Hänge. In Brandungshohlkehlen gestaute Strömungen. Davor aber Inseln und Klippen, Kliffe, Risse und Riffe. Der Sturm, der dort wütet, ist ein Sturm unter Wasser. Die kleinen unruhigen übereinander herschwappenden und in sich zerfallenden Wellen, die keine Richtung kennen, zeugen von dem Wüten der unterseeischen Gewalten. Diese sind für den Seefahrer schwer zu berechnen. Stratis aber steuerte mit sicherer Hand die SOFIA zwischen muschelüberwucherten Steinstümpfen und seemoosüberwachsenen Felsbuckeln durch alle Untiefen hindurch. Nur zum Sprechen oder zum Brüllen kam er dabei eben nicht. Wie eine Nußschale – so heißt es nicht ohne Grund, wie ich alsbald am eigenen Leibe erfahren sollte – wurde dieses keinesfalls seeuntüchtige Seefahrzeug, auf dem ich Unbedarfter mich befand, hin- und hergeschleudert. Es schlingerte und stampfte und bäumte sich auf. Ich hielt mich mit beiden Händen an einer senkrechten Messingstange im Ruderhaus fest. Neben mir Stratis mit festem geradeaus gerichteten Blick und lockerer Hand am Ruder. Die beiden Dieselmotoren dröhnten und bebten. Mir wurde schlecht. Ja, mir wurde übel. Speiübel. Ich kämpfte jedoch mit aller Kraft gegen die Übelkeit an. So daß es mich würgte. Von oben. Und unten. Ich schnappte nach Luft und hatte einen stumpfen salzigen Geschmack auf der Zunge. Der Mund zog sich mir über der Zunge zusammen. Ich krümmte mich. Aber ich widerstand. Ich mußte mich nicht übergeben.

Allerdings muß ich einen einigermaßen angegriffenen Eindruck gemacht haben, womöglich war ich gar bleich oder grün im Gesicht, denn einige Male legte Stratis mir eine dem tollen Schwanken, Kippen und Rollen seines Schiffes sanft entgegenwirkende Hand auf die Schulter. Aber umsonst. Ich war nicht zu halten. Ich sah die freie Hand des Mannes am Ruder. Sah, wie er mit einem einzigen mächtigen Finger an den hölzernen Griffen das Ruder herumwirbelte. Daß es nur so wirbelte, ja. Mir war nicht nur übel. Mir schwindelte auch.

Ich wurde von einem großen Schwindel erfaßt. Als würde ich mitsamt der SOFIA und ihrem Kapitän von einem gewaltigen Sog, dem Strudel eines gnadenlos erd- und allverschlingenden Mahlstroms, in die Tiefe des Meeres gerissen. Als näherte ich mich meinem Ende.

Und was erblickte ich dort? Im Zwielicht?

Kein Mensch würde es mir abnehmen. Ich würde es auch, ehrlich gesagt, keinem anvertrauen. Für wen müßte er mich denn halten?

Ich blickte in Netze – oder ein Netz, in dem ausgenommene und vertrocknete oder auch ausgestopfte Meerestiere schwebten, ein Sägefisch, ein Schwertfisch, ein Hai. Auch ein paar gefällig verteilte Seeigel und einen jüngeren Alligator sah ich – oder handelte es sich um ein Exemplar jener Zwergart von Ganges-Gavial, den mir mein bester englischer Kunde einmal als Gastgeschenk ins Moor mitgebracht hat? Ich sah Schildkröten. Auch in Hanftau eingeflochtene Glaskugeln. Und über allem – oder unter allem – einen strahlend dunkelblauen Himmel mit zahllosen goldenen Sternen. Und noch einen Himmel. Und einen weiteren Himmel. Zwei Himmel. Zwei Karten. Den südlichen Sternhimmel und den nördlichen Sternhimmel. Unter Glas auf einem Tisch. Und wer beugte sich da über den Tisch, die Karten, die Himmel?

Keiner würde es glauben, wenn ich es ihm erzählte. Aber mir war so entsetzlich, so elendiglich schlecht. Ich sah nichts anderes als das. Elisabeth und das Kind. Die sich über die Karten beugen. Über die Himmel. Während ich schwebe, inmitten der verschiedenen Himmel mit Meerestieren und Menschen, die mir nah sind, und Menschen im Hintergrund, Frauen an Tischen ... schwebe, schwebe, verdurste, waagerecht zwischen allem schwebend verdurste – und ein Mann, der Wirt oder der Ober, nach mir Schwebendem greift, um mich auf den Boden herabzuziehen, mich auf meine Füße zu stellen und mir ein Bier zu reichen.

Das Bier aber, das mir gereicht wird in einem Glas, frisch und voller über meine Hand laufendem köstlichem Schaum: ich halte es tatsächlich in meiner Hand. Dort. An Bord der SOFIA. Während ich mich mit der anderen Hand noch an der senkrechten Messingstange festhalte. Und vor mich hinstammle: Verzeih Elisabeth, verzeih.

Ich trinke das Bier. Trinke und trinke. Trinke es aus mit wenigen Schlucken (es ist kein Pschorr, bewahre!). Und kehre aus den Tiefen zurück. Langsam und ohne Gier tauche ich auf und schaue mich um. Elisabeth verschwunden. Verschwunden das Kind. Ich beuge mich vor und blicke über das wild bewegte Meer. Ich reiche Stratis das Bierglas zurück. Sagt er: Dann halt mal? Ich halte sein Ruder, und er hält das leere Bierglas unter den Zapfhahn des Leichtmetallfasses, das zu seiner Linken – ich steh zur Rechten – auf der im Steuerhausboden verschraubten Kompaßsäule steht.

Hell dringt von oben die Sonne herein ins Steuerhaus und weist uns den Weg.

Stratis reicht mir ein weiteres Bier. Er brüllt jetzt doch irgendetwas, das ich aber nicht verstehe, und ich trinke das Bier. Ich trinke mehrere Glas Bier. Oder sagt man: mehrere Gläser? Ja, das tut gut. Bier. Wahrhaftig. Gut. Keiner weiß, was ich durchgemacht habe – ich will die Sache nicht aufbauschen! Und keiner weiß, was ich – trinkend – noch durchmach. O griechische Götter!

Ich frage mich noch heute, wie ich die kabbelige Nord-Süd-Strekke überstand. Ich frage mich noch heute, warum das Faß, das im Kreiselring des Kompasses stand, nicht polternd auf meine Füße stürzte. War es eingeklemmt gewesen? Ich frage mich, wieviel ich von dem Bier, das mir Stratis gereicht hatte, verschüttete. Und wieviel ich wirklich trank. Und ich frage mich, wie ich halbwegs heil davonkam. Wie ich – übrigens, so weit ich weiß, ohne mich zu übergeben – die Stunden der Anfechtung überstand. Trinkend wollte ich zugleich sterben. Stratis aber spähte mit zusammengekniffenen Augen durch die dicht von Wassertropfen und Salzschlieren besprenkelte Scheibe des Steuerhauses in Fahrtrichtung nach vorn. Und streckte am Ende, als habe er so etwas ausgemacht wie die rettende Küste, den Finger aus. Drückte ihn gegen die Scheibe. Ich erkannte nichts. Sah vielmehr die Küste dort, wo sie zu sein hatte: backbords in der offenen Steuerhaustür. Im Osten. Stratis aber machte, indem er einen Unterarm waagerecht gegen die Scheibe legte, wie auf einem Lineal mit dem Zeigefinger auf der Scheibe einen Strich. Dann kreuzte er die Arme, wartete eine Weile in dieser Haltung – ja, angespannteste Erwartung war in der Haltung! – und schlug schließlich die Arme mit gestreckten Händen weit auseinander. Ich wich zurück. Er so, als wollte er sich ergeben. Oder ein gerade gelandetes Flugzeug auf die Flugsteigmarkierung lenken. (Man kennt das auch von jenen Hilfsbereiten, die Fahrern schwerer Straßenfahrzeuge im Augenblick, da die Stoßstangen schon längst knirschend auf Hauswand oder Beleuchtungspfahl geprallt sind, mit höchstkörperlichem Einsatz und großer Gelassenheit den Stand des Manövers anzeigen.)

Und tatsächlich, wie auf Stratis' Befehl, legte sich die See. Ich konnte es kaum fassen. Ich stürzte aus dem Steuerhaus hinaus und blickte hinter mich. Nach Norden. Dort sah ich wie mit einem Lineal gezogen einen Streifen, der die kabbelig aufgewühlte See haarscharf trennte von der spiegelglatten, in die wir eingetaucht waren. Der Streifen war im rechten Winkel durchschnitten vom Kielwasser der SOFIA. Sie hatte, als habe sie die See bekreuzigt, den Streifen durchkreuzt.

Ich atmete auf und sah mich um. Ruhig tuckerten wir mit einem Male dahin.

Wieder einmal spürte ich Stratis' Hand auf meiner Schulter.

Das war die Grenze, sagte er dicht an meinem Ohr, die Grenze zwischen den Seen.

Ich war wie ausgehöhlt.

Stratis steuerte die SOFIA nach Osten. Wie am Morgen stand uns nun – am Nachmittag – die Sonne im Rücken.

Stratis band wieder das Ruder fest und trat zu mir heraus ins Freie. Die Luft war heiß und säuselte um die empfindliche Haut hinter den Ohren. Ich betrachtete meine Hände. Die rötlichen Flekken und Verschuppungen. Ich hob die Ellenbogen mit ihren Schrunden. Zog mir das Hemd vom Körper. Hangelte dann zwischen Rettungsringen und die an den Seiten des Schiffs die Reling fortführenden Drahtseile entlang ans Heck. Dort ließ ich mich auf einer der hölzernen Passagierbänke nieder. Stratis stand am Bug und blickte über das Meer. Hin und wieder blickte er nach Süden. Dann wieder nach Norden zur Küste. Dort erstreckte sich ein heller weiter Strand. Dann kam ein Ort. Ein Hafen. Danach wieder steiler Fels.

Hoch sich auftürmende Berge. Eine Bucht. Ein kleinerer Strand und wieder ein Ort. Ein paar Häuser, steingrau oder weiß. Und auf den Gipfeln der Berge dahinter immer der Schnee.

Welche Stille, welche Weite, welch plötzlicher Frieden. Das Geräusch der beiden großen Dieselmotoren, die mir bei Antritt der Fahrt von Stratis im Maschinenraum vorgeführt worden waren – faß an! – wie das Eisernste und Unverbrüchlichste an Heimkehrgarantie, kam mir nun nachgerade unverzichtbar vor. Dies das Ohr auf den eigenen Körper, ja, den Körper auf die Holzlatten, auf denen er ruht, so wohlig einstimmende – um nicht zu sagen: einschmeichelnde – Tuckern. Wären die Maschinen ausgefallen, hätten mich die Stille, diese Weite, dieser Frieden wohl schon geschmerzt.

Stratis kam herüber auf meine Seite. Er setzte sich zu mir auf die Bank. Aus einem dicken Zeitungspapierpaket packte er Schafskäse aus. Brot. Ob ich bei Bier bleiben wolle. Oder ob ich nun lieber übergehen wolle zu Wein.

Weder das eine noch das andere.

Gelegentlich stapfte Stratis nach vorn ins Steuerhaus und korrigierte den Kurs.

Eine lange, geruhsame, erholsame, schweigsame Fahrt. Ich spürte die Kraft der Sonne auf meinem Rücken. Erst als wir uns der Großen Schlucht näherten, begann Stratis wieder zu reden. Er, der Stillste der Stillen an Land.

Schau, sagte er und kaute Käse und Brot vor sich hin, dort oben, oberhalb der Schlucht, aus der die Touristen kommen werden, findest du die Höhle des großen Dhaskalojannis, des Gelehrten und Lehrers. Du hast es gewiß gelesen. Du weißt es. Aber wahrscheinlich weißt du nicht alles. Er war unser aller Anführer in der ersten großen Revolte. Wart einmal, Stratis dachte nach, das war *seventeenhundredseventy, jawohl!* Und hätten sie ihn nicht getäuscht, die Feinde, Bereitschaft zu Verhandlungen vorgetäuscht, um ihn nach Norden in die Stadt zu locken, um ihm dort auf dem Marktplatz – nach entsetzlichen Folterqualen, die ihn nicht brachen – vor rundum aufgestellten Spiegeln und dem dahinter auf hohen Podesten versammelten Volk die Haut abzuziehen bei lebendigem Leib, um uns allen ein für allemal die Führung zu rauben – ja, dann – dann lebte er noch heute dort oben. Und organisierte den Widerstand. So aber ist die nach ihm, Dhaskalojannis, benannte Höhle, die Höhle des Todes geworden.

Das kannst du natürlich nicht wissen, sagte Stratis.

Dort unten aber, sagte er und fuhr sich mit dem Ärmel seines Nadelstreifenanzugs quer über die von Schweißperlen glitzernde Stirn, bevor er den Arm ausstreckte, dort unten, nicht weit vom Ausgang der Schlucht entfernt, am Fuße der Berge, wo das Wasser die Klippen umspült, dort ist eine weitere Höhle. Sie wird ebenfalls die Höhle des Dhaskalojannis genannt. Denn er war ein Weitblikkender. Ein Weiser. In dieser Höhle hat er uns einst eine unabhängige Münzprägestätte eingerichtet.

Mir stockte der Atem.

Die Münzprägestätte, sagte Stratis, ist die Höhle der Freiheit.

Mein Gott, dachte ich, die Höhle des Todes, die Höhle der Freiheit. Berge und Meer.

Zeig sie mir genau, sagte ich. Und Stratis schwenkte mit dem Arm quer über die Küste. Dort, sagte er, genau dort. Und strich mit hoch erhobener Hand die ganze Länge der Küste entlang.

Also dort, dachte ich, dort.

Dort werde ich hingehen, sagte ich. Mich interessieren die Höhlen.

Aber, sagte Stratis, der auf einem Stück Brotrinde kaute, paß auf, ich habe dir gesagt, du sollst vorsichtig sein.

Vorsichtig? Ich verstand ihn wieder nicht so recht. Was sollte mir schon in den Bergen passieren? Wenn ich nur immer in Reichweite der Küste blieb?

Paß auf, schau hin und schreib auf, was du siehst. Aber paß auf.

Natürlich paß ich auf, sagte ich.

Er aber sagte: Wir haben genug Schuld auf uns geladen, viel zuviel Schuld.

Er stand auf und spuckte zerkaute Rinde über die Reling ins Meer. Auch ich stand auf und wandte mich ihm zu. Es ging mir schon wieder so einigermaßen.

Ich verstehe dich nicht, sagte ich.

Worauf er erwiderte: Und ich verstehe dich nicht.

Er blickte mich an. Die blendend blauen Augen. Dieser Glanz. Ich glaube, er blickte an mir vorbei nach Süden.

Wer soll schon verstehen, sagte er, was jemanden, den niemand zwingt, zu uns Unglücklichen führt.

Ich dachte, ich hätte ihn nicht richtig verstanden. Aber ich hatte ihn richtig verstanden. Das konnte ich an seinem Gesicht sehen.

Diesem plötzlich so tieftraurigen Gesicht. Das machte mich geradezu ein wenig verlegen. Als wäre ich nun in seiner Schuld.

Und so gab ich schließlich mit einiger Verzögerung – aber wie einer glücklichen Eingebung folgend – zur Antwort:

Mich hat ein alter Freund zu euch geführt. Ein Freund, der schon vor mir hier gewesen ist. Kennst du ihn nicht? Er heißt Paul Brandig.

Stratis sah mich jetzt ganz fest an, blickte mir in die Augen.

Er hat, fügte ich hinzu, sogar was über diese Gegend hier geschrieben. Ich weiß nicht was, aber – es ist auch veröffentlicht, steht in einem Buch. Ob er, Stratis, nicht wisse ...

Er trat ganz dicht an mich heran und sagte:

Akrivi, die Irre, sie wohnt im vorletzten Haus oben im Westen des Orts. Dort, wo die Schotterstraße hinaufführt in die Berge. Wo der Bus über Nacht abgestellt wird. Wo es zum *Sweet-Water-Beach* geht. Oder auch zu den zwei Höhlen des Dhaskalojannis.

Da machte er eine Pause.

Frag sie nach Pavlos, sagte er.

Pavlos, ach so.

8

Ich mach es kurz. Ich kannte die Alte. Auf meinen Wegen in die Steine kam ich täglich an ihrem Haus vorbei. Sie saß von früh bis spät auf dem kniehohen Rand der Dachterrasse und starrte statt auf das Meer immer gegen die steil sich vor ihr aufrichtenden Berge. Sie hatte ein pockennarbiges Gesicht. Womöglich war sie gar nicht alt. Ob sie irre war oder ist, das kann ich nicht beurteilen. Aber sie rief mir immer zu, wenn ich vorbeikam. Im Gegensatz zu den anderen Frauen, die in schwarze Kleider und Tücher gehüllt auf Dachterrassen sitzen und aufs Meer schauen. Die schauten immer weg, wenn ich vorbeikam. Wandte ich mich aber noch einmal um, sah ich, daß sie hinter mir herschauten. Akrivi schaute nicht hinter mir her.

Eingehüllt wie die anderen in schwarze Kleider und Tücher, das Gesicht wie das einer pockennarbigen Madonna gefaßt in einen schwarzen Rahmen, sprach sie mich an. Sie war die einzige, die mit mir sprach. Sie tuschelte und flüsterte, sprach und rief. Aber ich verstand kaum ein Wort.

Pavlo, hatte ich nur immer verstanden, Pavlo, komm her!

Ich trat also diesmal von den in Beton gegossenen Stufen, die zur Schotterstraße führen, einen Schritt hinüber in den strandkieselsteingepflasterten Hof und blickte nach oben. Das Oval des Kopfes, der nun gegen den grellen Himmel schwarz war wie sein Rahmen, lugte über den Rand der Dachterrasse.

Pavlo, sagte sie, komm.

Aber, sagte ich, ich bin nicht Pavlos.

So komm doch.

Ich heiße nicht Pavlos, beharrte ich, meinen Kopf in den Nacken gelegt, und suchte ihr mit Händen und Füßen auseinanderzusetzen, daß sie mich offenbar mit einem anderen verwechselte. Ich heiße nicht Pavlos. Pavlos sei vielmehr ein anderer. Eben der, genau der, den auch ich suchte. Pavlos sei ein Freund von mir, rief ich nach oben. *Fili mou,* rief ich.

So daß etwas in der Dunkelheit ihres Gesichts erschien, das wie ein Lächeln aussah. Fast hätte ich gesagt: eine Aufhellung. Aber es hat auch etwas anderes sein können. Ein Zucken, eine Grimasse, ein Schmerz: da sie sich noch weiter über den Rand der Dachterrasse beugte und sich, um nicht abzustürzen, mit ihren ungeübten – oder eben doch alten, von Rheuma und Arthritis geplagten – Gliedern, die Hände ins Gemäuer gekrallt, im Gleichgewicht hielt.

Fili mou akrivós, verstand ich die jetzt seltsam starke und zugleich brüchige Stimme.

Akrivós Akrivi.

Ich wollte mich schon wieder abwenden.

Aber da ließ sie auch noch eine Hand los (ich rechnete damit, sie auffangen zu müssen) und wies mit ausgestrecktem Arm über den Hof auf das gegenüberstehende Haus.

Pavlo! Balkóni! – drang es nun geradezu flehentlich an mein Ohr. Sie schwankte. Ich blieb – auffangbereit – so stehen, wie ich stand, die Arme schon etwas angehoben, und wandte den Kopf.

Da war kein Balkon. Da war die Dachterrasse des nächsten Hauses. Die Dachterrasse, die ein Erddach ist wie alle Dachterrassen der alten Häuser. Die Erddächer sind Aufschüttungen, die auf von Balken getragenen enggefugten Bretterbahnen ruhen. Die im Innern der Häuser Flecken haben vom winters durchsickernden Wasser. Nacht für Nacht und tagelang habe ich erst von der harten Schlafbank, dann vom weniger harten Bett aus auf die Flecken an der Decke gestarrt. Oben drauf wachsen wilde Blumen.

So sah ich denn auch lediglich eine unterhalb eines größeren Erddachs gelegene Dachterrasse mit einer verwitterungsrissigen grünlichen Tür, die verschlossen war. Sie war, hatte ich schon beim täglichen Vorbeiwandern bemerkt, immer verschlossen.

Balkóni, Pavlo, willkommen.

Die Verhüllte zog den Arm zurück. Auch mein Körper entspannte sich.

Komm, dein Balkon.

Es war nichts zu machen.

Die Frau verwechselte mich. Ganz offenbar verwechselte sie mich mit Paul Brandig. Ich führte noch wie ein Hirte meine Hand an die Brust, verneigte mich, nach oben blickend, ein wenig und zog mich, rückwärtige Schritte machend, zurück.

Ging in die Steine des Wegs. Nach oben.

Sie aber rief immer *Pavlo* hinter mir her.

Als ich mich einmal umwandte, blickte sie noch immer dorthin nach unten in den Hof, wo ich gestanden hatte und wo sie fast auf mich drauf gestürzt wär.

9

Es ist nicht zu glauben, wie heilsam Verwahrlosung, vor allem gezielte, tätig strebsame, auf eigene Faust betriebene Verwahrlosung ist. Ich kann sie jedermann nur wärmstens ans Herz legen – und auf die Haut. Auch solchen, die nicht gerade unter spezifischen krankhaften Veränderungen der Epidermis leiden wie ich. Verwahrlosung hilft jedem. Ich weiß, wovon ich spreche. Nichtsdestoweniger weiß ich, wie schwer – wenn nicht schier unmöglich – es ist, sich die einmal erkämpfte Verwahrlosung auf die Dauer zu erhalten. Einmal glücklich die alten Regeln und Gewohnheiten überkrustende Verwahrlosung ist keine Garantie. Nicht einmal die Einverleibung der Verwahrlosung ist eine Garantie. Früher oder später kehrt ein jeder zu den unausrottbar in die Bodenlosigkeit seiner zartesten Anfänge gepflanzten Tugenden zurück. Umso nötiger ist Verwahrlosung. Auch wenn sie alles andere ist als ein Geschenk. Verwahrlosung ist ein Geheimnis. Ein Geheimnis doppelten Glanzes. Eines, in das es einzudringen gilt, und eines, das es gilt eindringen zu lassen in sich. Was auf der Hand liegt. Denn es geht sowohl um äußere als auch um innere Verwahrlosung. Beziehungsweise um eine mehr allgemeine, jene, die sich in konzentrischen Schichten, Krusten und Kreisen um den Kern des Habhaften, also Körperlichen, legt – und um eine besondere. Die besondere ist die gezielte. Um nicht zu sagen: geistige. Wer nicht alles zugleich schafft, sollte Schritt für Schritt vorgehen. So wie ich. Denn es ist nicht entscheidend, von woher die Verwahrlosung ihren Anfang nimmt.

In meinem Fall begann sie von außen, mehr von außen, sagen wir mal. Ich verwahrloste zunächst noch ziemlich ziellos.

Ich wusch mich zum Beispiel nicht mehr. Weder unter dem Wasserhahn an meiner Hauswand noch im Quellwasserstrahl unten an der Pumpstation. Dort ging ich schon deshalb nicht hin, weil, wie ich aus der Ferne sah, der Strahl in aller Regel besetzt war von den immer zahlreicher durchreisenden jungen Mädchen, die kein Dach über dem Kopf hatten und sich hinter gegen Sonne und Mond gestellten Rucksäcken in ihre Schlafsäcke streckten. Ich ging vielmehr in die Steine. In die wilde, baum- und strauchlose Öde, in die Kargheit des schroffsten und unwirtlichsten Geländes. Und das brauchte ich nicht erst zu suchen. Es war überall. Überall um den Ort, an dem ich mich eingerichtet hatte, herum. Mit bloßen Füßen schritt ich in Riemensandalen aus, die ich mir vorsorglich gleich nach der Ausschiffung in der Hafenstadt im Norden bei Hirtenstiefelmachern gekauft hatte, und begegnete furchtlos dem Staub, der Schlacke und dem Mist der sich über unzugänglichsten Felsvorsprüngen entleerenden Bergziegen. Ich trug bis unterhalb der Knie hochgerollte leichte und überaus bequeme Baumwollhosen, die mir Trude in den Koffer gepackt hatte – Bäckerhosen, glaube ich, denn Trude stattet mich immer mit Berufskleidung aus, die praktisch und preiswert, pflegeleicht und strapazierfähig ist; zwar war die Bäckerhose mit ihrem kleinkarierten schwarzweißen Muster, eine Art Pepita, denk ich, ein wenig zu auffällig-ausgefallen für einen Menschen meiner Absichten und meiner inneren Statur, aber zum einen war ich – zumindest in der Backofenhitze der Steine, in die ich nicht schlecht paßte – keinerlei dreist neugierigem oder kritischem Blick ausgesetzt – oft kehrte ich auch erst in der Dunkelheit an meinen Ausgangsort zurück – und zum anderen glichen sich mit der Zeit die hellen Stellen des Hosenmusters den dunklen an, ja, auch die dunklen glichen sich an den hellen, so daß unter der natürlichen Patina, möchte ich einmal sagen, die das Gewebe annahm, die ursprüngliche Auffälligkeit der Hose zusehends schwand. Aufgeknöpft trug ich das fliegende Hemd, das den mir aus dem Nacken triefenden Schweiß auffing. Nach Art der alten Hirten, deren Kopf ein schwarzes am Rande mit feinen schwarzen Fransen umhäkeltes Seidentuch bedeckt, knotete ich mir das größte der zuunterst in meinem Koffer vorgefundenen weißen Taschentücher um meinen Kopf. Natürlich schmuddelte das Tuch unter den Anstrengungen meiner Klettereien und Abstiege und den von meinen Schritten hoch aufgewirbelten Staubwolken auch einigermaßen schnell an. Zuerst an seinem Rand. Dann auch rundum. Rundherum. Innen feucht, außen trokken – und, wenn ich es wendete, außen feucht und innen trocken, was der Verdunstung zuträglich war und meine erhitzte Stirn auf das angenehmste kühlte. Am Ende hatte das Tuch fast den gleichen Seidenschimmer wie die Tücher der Hirten, auch wenn es nie ganz heranreichen sollte an deren nie verbleichendes Schwarz aus dem Farbbad. Einen speziellen Ehrgeiz entwickelte ich in dieser Hinsicht nun aber auch wieder nicht. Ich wusch mich nur nicht, ließ alles, was mir zuflog und sich auf mir absetzte, haften und kleben – verdreckte, verstaubte, verspeckte, jawohl, und drückte höchstens hin und wieder und hier und dort mit dem Daumen eines der lästigen und Juckreiz verursachenden kleinen grünen Fluginsekten oder einige der meinen Körper in regelrechten Angriffsformationen überfallenden winzigen roten Strandläuse aus auf der Haut. Zerquetscht und nicht mehr als Getier zu identifizieren, störten sie mich nicht.

Nun war es aber doch auch keinesweg so, daß ich Wasser etwa mied aus Prinzip. Im Gegenteil. Wasser zog mich an wie noch nie. Ging ich in die Steine, war das Wasser meist nicht fern. Ob in schwindelnder Höhe oder ausgestreckt auf glatten mächtigen Kieseln, hielt ich mich immer in der Nähe des Meers. Ich bewegte mich parallel zur Küste. Am ausgiebigsten und ausdauerndsten und also am liebsten hielt ich mich überhaupt an den Stränden, in zerklüfteten Buchten und in den ausgetrockneten Sturzbächen auf, die unter dem Gestein, das ich hochwuchtete, immer noch sanfte quirlige Rinnsale führten. Und ich labte mich – Zunge, Gaumen und Augenlider benetzend – an dem unerschöpflichen Naß. Kaum war ich von den Hauptpfaden der Hirten, Schafe und Zuchtziegen abgewichen, legte ich auch meine Kleidung ab. Ich verpackte sie zu einem Bündel, das ich mir unter die Achsel klemmte. Nur das Tuch um den

Kopf behielt ich auf. Gegen die Sonne. Am Saum des Meeres gab es dann kein Halten mehr. Kopfüber stürzte ich mich hinein. Im Hechtsprung gegen die weich anrollenden Wogen. Von hoch oben hinunter von Felsvorsprüngen und Riffen. So daß es nur so spritzte und schäumte. Ich strampelte und zappelte, tauchte und fischte nach meinem mir vom Aufprall vom Kopf gerissenen Tuch, daß es nur so eine Freude war. Das war ein Planschen und Klatschen, ein Grätschen und Gründeln! Weder beim Herunterwirbeln aus der Luft in die See noch beim Aufschlagen, Abtauchen und Auftauchen achtete ich jedoch auf irgendeine besondere Haltung – obwohl ich mich sogar an verschiedene in der Höhe aus- und in der Tiefe unwillkürlich fortgeführte Körperdrehungen wagte: Salti, Schrauben, Bohrer, und wie immer sie in der Fachsprache heißen mögen. Nein, die Haltung war mir egal, vollkommen egal. Ich hatte keinerlei sportlich-ästhetische Ambitionen. Hauptsache die Sache brachte Spaß. Und hatte ich mich zu Anfang auch noch ein wenig unter dem Mangel an Haltung geduckt, mich also wider bessere Einsicht geschämt – nichts Kunstgerechteres glückt bekanntlich dem Körper, als es ihm vorangegangener Trainingsfleiß erlaubt! –, so wuchs allmählich, je mehr und toller und heftiger, je öfter, höher und kühner ich mich kreuzweis, vorwärts und rücklings hineinwarf in die Fluten, mein Stolz auf meinen Mangel an Haltung. Was so weit ging, daß ich mir, wäre ich von fernen Schaulustigen mit Fernrohren, Feldstechern oder sonstigem optisch überlegenem Gerät bei meinen Wasserspielen, wie ich sie einmal nennen möchte, beobachtet worden, nicht auch nur das geringste daraus gemacht hätte. Fast hätte ich nichts sehnlicher gewünscht. Tauchte ich z. B. nach einem besonders gewagten bzw. die Glieder nur allzu unzulänglich koordinierenden Sprung auf aus dem Wasser, schoß aus meinem gespitzten Mund eine steile Fontäne. Ich hatte einen Heidenspaß. Geradezu. Und war in meinem Element.

Ausgerechnet im Wasser war ich in meinem Element. War in meinem Element im Wasser wie in den Steinen. Denn mir brannte von beiden die Haut. Die Steine – messerscharf blinkende und blitzende Bruchflächen, windgeschliffene, dem Meer abgewandte schillernde Felswannen und unter dem Gewicht von Jahrmillionen und Jahrmilliarden gepreßte Kristallformationen – warfen die Strahlen der Sonne, die meinen Körper verfehlten, zurück auf die im Schatten liegenden Stellen. Und das Wasser erwies seine Härte beim Aufprall.

Meine Haut war stets auf das angenehmste – sogar dann, wenn die Schmerzschwelle bei den überaus häufigen ungeschützten Begegnungen, bei den *ununterbrochenen* Begegnungen zwischen den Elementen und mir, überschritten wurde: auf das angenehmste durchblutet. Und wo die jungfräuliche Haut, die unter jener zum Vorschein kam, die ich mir regelmäßig in mehr oder weniger langen Streifen vom Leibe zog, allzu kribblige Empfindlichkeit an den Tag legte, führte ich sie eben wieder der einzig möglichen Linderung zu: dem Wasser. So war es ein Kreislauf, wie er natürlicher nicht vorstellbar ist. Manchmal suchte ich sogar die Schatten auf. Hockte mich in Grotten, verkroch mich in einer Mulde oder legte mich unter einen der spärlichen von trockenen gelben Beeren durchsetzten Büsche. Wo ich einschlief. Und erwachte. Um vielleicht meine Notdurft zu verrichten wie die Tiere der Berge. Und alsbald wieder wie das Geröll selbst hinabzurollen ins Wasser.

Überhaupt: das Wasser.

Anders als zu Haus, wo mich schon der bloße Gedanke an Wasser, die fernst dumpfe Vorstellung nicht minder als das hörbar nahe Geplätscher von in die Badewanne einströmendem Wasser frösteln und frieren machen, fror ich dort, wohin ich täglich ging, nie. Was für ein Unterschied zu dem Wasser zu Haus! Schon das Wort ZU HAUS! In diesem Zusammenhang. Absurd! Was kann ein solches Wort – dort in der strahlenden sonnendurchglühten Unendlichkeit der Steine, der Klarheit, der Reinheit, dem morgendlichen Blau: und dem Glanz der rot unter den abendlichen Gewölben und Brücken des Himmels den Steinen zuwachsenden Wassern – überhaupt noch bedeuten. Nichts. Es bedeutet nichts. Jedenfalls nicht das, was es einmal bedeutet hat. Was es bedeutet hatte für mich. Das Wasser war ein anderes, ja, sogar die Feuchtigkeit des Wassers war eine andere. Wie die Trockenheit, die, wenn die Feuchtigkeit ein Ende hatte, eine andere Trockenheit war.

In die heimische Dampfbadfeuchtigkeit hatte ich mich nie *geworfen*. In die mußte man – mußte Trude – mich ziehn. Da mußte sie geradezu um mich werben, auch wenn es ihr nur um meine Haut zu tun war. Jedes mir bereitete Schaumbad, jedes Moorbad und Heilbad verabscheute ich. Ich kann sagen: das von mir – zugegebenermaßen mit unlauterer Absicht – Hallenbad genannte Badezimmer, das Trude eigens für mich hat so geräumig und, wie sie sagt, gemütlich einrichten lassen, mied ich wie – ja: wie die Pest. Denn war ich erst einmal untergetaucht, hatte mich einseifen, schäumen, mit speziellen Lotions und Naturschwämmen einreiben und abwaschen lassen, erwartete mich schon die Trockenheit, genauer: der Trocknungsprozeß, dem Trude noch mehr Augenmerk und Tatkräftigkeit widmete als der Feuchtigkeit, resp. der vorangegangenen Wässerung, wie ich mich nicht scheue, es zu nennen. Roh und rücksichtslos, voller Grobheit und nur schlecht verhohlener Gier rubbelte und schrubbelte mich Trude mit dem Frottierhandtuch ab, um mich, den Frierenden und Fröstelnden, den Zitternden, am Ende in den Bademantel zu wickeln. So stand ich immer da auf den kalten Fliesen und wußte nicht wohin. Und konnte kaum einen Schritt tun, weder vor noch zurück, während das Blubbern des aus der Wanne abfließenden Wassers mir im Ohr dröhnte. Nein, beileibe – das dort in den Steinen am Meer: das war was anderes. Dort fröstelte und fror ich nie. War – Trude, damit du es weißt! – nie und nimmer ein *Frostköddel* mehr. Du hättest mich nicht wiedererkannt. Ich stürzte mich förmlich in die Feuchtigkeit, das Naß, die lockenden Strudel, schwamm hinaus, stieß sogar kleine spitze Schreie oder tiefe lange Schiffssirenen nachahmende Tuttöne aus und ließ mich, zurück an Land, von der Sonne trocknen. Wie es grad kam. Freilich schwamm ich, nachdem ich zwischen mir und den Horizonten einmal ein Dreieck, ein dunkel blinkendes von links nach rechts gleichförmig und gleichmäßig dahinziehendes spitzes Dreieck ausgemacht hatte, das nichts anderes hat sein können als die Flosse eines Hais, bald nicht mehr allzu weit hinaus. Vor Haien hatte mich nie jemand gewarnt. Nicht einmal Stratis. Aber auch jemand wie er konnte ja nicht wissen, wie weit es mich hinaustrieb. Wie weit ich ging. Am Ufer des Meeres hockend beschattete ich mein Auge und spähte hinaus. Als könnte ich Afrika sichten. Da ich aber nicht mehr sehr weit hinausschwamm, wie gesagt, verzichtete ich auf den Anblick des Schnees auf den Gipfeln der Berge, zu deren Füßen ich saß. Und auf meiner Haut trocknete das Salz. Das Salz, das sich abgesetzt hatte und die Behaarung meiner Haut in eine angenehme Spannung versetzte. Als nähme jedes Härchen mit Hilfe des Salzes Kontakt auf zum anderen. Mein ganzer Körper war mit Salz bedeckt. Ich glaube, er verlangte geradezu nach Salz. Und da ich zudem aufgehört hatte mich zu rasieren, so daß mir mittlerweile ein kräftiger roter Vollbart gewachsen war – steht mir übrigens nicht schlecht, glaube ich: habe ihn leider nur wieder abnehmen müssen inzwischen! – setzte sich natürlich auch Salz ab im Bart. Das Salz gab dem Bart erst den richtigen Halt. Apropos Salz:

In den Restaurants und Tavernen am Abend saß ich infolge der zweifelsfrei stetig wachsenden Verwegenheit meiner Erscheinung ganz unauffällig inmitten der von Haus aus verwegen ausschauenden und dreinblickenden Fischer und Hirten; jenen vor allem, versteht sich, aus dem Lager der Stillen. Und ließ wie sie Messer und Gabel liegen neben dem Teller. Wie sie griff ich mit bloßen Händen nach den fritierten Sardinen, den von Fett triefenden Lammkoteletts und den in Öl und Essig eingelegten Oliven. Steckte wie sie abwechselnd einen Happen in den Mund des Nachbarn und in den eigenen Mund. Und übertraf gewiß alle, wenn ich mir die in Bratfett und Salatöl getauchten, von Wein und Tresterschnäpsen überschwemmten Hände unter das Hemd schob, um sie mir sorgfältigst abzuwischen auf Brust, Schultern und Bauch. Besonderes Augenmerk richtete ich auf die Ellenbogen und die unter den aufgerollten Hosen hervorspringenden Knie. Das ersparte mir die Sonnenschutz- und Bräunungsprodukte, die in den zwei miteinander konkurrierenden Hafenkiosken angeboten werden; neben flachen Zigaretten, Wegwerffeuerzeugen, Postkarten, Heiligenbildchen und jenen *kombolois* genannten Spielkettchen, deren gelochte Plastikperlen in den nervösen Händen des Manns tickernde Geräusche erzeugen, als seien sie geschmeidig gemachte Maschinen zur Errechnung äußerster Geduld. Davon hab auch ich eines gekauft.

Ob ich zu riechen anfing? Ich meine: zu stinken? Nun, man nimmt den eigenen Geruch kaum als erster wahr. Die Fischer und Hirten jedenfalls, mit denen ich speiste und trank, stanken nicht im geringsten. Obwohl sie nicht schwimmen gehn. (Schwimmen, sagen sie, sei etwas für Leute, die sich kein Boot leisten können.) Wieso sollte ich da stinken? Zumal ich den mehr und mehr glänzend gleißenden Film meiner Haut auf den Wegen in die Steine immer auch noch mit allerlei Duftstoffen versetzte. Rosmarin, Thymian, Zyklamen. Otanthus. Und was immer da am Wegrand wuchs und dörrte an Kräutern, Knollengewächsen und Gräsern. Ich riß mir hier ein Büschel aus, knipste dort mit den Nägeln einen pulvrigen Blütenschaft ab, zupfte mal an diesem Stengel oder an jenem Wurzelstrunk und zerrieb mir alles zwischen den Ballen der Hände zu feinem Staub und Schrot, um es mit dem Fett und dem Öl, dem Essig, dem Salz und dem Rogen der verspeisten Fische auf meiner sich regenden

Haut zu verteilen. Nahm alles, wie es grad kam. Und was immer es war.

Ja, was immer es war! Das war es! Was immer!

Es sollte mich, als ich gezielt zu verwahrlosen begann, nicht mehr im mindesten interessieren. Um was es da ging. Ich verließ mich ganz auf Laune, Geratewohl, Gefallen. Gewissermaßen aufs Schicksal. Das die Gifte nur jenen in die Hände mischt, die sich ohnehin schon abgewendet haben vom Leben.

Ich wandte mich den Dingen und Erscheinungen zu: so wie ich mich ihnen noch nie zugewandt hatte. Und mögen meine Gänge in die Steine zunächst auch noch eine gewisse Ähnlichkeit mit meinen einstmaligen Gängen ins Moor aufgewiesen haben, so fiel schließlich eine solche Ähnlichkeit unbestreitbar und unverkennbar vollständig weg. Denn es handelte sich fürderhin keineswegs um Forschungsgänge. Es handelte sich nicht einmal um Ausflüge. Keine sogenannten Erkennungs-, Einsamkeits- und Genugtuungsausflüge, die, nachdem ich einmal mein altes eingefleischtes Interesse an Moorleichen verloren gehabt hatte, die sogenannten Forschungsgänge abgelöst hatten. Nein! Es handelte sich um gezielte Verwahrlosungsgänge. Gänge hin zum Stillstand. Innerhalb dessen sich alles bewegt. Um das Ende allen vordergründigen Interesses; um das Ende allen Interesses – dem, was zwischen mir und dem Sein ist – schlechthin.

War ich aber, wie gesagt, zunächst nur ziellos verwahrlost, mehr äußerlich also, so war die neue Aufgabe keine leichte. Wie alles Innerliche und Gezielte nicht leicht ist. Obwohl in meinem Falle eine Hauptvoraussetzung erfüllt war. Oder, sagen wir, eine Erleichterung gegeben. Denn die Zielsetzung hatte schon einen unverkennbaren und nachprüfbar stabilen äußeren Halt.

Während ich nämlich noch ausschließlich verdreckte und verspeckte – rotblond standen mir wie eigentümliche Wikingerzöpfchen die verkrusteten Strähnen meines an sich recht schütteren Haars widerspenstig vom Kopf –: während mir die Zehennägel und Fingernägel über die Kuppen der Zehen und Finger wuchsen, hier und dort nur einmal abbrachen in dem ihnen an den Steinen verliehenen natürlichen Schliff: während ich mir Salz, Saucen und Öl von den Handrücken leckte und mir selbst nicht mehr ekelte vor der eigenen Haut – da war ich ja noch in die Steine gestiegen, um nach den Höhlen des Dhaskalojannis zu forschen.

Die des Todes hatte ich inzwischen entdeckt. Hatte gesucht und gefunden. Oberhalb des ersten, sich im Anbruch über der Steilküste hinschlängelnden Ziegenpfades, wo, wenn man runterschaut, die spiegelglatte See sich in grünen, blauen, türkisen, gelblichen und sogar schwarzen Strömungsschlieren auf die Felswände zubewegt und – schon vor dem Aufprall – zu schäumenden weißen Wirbeln gerinnt, bevor sie aufsprühend in regenbogenglitzernden Willkürlichkeitsgesten des Lichts die Spalten und Risse des Bergs benetzt, fast hätte ich: *in ihre Arme schließt* gesagt. Hat man nicht wie ich eine Hängethermosflasche über der Schulter, aus der man sich kräftigen kann, ist man, dafür bürge ich ohne zu zögern, versucht, sich aus der Höhe hinabzustürzen in die berückenden Fluten. Dort, genau dort oben in der Höhe, einer Eingebung – eher einer solchen der Selbstvergessenheits- als der Selbstbesinnungssorte – folgend, krabbelte und kraxelte ich um eine von Dornkraut und Stachelgräsern überwachsene Erhöhung herum, sah nicht nach links – der Abgrund! – und nicht nach rechts – steilster Grat! – und stieß über steinerne Schrägen und Schrunden zu einem kleinen, kaum einem ausgewachsenen Mann Raum bietenden Plateau vor, auf dem ich niedersank. In mich selbst verkauert. Und auf dem ich mich, nachdem ich meine Atemlosigkeit in Übereinstimmung gebracht hatte mit meiner Beherztheit, erhob. Über mir der von der Sonne durchglühte Himmel. Kann ich noch zurück, ohne zu stürzen? Bekanntlich ist meist der Abstieg der tödliche. Ein letzter Blick hinunter in das Brodeln und Schäumen des Wassers. Und die Kehrtwendung! Meine Hände krallten sich in den Fels. Zwischen den Händen aber: nun, was? Zwischen meinen Händen der Einstieg. Der Einstieg zur Höhle. Ein schmales senkrechtes Loch. In das ich mich hineinzwängen mußte.

Es war mir auf den ersten Blick klar, daß es sich um die Höhle des Todes handelte. Denn ich sah nichts. Ich mußte mich erst an die Dunkelheit gewöhnen, bis ich in der Dunkelheit sah. Und erkannte, was es zu sehen gab. Hören aber konnte ich sofort. Es war das Todesrauschen, das ich hörte. Wie aus den Lautsprechern einer hochempfindlichen Stereoanlage rauschte es von links und von rechts an mein Ohr. Nachdem ich einen ersten Schritt gewagt hatte, kam es mir sogar vor, als seien mir riesige rauschende Muscheln oder tönende Seeschneckenhäuser wie Kopfhörer über die Ohren gestülpt worden. Ich streckte die Arme nach beiden Seiten aus. Das Rauschen benetzte meine Fingerspitzen. Todeskühle. Und ich sah das Todeswasser niederrauschen von den Wänden der Höhle. Unablässig niederrauschendes Wasser, das – seltsam – flammte und züngelte wie Feuer. Ich hielt inne. Das Wasser bezog seinen lodernden Glanz aus dem Eingangsspalt der Höhle in meinem Rücken. Als wäre das Mittagslicht durch den bloßen Umstand, daß ein lebendes – ein menschliches – Wesen es mit seinem Eintreten für einen Augenblick durchschritten, durchgetrennt und durchgeschnitten hatte, zum Irrlicht geworden. Das Wasser züngelte zu Boden – nicht nach oben: und doch – ich erinnere mich genau – wagte ich, obwohl ich auch gerade erst kühl meine Fingerspitzen benetzt hatte, schon beim zweiten Schritt in das silberblank blauschwarze Dunkel hinein nicht mehr, an die rauschenden Wände zu greifen. Ich fürchtete, ich könnte mir die Hände verbrennen. So trat ich ungestützt voran, setzte Fuß vor Fuß – der Boden war eben –, bis ich mit der Zehenspitze gegen einen Widerstand stieß. Ich hob den Fuß und trat eine Stufe hinan. Als träte ich an einen verhüllten Altar. Zu meinen Seiten das Rauschen – jetzt auch von hinten, ich wagte nicht den Kopf zu wenden, und von vorn. Ein allumfassendes Rauschen. Quadrophonie. Das Feuer aber, das vor meinen Augen von oben nach unten loderte und züngelte, so daß ich verharrte, um mir nicht die nackten Zehen verbrennen zu lassen, lief vor meinen Augen eine gläserne Wand entlang. Eine in den Fels in der Tiefe der Höhle einzementierte Glasscheibe, die in ihrer ovalen länglichen Form mit den spitzen Enden wie die Spiegelung – oder auch die künstliche Wiederholung – des Höhleneingangsspalts aussah. Ich beugte mich weit vor. Ich drückte mir gegen das Rauschen die beiden Daumen in die Ohren und bedeckte zugleich mit den übrigen Fingern die Brauen. Ich blickte durch die Glasscheibe hindurch. Hinein in die Tiefe des Schreins. Denn es handelte sich um einen Schrein, nichts anderes. In dem ich erblickte, was ich erwartet hatte zu erblicken. Den Tod. Ja. Es war ein Totenkopf, den ich erblickte. Dazu ein ganzes weiß schimmerndes Skelett, Knochen von Gliedmaßen, Füßen und Händen. Der Kopf wie nachdenklich, inmitten der überkreuz um ihn gelagerten knöchernen Spanten und Sparren, ein wenig zur Seite gelegt. Ich blickte und blickte, konnte mich gar nicht satt sehen und erblickte, ja, erblickte, daß ich zu Tode erschrak, als ich es wirklich erblickte: daß sich da etwas regte, rührte, bewegte. Atmete und pulsierte. Denn der Schädel, nicht anders als der mächtige Brustkorb, die Hände, die Arme und Beine, das Becken, sogar die verstreuten Wirbel des Rückgrats – lebten. Alles lebte. Der ganze fleisch- und hautlose, in seine kantigen und sperrigen Bestandteile zerfallene – wie soll ich mich ausdrücken? Knochenbestand, der ganze menschliche Rest: lebte. Und es war mir, als zwinkerte mir die Augenhöhle im Schädel dort hinter der Scheibe merkwürdig zu, als höbe und senkte sich unter schwerem Atem der Brustkorb, als spreizten sich mir die Rippen entgegen, als winkte mir eine Hand, als stieße ein Ellenbogen in Richtung auf meine Seite und drohte mir spitz und vertraulich ein Knie. So daß ich erzitterte und erbebte und es mir in Schauern über den Rücken lief. Ich schlotterte und wankte. Und fühlte mich, als sei mir hinterrücks mein eigenes Knochengerüst aus dem Körper getrieben worden, als bestünde ich selbst nun nur noch aus Fleisch, Haut und schlaffster Muskulatur, die für sich und allein mich kaum mehr hielten. Fast versagten mir die Beine den Dienst. Nur frieren tat ich nicht. Nicht mal frösteln. Obwohl ich zitterte, bebte und wankte. Nein, ich fror nicht im mindesten. Im Gegenteil. Heiß war mir eher. Höllenheiß geradezu. Was aber auch nichts änderte an meinem Zittern, Beben und Schlottern. Es half auch nicht, daß ich mir das sich vor meinen Augen frech und schamlos ereignende Leben mit dem die Scheibe niederrinnenden Wasser erklärte. Jede Vernunft war außer Kraft. Denn war nicht auch, wie gesagt, das Wasser ein nach meinen Füßen züngelndes und leckendes Feuer? So trat ich, so gut ich konnte, zurück. Trat, ohne auch nur einmal den Kopf zu wenden, mich behutsamst Schritt um Schritt zurücktastend, zurück. Schlotternd. Am ganzen Leibe vor Hitze zitternd, bebend und schlotternd trat ich wankend zurück und zwängte mich, ohne auch nur einen einzigen Augenblick die, je weiter ich mich von dem Schrein entfernte, um so wilder und ungebärdiger einen regelrechten Totentanz vollführenden Knochen, den Brustkorb, den Schädel aus den Augen zu lassen, durch den senkrechten Spalt aus der Höhle hinaus. Ins Freie. Und atmete auf. Stille. Luft. Strahlendes, meine Augen blendendes Licht. Von irgendwoher der schrille Schrei eines Vogels. Das Summen einer Biene. Das Meer unter mir ohne Geräusch. Ich war wie betäubt. Ich war benommen. Ich weiß nicht mehr, wie ich den Abstieg, der, wie gesagt, gefährlicher ist als der Aufstieg, geschafft habe. Gemeistert jedenfalls habe ich ihn nicht. Es muß mich getragen haben. Irgendetwas. Etwas, das ich nicht kannte. Nicht kenne. Eine Güte, eine Nachsicht, ein geradezu handgreifliches himmlisches Verstehen. Ich hatte die Höhle des Todes gefunden, ganz offensichtlich, und langte heil an Kopf, Leib und Gliedern an am Saum des Meeres. Ließ mich wohlbehalten niedersinken an einem abgelegenen Strand. Mein Gott. Die Höhle. Gefunden. Die eine. Und – ja: und war's zufrieden. Das hätten wir hinter uns, sagte ich mir. Alles gesehn. Fraglos alles gesehn. Den lebendigen Tod! Da brauchte ich nicht nachzuhaken und weiterzufragen. Ausruhen und aufmerken vielmehr. Ich fragte mich nicht einmal mehr, ob es sich nun um die echten, sozusagen originalen und unverfälschten Knochen des Dhaskalojannis gehandelt hat oder nicht. Ob nicht vielleicht stellvertretend für ihn ein anderer sein Knochengerüst zur Verfügung gestellt haben mochte. Oder mit demselben hat herhalten müssen. Denn wird nicht der, dem der Feind vor aller Augen die Haut vom Leibe abziehen läßt, selbst wenn er nicht einmal seinen letzten Seufzer getan, schon aus allgemeinen hygienischen und aller Zeugen Seelensicherheit garantierenden Gründen auch gleich an Ort und Stelle verbrannt? Das – und anderes – hätte ich mich selbstredend fragen können. Mit Fug und mit Recht. Wie ich es bis dahin zweifelsfrei immer getan hätte. Aber ich fragte mich nicht. Ich schlug nicht einmal in den mir von Trude mit auf den Weg gegebenen Büchern nach. Ich wollte nichts von alledem wissen. Es interessierte mich nicht, wie es mich früher interessiert hätte (und wie es mich selbstverständlich inzwischen schon wieder auf das verläßlichste interessiert!) – und sei es nur darum, weil ein Reflex, ob ein bedingter oder meinetwegen auch ein unbedingter, mir gebieten will, mich zur Wehr zu setzen, also z. B. dem Grauen, das mich in der Höhle des Todes gepackt hatte, auf die Finger zu schlagen, es zurechtzuweisen und ihm etwas entgegenzusetzen: eine Erklärung, eine Begründung, eine Vernunft, damit das Menetekel gebannt ist.

Aber nichts von alledem im einmal in Gang gesetzten Verwahrlosungsprozeß.

Ich verzichtete. Ich wollte mir mein Grauen nicht nehmen lassen. Ich ging auf in dem Grauen, das mich ergriffen hatte. Und nahm es, weil es mich griff. Ich bestand auf dem Grauen. Und so fielen alle Angst und Furcht mit dem Interesse ganz von mir ab.

Ich verzichtete schließlich sogar – und ohne besondere Selbstüberwindung – auf die zweite Höhle des Dhaskalojannis. Auf die Höhle der Freiheit. Die weiter unten liegen mußte. Unten am Meer.

Und nun dort weiterhin unberührt – jedenfalls von mir unberührt – liegt. Die vermutlich nur vom Meer her zu erreichen ist, sonst hätte ich sie gewiß schon vor der Höhle des Todes gefunden gehabt. Aber was sollte ich da nun noch hinschwimmen. Selbst wenn ich ein Boot oder ein Floß besessen hätte. Wäre es umgekehrt gekommen: erst die Höhle der Freiheit – ja dann, dann hätte es mich mit Sicherheit auch noch zu der Höhle des Todes gezogen. Aber so? Nein. Nach der Höhle des Todes gab es nichts mehr. Nicht einmal die Höhle der Freiheit. Und wenn sie tausendmal eine alte geheime Münzstätte zu bergen versprach. Womöglich mit herrlichen erhaltenen Pressen und Platten. Mit wunderschönen unter dünnen Schichten von Rost und Vergessen blitzblank blinkenden Zainen – bekanntlich den metallenen Stäben, aus denen gewalzt wird – und den überraschendsten Stempeln, die kein Moderner und Neuzeitlicher kennt. Kein Neugieriger, Getriebener, Unzufriedener wie wir. Letztlich wir alle. Nein. Und hätte mir jemand Schätze versprochen; nicht selten stößt man, wenn man nur an den richtigen Stellen kratzt, unter den Oberflächen, gestampften Böden und wacklig steinernen Blöcken, die auf den ersten Blick anmuten wie Fallgruben oder verlassene Verstecke von Heiligen und Verliese für Sklaven, auf schönste und seltenste Stücke. Aber lassen wir das. Das alles ließ ich hinter mir. Verzichtete. Und was das heißt für einen, dem alte Münzen und Medaillen nicht nur schnöde – wiewohl durchaus nicht zu verachtende, mithin auch nicht billig zu verschmähende – Mittel der wirtschaftlich-finanziellen, pekuniär-praktischen Existenz-Absicherung, meinetwegen auch: Bereicherung, waren und – wohl nun auch bald wieder – sind, sondern vor allem Mittel zur intelligenten, betrachtenden, selbstlos vergleichenden, analysierenden, ab- und einschätzenden, verantwortungsvoll urteilenden und vorurteilslos Anteil nehmenden, um nicht zusammenfassend zu sagen: wissenschaftlichen Beherrschung der Welt – was das heißt, das kann wohl jeder, der mit beiden Beinen fest in der Welt steht, ermessen. Auch der Nicht-Numismatiker. Vielleicht eher noch als der Numismatiker, der befangene Fachmann, wird er ermessen können, was es heißt, zu welchem Neuland ich vorstieß mit meiner Verwahrlosung. Denn fortan war mir einfach alles egal. Total egal.

Ich wollte, jawohl, von rein gar nichts mehr was wissen. Jedenfalls nicht von dem, was mir bis dahin immer als das Wichtige und Wissenswerte erschienen war. Ich wollte den Dingen und Erscheinungen nicht mehr auf den Grund gehen. Ich wollte, obwohl von mir kaum jemand wird behaupten können, ich sei einer, dessen Interesse in besonderem oder gar übertriebenem Maße je der eigenen Person gegolten hat, nicht einmal mehr von mir selbst etwas wissen. Oder mir selbst auf den Grund gehen. Ich wollte in den Dingen und Erscheinungen aufgehen vielmehr. Und aufgehen in mir selbst. Was ich denn auch tat.

O was für ein Glück! Was für eine Erhöhung! Und eine Vertiefung! Was für eine Beseelung und Entäußerung zugleich. Ein neuer Reichtum, der in jeder Weltsekunde einen neuen Ansporn gebiert. Und was für eine Verheißung. Zunächst nur Verheißung. Erst später Erfüllung. Denn bekanntlich folgt die Erfüllung der Verheißung nicht auf dem Fuß; zumindest nicht gleich und nicht dort, wo es vorzudringen gilt in unseren bisherigen Erfahrungen und Kenntnissen vorenthaltene Bereiche. Dafür bewegen wir uns doch immer noch allzu sehr in der uns vertrauten und üblichen Gangart. Dem Zickzack. Dem Zickzack der Wörter, Begriffe, Ideen, Gedanken und Schlüsse, die ja nicht selten Trugschlüsse sind, so daß die Pfade, die wir betreten, je mehr sie ausgetretene sind, zu Irrwegen werden. Wir kennen die Richtigkeiten; die Wahrheit noch nicht.

Ich aber, das zumindest wußte ich, irrte nicht. Denn es ging, wie gesagt, um den Stillstand. Und um die Bewegung in ihm. Ein Widerspruch? Nun ja – und eine kleine Widrigkeit des Spachgebrauchs zudem; wie alles, was den Blick auf die Wahrheit freigibt. Ich weiß nämlich wie kein anderer: allenthalben sitzen die Teufel in den Details – und kaum sind sie losgelassen, können sie auch den Pferdefuß nicht mehr verstecken: und so ist mir natürlich selbst auch am besten bewußt, daß ich hier bei der Beschwörung des wort-, begriffs-, ideen-, reflexions- und schlußlosen Zustands, zu dem ich mich auf den Weg machte, nicht umhin kann, mich wieder alter Übereinkünfte, der überkommenen Terminologien, Wörter, Begriffe etc. zu bedienen – als wäre nichts gewesen. Aber sei's drum.

Ich stelle fest.

Nicht mehr zurückschauen auf den Weg, den man gegangen ist.

Nicht über den Schritt hinausschauen, den man geht.

Keine Zeit totschlagen. Keinen Raum. Ausruhen. Sein.

Das ist das Ziel.

Ohne Beschäftigung auskommen, ohne Verpflichtung, ohne Hoffnung und ohne Moral.

Den Dingen und Erscheinungen keine Namen mehr geben, das eine nicht zuordnen dem anderen ... und doch alles, was in einem schwingt und klingt, bewältigen, bewahren.

Wörter und Worte. Behüten.

Vipern, Skorpione, Libellen.

Fels.

Strömungsaufbau, Echolot, Quartär – und einsamer Flug.

Ob Hoffnung oder Verdammnis, ob gut oder schlecht, ob Wirklichkeit, Traum oder die machtvollste Vorstellung von den Erscheinungen und Dingen: es ist gleich-gültig. Alles hat denselben Wert. Und dieselbe Wohnung in mir.

Keine Forschungen betreiben.

Tintenfisch, Qualle und Auster.

In der Hand schimmert das All, wenn ich trinke. Was für eine dunkle Schale, da sich mein Kopf über sie beugt!

Es gibt weder Schwäche noch Stärke.

Und da es nichts Häßliches gibt, gibts auch nichts Schönes.

Anders denken. Und sein.

Ikarus, der die Nacht erhellt mit brennendem Flügel am Grunde des Meers.

Ich sehe Maulesel hoch in der Luft. Seepferdchen, Rotaugen. Ein Ruder unter dem Arm. Dem Arm des Propheten. Den Propheten sehe ich nicht.

Dem Wind, der sanften Brise, dem Säuseln nichts anhaben. Ihnen nichts tun. Sie nicht trennen, zerteilen, zerlegen. Sie nicht sezieren und morden.

Nabel- und Schildkröten- und Sternschnuppentage.

Wildwuchs.

O was für ein Weg in die Erscheinungen und in die Dinge und in mich selbst. Zum Stillstand. Welche Bewegung!

Eine Schwalbe, ein Wiesel, ein Plattfisch.

Das Wuchernde in den Steinen und mir.

Zahnfisch, Barbe und die schlangenartig mit den heranrollenden Wogen heranschnellende Muräne: sie hat Blut gerochen, sie trinkt das Blut, das sich von meinem an Steinen geschürften Knie nach allen Seiten im Wasser verteilt, sie nähert sich meinem Knie. Sie beißt zu, verbeißt sich und läßt schließlich ab von dem Knochen.

Ich erfülle die Welt mit meiner Aufmerksamkeit und meine Aufmerksamkeit mit der Welt.

Ich vergesse: Trude, Elisabeth, Brandig.

Numismatik, Zoologie, Botanik, Geschichte. Die Zeit.

Ein Raunen und Wispern. Ein Glimmen. Luzidität.

Alle Macht auf den Nenner unbeugsamster Sanftmut gebracht.

Brot und Wein.

Ich klebe mir feine grüne Schichten von Algenpflästerchen auf mein geschürftes und von der Muräne zerbissenes Knie.

Sich selbst nichts anhaben. Wie dem Wind, der sanften Brise.

Verantwortungsferne.

Verwahrlosung.

Jubelnde Demut. Wortlos Gebet. Menschenopfer und Erdengeschenk.

Zeitlosigkeit. Gewissenlosigkeit. Kulturlosigkeit.

Hoher Mohn.

Mathematik ohne Zahl und Figur, ohne Zeichen und Ziffer.

Der Sturz meiner Achselhöhle, in die sich verkrochen hat der mit Menschenschritten nicht ausmeßbare Raum.

Eiweiß. Zelle. Atom.

Die späten Verbrechen sind wie die frühen: Nahrung. Rotz aus der Nase, zwischen Zeigefinger und Daumen zu Honigklümpchen gedreht.

Die Armbanduhr und das rote Schweizer Offiziersmesser mit Schere, Brennglas, Feile, Säge, Flaschen- und Büchsenöffner, Zahnstocher, Pinzette, Schraubenzieher und Fischentschuppungsspachtel auf dem Grund des Meeres ablegen, liegenlassen, verwahren.

Erde, Erde, das Palmblatt.

Olive.

Muskat.

Ich strecke die Arme von mir und das Universum erkennt mich als sein tiefstes Gefäß. Das gibt meiner Haltung das Aufrechte und Leichte. Die Gebirge höhnen der Schwere.

Natur, ja, Natur.

Ich errichte ein Denkmal. Verkitte sorgsam die zerbeulte Cola-Dose mit dem senkrecht an meiner Schulter niedergegangenen Faustkeil. Der Kitt ist verbrauchtes Schiffsmotorenschmieröl, das in braunschwarzen klebrigen Klumpen an die Strände gespült wird.

Ich, der Riese, der Zwerg und der Leuchtturm. Darüber, darunter, daneben.

Wirklich Natur.

Lämmerkot.

Keine Sehnsucht, kein Bangen.

Wenn wir nur lange genug links herumgehen, gelangen wir im Erreichbaren allemal nach rechts – und umgekehrt selbstredend.

Alles aushalten und erhalten.

Mein Fuß im Inneren des Felsens und mein Ohr im Innern der Sonne.

Eine mutterlose Wiege: die Welt. Die Amme ist mein Bewußtsein.

Kein Buhlen und Werben.

Und niemals, nein, niemals Jammer und Spott.

Die Erektion des Körpers auf dem ausgestreckten Geist und nicht minder die Erektion des Körpers auf dem ausgestreckten Geschlecht. Ganz so, als wäre der Geist das Geschlecht und nur wir selbst der seltsam aufgerichtete strahlende Hinweis auf ein Verlangen.

Ein nicht vernichtendes Verlangen. Ein einmal nicht vernichtendes Verlangen. Eine Verheißung, wie gesagt, und schon die Erfüllung. Natur.

Ich erhebe mich, blicke über die Himmel hinaus.

Könige, Fürsten, Usurpatoren, Herrscher, Potentaten und Pferde, Zitronen schauen über die Zinnen.

Der Duft des Schnees und der Schnecken.

Venus. Saturn.

Das A und das O von A bis Z. Sprache wie Schweigen.

Amen, Odem und Zimt.

In jedem Roman, der geschrieben wird von einem verschmitzten und schwermütigen Autor, kommt immer ein Schwan vor.

In jedem Bild ist die Nacht.

In der Musik.

Das Rauschen des Meers.

Meine Hand. Mein Herz.

Der Wind.

In der Musik.

Stille.

– .

So ungefähr. Sagen wir so. Ich könnte das ausbauen. Denn der Verwahrlosende kehrt zu einer Unschuld zurück, die ausladender und umfassender ist als jene, die vor der Kultur war. Er hat die Kultur überwunden.

Er ist selber *fast* wieder Natur. Wäre er ganz Natur, wüßte er – natürlich – von nichts.

Der Verwahrlosende läßt die Kultur hinter sich wie einen Schmerz.

Es kehrt Frieden in ihm ein.

Und so trug denn auch ich meinen Frieden in mir. Und trug ihn zu den Fischern und Hirten. Zu den Touristen trug ich ihn nicht. Ich war mit der Welt und mir im reinen. Eine ausgesprochen innere Verwahrlosung, wie gesagt. Ein anderes Denken und Sein. Als gehabt. Denn es handelte sich ja durchaus um ein Denken. Ich ließ mich keineswegs gehn. Es handelte sich nämlich nicht etwa um eine Verschmelzung. Es handelte sich um eine Versenkung. In die Dinge und Erscheinungen. In mich. Nicht einmal mit mir selbst verschmolz ich. Ich blieb, ja, richtiger: ich wurde überhaupt erst der eigentliche Widerspruch, der ich schon immer war. Ich ruhte im Stillstand. In dem sich alles bewegt. Ich bewegte mich im Stillstand. Ich ließ die Erscheinungen und Dinge ohne Dämpfer und Polster auf mein Innerstes prallen. Nichts mehr war zwischen ihnen und mir, kein Interesse, wie gesagt. So wenig wie zwischen der einen Seite von mir und der anderen. Der Zwiespalt war aufgehoben, weil ich den Widerspruch annahm –

und nicht widersprach.

Sonst wäre es ja geschehen gewesen um mich.

Wunderbar war ich zurückgetreten in die Würde der Welt, an einen Ort, an dem es keinen Geiz, keinen Ehrgeiz – und keine Ehre mehr gibt. In mich. In die Erscheinungen. In die Dinge.

Und das muß man erst mal schaffen. Denn das ist mit Sicherheit nicht so leicht, wie es *vielleicht* im nachhinein aussieht.

Es ist sogar die allergrößte Anstrengung vonnöten. Denn es handelt sich um einen Akt der heitersten Freiwilligkeit – zu dem der stärkste Wille gehört. Ein vielerlei Grenzen überschreitender, vielerlei Gesetze mißachtender und Ordnungen außer Kraft setzender Wille.

Tätig strebsame, gezielte, auf eigene Faust betriebene Verwahrlosung ist kein Zuckerschlecken. Sie ist eine Arbeit. Eine Arbeit, die unveräußerbar ist. Und deren Produkt und Ergebnis unveräußerbar sind. Ja, nicht einmal zu verschenken.

Jeder Selbstgewinn, möchte ich einmal abschließend sagen, hat seinen Preis. Dort wohin einem niemand mehr folgt, wo einen niemand mehr auffangen kann, wenn man fällt, ist die Welt. Ich sage es noch einmal: der Frieden, das Ziel.

Und hatte sich, als ich noch einigermaßen ziellos und ungezielt verwahrlost war, vom äußeren Erscheinungsbild meiner Haut her schon einiges sichtbar gebessert gehabt, so sollte der entscheidende Umschwung, die Wende gleichsam, erst vollzogen werden mit eben jener Verwahrlosung, die gezielt und eine geistige war. Die gezielte Verwahrlosung brachte mir schließlich die vollständige, nicht nur äußere, nein, sie brachte mir vor allem auch die innere Heilung meiner Haut. Die Wende hatte gewissermaßen umgekehrt perkutanen Effekt.

Denn was für ein von innen her strahlender, changierender, schimmernder cremig flaumiger Glanz war das, der am Ende meinen ansonsten nicht gerade verwöhnten Körper bedeckte! Was für eine Feinheit und Festigkeit! Und was für eine angenehme, mehr: anziehende, nein: was für eine berückende Glätte. Mein Bauch, meine Knie, meine Ellenbogen und vor allem meine Hände. Die Handrücken, die Knöchel. Geradezu bestrickend. Ich hockte da in den Steinen und strich mir ohne Unterlaß, versunken in die neuen Gedanken, den bewegten Stillstand, über die eigenen Hände. Ich streichelte und liebkoste sie. Die Bewegung war in meinen Händen, möchte ich einmal sagen, während ich stillhielt. Ich konnte es kaum fassen. Ich war in Übereinstimmung mit mir und der Welt, wenn auch allein. Mutterseelenallein in den Steinen. Ich mochte mich selbst richtiggehend, möchte ich einmal sagen, leiden.

10

Durch Verwahrlosung zur Wahrheit. Nimmt es da wunder, daß ich in der Osternacht unter die Kämpfer geriet? Sie waren wie Schatten aus allen Richtungen der Dunkelheit auf den Platz vor der Polizeistation geströmt, Greise, Kinder, Frauen, Männer, waren hierhin gegangen und dorthin, die Kinder steif wie die Greise und die Frauen hoch aufgerichtet wie Männer, und ich war unter sie geraten, da sie überall waren. Ich hätte in meinem Haus bleiben müssen, um nicht unter sie zu geraten. Sie zogen hinauf zu dem oberhalb des Orts gelegenen Plateau, auf dem ihre Kirche steht, und zogen mich mit. Schweigend folgte ich ihrem Schweigen. Warum sollte ich nicht in der Osternacht mit den Kämpfern ziehn? Die nicht brüllten, sondern schwiegen! Da konnte ich auch mit dem Nachtglühen rechnen. Diesem karminroten bis violetten Lodern über den düster ins Meer gestaffelten Bergen im Westen. Außerdem ist der Blick von oben auf die hell erleuchteten Fenster der Häuser im Ort eindrucksvoller als jener, der mich erwartet hätte, wäre ich denen aus dem Lager der Stillen gefolgt. Eingekeilt nämlich in stiller Prozession zwischen den Kämpfern sah ich, als ich den Kopf wandte, daß sich nach ihnen die Stillen, die in der Überzahl waren, vor der Polizeistation versammelten. Deren Kirche steht unten, hinter dem Telegraphenbüro, dem Postamt und den zwei Metzgereien in einer Felssenke versteckt. Von dort aus kann man nichts sehen außer der Zeremonie. Es gab also keinen Grund, mich, als ich feststellte, daß ich unter die aus dem Lager der Kämpfer geraten war, davonzustehlen. Womöglich hätte ich sie noch glauben gemacht, daß ich sie fürchtete. Insofern kam mir der ein Naturereignis oder wenigstens einen friedlich anheimelnden Ausblick versprechende Standort der Kirche, zu der ich mitzog, durchaus zupaß. Ich hätte nur den Kopf zu wenden brauchen.

Aber dazu kam ich, nachdem ich ihn schon einmal zu den sich unten versammelnden Stillen gewendet hatte, ja nicht.

II

Ich kann nur sagen, daß es mich nicht im mindesten wunderte, in der Osternacht, unter funkelnden Sternen und eingebettet in die Menge der Gläubigen, im Angesicht der geschlossenen Augen des Popen, der die Arme zum Himmel hob und betete in eintönig beschwörendem Singsang, Sue, die – wie mir zu Ohren gekommen war – vor einigen Jahren am Ort hängengebliebene New Yorker Börsenmaklerstochter, die wieder schön war wie nur mit nach mir umgewandtem Kopf am Tavernenherd des Geliebten, eine Maschinenpistole unter dem weit wallenden Rock hervorziehen zu sehen und sie ihm, Stavros, dem Chef, der neben ihr in die Knie gegangen war, zu reichen wie eine Opfergabe, eine Art schwarzer Monstranz mit kurzem stählern glänzendem Lauf oder aber gar – Fleisch von ihrem Fleisch – als Reliquie, ihre Art von Besänftigung und Verheißung, damit er, die Waffe – ein sichtlich älteres, aber, wie sich sogleich herausstellen sollte, gut in Schuß gehaltenes Modell – schräg über die Gestalt des Popen haltend, der erhöht stand auf den Stufen zum Portal des kleinen baufälligen Gotteshauses, schräg hinweg auch über das auf der weißen Kirchenfrontmauer aufgesetzte Halbrund des Glockentürmchens, mitten hinein in den Himmel ballern konnte – so daß die Menschen um ihn, Stavros, und sie, Sue, herum mit ihren gerade zuvor erst am flackernden Ölschalendocht des Popen entzündeten schlanken Kerzen in den Händen zurückwichen – manch Licht erlosch vom Luftzug des Schrecks –, der Pope aber ungerührt weitermurmelte die große heilige Litanei, die Arme jedoch ein wenig höher gestreckt gen Himmel und die Augen inzwischen weit offen, um Stavros und die Maschinenpistole, wenn ich es von der hintersten Reihe aus richtig sah, milde und nachsichtig anzublicken, die Stimme um ein paar Tonstufen zu heben und dann mit weit ausholender Geste das Kreuz zu schlagen über die links und rechts mit ihren Lichtern ins Dunkel zurückgewichenen Gläubigen, so daß nun Stavros, der, wie ich sah, als ich mich auf die Fußspitzen stellte, nur auf einem Knie kniete, innehielt in seiner seltsam starren, wie von seinem weit vorgeschobenen Kinn gehüteten, ja, regelrecht überdachten Versenkung, um plötzlich mit einem Ruck, der durch seinen Körper ging, und ausgestreckten Händen dem Geistlichen heftig und quer die Waffe entgegenzuhalten, worauf der seine Stimme um ein paar weitere Tonstufen anhob, was nun schon geradezu sündhaft klang, nämlich wie der mutwillige Rückfall in die reine Zeit vor dem Stimmbruch, Stavros aber aufstampfte mit einem Fuß und mit der Waffe in den Händen über die Kirchenstufen dem Gottesmann entgegenstieg, so daß der sich noch sowohl in seiner ganzen Popenhöhe samt hohem rundem Popenhut gen Himmel reckte als auch mit einer fahrigen Hand hinter sich in die Leere zwischen den Flügeln des offenstehenden Kirchenportals griff und der sich ihm nähernden Waffe – es huschte ein Flackern über sein weißbärtiges Gesicht – endlich dadurch begegnete, daß er sie mit der hinter dem Rücken hervorschnellenden Hand segnete, ihr, nicht anders als einer Gläubigen, die zurückweicht ins Dunkel, Einhalt gebot, wobei nun auch noch ein Leuchten in seinen Augen erstrahlte, das nicht allein herrühren konnte von den Teerfackeln, die anstelle der ausgegebenen Kerzen entzündet worden waren von den Halbwüchsigen, den jüngeren Männern und wilderen Knaben, jenen mithin, die eben nicht gleich bei den ersten Schüssen aus der Maschinenpistole zurückgewichen waren, sondern Stavros leuchteten und beleuchteten, wie er da stand, breitbeinig, den Finger am Abzug – wo kriegte er nur die Munition her für sein altertümliches Mordinstrument? – dazu die bebende Sue, die sich mit beiden Händen an seinen nackten muskelbepackten Arm klammerte, mit dem er sie aber, nein, keineswegs unwirsch, eher auf später vertröstend, abschüttelte, um so recht geballt und Raum greifend mit den Schultern zu rollen sowie plötzlich, urplötzlich, muß ich schon sagen, aufzubrüllen, aufzubrüllen wie ein verwundeter Tarzan in die Stille und Unendlichkeit der Nacht, und ebenso urplötzlich und unvermittelt, ohne jedes Innehalten, übergangslos aufzulachen, lauthals, fröhlich, gewaltig aufzulachen, so daß, als sei das Lachen das verabredete Zeichen, Michalis, der jüngere Bruder, seine Fackel wie den lodernden Stab eines Tambourmajors hoch in die Luft wirbelte und Stavros, eins mit der Waffe, im ganzen Körper also durchzuckt von der die Zielrichtung vorgebenden torkeligen Flugbahn der Fackel, die es zu treffen galt – drauflosballerte wie hinter einem im Zickzackkurs in den Himmel Flüchtenden her, den er aber nicht traf, denn er traf die im Maueraufsatz auf der Gotteshausfront eingehängte Glocke, die erst von den kruden Salven grell und trocken aufschrillte, dann aber, offenbar in Schwung gebracht von den Salven, als die Schüsse schon längst verhallt waren, zu tönen und zu klingen begann, ganz so, als verkünde sie eine neue Zeit, verheiße sie Liebe, Vergebung, Erlösung ... ich kann nur sagen, daß ich mich nicht im mindesten darüber wunderte, mich aber trotzdem bis heute nicht daran erinnere, was sonst noch passierte in dieser Nacht, wie der übrige Ablauf des Geschehens war, wie der Pope sich im weiteren Verlauf der Zeremonie verhielt und wie lange ich selbst noch an Ort und Stelle verweilte, außer – daß Stavros irgendwann mit der Waffe in einem und mit dem Mädchen im anderen Arm davonging und ich, wie soll ich mich ausdrücken? zuguterletzt? zuguterletzt Stimmen vernahm, die Stimmen von einzelnen Gläubigen, ja, Gläubige, die, noch ein wenig zögerlich, in die laue Osternacht hineinriefen: Χριστός ἀνέστη! Christus ist auferstanden! worauf es freudig, entschieden und in überwältigendem Jubel aus der Menge zurückschallte: 'Αληθῶς ἀνέστη! Auferstanden fürwahr!

12

Muß ich schließlich hervorheben, daß mich nicht einmal die Versetzung von Orestis, dem Vorsteher des Postamts, mehr wunderte? Obwohl er einer war, von dem ich zuallerletzt erwartet hätte, daß ihm etwas zustößt. Aber ich bin Zeuge geworden, ich habe ihn mit eigenen Augen gesehn. Unfreiwilliger Zeuge. Zwar nicht der Mißhandlungen selbst, aber doch der sichtbaren Folgen. Ich habe Orestis beim Erledigen seiner letzten Amtshandlungen überrascht. Aber was heißt schon Versetzung?

Ich war, da ich schlecht geschlafen hatte, am Ostersonntag schon früh auf den Beinen. Bis zum Morgengrauen war die Stille immer wieder von Jubelrufen und Schüssen, auch einzeln verlorenen, von Schreien und Pfiffen zerrissen worden. Kein Gesang natürlich, das versteht sich. Hingegen gelegentliche schwere Donnerschläge, womöglich von Feuerwerkskörpern, immer gedoppelt vom Rückprall der Berge. Kaum drang das Tageslicht in mein Haus, entstand – wie zwischen mir und der Nacht – ein Zwischenraum äußerster angespanntester Ruhe. Kein Laut mehr. Bis das Vogelgezwitscher einsetzte. Ich trat vor das Haus.

Über den friedlichen Häusern, den Erddächern und Dachterrassen, schwebte ein kühler durchsichtiger Schleier von Licht. Die Sonne aber im Osten über dem Pinienwäldchen am Eingang des Orts tauchte auf wie aus Milch. Selten war ich so früh auf den Beinen gewesen.

Ich stieg hinab zum Hafen, um einen Kaffee zu trinken. In der Hand hatte ich ein paar Salzzwiebackstückchen aus dem Plastiksack, der in meinem Haus an einem Faden vom Dachbalken hing. Ich begegnete niemandem auf meinem Weg. Nur ein paar Kinder saßen in dunkelblauen Hosen und Röcken sowie schneeweißen Blusen und Hemden auf den betonierten Stufen und sprachen ruhig und gesetzt miteinander wie Alte. Die Haare der Jungen noch naß von der Morgenwäsche, die Mädchen mit Schleifen im Haar.

Ich ging die Gasse mit den zwei Metzgereien, dem Telegraphenbüro und dem Postamt hinunter und

wie das? am Ostersonntag jemand im Dienst? Orestis? Oder gar der Postbote, der doch nur zweimal die Woche kommt, um die Post zu holen, die er auf langen Tagesmärschen verteilt in Klöstern, Einsiedeleien und den entlegensten Flecken der Berge?

Am Tag zuvor hatte ich mich wie meist lange in den Steinen herumgetrieben und war gar nicht mehr nach Post fragen gegangen. Trudes Briefe reichten mir inzwischen auch immer noch am folgenden Tag. Am Morgen. Am Morgen aber sind die schweren eisernen Rolläden vor dem Postamt bis unter die Pensionsbalkons des ersten Stockwerks, wo die Frau von Orestis ihre Gäste versorgt, in die Höhe gezogen. Bis auf Sonntag. Am Sonntag ist das Postamt geschlossen. Im Gegensatz zu dem von privater Hand betriebenen Telegraphenbüro gegenüber. Das hat sonntags auf. Nur nicht um die Zeit, als ich vorbeikam. Wer wird schon in aller Herrgottsfrühe, zumal am Ostersonntag, telegraphieren? Oder mit jemandem sprechen? Das Postamt jedoch war offen, zu einem Drittel jedenfalls. Die Rollläden waren bis auf Hüfthöhe hochgezogen. Ich hielt inne im Schritt.

Die Briefe von Trude stecken immer in der Zigarrenkiste, die auf dem Schaltertresen des Postamts steht. Linker Hand. Rechter Hand sitzt Orestis. Hinter Orestis Postfächer, ein Tisch für den Postsack und ein dunkelgrün gestrichener Spind. Wenn Trude geschrieben hat (sie hat fast immer geschrieben), nickt mir Orestis mit freundlich unverhohlenem Postmeisterstolz zu; wenn nichts da ist, hebt er mit freundlich unverhohlenem Postmeisterstolz den Kopf und zieht die Brauen auf die jugendliche Stirn. Es trifft die im Postdienst sich von selbst verstehende Diskretion auf eine ganz persönliche Verbundenheit, eine Verbundenheit, die weit davon entfernt ist, sich anzubiedern mit einem Wort. Es ist die Würdigung dessen, dem fast täglich geschrieben wird in die Fremde, der also nicht aus der Welt ist in der Fremde – und wer nicht aus der Welt ist in der Fremde, ist fast schon zu Haus und kann nichts Böses im Schilde führen, der lebt in Verhältnissen, die man messen kann an den Verhältnissen, die herrschen im Stockwerk über dem Postamt, wo die Frau die fremdländischen Gäste betreut. Die im übrigen bezeichnenderweise, möchte ich mal sagen, weit weniger Post kriegten als ich. Warum nicht drunter wegtauchen unter dem Rolladen der Tür? Χριστός ἀνέστη! Christus ist auferstanden! Freuet Euch! Wohlan!

Ich tauchte unter dem Rolladen weg, mußte meine Augen aber erst an das Dämmerlicht im Postvorraum gewöhnen. Was ich dann, als ich sehen konnte, sah, verschlug mir die Sprache. Nein, Χριστός ἀνέστη! sagte ich nicht. Vermutlich – man kann sich nicht alles merken – sagte ich nichts oder stammelte irgendeine überflüssige Entschuldigung. Jedenfalls erblickte ich Orestis in einem Zustand, der zu Besorgnis Anlaß gab.

Er schien mich nicht zu erkennen. Er reagierte gar nicht auf mich, obwohl er den Kopf hob. Auf der Stirn hatte er eine klaffende Wunde. Einen Schnitt oder Riß quer vom Haaransatz herunter auf die Braue. Das Auge unter der Braue war gänzlich zugeschwollen. Die Nase war ein Stück zur Seite gerutscht. Wahrscheinlich war das Nasenbein zertrümmert. Die Lippen, der Mund, eine einzige geplatzte Fleischwulst. Mit hellroten Flecken wie schlecht geschminkt.

Auf der Briefwaage lagen ein Schlüsselbund und eine zerbrochene Brille. Ab und zu tupfte sich Orestis mit der Linken, in der er ein weißes blutgetränktes Tuch hielt, zu beiden Seiten der klaffenden Wunde die Stirn. Die Rechte glitt fahrig und zittrig über Papiere, Briefe, Formulare, die auf dem Posttresen verstreut lagen. Ich wußte wirklich nicht, was tun.

Ich glaube, ich fragte: Was ist geschehn? Als wäre das ein Ausweg. Natürlich bekam ich keine Antwort. Und, ich gebe es zu, es gereicht mir wahrlich nicht zur Ehre, ich drehte mich um, sah mich um, ob mich nicht vielleicht ein Dritter noch wahrnimmt, beobachtet, sieht – und tauchte wieder unter dem Rolladen weg. So eilig, als könnte ich von der eisernen Rolladenkante erschlagen werden. Wie von einem Fallbeil geköpft. Kaum aber war ich draußen im Tageslicht, wußte ich nicht wohin. Und lief dann ziellos und unglücklich umher. Als habe ich mich schuldig gemacht. Meine Salzzwiebackstückchen warf ich den Hühnern zum Fraß hin. Kaffee trinken ging ich nicht. Ich stieg wieder die Stufen hoch, an meinem Haus vorbei und ging in die Steine.

Aber was hätte ich auch anderes tun sollen?

Tagelang schleppte ich die Vorwürfe, die ich mir machte, mit mir herum.

Immerhin gibts eine Polizei. Dachte ich. Damals dachte ich das noch. Dachte an die Männer in der Polizeistation am Hafen. Aber sollte ich mich einmischen? Außerdem muß ich es schon geahnt haben: eine Einmischung hätte mich – und vor allem Orestis – nicht weitergebracht. Eine Einmischung bringt nichts, das sollte ich selbst noch bestätigt bekommen. Später. Als ich mich in eigenster Angelegenheit einmischte. Aber darauf komm ich auch noch zurück. Rechtzeitig. Ebenfalls später.

Am Ostermontag, am Dienstag und Mittwoch war die Post geschlossen. Auch hingen nicht mehr die zwei kleinen Töchter von Orestis an dem Balkongeländer über der Post. Genauso wenig wie Bettwäsche und das Badezeug der Gäste. Türen und Fenster der Dienstwohnung verschlossen.

Am Donnerstag war der Postbote da. In der Zigarrenkiste zwei Briefe von Trude. Im Hintergrund auf dem Tisch ordnete der Postbote die Briefe, die sich häuften. Neben dem Tisch noch ein oben verschnürter Postsack. Vielleicht gabs da ja noch einen dritten Brief. Ich wartete. Wie beiläufig erkundigte ich mich nach Orestis. Urlaub? Krank? Der Mann drehte sich nicht einmal nach mir um. Von hinten konnte ich sehen, wie er den Kopf hob, und ich bin sicher, daß ich den Titsch- oder Tatschlaut vernahm.

Am Freitag und Sonnabend war die Post wieder geschlossen. Ich gestehe, ich fragte niemanden mehr nach dem Verbleib von Orestis. Da hätte ich ja gleich nach Pavlos fragen können. Meinem Freund Brandig. Zwecklos, sagte ich mir.

Am darauffolgenden Montag hatte der Ort wieder einen Vorsteher des Postamts. Einen freundlichen älteren Herrn von außerhalb, der mir unter der Hand die Zigarrenkiste wegzog und nach einem Ausweis verlangte. Einen Ausweis trug ich natürlich nicht bei mir. Erst als ich auswendig Trudes und meine Mooranschrift auf einen Zettel geschrieben hatte, die der Mann mit der Absenderanschrift auf dem Brief verglich, händigte er ihn mir mit einem freundlichen Lächeln aus.

Mit dem Brief in der Hand ging ich im Hafen spazieren. Suchte mir ein schattiges oder luftiges Plätzchen zum Lesen. Am äußersten Ende des Anlegers aber sah ich Stratis, den Kapitän, meinen Vertrauten. Er betrachtete nachdenklich die vertäute SOFIA. Ich trat auf ihn zu.

Schönes Schiff. Ja. Schönes Schiff.

Dieser Tage beginnt die Saison. Ja. Dieser Tage beginnt die Saison.

Die Große Schlucht führt noch ein wenig Wasser. Führt noch ein wenig Wasser.

Aber die verrückten Ausländer, besonders die Deutschen, die fürchten sich vor nichts. Die kommen jetzt schon herunter. Kommen herunter.

Das Wetter ist schön. Ja. Sehr schön.

Und die Post, sagte ich, hat einen neuen Vorsteher.

Einen neuen Vorsteher, ja.

Und wo ist der alte, Orestis, geblieben?

Oh, der ist versetzt.

So, sage ich, einfach versetzt. Befördert?

Könnte man sagen, sagte Stratis.

Und wohin?

Stratis näherte seinen Mund meinem Ohr.

Die Bezirksregierung hatte Bürgermeisterwahlen anberaumt. Orestis war der einzige, der kandidierte.

Und? Ist er gewählt?

Stratis schob den Kopf in den Nacken.

Hier hat es noch nie einen Bürgermeister gegeben. Es regelt sich alles von selbst. Wir sind immer ohne Bürgermeister ausgekommen.

Er machte eine kleine Pause, blickte sich um, weit und breit niemand auf dem Anleger zu sehen.

Komm, sagte Stratis, komm mit auf das Schiff.

Wir bestiegen das Schiff. Stratis zog mich ins Steuerhaus.

Schau, sagte er und tippte mit dickem Finger gegen eine in geschwungenen Bögen über der Steuerhausscheibe hängende Schnur, an der aneinandergereiht in winzigen Fassungen eine Vielzahl winziger roter und blauer Glühbirnchen steckte. Taschenlampenbirnchen handbemalt. Ein Ostergeschenk, sagte er, drückte auf einen Knopf oben drauf auf der Steuerradsäule und die Lichterkette leuchtete blau und rot auf.

Ein Geschenk von wem? fragte ich.

Da sah mich Stratis an, als habe ich eine ungehörige Frage gestellt. Also stellte ich rasch eine andere: Und wer wird nun Bürgermeister?

Oh, sagte Stratis, niemand. Es bleibt alles beim alten.

Er schien einen Augenblick zu überlegen, bearbeitete einen Augenblick lang mit den Zähnen die feste Unterlippe.

Obwohl, sagte er nachdenklich, es vielleicht nicht das Schlechteste gewesen wäre.

Und wer, erkühnte ich mich nun doch noch zu fragen, wer hat Orestis so zugerichtet, wer hat ihm das Gesicht zerschnitten, zerrissen, zerschlagen?

Zerschnitten, zerschlagen? fragte Stratis zurück.

Oder wenn du willst: wer hat ihn versetzt?

Wie soll ich das wissen, sagte er, ich bin keine Beamter. Aber er ist versetzt.

Mehr war aus Stratis, dem Kapitän, nicht herauszuholen. Vielleicht wußte er ja tatsächlich von nichts.

Aber auch wenn man wie ich fast nur noch in die Steine geht und den Ort mehr und mehr meidet, entgeht man ihm und den von ihm entfesselten Ereignissen, wie man sieht, nicht. Das sollte ich selbst ja noch – wie habe ich mich ausgedrückt? ja: am eigenen Leibe zu spüren bekommen. Obwohl ich mich so neutral wie nur irgend möglich verhielt.

Aber – hatte nicht auch Orestis, von dem ich sicher war, er gehörte zum Lager der Stillen, immer wieder auch mal bei welchen aus dem Lager der Kämpfer gesessen? Vielleicht hatte er Frieden stiften wollen zwischen den Lagern. Oder werben wollen für eine alle miteinander verbindende Freundschaft – wenn man schon nicht Krieg nennen will, was die Kämpfer von den Stillen trennt. Eintracht statt Zwietracht. Oder hatte er irgendeinen Auftrag? Einen administrativen oder moralischen? Einen persönlichen? Oder politischen? Wer weiß.

Ich für mein Teil hatte ja keinen. Weder den einen noch den anderen. Der persönliche war mir im Verlaufe meiner Verwahrlosung abhanden gekommen – ich suchte Brandig nicht mehr – und der andere, der politische sozusagen: den hatte ich, anders als heute, noch nicht.

Was mich anbelangt, so hätte ich nach der Wiederbesetzung des Postmeisterpostens problemlos abreisen können. Und ich wäre tatsächlich wohl auch bald abgereist. Was hatte ich an diesem unglückseligen Ort noch verloren?

Aber die Saison begann, und mit der Saison kam sie. Kam Gina.

13

Gina. Zerbrechliche. Gläserne.

Nicht irgendwie Gläserne. Nicht irgendwie.

Unberührbare. Glitzernde. Über den Tönen Tönende. Sirrende.

Von Mücken Gestochene genaugenommen.

Lautlosen Stechmücken, die das Sirren dir überlassen.

Ach, Gina, Unfaßbare, du.

Sahst aus von weitem, vom Anleger aus, wo ich gerade die ANASTASSIA, das Schiff des *anderen,* dem geschäftlichen Gegenspieler von Stratis, meinem Vertrauten, dem die SOFIA gehört, begutachtet hatte – sahst aus wie aus Glas.

Die ANASTASSIA ist übrigens mit der SOFIA nicht zu vergleichen. Eine Sardinendose geradezu, verglichen mit der SOFIA. Schon vom Äußeren her. Da läuft keine Reling rund um das Schiff, weder Drahtseil noch schlichtes Gestänge. Überhaupt fehlt das Oberdeck, darauf muß ich hinweisen. Genauso wie ein Zwischendeck achtern, ein Sonnendeck also wie bei der SOFIA, wo die Passagiere unter weiten blauen Persenningsegeln lagern und sich strecken nach dem Haut und Haar umspielenden Fahrtwind. Nicht einmal einen richtigen Navigationsraum, wie ich das Steuerhaus der SOFIA nunmehr nennen muß, weist die ANASTASSIA auf. Ihr Ruderpfosten ist unterdecks – erkannte ich durch die Einstiegsluke unter die Augen abdeckender Hand – mitten hineingepfählt in die dicht gedrängten Bankreihen der Passagiere, aber was heißt schon Bankreihen? Die Stehplätze überwiegen. Bei weitem. Dafür fehlen an den Außenbordwänden die Steuerbordseitenlampen (grün) und die Backbordseitenlampen (rot), wie überhaupt; kurz: die ANASTASSIA ist eine überdimensionierte Sardinendose oder – man braucht nur einmal sein Augenmerk auf das Tarnoliv des Anstrichs zu richten – ein überdimensionierter Armeebus oder Miliztransporter oder Blechpanzer, dem bei wildem Serpentinengekurve die Räder (und Ketten) abhanden kamen und der, durch heftig stauchenden Sturz in eine der steil-spitzen Schluchten der Umgbung in Keil- beziehungsweise Kielform gebracht, nur noch umfunktioniert zu werden brauchte: ans Heck eine Schraube und dann, hau ruck und ruck zuck hinaus mit der Kiste aufs Meer, ob sie dümpelt und schlingert oder wackelt und kippt, einerlei, ob sie sich von unters zu obers legt oder – mit den nervösen Zivilpersonen an Bord – schon nach der zweiten Saison in den Grund bohrt: die ANASTASSIA mithin ein Seefahrzeug mit dem es die SOFIA allemal aufnehmen konnte. Nur der Kapitän der ANASTASSIA, den ich zum ersten Mal sah am Ort und der sich da, bis zum Gürtel herausragend aus einer kreisrunden Öffnung im Scheitelpunkt des oberen Blechs, mit dem Ellenbogen abstützte auf der nackten Schulter eines bis zur Brust herausragenden Jünglings, während er den freien Arm breit abgewinkelt hielt von der sehnigen Hüfte, sah etwas entschlossener aus als Stratis. Ein hagerer Mann mit von wüsten Schlaflosigkeitsschatten umflackertem Auge, dem ich nicht ansah, in welche Richtung es blickte. Blickte es auf mich?

Ja, wurde ich etwa gemustert von diesem Menschen, während ich seine ANASTASSIA in Augenschein nahm? Hielt er mich für von Stratis geschickt? Oder mißtraute er mir wegen der Unbekümmertheit und Offenheit und Unverletzlichkeit, die jeden wirklich Verwahrlosten auszeichnen? – wie ich noch meinte.

Der Jüngling jedenfalls, auf den er sich stützte, das war klar, war einer aus dem Lager der Kämpfer. Ich erinnere mich genau.

Überhaupt. Ich erinnere mich auch, daß ich mich abgewandt hatte.

Ja, Gina, ich erinnere mich, weil du mich erinnerst.

Zunächst, von weitem, als ich mich gerade dem unerfindlichen, ja unauffindbaren Blick des Kapitäns der ANASTASSIA entzogen hatte, an das allerkostbarste Stück der Kostbarkeitensammlung meines Vaters. Das antike Glas. Das Diatretglas, wie es heißt.

Ja, Gina, wirklich, so seltsam, so abwegig es klingt.

So sahst du aus. Von weitem. Dein Gesicht wie das Glas meines Vaters. Als hätte es zwei Wandungen, verstehst du?

Die äußere kunstvoll herausgeschliffen aus der inneren. Oder die innere herausgeschliffen aus der äußeren. Beide aus einem Block und Stück jedenfalls und verbunden durch schmalste zarteste Stege. Filigranglitzerndes Netzwerk. Netzwerk aus Ringen. In die Tiefe führend. Das Außen und Innen als Umfang umfangend. Und die Berührungsstellen der als gläserne Ringe miteinander verketteten Stege wie Sternchen. Nahtstellen. Bruchstellen. Auf der Außenhaut rötliche Sternchen im Nachmittagslicht. Die inneren Wandungen hingegen dort, wo sie aufeinandertreffen, bläulich. Flimmer, Schimmer und den Blick verstrickendes Gestrebe. Ich näherte mich dir und konnte meinen Blick einfach nicht von dir lassen. So etwas hatte ich mein Lebtag noch nicht gesehn; abgesehen, wie gesagt, von wirklichem Glas. Dem seltensten.

Und ich kenne mich aus. Kenne mich wirklich aus mit Oberflächen und Haut. Hatte mit meiner eigenen Haut immer genügend Probleme. Und habe sie – inzwischen – auch schon wieder (was Wunder, nicht wahr?). Nur da, dort, als ich dich, Gina, Zerbrechliche, sah, vom Betrachten der ANASTASSIA kommend, hatte ich mit einem Mal ein Gesicht vor mir, wie ich es noch nie vor mir gehabt hatte. Unfaßbar.

Du sahst mich nicht hingegen. Du hattest nur Augen für dieses Sepiatier. Das der dickliche Sohn von Stavros, dem einarmigen Fischer, immer wieder zu Boden schmetterte. Mit unermüdlich vom Boden um Berg, Himmel und Meereshorizont kreisendem Arm. Klatsch! Ich habe nicht mal richtig hingesehn. Deinetwegen, Gina! Klatsch! Nicht, daß ich es nicht ertragen hätte. Nein! Und dein Gesicht kreiste. So daß ich es sah in allen Schattierungen, Streckungen und Kippungen, Aspekten. Ja. Wie es dem kreisenden Krakentier und Kopffüßer folgte. Ja. Ich weiß nicht mal: war es ein Oktopus oder ein Kalmar. Weiß es nicht, weil ich nur dich sah, Gina, und sowieso: das war es ja nicht, was. Jedenfalls schmetterte der Junge das Tier, das ein tintiges war, mit aller Kraft, die seine Dicklichkeit nur aufbrachte, immer wieder zu Boden. Auf löchrig spröden harten Beton. Daß die Tinte nur so spritzte. Und du standst da mit hochgezogenen Schultern und starrtest dorthin, wo der Tintenfisch seine schwarzen Tintenspuren hinterließ. Vergaßt auch schon mal zu kreisen mit deinem Kopf. Starrtest auf die Spuren wie auf eine Schrift und riefst im Wechselruf mit deinen Begleiterinnen, den drei anderen, immer wieder: *Non é possibile.* Und stießt auch hervor: *Non é morto ancora* oder ähnliches; ich verstand dich sofort, sowie ich auch sofort deine drei Freundinnen verstand. Obwohl ich mir bei meinem Verstehen behelfen mußte mit meinem ungeübten alten Latein. Denn Italienisch kann ich ja nicht. Der Junge aber, mein Gott, schmetterte das krakenarmige Tier immer wieder wie einen nassen Lappen zu Boden, machte es mit großer Geduld und einer Kraft, die ich seiner Dicklichkeit kaum zugetraut hätte, mürbe und am Ende sicher auch tot. Jedenfalls sah ich, daß er sah, daß man ihm zusah. Daß ihm nicht irgendwer zusah bei seiner unermüdlichen Arbeit. O Gina. Deine hochgezogenen Schultern. Der verzogene Mund. Der Ekel. Die Neugier. Die langen schmalen Beine, etwas ein X. Feine Knie. Füße in Gummisandalen. Das Kleid so hoch geschürzt, daß ich glaubte, darunter den dunklen Pulsschlag zu sehn. Und oben? Oben die zarten Schlüsselbeinknochen. Kaum sichtbar der Busen. Gina. Knabenhafte. Seltenste. Mein Gott.

Ich stellte mich zu dir und deinen Freundinnen und verzog mit dir den Mund. Damit du mich erkennst, irgendwie wiedererkennst. Als dir von Anbeginn Bekannten. Verwandten. Ich wußte nicht wie. Aber du bemerktest mich nicht. Allzu gebannt folgtest du den Schlägen – Klatsch! – des Jungen mit dem Tier auf den Boden. Einmal tippeltest du wie auf hochhackigen Schuhen rückwärts, weil ein wenig Tinte auf deinen kleinen großen Zeh gespritzt war.

Zwischendurch lachtest du. Wie die anderen drei, die nicht viel älter waren als du.

Che... che... che... ich weiß nicht mehr, was eklig auf italienisch heißt. Aber du sagtest es, du stammeltest es, ich weiß es; ich mit meinem Latein.

Ich sprach nicht dich an. Ich sprach, um mich nicht zu verraten, eine andere an. Die am wenigsten Schöne von euch Schönen, wenn ich das sagen darf. Sagen wir: die am wenigsten Strahlende von euch vieren. Auf englisch. *Of course.* Ich glaube, ich sprach Antonina an. Oder Lavinia. Oder Sabrina. Ich weiß es nicht mehr. Eine der anderen, von denen ich inzwischen schon gar nicht mehr weiß, zu welcher welcher Name gehört. Ich weiß auch nicht mehr, was ich eigentlich sagte.

Aber ich folgte euch. Folgte dir auf dem Fuß, als der Fischerjunge die ganze Tinte aus dem Tier herausgeprügelt und es sich über die Schulter geworfen hatte wie das Handtuch eines siegreichen Wettkämpfers und so davongegangen war. Ich wollte keinen Augenblick mehr von deiner Seite weichen.

Ihr setztet euch in die kühle Ecke unter dem maurischen Rundbogen des DEDALOS. Erinnerst du dich? Ich winkte dem Geschäftsführer und bestellte *porthokaládha, lemonádha* und Wein. *Mavró grassí.* Schwarzen. Der Wein war für mich.

Und ich betrachtete dich.

Feine Kreise auf deiner durchsichtigen Haut, an den Berührungsstellen, wie gesagt, rötliche Sternchen. Unerfindlich, erschreckend und gläsern. So gut ich mich aber auskenn – da mußte ich passen. Da half alles Rätseln und Raten nichts, was deine Freundinnen mir wohl ansahn.

Denn sie sprangen mir bei. Redeten. So daß ich erfuhr, was es auf sich hatte mit deiner Haut. Wie bedauernswert du warst... und wie tapfer.

Das Eigentümliche an den Mücken hier sei, sagte, glaube ich, Sabrina, die sah, wie ich dich ansah, daß sie auf eine Weise stechen, die man nicht kennt. Sie stechen anders als Mücken woanders. Sie stechen so, daß sich nicht die Einstichstellen entzünden und röten. Die Einstichstellen bleiben, wie sie sind und werden – sieh sie dir an! – bei ganz Empfindlichen höchstens ein wenig durchsichtig bläulich. Erst in einigem Abstand von den Einstichstellen entstehen diese rosa schimmernden konzentrischen Kreise, so daß die Berührungspunkte der Kreise, die sich – *that's strange* – nie überschneiden, rötliche Sternchen ergeben.

Poor girl.

Und es sah, fand ich, außerdem aus, als hätten die Mücken stechend mit ihren Stechrüsseln unter der Haut ein weiteres Netzwerk aus feinsten Kreisen und Ringen gestickt. Die zweite Wandung des Glases.

Du aber recktest das kleine schmale Kinn hoch über die Köpfe deiner Gefährtinnen weg. Als habest du nichts zu verbergen.

Und Antonina fügte hinzu: Das sind eben die echten Moskitos. Die Moskitos, denen niemand entkommt.

Nur, sagtest nun du mit schleppender Stimme hoch in die Luft, daß man es den wenigsten Gestochenen ansieht.

Do you understand now? sagte eine der anderen.

O yes, I do, sagte ich. Und es stieg mir Hitze zu Kopf, so daß ich – glaube ich – errötete. Und in plötzlicher Furcht, darüber hinaus könnte es nun nichts mehr zu sagen geben, ein wenig ungeschickt und eilfertig hinzufügte: Was mir trotzdem nicht in den Kopf will –

What?

Ich, der ich von Hause aus ebenfalls über eine keineswegs unempfindliche Haut verfüge, sagte ich, wunderte mich doch, wie und wo und wann man dermaßen gestochen werden könne in dieser Gegend. Mir täten die Moskitos nichts an. Abgesehen von dieser oder jener kleinen Schwellung, wenn ich am Morgen in meinem Haus erwache, abgesehen von einem Stich hier oder dort –

Kunststück, sagten – sinngemäß – die Mädchen, in einem Haus! Wer nicht unten an der Pumpstation schlafe –

Ja, sagte ich, seid ihr denn von Sinnen.

Die Mädchen sahen mich an.

Kein Wunder sagte ich, Quellwasser zieht natürlich die allerschlimmsten Stechmücken an. Davon sollte man sich besser fernhalten. Zumindest in der Nacht.

Sie wird, aber sagten sie achselzuckend und zeigten auf dich, Gina, die du ins Leere blicktest, überall und zu jeder Zeit gestochen. Das sei ganz egal. Sie haben es alle gemeinsam auch schon in dem Pinienwäldchen hinter der Erste-Hilfe-Station versucht, auf der Schutthalde zwischen den Pfeilern, auf denen die Schule steht, in einem verlassenen Stall, überall. Sogar in Grotten und Höhlen. Bringt alles, sagten sie, nichts. Gina wird überall gestochen. Wo immer sie schläft, wenn sie reist. Da ist es schon am besten, sie schläft in der Nähe von Quellen, damit sie sich immer mal wieder die brennende Haut kühlen kann.

Hat sie denn keinen Schlafsack, in den sie sich einrollen kann? fragte ich. Nichts Besseres, glaube ich, fiel mir ein. Und ich glaube, ich wurde auch von einem Seitenblick erfaßt. Einem, Gina, von dir.

Die Freundinnen aber winkten ab.

Bei der Hitze? Außerdem hat sie schon alles probiert. Sie hat sich einen Strumpf über den Kopf gezogen. Ich hätte sie sehen sollen: mit kleinen Löchern, hineingeschnitten für Nase und Augen. Alles umsonst.

Die Moskitos beißen sich, sagten die Freundinnen, bei ihr durch alles hindurch. Die sind süchtig nach ihr. Die durchtrennen die festesten Gewebe, wenn sie sie riechen. Ob Perlon, Baumwolle, Seide. Schließlich könne sie ja nicht in einem Gummianzug schlafen. Wie die Taucher oder in so einem Dress wie die, die im All rumfliegen, wie heißen die noch?

Astronauten, sagte ich. Oder Kosmonauten, ergänzte eine.

Ich hatte die drei Freundinnen wieder ganz schön in Schwung gebracht, zweifelsfrei. Wir knieten uns gemeinsam richtig rein in die Sache, und – übrigens – du, Gina, trankst mit einem Mal aus meinem Glas Wein, so daß ich im Übermut hinzuzufügen wagte: Und warum reist ihr nicht ab?

Da hätte man sie sehen sollen, die anderen drei. Sie fielen geradezu über mich her. Ja, bist du denn blind, sagten und riefen und lachten sie, teils ungläubig, teils vorwurfsvoll und teils scheu. Siehst du denn nicht die Schönheit? Die Schönheit der Landschaft, die Schönheit der Menschen, die Schönheit des Orts? Und das Meer? Und die Berge? Die Schönheit von allem. Grad hier. Wie nirgendwo sonst auf der Welt.

Doch sicher gewiß, sagte ich, und blickte nun dir, Gina, zum ersten Mal direkt ins Gesicht. Das heißt: betrachtete dich von nahem. Und sah, daß dein Gesicht wirklich auf das entsetzlichste und erbarmungswürdigste zerstochen war.

Sah das und sah noch was anderes. So daß es mir wie Schuppen von den Augen fiel.

Du warst es. Warst es tatsächlich. Dies knabenhafte Mädchen und Kind. Das ich einmal erblickt hatte. Unter meinen von Trude zu einem leichten Schlafsack zusammengenähten Laken. Hinter geschlossenen Lidern. Du, unter dem Wasserstrahl an der Quelle. Nicht weit entfernt von der dich betrachtenden Frau, der Frau, mit der ich lebe. Du warst hinausgeschwemmt. Hinausgeschwemmt worden aufs Meer. In Untiefen, in unterseeische Becken, Mulden und Rinnen, über Riffe, mein Gott. Zu den Haien – nein, nein, nicht zu den Haien. Es bestand gar kein Zweifel. Du warst zurückgekehrt.

Auftauchend. Untertauchend. In meine Wirklichkeit hinein.

Saßt da neben mir und nipptest an meinem Glas. Fleisch und Blut. Gläsern, durchdrungen, zerstochen. Mein Fleisch und mein Blut. Als hätte es dich schon immer gegeben.

Und zugleich wie erst geschaffen von mir.

Habe ich, frage ich mich heute, je so in meinem Leben gebebt wie ich jetzt bebte, als ich dort, in der maurischen Nische des Touristenhotels DEDALOS, zu dir sagte: Wenn du willst, kannst du bei mir übernachten?

Die Freundinnen nickten dir zu.

Es war das erste Wort, das ich an dich gerichtet hatte.

Du sahst mich an. Sahst mich – deinerseits – das erste Mal an. Mit grünen Augen, deinen grünen, tiefseegrünen Augen.

Und schon fügte ich, als wollte ich wieder zurücknehmen, was ich gerade noch vorgeschlagen hatte, hinzu: daß ich eine Schlafbank frei habe. Eine Extrabank aus Holz. So eine, wie sie die Hirten benutzen, wenn sie herabkommen in den Ort. Da, sagte ich, könntest du ungestört nächtigen. Die Tür und das Fenster in meinem Haus schlössen gut. Außerdem hätte ich verschiedene Mittel, auch wirksamen Spray, eine insektenvertreibende Tinktur und eine Qualmspirale, die, wenn ich sie in Brand setze, riecht wie Räucherstäbchen in einer asiatischen Teestube, sehr angenehm. Da kann gar nichts passieren.

If you want, sagtest du und zucktest mit den Schultern. So als hinge von dir am wenigsten ab.

If you want!

Das erste, was du zu mir sagtest!

14

Petrarca, sagte ich, und Liselotte von der Pfalz, Karl VI., römisch-deutscher Kaiser und als Karl III. König von Ungarn, Goethe und Ludwig I. von Bayern. Alles Persönlichkeiten von numismatischem Feinsinn. Sammler, Forscher, Diesseitsnaturen. Goethe, da könne ich mich auf meinen Vater berufen, der sich mit Goethe auskenne, beabsichtigte gar eine Zeitschrift ins Leben zu rufen und als Herausgeber zu betreuen, die sich einzig und allein befassen sollte mit Fragen der Münze – ich meine, lat. *moneta,* die Münze selbst und an sich –: die Münze also, das Stück und das Geld, als den wahren Hort gesellschaftlichen und staatsgestaltenden Lebensglanzes, ihre Erscheinungen, Wirkungen, Entwertungen – und dies keinesfalls allein von der duodez-engen Warte eines herzoglich sächsischen Leiters der Finanzkammer her betrachtet; klassisch kulturhaft vielmehr: die Münze als das A und O globalen Werdens und Vergehens, im Westen nicht minder als im Osten, Keim der Kultur und insofern auch die Wissenschaft von der Münze, *den* Münzen: das Münzwesen, das Kunde gebe vom inneren und äußeren Wesen des Menschen, durch dessen Hände die Wappen und Köpfe, Büsten und Bestien, die Münzbilder gleiten, die In- und Aufschrift, die Umschrift und Randschrift. Legende. Ganz zu schweigen von den Medaillen. Schon in frühesten Jahren habe ich mit meinem Vater, dem passionierten Sammler, die alljährliche Frühjahrsbörse von Basel besucht und noch vor dem Schreiben die Fachterminologie erlernt in den gängigsten Idiomen.

Ach, sagte Gina, ach oder ähnlich. Auf englisch.

Aber das sei natürlich schon sehr lange her.

Um es gleich vorweg zu sagen: es kam zu nichts zwischen Gina und mir. Ich meine: zu nichts Ernstem. Oder besser: zu keinem wesentlichen Näherkommen. Wie soll ich mich ausdrücken: zu keiner Berührung! Körperlich, meine ich. Denn sonst berührten wir uns ja sehr wohl, ja, ich möchte heute meinen: kaum jemand hat mich je so unmittelbar, so heftig und unvermittelt berührt wie Gina. Die Wesenlose. Gläserne. Die auf meiner Schlafbank saß, die Hände auf die Kante der Bank gestemmt, leicht vorgebeugt vor Wißbegierde und wahrhaftigst unabweisbarem Interesse an meiner Person, ich übertreibe nicht, mit baumelnden Beinen, die nackten Füße erreichten nicht den Staub auf den groben Brettern des Bodens. Ich hatte die Tür von innen verriegelt. Und Gina sah mich an.

Ich lag auf dem Bett am anderen Ende des Raums. Angezogen. Trug, da von Knieverschuppungen befreit, aus purstem Mutwillen, dem Stolz des Verwahrlosten, von mir selbst mit einem ausgeliehenen Fischmesser oberhalb der Knie abgeschnittene und somit bald schon arg ausgefranste Jeans, die mir wegen meiner mageren Beine eigentlich nicht sonderlich stehn. Dafür war mein T-Shirt von zurückhaltend nahtgerechtem Zuschnitt. Blieb angezogen und legte seitlich ein Knie auf das andere. Mochte mich, solange Gina in der die Tageshitze speichernden Abendschwüle meines Hauses ihr Kleid anbehielt, doch nicht im Badeslip zeigen. Schließlich waren wir nicht in der Öffentlichkeit. Nicht am Strand. An der Decke glühte die Glühbirne.

Gina betrachtete mich. Auch ihr Gesicht, das gläserne, glühte. So daß ich mir, nachdem ich alle möglichen Mücken in meinem Hause längst zu Tode gesprayt hatte, schon einbildete, es glühte vor Erwartung. Vor Erwartung auf mich. Dabei war es nichts anderes als Verzweiflung, wildeste Verzweiflung. Und ein seltsames Zutrauen, das dieses Kind zu mir hatte. Seltsam, gewiß, Zutrauen. Ich kann es heute noch nicht fassen. Aber es war das Zutrauen. Unverhohlenes Zutrauen.

Sie fragte mich nämlich mit jenem Ausdruck sanft verhaltener Anteilnahme, deren Zurückweisung ein glatter Akt der Selbstverleugnung gewesen wäre, ohne Umschweife nach Vater und Mutter. Fragte einen erwachsenen, einen gesunden ausgewachsenen Mann meines Alters in einem geschlossenen Raum in der Nacht und zudem in der Fremde nach Vater und Mutter.

So war Gina. So ist sie.

Nachdem sie mich gefragt hatte, was ich eigentlich so von Berufs wegen tu – das zu beantworten war mir ja nicht sonderlich schwergefallen –, fragte sie mich nach Vater und Mutter.

Liebst du deinen Vater? fragte sie.

Ich weiß nicht, was ich zur Antwort gab.

Oder liebst du deine Mutter?

Ich glaube, ich räusperte mich.

Jedenfalls muß ich auf eine Weise dreingeschaut haben, daß sie sich schließlich bemüßigte zu fragen:

Lebst du denn nicht zusammen mit Vater und Mutter?

Ich weiß heute mit Sicherheit: ich holte tief Luft.

Oder lebst du allein?

Nein, ich lebe nicht allein.

Aber wo denn? Wo nicht allein?

Ja, sie fragte nur: wo? Nicht: mit wem? Sie fragte nicht nach Trude, nach keiner Gefährtin, Geliebten, keiner, die mir nahesteht, keiner Frau, keiner Person meiner Wahl. Stattdessen fragte sie, nachdem ich gesagt hatte, ich lebe im Moor, wo denn der Vater lebte und wo wohl die Mutter?

Ich gab zur Antwort: In Bremen. So wie es ist.

Und du liebst sie gar nicht ein bißchen?

Ich zögerte, haderte geradezu – mit mir, nicht mir ihr – und schwieg.

Erzähl mir von deinem Vater und von deiner Mutter, sagte sie. Leben sie zusammen? Lieben sie sich?

Sie sagte es wieder mit dieser ihr eigenen sanft verhaltenen Anteilnahme, so daß ich nicht nur nicht widerstand, sondern es schon als das Allerselbstverständlichste, ja, nachgerade von der Natur – der Natur unserer Begegnung – Gegebene und gleichsam Gesetzmäßige verstand, ihr Auskunft zu erteilen nach so ehrlichem wie ausführlichem Vermögen. Auskunft über Vater und Mutter. Und über mich. Quer durch den leeren Raum. Vom Bett rüber zur Schlafbank, auf der sie wie eine Wächterin saß. Es überkam mich geradezu. Als hätte ich mich seit Jahr und Tag auf nichts anderes vorbereitet gehabt. Als seien die Worte schon lange gewählt gewesen, verpackt und verschnürt wie ein Geschenk – und, erst einmal unter meiner Zeugenschaft entknotet, ergriffen und wieder zum Vorschein gebracht, gingen sie, überbordend, weit über Vater und Mutter hinaus. Fast wären sie mit mir durchgegangen.

Mein Vater, begann ich, sei ein im Leben gescheiterter Mensch. Und das nach eigenem Bekunden. In Trier, *nota bene,* Gina, *Augusta treverorum,* geboren, sagte ich, folgte er meiner Mutter, der Bremerin, der er in den Trierer Kaiserthermen begegnet war, in den Norden nach Bremen. Da war ich, sagte ich, wie es heißt, schon auf dem Weg. In Bremen aber war es mangels einer entsprechenden Bildungsstätte meinem Vater nicht vergönnt, sein an der Trierer Universität begonnenes Kunstgeschichtestudium ordnungsgemäß abzuschließen. Stattdessen widmete er sich dem hanseatischen Äquivalent, dem Im- und Exportgeschäft. Wie es aber nun einmal in Bremen so ist: ein Nicht-Bremer bringt es in Bremen als Kaufmann zu nichts. Weswegen ja auch ich, sagte ich, dem unumstößlichsten Entschluß meiner Mutter zufolge nicht habe in Trier zur Welt kommen dürfen.

Ich machte eine kleine Pause für Gina.

Was für eine Stadt, sagte die – und ich sah sogleich, welche sie meinte. Sie verzog ihren Mund, als habe ich zu ihren Füßen einen hilflosen Tintenfisch auf die Bretter geschmettert. So fuhr ich denn fort.

Zwar sei mein Vater, um nicht ungerecht zu sein, durchaus zu Wohlstand, ja, Reichtum gekommen in Bremen, aber Ansehen und Anerkennung, was heiße: Eingang in die bremische Gesellschaft, seien ihm versagt geblieben. Diese seien, so meine Mutter, mir, dem Sohn – dem Sohn der Stadt – vorbehalten. Da aber, sagte ich, habe sie sich verrechnet gehabt. Sie habe nämlich nicht mit der Verschlagenheit des Geschlagenen gerechnet, beziehungsweise der Dickschädligkeit, die er selbst, mein Vater, in aller Freimütigkeit den Trierern, schon wegen ihrer – verzeih, Gina – römischen Vergangenheit –

I'm from Genova, warf Gina mit leicht gereiztem Unterton ein.

– wegen ihrer römischen Vergangenheit nachsagte.

Mein Vater, sagte ich, habe sich was ausgedacht gehabt.

Gina ließ das Kinn auf die Brust sinken. Der Kopf neigte sich mehr und mehr einer der beiden zarten Verstrebungen des Schlüsselbeins zu. Lächelte sie?

Immer habe mein Vater versucht, mich von meiner Mutter zu sich hinüberzuziehen. Mit Bemerkungen. Mit Gesten. Schau sie dir an, sagte er, sie liebt dich zu sehr. Und er legte seine Hand auf meine Schulter. Deine Mutter ist eine kluge Frau – und ich, sagte er, bin ein Fremder. Worauf er mich in die Arme schloß. Überleg, sagte er, jeden Schritt, den du tust. Aber ich widerstand. Rührte mich nicht. Bis er mir eine Karriere vorgaukelte, mittels derer ich glaubte, weder den einen noch den anderen enttäuschen zu müssen. Weder ihr noch ihm zu nahe zu treten.

Werde Jurist, sagte mein Vater, sagte ich zu Gina, die lauschte. Am besten Staatsanwalt oder Richter. Befrei dich, sagte er immer wieder. Richte und halt dich zurück, sagte er, dann richtet niemand über dich und niemand hält dich zurück. Und ich, sagte ich, glaubte, damit hätte es sich.

Aber was machte er, mein Vater, als ich das mir nahegelegte Studium beendet hatte? Obwohl ich ihm zu verstehen gab, daß ich, wenn schon keine Richter- oder Staatsanwalts-, so doch immerhin eine unabhängige Rechtsanwaltslaufbahn anstrebte, schob er in seiner mißtrauischen Art – nicht nur dickschädlig war er, er war inzwischen auch äußerst mißtrauisch geworden in Bremen, vielleicht ganz besonders gegenüber seinem bremischen Sohn –: schob er also jeder Möglichkeit, daß ich vielleicht doch noch eines Tages den innigsten Wünschen meiner Mutter entsprechen könnte, den einfachsten und wirksamsten Riegel vor.

Und was, unterbrach mich Gina: was waren die innigsten Wünsche deiner Mutter?

Nun, sagte ich, was schon? Daß ich es meinem Vater zeigte. Zeigte auf seinem ureigensten Gebiet.

Der Kunstgeschichte? fragte Gina. Der Kunst?

O nein, sagte ich, weit gefehlt, das wäre das Erworbene und Gelernte gewesen. Das Ureigenste aber war meinem Vater tatsächlich das Im- und Exportgeschäft. Seine eigentliche Begabung. Auf die er ohne meine Mutter vermutlich nie gekommen wäre. Nach wenigen Jahren nämlich hatte er in Bremen alle seine Konkurrenten um Längen hinter sich gelassen. Vom Umsatz und von den Bilanzen her war er der unangefochtene Gewinner.

Mit einem Vater, sagte mein Vater eines Tages – es war ein Sonntag, wir, er, meine Mutter und ich, saßen nach einem der größten Geschäftsabschlüsse, die er je getätigt hatte, gemeinsam, stumm vor Stolz, Genugtuung und vom Vater genährter Selbstachtung zu Tisch –: mit einem Vater, der kein Bremer ist – erst blickte er ernst versonnen zur Decke des großen Speisezimmers in unserem großen leeren Haus, dann senkte er den Blick und lenkte ihn wie in gütiger Nachsicht auf mich – wirst du, sagte er, es in Bremen als Kaufmann auch zu nichts bringen. Und er erhob sich vom Tisch, legte die Serviette beiseite, schloß kurzerhand und unmißverständlich die gesetzliche Erbfolge aus und vermachte noch am selben Tag sein Geschäft testamentarisch meinen Onkeln und Vettern, den Vegesacker Brüdern und Neffen meiner Mutter, seiner Frau.

Da legte Gina, glaube ich, ihren Kopf von dem einen auf den anderen Schlüsselbeinknochen.

Wie sollte ich da meinerseits, sagte ich, nicht scheitern. Trotz überdurchschnittlicher Examensnoten scheiterte ich als Jurist. Wie mein Vater als Bremer Kaufmann gescheitert war. Ich fand keine Anerkennung. Ich fand nur Anerkennung bei dem, der mich in meinem Fach eindeutig überragte, meinem Sozius und Partner, meinem besten Freund, dem einzigen, genau genommen, den ich je gehabt habe, und das machte die Demütigung vollkommen. So daß ich, wie man bei uns sagt, ausstieg. Allerdings, zugegeben, aus einem schon stehenden Zug.

Ich machte eine Pause. Gina blickte schräg zu Boden.

Du Armer, sagte sie.

Oh, bitte, nein, sagte ich, an der Seite eines Freundes wie meinem Freund Brandig zu scheitern sei zwar die allervollkommenste Demütigung, die man sich denken könne, aber diese sei keine Schande. Sie ehre und adele vielmehr. Denn erst das Ertragen vollkommenster Demütigung mache ja den Menschen zu dem, was er sei. Weise ihm gewissermaßen den Weg. Auch den Weg zu seinen Grenzen. Und gebe ihm insofern dort im Verharren, während er Sehnsuchtsblicke – und nicht nur Sehnsuchts-, auch Entsetzensblicke – hinüberwerfe, die ihm zustehende Würde.

Ich machte abermals eine Pause, ich erinnere mich, und Gina hob zaghaft den Blick.

Und wer ist dieser – wie hieß er noch?

Brandig, sagte ich, Paul Brandig.

Er ist einer, der sich nichts gefallen läßt. Einer, der zurückschlägt. Ein Empfindlicher und Moralist, sagte ich. Oder – anders ausgedrückt – einer, der wie kaum ein anderer der sogenannten normativen Kraft des Faktischen einen Widerstand und ein Gewissen entgegenzusetzen weiß, beziehungsweise: wußte. Falls sie wisse, was ich meine.

Gina wußte, schien mir, nicht. Und ich suchte weiter nach Worten.

Brandig sei ein Vorbild, sagte ich, ein Beispiel –

Seufzte da Gina? Oder horchte sie nur hörbarer auf?

– ein Beispiel, sagte ich, wenn auch mit einem Zug, wie soll ich sagen: einem Hang zum Unmäßigen, irgendwie Absoluten –

Ich stockte.

– einer, der, da er alle – beruflich, gesellschaftlich, persönlich und privat – überfordere, nicht merkt, daß er sich selbst überfordert, wenn sie, Gina, verstehe.

Gina blickte mich mit offenem Mund an.

Er ist, sagte ich, der, der dich, Gina, und mich hier zusammengeführt hat.

Und ich legte meine flache Hand auf das weiße Laken, auf dem ich lag. Meinen Schlafsack. Bitte! Damit sie sich nicht fürchte – und dennoch verstünde. Gina, Freundin, so komm! Ich tu dir nichts an. Komm herüber. Zu mir. Wir passen zusammen. Ich sagte natürlich nichts dergleichen. Aber auch so tat Gina, als verstünde sie nichts.

Dabei mußte sie doch längst verstanden haben.

Sie sagte vielmehr: Du bist ein eigentümlicher Mensch, du bist der aufrichtigste Mensch, der mir je begegnet ist.

Ja, das sagte sie. Mir wurde ganz heiß. Im Kopf und im Nacken.

Du kannst gar nichts Böses tun, sagte Gina. Ja. Und schlang nun auf der Schlafbank dort drüben ihre Hände unter die Kniekehlen. Mir schwindelte leicht. Aber auch sie schien – die Knöchel der Hände gegen die Härte der Bank – nicht gerade unbeeindruckt zu sein von dem, was sie gerade gesagt hatte, denn während ich, in meiner Schräglage mit dem Ellenbogen auf die Matratze gestemmt, die Knie hochzog bis fast an die Brust, zog auch sie ihre Knie an die Brust, die nackten Fersen fest auf die Kante der Schlafbank gestemmt. Von der Decke schwächliches Glühbirnenlicht. In der Birne ein glühender Faden wie eine winzige Girlande, die sich zog von ihr, Gina, zu mir und von mir zu ihr.

Ich war verwirrt, ich gebe es zu. Und verstört. Ich konnte die mich geradezu herabsetzenden Würdigungen, ja, Belobigungen – ich: *aufrichtig* und zu *nichts Bösem* imstande! – nicht auf mir sitzenlassen.

Und so griff ich weiter zurück.

Apropos Brandig, sagte ich, packte gewissermaßen und gewiß aufrichtig aus; das Böse mithin, dessen ich mich sehr wohl einmal schuldig gemacht hatte, nicht im mindesten beschönigend. Ich werde dir, sagte ich, eine Geschichte erzählen.

Au ja, sagte Gina voller Erwartung, bitte, au ja. Jedenfalls klang das, was sie da nun auf italienisch hervorstieß, ganz wie: au ja. Oder: au fein.

Brandig und ich seien uns das erste Mal auf der Universität begegnet. Oder vielmehr auf der Fahrt von Hamburg nach Bremen. *Genova-Torino, you know, one hour fifteen non-stop by a fast train.*

Very fast train, sagte Gina.

Obwohl wir uns aus verschiedenen Seminaren und Repetitorien

schon flüchtig kannten, kamen wir erst wirklich im Zug miteinander ins Gespräch. Ich war auf dem Weg nach Haus, und er, der in Hamburg wohnte, war auf dem Weg zu seiner Freundin in Bremen. Wir redeten die ganze Zeit über fachliche Dinge; Brandig, das fiel mir sofort auf, hatte, obwohl ein oder zwei Semester unter mir, einen entschiedeneren Zugriff zu den Dingen. Vor allem wußte er sich leichter und flüssiger auszudrücken als ich. Und am Ende der Fahrt, auf dem Bahnsteig, stellte er mir Elisabeth vor, seine Freundin. Mit der überhaupt erst alles begann.

Gina schloß die Augen und lauschte.

Ich, sagte ich, fühlte mich vom ersten Augenblick an angezogen von der Frau. Auch ihre Zuneigung habe ich von Anfang an gespürt. Und so verbrachten wir schon während der restlichen Studienjahre nicht selten viele Stunden der Wochenenden in Bremen zu dritt. Meist in Elisabeths Wohnung, die mir ein zweites Zuhause geworden sei, da ich das elterliche Haus, das mir schon damals allzu geräumig und fremd geworden war, gern mied. Und schon während der Studien- und dann auch der Referendariatszeit habe ich mit Brandig Pläne für die Zukunft geschmiedet. Was aber das Persönliche anbelangte, so begann ich, je freundschaftlicher und unbefangener der Umgang mit Elisabeth wurde, desto freundschaftlicher und unbefangener Paul zu verehren, ja, sie, Gina, habe richtig verstanden: ich verehrte Paul, denn er war mir nicht nur fachlich, sagte ich, haushoch überlegen, er hatte auch eine glücklichere Hand im Persönlichen, Privaten. Ich lebte seinerzeit sehr zurückgezogen und allein. Ja, ich legte es nicht einmal auf Bekanntschaften an. Kurzfristige Begegnungen schienen mir nicht der Mühe wert und mögliche längerfristige Beziehungen wollten mir erst gar nicht in den Sinn kommen. Genau in dieser Hinsicht aber habe ausgerechnet Brandig immer gefunden, daß eher ich es sei, der die glückliche Hand hatte. Das war aber immer nur spöttisch freundschaftlich gemeint gewesen. Gewissermaßen als Trost. Fürs Alleinsein, sagte ich, wenn sie mich richtig verstehe.

Gina rührte sich nicht, blieb hocken auf der Bank und umschlang ihre Knie.

Kurz, sagte ich – zum konkreten, sozusagen angewandten Teil unserer Freundschaft zurück –: eine moderne Anwaltspraxis, sagte Brandig, müsse eine Sozietät sein. Also sei es sinnvoll, sich zu spezialisieren. Wir taten uns zusammen. Brandig zog nach Bremen. Wir teilten uns arbeitsteilig die Arbeit. Er wurde Strafverteidiger – übrigens vornehmlich in politischen Sachen, die ihn zunehmend in Anspruch nahmen, ihn mir aber auch entfremdeten – und ich, meinem Temperament und meiner mir nicht zuletzt von Brandig vorgegebenen, jede Selbstüberschätzung ausschließenden Selbsteinschätzung entsprechend, Spezialist in privatrechtlichen Fragen: ironischerweise, sagte ich, besonders im Ehe-, Unterhalts-, *in praxi* also Scheidungsrecht.

Wieso ironischerweise, sagte Gina, in etwas vorwurfsvollem Ton. Ohne die Augen zu öffnen.

Nun, sagte ich, zum einen, weil ich natürlich das Geld machte für die gemeinsame Kasse – später, bei meinem Absprung, habe er mir aber immerhin von der Hälfte, die ihm nach unserem Geschäftsvertrag zustand, einen Kredit gewährt für den Aufbau meiner neuen Existenz –: genau genommen also von dem von mir verdienten Geld, denn bekanntlich mache man als Anwalt in Scheidungsprozessen einen besseren Schnitt als mit wie auch immer spektakulären Wahlverteidigerauftritten in Terroristenprozessen.

Konnte sie folgen?

Terroristenprozessen! aber sagte Gina bewegungslos.

Das sei doch klar, sagte ich, aber wart einmal ab.

Denn zum anderen heiratete Paul Elisabeth und ich sollte der Trauzeuge sein. So wünschten es beide. Ausgerechnet ich. Es komme mir noch heute völlig unwirklich und abwegig vor: Paul als Bräutigam und angehender Gatte! Aber Elisabeth habe es so gewünscht. Und mich als Zeugen. Am Vorabend, es gebe da eine deutsche Bezeichnung wegen des Lärms, der gemacht wird mit zu Boden geschmettertem Geschirr und mit allerlei Blech: am Polterabend, ich sei eingestandenermaßen betrunken gewesen, habe ich Paul unter vier Augen und hinter Elisabeths Rücken in einer Anwandlung von Trotz und Verzweiflung, Wut und Entsagung, ehrlichsten Glückwünschen und unbändigstem Neid anvertraut, daß ich Elisabeth liebte. Und da habe er zur Antwort gegeben, wofür es zu jener Zeit keine Vorstellung für mich gab, was mir so verabscheuenswürdig wie verheißungsvoll vorkam und was mich die folgenden Jahre, wie soll ich sagen: traumatisch verfolgte, peinigte und beglückte, rüttelte, schüttelte und erstickte wie das ungeheure Zusammentreffen von äußerem Zwang und innerer Zwanghaftigkeit, Auftrag, Vermächtnis und Erbe – kurz: er, Brandig, sagte, als ich ihm meine

Liebe zu seiner angehenden Frau gestand, knapp und kühl: Wenn es nicht klappt, ist sie die Deine.

Gina, stell dir das vor: am Vorabend des ehevertraglichen Schlusses.

Ich konnte, sagte ich, diese Ungeheuerlichkeit damals nur als scherzhaft schmerzliche Freundschaftsgeste verstehn. Von ihm aus, versteht sich. Für mich aber war sie bitterster Ernst. Obwohl ich betrunken war. Oder weil. Vielleicht aber war er selbst ja betrunken gewesen, ich weiß es nicht, denn ich war mit Sicherheit betrunkener als er. Jedenfalls hat er sich, der hintergangen werden sollte, wie kaum je einer hintergangen worden ist, wohl in einer Art Vorahnung schon gegen das ihm Bevorstehende gewappnet. Wie notdürftig auch immer. Mit eben dieser vordergründig nichts als rüde, grob und kaltschnäuzig mißzuverstehenden Bemerkung, die meine Trauer so eigentümlich in meine Trunkenheit mischte, daß ich schließlich gar in eine geradezu euphorische Zeugenstimmung verfiel in jener Nacht vor der Hochzeit. Denn, Gina, du hast es ja längst begriffen, es sollten zwar noch Jahre vergehn, aber ich, der, der dir hier gegenübersitzt oder meinetwegen auch -liegt, hier von allem entfernt, allein mit dir nun unter vier Augen, fremd unter Fremden, im Angesicht des Gemäuers, der Steine, der Stille, der dunklen Himmel und der Tiefe des Meers sowie der nicht mehr einzuholenden Vergangenheit und einer ungewissen Zukunft: ich sollte es sein, der seinen Freund auf das ungeheuerlichste hinterging. Jawohl, Gina.

Gina hockte weiterhin bewegungslos da und hielt die Augen geschlossen. Als schämte sie sich inzwischen für mich.

Angefangen habe es dann, sagte ich, nach einer Spanienreise, die die beiden gemeinsam unternahmen. Als Elisabeth und ich ... es sei von Elisabeth ausgegangen. Sie tauchte bei mir auf. Erst später erfuhr ich, daß Paul zu Hause im Bett lag. Ihm war in Spanien etwas widerfahren, ein Unfall, ein Mißgeschick, ich wisse es nicht. Eine Gewalttätigkeit. Während er also mit Verletzungen in abgedunkeltem Zimmer lag ein paar Straßenzüge entfernt von mir – wo ich mit Elisabeth lag – oder sie vielmehr mit mir: aber lassen wir das. Ich könne es mir bis heute noch nicht verzeihen. Es sei ja zu einer richtiggehenden Gewohnheit geworden, das Glück und die Angst. Aber das sei noch nicht alles gewesen. Zwar sei ich schon nach knapp zwei Jahren aus der gemeinsam betriebenen Kanzlei ausgeschieden – so hinterging ich Paul wenigstens nur noch als Freund und nicht auch als Partner – und hätte mir mit meiner Auszahlung und dem Kredit, den er mir gewährte, in meiner Junggesellenwohnung eine kleine Münzenhandlung eingerichtet gehabt (endlich sollte ich mir einen Kindheitstraum erfüllen: schon in frühesten Jahren nämlich hatte mir mein Vater zu allen Festen – Ostern, Weihnachten, den Geburtstagen, seinen wie meinen! – seltene Münzen und Medaillen geschenkt, und nun wurden Hobby und Steckenpferd zum Beruf), aber die Gerechtigkeit habe mich trotzdem ereilt. Denn es sei Paul, dem ich mein heutiges Leben verdanke. Den Rest meines Lebens. Ich sage es mal so. Den Rest. Denn er führte mir SIE zu. Sie, Trude. So will ich es einmal sagen.

Wie bitte? vernahm ich plötzlich die, mit deren Aufmerksamkeit ich schon gar nicht mehr rechnete: wie bitte, wen? Wen führte er dir zu?

Trude, sagte ich, die Frau, mit der ich lebe.

Aha.

Mildernd, griff ich noch einmal zurück, möchte ich aber immerhin zu meinen Gunsten ins Feld führen, daß von einer Ehe zwischen Brandig und Elisabeth eigentlich nie hatte die Rede sein können. Denn er war ja immer unterwegs gewesen, ständig auf Achse in anderer Leute Angelegenheiten. Mehr verheiratet mit seinem Beruf, als. Das hatte zwangsläufig schiefgehen müssen.

Lenk nicht ab, vernahm ich nun Gina und sah, daß sie die Augen geöffnet hatte inzwischen, kleine listige Schlitze zum Sehen.

Liebst du nun Elisabeth oder Trude? sagte sie.

So kann man das, sagte ich, nicht sehn.

Vater oder Mutter, beharrte dieses beharrliche Kind.

Also nun hör mal, sagte ich, und berichtete schließlich doch noch, was ich ursprünglich nicht beabsichtigt hatte zu berichten. Erzählte alles in allen Einzelheiten zu Ende. Alles, was ich Paul zu verdanken habe. Bis hin zu ihr, Gina, meiner durch nichts zu verblüffenden kleinen Genueserin selbst.

Erzählte, wie Paul eines Tages überraschend anrief und vorschlug, einen gemeinsamen Ausflug ins Moor zu machen. Er habe jemanden dabei, eine Freundin, Schriftstellerin, Berichterstatterin aus seinen wichtigen Prozessen, eine liebenswerte Frau und bemerkenswerte Person. So seien wir zu viert. Der Frühling, das milde Wetter, sagte Brandig. Ja, ich wunderte mich und wunderte mich nicht. Und so fuhren wir, Paul, Elisabeth, Trude und ich weit hinaus in die Niederungen außerhalb der Stadt und mitten ins Moor. Waren ausgelassen und fröhlich. Nur Elisabeth schien ein wenig bedrückt. Verbrachten einen ganzen langen Frühlingstag zusammen, sprangen und halfen uns gegenseitig über Torfgräben, kehrten ein in eine alte Torfbauernschenke – und am Ende, ich nannte ja nie ein Auto mein eigen, fuhr mich diese Person, Trude, diese Frau, tatsächlich eine liebens- und bemerkenswerte Erscheinung, aber auch von äußerster Zielstrebigkeit und einnehmendem Äußeren, in mein Refugium, die Junggesellenwohnung und Münzhändlerklause, erbat sich noch einen Drink und verließ mich nie mehr.

Ich blickte Gina an, aber sie verzog keine Miene. Als sei das, was ich berichtete, das Allerselbstverständlichste von der Welt.

Hörst du, sagte ich: verließ mich nie mehr! Wie die aus den unduldsamsten Himmeln der Gerechtigkeit auf mich niedergegangene menschgewordene Gerechtigkeit. Eine Gerechtigkeit, fast so bös wie das Böse, das ich mir hatte zuschulden kommen lassen. Oder nicht weniger böse. Wie Auge um Auge. Eine höhere Gerechtigkeit, ja, auf den Punkt gebracht; wenn auch auf den allerniedrigsten Punkt. Zahn um Zahn. Schicksals...

Ist ja schon gut, sagte Gina, ist ja schon gut.

Aber verstehst du denn nicht? sagte ich. Diese Frau blieb einfach da sitzen bei mir. Sagte mir auf den Kopf zu, daß ich, wie es heißt, ein Verhältnis habe mit der Frau meines Freundes. Das sei ihr nicht verborgen geblieben. Es sei nur nicht ganz klar, ob das Ausmaß meiner Niedertracht die Dimension meines ins Auge springenden Mißgriffs sprenge – oder umgekehrt. Aber, habe sie hinzugefügt, sie werde es – zumindest Letzteres – schon richten. Sie wolle es mir nachsehen, denn damit sei es ja nunmehr vorbei. Denn sie – stell dir vor, Gina! – liebe, sagte sie, ja mich. *Sie mich.* Ein Frühlingstag in der Natur und *sie mich*. Sie wolle mich, sagte sie, sich auf dem Drehstuhl vor meinen Stapeln von Münzkatalogen die ganze Nacht im Kreise drehend, sie habe mich vom ersten Augenblick an gewollt. Denn ich brauche sie.

Gina! Führ dir das einmal vor Augen!

Ich war, sagte ich, ich gestehe es, wie gelähmt. Perplex und gelähmt. Bis ich mich gegen Morgen erholte. Und sie wegschickte. Ja, ich schmiß sie buchstäblich raus.

Inzwischen stand mir – es konnte Gina nicht entgangen sein – vom bloßen Sprechen der Schweiß auf der Stirn. Den ich mir aber doch nicht abwischen wollte mit einem Zipfel des Schlafsacks; ich setzte mich vielmehr auf die Kante des Betts und blickte hinüber, hinüber auf die gymnastisch auf und nieder rollenden Zehen meiner neuen Freundin.

Verstehst du, Gina? Schmiß sie raus. Achtkantig raus. Aber vergebens. Am Mittag stand sie mit ihren Koffern vor meiner Tür. Es war nichts zu machen. Am Ende habe ich aufgegeben und angefangen, sie, Trude, zu lieben.

Well, sagte Gina, eine Diesseitsnatur.

Wie bitte? Ich stockte, ging aber sogleich über die Bemerkung hinweg. Ich konnte mich nicht am Ende noch aus dem Gleichgewicht bringen lassen.

Elisabeth aber, sagte ich, sah ich – zumal unter vier Augen – fortan immer seltener wieder. Und Paul so gut wie gar nicht mehr; später schickte ich ihm ratenweise in aller Herren Länder sein Geld. Ich schulde ihm noch heute was, sagte ich. Und Trude erwarb ein Haus auf dem Land, na wo schon? natürlich im Moor, wohin sie mich schließlich verschleppte. Dort wohn ich noch heut.

Und er, sagte Gina leise, Brandig, dein Freund?

Der ist verschwunden, spurlos verschwunden, am Ende wie vom Erdboden verschluckt.

Vom Erdboden verschuckt?

Ja, verschollen, irgendwie weg.

Ich begreife dich nicht, sagte Gina.

Wahrscheinlich verunglückt.

Du sprichst wirklich in Rätseln.

Mir selbst ist es rätselhaft, sagte ich, aber es hat den Anschein, als habe er sich auch hier, hier an diesem unglückseligen Ort, unbeliebt gemacht.

Unglückselig? Unbeliebt? sagte Gina und sah mich ungläubig an.

Ja, unglückselig, sagte ich.

Das mußt du mir schon etwas näher erklären, kam es zurück.

Ich werde, sagte ich, nichts mehr erklären. Ich habe schon genug erklärt. Paul Brandig, mein Freund, ist verschwunden, das reicht. Ich habe ihn überall gesucht und nicht gefunden. Deshalb, sagte ich, sei ich ja überhaupt hierher gekommen. An diesen unglückseligen Ort.

Unglückseligen Ort, wiederholte Gina murmelnd und schüttelte den Kopf.

Und wenn ihn schon nicht die, sagte ich mehr zu mir selbst, die er hier einmal zufällig getroffen hat, wie ich dich hier zufällig getroffen habe, Gina, auf dem Gewissen hat, dann haben ihn sicherlich einige von denen hier *an diesem Ort,* sagte ich wieder mehr zu ihr, auf dem Gewissen. Oder, was letztlich auf dasselbe hinausläuft, er sich selbst.

Ich machte eine kleine Pause und sah, daß Gina jetzt ihren Kopf ganz aufrecht, ein wenig steif und gerade hielt; so als wollte sie mir beide Ohren zugleich zuwenden.

Aber das sei ja am Ende egal, sagte ich, Hauptsache sie, Gina, die ich im Grunde auch ihm, Brandig, verdanke –

Und den Mücken, lächelte Gina, den Mücken!

– Hauptsache sie sei in Fleisch und Blut da.

Ich glaube, ich war mit einem Mal ganz außer Atem. Außer Atem: oder Gina sah mir was an.

Gräme dich nicht, sagte sie nämlich.

Ich gräme mich nicht, gab ich zur Antwort.

Und da lachte Gina hell und klar auf.

O my dear, sagte sie – nein: sie lachte noch immer –, *I love you, my dear.*

Das muß man sich mal vorstellen, sie sagte: *I love you.*

Ich war nun vollends erschöpft. Von allem erschöpft.

Ich muß dir, aber sagte Gina, nun meinerseits etwas verraten. Etwas, das so wahr ist, wie wirklich *(as true as it is real!).*

Ja, das sagte sie, verlangte jedoch vorher noch nach dem Tonikum oder der Tinktur, die ich ihr versprochen hatte. Ich sprang auf, trat zur Seite an den Tisch unter dem Fenster und trug ihr das Fläschchen entgegen. Ich drehte den Schraubverschluß auf und träufelte Gina das Mittel in die Schalen der Hände.

Ich sagte, daß es im Gesicht natürlich ein wenig brenne.

Ich muß dir, sagte sie, während sie sich das gläsern glühende Gesicht benetzte, etwas gestehen, was ich noch niemandem gestand.

Ich blieb an ihrer Seite stehen. Und plötzlich sah es aus, als verdrehte sich Ginas langer zarter Hals irgendwie in seinem Inneren. Sie blickte ein wenig starr und an mir vorbei.

Du darfst es niemandem sagen, sagte sie.

Wem soll ich es schon sagen, sagte ich.

Auch nicht Antonina, Sabrina und Lavinia.

Auch denen nicht, sagte ich.

Sie dürfen es auf keinen Fall wissen, sagte sie.

Gut.

Ich verbringe, stieß plötzlich meine kleine Unberechenbare hervor, zum ersten Mal in meinem Leben eine Nacht mit einem Mann in einem Zimmer allein.

Ich lauschte. Gina schluckte.

Aber, sagte ich, das mache doch nichts, das sei doch nichts Schlimmes, irgendwann – sozusagen – müsse es doch das erste Mal sein.

Ich hob meine Hand und wollte sie auf Ginas Schulter legen. Sie aber zuckte darunter zusammen, ja, zuckte mit dem ganzen schmalen zusammengekauerten Körper weg von mir in die äußerste Ecke der harten hölzernen Schlafbank. Und drückte sich gegen die Armlehne wie ein in die Enge getriebenes Tier. Mit geradezu flehenden Augen, den grünen, sah sie mich an. Ich meinerseits setzte mich dicht an die eine gute Manneskörperlänge von Gina entfernte andere Lehne der Bank, die ich ergriff, und blickte hinüber.

Ich will dir nichts antun, sagte ich.

Ich muß es aber versuchen, stammelte sie.

Ich verstehe dich nicht.

Du bist der Auserwählte, sagte sie – *the choice!* Die Wahl ist auf dich gefallen. Verzeih – aber ich muß, ich werde es schaffen.

Gina schluckte wieder. Und ich erhob mich. Ging hinüber zu meinem Bett, das gut zwei ausgewachsenen Personen Platz bot, und wandte mich, die Schienbeine an dem kalten metallenen Rahmen, noch einmal um.

My dear, sagte Gina abermals, diesmal jedoch wie in tiefster Betrübnis und Schwermut, und fügte mit monotoner Stimme hinzu:

Ich habe Zutrauen zu dir. Deshalb sollst du wissen, mit wem du es zu tun hast.

Bitte, sagte ich. Ich zog mir die abgeschnittenen Jeans über die Füße und das T-Shirt über den Kopf und schlüpfte mit dem Slip, den ich anbehielt, zwischen die zusammengenähten Laken.

Kann ich das Licht ausmachen, sagte Gina.

Bitte, sagte ich.

Sie rutschte von der Schlafbank, tippelte mit kleinen – wie soll ich sagen: natürlich nicht *katzenhaften,* Katzen tippeln nicht wie Mauleseljunge – tippelte mit kleinen Schritten, kleinen Schritten eines Tieres, das ich nicht kenn oder das mir nicht einfällt oder das es überhaupt nicht gibt, zum Schalter neben der Tür und löschte das Licht.

Aus dem Dunkel sollte ich dann ihre Geschichte vernehmen. Es war eine lange Geschichte. Fast so lang wie die meine. Obwohl Gina noch so jung war – wenn auch offenbar ein wenig älter, als sie aussah. Ich habe alle Einzelheiten ihrer Geschichte vergessen. Als könne man nichts behalten bei einer Person wie Gina, wenn man sie nicht gleichzeitig sieht.

Was mir in Erinnerung geblieben ist, wäre folgendes:

Gina liebt nur Mädchen. Gina macht einen Bogen um Männer. Gina leidet, weil sie nichts gegen Männer hat, diese aber glauben, sie habe etwas gegen sie. Sie habe aber lediglich nichts *für* sie übrig. Männer lassen sie kalt. Und da sie von einem Mädchen, das sie liebt, wegen eines Mannes verlassen worden ist und sich – jetzt erinnere ich mich, sie sagte: in Pieve di Cadore – von einem Gletscherfelsen zu stürzen versuchte, haben ihre Retterinnen, sie sagte selbst: ihre Retterinnen – Sabrina, Antonina, Lavinia, Skilehrerinnen und Studentinnen wie sie – es für nötig erachtet, sie auf der Flucht weg von der, die sie liebt, zu begleiten. Obwohl sie alle wohl der Ansicht seien, sie liebe *ihn*.

Also, sagte ich, so behutsam und verhalten wie möglich, könne auch keine von den dreien sie *wirklich* trösten; ich bin sicher, ich sagte es *in Wahrheit* weniger plump.

Natürlich nicht, sagte Gina, sie sind, obwohl ich auch schon andere Mädchen liebte, nur meine Retterinnen. Meine Beschützerinnen.

Ich vernahm Ginas Atem im Dunkel. Als stünde sie neben meinem Bett.

Ich bin so verzweifelt, hörte ich sie mit einem Mal schluchzen. Ich habe ein furchtbares Zutrauen zu dir.

Da verkroch ich mich tief in meinem Schlafsack.

Wie lange, glaubst du, vernahm ich von ganz dicht an meinem Ohr, dauert der Schmerz.

Ich weiß nicht, sagte ich.

Aber, vernahm ich, du mußt es doch wissen. Wie lange hat es denn gedauert, ich meine, von dem Augenblick an, als dich dein Freund, wie hieß er noch?

Du meinst Paul? Paul Brandig?

als dich dein Freund Brandig verließ?

15

Eine der drei Freundinnen von Gina – ich weiß nicht mehr: war es Lavinia oder Antonina oder Sabrina? jedenfalls war es die Fröhliche mit dem hellen Lachen und den beim Lachen traurigen Augen – verliebte sich, glaube ich, in mich; aber ich sah mich außerstande, die mir entgegengebrachten Gefühle zu erwidern. Manchmal nahm ich sie – allerdings nur in Gegenwart der anderen – in meine Arme.

16

Ich erfuhr von dem Fest am frühen Morgen.

Nach dem Erwachen hatte ich Gina mit frischem und auf mich gerichtetem Blick auf der Schlafbank sitzen sehen und wir waren gemeinsam hinuntergegangen. Dort warteten schon die anderen drei. Wir frühstückten gemeinsam in Giorgos' Restaurant. Draußen. Unter Sonnensegeln. Am Geländer zum Hafenbecken. Auf der kaum hundert Meter langen Promenade surrte immer wieder Stavros, der Chef, auf seiner Kawasaki vorbei. Gelegentlich ließ er den Motor aufheulen. Gelegentlich hatte er auch Sue in Jeans und im Damensitz hinten drauf. Sein jüngerer Bruder, Michalis, legte die Strecke immer wieder zu Fuß zurück, forsch und breitbeinig ausschreitend, als sei er in Eile. Er rollte die Schultern. Vor dem Anleger und dem Restaurant, das er mit seinen Brüdern betrieb, machte er jeweils kehrt. Meine Mädchen sahen ihm nach, lachten und kicherten hinter vorgehaltener Hand, steckten die Köpfe zusammen und streckten die Zeigefinger aus hinter ihm wie beidhändig bewaffnete Cowboys im Film. Michalis aber, als habe er im Hinterkopf Augen, sah sich einige Male, gewissermaßen aus der Hüfte, ruckartig um. Einmal blieb er sogar stehen und reckte das Kinn. Er schob die Daumen hinter den chromnietenbeschlagenen Gürtel, zögerte, blickte jedem der vier – nicht mir jedoch – mit einem Anflug von Lächeln ins Gesicht und löste dann den Knoten, mit dem die Knopfleistenzipfel seines schneeweißen Hemdes geschlossen waren vor dem (wie ein Stück Innenhof mit großen flachen Kieseln) mit glatten erdbraunen Muskelpacken gepflasterten Bauch. Dann ging er wehenden Hemds weiter.

Klaus, meinen Landsmann aus Landshut, sah ich zum ersten Mal.

Unbekümmert und voller jugendlicher Unvoreingenommenheit setzte er sich grußlos zu mir und meinen vier Begleiterinnen an den Tisch. Er trug ein ledernes Indianerband um die Stirn (ganz ähnlich dem der sommersprossigen Engländerin, von der ich mein Haus hatte), auch eine Anzahl silberner Ringe an den Fingern und das Haar wallte ihm blond schimmernd über die verbrannten Schultern.

Er sei, sagte er zu den Mädchen gewandt, heruntergekommen wegen des Fests.

Welches Fest? fragten die Mädchen; ich fragte: Heruntergekommen von wo?

Er blickte um sich und streckte mir, als bemerkte er mich erst jetzt, unvermittelt die Hand entgegen: *Sorry, Klaus from Landshut, Germany, you know.*

Dont't mind, hielt ich mich knapp. Er hatte wirklich bemerkenswert flachs- ja, fast albinoblond wallendes Haar. Und Akne.

Das Fest der Taumänner, sagte er, das alljährlich an diesem Ort – und nur hier – gefeiert werde am 17. Mai.

Was, sagte ich, wir haben schon den 17. Mai?

Den 16., sagte der junge Mensch, sie feiern auf den 17. hinüber.

Und sie feiern nicht drüben in der Tiefebene? setzte ich nach. Dort, wo das Kastell steht, an dem alles begann? Zwei drei Stunden Fußweg von hier? Soweit ich informiert sei – insofern stimmten alle Reiseprospekte und Führer, über die ich verfüge, überein –, finde das Schauspiel in der menschenleeren Einöde statt.

Das Schauspiel vielleicht, erwiderte der junge Mann, aber nicht das Fest. Das Fest findet hier statt. Beides zusammen geht schlecht.

Ich aber konnte mir sehr wohl vorstellen, hier vom 16. auf den 17. hinüberzufeiern und dann in der Nacht – es war mit Mondschein zu rechnen – hinüberzuwandern nach Osten.

Das hatte ich ohnehin vorgehabt, hatte es nur, da mir Gina mit ihren Freundinnen dazwischengekommen war, vor lauter Aufregung vergessen.

Schon vom Bus nämlich, mit dem ich von Norden über die Berge an die Küste im Süden gelangt war, hatte ich am Rande der Einöde, die in einen unendlich scheinenden weißen Sandstrand ausuferte, den grau, geballt und einsam aufragenden Steinklotz erblickt. Allerdings im Nachmittagslicht. Das in die flimmernde Leere ragende venezianische Kastell. Zinnengezackt, mächtig, gewaltig. Vor dem meinen Reiseführern zufolge die Taumänner vorbeiziehen im Morgendämmer des 17. Mai. Jene siebenhundert heldenhaften patriotischen, vom epirotischen General Chadzimichalis Daliani angeführten Pallikares, die, wenn ich mich nicht täusche, im Jahre 1828 in einer erbitterten Schlacht gegen eine überwältigende Übermacht von achttausend Reitern unterlagen und Mann für Mann hingemetzelt wurden; jedoch seitdem alljährlich einmal wiederkehren, eben am 17. Mai, dem Jahrestag des grauenerregenden Geschehens – wer sie aber zu Gesicht bekommen will, der muß früh aufstehn, denn sie ziehen im Zwielicht, auf Bodennebeln und im Dämmerungsdunst vorbei, in Reih und Glied, vorbei an der Festung, zu Pferd wie zu Fuß, in voller Rüstung und im Glanze ihrer das Verhängnis überlebenden Seelen, bis sich weiter im Osten, dort, von wo der Feind kam, die Sonne erhebt über dem Land.

Ich bin von Haus aus mit Fata-Morgana-Phänomenen, Spiegelungseffekten und Trugbildern vertraut. Ich kenne die vielfältigsten Brechungen des Lichts zu allen Tages- und Nachtzeiten in den norddeutschen Mooren. Innigste Anschauung hat mich gelehrt, daß der Wahn des Sichtbaren nichts anderes ist als die hellere Seite der menschlichen Vernunft; die sich ja meist im verborgenen hält. Das gilt es, gegen vielerlei landläufige Vorurteile, immer wieder von neuem zu beweisen.

So daß ich über die Maßen dankbar war, daß mich Klaus freundlich an den Zug der Taumänner erinnerte. Ich lud ihn ein zu einem Vormittagswein. Nicht ahnend, daß ich die Morgendämmerung des 17. Mai an einem gänzlich anderen Ort erleben würde. Weder hier noch dort, sondern jenseits, aber warten wir ab.

Dieser Ort hier, nämlich meinte Klaus und meinte meinen unglückseligen Ort, das habe er gleich gemerkt, als er angekommen sei im vergangenen Jahr...

Im vergangenen Jahr? staunten die Mädchen.

Dieser Ort, dieser – eine Wendung, die *by the way* von mir stammen könnte – gottverlassene Ort, sagte er, dieser – wie ich nun allerdings nicht gesagt hätte – stinklangweilige und gottverlassene Ort tauge nämlich zu nichts: außer vielleicht zu einem – und hier drückte er sich auf eine Weise aus, die ich im Englischen nicht verstand, die er mir aber sofort unaufgefordert übersetzte mit: *Blutrünstigkeitsfest.* Ja, dieser Ort, sagte er, tauge bestenfalls zu einem einmal jährlich stattfindenden *Blutrünstigkeitsfest.* Mal abgesehen von den Bluttaten außer der Reihe.

Bluttaten außer der Reihe! sah ich eine andächtig bestürzt neben mir sagen.

Und wenn er es nicht schon selbst bei der Ankunft gemerkt habe, so habe er es spätestens oben bei den Leuten in den Bergen vernommen. Dort, wo er bei harter Arbeit überwintert habe. Die hier unten, die weder von Viehzucht noch von Ackerbau etwas verstehn, die keine Ahnung vom Zitronenanbau haben, von den Oliven, von Apfelsinen oder auch nur vom Keltern des Weins ... die hier unten, das habe er – neben vielem anderen – oben gelernt, taugen zu nichts. Sie gefallen ihm nicht. Sie seien abweisend, finster und schroff. Und Barbaren, sagte er. Ganz abgesehen von den Touristen! Derentwegen sie wahrscheinlich abweisend, finster und schroff sind. Denn allein weil man Vorfahren wie die Taumänner hat, ist man nicht so.

Die in den Bergen, sagte er, sind anders. Nur leider käme er mit dem Wagen nicht hoch. Dafür aber sei er oben wenigstens der einzige Fremde.

Du hast einen Wagen? fragte eines der Mädchen.

Stumm wies der junge Mensch mit der Rückhand auf den verstaubten, von unbeherrschten Fingern mit geheimnisvollen Zeichen versehenen 2 CV, der, seit ich da war, neben dem Jeep der Polizei vor der Polizeistation stand. Ihn wundere nur, sagte er, daß der da immer noch stehe. Aber im Grunde interessiere ihn das alles nicht mehr. Weder das Auto noch sonstwas. Mit dem meisten von dem, was die Leute hier unten interessiere, habe er längst abgeschlossen. Was immer es sei ... Es sei ihm egal.

Bis auf das Fest. Das wolle er sich nicht entgehen lassen. Das Taumänner- und Blutrünstigkeitsfest. Sie sollen bei dieser Gelegenheit sogar Musik aus dem Norden bestellen, sagte er, Musiker und Tänzer, jawohl. Denn selbst musizieren und tanzen sie ja nicht.

Ja, tatsächlich, Klaus kannte sich aus. Wenn es mir auch noch scheinen wollte, als übertriebe er ein wenig. Zum Beispiel: *Blutrünstigkeit!* Aber wie sollte ich zu dem Zeitpunkt, am hellichten Vormittag, seine Einschätzung nicht unterschätzen? Unterschätzte ich doch auch noch bei weitem die Ahnungslosigkeit meiner vier Freundinnen. Da klaffte – bei aller Orts- und Mädchenkenntnis, die ich inzwischen erworben hatte – wirklich noch was auseinander: und ich, so muß ich allerdings zugeben, stürzte mitten hinein.

Zunächst aber bestellte ich eine weitere Karaffe Wein. Den roten, schwarz genannten, den ich so mochte. Und von dem ich dann, ganz gegen meine Gewohnheit um solche Tageszeit, auch schon ein wenig trank. Es sollte ja nun doch ein Festtag sein. Und so verbrachten wir den Vormittag zu sechst. In Trägheit, milder Spannung... in Erwartung der Dinge.

Es passierte natürlich zunächst einmal nichts.

Am frühen Nachmittag setzte sich Klaus mit Sabrina oder Antonina oder auch Lavinia ab. Ich weiß nicht wohin.

Noch eine weitere verschwand im Laufe der Zeit. Ich sah sie im Rundbogeneingang des DEDALOS stehn. Hatte sie nicht Nikos, der Geschäftsführer, dort hinten im Arm?

Den Nachmittag verbrachte ich mit den mir Verbliebenen; mit der, die so hell lachte und – natürlich Gina.

Wir blickten über das Meer und schlenderten die Promenade entlang. Je eine zu meinen Seiten. Hin und wieder tranken wir einen Kaffee oder ein Bier. Gleißendes Licht. Zum Trocknen ausgebreitete Netze am Kai, an denen Kinder mit großen Nadeln und ohne Faden das Flicken übten. Irgendwann setzten sich dann meine zwei offenbar gelangweilten Schönen in den Kopf, schwimmen zu gehn. Nicht in einer der Badebuchten außerhalb des Orts, nein, mitten im Hafen. Vor aller Augen wie die kleineren Kinder des Orts, die an den flach auslaufenden Randstellen planschten und aus gehörigem Abstand bewacht wurden von ihren bis zum Kragen zugeknöpften älteren Schwestern.

In Windeseile zogen sich Gina und, nun ja, die andere ihre leichten Kleidchen über den Kopf und zeigten sich in den engsten Bikinis. Sie stiegen ins Wasser des Hafens, tauchten unter, tauchten auf, drehten sich hin, drehten sich her und die jüngeren Burschen oben am Promenadengeländer klatschten Beifall und pfiffen.

Tat das not? Und immer das Zupfen an den winzigen Oberteilen und der Enge im Schritt! Ich aber hielt ihnen auch noch das Handtuch! Und blickte über das Meer.

Abwechselnd fuhren die ANASTASSIA und die SOFIA nach Westen, um Touristen von der Schlucht herüberzuholen. Ein Schiff allein hätte es ebensogut geschafft. Noch führte offenbar die Schlucht Wasser, so daß den Warnungen der staatlichen Tourismusbüros im Norden wohl Rechnung getragen wurde; nur die Uneinsichtigen, die Eifrigeren und Eiligeren der Besucher der Insel, mußten da durch. Mit rote und schwärzliche Hautfetzen abstoßenden Schultern – in Wasser führenden Schluchten, hatte mir Stratis gesagt, kommt die Sonne von oben und unten zugleich, so daß ihr niemand entkommt –, mit gezerrten Sehnen und verstauchten Gelenken schleppten sie sich von der ANASTASSIA und der SOFIA in ihre Busse, um sich wieder abtransportieren zu lassen nach Norden.

Und so hatten meine beiden Begleiterinnen, obwohl sie sich inzwischen ausgiebig abgekühlt hatten, auch mit den Fremden ihren ganz erheblichen Spaß. Sie scherzten, grimassierten, lachten und ahmten die verschiedensten Körperhaltungen samt Verstauchungen und Verkrümmungen nach. So daß ich sie schließlich, um ihren Übermut zu dämpfen, einlud. Zu einer das Fest vorbereitenden Ruhepause einlud in mein Haus. Ohne Umstände sagten sie zu.

Gina ruhte sich aus auf der Schlafbank. Die andere lag neben mir auf dem Bett. Ich glaube, bald schon nickten sie ein. Erst Gina auf der harten Bank, dann das Mädchen zu meiner Seite. Nur ich kam nicht zur Ruhe. Ich weiß nicht warum. Ich war sogar auf eine Weise gereizt, daß ich mich hin und her wälzte, mal den Körper neben mir und dann den Körper drüben auf der Schlafbank betrachtete und schließlich aufsprang.

Ja, ich sprang auf und machte mich an meinem Radio-Kassetten-Recorder zu schaffen. Klapperte mit den inzwischen gelöschten Kassetten – alles, was ich einmal daraufgesprochen hatte, war inzwischen schriftlich gesichert –: ich legte die Kassetten wieder beiseite.

Ich glaube, die Mädchen wachten von der Unruhe auf.

Ich hantierte mit dem dicken Spezialmikrophon von Radio Bremen herum. Nahm wieder die Kassetten zur Hand. Sortierte. Welche waren die inzwischen wieder bespielten? Die beschrifteten. Was stand auf ihnen drauf? Es stand drauf:

PLÄTSCHERN DER WELLEN
und
DIESELMOTOREN, WASSERPUMPEN UND QUELL
und
DAS ZWITSCHERN DER VÖGEL
DAS BLÖKEN DER SCHAFE
DAS WEINEN DER MAULTIERE AM MORGEN
TUCKERN VON FISCHERBOOTEN
INS WASSER FALLENDE STEINE
DAS SURREN UND AUFHEULEN EINER KAWASAKI 500
HÄHNE, HENNEN UND KÜKEN

Ich hatte alles aufgenommen. Mit Ausnahme menschlicher Stimmen und natürlich mit Ausnahme von Musik.

Ich fingerte an dem Aufnahmeteil des Kassettengeräts herum. Leerkassette rein. Probelauf, Rücksurren. Steckte Stecker. Sprach ein paar Probeworte. Alles funktionierte. Ich hielt das Mikrophon in die Luft.

Am besten, sagte Gina – ich zuckte zusammen – wir gehn. Ja, wir gehn.

Wir gingen – ich mit dem Gerät am Riemen über der Schulter und dem Mikrophon, das hinter dem Gürtel steckte – in der zwischen den Mauern der Häuser stehenden Hitze die Stufen hinab. Hinunter in den Ort.

Wir kamen am Telegraphenamt und am Postamt vorbei. Der neue Postmeister nickte mir von drinnen zu. Die Post war schon sortiert. Für mich aber nichts. Kein Brief, keine Karte, nichts.

Eine der beiden Metzgereien war geschlossen. Die eisernen Rollläden herabgelassen. Über der Tür der anderen hing von eisernen Haken herab ein halbes Dutzend zu Hälften gehackter und gehäuteter Hammel. Blut tropfte zu Boden und floß in einem Rinnsal die Gasse hinab. Ich hatte an diesem Morgen keine Schreie von zur Schlachtung anstehenden Tieren gehört.

Aber natürlich hatte ich auch solche schon längst auf Kassette.

Wir kamen an den Platz, wo der Bus stand. Zwischen der Polizeistation, einem geschlossenen Kaffeehaus und dem Hotelrestaurant von Stavros, dem Chef, und seinen Brüdern.

Und dort erblickte ich sogleich den wirklichen Chef, den Vater. Vassilis. Der herabgekommen war aus den Bergen. Von dem ich viel gehört hatte; was weiß ich, was alles.

Er, der Außerordentliche ... der hoch Aufgeschossene in Schaftstiefeln und schwarzen Breeches, in schwarzem Hemd und mit dem schwarzen Seidennetztuch um die Stirn, der Alte mit der Adlernase, überhaupt: dieser Klarheit, Furchtlosigkeit und Strenge in dem gezeichneten Gesicht, den von Wind, Schnee und Sonne sowie dem Schweigen gekerbten Zügen – er hatte auch, so war mir zu Ohren gekommen, Kerben in seinem Gewehr. So viele wie er im Krieg an Männern vor die Waffe gekriegt und getroffen hatte. Er, der Patriot und Partisan, mit seiner Hirtenflinte gegen die Handgranaten der Deutschen! Da stand er, wie ich ihn erst einmal gesehen hatte. Vier oder sechs Wochen zuvor. Denn häufig kommt er nicht herunter von seinen Herden. Die weit oberhalb der fruchtbaren Hochebene der Bergbauern weiden. Über sich nur noch die Gipfel. Ja, da stand er, Vassilis, der Hirte, Häuptling und Held, freundlich lächelnd und umgeben von blassen großäugigen Frauen, die ich bis dahin nicht gesehen hatte im Ort. Umgeben auch von jungen, wie er gekleideten Männern mit verwegenen Gesichtern. Und umgeben von all den anderen, die ich kannte, allen anderen aus dem Lager der Kämpfer. Und seinen Söhnen in Schürzen.

Aus dem Lager der Stillen war niemand zu sehn.

Es trafen zahlreiche Wagen ein, Personenwagen, offene Kleintransporter, ein Laster, von dem junge Männer Bänke und Tische abluden. Und Material, Bretter, Rohre, Eisenstangen und Keile, um damit am Geländer zum Hafen ein Podest zu errichten. Eine Bühne. Als Kulisse das Meer.

Im Westen senkte sich die Sonne.

Ich setzte mich mit meinen Begleiterinnen in einigem Abstand auf eine Mauer. Wir schauten zu.

Die Angereisten und die aus dem Lager der Kämpfer umarmten sich immer wieder. Redeten, lachten und griffen sich immer wieder mit der Rechten ans eigene Herz. Die Frauen hielten die in dunkelblaue Röcke und Hosen, weiße Blusen und Hemden sowie weiße Söckchen und schwarze Lackschuhe gesteckten Kinder zusammen. Sie schoben die Kinder an den Schultern hin und her und voran; und die Männer legten ihre Hände auf die Scheitel der Kinder.

Als die Sonne – es läßt sich nicht anders sagen – rotglühend versank hinter den schwarz ins Meer sinkenden Bergen im Westen, gab Vassilis, der alle anderen – man möchte sagen: *alles* andere Überragende, das Zeichen. Er hob den Arm. Und Stille trat ein. Jemand reichte ihm den Hirtenstab, den er sich, als wischte er sich nur ein wenig Staub von der Stirn, mit einem Mal zwischen die beiden erhobenen und lässig abgewinkelten Armbeugen in den Nacken gespannt hatte. Er blickte zum Himmel und sah – von mir aus gesehen – für einen Augenblick in dem rötlichen Abenddämmerungsschimmer wie ein Gekreuzigter aus. Dann schritt er auf die Bänke und Tische zu, die an der Rückseite des Restaurants seiner Söhne aufgestellt waren. Er setzte sich, immer noch den Stab im Nacken, als erster. Dann setzten sich die anderen dazu.

Das Fest der Taumänner konnte beginnen.

Vassilis Söhne hatten alle Hände voll zu tun. Zunächst ging es um die Getränke. Wein, Bier, Schnaps, Orangeaden, Limonaden. Die auf großen Tabletts herausgetragen wurden aus dem Restaurant auf den Platz. Der Platz vor dem Podest, der Bühne, blieb leer.

Und dann brach die Nacht an. Eine Girlande schwacher Glühbirnen glühte auf über der Bühne. Zwei Männer erhoben sich von den Tischen und betraten mit Instrumenten die Bretter. Sie nahmen auf Stühlen Platz und stimmten die Instrumente. Der eine die Lyra, das dreisaitige Streichinstrument, auf seinem Knie. Er griff, das konnte ich trotz der Entfernung deutlich erkennen, mit den Fingern der Linken zwischen die Saiten; drückte also die einzelne Saite nicht drauf auf den Steg, sondern hielt die Fingerkuppe zwischen zwei Saiten. Die Lyra – wie sie gebräuchlich ist dortzulande in heutiger Zeit. Ich hatte ein Exemplar abgebildet gesehn in einem meiner Bücher. Der zweite Musiker stimmte ein bauchiges Zupfinstrument, in dem ich eine Art Mandoline erkannte. Soweit ich mich auskenn. Ich zog mein Mikrophon aus dem Gürtel und brachte die Tastenleiste meines Radio-Kassetten-Recorders vor dem Bauch in Position. Es konnte losgehen.

Und es ging los.

Ich kannte die Musik. Heftig, rhythmisch und klagend. Wenn auch nur in minderer Qualität. Besser als die von jenseits der Berge – von Norden – herübergespielten und auf dem Weg wie von Geröll und Fels zerriebenen Klänge der Insel nämlich empfing ich mit meinem Radioteil die weiten gleichförmigen Bewegungen der nordafrikanischen Weisen. Samt den Nachrichten aus Kairo, Tripolis und den Verlautbarungen des Muezzin.

Die Musikanten aber im Glühbirnenlicht und vor dem nunmehr unsichtbaren Meer spielten und sangen gut vernehmbar und klar. Ich drückte auf die beiden Knöpfe, die, gleichzeitig gedrückt, auf Aufnahme schalten.

An den Tischen wurde aufgetragen indessen. Riesenbleche mit bis zu mir und meinen mir verbliebenen Begleiterinnen herüberduftendem geröstetem Fleisch. In das die Tafelnden mit bloßen Händen hineingriffen. Die Musiker kriegten – vorerst jedenfalls – nichts. Ich hielt mein Mikrophon in die Luft. Und wo waren die bestellten Tänzer? Von denen mein Landsmann aus Landshut gesprochen hatte?

Er saß übrigens mit einem Mal mit dem Mädchen, mit dem er den Nachmittag verbracht hatte, in allernächster Nähe der Musiker auf dem Hafengeländer. Beide hatten die Füße hinter die senkrechten Geländerverstrebungen geklemmt.

Und wo blieben die Tänzer?

Ja, das war der Punkt!

Die Tänzer waren, so schien es, gar nicht gekommen. Hatten sich nicht herbequemen mögen vermutlich. Waren nicht da und fehlten. Denn sonst hätte doch der große Vassilis nicht zu mir: zu mir und meinen beiden Mädchen herübergewinkt.

Oder?

Er machte mit dem Hirtenstab, dem langen, von weitem eine einladende Geste. Die ich fast mißverstanden hätte. Da hätten wir uns dann zu den Feiernden an die Tafel gesetzt. Aber Vassilis drehte die Spitze des Hirtenstabes im Kreise. Tippte mit ihr auf den Boden und stieß sie dann in Richtung auf den freien Platz zwischen den Essenden und Trinkenden und den Musizierenden vor dem in der Dunkelheit unsichtbaren Meer. Das war die Tanzfläche. Und meine beiden Schönen zur Linken und zur Rechten sahen mich an und zuckten die Achseln und sahen mich an und fragten.

Worauf ich sagte: Nein! Besser nicht!

Ich ließ mein Mikrophon sinken.

Laßt sie selber tanzen, sagte ich. Es schiene mir, sagte ich, vernünftiger, nicht für den Vassilis und seine Leute zu tanzen. Außerdem: kennt ihr die Tänze? Wer A sagt, muß womöglich auch B sagen! Versteht ihr? Vassilis, der Alte, kommt aus den Bergen herab, um... aber lassen wir das. Da könnte es zu den ärgsten Mißverständnissen kommen, nicht wahr?

Worauf meine Schönen auf das herzlichste lachten. Und die Köpfe schüttelten, um Vassilis zu bedeuten...

Und so muß es dann zu dem wirklichen Mißverständnis gekommen sein – beziehungsweise zum dankbar wahrgenommenen Vorwand. Dem Mißverständnis, das paßt.

Michalis, jener, der jüngste der Söhne des großen heldenhaften Vassilis, der gerade wieder mit einem Blech voll duftenden Fleisches aus dem Inneren des Restaurants trat, sah die beiden Mädchen wohl lachen. Und sah, daß der Vater ihn sah. Er verharrte, machte ein paar weitere Schritte, stellte das Blech, von dem es troff von Fett, Saft und Blut, vor seinen Vater auf den geräumigen Tisch, band sich die Hüftschürze ab, warf sie auf die Bank neben dem Vater, der uns schon den Rücken zukehrte – die Musik, die Musik, die rhythmische? wurde sie heftiger und lauter? – und machte, mit den Schultern rollend wie immer und wie sein älterer Bruder Stavros, das Vorbild, der Chef, ein paar Riesenschritte auf uns, die wir allein und im Zwielicht auf der Mauer saßen, zu ... auf uns zu.

Da stand er, der sehnige und muskelbepackte Jüngling, fast ein Kind noch, aber sehnig und breitbeinig und muskelbepackt, einen halben Kopf größer als ich und die Arme von sich gestreckt, als hielte er in halber Spannung einen unsichtbaren Expander – und stieß, an Gina, meine Gläserne, gewandt, schroff hervor:

Why do you laugh?

Ja, *why did she laugh?* Sie hätte sich das Lachen wirklich ersparen können. Was sollte sie nun schon sagen?

Oh, hauchte sie, *just like this.*

Und schon schlug er zu. Schlug Gina mit flacher Hand voll ins Gesicht.

Und ich? Was sollte *ich* tun? Konnte ich mich dazwischenwerfen? Es ihm zeigen, dem Rohling? Es ihm wiedergeben? Ich, der Friedfertige und Schwache? Nein! Konnte ich nicht. Das wäre selbstmörderisch gewesen.

Stattdessen stieß ich denn meinerseits hervor: *You can't do this.*

Aber auch das reichte und war, wie ich sogleich am eigenen Leibe erfahren sollte, der Anfang vom Ende. Denn nun wandte sich Michalis mir zu, ganz ausschließlich mir.

Ich spür heut noch das Dröhnen. Als hätte ich, was erst noch kommen sollte, schon im voraus gespürt.

What, fauchte, ja, fauchte Michalis, *what did you say? Did you say something?*

Yes, sagte ich nun und wich nicht seinem Blick, das war auch schon ein Fehler ... *yes,* sagte ich im gewiß fehlerhaftesten meines ohnehin fehlerhaften Englisch (sinngemäß hier nun auf deutsch):

Ist es das, was ihr euer Heldentum nennt?

Ich geriet mit dem, was ich gesagt hatte, jetzt geradezu in Wut.

Auf Mädchen und Frauen dreinzuschlagen? Hilflose?

Ich weiß, ich steigerte mich da in etwas rein.

Ist das eure Größe? Euer Glanz? Euer Ruhm?

Und war doch tatsächlich noch ganz drauf bedacht, bloß nichts allzu Herbes oder Beleidigendes zu sagen. Aber das würdigte dieser vor mir Erbleichende nicht. Ganz im Gegenteil: er verstand mich sofort. Und brüllte:

Nicht allein Frauen und Mädchen! *(Not only women and girls,* damit's klar ist!)

– und schlug gleichzeitig zu. Nun mit der Faust. Ein gewaltiger Schlag und noch einer und weiter.

Mit der Faust schlug dieser Mensch und mit der anderen krallte er sich in meine Haare, zerrte und schleifte mich nieder zu Boden und schlug auf mich ein und trat mich mit Füßen. Den Stiefeln. Während ich meine Hände verkrampfte um die Faust in meinem Haar. Ich wußte nicht, wie mir geschah.

Schmerz und Musik. Die Musik schneller und heftiger. Lauter. Klagende Stimmen. Stampfen. Gesang. Über mir Sterne.

Ich riß mich los. Entkam aber nicht. Nein, wäre auch gar nicht gelaufen, konnte doch nicht. Wo waren die Mädchen? Und ich sah das Büschel von meinem Haar in der Faust, die mich abermals traf. Nun diese. Und wieder die andere. Die Fäuste. Die Schläge. Das Dröhnen im Kopf und der Himmel. Und schon kamen andere gelaufen. Herüber von den Tischen. Erst ein weiterer Bruder, den kannte ich auch, wie hieß er? ich weiß nicht, das Dröhnen noch heut, ein anderer Bruder und Sohn des Vassilis, der trat auf mich ein mit den Stiefeln und schlug mit den Fäusten wie sein Bruder Michalis und griff mir ins Haar und ich bekam einen Schlag

– das, hörte ich, ist für die Weiber –

in den Magen, so daß ich abermals zu Boden ging, aber sie ließen mich nicht los

– und das, sie entrissen mir das Mikrophon und das Radio-Kassetten-Gerät, an die ich mich nun klammerte statt an die Faust in meinem Haar, rissen mir alles von Gürtel und Schulterriemen und brüllten: und das ist für deinen Freund Pavlos!

Mein Freund Pavlos? Ja, tatsächlich, brüllten sie nicht sogar: *Your friend Paul Brandig*? Mit Sicherheit brüllten sie es, und wenn nun nicht andere, die Onkel und Vettern, dazwischengegangen wären, wer weiß, unbekannte dunkle Mitglieder der Sippe, die ich nicht kannte oder erkannte in meinem Schmerz und der Angst, wie ich da auf den Knien lag und blutete, ohne zu wissen, aus was für Wunden, Wunden am Körper, Wunden am Kopf, wenn sie nicht dazwischengegangen wären, diese anderen aus dem Lager der Kämpfer, als gelte es nicht mich, sondern sie, die beiden Ihren, zu retten, die, die erbarmungslos einschlugen auf mich: sie hätten mich totgeschlagen. Wahrscheinlich hätten sie mich totschlagen müssen, das gehört zu Überlieferung und Sitte, zu Training, Trotz und Kultur, zum selbsttätigen Ablauf der Dinge, wenn man schon mal angefangen hat; nur wenn man gehindert wird von solchen, die man ihrerseits nicht totschlagen kann, bleibt der Feind womöglich verschont. Das, glaube ich, war meine Rettung.

Denn in den zahllosen Armen der Männer tobten und zappelten, während ich mich aufrappelte, brüllten und wüteten die beiden: der junge Michalis und der etwas verfettete, aber deswegen noch lange nicht schwächliche ältere Bruder, ein Kämpfer, der bis dahin immer nur bescheiden und Kaugummi kauend herumgestanden hatte im Hintergrund des Lebensmittelgeschäfts, das der älteste der Söhne von Vassilis, Andreas, führte hinter dem Hotelrestaurant seiner jüngeren Brüder, wo ich um des Ausgleichs willen im Wechsel zu dem meinem Haus näheren Lebensmittelgeschäft der Stillen gelegentlich eingekauft hatte ... aber was solls: ich erhob mich, suchte den Boden ab nach meinem Kassettenrecorder, dem Mikrophon von Trude und Radio Bremen, die ich nicht fand, denn mir schwoll schon das Auge zu oder sie hatten das Gerät an sich gerissen, so daß ich nichts sah und mir schwindelte und der Schmerz, die Musik und die Sterne im Staub auf dem Boden und wo waren die Mädchen, meine zwei Mädchen? ich hörte und sah doch die Tobenden und Rasenden vor mir, mit einem Auge oder ich weiß nicht, in den Armen der anderen, eine Mauer von Körpern, die meine Gegner schützten vor mir wie mich vor dem Gegner und so blickte ich doch noch mal auf, auf zum Himmel, ins Dunkel des Alls, und schritt, ja, schritt aufrecht durch das Spalier all der zurückweichenden Menschen und Mauern, erhobenen Kopfes, dröhnenden und tönenden – der Schmerz, die Musik – wachsenden Hauptes davon, jawohl, erhobenen Hauptes, konnte mich nicht davonschleichen wie ein Dieb, davontrollen wie ein räudiger Hund, konnte mich nicht in die Büsche schlagen, was vielleicht klüger gewesen wäre, aber bei dem Dröhnen in meinem Kopf und dem Schmerz und den Sternen, die vom Himmel fielen zu Boden, kann man nicht klug sein, man geht und schreitet und hat nichts als seinen elenden Stolz, jawohl, und ich sah, daß an den Tischen und auf den Bänken kein Mann und kein Jüngling mehr saß, alle waren mit der Bändigung der Tobenden befaßt, außer Vassilis, der Vater und Herrscher, das Oberhaupt, der Mann aus den Bergen, der war sitzengeblieben und griff nicht ein, war sitzengeblieben inmitten der großäugigen Frauen und der sauber und ordentlich in Reih und Glied sitzenden Kinder und sie schwiegen alle, als ich an ihnen vorbeischritt, und hinter mir die Musik, die aussetzte mit einem Mal, und das Gebrüll der unbändig Tobenden, das anschwoll, je weiter ich mich entfernte, und ich blickte, jawohl, auf die an den Tischen Sitzenden herab, auch auf Vassilis, den Helden, dessen Machtwort ein stummes war oder eines, das er nicht fand, und ging gemessenen Schrittes, auch weil ich mich kaum aufrecht halten konnte vor Schmerz, ich weiß nicht wie, schritt, ein Betäubter, und sah, ein Gelähmter, und spürte, ein Geblendeter, neben mir das Licht, ja, die offene Tür und die offenen Fenster des Hotelrestaurants von Stavros, dem Chef, der im hellen Glanz der Tür stand, und ich konnte und wollte und durfte nicht anders: auch zu ihm blickte ich hin, mein Abschied, mein Gruß, die Verachtung, blickte ihm in die Augen und blickte nicht, wie er vielleicht erwartet hatte von einem wie mir, zu Boden, nein, blickte ihm in die Augen, um weiterzugehen und als ich bereits vor dem Seite an Seite aufstrebenden Restaurant von Kostas, dem Schwager von Stratis, dem Kapitän, meinem Vertrauten, angelangt war und dort an einem Tisch die vier oder fünf oder sechs Polizisten sitzen sah in ihren Uniformen, die natürlich nicht hatten mitkriegen können, was mir widerfahren war, die aber, nicht teilnehmend am Fest der Kämpfer, nunmehr mitkriegen konnten, was mir am Ende noch widerfuhr, denn kaum hatte ich meinen Blick, den ich auf Stavros, den Chef, gerichtet gehalten hatte, abgewandt und war weitergegangen aufrecht und – schon verspürte ich einen Schlag in die Kniekehlen, knickte weg und sackte zusammen, drehte mich wegsackend um, taumelte, und da stieß mir jemand seinen Schädel gegen die blutende Stirn und es quetschte mir Wirbelsäule und Nacken, ich wankte und es riß mir die Augen, das Auge, den Blick, das Innen und Außen zum Himmel und ich sah im Sturz, daß es Stavros war, der mir da seinen Schädel gegen die Stirn gerammt hatte, und ich sah auch, wie Stratis, mein Vertrauter aus dem Lager der Stillen, da abseits saß im Restaurant seines Schwagers, vor dessen Tür mir das, wovon die Rede ist, widerfuhr, und er, der Stille, rührte sich nicht, während ich stürzte, so daß ich nun auf allen vieren davonkroch auf der Hafenpromenade, nur weg, nur weg ins Dunkel, wo alle Lichter, die sonst brannten in der Nacht, erloschen waren, aber ich kam nicht voran, so daß ich nicht eindrang ins Dunkel vor grell lichtem Schmerz im Kopf und im Leib und schließlich den Schuß vernahm, den von hinten und oben auf mich gerichteten Schuß, ihn verspürte, denn er muß meinen Kopf gestreift haben, fast gestreift, fast getroffen oder doch richtig streifend getroffen.

Wunden vom Reißen der Haare, von Faustschlägen und Tritten und einem Schuß. Oder mehreren Schüssen. Ich weiß nicht.

Ich erhob mich und fiel und erhob mich und brach wieder zusammen und schleppte mich und wollte weiter, konnte aber nicht, und rief nun hinüber zu den Polizisten, die in alle Himmelsrichtungen blickten, rief ihnen zu: Ihr da, ihr! Warum greift ihr nicht ein? Aber sie bewegten sich nicht, so, als sei ich nachgerade zu einem Unsichtbaren geprügelt worden. Einem, der sich selbst wie von ferne vernimmt. Sie haben mich, hörte ich mich sagen, zusammengeschlagen und auf mich geschossen, sie haben mich mißhandelt, sie haben mich – und ich hörte mich mit einem Mal fließend neugriechisch sprechen, ja, mit einem Mal hatte ich begriffen, auch wenn ich inzwischen schon längst wieder alles vergessen habe –: sie haben mich, sagte ich, fast umgebracht, während ihr hier sitzt und so tut und euch schämen solltet und ...

Da sagte einer nur: Was?

Und ein anderer: Wer?

Und ein dritter sagte: *fili mou, go home.*

Aber ich begriff nicht so schnell, das nun wieder nicht, in meinem Zustand, und sagte: *die da,* und wandte mich um, ich weiß nicht wie und mit welchem Körper und Kopf, und natürlich war niemand zu sehen. Weit und breit niemand zu sehen. Weder Stavros, der Chef, noch sonstwer aus dem Lager der Kämpfer. Nur Stratis, mein Vertrauter, war zu sehn, der da still saß im Abseits, dachte ich, aber als ich hinsah, war er, der doch wie die Polizisten alles mitgekriegt hatte, im Gegensatz zu ihnen nicht mehr zu sehn. War weg. Wie vom Erdboden verschluckt weg. So daß ich, ich weiß nicht wie, hinauswankte aus dem Restaurant seines Schwagers, des Bergs, den ich ebenfalls nirgendwo sah, und weiterwankte die Promenade, auf der kein einziger aus dem Lager der Stillen, geschweige denn aus dem Lager der Kämpfer zu sehen war, entlang, entlang die Häuserwände, die abgedunkelten Fenster entlang, die Stufen hoch, die Gasse, mich dahinschleppte, den Weg hinauf durch die Nacht in mein Haus.

Klaus, mein Landsmann aus Landshut, holte mich auf halbem Weg ein. Er stützte mich und half mir nach oben. Seine Begleiterin rührte mich, glaub ich, vor Schrecken nicht an.

Vor dem Tor zu meinem Haus warteten schon Gina und die dritte, jene. Sie hatten eine Abkürzung genommen.

Und Klaus fragte mich, ob er mir behilflich sein könne, ob ich was brauche zum Beispiel. In seinem Wagen habe er Verbandszeug.

Ich aber sagte: Bitte, ja, ich brauche einen Transport. Fahr uns über die Berge nach Norden.

Wen uns? fragte der begriffsstutzige Mensch.

Ich zeigte auf die drei Mädchen: Die drei und mich.

Sie aber begriffen sofort, jedenfalls das, was ich sagte.

Wieso wir? mußte eine jedoch noch fragen.

Worauf eine andere sagte: Aus Freundschaft – oder Solidarität.

Quatsch, aber warf Gina plötzlich ganz ungehalten ein, seid nicht so blöd. Stellt euch vor, die kommen uns in der Nacht noch mal besuchen. Und brechen die Tür auf. Und sind betrunken, fallen über uns Frauen her und schlagen – sie warf einen langen abwesenden Blick von ihren Gefährtinnen herüber zu mir – den armen Zeugen dann noch endgültig tot.

Oh no, no! Endlich, so schien es, hatten alle begriffen.

Ich aber arm, Gina? Ich möchte doch bitten!

Klaus, ordnete ich an, hatte sich unauffällig an seinen Wagen unten vor der Polizeistation heranzumachen und mit abgeblendeten oder besser: abgestellten, nicht angestellten Scheinwerfern die Schotterstraße oberhalb des Orts einzuschlagen, um von hinten an mein Haus heranzukommen. Während ich noch was erledigen wollte.

Zwar hatte ich das Haus von Stratis, meinem Freund und Vertrauten, bis dahin noch niemals betreten, aber ich wußte, wo es war, und ich kannte den Eingang. Es waren nur ein paar Schritte. Wie mir der Schädel, der Leib und die Knochen auch schmerzen mochten!

Ich trat durch das rosenumrankte Tor und betrat den Hof. Durch die offene Tür inmitten des Hauses fiel ein Streifen Licht auf einen mit hölzernem Deckel bedeckten Brunnen. Darauf ein magerer Lorbeerbaum. Was man nicht alles noch wahrnimmt in dem Zustand, in dem ich war! Als erhöhte der Höhepunkt der Verwahrlosung auch die Wahrnehmungskraft! Ja, heute weiß ich es ja: ich war am Höhepunkt angelangt; am Scheitelpunkt einer zwischen Gesundung und Rückfall wankenden Existenz. Aber weiter!

Ich vernahm Stimmen und machte mich mit einem kurzen Anruf vernehmbar. Ohne eine Antwort abzuwarten betrat ich das Haus.

Um einen leeren Tisch herum standen Stratis, seine Frau Chadzi, die in der Küche ihres Bruders Kostas für gewöhnlich den Abwasch erledigt, ein Mensch, den ich nicht kannte, sowie der neue Steuermann von Stratis, der die SOFIA steuert, die Maschine ölt und die Leinen losmacht. Ich stand in der Tür und sagte zunächst einmal nichts. Ich blickte einem jeden, bis auf Stratis, fest ins Gesicht.

Ich bin gekommen, sagte ich, um mich zu verabschieden.

Die vier Menschen vor mir rührten sich nicht.

Da sah ich auch Stratis ins Gesicht. Seine himmelblauen Augen kippten regelrecht weg: als haben zwei sich begegnende Blicke auf der Ebene, auf der wir uns begegneten, mit einem Mal zugleich nicht mehr Platz. Mein Blick erfüllte die Leere und mir brannte die Kehle vor Durst. Stratis aber standen Schweißperlen auf der großen Stirn. Mehr Schweißperlen denn je. Sogar sein Haar sah aus, als stünden Schweißperlen darin. Schwarz glitzerndes Haar.

Der Mann, den ich nicht kannte, flüsterte Chadzi etwas zu. Sie verschwand in einem Nebenraum und war im Handumdrehen wieder zurück. Mit einer Flasche und vier Gläsern – mittlere Weingläser – auf einem Tablett. Viermal schenkte sie ein und machte die Runde. Die Flasche hatte weder Etikett noch Beschriftung. Ich griff nach meinem Glas. Alle anderen aber senkten vor den Gläsern den Blick. Keiner griff nach dem seinen. Ich aber hob mein Glas – *issijía sas*, auf eure Gesundheit! – und kippte in einem Zug das wie Feuer brennende Zeug. Ein allzu kräftiger Trester, ein *tsikoudiá* und kein Wein. Ich stellte das Glas so behutsam auf den Tisch, daß es mir lauter vorkam, als hätte ich es mit aller Kraft auf die Fliesen des Bodens geschmettert.

Mir schwindelte und ich schloß für einen Augenblick die Augen. Als ich sie wieder öffnete, war Stratis aus dem Zimmer verschwunden.

Ich blickte mich um und begriff nicht sogleich das versteckte Nikken und die unbeholfenen Blicke und die zuckenden Bewegungen der an dem schwarzen Kleid von Chadzi herabhängenden Hand! Alles wies hinter mich, nach draußen. Zum Hof, in den Garten, ins Dunkel.

Ich machte kehrt auf dem Fuß und stürzte hinaus aus dem Haus. Und lief dort ihm, Stratis, direkt in die Arme. Prallte geradezu auf ihn drauf. Und er hielt mich fest.

Hier sind wir allein, sagte er. Er atmete schwer. Und nahm mich bei der Hand wie ein Kind, führte mich hinter den Brunnen, dorthin, wo das Licht aus der offenen Tür durch die Blätter des mageren Lorbeerbaums drang. Um uns herum ein paar Kübel mit weißen Rosen im Mondlicht. Er ließ meine Hand und stand seitlich zu mir. Halb abgewandt auch das Gesicht. Auf der Wange ein bläulicher Schimmer.

Wieso so genau? Bläulicher Schimmer? Ja, wenn ich selbst es nur wüßte.

Mit einem Mal aber ging der Mann in die Knie. Vor mir regelrecht in die Knie. Und umklammerte mit seinen starken Armen meine mageren Beine. Er, Kapitän Stratis, Hüne und Herr im Nadelstreifen. Umklammerte meine Beine... und weinte. Ließ aber sofort wieder los, vermutlich verspürte er, auf was für wackligen Beinen ich stand, und schlug die Hände vor sein Gesicht. Jetzt wimmerte er, wimmerte: Freiheit oder Tod.

Um sich mit einem Ruck wieder aufzurichten von seinen Knien und zu stammeln: Es geht aber nicht mehr um Freiheit – es geht nur noch um Leben und Tod. Hörst du? Ich hörte.

Du mußt, sagte Stratis und nahm mich bei den Schultern, von draußen was tun.

Was soll ich tun?

Schreiben, berichten, es aller Welt kundtun. Eingreifen!

Und die Polizei, sagte ich, wozu ist die da?

Du hast es doch selber gesehn, sagte er, die sieht nichts, die hört nichts und tut nichts.

Und du? sagte ich, du hast auch nichts gesehn, nichts gehört, nichts getan.

Ja, flüsterte er, ich hab auch nichts gesehn, nichts gehört, nichts getan. Und schluchzte noch einmal laut auf. Ich kann dir nicht helfen, schluchzte er. Wer hilft denn uns?

Er griff nach meiner Rechten und drückte sie fest mit beiden Händen. Ich ließ es geschehn. Ich blickte ihn nicht mehr an. Ich wandte mich um und verließ durch das Tor Garten und Hof.

Hinter mir hörte ich noch seine Schritte und ich hörte ihn keuchen und stammeln: Auch wenn du es nicht glaubst, ich habe wirklich nichts gesehen und nichts gehört. Wie soll man, wenn man nichts tun kann, was sehen und hören.

Ja, wie soll man, dachte ich und schleppte mich unter Schmerzen davon.

In meinem Haus, ah, was für ein Hohn: *mein Haus,* in dem Haus, das ich vom alten Sterghios gemietet hatte, um den Mietzins bei Stavros, dem Chef, zu entrichten, packte ich in aller Eile meine Sachen zusammen. Keine Siebensachen mehr, gewiß. Der Radio-Kassetten-Recorder und das teure – hochwertige und überempfindliche – Mikrophon, das mir gar nicht gehört hatte, waren dahin.

Ich ließ mich mit meinen drei Mädchen – eines war mir ja im Laufe des Tages abhanden gekommen – von Klaus in seinem klapprigen Wagen ohne Scheinwerferlicht über die mondbeschienenen Windungen oberhalb des Orts hinausfahren auf die asphaltierte Straße. Ich neben ihm, hinter uns die Mädchen. Wir fuhren über die ersten Hügelkämme hinweg. Es folgte uns niemand. Und da eröffnete sich mir im Mondschein die Einöde, die grenzenlose Ebene im Osten. Ich erkannte den gewaltig aufragenden Steinklotz, das venezianische Kastell. Die Festung. Und der Wagen kroch mit uns die Serpentinen hinauf, mal sah ich die Festung von rechts, mal von links aus dem hochgeklappten Fenster des Wagens. Ich war in den Sitz gesackt und die Festung entfernte sich weiter und weiter von mir in der Tiefe, wo natürlich keine Taumänner zu sehen waren. Dafür war es zu früh, zu früh in der Nacht.

Nie mehr, dachte ich, werde ich die Taumänner sehn. Nie mehr in meinem Leben. Oder denke ich nur jetzt, daß ich es dachte auf meiner Flucht? Nichts wie weg aber dachte ich mit Sicherheit, nichts wie die Mädchen in Sicherheit bringen. Sonst folgen die entfesselten Feiernden uns noch und vergreifen sich an ihnen und rechnen endgültig ab, stürzen uns womöglich alle die Schluchten und Abhänge hinab, so daß nie jemand erfährt...

So fahr doch zu, Klaus, und bring dich in Sicherheit, fahr zu, auch du wirst nicht verschont, mitgefangen: mitgehangen. Nicht wahr? Fahr über die Berge in die Stadt, in den sicheren Hafen, fahr, ich bezahl das Benzin.

Und wie ist es dazu gekommen, fragte Klaus.

Was?

Nun, das Ganze, sagte er.

Wie? gab ich zurück, zumindest du hast es doch mit eigenen Augen gesehn.

Sicher, sagte er, aber er meine: vorher – war da nichts? Nichts gewesen? Vorher?

Nichts, sagte ich.

Ja, so sind sie, sagte er, hattest du selbst nie davon gehört? Das steht doch schon in allen Büchern. Und hast du auch nie davon läuten hören – läuten hören! sagte er –, was gerade der alte Vassilis für einer ist? Das pfeifen doch schon die Spatzen von allen Dächern.

Redensarten, Redensarten.

Mir brannte noch immer die Kehle von dem gräßlichen Hausbrannt, dem Schnaps. Brannte wie Feuer. O Brennen und Schmerz. Ich quälte meinen geschundenen Leib und den dröhnenden Kopf in Richtung zu den drei Mädchen im Fond. Zwischen ihren Köpfen, den in der Fahrt schwankenden stillen, erblickte ich den mondbeschienenen Spiegel des Meers. Ein letztes Mal dieses Meer.

Auf was für Redensarten die Menschen kommen: Spatzen von Dächern und Taube auf dem Dach, läuten hören, läuten und die Nußschale auf dem Meer, mitgefangen, ja und 2 CV genau, denn nachts sind alle Katzen, ein' auf den Kragen kann jeder vertragen, ach Gott, Freiheit oder Tod ohne Not – was für eine Alternative!

Daß, fuhr Klaus unbeschadet meines ausgiebigen Schweigens fort und steuerte, die nunmehr aufgeblendeten Scheinwerfer immer wieder über die Schluchten und Abhänge neben uns schwenkend, dem Scheitelpunkt der Paßstraße zwischen den Berggipfeln zu – daß dieser Alte, der Vassilis, der in den Bergen lebt und selten zu den Seinen hinabsteigt ans Meer, der sogar die Dörfer in der Hochebene umgeht und allein mit seinen Herden von Höhle zu Höhle zieht – daß der überall bekannt ist im Lande? Auf der ganzen Insel, ja, bis hin zum Festland? Weißt du das nicht? sagte er. Daß der sogar seine eigene Nichte erschlagen hat? Im Bett? Mit dem Gewehrkolben? Es soll eine Irre oder Schwachsinnige gewesen sein, da sind dem Vassilis selbst die Kugeln zu schade. Die Zwillingsschwester einer anderen Irren oder einer, die selbst irrsinnig wurde, als der Onkel ihre Zwillingsschwester erschlug. Hast du nie davon gehört?

Nein.

Wo nämlich nicht mal der Arm der Justiz hinreicht von draußen, da besorgt so ein König der Berge praktisch die natürliche Auslese unter seinen Untertanen mit eigener Hand.

Klaus aber ging gleich hinter dem Paß derart in die Kurve, daß wir um ein Haar über die niedrige felssteingemauerte Straßenbegrenzung hinabgestürzt wären. Ich warf mich ihm mit meinem schmerzenden Leib in die Arme. Und fing so das kippende Fahrzeug gerade noch auf.

Und weißt du warum? sagte Klaus ganz ruhig.
Ich wußte nicht, wovon er sprach.
Warum er seine Nichte erschlug?
Wie sollte ich.
Ich schlug in der nächsten Kurve – Fahrt rasend bergab – mit der Schulter gegen die Tür.
Nun, sagte er und stieg auf nun völlig gerader Strecke mit einem Mal voll in die Bremse, sie hatte mit einem Fremden geschlafen. Und da erschlug er den – in einem Abwasch sozusagen – gleich mit. *In flagranti,* sagte Klaus, wie man wohl sagt.

17

Wie weit alles zurückliegt. Die Berge, der Himmel, das Meer.
Die Zypressen hingegen, die die Kieswege säumen in dem wunderschönen römischen Garten, durch den ich schlendere, sind mit Zement gefüllt, damit sie nicht fallen. Der aus dem Stamm quellende Baustoff hat eine Maserung, die organischer ist als die mit Eisenspangen und -ringen an ihn geschmiedete Rinde. Moosporen im Putz. Käferversteck. Das eine gehört unabdingbar zum anderen. Ich verharre, verhalte. Ich halte den Atem an. Ich vernehme die Sätze der Kröten, die in schleifenden Bögen über die aus den Nestern geworfenen Amseljungen springen. Bevor die Katze kommt. Und hinter der Katze her der Hund. Oder sind es die Schritte der Künstler, die ich vernehme? Die Schritte der Glücklichen. Der Denker, Gestalter. Ebentegen zum Beispiel.
Aber so wie ich meinen Freund Ebentegen kenne, liegt der noch in tiefstem, die Pausen zwischen den Schreib- und Schöpfungshemmungen überbrückendem Schlummer. Ihn kann nichts erschüttern. Es ist weit nach zehn. Wahrscheinlich schon elf. Nur unter den von Gärtnerhand gestutzten Farnen zittert noch Tau.
Während ich Unglücklicher zwischen meinem Bocciabahn-Schreibplatz und den gesichtslosen Marmorbüsten pendle, die ihre Rücken dem Hauptgebäude der GUARDIA DI FINANZA zukehren, der hiesigen Geldgoldzolldevisenwährungspolizei. Duft von Hortensien. Den Büsten bröckeln die Sockel weg über dem Lärm der dazwischen liegenden Straße. Lichtspiel. Ordnungsgebaren.
Apropos Finanzen: Ob tot oder lebendig: auf immer verbrüdert

verschmolzen mit Brandig, den ich, anders als Ebentegen, nun wirklich nicht mehr ausdrücklich meinen Freund zu nennen brauche, habe ich gewissermaßen aus der gemeinsamen Kasse – vergeblich trug ich ihm nach, was ich ihm schulde – vier sich als unumgänglich erweisende Nächte finanziert. Die Nächte nach meiner Flucht. In der Hafenstadt jenseits der Berge. Von Rom aus gesehen diesseits. Im für mein Anliegen als nächstem zuständigen Ort.

Natürlich habe ich mich erst gar nicht um eines jener Häuser der unteren oder mittleren Kategorie bemüht, wie es meinem eher bescheidenen Naturell normalerweise entsprochen hätte; aber wer nimmt schon in aller Herrgottsfrühe einen frisch Versehrten, drei blutjunge Mädchen und einen sehr blonden Langhaarigen auf? Wie von selbst geriet ich (gerieten wir!) denn auch in der Morgendämmerung (nein, beileibe: kein Taumännerzug!) gleich an die erste Adresse am Platz. Eine sichtlich traditionsreiche Herrschaftsherberge, deren von antiken Säulen getragene Eingangshalle voller barokkem Stuck im Gewölbe und ausladendem kolonial-gußeisernem Geländer uns sogleich einreihte in die Züge jener legendären englischen Reisegruppen, die von sich aus und keine Ausgaben und Strapazen scheuend den berühmten Ausgrabungsspezialisten des späten 19. Jahrhunderts auf dem Fuße gefolgt waren. Ich stand unter Kristallüstern und zahlte jede Nacht im voraus. Für uns alle. Wieviel weiß ich nicht mehr. Die Direktion akzeptierte DM in bar. Da mir überdies im täglichen Umgang mit der Landeswährung nicht nur das Gefühl für den Wert der eigenen einigermaßen abhanden gekommen war, sondern der Livrierte an der Rezeption mir bei jedem neuen Abrechnen das den höchsten Ansprüchen der Moderne – auf allen Zimmern Telephon, Bad, Farbfernseher und vom Gast individuell per Hand regulierbare Klimaanlage – Rechnung tragende Niveau des von ihm vertretenen Hauses vorhielt, rührte ich die Quittungen, die mir auf der Postkartenansichten abdeckenden Glasplatte diskret herübergeschoben wurden, gar nicht erst an. Das mußte mir passieren, ausgerechnet mir! Mir, der ich für geschäftliche Korrektheit und rechnerische Genauigkeit bin. Aber ich gebe zu bedenken: zum einen schmerzten mich Leib, Glieder und besonders der Kopf von den mir angetanen Mißhandlungen – und zum anderen unterlag ich noch weitgehend der Verwahrlosung, die ich mir so mühsam erarbeitet hatte. Ja, ich unterlag ihr *noch* – wenn auch nicht mehr lange.

Vorerst blieben mir aber die vier Nächte in dem so luxuriösen wie kostspieligen Haus. Das ich in Kauf nahm. Denn ich spielte mich keineswegs auf. Kehrte mitnichten den Spendablen, den übermäßig Großzügigen und Freigebigen hervor. Ich schickte mich eher drein in die Notwendigkeiten.

Klaus bekam ein Zimmer mit Doppelbett und einem zusätzlichen Klapp-Einzelbett zugeteilt – sollte er sich nur arrangieren mit seinen beiden Schönen – und ich nahm ein Zimmer zusammen mit Gina. In das sie sich, nach Besichtigung des anderen, allerdings ebenfalls ein Klapp-Einzelbett stellen ließ. Damit sie mir mit ihrem unruhigen Schlaf nicht weh tue, sagte sie; wo mir doch alles so schon genug weh tuen müsse. Kurz: nach allem und trotz Fehlens einer Auflistung der Kosten gehe ich davon aus, daß von nebenan viele telephonische Gespräche geführt worden sind mit Genua und Landshut. Mir blieb nicht mehr viel aus der gemeinsamen Kasse mit Brandig.

Aber wozu rechten? Ich brauchte sie eben, die vier. Nur Klaus, der uns fuhr, konnte ich von seiner Zeugenpflicht entbinden. Wollte er doch über den Ort meines Unheils am Meer an den Ort seines Heils in den Bergen zurück. Zunächst fuhr er uns in die Klinik. Gina zog ich an der Hand bis hinein in die Ordination. Als Geisel und Faustpfand gewissermaßen. Damit mir die anderen nicht entkämen. Ich ließ mir die Verletzungen ärztlich attestieren. Und zahlte auch dafür. Wie für Essen und Trinken der Zeugen. Die nicht wenig aßen und tranken. Denn – zugegeben – die Anforderungen waren nicht gering. Wie ja nicht selten für Zeugen. Bis an den Rand der Erschöpfung brachte ich die drei zarten Geschöpfe. Aber auch den offenkundig trotz des gesunden Bergbauernlebens nicht sonderlich widerstandsfähigen jungen Mann. Schleppte sie von Pontius zu Pilatus. Von Amt zu Amt. Von Behörde zu Behörde. Schaltete alle möglichen Dienststellen ein. Das Staatliche Fremdenverkehrsbüro, die Staatsanwaltschaft, die Polizei. Und wollten die mir Unverzichtbaren aufgeben, so griff ich ihnen unter die Arme, ja, half ihnen buchstäblich – auch moralisch – wieder auf die Beine. Zum Beispiel nach der Inanspruchnahme der Stadtpolizei, die sich in einem, versteht sich, stickigen Wachbüro den gesamten Ablauf des unglückseligen Geschehens lang und breit auseinanderlegen ließ – es ging ein Nachmittag drauf –, um am Ende zu fragen, warum wir uns nicht gleich zuständigkeitshalber unmittelbar an die Kollegen am Ort des Geschehens gewandt hätten. Ja eben, kreischte Gina ein wenig überreizt auf und ließ sich, den Rücken die Wand des Wachbüros hinab, zu Boden rutschen, wo sie mit ihren schlanken weit gespreizten Jeansbeinen sitzenblieb: die fernen Kollegen wollten ja von alledem nichts wissen. Das sei ihnen, den Kollegen von der Stadtpolizei, aber ganz und gar unerklärlich. Ja eben, fügte ich hinzu – Klaus stand uns allen mit seinem ganz ordentlichen Gebrauchsgriechisch bei –: eben auch uns. Und die Männer verwiesen uns an die Landes- bzw. Provinzialpolizei. Die sich, nachdem ich Ginas Hand ergriffen und eine lange Stadtirrfahrt lang nicht mehr losgelassen hatte, ihrerseits die ganze Geschichte geduldig anhörte, um uns am Ende zurückzuverweisen an die Stadtpolizei. Die hinwiederum – ein langer Tag war schon wieder ins Land gegangen – eine neue wachhabende Mannschaft aufbot, die sich die Geschichte gleich auch noch einmal ausführlich auseinanderlegen ließ und zu dem Schluß kam, daß wir uns vernünftigerweise am besten an eine Außenstelle des für mich, den Betroffenen, zuständigen deutschen Goethe-Instituts halten sollten, die, wie das uns zur Einsicht vorgelegte Telephonbuch bewies, tatsächlich existierte, jedoch dort, wo sie hätte zu finden sein müssen, nicht stand. Dort stand ein unbewohntes Haus. Eines meiner Mädchen, nicht Gina, bekam vor den mit Brettern vernagelten Türen und Fenstern des Hauses einen Weinkrampf. Ein Passant, der zu Hilfe eilte und von dem geschwächten und daher verständlicherweise zu Mißverständnissen neigenden Klaus zunächst handgreiflich abgewehrt wurde, gab uns trotzdem freundschaftlich den Hinweis auf den Konsul. Es gebe einen deutschen Honorarkonsul in der Stadt. Einen Griechen für Deutsche. Wir sollten uns mal im Rathaus erkundigen. Was wir auch taten. Wir erhielten die Anschrift und erreichten – im Wagen schwere Hitzeschübe von außen und innen – auch ohne Schwierigkeiten die prachtvolle Villa mit dem ovalen Schild – schwarzer Adler auf goldenem Grund und schwarz-rot-goldener Rand – an einem der beiden Portalpfosten, aber es öffnete auf Knopfdruck und lautes, auch schrilles Mädchenrufen, obwohl Fenster und Türen nicht vernagelt waren, niemand. Wieder aber kam wie gerufen ein Passant des Wegs. Der nannte uns hinter vorgehaltener Hand das bevorzugte Restaurant des Konsuls. Eine kleine unscheinbare Taverne am Hafen. Augenzwinkern. Wir fuhren hin. Der Wirt, den wir befragten, begriff nicht sofort, erinnerte sich aber am Ende, daß der Konsul, falls es sich um den handele, den wir suchten, schon seit Monaten auf Urlaub sei. In Deutschland. Aber, sagte er auch, falls wir Probleme hätten, was ja bei Touristen immer mal wieder vorkomme, dann könnten wir uns ebenso gut an die Fremdenverkehrspolizei wenden. Die Fremdenverkehrspolizei hatte ihren Standort am entgegengesetzten Ende der Stadt, mehr hin zu den Bergen. Wenn ich nicht alles durcheinanderbekomm inzwischen. Die Fremdenverkehrspolizei wollte sich meine Geschichte gar nicht erst anhören. Immer wenn ich ansetzte, um zur Anzeige zu bringen schwere Gewalttätigkeiten und widerrechtlichen Schußwaffengebrauch, ja, den aufmerksam wegblickenden Beamten sogar mein von den Schlägen, Hieben und Tritten verquollenes und verfärbtes Gesicht hinhielt, begannen sie heftig miteinander zu diskutieren, um mich, als ich innehielt und mich abwandte, nebst einem ermunternden Schlag auf die Schulter, zurück an die Stadtpolizei zu verweisen. Dort, brachte ich nur noch heraus, sollten sie uns dann aber bitte anmelden, und zwar umgehend und telephonisch, denn nach zweimaligem usw. usf. Natürlich, gern, wieso eigentlich nicht.

So erklärte sich am Ende doch noch jemand bereit, ein Protokoll aufzunehmen. Einer von der dritten Schicht der Stadtpolizei. Name, Geburtsort, Geburtstag des Vaters. Den Geburtstag meines Vaters hatte ich natürlich nicht im Kopf. Ich bedauerte. Worauf der Beamte – ein von zwei allein die wachsamen Augen rührenden uniformierten Jünglingen gerahmter und durchaus wohlwollend blickender Mensch von großer Leibesfülle und sichtlicher Erfahrung – sich schwer atmend erhob und für eine gute halbe Stunde das Amtszimmer verließ. Nach seiner Rückkehr fragte er mich nach Namen, Geburtsort und Geburtstag des Vaters des oder der von mir Beschuldigten. Ich, der ich wie der inzwischen wieder eigenhändig zu Protokoll Nehmende, gesessen hatte, stand nun meinerseits – nein, sprang nun ganz gegen meine Natur auf, wie von der Tarantel gestochen, hätte, ja, wer eigentlich? Trude sicher gesagt und bekam einen Wutanfall. Den ersten wirklichen Wutanfall, seit ich denken kann. Oder seit Trude. Was der Protokollführende mir angemerkt haben mußte. Denn während die beiden uniformierten Jünglinge zu seiner Seite wie unmerklich die Glieder rührten, beschwichtigte er mich sogleich. Obwohl er vermutlich genauso wenig begriff wie ich, in welchem seltsamen (polyglotten?) Idiom ich in meiner Wut gerade wütete. Und obwohl er durchaus weiter zu mißbilligen schien, daß ich nicht mal genauer zu sagen wußte, mit wem ich es eigentlich zu tun gehabt hatte. Man geht doch nicht gegen irgendeinen Beliebigen vor. Wie ein solcher einem schwerlich zu nahe getreten sein kann, wenn er nicht ziemlich genau gewußt hätte, mit wem *er* es eigentlich zu tun hatte. Man erkundigt sich doch zumindest, wenn einem schon mal einer zu nahe getreten ist. Oder zu nahe tritt. Oder handelte es sich um einen Raubüberfall? Man versucht es immer erst im Guten. Wenigstens den Namen des Vaters, bitte.

Ich sagte: Vassilis, Hirte, Held, Partisanenführer und Herrscher.

Der Protokollführende blickte auf. Er blickte mich plötzlich an wie einen Bruder.

Aber machen wir es kurz: das am Ende inhaltlich nicht mehr als – von dem Protokollführenden eigenhändig von der Handschrift in die Maschine abgetippte – zehn Zeilen umfassende Protokoll erforderte einen Vormittag.

Die Zeuginnen wurden auf den Nachmittag bestellt.

Daß am Ende aber um ein Haar alle meine Anstrengungen umsonst gewesen wären, soll hier nicht verschwiegen werden.

Denn leichtsinnigerweise erwähnte ich wie beiläufig noch, daß es mir nicht um die eigene Person zu tun sei. Alles andere als die eigene Person. Mir liegen persönliche Revanche und schnöde Rache sehr fern. Vielmehr trete ich mit meinen Angaben im Interesse der Allgemeinheit auf. Im Interesse der Mehrheit, sagte ich. Denn dort, wo mir widerfuhr, was ich zu Protokoll gegeben hatte, terrorisierte eine minimale Minderheit die Mehrheit. Die Mehrheit also führe hier Klage durch mich. Sie sei es, die klage, nicht ich. Ich gebe gewissermaßen nur verläßliche Kunde von ihrem Schicksal. Ich, sagte ich, sei lediglich der geschundene Bote. Der ergebene Kurier.

Gewiß, meine Beiläufigkeit hatte eine gewisse Weitschweifigkeit, aber wer will mir das verübeln – in Anbetracht der Umstände. Und zumal mir niemand zuzuhören schien.

Ich brauchte mich, sagte ich, nicht zu schämen dafür, daß ich, der ich im Leben eher am Rande stünde, mich einmal für die Mehrheit verwendete.

Ich nicht!

Worauf nun der Mensch von der Stadtpolizei mich unvermittelt anherrschte: Schweig!

Für mich, fuhr ich dennoch unbeirrt fort, habe ich die wertvolle Zeit der Stadtpolizei nicht in Anspruch nehmen wollen.

Schweig, herrschte mich der Mensch abermals an und hielt mit einem Mal die Protokollblätter vor seine gewaltige Brust. So als wollte er sie zerreißen.

Ich schwieg. Und er erhob sich wieder einmal schwer aus seinem Sessel. Auch ich erhob mich, folgte wie die drei Zeuginnen und Klaus, sofern sie nicht schon standen, dem Wink und dem Beispiel. Nahm Haltung an, sah, wie die Blätter sich senkten, und senkte den Blick. Es entstand eine Stille voller Strenge und Ernst. Ich erinnere mich. Als habe eine Fliege gesummt zwischen uns und dem uns offenbar der Reihe nach mit festem Blick musternden Mann.

Glaubst du, sagte der Mann unvermittelt an mich gerichtet, an Gott.

Auch das noch.

Ich glaube, ich sah mich hilfesuchend um.

Das, sagte ich, sei eine schwierige Frage.

Der Mann schlug mit den schon in seiner Faust geknüllten Protokollblättern nach der Fliege, von der ich gerade sprach.

Glaubst du oder glaubst du nicht? wiederholte der Mann. Ihm standen feucht schillernde Querfalten auf der Stirn. Ihm, nicht mir, glaube ich. Ich überlegte. Zuckte die Schultern. Blickte zu Boden.

Dann, sagte er und ließ die Hand mit den Protokollen sinken, war alles umsonst. Er reichte die Blätter einem der uniformierten Jünglinge, der sie, als wäre alles eingespielt und geübt, in den Papierkorb warf.

Ich erstarrte.

Da aber rief mit einem Mal Gina schrill auf:

I believe, dear policeman, I believe in god.

Gina, mein Engel, Retterin.

Yes, really, I do, hauchte sie.

So daß Klaus nun auf den Mann zutreten konnte und, ich bewundere ihn noch heute dafür, dem Mann wie unter Männern auf griechisch hinter vorgehaltener Hand zuflüsterte: Sie glaubt an Gott. Wenn ich sein Flüstern richtig deutete. Er muß es dem Mann zugeflüstert haben. Hätte der sonst plötzlich so erleichtert geseufzt und gelächelt? Und dem Jüngling neben ihm barsch befohlen, ihm gefälligst wieder die Protokollblätter aus dem Papierkorb zu holen?

Schwört, sagte er zu den Mädchen, bei Gott, daß ihr die Wahrheit gesagt habt!

Wir schwören.

Alle drei schworen bei Gott, daß sie die Wahrheit gesagt hatten.

Damit war amtlich und klar, daß ich auch wirklich verprügelt worden war. Aber damit hatte es sich noch keineswegs.

Der Beamte wischte sich mit dem Handrücken über die Stirn.

Und nun, er sprach zu Klaus, frag ihn – und er wies mit dem Daumen auf mich –, woran, wenn nicht an Gott, er denn glaubt.

Klaus hob an mit der Übersetzung. Ich weiß nicht von was. Aber ich hatte schon begriffen. Überhaupt fand ich mich mit einem Mal gar nicht so schlecht – geistesgegenwärtig nachgerade. Wie aus der Pistole geschossen – übrigens eine Wendung, mittels derer Trude gern meine überlegten Antworten auf ihre bohrenden Fragen abqualifiziert –: hier tatsächlich wie aus der Pistole geschossen erwiderte ich:

Ich glaube an meine Ehre, *i timí*, jawohl. *Logós timís!*

Ein breites – soll man nicht sagen ein breites, wenn es ein breites ist? – ein breites Lächeln flog über das Polizistengesicht.

Gut, sagte der Mann, die Ehre ist dasselbe wie Gott.

Und er atmete durch. Warf außerdem, als gehörten sie zum Atmen, kleine heimliche Blicke auf die beiden uniformierten Jünglinge zu seinen Seiten.

So schwöre!

Ich schwor auf meine Ehre, daß ich die Wahrheit gesagt hatte. Neben mir murmelte Klaus, ich erinnere mich, mit todernstem Gesicht: Bei Gott. Mir aber war gar nicht zum Lachen zumute.

Kopien von den Protokollen kriegte ich nicht; eine von jedem – dem meinen und dem der Mädchen – ging jeweils an die Staatsanwaltschaft, je eine auch an die Beklagten, und die Originale – der Mann spreizte seine dicken Fingerkuppen über den Papieren auf seinem Tisch –: die Originale bleiben hier.

Mehr haben wir nicht.

Es gibt Augenblicke, da kommt man, von der eigenen Geistesgegenwart geschwächt, auf das Naheliegendste – Anfertigung von Photokopien der Polizeiprotokolle, gern auch unter Polizeiaufsicht – nicht.

Am Abend nahm ich das Fährschiff nach Athen.

Klaus fuhr mich hin. Mit den Mädchen. In den Augen eines der Mädchen, nicht Ginas, sah ich Tränen, als ich das Fallreep bestieg. Nachdem ich meine Kabine aufgesucht und meinen Koffer auf die Koje geworfen hatte, trat ich ans Oberdeck, um meinen mir verbliebenen drei Schönen und meinem Landsmann zu winken. Aber da waren sie schon fort. Stattdessen erblickte ich auf meinen Handknöcheln und dem Handrücken die ersten verräterischen Rötungen; ich kündigte sie schon an. Die Vorboten von Flechte, Verschuppung und Schorf. Den Abfall vom einmal Erreichten, den Rückfall. Auch schlotterten mir zum ersten Mal, seit ich zehn Wochen zuvor meinen Fuß von Bord desselben Schiffes gesetzt hatte, wieder die Knie. Als wäre ich schon wieder zu Haus. In der Kälte. Es schien mir die Luft, fast hätte ich gesagt: schien mir der aus dem Wasser des Meeres an der Nordküste dieser Insel aufsteigende diffuse Abenddunst allzu feucht. Als könnte man so etwas sagen. Denn ich fror. Wie im Stich gelassen von der rot im Abenddunst eintauchenden und hinter dem Horizont verschwindenden Sonne. Und habe nicht aufgehört zu frieren und zu frösteln seitdem.

Auch wenn ich, Trude, ein *Frostköddel* bin: daß es nicht an mir liegt, ist nun immerhin erwiesen. Und ist ja auch in diesem wunderschönen römischen Garten, in dem ich sitze und Rechenschaft ablege, kein Wunder; liegen doch die Temperaturen inmitten der wuchernden und dennoch so vorbildlich gebändigten Vegetation, wie ich von unserem gemeinsamen Freund, Ebentegen eben, weiß, immer um einige Celsiusgrade unterhalb jener der übrigen Stadt draußen mit ihren engen brütenden Gassen und den in flimmerndem Sonnenglast sengenden Plätzen. Worüber alle, zumal um diese Jahreszeit, alle diese Künstler und Denker froh zu sein scheinen. Sie schlafen. Bis in die Puppen. Während ich schon seit dem Morgengrauen wache. Und friere. Bevor ich aber heimkehre, das habe ich wahrlich verdient, bevor ich heimkehre ins Moor und, Trude, zu dir – verzeih, daß ich mich von Ebentegen konsequent habe verleugnen lassen bei deinen wiederholten Anrufen –, gönne ich mir noch einen Urlaubstag in der Stadt. Oder zwei. Einfach wegen der Umstellung. Ja, Umstellung tut not.

Habe ich übrigens erwähnt, daß ich heute im Morgengrauen nicht von dem mir für meinen verlorengegangenen Radio-Kassettenrecorder von Ebentegen zur Verfügung gestellten Radiowecker, sondern von dieser gewaltigen Detonation geweckt worden bin? Sie hat mich buchstäblich aus dem Bett geworfen. Die Scheiben klirrten und die Wände bebten. Und ich stand da nackt in der der Detonation folgenden Stille und wußte nicht, wie mir geschah. Um sieben dann schaltete sich automatisch der Radiowecker mit dem Nachrichtendienst ein. Ich versteh ja nicht viel. Aber soviel verstand ich:

Das Gebäude der GUARDIA DI FINANZA in der Viale 21 Aprile ist in den frühen Morgenstunden von einer heftigen Bombenexplosion heimgesucht worden. Ganz offensichtlich handele es sich um einen *atto di terrorismo*. Glücklicherweise aber seien Menschen nicht zu Schaden gekommen.

Und all die Dichter und Denker und – wie soll ich sagen: am Fortschreiben des uns alle angehenden schöpferischen Prozesses Gehinderten haben von alldem natürlich wieder mal nichts gemerkt.

18

Was noch nachzutragen bliebe: Der freundliche junge Mann in der Rechtsabteilung der Botschaft der Bundesrepublik Deutschland, dem ich als Bürger und Steuerzahler den Auftrag gab, meine Interessen vertretend den Schatten zu tilgen, der auf die zu Recht weltweit gerühmte Gastfreundschaft des Landes gefallen war, bei dessen Regierung er in meinem Namen akkreditiert ist, schüttelte den Kopf, was ich zunächst mißverständlich als abschlägigen Bescheid aufzufassen geneigt war. Ja, so seien eben die Verhältnisse hier, sagte er, jedenfalls in gewissen Gegenden, die er selbst noch keine Veranlassung gesehen habe aufzusuchen. Eine schwierige Mission. Er werde meine Sache verfolgen. Wie war noch mal der Name? Er reichte mir ein kleines farbiges Karteikärtchen, auf dem ich doch auch gleich meine Anschrift mit festhalten sollte. Er werde sein Möglichstes tun. Zu meinem Namen und meiner Anschrift setzte ich sicherheitshalber Straße und Hausnummer der Polizeidienststelle hinzu, bei der ich Anzeige erstattet und die ausdrückliche Aufforderung hinterlassen hatte – ich werde der Angelegenheit beim Innenministerium in Athen schon den gebührenden Nachdruck zu verleihen wissen –, dem Verfolgungsauftrag der Staatsanwaltschaft – auch und vor allem im Interesse der einheimischen Allgemeinheit – nunmehr durch die Weiterleitung des Vorganges die Grundlage dafür an die Hand zu geben, daß ein ordentliches Strafverfahren in Gang gesetzt werden kann. Den Namen des unglückseligen Orts, den zu erwähnen ich dem Botschaftsmenschen gegenüber natürlich nicht umhin kam, notierte ich allerdings nicht. So wie ich ihn ja auch nicht ein einziges Mal in diesen Aufzeichnungen, die eine Abrechnung und eine Rechenschaft sind, genannt habe. Der gehört nicht hierher. Aus gutem Grund. Nicht einmal der Name der an Heldenruhm, Mythenglanz und vielschichtigsten archäologischen Befunden überreichen Insel, an dessen ausgebrannt südliche Küste mein unglückseliger Ort sich drückt, gehört hier noch her. Denn was eine Abrechnung und eine Rechenschaft sind, die meinen es ernst. So wahr ich es bin, der sie vornimmt.

Wenn ich aber trotzdem Namen genannt habe, vielerlei und aus beiden Lagern, unterschiedslos, den Namen von Stavros, dem einarmigen Fischer, wie den Namen von Stavros, dem Chef, den von Giorgos und den von Vassilis, von Karalambos (oder sollte ich etwa diesen oder jenen unterschlagen haben in dem Getümmel?): Pandelis, Orestis – erinnern wir uns – und Sterghios und Kostas und nicht zuletzt den von Stratis, wiewohl weniger die von den einheimischen Frauen (mit Ausnahme von Chadzi vielleicht und Akrivi, der Irren, die mich mit einem Pavlos, mit Sicherheit Paul Brandig, verwechselte in ihrem Wahn!)... wenn ich beim Namen nannte Michalis, Christos und Janis und Nikos: dann habe ich von allen auch als von meinen Brüdern gesprochen. Ja, meinen Brüdern. Die ich nicht verraten wollte. Denn sie gehören alle, ob aus diesem Lager oder jenem, zusammen. Wie die kämpferischen und die stillen Elemente in uns. Es kommt nur immer darauf an, daß nicht das eine oder das andere die Oberhand gewinnt.

Dem freundlichen jungen Diplomaten in der Rechtsabteilung der mich in jenem Lande vertretenden Botschaft, der mir an einem zierlichen Rauchtischchen schräg unterhalb seines Schreibtisches gegegenübersaß, reichte ich mein ärztliches Attest. Die Beglaubigung meiner Schürfungen, Verletzungen, Wunden. Ich brauchte sie nicht mehr. Wir erhoben uns aus den bequemen Sesseln. Schon an der Tür, ergriff er wie zum Abschied meine Hand und murmelte: Was ihm nur schleierhaft sei... (er schaute grüblerisch vor sich hin, ich erinnere mich genau) was ihm nur schleierhaft sei: Was hat eigentlich ein einsichtiger Mensch zehn Wochen lang an einem Ort verloren, der so schon nicht in allerbestem Rufe steht und den er, der Reisende, ja wohl kaum am letzten Tag erst – wegen der natürlich zu Recht inkriminierten Übergriffe – als einen unglückseligen zu bezeichnen sich genötigt gesehen haben konnte. Ich hatte die Klinke schon in der freien Hand. Aber der Mann lächelte und hielt mich an der anderen zurück. Nun, sagte ich ein wenig ungeduldig, aber doch so höflich wie nur möglich, ich habe jemanden gesucht. Einen spurlos vom Erdboden Verschwundenen. Einen Freund.

So, sagte der Mann und ließ meine Hand fallen, als sei er ein wenig enttäuscht.

Jemand, fügte ich – wie ich heute weiß: ganz unnötig – hinzu, den sie wahrscheinlich an meinem unglückseligen Ort erschlagen haben. *In flagranti*. Im Bett. Mit einer Schwachsinnigen.

So, sagte der andere abermals und wandte mir den Rücken zu.

Dem könnte man ja auch mal von Botschaftsseite nachgehen, ereiferte ich mich plötzlich, ich weiß nicht warum.

Und um wen, vernahm ich den mir Abgewandten, handelte es sich da?

Um einen gewissen – und nun war es unwiderruflich heraus: um einen gewissen Paul Brandig.

Ich sah an den sehnigen Nackensträngen des Mannes, wie überaus tief und nachdenklich er den Kopf senkte. Ich kann mir denken, er führte eine Hand an sein Kinn.

Paul Brandig, hörte ich ihn murmeln, Paul Brandig? Warten Sie doch mal.

Haben sie ihn, schoß es mir durch den Kopf, etwa schon gefunden?

Der Mann trat hinter seinen ausladenden Schreibtisch, drückte auf einen Knopf auf der dichten Knopfreihe seines Telephons, irgendwas blinkte. Er nahm den Hörer ab und sagte – ziemlich weit entfernt von der Sprechmuschel übrigens –:

Bitte Paul Brandig!

Und es hätte mich nicht einmal gewundert, wenn Paul mit einem Mal leibhaftig und in voller Lebensgröße durch die Tür, aus der ich gerade noch so schnell wie möglich hinausgewollt hatte, hereingetreten wäre. Fast hätte ich nichts sehnlicher gewünscht. Stattdessen aber drehte der Mann in gehöriger Entfernung von seinem Ohr die Hörmuschel in der Luft hin und her, so als suchte er die richtige Richtung, tippte auch, als wollte er nachhelfen, gelegentlich auf die Plastikwölbung, die hohl klang, klappte mit der freien Hand den Deckel eines Silberdöschens, das an der Schreibtischkante stand, hoch

– Rauchen Sie?

– Nein, danke!

und antwortete dann der weiblichen Stimme, die auch ich vernahm, jedoch nicht verstand aus der Entfernung: Aha. Schön. Danke. Also doch.

Es sei, sagte er, nun wieder hervortretend hinter seinem Schreibtisch, ihm doch so gewesen. Er faßte mich am Arm; kräftiger übrigens, als ich ihm zugetraut hätte. Als habe er den Namen gekannt, sagte er. Tatsächlich habe eine Person dieses Namens auf der Fahndungsliste des Bundeskriminalamtes gestanden, im Zentralcomputer, Sie verstehn.

Was will der Mensch eigentlich von mir?

Hat gestanden oder steht *noch immer*?

So ist es, sagte er reichlich sibyllinisch, Sie haben richtig verstanden: die Sache ist hinfällig.

Aber den Namen haben Sie noch.

So ist es, sagte der Mann.

Und ich sagte nun meinerseits: So.

Er aber: Ja.

Und wieso hinfällig? setzte ich da allerdings nach.

Nun, sagte er ohne mich loszulassen, betrachten Sie es als Verzicht auf den Verfolgungsanspruch des Staates. Eine Amnestie sozusagen. Fassen Sie es als eine großmütige Bereinigung auf oder, wenn Sie wollen – ich erinnere mich genau an die Formulierung: an die Bewältigung der jüngsten Vergangenheit, die sich natürlich nur leisten kann (die Bewältigung? die Vergangenheit?), wer mit fester Hand den konsolidierten inneren Frieden des Landes, unseres Landes, des Ihren, des meinen, gewährleistet. In diesem Zusammenhang sprach er dann eben auch vom neuen Innenminister und der Bundesanwaltschaft und deren Milde; so daß ich gar nicht dazu kam zu fragen, inwiefern denn nun der Bewältigung der jüngsten Vergangenheit etwas vorausgegangen sei, das denen, die bewältigten, Anlaß gegeben habe zur Bewältigung, bzw. inwiefern die Vergangenheit, die sich die den inneren Frieden des Landes Gewährleistenden leisten, überhaupt einer Bewältigung bedarf. Aber vielleicht sah der Mann mir ja die in mir aufflackernde Unbotmäßigkeit, zu der ich ansonsten gar nicht neige, an.

Ihr Paul Brandig, sagte er, ist zum Umkreis jener Leute zu zählen, die über lange Jahre hinweg mit Gewalt unsere Rechtsordnung dort oben – er wies mit dem Zeigefinger in eine Ecke der Zimmerdecke seines Büros – abzuschaffen getrachtet haben.

Also doch. Ich zuckte ein wenig zusammen und schwieg.

Und immer noch trachten, setzte der Mensch, seltsamerweise lächelnd, hinzu.

Ich tat, so gut ich konnte, erstaunt. Ich sah ihm geradeheraus ins Gesicht. Gleichzeitig wurde der Griff um meinen Arm fester.

Grüßen Sie ihn schön, sagte er, falls er Ihnen doch noch unterkommen sollte. Ich glaube, er sagte sogar: falls Sie seiner doch noch wider Erwarten habhaft werden sollten.

Ich habhaft, ausgerechnet ich. Lächerlich!

Teilen Sie ihm, sagte der junge Mann, mit, daß er nichts mehr zu befürchten hat.

Ein eindeutiger Auftrag. Seinerseits. Nach meinem, dem ihm erteilten, der ein Verfolgungsauftrag war, geradezu so etwas wie die Aufhebung einer Verfolgung. Sozusagen ein regelrechter diplomatischer, auf Gegenseitigkeit beruhender Akt. Jedenfalls, was mich anbelangte, eine Botschaft, die zu überbringen ich sowohl die Ehre hatte wie erwies. Ich glaube, ich verbeugte mich sogar ein wenig.

Dieser junge Mensch aber verstärkte seinen meinen Arm schon einigermaßen schmerzenden Griff (als schmerzten mich nicht noch hinreichend die Glieder, der ganze Leib und vor allem der Kopf von den ihm zur Kenntnis gebrachten Mißhandlungen!) und schob mich wie ohne jede Anstrengung, ganz so, als stünde noch jemand hinter ihm und schöbe, zielstrebig in Richtung Tür. Dorthin, wo hinaus es mich gerade noch dringlich gezogen, wo heraus auch mein Freund Brandig beinahe getreten wäre. Als könnte dieser Diplomat und Rechtszuständige mich nun seinerseits nicht schnell genug loswerden. Hatte er ein schlechtes Gewissen? Oder hatte er etwa meine sich neu verschuppenden und verschorfenden Hände gesehn?

So formlos, beharrte ich denn auch, könne man doch aber nicht verbleiben. Ob er mir nicht etwas Schriftliches an die Hand geben könnte, einfach der Glaubwürdigkeit halber. Der meinen natürlich, setzte ich, da der Schmerz in meinem Arm fast unerträglich wurde, etwas kleinlaut hinzu.

Sie brauchen nichts Schriftliches. Sie werden sehn. Außerdem haben wir ja jetzt Ihre Anschrift.

Was werde ich sehn?

Der Mann griff mit der freien Hand nach der Klinke.

Ja, lesen Sie denn keine Zeitungen? fragte er. Haben Sie sich denn nie informiert in Ihrem – offen gesagt – überaus ausgedehnten und – Sie gestatten – reichlich merkwürdigen Urlaub?

Wie bitte?

Verfolgen Sie denn die politische Entwicklung nicht?

Plötzlich verspürte ich Befreiung in meinem Arm. Der Schmerz ließ nach. Der Mann hatte mich losgelassen. Lächeln aber tat er noch immer.

Die Bundesrepublik steht fester denn je, sagte er. Die Krise ist überwunden.

Wie bitte? Ich verstand kein Wort.

Aber da stand ich auch schon vor der Tür der Rechtsabteilung der Botschaft der Bundesrepublik Deutschland.

Mann, fahren Sie nach Haus, sagte der Mann, bevor es zu spät ist.

Ich hätte mir diesen Ton fast verbeten; wäre er nicht in der unanfechtbar freundlichsten Übereinstimmung gewesen mit dem Lächeln des Mannes. Schon auf dem Treppenabsatz, vernahm ich noch seine Stimme:

Sie werden sehn. Die Situation hat sich normalisiert. Und auch Sie haben selbstverständlich nichts zu befürchten.

(Soweit die bereits angekündigten allgemeinen politischen Erörterungen, die ich noch – gewissermaßen gegen meine eigenen Absichten – aus dem Mann herausholte.)

Und vergessen Sie nicht, zu Hause einen Arzt aufzusuchen, rief er mir noch nach, man kann nie wissen, allzuleicht bleibt nach solchen Abenteuern wie den Ihren etwas zurück.

–

Draußen, Athen, strahlender Sonnenschein.

Am Omonia-Platz Eis gegessen.

Nachgedacht.

Seitdem frage ich mich immer wieder, wie es kommt, daß ich Volljurist mit Prädikatsnoten nie auf den Gedanken gekommen bin, mich um eine Stelle im diplomatischen Dienst zu bemühen. Da hätte ich mich wahrlich besser bewährt als jene Rechtsabteilungsleiter, die nichts weiter leisten, als diejenigen, die sie mit ihren Steuergeldern unterhalten, über ihre und ihrer Auftraggeber – um nicht zu sagen: Hintermänner – wahre Absichten im unklaren zu lassen.

Oder wollte dieser Mensch mir eine Falle stellen? In die ich blindlings hineintappte oder noch hineintappen werde? Warum war er bloß so freundlich zu mir?

Jedenfalls könnte ich mich trotz der mir zugefügten Demütigungen und Mißhandlungen, ja, in Ergänzung zu den Demütigungen und Mißhandlungen, die ja für mich dank Brandig auch ganz unerhörte Erweiterungen, wenn nicht gar Offenbarungen mit sich brachten, noch heute dafür ohrfeigen, daß ich Brandigs Namen diesem undurchsichtigen diplomatischen Vertreter meines Landes im Lande besagter Erweiterungen und Offenbarungen gegenüber überhaupt fallenließ.

19

O mein Moor, dunkle duldsame Erde, wie sehne ich mich nach dir. Wie sehne ich mich nach deinen Schleiern, deinen Nebeln, deinem Dunst. Der Feuchtigkeit und den Schauern, die du über meinen Rücken jagst. Dem taufrischen Glanz auf dem Moder der Seele.

Man muß sich eben nur warm anziehen. Sonst fröstelt und friert man. Besonders wenn man eine empfindliche Natur ist wie ich, die meist fröstelt und friert.

O mein Moor! Zwischen Gagelsträuchern und Ohrenweide sehe ich mich gehn. Und lauschen. Zwischen Pfeifengras und Wollgrasbulte setze ich den Fuß. Stille. Stille? Die vom Westwind geschorene Eberesche, die Birke, die Erle, deren Geäst säuselt über meinem erhobenen Haupt. Meinem Kopf. Ich rieche mich selbst. In den Birken sitzen die Hexenbesen, die dicken schwarzen Klumpen, von Unbedarften für Vogelnester gehalten. Nein, die Vögel sitzen in Rissen, Spalten und Blänken. Hacken ein in die Wolle des Schafes. Schädel und Brustkorb liegen schon frei. Die Schnäbel ziehen und zerren ... erweitern das Herz in der Luft.

O Elster, o Krähe, o Moor.

Man muß sich auskennen mit der Natur. Nicht nur mit der eigenen.

Die Sumpfohreule hört mit.

Pfeifen, Krächzen und Klagen.

Dieser Tage fand ich nach getaner Arbeit in der Bibliothek der Künstler-Akademie hier in Rom eine Gedichtanthologie, in der ich blätterte. Es handelte sich um Naturlyrik. Ich stieß auf ein Gedicht, das mich sogleich in seinen Bann zog. Ein Moorgedicht. Ein Gedicht über das Moor im Sommer. Ich riß es – ganz gegen meine Natur, wie ich überhaupt mit leicht beunruhigter Überraschung feststellte, daß ich seit jüngster Zeit immer wieder Handlungen unterworfen bin, ja, gänzlich unfreiwilligen Handlungen, Zwangshandlungen nachgerade, die mir in früherer Zeit, sagen wir: vor Antritt meiner Reise völlig fern gelegen hätten ... stop: ferngelegen *haben* – ich riß also das Gedicht aus dem Bändchen heraus. Dabei ausgiebig hustend, damit die in meinem Rücken Aufsicht führende Akademie-Sekretärin das Herausreißen nicht hört. Ich habe das Gedicht mitgenommen. Ich trage es bei mir. Allerdings fehlt, da vermutlich noch weitere Gedichte desselben Verfassers in dem Bändchen abgedruckt sind, über dem meinen der Name. Der Name des Verfassers. Das Gedicht selbst heißt: *Friedliche Landschaft*. Der Verfasser nun möge mir verzeihen, wenn ich, ohne genauere Quellenangabe und ohne Nennung seines Namens, das Gedicht hier wiedergebe. Ich kann einfach nicht umhin, es, wenn ich, verehrter Dichter, mal so sagen darf: meinen Aufzeichnungen einzuverleiben. Hier also die Kopie.

Friedliche Landschaft

Wie begegnungssüchtig sie daliegen
die Moore
sommers am Morgen um vier

Frösche etwa
die reglos in Versumpfungen stecken
sehen immer so aus
als blickten sie um sich

Auf der Gegenseite
ziehen graue Nebelarmeen vorbei
wie geschichtliche Zeit

Sekundenopfer Torfsoldatengedenkens

Es scheint
diesen Kriegern nicht schwer zu fallen
der Kampfeslust zu spotten
mit ihrem heillosen
Schweigen

Währenddessen besetzen schon
die Stimmen
aller eines guten Todes Gestorbenen
das Schilfrohr

wispern und raunen
sie sprechen die Windstille an

Und der Wanderer läßt sich betören

Er glaubt sich allein
heftig knistert in seinen Hosentaschen
der Schritte Andacht

Ganz weit am anderen Horizont aber
dort
worunter die Lurchtiere glotzen
am rot rotglühenden Ende
taucht eine Formation Überschalljäger auf
keilförmig
ist die organische Himmelsergänzung
und ohne Geräusch

Schon vorbei
mit vom Auge gefallenem Flug
dem schönen
schmiegt und schmeichelt sich schließlich
doch noch ein Rauschen
gegen des Wanderers Ohr

Als wärs eine Schulter

Es klingt aber eher
wie übertriebenes Libellengewerbe
Gewerbe
wie Begattung und Werben zugleich
im Seerosenteichlilienabstand

Denn woher sollte der
plötzlich gekommen sein
der die große Handvoll Tranquilizer
aus dem Handschuhfach stahl
und sie nun dem Erschreckten
über den Kopf
in den Entwässerungsgraben verstreut

So weit der unbekannte Dichter. Wem nach diesem Gedicht noch fröstelt, dem ist nicht zu helfen. Mir, der ich so sehr zum Frösteln und Frieren neige, fröstelte nicht. Obwohl: man beachte Formulierungen wie: *Als wärs eine Schulter* oder *reglos in Versumpfungen stecken* oder auch *Gewerbe wie Begattung und Werben zugleich* – ach Trude, verzeih!

Was aber meine Hauterkrankung, diesen unaufhaltbaren und immer wieder von neuem am Leben gehaltenen Oberflächenzerfall, dies Wühlen und Untergraben all dessen, was ich darstelle, wenn man mich einmal in Ruhe läßt ... was dieses Schicksal, dieses mein Fatum und Faktum, anbelangt, so werde ich nicht aufgeben. Denn in dem der Bibliothek der Künstlerakademie angegliederten Lesesaal stieß ich, in einem deutschen Nachrichtenmagazin blätternd, außerdem auf die Anzeige einer offenbar renommierten Medizinisch-Technischen Gesellschaft unter dem unverblümt fett gedruckten Stichwort SCHUPPENFLECHTE! Besiegt Sonne die hartnäckige Hauterscheinung?

So stand es da. Wozu ich natürlich nichts sagen kann. Denn eine Schuppenflechte, auch Psoriasis genannt, habe ich nicht. Dennoch las ich weiter. Weiß ich doch inzwischen immerhin um die Kraft der von keinerlei Wolkenbildung und atmosphärischer Trübung behinderten Sonne. Zumal jener, die Verwahrlosungen nicht im Wege steht. Mit ihrem Licht.

Da war denn auch die Rede davon, daß bei *intensiven Sonnenurlauben* und besonders am Toten Meer (wo ich, für meinen Teil, bislang weder war noch jemals hin will!) *sogenannte Psoriatiker* Erfolg haben. Einfach: *Erfolg haben!* stand da. Seit jüngstem, stand da aber auch, gebe es von Dermatologen und Physikern entwickelte Lampen mit *natursonnenähnlichem Spektrum*, die mit großem Erfolg *(großem Erfolg!)* in Kliniken, Kurbädern und von Fachärzten eingesetzt werden. Die neue Therapie wird als selektive UV-Phototherapie, kurz: SUP, bezeichnet. Schon mehr als 5000 Therapie-Sonnen seien an Heimanwender (*Heim*-Anwender!) ausgeliefert worden. Die Erfolgsquote *(Erfolgsquote!)* liege bei 95 Prozent. Sie sei so hoch, weil zu Hause am besten eine zeitlich unabhängige Behandlung auf Dauer durchgeführt werden könne; allerdings sollten die Heimanwender zu regelmäßigen Kontrollen den Dermatologen aufsuchen. Um aller Skepsis, so heißt es, vorzubeugen, räumt der Hersteller ein Rückgaberecht ein. *Jeder kann dreißig Tage lang te-*

sten, ob die Therapiesonne wirklich hilft. Von dem Rückgaberecht machen nur fünf Prozent Gebrauch. Als ob das nicht ein überzeugender Erfolg *(Erfolg!)* sei, wird resümiert; wenn auch unter Fragezeichen.

Ist das nicht ein überzeugender Erfolg im Kampf gegen die Schuppenflechte?

Das kann man wohl sagen.

Und wenn auch ich, wie gesagt, keine Schuppenflechte habe, so werde ich mir die Sonne trotzdem schicken lassen. Nicht daß ich auf Heimverwahrlosung hoffe. Aber könnten nicht vielleicht doch die durch die vom Heilungserfolg ausgeschlossenen Psoriatiker freibleibenden fünf Prozent abgedeckt werden von solchen, die gerade unter *der* Hauterkrankung leiden, die ich habe? Man soll nichts für unmöglich halten und nichts unversucht lassen. Man kann nie wissen. Die Chancen stehen 19 : 1. Oder nicht? Denn nach meiner Einschätzung werden garantiert 95 Prozent der von meiner Hauterkrankung Befallenen nie, auch nicht von der strahlendsten und natürlichsten Sonne, wirklich dauerhaft geheilt. (Zwar kenne ich außer mir selbst keinen, der unter meiner Hauterkrankung leidet, persönlich; aber ich habe für solche Dinge ein untrügliches Gespür!)

Warum sollte ich also nicht zu den unter einer künstlichen Sonne zu heilenden fünf Prozent gehören? Warum? Warum eigentlich nicht? Trude, die ja mit den Jahren eine Expertin für Hautfragen geworden ist, könnte mir auch gut die regelmäßigen Kontrollen beim Dermatologen ersparen. Da brauchte ich nicht aus dem Haus. Und – selbstredend – erst recht nicht hinaus aus dem Moor.

Sobald der Erfolg sichtbar wird auf meiner Haut, werde ich den Hersteller von der erweiterten Anwendungsmöglichkeit seiner Sonne in Kenntnis setzen; jedoch nicht, ohne mich zuvor patentrechtlich abzusichern. Denn es kann mir ja wohl kaum ernstlich verübelt werden, daß ich – in Ergänzung zu dem weiterzuführenden numismatischen Geschäft – auch ein wenig an dem Erfolg der sich aus meinem Heilungsbeitrag ergebenden medizinisch-technischen Expansionsmöglichkeiten, womöglich gar der Expansion selbst, teilhaben möchte.

Ich werde, sobald ich zu Hause bin, Trude bitten, sich um die Bestellung einer Therapiesonne zu kümmern.

Dritter Teil

I

Der Zufall spielt bei allem, was von Bedeutung ist, eine wesentliche – wenn nicht die entscheidende – Rolle. Es hat den Anschein, als setze das Wesentliche den Zufall geradezu voraus. So will es mir heute jedenfalls vorkommen.

Ich blicke auf das aus dem himmelgrauen Zinkblechdach herausragende und mit der bunt gestreiften Decke verhängte Fenster von Brandig.

Nur das Unwesentliche, das Glaubwürdige, der Alltag, die Sterne, der Hund unterliegen berechenbarer Gesetzmäßigkeit. Weswegen wir, ängstlich an den Ordnungen orientierte Irrläufer im Kreise, Hundehalter, Naturfreunde und Schwärmer der kleinen achtbaren Gewohnheiten, natürlich dazu neigen, das Wesentliche nicht nur zu unterschätzen, nein, es sogar für unmöglich zu halten und, wenn es wider alle Erwartung eintritt in unser Leben, einfach in Abrede zu stellen, als sei es eine allzu kühne – gewissermaßen an uns und unserem Sein und Maß verübte – Behauptung. Eine Untat, eine Art Vergewaltigung, ein Verbrechen. (Und wer wollte nicht sein eigen Maß schon immer für allzu gerüttelt halten?)

Ein Fenster nach dem anderen unterhalb des Fensters von Brandig und an den faltenlosen Wänden der Schlucht, die meinen Blick führt und aus deren Tiefe die Dämmerung steigt, leuchtet auf; nur hinter Brandigs Decke kein Schimmer.

Die Ohnmacht aber, die uns mit der Unbeweisbarkeit des Wesentlichen übermannt, setzt ungeahnte Kräfte in uns frei: Kräfte, die proportional zur Unbeweisbarkeit an Bedeutung gewinnen, und Pfunde sind, mit denen der Zufall geradezu wuchert.

Unten in der Straße laufen zahllose Menschen kreuz und quer durcheinander, von Haus zu Haus, von Tür zu Tür; auch durch die Haustür, durch die es hinaufgeht zu Brandigs Verschlag, laufen sie ein und aus. Nur ein paar Neger stehen lässig gelehnt an die Wand.

Der Zufall ist, das weiß jeder, das menschliche Geschick. Das uns trifft. Ich sage nicht Schicksal. Das Geschick, das uns trifft wie ein Bannstrahl – und keineswegs wie eine vom Anfang bis zum Ende über uns verhängte Bestimmung, von kleinen und demütigen Naturen auch gern als Kreuzweg apostrophiert, auf dem wir uns mühselig dahinschleppen, von großsprecherischen und bauchrednerischen Talenten hingegen eher gefeiert als im Sturm zu nehmende

Steilwand; als Linie jedenfalls immer zwischen zwei Punkten – Start, Richtung, Ziel: Anfang eben und Ende. Nein.

Hat da nicht gerade jemand – aber wer denn außer ihm, Brandig, selbst? – an den äußeren Querstreifen der Decke gezupft und am Fensterrahmen vorbei zu mir herübergespäht?

Nein. Abermals nein. Das Geschick, das uns als Wesentliches trifft, trifft uns unvorbereitet und auf keinerlei Weg. Es ereilt uns im Stand, auch wenn wir reisen. Im Verhalten, beim Irren. Es trifft uns – wenn überhaupt und wenn wir Glück haben – inmitten des Kreises. Mitten im Kreis.

Und ins Herz.

So wie Brandig mich traf.

Ja. Denn nicht ich traf ihn, sondern er traf mich.

Es mag glauben, wer will, es mag leugnen, wer will, hier geht es nur darum, was wirklich geschah, widerfuhr jemandem, dem es immer zu tun war um das Auseinanderhalten, das Schätzen und Sondieren von Wirklichkeit, Wille und Wahrheit und nicht allein um den gewinnbringenden Austausch von Münze, Medaille, Meinung und Macht, hier geht es darum standzuhalten, nicht zu taumeln und nichts zu beweisen, denn es kann nur berichtet, erzählt werden, was allen Besserwisserischen, allen eben, die einen Weg haben, wenn auch von einem brutdumpfen Anfang zu einem bitteren Ende, in den am Wegrand dahinrollenden Ohren klingen muß wie eine Behauptung, sofern man mich richtig versteht.

Also das war so:

Nicht ich traf Brandig, mit dem ich längst abgeschlossen hatte und mit dem ich auch nach dem sogenannten menschlichen Ermessen kaum mehr hatte rechnen können. Er traf mich. Auf dem Sockel. Oder sollte ich eher sagen: der hohen Stufe? Des Denkmals. Er, Brandig, der mich nie gesucht hatte, wie er mir gar nicht erst zu beteuern brauchte, fand mich, der ich ihn gesucht hatte, wie ich nie einen gesucht habe, aber nicht fand. Denn er fand mich. Stieß auf mich. Ereilte mich, wenn auch gewiß mit langsamsten und leisesten Schritten, denn ich war in Gedanken. Saß auf dem Sockel mit baumelnden Beinen in Gedanken versunken, als Brandig mich fand, den ich nicht fand, ja, nicht einmal hatte finden können, als er mir gegenüberstand. Denn ich erkannte ihn nicht. Meinen alten Freund. Erkannte ihn nicht, während er mich offenbar sogar schon von weitem erkannt hatte. Dort wo ich, auf dem Sockel sitzend, in Gedanken versunken war. Hätte er mich sonst gefunden? Er, den ich, selbst wenn ich nicht in Gedanken versunken gewesen wäre, nie erkannt hätte. Schon gar nicht von weitem. Wie sollte ich auch. Wie soll man so einen wiedererkennen. So wie der aussah. Er war wirklich nicht wiederzuerkennen. Schon das Gesicht.

Aber eins nach dem anderen.

Ich hebe den Kopf. Ein Schimmer erreicht mein Auge. Als sei hinter Brandigs Decke ein Licht angezündet worden. Oder gar die ganze in alle Himmelsrichtungen gerichtete Scheinwerferkonstruktion in Betrieb gesetzt worden, die an einem Pfahl inmitten des winzigen Zimmers angebracht ist und mit ihrem wie gleißendes Gebälk auseinanderstrebendem Licht den Pfahl zu unterstützen scheint beim Stützen des – ich habe meinen Kopf darunter einziehen müssen – bedenklich über Brandigs Bibliothekswänden sich senkenden Dachs. Aber es war wohl eher der letzte Dämmerungsglanz, der über die schräg liegenden Zinkplatten oberhalb der Fenster hinwegglitt; ein letzter Sonnenstrahl womöglich – wie der erste zögerliche Strich auf der Schiefertafel eines himmlischen Kinds.

Eins nach dem anderen also.

In dem Augenblick, da ich endgültig abgeschlossen hatte mit dem Grund meiner Reise, da ich mich, unter dem Denkmal sitzend, endgültig auf der Rückreise befand, buchstäblich am letzten oder vorletzten Tag meiner Reise, es ging auf die Mittagszeit zu, Düfte von Speisen und Blumen um mich herum, holte mich der Grund meiner Reise ein, indem er mir in Fleisch und Blut gegenübertrat. Hätte ich ihn gleich erkannt, wäre ich vielleicht mit einem beiläufigen Gruß über ihn hinweggegangen; ganz ähnlich der Hand, die über den Schädel des übel riechenden Tieres strich, das seine nasse Schnauze auf mein Knie gelegt hatte. Und ähnlich dem, der grüßt – und hinweggeht über den Menschen, den er so lange nicht zu Gesicht bekommen hat, wie er ihm einmal nahe und lieb gewesen ist. Aber ich erkannte den Grund, den Menschen, ja nicht. Ich hob nur den Kopf wegen des Schattens, den sein Körper auf mich warf, erblickte ihn und wandte mich dem Tier zu, das sich ohne Unterlaß die Schnauze leckte: so als habe es gerade zu fressen bekommen. Dabei lag es schon eine ganze Weile, gut und gern eine dreiviertel Stunde, mit seiner triefenden Schnauze, die den Stoff der Hose durchnäßte, auf meinem Knie und unter meiner sein räudiges Fell durchaus nicht gänzlich unbefangen streichelnden Hand. Und verdrehte die blutunterlaufenen Augen. Auch hatte ich gar nichts bei mir, was ich ihm hätte zu fressen geben können – wie etwa die am Fuße des Sockels inmitten von Rosenblättern, Nelkenstrunken, Zigarettenkippen, Cola-Dosen, indischen Sandalen, Plastikspritzen mit verbogenen Injektionsnadeln drauf und verschiedenfarbigem Kopf, aber auch fettigem Packpapier, geplatzten Tomaten und halb verzehrten Pizza-Portionen hockenden und in sich und ineinander verschlungenen jungen Menschen, über die ich hinweggestiegen war. Überhaupt: wie war dieser Köter bloß hinaufgelangt auf das Niveau, auf dem ich mich befand? Der Sockel, die mittlere der drei Stufen, ist durchaus hoch unter dem Denkmal Giordano Brunos in Rom. Ich hatte, über die jungen Menschen hinwegsteigend, die Höhe regelrecht erklimmen müssen. Während dies verlauste und pfotenlahme Geschöpf auf meinem Knie doch sichtlich und spürbar nicht einmal mehr die Kraft aufbrachte, sich von meiner Hose zu rollen und davonzutrollen ohne fremden Zuspruch oder Gewalt. Etwa einen ordentlichen Tritt. Aber wie dem auch sei: Ich baumelte mit den Beinen und vor mir stand der, den ich nicht erkannte. Und der nichts sagte zunächst. Der mich nur ansah. So daß mein Blick zu pendeln begann zwischen der elenden Kreatur unter meiner Hand, der rechten, und ihm. In der Linken hielt ich ... aber dazu später. Herausgerissen aus meiner Nachdenklichkeit, zudem sowieso über die Maßen erschöpft von meinem kompakten touristischen Vormittagsprogramm – Blick vom *Pincio* auf die *Ewige Stadt*, im Nacken noch ziemlich frischen Dunst und Pinienduft aus den Tiefen der hinter mir liegenden *Villa Borghese*, hinab in die kreisenden Abgasschwaden der *Piazza del Popolo*, in deren Mitte ein um den *Obelisco Flaminio* errichtetes Stahlgerüst dem Morgenhimmel eine seltsam blitzende Transparenz verlieh, den *Corso* entlang und in die bunten Auslagen geblickt, in denen feingliedrige Kleidungsständer sich plötzlich erweisen können als lebendige, und natürlich nicht die *Fontana di Trevi*, die reich gestülpte wasserspeiende Hauswand, versäumt, vor der Japaner stehen und staunen, während einheimische Jünglinge etwas von unsereins wollen, das man wohl nur versteht, wenn man die Landessprache beherrscht (sie selbst aber sprechen mit einem Englisch, Französisch und Deutsch!), bei *Giolitti* Eis gegessen und die Garden und Geheimpolizisten am *Montecitorio* betrachtet, bevor ich die christliche deutsche Buchhandlung betrat, in der ich – aus weiß Gott was für einem Trotz oder Hohn (was scheren mich mangelnde Glaubensfestigkeit oder unzulängliche literarische Kenntnisse christlicher Buchhändlerinnen!) – die Bücher erwarb, von denen sogleich die Rede sein soll, neben dem *Palazzo Madama* noch eben der Franzosen Nationalkirche *San Luigi dei Francesi* mitgenommen, um mir *Caravaggios* Apostel Matthäus mit dem Engel, seine, Matthäen, Berufung sowie sein Martyrium anzuschauen, was aber leider nicht ging, weil der Münzeinwurfschlitz der Beleuchtungsanlage neben der dunklen Nische des Triumphs und des Leids mit Klebestreifen verklebt war, auf dem mit Kugelschreiber geschrieben stand: *Guasto*, kaputt, sodann *Piazza Navona,* an deren Rinnstein ein unnachgiebiger Künstler schließlich ein nicht unzutreffendes Porträt von mir anfertigte mit schwarzer Kreide und wenigen festen Strichen (ich habe ja ein durchaus zwiespältiges Verhältnis zu mir! und habe das mit einem Gummiband zusammengehaltene Werk wohl auch schon auf dem Weg zu Giordano Bruno verloren! oder ist es mir gestohlen worden in der Menge?), vor dem *Tre Scalini,* wo Menschen aus aller Herren Länder dichtgedrängt hinter kleinen runden Tischen die Vormittagssonne genossen, ein *Tartuffo* vertilgt, jenen ordentlichen Batzen gefrorener Schokolade mit einem Tupfer Schlagsahne drauf und einer Maraschinokirsche im Innern, zu der ich mich durchbiß wie die zwei selbstvergessenen blonden Amerikanerinnen, denen ich zuvor an *Berninis* imposantem *Vier-Ströme-Brunnen* die Leckerei abgeguckt hatte (ein wenig dicklich waren sie, zugegeben, die zwei!), nun, und zuguterletzt eben den *Campo de' Fiori,* wo sie ihn verbrannt haben (und nicht nur ihn!): Bruno, Giordano, den Nolaner (Mann aus Nola bei Neapel!), den mein Vater mir schon in frühesten Jahren als abschreckendes Beispiel hingestellt und gegenübergestellt hatte dem Cusaner (dem Mann aus Bernkastel-Kues, unweit von Trier!), der seinerseits, obgleich ersterem so überaus seelen- und gedankenverwandt, sich in der hiesigen Welt als ungleich flexibler, praktischer, lebenstüchtiger – eben gemäßigter und insofern seinem Ursprung und seiner Herkunft entsprechend deutscher erwies (Kunststück, habe ich meinem Vater immer im stillen entgegengehalten!) als der, zu dessen Füßen ich nun saß, und der, gewissermaßen in direkter umgekehrter Richtung wie der Cusaner – Nikolaus –, den es nach Süden zog (in seiner Flexibilität), wo er blieb, hinaufzog nach Norden – Wittenberg, Helmstedt, Frankfurt am Main – wo er verständlicherweise (aber eben doch in seiner unflexiblen undeutschen Art) nicht Fuß faßte, stattdessen vielmehr in seinem Unglück, getrieben von einem gänzlich unpraktischen und die Lebenstüchtigkeit zersetzenden Heimweh, der zuverlässigen Erinnerung an die Heimat und also allen Realitätssinns inzwischen im Norden verlustig gegangen, zurück zog im guten Glauben – dem guten Glauben des Ketzers, sagte mein Vater –, nunmehr in eine interessante grenzüberschreitende Diskussion eintreten zu können mit den Daheimgebliebenen, um natürlich – wie konnte es anders sein, sagte mein Vater – von denen schon in Venedig getäuscht, verraten, festgesetzt und ausgeliefert zu werden an jene (in Rom), die des rechten und insofern auch notwendigerweise strengen Glaubens sind, damit er das Schicksal erleide, das Unbotmäßige, Naive und Unflexible halt eben so im Diesseits erleiden: sie werden, jenseits jeden persönlichen Ressentiments seitens ihrer Richter, zu aller Abschreckung öffentlich geknebelt, gefoltert, verbrannt: siehe, wie gesagt, ihn, Bruno, dessen finsterer Blick nun unter dunkel geblähter Kapuze des Mönches hervor sich neigte nach unten: auf mich, der ich die Beine baumeln ließ zu seinen Füßen, als mir der, den ich nicht erkannte und auch nicht erkennen konnte, gegenübertrat –: der Mann vor mir hatte ein Glas in der Hand und sagte, nachdem er mich eine Weile angesehen hatte: Sieh an!

Sagte einfach: Sieh an!

Sagte, ohne daß ich mich – trotz der vorangegangenen Dauer des Anschauens – auch nur im mindesten gemustert gefühlt hätte, leise in meiner Muttersprache: Sieh an!

Das kam mir außerordentlich bekannt vor, wenn ich auch noch längst nicht wußte woher; erst mußte der Fremde etwas anderes sagen ... und dann noch was.

Er und kein anderer, sagte er als zweites. Sagte es, als spräche er von einem Dritten. Und fügte, indem er mir das Glas, aus dem er noch einen Schluck genommen hatte, hinhielt, hinzu: Trink, kaltherzig keusche Lemure, trink mit deinem alten Partner und Freund.

Das war es. O je. Es fiel mir, nein: es fiel mir nicht wie Schuppen von den Augen. Das war ja nicht möglich bei dem Gesicht, das ich vor mir hatte. Es rann mir eher in einem Schwall wie Wachs aus dem Ohr und drang in mich ein als Schall und Echo der verronnenen Zeit, der Ursache aller Worte, die gemacht werden, dem tönenden Quell allen Leids, aller Hoffnungslosigkeit und allen hoffnungsinnigen Wahnsinns. So daß es keinen Zweifel mehr gab:

Seine Stimme, sein Timbre, sein Ton.

In seiner Stimme konnte ich mich nicht täuschen. In allem hätte ich mich täuschen können bei Paul Brandig, nur nicht in seiner Stimme. Wie man ja sieht, denn sein Gesicht erkannte ich nicht. Auch nicht in dem Augenblick, als ich seine Stimme erkannte. Diese tiefe, sowohl sanfte als auch harte, diese seltsam entschiedene und zögernde Stimme, dieser ebenmäßige Singsang von unerfindlicher Doppelbödigkeit, auf der ich selbst, der ich hörte, ins Schwanken, geradezu ins Schleudern geriet. Kann ich behaupten: zwei Stimmbänder, zugleich zum Schwingen gebracht? Kaum ... und doch eine Stimme wie von zwei Strängen: einem durchhängenden, von langen heißen Weltzeitquälereien erschlafften, sowie einem straff gespannten, einem vereisten, der klirrt in der Kälte eines nirgends begonnenen und nirgends endenden kosmischen Raums. So unwahrscheinlich das klingt! Jedenfalls immer beide Stränge zugleich wiedergebend den selben einzig und allein Brandig eigenen Ton. Für solche, die es nicht glauben wollen: Wenn Brandig spricht, klingt jedes Wort wie ein von einem Kontrabaß in hoher Lage auf dünner Saite und von einer Violine in niedriger Lage auf dicker Saite zugleich gestrichener Ton. Das zumindest, so unzureichend es den Sachverhalt am Ende auch trifft. Und dann noch Brandigs milde und sich doch schmerzlich ätzend wenigstens in *mein* Gedächtnis einritzende Rätselhaftigkeit seiner Worte; der minimalste Schnitt als Herd der umfassendsten Entzündung. Trink, kaltherzig keusche Lemure, trink ... Typisch Brandig.

Ich muß ihn angestarrt haben wie eine Erscheinung aus einer anderen Welt. Wie hatte er sich verändert. Nicht zum Wiedererkennen, wie gesagt. Selbst die Augen, ja: oder gerade die Augen waren andere geworden. Sonst hätte ich durchaus noch an eine willentliche und gezielte physiognomische Veränderung glauben können. Aber in Brandigs Gesicht war weder etwas auszumachen, das sich ein Mensch wünschen oder auch nur zufügen lassen kann – es war, obwohl ich es nicht wiedererkannte, keinesfalls unkenntlich gemacht –, noch etwas, das aussah wie ein Kunstfehler, eine verunglückte Absicht, ein Zufall. Ja, ich spreche von Zufall und nicht zufällig komme ich zu gegebener Zeit – gleich! – auch noch auf den Zufall zurück ... oder vielmehr: er, Brandig, kommt auf den Zufall zurück.

Es ist halt alles sehr kompliziert. Wie alles, was seit der zufälligen Begegnung zwischen uns passiert ist, sehr kompliziert ist. Überhaupt: so einfach und deutlich, so unumwunden und gerade heraus, frank und frei, so klipp und so klar und über jeden Zweifel erhaben alles war, was ich von Brandig zu hören bekommen sollte, so kompliziert wird es, wenn es wiedergegeben werden soll. Und ich *muß* es ja wiedergeben. Es führt kein Weg dran vorbei. Ich muß sprechen. Sonst bringen mich die Gewalt und das Ausmaß des Vernommenen noch um. Es gibt Dinge, über die zu schweigen ein geradezu selbstmörderischer Angriff auf die eigene Persönlichkeit ist – sowenig man auch persönlich mit den Dingen zu tun hat. Das ist schon hinreichend kompliziert. Was aber mit Brandig zu tun hat, ist, da es das Unerhörteste, mehr noch: das Unversöhnlichste und insofern Ungeheuerlichste ist, umso komplizierter. So einfach es klingt, klingen mag. Ich – so wahr ich hier rede, spreche und schreibe: ich kann es mit Fug und Recht behaupten. Ich kann es sogar nachweisen. Und werde es auch tun. Damit das wenigstens klar ist. Denn Brandig ist ein Ungeheuer. Und wenn er es nicht immer schon war, dann ist er es ganz bestimmt jetzt.

Wäre ich ihm sonst so blindlings gefolgt? Ihm, den ich, wie gesagt, längst abgeschrieben hatte? Ein für alle Male entschieden, endgültig heimzukehren, hätte mich keine Macht der Welt mehr davon abhalten können heimzukehren. Nicht einmal Trude. Nicht einmal also denkbar größte Besorgnis und Sehnsucht. Außer eben Brandig, der dort – Rom, *Piazza di Campo de' Fiori* – vor mir stand auf der unteren flachen Stufe des Denkmals und zwischen den am Boden und auf der Stufe liegenden und kauernden jungen Menschen. Und der mich anlächelte. Ja, der mich, nachdem er mich so überaus ernst und ausdauernd angesehen und schließlich auch noch dreimal hintereinander – auf das vertrauteste, auf das befremdlichste und dann gar auf das rätselhafteste – angesprochen hatte, so daß mir das Herz stockte und es mir die Sprache verschlug, nun anlächelte, wie er mich nie angelächelt hatte. Das ist es auch, was ich soeben meinte mit den Augen: so hatten sie nie ausgesehen. So hatten sie nie geglänzt. Denn Brandig lächelte nicht mit dem ganzen Gesicht, nicht einmal mit dem Mund lächelte er. Er lächelte mit den Augen, die veränderte waren. Die glänzten wie nie. Selbst die Form seiner Augen, die dem Glanz den Halt gab, Kontur und Wimpernwurf, Schattenschlag und Lid: alles anders. Und der Kern? Pupille, Iris, Aderweiß? Das, was wir das Wesen, das Wahre und Tiefe nennen? Oder einfach den Ausdruck? Oder meinetwegen auch gern alles zugleich? Je nun. Gehen wir erst einmal darüber hinweg. Es wäre zu viel. Es würde nur hemmen, davon zu sprechen. Womöglich ließe es mich noch augenblicklich – *augenblicklich!* – verstummen. Es bringt mich nur auf!

Aber ich schwöre es, bei meiner Ehre (das kenn ich ja nun), ich schwöre: ich komme auf Brandigs Augen zurück. Koste es, was es wolle. Jetzt ist ja Zeit. Ich warte nur ab. Den rechten *Augenblick*. Der Augenblick wird schon noch kommen, da ich Brandigs Blick widersteh – auch dann, wenn ich von ihm spreche.

Die Dunkelheit ist hereingebrochen über der Stadt, in die mich Brandig geführt hat. Über all den mehr oder weniger matt und grell erleuchteten Fenstern, den zahllosen Scheinwerfern der in die Straßenschlucht gestauten Fahrzeuge, den glitzernden Fassaden, gläsernen Vorbaukästen und Spiegelwänden der Bistros und Cafés, die zu mir herauf scheinen in mein nach außen geöffnetes Fenster, zeichnen sich die vielfältig farbigen Streifen der Decke ab, mit der Brandigs Fenster verhängt ist. Sie zeichnen sich ab vor dem Licht, mit dem er sich in seinem *Himmelsabsatz*, wie er sein Zimmer bei meinem Besuch unter anderem nannte, umgibt.

Kaum aber lächelte er, dort, noch in Rom, vor nicht mehr als drei Tagen und drei Nächten, die eine Ewigkeit sind, ergriff ich das Glas, das er mir hinhielt. Und trank es mit einem Schluck aus. Kippte den Inhalt hinunter, so daß es mir Schlund und Eingeweide zerriß. Als würde mir vom Gaumen den Rachen hinab an glühender Kette ein tausendzackiger Morgenstern bis in die Tiefe des Magens gezogen. Ein himmelschreiendes Gesöff und wahrlich kein sanfter Vormittagsschluck. Ich schluckte. Nur der Hund auf meinem Knie hob plötzlich, als meine Hand mit dem Glas zu ihm hinabsank, seinen räudigen Kopf. Hörte auf, sich die Schnauze zu lecken, schnupperte vielmehr und senkte stattdessen seine gelbe Zunge über den Rand in das Glas. Während ich würgte. Brandig aber lächelte mir weiterhin – gewissermaßen ohne eine Miene zu verziehen – auf das ungewöhnlichste und ungewohnteste zu.

Mein Gott, Paul, stieß ich stimmlos hervor.

Wahrscheinlich verstand er mich nicht. Meine Hände zitterten. Die Rechte, die zuvor gestreichelt hatte, mit dem Glas, die Linke mit den Büchern.

Ich hob ein weiteres Mal an:
Paul Brandig, das kann doch nicht angehn, du.
Richtig, antwortete er, wenn du so willst.
Wenn du so willst! Was für eine einem Brandig gänzlich unangemessene Rhetorik. Seltsam, dachte ich. War er so weit heruntergekommen? Daß er sich derartiger Floskeln bedienen mußte? Reichte es nicht, wie er aussah? Aber noch konnte ich ja nicht ahnen, daß er nicht nur vom Äußeren her ein anderer geworden war. So daß ihn nur noch die Simme verriet...
Und du, sagte er, wieder mal auf Reisen?
Ich glaube, ich nickte.
Laufen sie gut, die Geschäfte in Rom?
Abermals nickte ich, obwohl ich mich im selben Augenblick auch schon schämte für meinen ihn in die Irre führenden Kleinmut. (Ich und Geschäfte in Rom!)
Brandig aber, wie schon früher von feinstem Gespür, wenn es um die richtige Gesprächsrichtung geht, ließ – er verdrehte ein wenig den Hals – unmittelbar ab von der falschen Fährte, auf der ich – Geschäftsgeschichten erfindend – in wilder Selbstverleugnung schon bereit war ihm zu folgen: und traf mich schließlich dort, wo ich – noch immer mit heftigst brennenden Eingeweiden – am empfindlichsten war. Völlig unvorbereitet traf mich die Frage:
Und die Lektüre?
Welche Lektüre?
Fester schloß sich meine Hand um die Bücher.
Die dort, sagte Brandig, ohne jedoch meine Augen aus den Augen zu lassen. So daß ich, eine Verwechslung meiner Linken mit meiner Rechten vertäuschend, dem Hund das Schnapsglas entzog und es Brandig zurückreichte. Der aber griff, als ich ihm die Rechte entgegenstreckte, blitzschnell nach den Büchern in meiner sich leichtfertig lockernden Linken; erwischte aber nur das zuoberst liegende, die Biographie. Die Lebensbeschreibung in Selbstzeugnissen und Bilddokumenten, wie es in diesem Fall hieß.
Ach, sagte Brandig und hob seinen Kopf, blickte hinauf zur mich in meinem Rücken überragenden Gestalt: das Buch also zum Leben.
Bravo, fügte er, glaube ich, noch hinzu und blätterte in dem Bändchen. Während ich das Glas, das er mir nicht abgenommen hatte, abstellte auf dem Rücken der Volksausgabe des *Zarathustra*.

Giordano Bruno, sagte Brandig, wahrhaftig nicht die schlechteste Wahl.

Brandig lächelte nicht mehr.

Komm, alter Kämpfer, fügte er vielmehr hinzu, ich les dir was vor.

Und da sein Blick über die Seiten flog, wußte ich noch nicht einmal, ob er nun dem Denkmal des Urhebers vorzulesen und sozusagen eigenen Glanz und eigenes Verhängnis (das Vermächtnis!) im Selbstzeugnis vor Augen zu führen gedachte ... oder aber mir. Jedenfalls las er – wie sich sogleich herausstellen sollte – die Stelle aus den *Heroischen Leidenschaften* mit einer derart eindringlichen Stimme, daß sich sogar einige der zu seinen Füßen dahindämmernden jugendlichen Gestalten zu rühren begannen, die Köpfe hoben und lauschten. Mit seiner, Brandigs, unverkennbaren Stimme eben. Ich habe mir die Stelle wieder herausgesucht, schließlich gab mir Brandig ja mein Buch zurück. Ich habe es weiterhin in meinem Gepäck. Und während sogar die Vespa- und Motorradfahrer, die den *Campo de' Fiori* umkreisten, stehenblieben und die Motoren abstellten, die Marktfrauen und die Restaurantkellner ihre um Kunden werbenden Rufe verstummen ließen, ja, plötzlich sogar der Hund auf meinem Knie nicht mehr übel roch, sondern den saftigen sommerschweren Lebensduft – Blütenfülle, frisch ausgeblutete Lenden und das Parfum, das den Schritten und den Nacken hochhackiger Frauen entströmt – und dazu noch die Haltung einer mesopotamischen Sphinx und Tiergöttin annahm, rezitierte Paul Brandig mit der ihm eigenen Stimme – aber doch wie der neutralste Nachrichtensprecher – folgenden Text (ich such ihn mal eben heraus):

Selten gibt es, meine ich, einen Aktaion, dem vom Schicksal gewährt ist, Diana nackt zu schauen und dahin zu kommen, daß die schöne Liebesgestalt der Natur ihn ganz verzaubert, und der dann, durch die beiden Augen, durch den er den Glanz göttlicher Güte und Schönheit wahrgenommen, in den Hirsch verwandelt wird und fortan nicht mehr Jäger, sondern gejagtes Wild ist. Denn das letzte und endgültige Ziel dieser Jagd ist eben das, jene flüchtige und wilde Beute zu erreichen, durch die der Erbeuter selbst zur Beute, der Jäger zum erjagten Wild wird.

Seltsame Worte! Seltsam großartige Worte, nicht wahr? Ich frage mich nur, ob es Zufall war, daß Brandig auf sie stieß in meinem

Buch. Oder ob er mir seinen Willen und sein Wissen vorspiegelte als Zufall. Und dann: Wer ist Aktaion in Brandigs unerfindlichem Spiel? Worauf wollte er hinaus? Das fragte ich mich schon beim Zuhören. Und frage es mich noch jetzt, da ich hinüberspähe zu ihm.

Aber die gestreifte Decke vor seinem Fenster bewegt sich nicht.

Kaum jedoch hatte Brandig aufgehört zu rezitieren – mir schlotterten die Knie meiner über die harte Sockelkante des Denkmals baumelnden Beine –, sagte er übergangslos: Und was hast du da?

Geschwächt und gestärkt zugleich von dem gerade Vernommenen, irgendwie benommen-versonnen und gleichzeitig doch von energischem Widerwillen, wie ich mit einem Mal war, mußte er mir das Buch unter seinem Glas geradezu entwinden. Dabei ging das Glas erst einmal zu Bruch. Es zerschellte auf dem Boden, wo ein auf die Seite Zusammengekrümmter wie ein mit Murmeln spielendes Kind die Scherben auf einen Punkt hin zu schieben begann. Ein Mädchen nahm sogar den zerbrochenen Fuß des Glases in den Mund und kaute. So daß die Splitter zwischen den Zähnen knirschten. Brandig aber blätterte schon wieder in den Seiten des Buchs.

Und las auch schon wieder vor. Beziehungsweise: machte Anstalten vorzulesen. Als habe ich – in weiß Gott was für mir selbst verborgener Voraussicht – nicht für mich, sondern für ihn, Brandig, am selben Morgen die Bücher gekauft. Hatte es mich aber für einen Augenblick schrecklich durchzuckt, weil ich fürchtete, er könnte anheben mit hochstimmlichem Hohn, Spott oder – am schlimmsten! – seiner altbekannten unerbittlichen Nachsicht (zumal ich selbst nicht wußte, was mich bewogen hatte, dem christlichen Häretiker ausgerechnet noch einen Nietzsche draufzusetzen), versenkte sich Brandig geradezu tief hinein in das Buch. Nicht mehr die Stimme eines Nachrichtensprechers vernahm ich. Ich vernahm die Stimme eines Mannes im Gebet. Oder habe ich mich verhört? Weil die Kellner und Marktfrauen wieder zu schreien anfingen, weil die Vespa- und Motorradfahrer ihre Fahrzeuge wieder anschmissen und der Hund auf meinem Knie wieder stank wie die Pest? Brandig jedenfalls ließ den Arm sinken und ich lauschte.

Ich lehre euch den Freund und sein übervolles Herz,
sprach er – und räusperte sich.

Ich lehre euch den Freund,
hob er abermals an,

in dem die Welt fertig dasteht, eine Schale des Guten, – den schaf-

fenden Freund, der immer eine fertige Welt zu verschenken hat. Brandig atmete heftig zwischen den Worten.

Und wie ihm die Welt auseinander rollte, so rollt sie ihm wieder in Ringen zusammen,
Brandigs Oberkörper neigte sich über das Buch.

als das Werden des Guten durch das Böse, als das Werden der Zwecke aus dem Zufalle.
Brandig hüstelte, er stützte sich mit der freien Hand auf dem Sockelabsatz ab, auf dem ich saß.

Die Zukunft,
fuhr er fort,

und das Fernste sei dir die Ursache deines Heute: in deinem Freunde sollst du den Übermenschen als deine Ursache lieben.

Das muß man sich mal vorstellen! Sowas betete Brandig mir vor. Er, ausgerechnet er! Die letzten Worte aber hatte er immer leiser und langsamer gesprochen. Am Ende merkte ich, daß er lallte. Er ließ die Hand vom Sockel, der hohen Stufe, fallen. Ich sah, daß er schwankte. Mit dem Fuß, dem Schuh, stieß er gegen den Kopf eines unter ihm Liegenden. Und er strauchelte. Stürzte. Stürzte von der unteren niedrigen Stufe des Denkmals und der Länge nach hin. Der räudige Hund aber, der seine Schnauze – wenn ich einmal von der Passage aus den *Heroischen Leidenschaften* absehe – nicht von meinem Knie genommen hatte, stürzte jaulend davon. Machte einen Satz von dem Sockel, von dem auch ich aufsprang, um Brandig zu Hilfe zu eilen. Ich griff meinem alten Freund unter die Arme und half ihm auf die Beine.

Damit war eigentlich schon alles entschieden. Er brauchte mich nicht mehr zu überreden.

Er klopfte sich den Staub von der Hose und sagte, seltsam durch mich hindurchblickend:

Roma Termini, Hauptbahnhof, achtzehn Uhr fünfundvierzig, Gleis einundzwanzig, wenn du willst.

Er sprach wieder ganz klar und deutlich. Kein Lallen, keine Schwankung in seiner außergewöhnlichen Stimme. Ich hatte keine sechs Stunden Zeit.

Palatino, vernahm ich noch.

Er aber hatte sich schon abgewandt. Aufrecht und ohne zu schwanken strebte er auf eine Tür zu, über der ein Werbetransparent verhieß: *Meister-Pils Dortmund.*

Ist der Palatino nicht einer der sieben Hügel Roms?

Rechts von der Tür, in die Brandig trat, stand über herabgelassenen Schwereisenjalousien: *Pantagruel Formaggio.* Rechts davon: *Macelleria.* Ich habe es mir notiert; dort neben die von Brandig gelesenen Sätze. An den Rand. (Das Buch, das Brandig im Sturz entglitten war, hatte genau auf den aufgeschlagenen Seiten gelegen.) Mein elender verlauster stinkender Köter aber schleppte sich mit eingezogenem Schwanz hinter Brandig her und verschwand mit ihm im Dunkel.

Ich nahm ein Taxi, ließ mich in die Akademie fahren, packte meine Sachen, machte einen ausgiebigen Spaziergang durch den Park, blickte die betongefüllten Stämme der Zypressen hoch in den Himmel und tippte mit den Fingerkuppen in den Ziegelstaub der Bocciabahn, auf der ich so viele Schrecken und Schönheiten in mir wachrufende und auf dem Schreibgerät wieder zur Ruhe legende Stunden verbracht hatte, nahm aus mir noch jetzt unerklärlichen, inzwischen sich aber natürlich als Geschenk des Himmels erweisenden Gründen eben dieses Schreibgerät, die herrenlose Schreibmaschine, mit, bestieg, da eine gute halbe Stunde nach meiner telephonischen Bestellung vor dem Portal der Akademie noch immer kein Taxi stand und auch der Taxistand an der *Piazza Bologna* von keinem Taxi besetzt war, die Linie 310, den Bus, Richtung *Piazza dei Cinquecento* und hätte fast den Zug versäumt. Ich hatte nur Augen für Gleis 21 und das Wort *Palatino* auf der Anzeigetafel; sowie die Zeiger der Quartzuhr an meinem Arm, die schon auf achtzehn Uhr dreiundfünfzig standen. *Paris* sah ich, als ich die letzte Wagentür des glücklicherweise verspätet abfahrenden Zuges aufriß und aufsprang, nicht.

2

Brandigs Gesicht? Nun, ganz einfach: zerstört. Kaputt, erledigt, verbraucht. Vollkommen heruntergekommen. Eine einzige Schlaffheitsruine. Eine Fahne im Wind des Erinnerbaren. Der endgültige Abschied von der Festigkeit der Ursachen. Die Wirkung, die wuchert.

Die Augen? Die Augen hingegen: jünger, feuriger, lebendiger denn je. Eindringlich. Klar. Furchtlos. Streng. Blitzend und kühn.

Vielleicht sogar toll. Es konnten nicht allein die Schnäpse und das Bier, Wein und Liköre wie jener etwa gewesen sein, der mir Rachen und Magen verbrannte, die seinen Augen diesen Glanz verliehen hatten.

Vielleicht hatten der Alkohol, die Schlaflosigkeit und die nach innen geleiteten Tränenströme, von denen er sprechen sollte, dieses Schwammige, Hängende, Niedergezogene seines Gesichts bewirkt. Die Augen waren von etwas anderem belebt – und mitnichten zerstört. Waren nicht in Mitleidenschaft gezogen von jenen Gewalten, die dem Gesicht zugesetzt hatten. Waren vielmehr angehoben ... angehoben von ganz anderer und eigener Leidenschaft. So daß es den Anschein hatte, sie richteten sich bereits über alles – und nicht einmal jemanden wie mich dabei verschonend – mit großer Gleichgültigkeit und doch unverkennbarer Unerbittlichkeit hinweg.

Ein einigermaßen komplexer Sachverhalt, gewiß.

Überhaupt: das Gesicht Brandigs stand in einem Verhältnis zu seinen Augen wie Feuer zu Wasser, wie Schmerz zu Glück, wie Buße zu Sünde. Schleim zu Kristall und Erleuchtung zu Verblödung. Wobei am Ende nicht einmal raus ist, ob nicht – umgekehrt – die Augen in diesem Verhältnis standen (und stehen) zu dem Gesicht. Denn das Verhältnis des einen zum anderen, das nicht zu Bezeichnende, war es ja, das das (für mich) Unerkennbare und Unverkennbare ... eben nun doch Unverkennbare ausmachte (und ausmacht) an Brandig.

Ein letztes Mal: aufgeschwemmt, dicklich, feist und nach unten ziehend ... niederziehend also ist Brandigs Gesicht. Auch weist es einen Ansatz von Doppelkinn auf, das es zugehörig erscheinen läßt zum Hals; jugendlich aber, jünglingshaft nachgerade, spielerisch, glühend und schroff sind ... unberechenbar, verwegen und von keinerlei Gefahr zu besänftigen sind seine Augen.

Ist das nun klar?

Gewiß, schon immer hatte Brandig anders ausgesehen als andere. Ich erinnere mich noch sehr genau an seinen dunklen unruhigen Blick, wie soll ich sagen: diese ewig angegriffenen Augen-Wangen-Partien. Er hatte immer viel gearbeitet, war immer viel unterwegs gewesen. Hatte sich immer eingelassen auf Anforderungen und Menschen, die auch einen Robusteren und weniger Empfindsamen, als er es war, einigermaßen hätten zusetzen können. Und empfindsam, das will ich nicht leugnen, war er ja doch. Durchaus. Und ist es sicher noch immer.

Das war unverkennbar. Ich hatte ja nunmehr Zeit, ihn mir genauer anzuschauen.

Ich war durch die Schlafwagenkorridore gestürmt, war immer wieder mit meinem Reiseschreibmaschinenkoffer und dem Reisekoffer, aus dem ich eine Handvoll Slips und Unterhemden zugunsten der angewachsenen Stöße beschriebenen Papiers ausgesondert und Ebentegen hinterlassen hatte, mit an den Fenstern lehnenden und winkenden Reisenden kollidiert, und hatte ihn, Brandig, schließlich in einem noch nicht zum Liegen hergerichteten Liegewagenabteil gefunden. Er sah mich freundlich an. Als habe er nicht den geringsten Zweifel daran gehegt, daß ich noch auftauchen würde. (Dabei hatte ich doch fast den Zug versäumt!) Er saß am Fenster. Dort, wohin ich mich sonst setze: mit dem Rücken zur Fahrtrichtung. Im Westen senkte sich die Sonne über das Meer und zeigte mir Brandigs Gesicht in wechselndem Winkel und mit zusehends anwachsender Farbkraft. Und seine Augen. Bis Civitavecchia tauschten wir kein Wort.

Ein paar Passagierschiffe, die draußen vor dem Hafen auf Reede lagen, nahm ich zum Anlaß für die erste Annäherung.

Fähren nach Sardinien, sagte ich.

Brandig antwortete nicht.

So schön die Schiffe sind, fügte ich hinzu, so häßlich sind für gewöhnlich die Häfen, aus denen sie kommen. Die Heimathäfen. Schau die sperrigen Molen, die Aufschüttungen, die Kräne.

Le Rouge et le Noir, antwortete Brandig und hielt den Blick aufs Meer gerichtet.

Wie? Was? Rot war die Sonne, gewiß, auch mehr und mehr Brandigs Gesicht. Aber weiß waren die Schiffe.

Der Blick über das Meer, und sei es von den langweiligsten Küsten, fuhr Brandig kryptisch abwesend fort, gebiert unsterbliche Gestalten. Wenn es nur der Blick des Richtigen ist. Der richtige Blick.

Ich verstand kein Wort.

Oder hat der französische Schriftsteller Stendhal seinen Julien Sorel etwa nicht in Civitavecchia erfunden? Brandig sah mich an.

Ja, nicht genug, daß Brandig meinen Bruno und sogar den Zarathustra zu seinen undurchsichtigen Zwecken benutzt, er scheut sich nicht einmal, auf mir nun wirklich nur vom Hörensagen geläufige Leute zurückzugreifen.

Keine Ahnung, gab ich denn auch nach einer Weile zur Antwort. Und hatte den Eindruck, Brandigs Augen wurden zusehends schwarz.

Oder sind es, redete er wie für sich selbst vor sich hin, eher gar die reinen Gedanken als die noch in ein Leben gestellten Gestalten, die an derlei Gestaden entstehn?

Was wußte ich? Ich antwortete nicht.

Wie etwa die vom selben Kopf entwickelte Kristallisationstheorie, derzufolge Liebe nichts anderes ist als ein pathologischer, das Urteil trübender Zustand, der in der wahnhaften Verklärung des Partners die Bedingungen des subjektiven Glücks schafft?

Worauf will dieser Mensch, den ich nicht gerade als einen Literaturkenner in Erinnerung habe, eigentlich hinaus? dachte ich und antwortete weiterhin nicht. Wenn ich heute auch mehr weiß von seinem Glück und seiner Verklärung, so bin ich doch davon überzeugt, daß er keine ernsthafte Antwort auf seine Fragen von mir erwartete. Obwohl er so aussah mit seinen schwarzen Augen und dem von der roten Sonne beschienenen roten Gesicht.

Civitavecchia, murmelte er und schwieg dann selbst weit über die Stadt und ihre schäbigen, sich zwischen uns und die Küste werfenden Vororte mit den kantigen Silos und Schuppen, den Umspannanlagen und den einzelnen dunkel gegen das Meer gestemmten niedrigen Häusern hinaus.

Ja, Brandig und ich, wir schwiegen lange: bis die Sonne hinter der schmalen Schicht von Wolken, die auf dem Meereshorizont lagerte, wie von einer unsichtbaren Kraft aus unserer Welt in eine andere – nach unten – gezogen, verschwand. Sie hatte jedoch in Brandigs Gesicht ein Glühen hinterlassen. Ein Glühen, das ihm etwas Unheimliches gab. Etwas, das es bei aller Zerstörung und Schlaffheit zuvor nicht gehabt hatte. Und je dämmriger und düsterer es wurde in dem dahinrollenden Zug, je schattiger und nächtlicher die Kunststoffbezüge des Abteils, in dem wir allein und unter uns blieben, unser Gegenübersitzen zu einer mir geradezu verschwörerisch anmutenden unverbrüchlichen Anordnung machten und je schneller die Fahrt zu werden schien zwischen den aufblitzenden Lichtern der vorbeifliegenden Bahnhöfe, Siedlungen, Gehöfte, desto seltsamer änderte sich nun auch noch Brandigs Gesicht.

Was vorher schwammig und schwabbelig ausgesehen hatte in seinem Gesicht, nahm im wachsenden Dunkel einen gänzlich anderen

Charakter an. Mit einem Mal sah dieses Gesicht nicht mehr zerstört aus, jedenfalls nicht weich, feist und hängend: es sah vielmehr aus wie eine Landschaft. Eine unterirdische Landschaft. Die Falten wie Kerben und Brüche, Abspaltungen, Splitterungen. Kanten und Risse, Spalten und Riffe waren an die Stelle dessen getreten, was bei Tageslicht nicht anders als weich und aufgedunsen ausgesehen hatte. Erz, Kohle und Stein. Ein Gesicht wie durch einen Berg. Das Innere eines Berges. Der konvexe Abdruck eines nie zu Ende gebrachten Tunneldurchbruchs. Tunnelwand. Stollen, durch den niemand hindurchkommt. Eine aufgegebene Richtung, in der man – beim Anschauen – nicht weiterkommt und somit auch nie an ein Licht kommen wird; es sei denn, man durchquerte den Kern der Erde und träte, gleichsam um der Sonne, von der ich sprach, im Fallen zu begegnen, am anderen Ende wieder heraus. Aber wer bringt das schon zustande?

Brandigs Gesicht: eine Verirrung aus Schwärze, Metall und Gestein. Hart, kalt, undurchdringlich, endgültig. Nacht.

Die Augen hingegen schimmerten nun in dem automatisch eingeschalteten bläulichen Nachtlicht an der Decke des Schnellzugabteils wie – ja wie? Wie Schalen mit Balsam nachgerade, wie ein heilbringendes Öl. Sie hatten eine Weichheit und Verletzlichkeit und Trauer, jawohl: Trauer, sage ich, unendliche Trauer, daß ich – mir schauderte – mit einem Mal fürchtete, ihnen sei aller Grund des Schauens und Erkennens für immer abhanden gekommen.

So kann es einem ergehen mit einem Gesicht und den Augen in dem Gesicht. Alles hängt ab vom Licht. Auf unseren Eindruck ist, bei aller Erfahrung und Gedankenschärfe, doch nicht der geringste Verlaß.

Also lassen wir das.

3

Verlaß war nur auf Brandigs Stimme. Mit der er mir, als wäre nur noch eine atavistische Bewegung geeignet, dem durch das Dunkel dahinjagenden Befremden Einhalt zu gebieten, Absolution erteilte. In diesem rollenden Beichtstuhl. Im Liegen. Beide – der zur Sühne Bereite und der für ihn höhere Ordnungen um Vergebung Anrufende – auf den mittleren der sechs Liegen. (Denn, wie immer und wie nachhaltig wir uns auch befreit haben mögen von allem religiöser Klammersucht zugrunde liegenden Größenwahn, der Ritus und das Zeremoniell sind uns als Gnade geblieben; und wenn wir diese – wie ich – nicht von Hause aus mitbekamen, mein Vater hatte sich mit seinem Wechsel von Trier nach Bremen auf Drängen meiner Mutter abgewandt vom katholischen Glauben: dann sind wir, Hand aufs Herz, eigentlich doch nur ein Leben lang damit beschäftigt ... uns die Gnade zu erdienen. Oder zu erschleichen. Oder wenigstens zu stehlen. Welche Hoffnung bliebe uns sonst?)

Ich sollte also beichten.

Der Liegewagenschaffner hatte uns auf den Korridor gerufen und die mittleren und oberen Liegen herauf- bzw. heruntergeklappt. Er drückte uns sauber gefaltete frische Leinenlaken, je eine Wolldecke und ein Kopfkeilkissen in die Arme und verlangte nach Fahrkarten, Liegewagenkarten und Pässen. Die Pässe bekämen wir nach Grenzübertritt am Morgen zurück. Brandig hielt schon alles bereit in der Hand, während ich, der ich vor der Abfahrt des Zuges nicht mehr die Zeit gefunden hatte, mir Fahrkarte und Liegewagenkarte in der Bahnhofshalle bzw. – wie mir von Ebentegen zur Information mit auf den Weg gegeben – im Bahnhofsuntergeschoß zu kaufen, nach meinem Paß zu suchen begann. Ich stopfte Bettzeug in eine Ecke der freien unteren Liege und öffnete meinen darauf gestellten Koffer. Ich wühlte mich durch Leibwäsche und Papierstöße hindurch, blätterte am Ende sogar in dem vollgeschriebenen italienischen Kontoführungsbuch, das ich vor so langer Zeit im Hafen von Piräus erworben hatte. Bis Brandig, ausgerechnet er, mich erlöste: er griff mir in die leichte Sommerjacke, die ich trug. Eine der Seitentaschen. Und hielt dem Schaffner meinen Paß hin.

Und die Fahrkarte? Und die Liegeplatzkarte? Ich löste – samt Nachlösezuschlag – nach.

Nun kamen wir, Brandig und ich, allerdings nicht sofort auf gleicher Höhe zu liegen; erst mußten wir übereinkommen. Denn ich, der ich, wie gesagt, zum Frösteln und Frieren neige, schwang mich zunächst auf eine der beiden oberen Liegen. Oben ist es in solchen Abteilen angenehm warm, wenn auch, zugegeben, meist etwas stikkig. Brandig hingegen blieb auf der unteren Liege, in deren einer Ecke er schon bei meinem Betreten des Abteils gesessen hatte, sitzen: eigentlich rutschte er nur unmerklich aus dem Sitzen ins Liegen. So fuhren wir dahin. Die Betten – Betten sozusagen – noch nicht gemacht. Er unten. Ich oben. Aber wie sollten wir bei dieser Distanz vertraulich werden, sprechen? Wie sollte ich beichten?

Ich weiß, wenn ich heute, keine drei Nächte später, *beichten* sage, dann lag mir ein solches Wort und erst recht das, was es für mich bedeuten sollte, noch gänzlich fern, als es mich drängte, Brandig davon zu berichten, wie es damals dazu gekommen war. Mit Elisabeth. Wie es jemals dazu hatte kommen können mit ihr, seiner Frau. Plötzlich, Brandig unter mir wissend, war mir alles Vergangen-Ferne näher, als mir die Situation selbst, die ich hier im Begriff bin zu schildern, Brandig unter mir und ich über ihm mithin, nahe vorkommt. Wie fern aber lag das Vergangen-Ferne zurück? Jene Geschichte zwischen Elisabeth und mir? Zehn Jahre, elf Jahre, zwölf? Es ist schon gar nicht mehr wahr. Und doch brannte mir die Geschichte nun, da Brandig dort unten den Kopf zwischen seine Hände nahm, als habe er Kopfschmerzen, auf den Nägeln. Mochte er auch damals schon alles auf die eine oder die andere Weise von Elisabeth erfahren haben – woher sonst hätte die Guinetti denn von meiner Liebe zu Elisabeth gewußt? –, so mußte er es doch noch einmal aus meinem Mund hören. Denn ich war der Hauptschuldige an allem. Zumindest insofern, als zwischen ihm und mir nie auch nur ein einziges klärendes – geschweige denn ein abschließendes Wort gefallen war.

Ich schlug also, nachdem ich mich entschieden hatte, diesmal nun nicht die Gelegenheit zu verpassen, vor, daß wir uns auf der mittleren Ebene träfen. Wider Erwarten, als habe er auf einen solchen Vorschlag nur gewartet, stimmte Brandig sogleich zu. Und während ich nun auf der mittleren (Fahrtrichtungs-)Liege mein Laken auseinanderfaltete, das Kopfkeilkissen richtete und die Wolldecke über das Laken streifte, begab sich – ich sage: begab sich, denn ich weiß ja nicht wie – Brandig in meinem Rücken auf die mittlere (Gegenfahrtrichtungs-)Liege und lag, als ich mich zu ihm umwandte, dort so da, als läge er noch unten. Den Kopf zwischen den Händen. Sein Bettzeug aber hatte er unten gelassen, achtlos geknüllt zur Seite getan. Ich zog nun Jacke und Hose aus. In der Dunkelheit, mochte ich gedacht haben, ist alles leichter. Nicht nur der Treubruch.

Wir lagen einander halb zugewandt. Über uns das bläuliche Licht wie ein Ewiges Licht. Ich räusperte mich und begann – schließlich auf dem Rücken ausgestreckt – zu sprechen. Der Zug war während des Bettenmachens unmerklich zum Stehen gekommen. Licht drang von draußen herein. Ein paar trübe glimmende Güterbahnhofslampen in der undurchdringlichen Landschaft, zwischen die der Zug mit uns eingekeilt war.

Aber wie fing ich eigentlich an? Ich habe kein schlechtes Gedächtnis, das dürfte ich schon zur Genüge unter Beweis gestellt haben. Aber wie fing ich nur an? Ich glaube, ich fing folgendermaßen an:

Wir haben uns lange nicht gesehen.

Ich weiß, meine Ungeschicklichkeit wird nur noch überboten von der Zielstrebigkeit, die ich ihr zum Trotz aufbieten kann.

Und so fuhr ich denn, da Brandig nichts sagte, auch unbeirrt fort.

Ich bin in deiner Schuld, sagte ich.

Und was sagte er? Ja, er sagte schlicht und einfach: Sicher, du schuldest mir noch fünftausend Mark.

Das, sagte ich, meine ich nicht. Außerdem, dachte ich so im stillen – auch im Stillen des wieder anfahrenden und uns heimelig wiegenden Zugs –: außerdem hätte er das Geld ja nur abzuberufen brauchen. Es hat immer zu seiner Verfügung gestanden und ich habe ihn immer auf das korrekteste bedient. Ich brauche mir keine Vorwürfe zu machen wegen des Gelds, auch wenn ich es nicht mehr habe. Zumindest nicht bei mir. Schließlich habe ich es, genau genommen, seinetwegen verbraucht. Und nicht zum Vergnügen, so sehr es von ferne – Gina, die Freundinnen, Klaus und weit mehr als Kost und Logis – danach aussehen mochte.

Du hast mich, sagte ich, nicht begriffen.

Aha, stieß Brandig hervor. Er hatte mittlerweile seine Hände vom Kopf genommen. Er lag auf den rechten Ellenbogen gestützt. Seine Augen hatten selbst in der Dunkelheit einen seltsamen Glanz. Und hielt er nicht die Hand an sein rechtes Ohr? Um mich in der inzwischen geradezu dröhnenden Stille des wieder dahinjagenden Zuges besser zu verstehn?

Ich habe dich, sagte ich, betrogen.

Brandig sagte nichts.

So hör doch, wiederholte ich, ich habe dich betrogen.

Um wieviel?

Paul, ich mußte es dir einmal gestehn, verzeih, ich habe dich mit Elisabeth betrogen, dich mit ihr hintergangen, ich habe dich mit ihr mindestens ein Jahr lang betrogen.

Nicht nur mich und nicht nur ein Jahr, sagte er da ganz lapidar.

Ich nickte.

Ja, ich habe euch, dich und Trude, hintergangen, stammelte ich. Den Kopf auf dem Keilkissen, nickte und stammelte ich. Und – begriffsstutzig, wie auch ich manchmal bin – begriff erst nach dem Nicken und Stammeln, was Brandig da gesagt hatte. Wußte er besser Bescheid als ich? In meinen Angelegenheiten? Und wer wie lange mit wem? Hatte er sich nicht irgendwann stillschweigend abgesetzt und um nichts mehr gekümmert? Außer ums Geld, das ich ihm schickte.

Das Schlimme aber, fügte ich dennoch so zügig und unnachgiebig, wie's eben ging, an – das Schlimme ist, daß du mit irgendwelchen Verletzungen zu Hause im Bett lagst, als alles begann. Ich habe keine Ahnung haben können. Sie hat mir nichts gesagt. Wenn ich, sagte ich, wenigstens gewußt hätte, in welchem Zustand du warst. Dann wäre...

Hätte es dich davon abgehalten?

Ich weiß nicht, sagte ich, aber hätte dich ein Verzicht nicht erst recht gekränkt?

Es ist mir – zugegeben – bis heute schleierhaft, wie ich darauf kam; ich weiß, es war nichts weniger als eine Provokation. Zumindest eine ziemliche Dreistigkeit. Eine Frechheit. Als ritte mich ein ganz besonders abgefeimter und zugleich unschuldiger Teufel. Anders ausgedrückt: *Irgendwie* hatte sich meine letzte Replik gesprochen wie ein Reflex. Wie von selbst. Oder besser: wie von Brandig selbst gesprochen. Als habe er mir den meinem Wesen nachweislich zutiefst widersprechenden Übergriff selbst in den Mund gelegt. Um mich in eine Falle zu locken. Aus der er mir dann – ich will zu seiner Entlastung annehmen: ohne es selbst zu merken – heraushelfen konnte. Er wurde nämlich nicht schroff. Vielmehr sagte er:

Von Kränkung kann keine Rede sein, wo man für unausweichlich hält, was geschieht.

Er habe, sagte er, immerhin von meinen Gefühlen gewußt. Ich hätte sie ihm ja zum geeigneten – *geeigneten,* sagte er – Zeitpunkt gestanden. Ob ich mich erinnerte?

Und ob ich mich erinnerte. Der Polterabend, die Hochzeit, der Schmerz.

Er sei, sagte Brandig, als ich zugriff, mit Elisabeth sowieso am Ende gewesen. Spätestens seit genau jener Dummheit, an die ihn zu erinnern ich gerade die Freundlichkeit – Freundlichkeit, sagte er – gehabt habe.

Und da hat sie sich, sagte er, natürlich an dich gewandt. Sie hatte das rechte Gespür und Gefühl.

Brandig machte eine kleine Pause.

Oder? fügte er hinzu.

Ich schwieg.

Da ich aber, sagte er, streckte sich nun aus auf der flachen Liege in dem auf Höchstgeschwindigkeit gebrachten Zug und verschränkte die Hände unter dem Kopf – da ich aber die Freundlichkeit gehabt hätte, ihn an alles zu erinnern, wolle er nicht hinter dem Berg halten mit der Schilderung besagter Dummheit. Wenn es mir nichts ausmache, sagte er.

Ich bitte dich, erwiderte ich.

Und so berichtete mir Paul Brandig in der ihm eigenen klaren, deutlichen, unverblümten und unmißverständlichen Art, deren karges Tremolo und mitleidlose Selbstbescheidung wiederzugeben jemanden wie mir nicht von Hause aus gegeben – daher aber umso mehr Verpflichtung sind, wenigstens (wozu habe ich mein Gedächtnis?) annäherungsweise in die von ihm selbst gewählten Worte zu kleiden: wie er damals, vor wieviel Jahren, drei Ehealter her, sagte er, mit Elisabeth Urlaub gemacht hatte in Spanien. Und wie er die Nerven verloren hatte, sagte er, und zwar vermutlich, sagte er, weil er sich zuvor zwei Wochen lang an weißen Stränden und auf schattigen Sommerterrassen habe erholen, ausruhen, gehenlassen und ein bißchen habe vergessen können, was er nicht gewohnt gewesen sei, weswegen er natürlich geschwächt gewesen sei in dem Augenblick, als es drauf ankam. Denn er sei gewissermaßen noch im Urlaub gewesen am letzten Urlaubstag in Barcelona, noch in der Vergangenheit, er hätte *noch* die Gegenwart *vergessen* gehabt; sei also nicht geistesgegenwärtig gewesen. Noch befangen, mochte er wohl meinen, im Luxus der größeren Wirklichkeitswahrnehmungen und Selbstoffenbarungen – ich kenn das, ich kenn das: jene trägen und umso unaufhaltsamer zum Kern der Dinge und Erscheinungen hin vollzogenen Bewegungen des eigenen Seins, Bewegungen hin zum Stillstand, in dem alle Bewegung sich unaufhörlich vollendet – kurz: zur Verwahrlosung hin, die die üblichen Zusammenhänge, Gedankenverknotungen und Ideenverhärtungen, unmerklich löst. Ihm seien im Urlaub die Zusammenhänge abhanden gekommen, sagte er nämlich, die Zusammenhänge nicht aber der Welt schlechthin: oben, unten, rechts und links (die noch lange, lange nicht, sagte er!)

– die Zusammenhänge zwischen der Welt und ihm selbst vielmehr, einfach die souveräne Einschätzung der Situation, ihres Gewichts, ihres Gehalts, ihrer Chancen und Gefahren, so daß er natürlich, sagte er, die Prügel beziehen *mußte*, die er bezog. Prügel aus nichtigstem Anlaß. (Waren das nicht auch Elisabeths Worte gewesen? Prügel, die er bezog? Aus nichtigstem Anlaß? Oder verläßt mich hier mein gutes Gedächtnis?)

Auf dem Rückweg von der Insel nach Bremen haben sie, er und Elisabeth, also einen letzten Tag in Barcelona verbracht. *Sightseeing*, sagte Brandig. Ausgeben der verbliebenen *pesetas*. Am Abend selbstverständlich durch all die munteren Gassen, die abzweigen von den *Ramblas*. Wie heißt noch das Viertel? *Barrio* oder *los barrios*, nicht wahr? Oder *el barrio chino* oder so. (Ich – für mein Teil – hatte und habe keine Ahnung.) Jedenfalls hätten sie, Elisabeth und er, gut und ausgiebig gegessen und seien anschließend durch die verschiedensten Kneipen , Bars und Weinlokale gezogen, einmal seien sie sogar im Gedränge mitten hinein in einen Schwarm, sagte Brandig, *schwarzpapphelmblitzender Guardia Civil* geraten, und seien völlig unbehelligt wieder aus ihm hinaus gelangt, bis sie – schon gegen Mitternacht – schließlich auf jenen Iren mit Frau und Kind gestoßen seien, alle drei auf hohen Barhockern in einem hell und freundlich beleuchteten Lokal – eine Geschichte wie alle erlebten Geschichten, sagte Brandig, die man nicht erfinden kann –: ein schon einigermaßen angetrunkener und fröhlicher Ire, der sich im Verlaufe der nunmehr gemeinsam genommenen Drinks als Flugkapitän der *Aer Lingus* entpuppte, während seine Frau, die mithielt, es verstand, sich mit der ansonsten in derlei Situation eher scheu zurückhaltend gebenden Elisabeth anzufreunden – ich glaube, sagte Brandig, sie redeten über Kindererziehung in Spanien, Irland und bei uns, so daß sogar Elisabeth ein wenig mehr trank als gewohnt (trank sie überhaupt – abgesehen von Tee – jemals mehr als ein Glas Wein oder Bier? frage ich mich) – und dann eben das Kind, ein etwa vierjähriger quirliger Junge, der immer wieder mal auf seinen hohen Hocker stieg, Haltung annahm und, wenn ich Brandig richtig verstand, vor den herein- und hinausströmenden Gästen salutierte (wie früher schon scheint Brandig ein noch besseres und genaueres Gedächtnis zu haben als ich, was ja durchaus was heißen will): eine entspannte und angeregte Atmosphäre also, sagte Brandig, außer daß der Ire verständlicherweise kaum zu bremsen war beim Bestellen und Trinken; verständlicherweise, denn was ihr, Brandigs und Elisabeths, letzter Urlaubstag gewesen sei, das sei des Iren und seiner Familie erster Urlaubstag gewesen, was auch dazu führte, daß es sich, als Brandig Anstalten machte zu zahlen, der Ire um keinen Preis habe nehmen lassen wollen, die ganze Zeche zu übernehmen. Um keinen Preis, ja, sagte Brandig. Nur war der Preis, den der hinter der Bar stehende Wirt, in dessen Rücken die Preistafel hing, von dem mittlerweile volltrunkenen Flugkapitän verlangte, um mindestens das Dreifache überhöht; so daß er, Brandig, dem Wirt erklärte, daß sein Freund *(sein Freund!)* diesen Preis nicht zahlen werde, nur (hier, erinnere ich mich, lachte Brandig ein wenig auf, das erste Mal lachte er hörbar auf in dem dunklen Schnellzugabteil, in dem wir lagen: sein Gesicht sah ich nicht, denn ich blickte nicht zu ihm hinüber) – nur, sagte Brandig also, nur über seine Leiche würde *sein Freund* den geforderten Preis zahlen, habe er, Brandig, dem Wirt entgegengeschleudert, er habe sogar von Betrug und Touristenabschmier gesprochen, sagte er, er wisse selbst nicht wie, mit seinem bißchen Spanisch, aber da der Ire so wenig Spanisch konnte wie der Spanier vorgab Englisch zu können, und da der Ire sich ausdauernd lallend bereit erklärte, den geforderten Preis zu zahlen, sei er, Brandig, eben in diese *kalte Rage* geraten, so daß der Wirt sich zurückzog und ihn, Brandig, habe glauben machen können, er habe schon gewonnen, will heißen: der andere, der Wirt, grüble nunmehr im Hinterzimmer nach einem Preissenkungstrick ohne Gesichtsverlust. Aber weit gefehlt, sagte Brandig. Es wurde eine gänzlich andere Rechnung aufgemacht. Binnen fünf Minuten standen drei hünenhafte uniformierte Gestalten in der Tür, die Gäste wichen zurück, drei junge hünenhafte Gestalten, nicht von der *Guardia Civil,* nein, von einer Truppe vielmehr, die er, Brandig, nicht kannte von seinem Inselurlaubsaufenthalt, und zwei von denen holten auf Wink des plötzlich wieder hinter der Theke aufgetauchten Wirts den im übrigen einigermaßen schmächtigen und kleinwüchsigen betrunkenen irischen Flugkapitän von seinem Hocker, hoben ihn hoch und ließen ihn in der Luft hängen, an ausgestrecktem Arm, sagten wir früher, sagte Brandig, verhungern, so daß ich, sagte er mir, mit meinem Glas in der Hand, drin immerhin ein *Cardenal Mendoza,* zum Zeichen meiner Friedfertigkeit auf die drei Männer zutrat. Um den Sachverhalt zu klären. Auf die drei Männer, von denen zwei meinen kleinen neuen Freund nun abstellten auf dem Boden. Aber das hätte ich nicht tun sollen. Ich kam gar nicht dazu, mich zu erklären. Zu erklären, daß mein Freund im Begriff gewesen sei, beschissen zu werden von diesem ehrenwerten Halsabschneider hinter der Theke. Schon hatte ich eine sitzen. Von dem dritten der drei. Von dem hünenhaftesten der drei Hünen. Was mich umwarf; nein, damit wir uns nicht mißverstehen, sagte Brandig, ich fiel keineswegs um, eher im Gegenteil. Der Schlag des Hünen in mein Gesicht warf die unsereins eigenen Mechanismen der Selbstverteidigung: die Selbstkontrolle über den Haufen. Ich kippte dem Kerl meinen Brandy ins Gesicht. Was ich, Brandig hüstelte mit einem Mal, wie du dir denken kannst, nicht hätte tun sollen. Alles weitere nämlich war gewissermaßen nur noch eine Formalität. Handschellen, ein Schlag in die Magengrube. Meine Linke mit den Handschellen an die Rechte des Iren. Beide, so aneinandergekettet, im Krebsgang über die *Ramblas*. Gestoßen, geschubst. Hinter uns, diesem torkelnden siamesischen Doppelkrebs, her aber zwei Frauen und ein Kind. Noch auf den *Ramblas* – murrende Fremde und, ich erinnere mich genau, sagte Brandig, schweigende Einheimische bildeten ein auseinanderdrängendes Spalier – wurden wir durch die hintere Tür in einen hohen vergitterten Kleintransporter gestoßen. Und erst das Gekreisch und Geheul der beiden Frauen und des Kinds, die sich an uns klammerten, vermochten offenbar die drei Männer zu überzeugen, daß wir zusammengehörten.

Trotz des Dröhnens der Räder auf den Schienen, das die Wände und die Tür des Liegewagenabteils in ein es selbst übertönendes schepperndes und sirrendes Vibrieren versetzte, glaubte ich ein Seufzen vernommen zu haben aus Paul Brandigs Mund.

Und ab ging die Post, sagte er, ab durch die Mitte. In eine Art Polizei- oder (Brandig hielt inne für Bruchteile eines Gedankens): Volksschutzgefängnis. Zum Verhör. Eigentlich gleich um die Ecke. Man hätte es ebensogut im Krebsgang geschafft. Ein Eingang und sein Portal, eine Eingangshalle, ein Flur und schon stand ich:

schon stand Brandig, von seinen drei Hünen umgeben, vor einem wie provisorisch in grobem Holz gezimmerten Podest, auf dem, hinter hochbeinigem Tisch, einer saß, umgeben von drei vier fünf weiteren. Der wachhabende Offizier und seine Leute. Und Jesus am Kreuz darüber. Im Lot. Elisabeth blieb hinter Brandig sitzen. Auf einem Stuhl neben der Tür. Wo aber der Ire samt seiner Familie mit einem Mal abgeblieben war, sagte Brandig, das sei ihm in der Aufregung, genauer: der Aufmerksamkeit, die er Wänden, Flur und Stufen, der Richtung der Geländer, den Türen und einem die Eingangshalle teilenden, von oben leicht überkippenden Porträt *Francos* in Generalsuniform gewidmet hatte, völlig entgangen. So begann denn auch gleich die Vernehmung, die Einvernahme, das Verhör, d.h., sagte Brandig, das, was er zunächst für eine Gegenüberstellung halten wollte. Die Anhörung der beiden Seiten. Aber woher sollte der Gegenüberzustellende, der Wirt etwa, mit einem Mal kommen? Mittransportiert worden war er ja nicht. Es wies vielmehr derjenige der drei jugendlichen Hünen, der Brandig – übrigens mit flacher Hand – ins Gesicht geschlagen hatte und nun neben ihm stand, mit dem Zeigefinger auf seine weit von sich gestreckte Mütze. Die habe der da – der Zeigefinger wies auf Brandig – beschmutzt. Mit einem Getränk. Das er trank. Mit einem Getränk, das er trank, die Mütze beschmutzt. Einfach beschmutzt. *Si!* Die Mütze. Sonst nichts. Kein Wort also von seinem Gesicht, in das er das Getränk kriegte, von dem Brandig getrunken hatte. So daß ein Augenblick der Stille entstand in dem Vernehmungsraum; eine Stille, sagte Brandig, als müsse umgeräumt werden in dem Raum, dem kargen aufgeräumten ... Stühle, Tisch und Podest verstellt, bevor es weitergehen konnte: aber es fand natürlich keinerlei Umräumen statt, außer vielleicht bei ihm selbst, Brandig, der das Umräumen deutlich vernahm – oder wurde da umgeräumt oder aufgeräumt in den Räumen gleich nebenan? Kurz: nach diesem fast lautlosen Vorgang fragte der Vorsitzende, der Offizier, ob der Wahrheit entspräche, was sein – *sein!* – Mann gerade gesagt hatte. Ja, sagte Brandig, im großen und ganzen. Und bat, erklären zu dürfen, inwiefern und warum. Was er, sagte er, denn auch durfte. Und er schilderte, sagte er, und verwies in knappen Worten auf: sonnigen Urlaub in EUREM schönen Land, den schönen Tag und den schönen Abend in EURER schönen Stadt, den Iren, das Mit-einander-bekannt-Werden, die Frau und das Kind, auch *meine Frau, diese,* sagte er, überhaupt: den ersten Tag und den letzten und so weiter und schließlich die Geschäftsgebaren eines hiesigen Wirts, der die Stadt und das Land in Verruf bringe ... mit Verlaub, sagte er damals, sinngemäß, sagte er jetzt, und als er anlangte an der Stelle, wo die drei, die ihn nun hier vor den Augen des Vorsitzenden umringten, das Lokal betreten, zwei von ihnen den Iren vom Hocker geholt und in der Luft hatten baumeln lassen, so daß er, sagte Brandig, der Zeuge dessen, was vorgefallen war, sich nicht etwa bemüßigt, nein, nachgerade verpflichtet gefühlt habe, die Mißverständnisse, die offenbar entstanden waren, auszuräumen mit einem Wort, sagen wir: *por favor, señores, solamente una explicación,* wozu es dann leider aber gar nicht erst kommen konnte, weil dieser junge Herr hier mit der Mütze ihm einfach ins Gesicht schlug, ohne ersichtlichen Grund... da – in diesem Augenblick –: als er, Brandig, eben zugeben wollte, daß er aus gutem oder wenigstens ersichtlichem Grund den Schlag erwidert habe mit dem Kippen seines Getränks ins Gesicht oder seinetwegen auch auf die Mütze des Mannes – da verspürte er auch schon den erneuten Schlag, nun erst richtig, wieder mit flacher Hand, nun aber mit voller Wucht gegen das Ohr, so daß es einen Knall gab im Raum und im Kopf oder im Raume des Kopfs, und es war wieder derselbe, der ihn schlug und nun auch noch mit dem Stiefel in den Bauch trat, es war aber – obwohl er, Brandig, für eine kleine Weile die Orientierung verlor, so daß der Raum, in dem er sich befand, mitsamt der Einrichtung, Elisabeth, den Männern um seinen Kopf herumwirbelte, kriegte er es doch mit – mit Sicherheit ein anderer, der ihm von hinten und vor den Augen des Vorsitzenden, der nicht eingriff, einen Schlag oder Tritt in die Kniekehlen versetzte, vor dem Vernehmungspodest, vor dem er, Brandig, daraufhin, vornüberkippend auf eine Weise, daß sein Fall noch einmal aufgehalten, wenn auch nicht verhindert werden konnte von einem Faustschlag unter das Kinn, zu Boden ging, sich aber ebenso *reflex*artig sofort wieder erhob, wie er zuvor vor der Kneipentheke *reflex*artig sein Getränk ins Gesicht dessen gekippt hatte, der schlug, dort und zuvor wie jetzt und hier, und er, Brandig, ging nun einfach – *einfach,* sagte er, und *dummerweise* – nicht mehr zu Boden, war einfach schon zu benommen, um überhaupt noch zu Boden zu gehen, obwohl er weiter von allen Seiten getreten, gestoßen und nun auch noch mit Knien traktiert wurde, der Raum stand vielmehr stille mit einem Mal, wenn auch nicht lange, stille um ihn herum und in seinem Kopf, so daß er sich so hoch und gerade aufrichtete, wie er eben noch konnte, nach dem nächstbesten griff, sagte er, das er erwischte, das Kreuz nämlich, mit dem hageren Leichnam zu Häupten des Vorsitzenden, das er fixierte, um nicht zu schwanken, und sowas sagte wie: *Schade...*

Ja, wenn ich Brandig in dem mit Getöse, Gesirr und Geschepper durch die Nacht dahinjagenden Zug, in dem wir lagen, richtig verstand, sagte er: Schade. Oder sagte er: Schande? Wie ich es an seiner Stelle getan hätte? Nein, mit Sicherheit sagte er: Schade.

Und spuckte aus vor dem Podest, vor dem er stand, spuckte aus vor dem hochbeinigen Tisch, hinter dem der Vorsitzende saß, der nun eingriff, seinen Männern, sagte Brandig, mit einem einzigen Blick Einhalt gebot; worauf er, Brandig – seinen eigenen Worten zufolge und so leise, sagte er, daß es alle verstehen mußten –, sagte: daß sie alle, alle, die Schläger und die, die zuschauen beim Schlagen, samt denen, die nicht zuschauen beim Schlagen, aber mitschlagen, wenn nicht überhaupt erst die Schläger zu den Schlägern machen, die sie sind... daß sie alle – an dieser Stelle, glaube ich, begann plötzlich das bläuliche Nachtlicht an der Decke des Liegewagenabteils zu flackern, als wollte es erlöschen –: daß sie alle, sagte Brandig, *schäbiger* – oder, mein Gott, sagte er etwa: schädlicher? er, der vorher schon *schade* statt Schande gesagt hatte? – nein, er sagte: daß sie alle schäbiger seien als jeder beliebige betrügerische Spelunkenwirt – immerhin, erinnere ich mich, der Wirt eines hell und freundlich beleuchteten Lokals, falls er den meinte –, ein Spelunkenwirt, aber sagte Brandig, der EUER Land und EURE Stadt in Verruf bringt mit seiner – und hier nun hätte ich, wäre es um einen weniger delikaten Sachverhalt gegangen, doch spätestens eingegriffen und gefragt, wie er, Brandig, sich denn nun ausdrückt auf spanisch, wenn er auf deutsch sagt: mit seiner Spelunkenwirtsmentalität und seiner Spelunkenwirtspolitik. Denn es kann ja wahrhaftig nicht allein das Wort *Politik* gewesen sein, das, wie Brandig behauptet, zur Folge hatte, was folgte. Es folgte nämlich noch einiges, wie er sagte. (Abgesehen davon: wie kann man auch von Berufs wegen im Schlagen Trainierte und von Berufs wegen im Schlagen Geübte, die vor nichts zurückschrecken – und vor nichts zurückschrecken dürfen! – vergleichen mit einem kleinen schmierigen betrügerischen Kneipenwirt? Das kann wirklich nur Brandig. Womit er sie dann natürlich erst richtig in Fahrt bringt. Wie man ja sehen wird. Denn niemand spricht einem anderen ungestraft ab das ihm zustehende Ausmaß an Schuld. Irgendwie muß jeder Stolz sich schließlich erhalten. Auch der, den erst ein Brandig entflammt!)

Als besagtes Wort also fiel, wie gesagt: immer nach Brandig, zogen sie die Knüppel. Knüppel aus Holz oder Hartgummi, sagte er. Oder Fiberglasknüppel. Knüppel jedenfalls: härter *und* elastischer als alles, was ein menschlicher Schädel je abgekriegt hat. Und sie droschen und schlugen und prügelten von allen Seiten drauf ein. Auf ihn, Brandig, der inzwischen – *inzwischen,* sagte er – nichts mehr hörte: außer ein kochend heißes Sprudeln im Ohr. In jenem rechten, auf das er zuvor den Schlag mit der flachen Hand bekommen hatte, das aber, solange er selbst noch habe reden können, *nur* taub gewesen sei. *Hörte* nun, sagte er, während auf seinen Schädel die Knüppelhiebe niedergingen und er um nichts mehr in der Welt, sagte er, in die Knie gehen konnte, die Hitze des Körpers, seines ganzen eigenen Körpers, wie sprudelndes kochendes Erz. Wie Lava. Lava im Ohr. Und sah, er wollte seinen Augen nicht traun, er wollte und konnte nichts mehr trauen außer dem, was er hörte mit seinem Ohr, dem zerschlagenen. Sah zwischen sich, sagte er, und dem *Hören* seines aufrecht im Raum stehenden und von keinem Knüppel der Welt niederzuzwingenden Körpers, zwischen sich und dem *Hören* also: Elisabeth. Plötzlich Elisabeth. Die sich zwischen ihn und die Männer warf, die auf ihn einschlugen. Wie sie sich warf in ihre Schläge.

Das, sagte Brandig, hätte sie nicht tun dürfen.

Es entstand eine Pause in dem Liegewagenabteil; eine Pause, die die Geräusche, die bislang das Zuhören zu einer Anstrengung gemacht hatten, nunmehr ins Schmerzhafte ausdehnte im Ohr. Dem meinen. Sogar das wieder stet und ohne Geflacker schimmernde bläuliche Licht an der Decke surrte jetzt, als sei es ein Ventilator oder der auf höchste Lautstärke eingestellte Lautsprecher der Zugsprechanlage, durch die niemand spricht.

Das war das Ende, vernahm ich, als wäre es nicht Brandig, der sprach.

Und abermals eine Pause. Die zitternden Abteilwände, der pfeifende Fahrtwind am Fenster, Zugluft, die Tür, die bebte und schepperte, die donnernden Räder, Weichen, ein Gerumpel und dann der Druck in den Ohren bei Einfahrt in einen Tunnel. Sollte er endlich weiterreden. Brandig. Sollte er weitermachen. Sollte er mich in Ruhe lassen mit diesem Schweigen. Aber er redete nicht.

Das Ende von was? fragte ich endlich.

Von was schon? kam es zurück.

Aber, sagte ich, vielleicht schrie ich es auch – ich richtete mich jedenfalls auf unter dem Leinen, das mich bedeckte: aber das kann doch nicht wahr sein ... so doch nicht.

Es ist aber so, kam es erbarmungslos und ohne jedes Mitgefühl mit meinem Erschaudern zurück, es ist alles ganz bedeutungslos, dumm und banal.

Nichts, keuchte ich mit einem Mal wie wider eigenen Willen, nichts ist bedeutungslos, dumm und ...

Aber Brandig unterbrach mich.

Warst du dabei? sagte er.

Nun war ich es, der schwieg.

Sie warf sich dazwischen, sagte er.

Und nach einer letzten kleinen Pause: Als hätte sie mich retten können.

Kurz, sagte er, man habe sie, Elisabeth, aus dem Vernehmungsraum geschafft. Man habe ihm selbst Reisepaß, Gürtel und Geld abgenommen und ihn ebenfalls aus dem Vernehmungsraum geschafft. Auf dem Flur, auf dem Uniformierte und andere, auch solche mit Handschellen an Uniformierte Gekettete, standen und zu warten schienen wie auf einem Behördenflur – einer Arbeitsvermittlungsstelle oder einem Sozialhilfeamt, sagte Brandig –, sei er Elisabeth gegenübergestellt, *zum ersten Mal gegenübergestellt* worden, sagte er. Zum ersten Mal! Gegenübergestellt. Man habe ihr unter seinen Augen den Gürtel und das Geld ausgehändigt. Sie habe ihre roten Flecken am Hals gehabt, sagte er, diese beängstigenden roten Flecken. Ich erinnerte mich sicherlich an ihre roten Flecken.

Ich ließ mich zurücksinken in dem fahrenden Zug. Dieser Mensch ging wirklich ziemlich weit; ob er nun wußte, was er tat, oder nicht.

Er habe, fuhr er ungerührt und unbeirrt fort, Elisabeth nur noch bitten können, das deutsche Konsulat aufzusuchen und alles daranzusetzen, um ihn rauszuholen. Dann sei er abgeführt, davongedrückt – *davongedrückt,* sagte er – worden. Durch verschiedene Gänge gedrückt und in einen stockfinsteren Raum, nein, keinen Raum: ein stockfinsteres feuchtes Verlies gestoßen worden. Nie werde er, der sich an alles erinnerte, als sei es gestern nacht geschehen, nie werde er beschreiben können, wie dieses Verlies, dieses Loch, aus dem ein Stöhnen und ein Wimmern drang, in dem ihn dann im Niedersinken ein Stöhnen und ein Wimmern umfing, beschaffen war – außer daß es feucht war und dunkel. Stockdunkel. Was er aber vernahm hinter der hinter ihm zugeschlagenen Tür, vernahm er mit dem einen Ohr, dem restlichen, sagte er; mit dem anderen vernahm er die Hitze des Körpers, die Lava, das Erz ... und er habe noch eine Hand im Dunkel unter das Ohr gehalten, um aufzufangen, was er *vernahm* mit diesem. Und er habe gespürt, in der Hand gespürt, daß er nunmehr leerlaufen müßte von dem, was er *vernahm*

– seltsam, schoß es mir durch den Kopf, Brandigs Stimme lauschend in dieser rasenden nächtlichen Fahrt wie einer Stimme aus einer anderen Welt: leerlaufen, leerlaufen, Montevideo und eine Mutter, die leerlief und auslief aus ihrer Hülle, der Haut –

und dann, sagte Brandig, während er, umgeben von Gestöhn und Gewimmer und der kalten Feuchtigkeit des Lochs und am Ende noch der heißen Feuchtigkeit der *Lava,* die in seine Hand rann wie glühendes *Erz* und von der Hand zu Boden, auf den er sank, das Gestein – kalt das Gestein des Bodens und heiß der Fluß des sich aus dem Ohr des Niedersinkenden ergießenden Gesteins ... Gestein zu Gestein: also dort inmitten und da und während und als, aber wie nur und wann? wo stand ihm der Kopf? er weiß es nicht mehr: da kamen sie wieder. Kehrten zurück. Die Schläger und Schergen. Stießen die Tür auf, hinter der er lag, und griffen nach ihm, zerrten ihn an den Haaren in den Stand. Er konnte keinen erkennen. So dunkel war es noch immer. Waren es neue oder waren es die alten? Und sie schlugen abermals auf ihn ein. Diesmal aber nicht an den Kopf, in den Magen, in Kniekehlen, ans Kinn oder aufs Ohr. Diesmal, sagte Brandig, voll in die Eier.

Brandig hielt einen Augenblick inne; so als lauschte er dem, was er selbst gesagt hatte, mit verwunderter Aufmerksamkeit nach. Als sei ihm soeben berichtet worden, was er selbst sagte.

Immer rein in die Eier, fuhr er fort; und auch seine Stimme nahm diese verwunderte Aufmerksamkeit an – jene Brüchigkeit, die der Stimme des Rufenden eigen ist, der einen Schreckensmoment zuvor, vertieft in ein Selbstgespräch (ich kenne mich da aus: etwa beim Eindringen in die Tiefe und Einsamkeit des Moores!), ein Echo vernahm.

Der Zug aber, in dem er, Brandig, und ich lagen, in dem ich all das über mich ergehen lassen mußte, was Brandig auf das rücksichtsloseste von sich gab: er rollte und rollte und ich wünschte, als er auch noch einen schrillen Pfiff ertönen ließ, er würde stehenbleiben, einfach stehenbleiben, es würde meinetwegen ein Unglück geschehen, draußen im Zugkorridor oder unter den Rädern, eine erlösende Tat, so daß ich hätte hinausstürzen können; stattdessen löste sich nur der Druck von den Ohren, da der Zug den Tunnel verließ. Brandig aber, wie von eigener Ungläubigkeit – mithin auch eigener Unglaubwürdigkeit – befreit, schien mit einem Mal zu stammeln.

Ja, stammelte er, wir – *wir,* stammelte er – haben uns nicht verhört: immer wieder hinein in die Eier, die Hoden, in die Testikeln hinein, bis *ich,* stammelte er, das Bewußtsein verlor.

Fast hätte ich bei diesem Schluß aufgeatmet. Aber Brandig nahm mir die Erleichterung ab. Als habe er genau gewußt, was er mir da zufügte von der gegenüberliegenden Liege – ich zog mir Leinen und Wolldecke unters Kinn, da ich wieder angefangen hatte auf das heftigste zu frösteln und zu frieren –, hielt *er,* er mit mir in dem weiter dahindonnernden Zug, erbarmungslos an. Hielt inne. Wenn auch nur vorübergehend. Als wollte er mir eine Rast gönnen, eine Rekonvaleszenz und regenerative Erwärmung – ja, so weit ist es gekommen mit mir: ich muß zur Ruhe kommen, um nicht zu frösteln, zu frieren! Als wollte mich Brandig aufbauen also. Um mich umso bedenkenloser fallenzulassen danach. Ihm ist alles zuzutrauen. Ob er weiß, was er tut, oder nicht.

Irgendwann mußte er ja wieder zu Bewußtsein gekommen sein; und so mußte ich mir natürlich auch unweigerlich anhören: wie – und was nach der Bewußtlosigkeit kam.

Schläfst du? fragte er nach einiger Zeit.

Nein, sagte ich, wandte ihm aber den Rücken zu.

Nun, sagte er – nicht mehr im mindesten stammelnd –: er wisse nicht mehr, wie er die Nacht verbracht habe. Er wisse nur, daß er am Morgen in den Armen von zwei Beamten gehangen habe – Beamten, sagte er nun –, schon außerhalb der Zelle – Zelle, sagte er nun –, und hinweggeschleppt worden sei durch ein Labyrinth von Gängen, bis sie die Eingangshalle, die bekannte, erreichten, in der ein reges Hin und Her herrschte. Menschen, die auf Bänken saßen, an der Wand lehnten, an Türen klopften und in Türen traten. Beamte in Uniformen, die mit Papieren in den Händen, aber auch mit Stühlen und Handtüchern, oder aber mit zivilen Personen am Arm kreuz und quer durcheinander liefen. Und inmitten dieser Menschen habe Elisabeth gestanden, engelsgleich, sagte Brandig, zart, streng und aufgeräumt wie immer, in ihrer ganzen Unschuld und Tapferkeit, sagte er, ohne Flecken am Hals. Und er, er selbst, sagte er, ihr gegenüber stehend – oder vielmehr: ihr, von zwei kräftigen Beamten gehalten, gegenüber hängend, habe kein Wort herausgebracht. So daß ihn die Beamten wohl glaubten loslassen zu müssen. Um vermutlich nicht weniger zu erschrecken als er selbst. Ja, er selbst sei eigentlich nur verwundert gewesen. Denn er spürte sich sinken. Er war außerstande, sich auf den Beinen zu halten. Die Beine versagten ihm einfach den Dienst. Und er ging, weichgeprügelt, sagte er, wie er war, vor Elisabeth in die Knie. Sackte, als eigentlich schon alles vorbei war, in sich zusammen. So daß die Beamten ihn auffangen mußten, das heißt: sie griffen nach ihm und schleiften ihn an den Handgelenken aus der Mitte der Halle an einen Rand, schoben ihn – und drückten, wenn er vornüberkippen wollte – mit Rükken und Schultern gegen die Wand und stemmten von beiden Seiten ihre Knie stützend gegen seine Oberarme, damit er nicht etwa seitlich wegsacken konnte, und schließlich, sagte er, vernahm er noch von fern Elisabeths Stimme, die ruhig und sanft und doch so entschieden in ihn eindrang, aber er verstand sie nicht mehr, obwohl er ihr Gesicht vor sich sah, verstand nicht, was sie sagte, oder verstand vielleicht bloß nicht mehr dessen Sinn. Bis es wieder dunkel wurde um ihn.

Er habe abermals das Bewußtsein, die *Be-Sinnung* – er betonte die Trennung des Worts – verloren, sagte er, und habe sich, als er sie wiedererlangte, wiedergefunden in eben jenem Verlies – Verlies, sagte er jetzt wieder –, in dem ihn schon zuvor ein Wimmern und ein Stöhnen umfangen hatte. Die Feuchtigkeit aber, in der er sich wiederfand, sei nun vor allem die von Erbrochenem gewesen. Das habe er in der Dunkelheit gerochen; mehr gerochen denn gespürt als Schleim und Glibber unter den Händen und zwischen den Fingern. Wie überhaupt, sagte er, am ehesten noch auf den Geruchssinn Verlaß war – abgesehen vielleicht von dem einen Ohr, sagte er –: was ich, wenn ich wollte, auch noch zu hören bekommen könnte, sagte er.

Als hätte ich ihn um seine Geschichte gebeten! So schwieg ich denn auch weiterhin. Er fuhr ja ohnedies fort. Wäre ohnehin nicht zu bremsen gewesen. Ging sowieso ohne jede Hemmung und jedes Einfühlungsvermögen in meine Lage – auch ich hätte schließlich was zu erzählen gehabt! – mit der Schilderung seiner mir mittlerweile bis in die Eingeweide unerträglichen Demütigungen, die, je weiter sie zurücklagen, desto bedeutsamer, ja, nachgerade glanzvoll erscheinen wollten, über meine trostlose Gegenwart hinweg. So daß mich nun der Ekel packte. Ich selbst mich nun angewidert wand auf der Liegewagenliege. Auf der oder von der mich zu übergeben *ich* mir allerdings kaum leisten konnte.

Ob das Erbrochene, nämlich sagte Brandig, in dem er liegend vermutlich Stunden verbracht haben mußte, aber nun von ihm selbst stammte oder von jemand anderem, etwa dem, der am Ende zusammen mit ihm aus dem dunkel feuchten Verlies hinausgeschafft wurde: das wußte er nicht. Der andere, ein junger *zierlicher* Schwarzer, sagte Brandig, mit – seltsamerweise – frisch geschientem und blendend weiß verbundenem Arm in der Schlinge, war der, der auch noch auf dem Flur wimmerte und stöhnte. Dieses Mal ein einziger Beamter für zwei. Den Schwarzen und Brandig, der sich nun abermals wundern sollte. Denn er stand plötzlich auf eigenen Beinen, bewegte sich an der Seite des Beamten *fast* von alleine fort, brauchte, sagte er, sich nur notdürftig abzustützen auf der Schulter des Schwarzen. Der Schulter mit dem gesunden Arm. Und – auf der anderen Seite – der angewinkelten Armbeuge des Beamten. Er habe das Gefühl gehabt, lange geschlafen zu haben, sagte er.

Brandig abgewandt gegenüberliegend in dem Liegewagenabteil, kämpfte ich weiterhin mit Leibeskräften gegen meinen Widerwillen und meine Übelkeit an und konnte nicht aufhören zu lauschen.

Und als er, sagte Brandig, mit den anderen, dem *zierlichen* Schwarzen und dem – im übrigen mir gegenüber nicht näher beschriebenen – Beamten, die Eingangshalle betrat, in der er noch wenige Stunden zuvor zusammengebrochen war, fühlte er sich ganz gelassen und ruhig. Und verspürte erst jetzt den Schmerz, aber keinen bestimmten, keinen besonderen Schmerz. Keinen Schmerz im Kopf, im Ohr, in den Hoden. Einen Schmerz vielmehr, der überall war, der eigentlich, sagte Brandig, einschloß die Luft, die er atmete, den Raum, den er betrat, die Menschen, die er sah. Und dennoch war es kein abstrakter Schmerz, kein übergreifender ... geistiger etwa. Er war ein konkreter. Ein Körperschmerz. Nur war der Körper in allem. Selbst, sagte er, in der Frau. Dieser Frau, die dort gesessen hatte auf einer Bank an der Wand und nun aufstand, um sich zu ihnen, ihm, Brandig, dem Schwarzen, der aufhörte zu stöhnen und zu wimmern, und dem Beamten zu gesellen. Ja, *gesellen* hat Brandig gesagt. Und: in der Hüfte zu wiegen. Denn auf Anhieb sei klar gewesen, welchem Gewerbe sie nachging. (Wenn man schon spricht von einer Frau, die einem Gewerbe nachgeht!) So üppig geschminkt, so stöckelschuh-hoch auf sie zutretend, sagte Brandig, so ausladend den knapp verhüllten Körper mitten hineintragend in den offenen Raum und zwischen die Menschen, um, was sie weiß, gelassen zu verbergen oder bestenfalls durchschimmern zu lassen hinter der unübersehbaren Erscheinung: diese eine – sie nickte dem Beamten zu. Der seinerseits Brandig und dem Schwarzen zunickte. Worauf sie sich in Bewegung setzten zu viert. Auf das Portal zu. Eingehüllt, sagte Brandig, in eine Wolke – so, sagte er, sagt man ja wohl – von Moschus und Flieder. Oder Rose und Zimt, Sandelholz, Minze und Süßstoff.

Gerüche, sagte Brandig, o diese Gerüche, die Düfte. Das Leben. Die Nase.

Mir jedoch war nicht nur immer noch übel. Mir war übler als zuvor, so daß ich mich umwandte zu Brandig. Äußerstenfalls hätte ich nun doch noch über die Keilkissenkante hinab auf den Abteilboden gekotzt. Speiübel war mir. Auch schien mir mehr und mehr der ganze Liegewagen, der so ziemlich am Ende des Nachtzuges hing, ins Schlingern zu geraten.

Und Brandig fuhr fort.

Hinaus ins Leben, sagte er. Ans Licht. Das Tageslicht. Die Abgase der Autos. Die Blumenrabatten an den Fenstern. Frucht und Rinnsteingewässer. Rasierschaum. Der Himmel. Die Wäsche, die gespannt ist zwischen die Fassaden der Häuser. Die Rückkehr ins Leben. Die vormittägliche Kühle. Der Beamte habe ein Taxi gerufen. Deshalb, sagte Brandig, erzähle er ja die Geschichte. Nichts solle man auslassen bis zum bitteren Ende, sagte er. Schon wegen der Düfte, der Süße – und natürlich der Dummheit bis zum bitteren Ende. Sie seien also Taxi gefahren. Der Beamte vorn neben dem Fahrer. In der Hand übrigens drei Ausweise und Pässe. Hinten er, Brandig, zwischen dem Schwarzen und IHR. Sie seien durch das blühende Leben gefahren, Sonnenstrahlen, Vogelflüge, Kastanienschatten, an Zeitungsständen, Kaffeehäusern und Banken vorbei. Weiß behandschuhte Polizisten machten den Weg frei für das Gefährt, in dem

ich, sagte Brandig, saß, betäubt von Duft und von Schmerz. Bis das Gefährt hielt. Und wir alle ausstiegen, sagte er. Hinter dem abgewandten Rücken des Beamten zahlte SIE, die den Duft ausströmte, aus ihrem glitzernden Täschchen das Fahrgeld. Und hinauf ging es. Weite weite Stufen hinauf. In den Justizpalast, sagte Brandig. Sie seien schon erwartet worden. Drei verschiedene livrierte Leute mit flatternden Papieren in der Hand traten ihnen entgegen. Denen wurden von dem bis dorthin vorangehenden Beamten die Ausweise bzw. Pässe ausgehändigt, und so folgte ein jeder – er, Brandig, der *zierliche* Schwarze und SIE – dem ihm zugehörigen Identitätspapier. Jeder in eine andere Richtung, dem ihm zugedachten Urteil entgegen. In geschäftiger Ordnung grußlos getrennt. Für immer. *Ich,* sagte Brandig, kam schließlich glimpflich davon.

Kollege *abogado,* habe der Vorsitzende des Schnellgerichts gesagt und dem einzigen weiteren Anwesenden in die Maschine diktiert: Was machen Sie nur für Geschichten? Lassen Sie sich doch erst einmal ein Taschentuch reichen!

Das, sagte Brandig, der das Protokoll Aufnehmende, ohne auch nur den Blick von der Maschine zu nehmen, blitzschnell aus der Hosentasche zog und ihm tatsächlich reichte.

Ihnen, sagte der Vorsitzende, läuft ja das Blut aus dem Ohr.

Da sollten wir, habe der Vorsitzende gesagt, die Prozedur verkürzen. Sie vertreten sich in eigener Sache, Kollege. Machen wir nicht viel her. Also wie war das?

So, sagte Brandig. Er habe einfach keine Kraft mehr gehabt weit auszuholen, sagte er zu mir. So, sagte er, sei es gewesen: Er sei mißhandelt worden. Mißhandelt? Gut. Aufschreiben, sagte der Vorsitzende. Und der Protokollführer schrieb. Mißhandelt! Von wem? Von Polizei oder von – diesen militärischen Leuten. Von wem? wiederholte der Vorsitzende. Von denen, die ihn hierher haben bringen lassen. Die ihn angemeldet haben. Von wem? beharrte der Vorsitzende, als hörte er schlecht. Kollege, sagte er, Sie können nicht so im allgemeinen verbleiben. Namen, bitte, Personen, Zeugen. Ich möchte, sagte Brandig, habe er schließlich gesagt, dann lieber gehn. Keine Anzeige erstatten, keinen Strafantrag stellen? fragte der Vorsitzende. Brandig sagte – seiner eigenen Aussage zufolge: nein.

Das muß man sich mal vorstellen. Brandig sagte: nein. In einem solchen Falle: nein. Hiermit war es bewiesen: Solche wie mich baut er immer wieder gegen alle (selbst den tief und aufrührerisch in den empfindlichsten Regionen des Organismus wütenden Ekel zulassende) Wesenswiderstände auf, um sie anschließend umso bedenkenloser fallenlassen zu können. Ich hatte durchgehalten, um von einem derartigen Verzicht zu hören. Eine – wie sagen wir da? – eine wahrhaft herbe Enttäuschung!

Gleichzeitig aber fing es, ich gebe es zu, umgehend an, mir besserzugehen. Der Magen entkrampfte sich. Die Atmungswege weiteten sich. Fast hätte ich – ich muß schon sagen: *reflex*artig! – hinübergegriffen zu Brandigs Liege. Um ihn zu trösten. Aber er fuhr mir dazwischen und fuhr auch schon fort.

Der Vorsitzende habe ihn gewissermaßen gelobt. Wie erwartet sei er, Brandig, ein kluger Mann und guter Kollege. Daher wolle man ihm entgegenkommen. Ausweisungsdatum und -uhrzeit seien jene – wann, werter Kollege, reisten Sie ein? –, die die reguläre dreimonatige visa- bzw. aufenthaltsgenehmigungspflichtige Dauer markierten. Also sagen wir: 17. Oktober, elf Uhr dreißig ... *¿conforme?*

Man habe ihm das dieserart lautende Ausweisungspapier angefertigt und ausgehändigt, sagte Brandig, und er sei in einem Zustand gewesen – die Hose hielt ich mir fest mit der einen Hand, das Taschentuch hielt ich mir mit der anderen unter das Ohr –, daß er nicht einmal mehr auf den Gedanken gekommen sei, nach Verlassen des Justizgebäudes ein Taxi zu nehmen. Sein Geld habe ja Elisabeth gehabt. Wie seinen Gürtel. Er sei durch die Straßen geirrt und habe nicht gewußt, wo er war. Leute, die er habe fragen wollen, seien schon von weitem zurückgewichen, wenn er ihnen entgegentrat. In den Fensterscheiben und Auslagen spiegelte sich sein verquollenes wundgeschlagenes Gesicht. Ich irrte lange umher, sagte Brandig.

Bis er am Ende ohne fremde Hilfe die Straße fand – Kunststück, sagte er: die *Ramblas* –, in der das Hotel stand, dessen Namen er vergessen und von dem aus am Tag zuvor die Besichtigung der Stadt ihren Ausgang genommen hatte. Er fand, sagte er, Elisabeth im Hotelzimmer auf dem Bett liegend vor. Sie habe an die Decke gestarrt.

Und er habe sie nur noch, bevor sie am selben Abend den – übrigens *richtigen* – Zug bestiegen, den mit den schon beim Fahrscheinkauf in Bremen vor-reservierten Plätzen, Liegewagen, sagte Brandig; und ich glaube, hier lachte er zum zweiten Mal in dieser Nacht auf, kurz und stoßartig: er habe Elisabeth nur noch gebeten, von den restlichen *pesetas* so viel *Cardenal Mendoza* zu kaufen, wie sie kriegen konnte.

Sie habe vier Flaschen mitgebracht, für die er dann an der deutschen Grenze, von heimischen – *heimischen,* sagte er – Beamten kurz gemustert und aufgefordert, seine Koffer zu öffnen, die schnell errechnete Strafe zahlte ... das heißt, sagte er, nicht er, nein, Elisabeth zahlte, denn sie hatte immer auf den seltenen gemeinsamen Urlaubsreisen eine kleine DM-Bar-Reserve für Zollvergehen dabei.

Plötzliches Schweigen von gegenüber in dem durch die Nacht dahinjagenden Zug. Als habe er, Brandig, einen komplizierten Gedanken geäußert. Unterbrochen nur von:

Du brauchst dir also keine Vorwürfe zu machen.

Dann weiteres Schweigen. Und schließlich in einem, wie mir schien, etwas gereizten Tonfall, so als suchte er einen abzuschütteln, der sein Schweigen verfolgte; mich mithin – wen sonst:

Dumme Geschichten, dumme Geschichten.

Paul, warf ich ein, sag das nicht, sag das nicht. Denn ich mochte derlei gar nicht gern hören aus seinem Mund.

Wenn du wenigstens bei ihr geblieben wärst, nachdem ich schon so lange brauchen sollte, um mich davonzustehlen.

Wieder eine kleine Pause.

Aber, sagte er, sie mußten mir ja – wie du sicherlich aus der Presse oder eben von Elisabeth selbst weißt – noch ein weiteres Mal an die Eier gehen...

Ich weiß von nichts, sagte ich.

In jenem Polizistenmordprozeß, der (hier lachte Brandig zum dritten Mal auf) der entscheidende werden sollte in meiner wechselvollen Strafverteidigerlaufbahn...

Ich weiß wirklich von nichts, murmelte ich.

Macht nichts, gab Brandig zurück, dazu vielleicht noch ein Wort später; und was für ein Wort das werden sollte, ich muß es hier schon sagen: was für ein Wort! Auch ich werde noch darauf zurückkommen müssen. Später.

Jedenfalls, sagte Brandig in dem mit uns durch die Nacht rollenden Zug, sei er zu beschäftigt und zu feige gewesen, sich unmittelbar nach dem verunglückten Spanienurlaub von Elisabeth zu trennen, während ich, als er es endlich geschafft hatte, zu schwach – zumindest zu schwach, sagte er – gewesen sei, um bei ihr zu bleiben.

Wie recht er hatte, wie schrecklich recht. Bevor ich ihm das aber sagen konnte, fuhr er fort:

Insofern seien wir uns ähnlich.

Ich weiß nicht, gab ich, glaube ich, zurück.

Und während er, Brandig, im Verlaufe der weiteren Fahrt über meinen Zweifel nachdenken mochte, beschäftigte mich eine andere Ähnlichkeit. Eine eindeutige Parallele. Eine Gemeinsamkeit, die, wie auf der Hand liegt, jeden Zweifel ausschließt. So kam es mir denn auch schon fast vor, als hätten unsere Leben mehr miteinander gemein als irgendwelche Leben sonst. Als habe sein Leben ebensoviel gemein mit dem meinen wie das meine mit dem seinen. Jedenfalls habe *ich*, wurde mir mit einem Mal klar, als ich mich, um mir das ganze Ausmaß der Ähnlichkeit in der kühlen nur von dem bläulichen Oberlicht des Abteils gemilderten Dunkelheit klarzumachen, aufsetzte auf der Liege und, glaube ich, mit dem Kopf an der Kante der oberen Liege anstieß: jedenfalls hat *Brandig* gewiß mit niemandem so viel gemein wie mit mir – auch wenn ich am Ende weniger gemein haben sollte mit ihm wie er mit mir. Das, was uns verbindet, ist einmalig. Es ist die Exklusivität. Wie immer die Gewichte zwischen uns beiden verteilt sein mögen. Und trotz der doch ganz offenkundig kaum zu überbietenden Unterschiedlichkeit der Charaktere, des Wesens, des Temperamentes, der Neigungen, Überzeugungen und Kenntnisse. Trotz der gewiß himmelweit voneinander entfernten Lebenspraxis und Seinskonzeption. So möchte ich es einmal sagen. Trotz der für jeden, der uns beide – mich nun gebückt sitzend und ihn liegend – gesehen hätte in unserem zugigen Nachtzug von Rom nach Paris, unübersehbaren, bei aller mild diffusen Dunkelheit, die herrschte in unserem Abteil: unübersehbaren Unterschiede schon in der äußeren Erscheinung. Etwa der Augen. Und des Gesichts. Ganz zu schweigen von der Statur und der Haut. Die Exklusivität der Ähnlichkeit zwischen Brandig und mir, das wurde mir klar, beruht auf dem Blut. Jawohl: auf dem Blut. Damit es aber nicht zu Mißverständnissen kommt, füge ich hinzu: es ist nichts Höheres damit gemeint. Nichts Geheimnisvolles oder Tiefes. Nichts Anrüchiges also und mithin auch nichts in einem ins Allgemeine übertragbaren Sinn. Es ist das Speziellste. Das Spezielle schlechthin. Und so sagte ich denn auch:

Paul, bedenke, auch mich hat es erwischt. Auch ich habe Prügel bezogen.

Er, Brandig, aber verstand wieder mal nichts.

Laß bitte Trude aus dem Spiel, sagte er nämlich, ich weiß selbst, daß ich nicht ganz unschuldig bin.

Du verstehst mich nicht, antwortete ich, niemand legt dir Trude zur Last, sie ist meine eigene – mein Gott: und hier versprach ich mich –: meine eigene Erfindung.

Erfindung? hakte Brandig natürlich ein.

Verzeih, sagte ich, ein Lapsus. Natürlich verdanke ich sie dir ... wie sie leibt und lebt, dir.

Na ja, kam es, glaube ich, zurück.

Aber, beharrte ich, nun hör mich doch an.

Ich höre.

Auch ich bin mißhandelt worden, hier, schau.

Ich zeigte auf meine Narben am Kopf, im Haar, an der Stirn, aber in dem Licht konnte Brandig vermutlich nicht sehr viel sehn. Außerdem kam er mir nicht im mindesten entgegen, während ich mich weit hinüberbeugte zu ihm.

Auch mich, sagte ich, mich mit einer Hand an der oberen Liege auf Brandigs Seite abstützend, auch mich haben sie fast totgeschlagen. Sie haben sogar auf mich geschossen.

So?

Ja, sagte ich.

Wo?

An einem unglückseligen Ort, einem überaus unglückseligen Ort, einem Ort, wollte ich gerade sagen, der ihm bestens bekannt sei. Aber schon unterbrach er.

Mir scheint, sagte er, und ich glaubte ihn lächeln zu sehen, mir scheint, du hast einen kleinen Reisebericht, den ich einmal verfaßte, in die Hände bekommen.

So ist es, sagte ich, ich habe ihn aber nicht gelesen. Man hat mich vielmehr daran gehindert ihn zu lesen.

Wer hat dich gehindert?

Wer schon? Sie selbst, die Leute an diesem unglückseligen Ort.

Und was hattest du bei ihnen verloren?

Das war das Stichwort!

Dich, sagte ich.

Mich?

Ja, dich hatte ich verloren und dich habe ich gesucht. Damit du es weißt.

Aber Brandig schien nicht im mindesten erstaunt. Bewegungslos blieb er liegen.

Ich wollte dich um Verzeihung bitten für das, was ich dir angetan habe.

Du hast mir nichts angetan, erwiderte er, nun geradezu scharf.

Ich mußte mit dir reden, sagte ich.

Das, sagte er, hast du ja nun getan.

Und obwohl er die ganze Zeit geredet hatte, hatte ich nun doch das Gefühl, als hätte ich gebeichtet. Indem er mir die Geschichte seiner Mißhandlungen erzählt hatte und ich nicht zu der Geschichte meiner Mißhandlungen kam, hatte sich die Beichte vollzogen. Es hatte wirklich nicht vieler Worte bedurft, meinerseits. Seinerseits aber bedurfte es vieler, denn seine Geschichte war die Absolution. Nun hatte ich, indem ich auf meine Geschichte verzichtete, nur noch zu büßen. Und war trotzdem – und eben darum: befreit. War alle Last los. Fast schon erlöst.

Ja, so kann es kommen. Bei einem Brandig. Er ist eine ganz außerordentliche, eine ganz ungewöhnliche Person. Er ist ein Ungeheuer. Und wenn das aus dem Vorangegangenen noch nicht hervorging, so wird es hervorgehen aus dem Folgenden. Aus allem, was er mir noch zumuten sollte, bevor er mich

hier in dieses Zimmer entließ. Von dem aus ich sein Fenster beobachte. In dem sich aber nichts bewegt. Die Decke hängt wie immer.

Brandig ist ein Ungeheuer, jawohl. Ich hoffe, er läßt mir die Zeit, auch das noch bündig unter Beweis zu stellen. Denn während ich warte und das Fenster beobachte, schreibe ich.

Brandig ist ein Ungeheuer. Er stellt alles auf den Kopf. Was ihm natürlich ein leichtes ist. Denn ihm sind die Zusammenhänge abhanden gekommen. Seinen eigenen Worten zufolge. Nicht nur – wie damals in seinem Urlaub mit Elisabeth – die Zusammenhänge zwischen der Welt und ihm selbst, die souveräne Einschätzung einer Situation, ihres Gewichts, ihres Gehalts, ihrer Chancen und Gefahren also: was zu der Prügel führte, die er bezog. Nein. Ihm sind die Zusammenhänge der Welt überhaupt abhanden gekommen: oben, unten, rechts und links. Immer seinen eigenen Worten zufolge.

Brandig ist ein Ungeheuer. Und wenn ich es genau bedenke, ließ er mich natürlich mit meiner Beichte ins Leere laufen; wie ja auch jede Absolution, die erteilt wird, nur der Tritt ist, mit dem der arme Sünder unter höhnisch gelächterlosem Schweigen entlassen wird ins schuldfreie Dunkel.

Und wir, er, mein Freund und Blutsbruder, und ich, gemeinsam im Dunkel des Zugs, der durch die Nacht fuhr.

Ich weiß nicht, ob er schlief.

Ich jedenfalls kam buchstäblich wie gerädert aus meinem Laken. Aber auch er sah nicht gerade erholt aus, als der Tag anbrach und ich ihn ansah. Er lächelte, um mehr als eine Nacht gealtert. Er, der ohnehin schon kaum wiederzuerkennen war.

Der Schlafwagenschaffner kam und reichte uns die Pässe. Ich öffnete den, den ich für den meinen hielt. Das Photo aber zeigte Brandig. Ich warf einen Blick auf die linke Seite des Heftchens. Und las. Las den Namen. Den Namen MAX MYSLIK. Ich blickte auf. Wieder oder immer noch lächelte Brandig. Und wir tauschten die Pässe.

Du nennst mich, sagte er, also fürderhin Max. Max Myslik, wenn du so gut bist. Sonst, sagen wir, bleibt alles beim alten.

Aber, sagte ich, das hast du gar nicht mehr nötig.

Was? sagte Brandig, ganz offensichtlich ehrlich erstaunt.

Fast hätte ich es dir schwarz auf weiß mitgebracht, sagte ich, du hast nichts mehr zu befürchten. Man hat dich gestrichen. Eine Amnestie.

Ach, antwortete er, *irgendwie* versonnen.

Ich kann es bezeugen, sagte ich, man macht dir deine Sympathien und Aktivitäten nicht mehr zum Vorwurf.

Sympathien und Aktivitäten, wiederholte er *irgendwie* dumpf.

Ich, Paul, habe den Auftrag, dir mitzuteilen, daß gegen dich nichts mehr vorliegt. Es ist alles vorbei.

Auch das noch, sagte er nun.

Paul, beharrte ich jedoch, ich fleh dich an, gönn dir ein wenig Ruhe. Kehr heim.

O was bist du doch für eine ahnungslose Figur, stieß er plötzlich hervor; wenn er nicht gar hervorstieß: was für eine arme erbarmungswürdige Natur.

Ich hörte nämlich nicht genau hin. Ich nahm mich zusammen.

Ich bin – ich weiß, es klingt seltsam genug, aber in einer solchen Situation sagt man eben solche Sachen –: ich bin, sagte ich, von Staats wegen hier.

Wir standen uns in dem Liegewagenabteil gegenüber. Der Zug fuhr – mir war in meiner angespannten Schlaflosigkeit gänzlich entgangen, wie er die Alpen überwunden hatte – nun in bis dahin nicht erreichter rasender Geschwindigkeit auf schnurgerader Strecke nach Westen. Schräg von hinten warf die Sonne einen hellen Streifen auf die schmierig rötlichen Plastikbezüge der heruntergeklappten Liegewagenliegen.

Mir scheint, sagte Brandig und langte nun mit der Hand nach dem Griff der Tür, ich muß dir noch etwas gestehen. Irgendwann muß es ja sein. Und warum nicht dir. Du bist im Grunde der einzig Richtige dafür.

Mein Gott, dachte ich, was denn noch für ein Geständnis.

4

Bislang hat mir Brandig, sehe ich einmal ab von jener zweifelhaften Beglückung, die er selbst gegen Ende seiner 24-Stunden-Einweisung mit offenbar von Alkohol und meiner bedingungslosen Aufmerksamkeit geschärftem Urteilsvermögen eine Zerrüttung nennen sollte, nichts gestanden. So überzeugend und – ich muß schon sagen: gnadenlos sich die Beschwörung der Beglückung auch ausnehmen sollte; sie blieb nichtsdestoweniger eine Zerrüttungsbeschwörung, die Herauf-*(Herauf!)*Beschwörung einer Zerrüttung, einer Existenzabschweifung und Seinsausschweifung, einer Vergiftung. Eines offenen Auges und selbstverachtend perpetuierten Deliriums, einer Götzendienerei und Maßlosigkeitsverherrlichung, einer dezidierten Substanzvernichtung und Sucht. Und so ist und bleibt selbstredend der ein Ungeheuer, der meint, eine Beglückung nennen zu dürfen, was ihn – und nicht allein ihn – vernichtet. Zerstört. Wie wenig anziehend, verführerisch und also nachahmenswert eine solche Beglückung – hat sie sich erst einmal zu erkennen gegeben als das, was sie ist – auch aussehen mag. Wie immer das schreckliche und erschreckende Beispiel auch warnt. So wenig ansteckend es mitsamt dem, was es beispielhaft verkörpert, auch ist. Man braucht sich ja bloß Paul Brandig oder meinetwegen Max Myslik nur noch einmal genauer anzuschauen. So wie der aussieht. Heute. Dennoch: seine Beglückung ist auch für unsereins nicht ohne Gefahr. Sie verseucht und schändet. Sie verseucht den ohnehin schon schwankenden Boden, auf dem wir uns alle bewegen; sie schändet Glaube, Hoffnung, Vertrauen, sofern uns von all dem auch nur ein letztes Quentchen geblieben ist. Sie ist eine Gewalt, die nicht nur die, die ihr willfährig sind und ihr erliegen, endgültig schwächt – sie beschämt zudem die, die ihr ein Leben lang wiederstehn.

Als seien nicht schon die sich in ihrer Wesensbescheidung und ihrem Glückseligkeitsmangel Einrichtenden – wir alle, wir anderen – geprüft genug. Geprüft von den harschen Anforderungen des Alltags, der Liebe zum Hund, der Achtung des Nächsten, der Sterndeuterei. Zerrieben von der Mühle. Arthritisiert vom Trott. Geknebelt von Selbstbeschränkung, Klugheit, Einsicht und Nachsicht. Vernunft. Ja, es geht um Vernunft. Darum, die Dinge und Umstände beim Namen zu nennen. Gut und böse, schlicht und kraus, oben und unten. Gesundheit, Krankheit, rechts und links. Und eben darum, daß einem nicht die Zusammenhänge abhanden kommen. Wie einem Paul Brandig.

Nicht daß ich den Kranken seiner Krankheit zeihen wollte, beileibe nicht. Ich bin kein Unmensch. Aber den seine Krankheit Feiernden will ich ächten und seiner Un-Vernunft zeihn. Ächten und zeihen. Und meiden wie die Pest.

Wie aber meiden einen Paul Brandig? Der offensichtlich schwer geschwächt ist und stärker erscheint denn je?

Der Beglückung nennt, was gewiß mehr – schlimmer – ist als eine Oberflächenerkrankung, mehr – heilloser – als eine harmlose hartnäckige und vielleicht gar unheilbare (aber wer weiß? wer weiß?) Irritation zum Beispiel der Haut. Seine Erkrankung, das ist der entscheidende Unterschied, den wir machen müssen bei klarem Verstand, wenn die Rede ist von dieser Beglückungszerrüttung resp. Zerrüttungsbeglückung: seine Erkrankung ist so wenig harmlos wie heilbar. Auch wenn sie – wie in seinem Falle – ein Ende gefunden haben mag. Gewissermaßen! Auch wenn sie ein Ende haben muß. Ob einer dabei draufgeht oder nicht. Das liegt ja in ihrer Natur. Auch – und gerade dann – wenn sie nicht tötet. Es ist die Natur dieser einzigartigen Erkrankung, daß sie endet und unheilbar bleibt – infolgedessen also bei vernünftiger Betrachtung der Angelegenheit noch weniger zu billigen ist als jede Krankheit, die tötet. Was diese Brandigsche Krankheit wohl meist auch tut; wo sie sonst noch auftritt. (Anderweitig bin ich allerdings noch nie Zeuge gewesen; es sei denn, ich wollte nachträglich diesen oder jenen Anspielungen Glauben schenken in der Literatur!) Brandig aber, wie gesagt, lebt. Und wie! Und von seiner Beglückung ist nichts geblieben als... nein: nicht einmal die Zerrüttung ist ihm geblieben. Was ihn aber unterscheidet von unsereins, das ist – ja, was mag es sein? Ich weiß es nicht. Am ehesten mag es so sein, daß nach allem in Brandig noch etwas lauert. Etwas Unausgelebtes. Unheimliches. Etwas bedrohlich Verborgenes. Sagen wir: ein latentes gewalttätiges Beglükkungs- und Zerrüttungssyndrom; das jedoch ihm selbst nicht mehr gefährlich werden kann. Denn in ihm wohnt es ja als das Unheimliche. In ihm ist das Unheimliche heimisch. So daß dieses Syndrom nur jenen auflauern kann, die sich ihm, Brandig, seinem Beherberger, nähern. Und zwar mit Sicherheit umso bedrohlicher, je entschiedener diese es in ihrem bisherigen Leben verstanden haben, sich von derlei Bedrohung fernzuhalten. Je klüger, bedachtsamer, vernünftiger sie waren und sind. Ist das klar?

Um es noch einmal klarzumachen: als seien nicht schon wir Gesunden unglücklich genug. Oder besser: gewisser Beglückungen enthoben. Ja, ich sage *enthoben* und weiß auch warum. Ich weiß zum Beispiel, was es heißt, auch *ohne* langwierige und voraussichtlich unheilbare Hauterkrankung zu leben. Ich weiß aber auch und erst recht, was es heißt: *mit.* Von Beglückung kann weder in dem einen noch in dem anderen Fall die Rede sein. So mache ich denn auch aus meinem Mangel an Beglückung, ja, eigentlich einer tatsächlichen und vollkommenen Beglückungsabsenz, keinen Hehl. (Sollte es aber Augenblicke gegeben haben, da ich nicht weit entfernt war von Beglückung, die natürlich auch nichts anderes hätte sein können als eine Zerrüttung, so würde ich die, anders als es Brandig mit mir tun sollte, niemandem gnadenlos und unerbittlich, auch nicht in einer gerafften 24-Stunden-Einweisung, wie er es nannte – er nannte es unter anderem auch: unseren *gemeinsamen Spaziergang rund um die Uhr* oder *Grundlagenkurs in großer Stadt und guten Getränken* –, so würde ich die also niemandem gnadenlos und unerbittlich aufzwingen wollen; alles andere als das.) Es ist kein Gebrechen, behaupte ich, von Beglückung, die Brandig im übrigen gelegentlich sogar eine Glückseligkeit und einen Segen nannte, nicht heimgesucht zu sein. Schon gar nicht von einer solchen wie der, von der er heimgesucht wurde. Und von der er nachträglich tut, als sei sie ein Ergebnis freier Wahl. Oder gar die Wahl selbst. Aber – ich gestehe: das wiederum tut er ja nicht. Hätte er sonst vor Civitavecchia von jener Theorie gesprochen? Wie hieß sie noch mal? Kristallisationstheorie, nicht wahr? Und ihr Erfinder? Ach ja, natürlich: Stendhal. Ich komme schon ganz durcheinander mit allem.

Gehen wir also zurück und den Beglückungs- und Zerrüttungsberichten, den Schreckensnachrichten, die mir Brandig zumuten sollte, in geordneter Reihenfolge nach. In der Reihenfolge, die sich mir aufdrängt, wie mir die Nachrichten aufgedrängt wurden. Die mich ihrerseits in eine Zuhörerecke drängten, aus der es kein Entkommen gab. Denn entziehen konnte ich mich ihnen auf keinen Fall. Dafür begannen sie schon – wie soll ich sagen: zu vielversprechend. Wiewohl der Schrecken und die Bedrohung schon in den ersten Worten lauerten, die Brandig von sich gab in diesem Zusammenhang, war doch die Verheißung, die zugleich in ihnen enthalten war, allzu verlockend, als daß ich mich hätte herausziehen können. Ja, Brandigs Art zu berichten ist wie das Legen einer Schlinge um den Hals eines in die Zuhörerecke Gedrängten. Nicht zu verwechseln mit der Knebelung, wie gesagt, für die ein jeder selbst verantwortlich ist; die Knebelung durch Selbstbeschränkung, Klugheit, Einsicht, Nachsicht, Vernunft.

Mit der Schlinge um den Hals, festgezurrt vom Fortschritt der Erzählung, aber kann von der Gefahr einer Ansteckung mit Beglükkung und Zerrüttung nicht die Rede sein; die Rede muß vielmehr sein von der – wie heißt es noch einmal *allgemein* verständlich? –: von der Suggestivität, heißt es, der Berichterstattung. *Mit*reißend nämlich sind Brandigs Worte. *Mit*reißend, bis man spürt, daß sie *nieder*ziehen, und zwar, weil sie *herauf*beschwören, was nichts anderes ist als ein *stilisierter Verfall* – und eben keine strahlende Beglückung, keine hehre glühende Glückseligkeit, kein heilbringender Segen; eine dunkle Beglückung eher, eine in tiefste Kälteschichten der Seele führende Glückseligkeit, ein verhängnisvoller Segen. Etwas, das man niemandem zumuten möchte. Zumuten kann man äußerstenfalls jemandem den Bericht darüber.

Ich muß ihn dem, der wider Absicht und Erwarten am Ende doch einmal diese Zeilen zu Gesicht bekommen sollte, zumuten, da er mir selbst zugemutet wurde.

Damit man mich versteht.

5

Verlieren wir nicht die Einzelheiten aus den Augen. Die Situation.

Montagmittag die Wiederbegegnung.

Montagabend der Zug

Dienstag um 10 Uhr 5, pünktlich zwei Minuten vor der fahrplanmäßigen Ankunft des Zuges, kamen wir an. *Gare de Lyon*. Sommer. Schwüle. Bedeckter Himmel. Erschöpfung.

Im klimatisierten fahrenden Schnellrestaurant hatte ich ein hartcellophan-verschweißtes Fertigfrühstück – Butter, Salzkeks, eine Art Leberwurst und eine Art Brombeermarmelade – sowie zwei Täßchen Kaffee mit Trockenmilch (ohne Zucker) zu mir genommen; Brandig trank lediglich zwei mittelgroße Wachspapiertüten Aprikosen- oder Pfirsichsaft (genauer erinnere ich mich nicht) und rauchte. Er führte nicht mehr als eine Aktentasche (schwarz, Nappaleder) mit sich und half mir beim Tragen meines – nicht zuletzt durch das inzwischen angewachsene beschriebene Papier – recht schwer gewordenen Koffers. Die mir zugewachsene Reiseschreibmaschine (im Kunststoffkoffer) gab ich nicht aus der Hand. Wir nahmen ein Taxi.

Hin und wieder stieß mich Brandig im Fond mit der Schulter oder dem Ellenbogen an und wies wortlos mit dem Zeigefinger hinaus in die Straßen. Die Scheiben waren heruntergekurbelt. Neben dem Fahrer saß uns zugewandt mit hechelnd offener Schnauze und lang heraushängender Zunge ein deutscher Schäferhund. Draußen sah ich eine junge Frau, die am Bordstein stand, und einen jungen Mann, der sie, ihr den Rücken kehrend, über eine Schaufensterscheibe, in die er blickte, beobachtete. Ich sah an die Häuserwände gespritzte Politparolen, die ich nicht verstand. Alte Männer, die auf einer Bank saßen und aus großen aufgeblätterten Zeitungen aßen. Ich sah eine torbogenförmige Backsteinunterführung, durch die wir hindurchschossen. Und am Ende eine Doppelreihe gestutzter ahornblättriger Platanen. Brandig bezahlte das Taxi.

Wir betraten ein Haus. Im ersten Stock öffnete Brandig eine hohe Tür mit Milchglasscheiben, in die üppige durchsichtige Blumenkörbe haltende liebliche durchsichtige Jungmädchengestalten eingeschliffen waren. Am Türknauf das Schildchen *complet.* Der leicht vornüber gebeugte ältere Herr hinter dem schmalen Rezeptionspult blickte kurz auf – auf zu Brandig, der schräg vor mir stand – und fragte, ob es sich um den *monsieur* handele, für den bestellt worden sei. Brandig nickte. Sonst nichts. Was der hinter dem Pult jedoch trotz gesenkten Kopfs registriert haben mußte. Denn er wandte sich um – *eh ben voilà la clé* – und reichte Brandig den Schlüssel. (*Eh ben voilà la clé* ist das einzige, was ich seitdem wiederholt aus dem Mund des Alten zu hören bekommen habe.) Keine Rede von Ausweis, Paß oder auch nur dem Ausfüllen eines Fremdenformulars. Ich blickte Brandig an. Er zuckte die Achseln. Und es blieb offen, ob an die Adresse des Alten gerichtet oder doch an mich, den er ungefragt unterbrachte in einem Haus, um das nicht mit einem Wort nachgesucht worden war. Und zudem noch, als wäre es das Selbstverständlichste von der Welt. Überhaupt: wann und von wo aus hatte er eigentlich bestellt? Von Rom aus? Zwischen Giordano Bruno und der Abfahrt des Zuges? Da hatte er doch noch gar nicht wissen können, daß ich ihm folgen würde! Und danach hatten wir uns nur zweimal getrennt; einmal, als ich nach Brandigs nächtlicher Schauergeschichte aufs Zugklo mußte, und ein anderes Mal, als ich mich vor dem Frühstück in der Waschkabine des Liegewagens rasierte. Brandig war weder auf dem Klo noch in der Waschkabine gewesen. Dafür kann ich meine Hand ins Feuer legen. Und so sah er auch aus. Ich wüßte wirklich mal gern, ob ein anderer als Brandig, sagen wir mal: ich – wenn ich ausgesehen hätte wie er, ja, wenn ich überhaupt so aussähe wie er, ein Zimmer bekäme in einem Hause jener gedämpften Güte und gediegenen Kategorie wie eben dieses eines ist, in dem er mich unterbrachte. So altertümlich immer es ist. Entweder bestellt Brandig Hotelzimmer ausschließlich telephonisch – oder er ist bereits bekannt. In meinem Falle wird er bekannt gewesen sein. Sonst hätte der Alte an der Rezeption mich ja nicht gleich erkannt. Ich folgte Brandig auf weichen grünen Velourteppichen in den dritten Stock.

Er schloß die Tür auf, als sei es nicht das erste Mal, daß er sie aufschloß.

Ich bin seit Jahr und Tag nicht mehr in Paris gewesen. Aber so stellt man sich ein Pariser Hotelzimmer vor; auch wenn man nie in einem solchen übernachtet hat. Ich weiß nicht mehr, wie ich früher in Paris übernachtet habe; so jedenfalls nicht.

Solide hohe Doppelfenster gegen den Lärm. Weinrote, wenn auch etwas angegriffene und offenbar auch von Motten nicht verschonte Samtvorhänge. Ein hohes Bett mit fein geschwungenen Fuß- und Kopfenden aus Messingrohr. Gegenüber der Kamin, in diesem Falle leider vermauert. Aus schwarzem gelbädrigem Marmor allerdings die Konsolen und der Spiegel darüber, der leicht überhing in Sichtrichtung aufs Bett, gefaßt von einem blattgoldwuchernden Rahmen. Ich schaute hinein. Auch ich sah ein wenig angegriffen aus. Trotz der Rasur.

Brandig zeigte mir das Badezimmer. Badewanne, Bidet, bereitgestelltes Schuhputzzeug im Kasten. Und er zog sich aus. Zog sich im Handumdrehen vor meinen Augen splitternackt aus. Und seltsam: so heruntergekommen Brandigs Erscheinung auch war – ich brauche nicht mehr zurückzukommen auf sein Gesicht, die Augen, den Blick –, körperlich gewissermaßen war er der alte. So wie ich ihn kannte aus Studententagen, als wir gelegentlich gemeinsam Sonnenbäder genommen haben. Auf Balkons oder am Meer. Brandig in bester Verfassung. Erstaunlich beisammen. Vielleicht ein wenig kräftiger als früher. Zumal der Hals. Aber wenn ein Zuwachs zu verzeichnen war, sagen wir: an Fleisch und an Fett, dann gewiß auch an Muskeln. Er war einfach ausladender geworden. Gebräunte Haut. Seltsam. Fast ein Athlet.

Er stieg in die Wanne und duschte. Er fragte nach meinem Rasierzeug. Ich öffnete meinen Koffer auf dem Bett und brachte ihm meinen *Remington*. Er ließ das Gerät irgendwie, ja, *irgendwie* genüßlich um sein Gesicht surren, verzog es, grimassierte, verzerrte seine ohnehin verzerrten Züge auf eine Weise, daß ich einen Augenblick glaubte, er wolle sich sein altes Gesicht, das junge, wieder antrainieren. Aber was man vielleicht mit seinem Körper schafft, das schafft man noch lange nicht mit seinem Gesicht. So abwegig im übrigen auch die Vorstellung sein mag, Brandig gebe sich sportlich ab mit seinem Körper.

Rasiert sah Brandig, ganz wie am Vortag, noch runtergekommener und erledigter aus als unrasiert. Nichts verbarg seinen Zustand.

Ich stellte die Schreibmaschine neben das Bett. Brandig benutzte eine der zwei bereitgehängten Hand- und Badetuchgarnituren. Sorgfältig hängte er die Tücher auf die Stangen zurück. Schließlich warf er sich neben meinen Koffer aufs Bett.

Ziemlich weich, sagte er. Und schaute mich an.

Das, sagte ich, sei mir egal. Ich wandte mich ab. Mit einem Mal hatte ich den *Verdacht*... (da rümpfe mir nun keiner die Nase, der nicht selbst einem nackten Brandig gegenübergestanden hat; trivial ist alles, was einem widerfährt und man steht am Ende immer da wie irgendeine Figur aus einem einschlägigen Roman!), mit einem Mal hatte ich mithin den Verdacht, er habe das Zimmer doch schon früher bestellt gehabt. Vor Giordano. Vor mir. Für einen anderen. Einen, den er womöglich hatte fallenlassen, nachdem er auf mich gestoßen war. Oder aber, er habe das Zimmer eigentlich für sich selbst bestellt gehabt. Und nun würde ich es teilen müssen mit ihm. Samt Bett. Ehrlich gesagt: eine Nacht ohne Brandig hätte mir beim Stand der Dinge wahrhaftig gut getan.

Aber es kam alles ganz anders.

Weder verbrachte ich die Nacht ohne ihn, noch verbrachte ich überhaupt die Nacht in dem Zimmer, das er für wen auch immer bestellt hatte.

Er fragte mich nur noch, als ich da unschlüssig am Fenster stand –

sollte ich protestieren und sagen: ich glaube, ich such mir was auf eigene Faust? – und hinausschaute in den brandenden Verkehr, ob ich nicht auch eine Dusche nehmen wolle. Da aber, wirklich sonderbar, wirklich sonderbar für meine Verhältnisse: schämte ich mich. Schämte mich, vor Brandigs Augen zu duschen. Obwohl auch ich es nach der Katzenwäsche im Zug durchaus nötig gehabt hätte. Die Badezimmertür aber hinter mir schließen? Ebenfalls unmöglich. Beides unmöglich. Und zwar nicht etwa wegen meiner Hauterkrankung. Die kannte er ja. Nein. Ich fürchtete mit einem Mal, in dem Maße unansehnlicher geworden zu sein, wie Brandig gewissermaßen ansehnlicher geworden war: kräftiger, massiger, ausladender. Plötzlich fühlte ich mich schlaffer und magerer, als ich ohnehin schon war, legte, wiewohl ich – abgesehen von den speziellen Erscheinungen der Haut – kaum je ein besonderes Augenmerk auf meinen Körper gelegt hatte, will heißen: seine Gesamtbeschaffenheit, eingeschlossen das Wechselspiel zwischen seinem äußeren Ausdruck – einen inneren gibt es ja nicht! – und der inneren Wirkungsweise – von der es bekanntlich sehr wohl eine äußere gibt! –: legte also mit einem Mal Wert auf ihn, meinen Körper. Und das hieß: ich fühlte mich schwächer, dürftiger, mickriger denn je. Ich fürchtete, Brandig, den ich nicht gerade als Missionar des Freundesmitleids kannte, könnte plötzlich Mitleid haben mit mir.

So sagte ich denn auch: Nein danke, nicht nötig, zum Duschen bin ich viel zu erschöpft.

Worauf er zur Antwort gab: Nun, dann können wir ja gehn.

Er zog sich an.

Habe ich gesagt, daß er, Brandig, im Gegensatz zu mir, eine Krawatte trug, eine dezent in allen Regenbogenfarben getupfte Krawatte, die auffiel wegen ihrer unauffälligen Farbenpracht? Außerdem eine gebügelte Hose, allerdings mit ausgebeulten Knien? Ein dunkelgraues Hemd, eine vermutlich schottische Tweedjacke mit ledernen Ellenbogenflecken? Daß seine Kleidung im ganzen nicht der Mode entspricht, so unauffällig und doch elegant sie ist? Daß seine Kleidung einer vergangenen oder aber erst aufkommenden Mode entspricht? Daß er vom Äußeren her gesehen nicht mehr unserer Zeit entspricht? Oder aber ihr – wenn auch vermutlich *second hand* – voraus ist?

Habe ich gesagt, daß Brandig nicht mehr wie früher sein volles blondes Haar, sein aschblondes Haar, kragenlang und über die Ohren fallend trug, sondern kurzgeschoren? Und statt des kurzen Kinnbarts von früher nun nicht mal einen Schnäuzer, nichts? Habe ich gesagt, daß Brandig wieder aussah, wie zu der Zeit, als wir uns kennenlernten? Nur eben ... nun, von den Veränderungen habe ich ja hinreichend gesprochen.

6

Auf welche Weise sie ihm ein weiteres Mal an die Eier mußten (damit er sich *davonstehlen* konnte), erfuhr ich in seinem Verschlag. Der mir den Atem verschlug. Von mir und dem mir auf ausdrücklichen Wunsch in meiner Abwesenheit – ich war essen gegangen in einem von Brandig empfohlenen kleinen sauberen Taxifahrer- und Möbeltischlerrestaurant – ins Zimmer gestellten und eigenhändig ans Fenster gerückten Tisch und dem Stuhl aus gesehen (hübsche glatte Louis-XVI-Imitationen, wie sie allenthalben in den Schaufenstern der das Viertel beherrschenden Möbelgeschäfte stehen; aus den Hinterhöfen riecht es sogar noch nach rohem Holz und frischen Spänen und neben allerlei chemischer Schärfe durchaus auch nach alter Beize, Leim, ätherischen Ölen und harzigem Lack) sind es keine drei Minuten zu Brandigs Verschlag. Runter die Velourteppiche, die grünen, rüber über die Straße, hindurch durch die Straßenschlucht, gegenüber dem nur zweistöckigen Haus, vor dem Tag und Nacht Gruppen von Negern sowohl in Pullovern und Polohemden als auch in langen wallenden weißen oder farbenprächtigen Gewändern stehen, auf den Köpfen riesige gestrickte Ballonmützen, hinein in den dunklen Eingang und die sechs ausgetretenen, die Stockwerke in steilen Halbwendeln verbindenden Holzstiegen hinauf. *Voilà,* möchte ich einmal sagen, Brandigs Verschlag. Ein Zimmer, in dem alles enthalten ist, was ein Mensch braucht: Bett, fließend Wasser, wenn auch nur kaltes, denn der Gasboiler, stellte ich fest, als ich mir, kaum hatte ich mich notdürftig orientiert, die Hände wusch, ist defekt, wie in meinem Hotelzimmer aber ein Kamin, dieser hingegen ungleich kleiner und auch nicht vermauert, ferner ein Schreibtisch, ein Schreibmaschinentisch, ein ausladender Sessel, mit dem Rücken gegen den Pfahl gestellt, von dem ich schon sprach, an dem nämlich die in alle Himmelsrichtungen weisenden Scheinwerfer angebracht sind und der die von Rissen durchzogene Decke vor dem

Einsturz, gewissermaßen vor dem Einbruch des Himmels bewahrt, dann links neben der Tür ein gesteppter, offenbar schaumstoffwattierter Plastikschrank, bedruckt mit einem beige-braun changierenden abstrakten Linien- und Pünktchenmuster und zu öffnen mittels eines von oben nach unten und von unten nach oben führenden Reißverschlusses, rechts neben dem Kamin auch eine Kochecke mit zwei Elektroplatten und einem Milchtopf – oder einem Topf für Suppe –, darüber ein fleckiger Spiegel ohne Rahmen und darunter ein Eimer auf rostbraun gestrichenen Fliesen, die zum Kamin hin abgetreten sind und zugleich schwärzer werden, zum Sessel hin aber bedeckt von einem Stück ockergelber Auslegeware, auf der zwei winzige dreibeinige wie Zierambosse sich ausnehmende Hocker mit schwarzem Lederbezug Platz haben, und schließlich Bücher, überall Bücher, selbst die Schrägen der beiden Wände, in die die Fenster eingelassen sind, eines gerichtet nach Südosten, das andere nach Südwesten, so daß die Sonne, die uns empfing, durch beide strahlte mit gleicher mittäglicher Kraft (und mir den von uns bei Betreten des Raums aufgewirbelten Staub in flimmernd flammender Dichte in die Atemwege drückte und mich zu ersticken drohte – mir den Atem raubte, wie mir das Zimmer selbst den Atem verschlug, und mich erstickt *hätte,* wäre nicht Brandig als erstes an eines der Fenster, jenes nach Südwesten gerichtete, getreten und hätte er nicht einen Gegenstand, einen spitzen Gegenstand aus der Rahmenleiste unterhalb der beiden Fensterflügel gezogen, um diese dann mit äußerster Behutsamkeit und unter heftigem Knarren und Knirschen zu öffnen und mir im übrigen durch die nur noch toller aufgequirlten Staubwirbel hindurch den Blick freizugeben auf das offenstehende Fenster des Zimmers, das ich gerade bezogen hatte, so daß ich mich in einer Art Schwindel und rettend visionärer Selbstbehauptung schon hier – sagen wir: 150 Meter Luftlinie entfernt – an der Schreibmaschine sitzen sah, an der ich jetzt erst sitze und schreibe, Auge in Auge mit ihm sozusagen, Brandig, der sich dort aber nach dem Öffnen seines Fensters in seinen Sessel und im selben Augenblick zudem den spitzen Gegenstand, den er aus dem Holz gezogen hatte, neben den Sessel auf den Teppichboden, die ockergelbe Auslegeware, fallen ließ...), selbst die Schrägen der beiden Wände mit den Fenstern nach Südosten und Südwesten also mit Büchern bestückt wie die senkrechten Wände zum Innern des Hauses hin, nach Nordosten und Nordwesten – überhaupt kam es mir, durch die

Mittagssonne und den Scheinwerferpfahl auf die Himmelsrichtungen gebracht, plötzlich so vor, als befände ich mich auf einer sorgfältigst zur Weltumseglung bis in die letzten Ecken und Spanten gestauten Hochseejacht für Einhandsegler oder auch einem noch besonnten Ein-Mann-U-Boot zum Untertauchen in Strömungen und Untergründe, die lange Abwesenheit erwarten lassen –: Bücher auf Regalen, Konsolen, Ablagen, dicht gedrängt auf unerfindlich ins Mauerwerk – doch, wir befinden uns nichtsdestoweniger in einem Haus, einem unverrückbaren Immobil – ins Mauerwerk also gedübelten Brettern, nur an der Decke, die gestützt werden muß von dem Pfahl, keine Bücher, zu Bergen hingegen gestapelt auf Schreibtisch, Schreibmaschinentisch (auf dem keine Schreibmaschine Platz hat!) und auf dem Boden, und ich hätte mich gerne, behutsam Fuß über Stapel, Eimer und Sesselkante setzend, ein wenig umgetan in dieser Bibliothek, wäre nicht Brandig gewesen, dem sie gehört, und hätte er mich nicht alsbald mit Beschlag belegt in diesem Verschlag, denn er hob nach knapper Präliminarie – das Klo ist auf dem Flur! – an mit seinem mündlichen Bericht über Frankfurt oder Stuttgart oder meinetwegen auch Köln, ich weiß es nicht mehr, denn ich merke mir immer nur das Wesentliche von Berichten, Mitteilungen, Nachrichten, ja sogar von Erscheinungen, Gesetzen, Geschichten, ich merke mir z. B. nicht, ob die Literatur, die in Brandigs Verschlag zu finden ist, mehr eine schöngeistige oder eher eine wissenschaftliche ist, zumal das ja auch in aller Regel eher eine Frage der persönlichen Einstellung von Autor, Verleger und Leser und dieser wiederum jeweils zueinander ist im Bezug auf das Buch, um das es gerade geht; ich merke mir nur, daß Brandigs Literatur Weltliteratur ist, Literatur aus aller Herren Länder und in aller Münder Sprachen, in diesem Falle – das fiel mir jedoch auf – mit einem deutlichen Übergewicht an lateinamerikanischer, arabischer und, wenn ich die Zeichen richtig deutete, japanischer Literatur, überwiegend aber doch verfaßt auf englisch, französisch, spanisch, italienisch und deutsch, und – seltsam: das bei einem Brandig, der wie ich aus der norddeutschen Tiefebene kommt, bzw. aus dem eher flächigen Osten – über dem Kamin ausschließlich Literatur über Höhlen, aus Höhlen, von Höhlen, Fachliteratur, Höhlenliteratur, Grottenliteratur, Berg*innen*-(nicht zu verwechseln mit Bergwerks-)Literatur, populäre Beschreibungen nicht weniger als höchst spezielle Forschungspublikationen, auch verschiedene verschiedensprachige Zeitschriftensammlungen und Jahrbücher, die sich, wie ich ihren gebundenen und beschrifteten Rücken entnahm, ausschließlich befassen mit speläologischen Fragen, außerordentlich erstaunlich, das hätte ich einem Brandig denn doch nicht zugetraut, eine solche Wendung zum Inneren hin sozusagen, und am liebsten hätte ich ihn gefragt, ob vielleicht er, im Gegensatz zu mir, beide Höhlen des Dhaskalojannis besichtigt hat, sowohl die der Freiheit als auch die des Todes, aber ich kam nicht dazu, ich hatte weder Zeit zum Fragen noch Raum mich umzutun, um mir dieses oder jenes Buch, diese oder jene Zeitschrift, diesen oder jenen Sammelband aus den Regalen zu ziehen, denn Brandig belegte mich mit Beschlag. In dem Verschlag. In dem trotz des geöffneten Fensters kaum Luft zu kriegen war. Überhaupt: Brandigs Verschlag, wie gesagt, ein Zimmer, in dem alles enthalten ist, was ein Mensch braucht zum Leben. Nur eines fehlt, selbst bei geöffnetem Fenster und bei um die Mittagszeit durch beide Fenster strahlend hell ins Zimmer fallender Sonne: die Luft zum Atmen. Zum Leben. Und zum Sich-Bewegen im Raum.

Brandig mußte die Beine auf seinen Sessel hochziehen, damit ich ungehindert zum Waschbecken kam. Und ich stieß, als ich mich auf eines der Amboßhockerchen niederließ, mit dem Kopf gegen die Specksteinplatte des Kamins.

Die Frage, warum mich Brandig in diesen wortwörtlich atemberaubenden Verschlag geführt hatte, ist wirklich nicht von der Hand zu weisen. Angesichts dessen, was mir während der 24-Stunden-Einweisung, die mit unserer Ankunft in der Stadt ihren Anfang genommen hatte, noch alles vor Augen geführt werden sollte in all den Bistrots, Bars, Cafés, Kneipen, Brasserien und Restaurants, bis zu den letzten Kaschemmen und Löchern, nimmt es wirklich wunder, daß er mir ausgerechnet diese üble Justizposse, wie er den allerdings überaus erschreckenden Angriff auf seine körperliche Unversehrtheit unter anderem nannte (und der ja zudem tatsächlich nichts weniger war als ein eklatanter Eingriff in seine berufliche Integrität), in seinem Verschlag unterbreiten mußte; nachdem er mich schon in einem Liegewagenabteil mit jener anderen Schauergeschichte traktiert hatte. Alles andere, alles, was folgte, alles, was unmittelbar mit der Frau zusammenhing, jener Eliada Jeanne Carla Guinetti nämlich, von der meine Suche nach ihm, Brandig ... von der *alles* ausgegangen war und die sich als nichts anderes als eine schlichte Jeanne Guinetti, geb. Vallon, entpuppen sollte – alles weitere erzählte er mir draußen. Später. Ganz so, als verböte sich in seinem Verschlag von selbst jedes Wort über diese Frau. Als könnte er, Brandig, über sie nur sprechen an öffentlichen Orten; solchen, die nicht die ganze Welt umfassen wie sein mit Literatur aus aller Welt, mit Weltliteratur, vollgestopfter Verschlag. Der sein persönliches Reich ist und ein Weltreich. Und kein jedermann zugänglicher Ort. Als verböte also die Intimität dieses Weltreichs jedes Wort über eine Person wie die Guinetti; die ich – im übrigen – drauf und dran gewesen war, eines Verbrechens zu verdächtigen, das sie – der Beweis saß mir, wenn nicht *quick*lebendig, so doch das Leben überzeugender verkörpernd als jeder andere, in Fleisch und Blut gegenüber – mitnichten begangen hat.

Weswegen, fragte Brandig, als ich noch grübelte, warum er mich mitgenommen hatte in seinen Verschlag, habe ich dich überhaupt mitgenommen?

Stille. Draußen dröhnte Mittagsverkehr und die Scheiben klirrten.

Ach ja, sagte er, fast hätte ich es vergessen: die Eier.

Er legte ein angewinkeltes Bein unter das andere steil aufgewinkelte. Sah mit einem Mal seltsam morgenländisch aus. Ein stoisch machtvoller Märchenerzähler in seinem tiefen ausladenden Sessel. Unter müden Lidern schaute er ernst ins Leere, das heißt: in Richtung auf den Kamin, in dem eine große Anzahl verkohlter Holzkohlescheite mit weißer Asche zu einer säuberlichen Wüstenpyramide zusammengekehrt war.

Stell dir vor, sagte Brandig: Du als ordentlich bestellter Pflichtverteidiger in einem Schwurgerichtsverfahren wegen Mordes; die Revision im übrigen, die du selbst aufgrund von Verfahrensfehlern zugunsten deines Mandanten erreicht hast: unter anderem war das Original des von dir in Auftrag gegebenen und ordnungsgemäß dem Gericht vorgelegten ballistischen Gutachtens, das die Täterschaft des Angeklagten ausschloß, im Gerichtssaal auf dem Wege vom Gericht zu den Vertretern der Staatsanwaltschaft abhanden gekommen, deine Verteidigerkopie aber nicht anerkannt und somit auch bei der Wahrheitsfindung nicht berücksichtigt worden. Dein Mandant ist verurteilt worden zu lebenslänglicher Haft. Von den meisten großen Zeitungen des Landes wird er infolge seiner politischen Überzeugungen, die abweichende sind, als Terrorist bezeichnet. Der Vorsitzende des neuen Gerichts nun sieht sich vor Beginn der ersten

Sitzung, wie er sagt, genötigt, aus Sicherheitsgründen eine Maßnahme und Anordnung zu treffen. Jeder Verteidiger – es verteidigen den Angeklagten und einen angeblichen Komplizen sowohl Anwälte ihrer Wahl und ihres Vertrauens als auch Anwälte, die ihnen gegen ihren Willen beigeordnet sind – soll vor Betreten des Gerichtssaales untersucht werden. Zu diesem Zweck sei vor dem Eingang zum Gerichtssaal eine Schleuse errichtet worden, die aus einer von innen her zu öffnenden verglasten Tür und zwei mit Vorhängen versehenen Kabinen besteht. Die Tür werde jeweils nur für eine Person geöffnet. Sodann soll im Innern der Schleuse von einem Justizwachtmeister zunächst das Gepäck und anschließend die Person selbst durchsucht werden. Die Durchsuchung gehe in der Weise vor sich, daß zunächst der gesamte Gepäck- bzw. Tascheninhalt auf einem Tisch abzulegen sei und von dem Wachtmeister in Augenschein genommen werde. Sodann müsse sich die Person mit einer elektromagnetischen Handsonde untersuchen lassen. Diese spreche auf Metallteile durch einen Fiep- bzw. Pfeifton an. Auch das Publikum werde – an anderer Stelle – auf diese oder vergleichbare Weise untersucht. Auf deine Frage an den Vorsitzenden, ob auch die Staatsanwälte einer derartigen Untersuchung unterzogen werden sollen – die Frage wird verneint! –, stellst du einen entsprechenden Antrag. Diesem wird stattgegeben. Die Mitglieder des Gerichts, die mit der Protokollführung beauftragten Personen und die Justizwachtmeister aber betreten den Gerichtssaal ohne Kontrolle durch eine eigene Tür; durch die, wie sich herausstellen soll, dann noch eine Reihe anderer – und zwar unbekannter – Zivilpersonen, die sich alsbald gleichmäßig im Saal verteilen, Zutritt erlangt. Wie sich überdies herausstellt, dauert die Untersuchung der Staatsanwälte dann auch nur wenige Sekunden, während die Rechtsanwälte bis zu 54 Sekunden lang untersucht werden. Hier also zu dir!

Nachdem du nun mit deinen Verteidigerkollegen – es bleibt offen, ob unvermittelte Großmut, Vergeßlichkeit oder Bedacht auf zügigen Eintritt in die Verhandlung den Vorsitzenden leiten – den ersten Sitzungsvormittag ununtersucht hast im Gerichtssaal verbleiben dürfen, stehst du nach der Mittagspause vor besagter Schleuse. Ein Justizwachtmeister zu deiner Seite. Du betrittst die Kabine. Der Wachtmeister tritt zurück. Es erwartet dich ein anderer Wachtmeister. Du bist mit ihm unter vier Augen. Du legst deinen Mantel ab. Du öffnest deine Aktentasche mit den Akten und legst die Akten auf den Tisch. Du öffnest die Aktentasche mit der Robe und legst die Robe auf den Tisch. Der Wachtmeister schüttelt und betastet Akten und Robe. Dann wendet er sich dir zu. Er geht in die Knie und beginnt, dich von den Füßen aufwärts abzutasten. Du trittst einen Schritt zurück und verweist auf die elektromagnetische Sonde, die auf dem Tisch liegt. Der Wachtmeister jedoch setzt die Beine und Hüften aufwärts seine Betastungen fort. Auf die Frage, warum er die auf dem Tisch liegende Sonde nicht benutze, sagt er: weil er es so für angemessen halte. Er greift dir mit den Händen unter die Achseln.

Du teilst den Vorgang in der anschließenden Sitzung dem Gericht mit.

Am folgenden Sitzungsmorgen läßt der untersuchende Wachtmeister – wieder derselbe – die in der Kabine auf dem Tisch liegende Sonde abermals unbenutzt. Beim Abtasten deines Körpers durch die Kleidung hindurch berührt er jedoch auch dein Geschlechtsteil; und zwar nicht etwa mit einer flüchtigen streifenden Zufallsbewegung, sondern indem er seine Hand mit leichtem Druck an die entsprechende Stelle auf die Hose legt. Er hat deine Hoden in der Hand.

In der anschließenden Sitzung beantragst du Aufhebung der gesamten Untersuchung, mindestens aber eine ausdrücklich einschränkende Präzisierung dahin, daß lediglich die Sonde und keinesfalls die Hände bei der Untersuchung zu Hilfe genommen werden dürfen und somit auch der Untersuchte nicht berührt wird. Der Vorsitzende jedoch sieht keinen Anlaß, seine sitzungspolizeiliche Anordnung auf irgendeine Weise zu ergänzen oder zu modifizieren, geschweige denn ganz aufzuheben.

Nach der Mittagspause wird dann doch lediglich die Sonde benutzt. Dies aber dergestalt, daß nach Führung des Gerätes in gehörigem Abstand um deinen ganzen Körper herum der – im übrigen aus einem blinkenden ringförmigen Metallteil bestehende – Gerätekopf von hinten und von den Fersen aufwärts zwischen deinen Knien und Schenkeln hindurch geführt und plötzlich mit unvermittelter Kraft gegen deine Hoden geschlagen wird. Du machst einen Satz auf den Tisch zu, drehst dich um, protestierst laut und vernehmlich, damit dich die vor der Schleuse wartenden Justizbeamten und Kollegen zweifelsfrei verstehen können, verlangst nach sofortiger Benachrichtigung und Hinzuziehung des Vorsitzenden und setzt dich, um deinem Begehren Nachdruck zu verleihen und dich vor weiteren

Tätlichkeiten zu schützen, auf den mit deinen Unterlagen und deiner Verteidigerrobe bedeckten Tisch. Von dort aber wirst du von gleich mehreren Justizbeamten, die in die Schleuse eindringen – der dich Untersuchende hat ihnen nicht geöffnet! –, fort- und vor die Kabine zurückgetragen. Die dort versammelten Verteidigerkollegen weigern sich daraufhin, ihrerseits die Schleuse zu betreten. Die Sitzung findet zunächst ohne Anwesenheit der Vertrauensanwälte des Hauptangeklagten mit der Einvernahme von Zeugen statt.

Auf Antrag eines Vertrauensanwaltes des Mitangeklagten, der schon vor dir den Saal betreten hat, wirst du schließlich vor das Gericht gerufen. Du wirst aufgefordert zu erklären, warum du nicht freiwillig, unaufgefordert, pünktlich und ordnungsgemäß den Gerichtssaal betreten hast. Du erklärst. Danach wird der in der Schleuse untersuchende Justizwachtmeister angehört. Dieser bestätigt auf Anfrage, daß er bei der Untersuchung die Sonde zwischen deinen Beinen hochgeführt habe, und schließt nicht aus, daß dabei, wie er sagt, die Hoden berührt worden seien. Ob die Berührung jedoch schmerzhaft gewesen sei, sagt er, könne er nicht sagen, weil – und hier erheitert er sichtlich und hörbar nicht nur ein Teil des Publikums und die gleichmäßig darin verteilten unbekannten Zivilpersonen, sondern auch einige Mitglieder des Gerichts: weil in der Sonde kein Gefühl sei.

Du wiederholst deinen Antrag, die Durchsuchungsanordnung des Vorsitzenden aufzuheben. Der Antrag wird abgelehnt. Du darfst – ununtersucht – im Gerichtssaal bleiben. Deinen Kollegen draußen aber wird weiterhin der Zutritt verwehrt. Am folgenden Sitzungstag wird auch dir, da du dich nicht untersuchen lassen willst, der Zutritt zum Sitzungssaal verwehrt. Über die Kollegen, die sich ihrerseits im Interesse der Mandanten wieder untersuchen lassen – offenbar aber auch nicht auf die gleiche Weise in der Schleuse behandelt werden wie du –, läßt du dem Gericht mitteilen, daß du eine Anrufung des Bundesverfassungsgerichts beabsichtigst. Der von den Kollegen gestellte Antrag, die Hauptverhandlung in entsprechender Anwendung des § 262 StPO bis zur Entscheidung des Bundesverfassungsgerichts zu unterbrechen, wird abgelehnt.

Du legst mit der schriftlichen Begründung, in der Ausübung deines Verteidigeramtes gehindert worden zu sein und unter Berufung auf

Art. 1 Abs. 1 GG (Unantastbarkeit der Menschenwürde);

Art. 2 Abs. 2 GG (Recht auf körperliche Unversehrtheit);
Art. 3 GG (Gleichheitssatz) und
Art. 12 GG (Freiheit der Berufsausübung)
dein Mandat nieder.

Das stell dir vor, sagte Brandig, und reist Hals über Kopf ab. Ergreifst die Flucht. Läßt deinen Mandanten im Stich.

Inzwischen hatte ich nach dem spitzen Gegenstand auf dem Teppichboden gegriffen und ihn, in den Händen drehend und gleiten lassend, als spielte ich mit ihm, untersucht. Ganz offenkundig handelte es sich um eine handgefertigte Arbeit: einen Brieföffner, der aus einer verrosteten eisengetriebenen Speerspitze, wie sie noch heute von primitiven afrikanischen Volksstämmen, vor allem Nomaden, benutzt wird, und einer stählern glänzenden wie nie benutzten Geschoßhülse als Griff, der gut in der Hand lag, zusammengeschweißt oder -geschmiedet war. Dem Fenster, sah ich, als ich aufblickte, war der Knauf abgebrochen; und so war es auch über die senkrechte Verschlußschiene, die oben und unten in gußeisernen Rahmenlaschen einzurasten hat, nicht mehr zu schließen. Ich blickte hinaus ins Weiß des Himmels und schwieg.

Kannst du dir das vorstellen? vernahm ich Brandig von ferne.

Ich hüstelte und schwieg.

Also billigst du es, beharrte er.

Was? gab ich zurück. Den Angriff auf dich oder deine Kapitulation?

Ach, sagte er, ganz wie du willst. Und starrte, wie ich aus den Augenwinkeln beobachtete, in die im Kamin aufgetürmte Asche. Ganz wie du willst.

Nun wußte ich nicht einmal mehr, wer ferner war von uns. Und wer wen entfernte. Brandig blickte sehr weit weg. Als zählte er die mit der Asche zusammengekehrten schwarzen Scheite. Als zählte er Aschenpartikel wie Sand. Und hatte zudem, als wollte er meinem verschwiegenen morgenländischen Bild von ihm entgegenkommen, auch noch die Beine – die Hände lagen darin wie in einer Mulde – mit fast waagerecht auseinanderstehenden Knien ineinander verschränkt. Um allerdings auf diese Weise – Entgegenkommen hie, Selbstentrückung da – gleichsam persönlich vollends zu verschwinden. Sich aufzulösen in Luft und zurückzubleiben nur noch als handfeste Fata Morgana. Ich weiß, jeder kennt das. Wenn sich einer, je näher er ist, desto weiter entfernt. Er geht einem – wie soll ich sagen: richtiggehend verloren. Man braucht nur den Arm auszustrecken, um es zu spüren. Man braucht ihn nur anzufassen.

Aber – bewahre – ich faßte Brandig natürlich nicht an. Wie konnte ich einen wie ihn, nach allem, was er mir aufgebürdet hatte zu den eigenen Lasten, noch anfassen.

Und so blieb ein ungutes Gefühl; so möchte ich es mal nennen. Man läßt sich nicht gern die Schuld zuschieben. Für die Entfernung, die entsteht. Zum Nächsten. Als habe man ihn vernachlässigt, zurückgestoßen, verlassen. Verloren. Ihn unbarmherzig hinausgejagt in die Wüste. Die seine. Wenn er es selbst ist, der verlorengeht, genauer: der sich verlorengehen läßt. Was vermutlich noch am meisten den Zurückbleibenden schmerzt. Ich kenn meinen Brandig. Er dreht allemal alles um, stellt auf den Kopf und wendet die Spieße. Wie er ja überhaupt zu jenen zu rechnen ist, die beliebig umgehen mit menschlicher Nähe und Ferne. Brandig weiß nicht die rechte Distanz zu halten. Oder er will nicht. Er hält nie auf Distanz, bei aller Entfernung. Nichts ist entspannt. Ich könnte auch sagen: er hält immer nur die extremste Distanz. Und manchmal sogar zwei extreme Distanzen zusammen. Entweder er sitzt einem mit seiner hartnäckigen Natur – ohne einen körperlich zu behelligen, versteht sich – hautnah drauf auf der ohnehin schon hinreichend geprüften Existenz, ja, er sitzt nachgerade in einem drin, so daß man sich gar nicht mehr zu unterscheiden weiß von ihm selbst ... oder, wenn man will: von sich selbst. Etwa. Oder er ist überhaupt nicht mehr auszumachen, nicht mehr zu sichten – es sei denn als übernatürliche Größe – in der Einöde und Wüstenei seines Wesens. Obwohl er da neben einem hockt, versunken und verloren in einem tiefen ausladenden Sessel, und nichts anderes tut, als in einen Aschenhaufen mit schwarzen Holzscheiten zu starren. Das eine oder das andere. Oder gar beides zusammen.

So unterbrach ich schließlich das mir zurückgegebene Schweigen.

Du warst eben, sagte ich, schon immer in allem, was du getan hast, allzu extrem.

Brandig sah mich an.

Versteh mich recht, sagte ich, ich meine nicht deine Überzeugungen. Nicht einmal deinen Umgang.

Meinen Umgang?

Ich weiß, es hat etwas Bänglich-Schändliches, daß ich es nicht über die Lippen brachte: daß ich ihn nämlich nicht nur für einen

Extremistenfreund hielt – und noch halte. Aber wer will mir das verdenken. Ich halte Brandig für den Motor jedweden extremen Handelns und Seins. Was ich aber sagte, war:

Ich meine deine Moral.

Meine Moral, kam es wie ein Echo zurück.

Deine Radikalität und Bedingungslosigkeit, die jede Rückversicherung verschmähen und nicht einmal, sehe ich es richtig, eingehen wollen eine wirklich revolutionäre Verpflichtung.

Ich weiß nicht, welcher Teufel mich ritt: nachdem ich es nicht gewagt hatte, ihn, Brandig, einen Extremisten zu nennen, machte ich ihm nun ... ausgerechnet *ich* IHM zum Vorwurf mangelhafte revolutionäre Verpflichtung. Ich hätte im Boden versinken mögen. Brandig aber ließ sich zum Glück auf eine Diskussion gar nicht erst ein. Er sagte vielmehr kurz und bündig: Mensch, red nicht so geschwollen daher.

Da fiel mir ein Stein vom Herzen.

Aber wo waren wir, fügte er sogleich, als wollte er seine Schroffheit im nachhinein ein wenig mildern, hinzu: wo waren wir eigentlich stehengeblieben?

Ich zuckte zusammen.

Ach so, richtig, sagte er, die Eier.

Er sei also, sagte er, Hals über Kopf abgereist. Der Grund, zumindest für Elisabeth und die Öffentlichkeit: die Eier.

Brandig machte eine kleine Pause.

Insofern auch, sagte er, ein vorgeschobener Grund.

Ich verstand ihn nicht.

Ein vorgeschobener Grund? sagte ich.

Nur Trude, sagte er, als habe er mich nicht gehört, die ja, wenn ich mich erinnern wolle, für verschiedene Rundfunkanstalten berichtet habe aus jenem denkwürdigen Verfahren, von dem gerade die Rede gewesen sei, habe zu erkennen gegeben, daß sie mehr wußte ... wenn auch sicher nicht alles.

Was, fragte ich, kleinlaut – denn ich ahnte, was auf mich zukam –, hat sie gewußt.

Nachdem ihm, Brandig, der Zutritt zum Sitzungssaal verweigert worden war und er stundenlang auf den Korridoren des Gerichtsgebäudes auf und ab gehend Vertretern der Presse Rede und Antwort gestanden hatte, habe sie, Trude, ihn beiseite genommen, um ihm gegenüber einen Verdacht zu äußern. Sie glaube, habe sie ihm gesagt, daß er selbst nicht mehr an die rechtsstaatlichen Mittel, derer er sich als Anwalt bediente, glaube; daß er in seinem Selbstverständnis erschüttert sei. Sie habe ihn hinreichend beobachten können in diesen Tagen. Das aber, sagte Brandig, sei noch nicht alles gewesen. Im selben Atemzug habe Trude einen weiteren Verdacht geäußert – oder auch eine auf den ersten Blick vielleicht abwegig erscheinende Ausweitung ihres Verdachtes, wenn nicht überhaupt den Grundzweifel, mit dem sie ihren tatsächlich nicht abwegigen Verdacht beharrlich und erbittert nährte. Sie glaube, habe sie ihm zugeflüstert, Elisabeth habe eine Beziehung ... nicht irgendeine Beziehung, nein, ein regelrecht ehebrecherisches Verhältnis zu mir. Das EHEBRECHERISCH sei ihm eigenartig vorgekommen in Trudes Mund, sagte er. Und so sei er auch gar nicht auf sie eingegangen, habe einfach nichts erwidert. Sie aber habe ihn weiter bedrängt und gefragt, ob er nichts Genaueres wüßte. Worauf er, sagte er, obwohl er nicht nur nichts Genaueres, sondern zu diesem Zeitpunkt noch gar nichts wußte, nur erwidert habe: Da müsse sie, Trude, dann wohl doppelt kämpfen um mich. Denn er werde nicht nur sein Mandat niederlegen. Er werde für eine Weile verreisen. Elisabeth, sagte er, habe er zu Trude gesagt, sei daher fortan gewissermaßen *frei.* Wiewohl er, sagte er, nicht einmal gewußt habe, ob er nach der Reise – er habe ein paar für ihn wichtige Leute, wichtige Leute! sagte er, treffen müssen in Athen –, ob er danach nicht wieder zu Elisabeth zurückkehren würde. Aber, sagte er, dazu kam es dann bekanntlich ja nicht.

Mir stockte der Atem, als würde ich, der schon alles gestanden und wohl auch für alles gebüßt hatte, ertappt auf frischer Tat.

Hat dir Trude, sagte Brandig, der die ineinander verschränkten Beine im Sessel löste, nie von dieser letzten kurzen Begegnung mit mir erzählt?

Nichts, sagte ich, hat sie mir erzählt. Nicht einmal, daß sie überhaupt aus diesem Prozeß berichtet hat. Immerhin war es dein letzter, sagte ich, der einzige, den du nie zu Ende geführt hast.

Ja, sagte Brandig, der letzte. Aber wenigstens habe sein ballistisches Gutachten so weit getragen, daß die Kollegen es zu einem Freispruch des von ihm fallengelassenen Mandanten brachten. Immerhin. Das habe er von Elisabeth erfahren. In dem Antwortbrief auf seine Nachricht, daß er nicht mehr zu ihr zurückkehren würde, weil er ... aber dazu später, sagte er. Zu der Frau später. In ihrem Antwortbrief jedenfalls habe Elisabeth ihm erstmalig zu erkennen –

ja, eigentlich *zu*gegeben, daß sie etwas gehabt habe mit mir. Und daß sie nunmehr wieder – seltsam, nicht wahr? sagte Brandig – *frei* sei für mich. Aber da war es nun wirklich zu spät.

Ja, da war es zu spät, sagte ich, als hätte ich dazu noch etwas zu sagen – ich, dem das Später und Früher, das Davor und Danach, die Zeit und die Rechtzeitigkeit mehr und mehr vorkommen wollen wie eine zähe klebrige Masse. Eine Masse, die durch alle Sinnesorgane, die Augen, den Mund und die Nase, die Ohren und die Oberfläche der Haut – durch die sich vergeblich mit krankhaften Abschuppungen und Verflechtungen wehrende Haut – eindringt ins Innere und unaufhaltsam verklumpt. Was sich dann Erinnerung nennt. Wie selbsttätig – mechanisch –: wie von diesem zuckenden raumgreifenden Klumpen in meinem Innern bewegt, sagte ich denn auch:

Überhaupt höre ich zum ersten Mal aus deinem Mund, Paul, von diesem Prozeß. Ich lese nicht viel Zeitung. Und was Trudes Berichterstattung anbelangt, sagte ich, so könne ich nur sagen: ich höre alle ihre Kommentare, sofern sie in meinem Sendebereich ausgestrahlt werden und überhaupt reinzukriegen sind von meinem kleinen in die Münz- und Medaillenregale eingebauten Empfänger. Ihre Manuskripte lese ich zugegebenermaßen nicht. Jedenfalls längst nicht alle. Am wenigsten die, die zu Tagesereignissen Stellung beziehn.

Nicht einmal von Elisabeth, fuhr ich, als Brandig sich schon aus seinem Sessel erhob, fort, habe ich irgendwas von diesem Unglücksfall –

Dieser Justizposse, diesem alleraugenfälligsten Rechtspflegebankrott, dieser Selbstjustiz in eigener Sache, fügte Brandig, seine Arme streckend und dehnend, als sei er gerade aus dem Bett gestiegen, hinzu.

– diesem Skandal, sagte ich, erfahren.

Kann ja sein, daß sie den angeführten Grund für dein Ausscheiden und deine plötzliche Reise, feinfühlig *und* realistisch, wie sie ist, als einen vorgeschobenen erkannte. Was immer der tatsächliche für einer gewesen sein mag ... ich meine, sagte ich, für sie.

Brandig nahm mir den Brieföffner aus der Hand.

Sie hat aber tatsächlich immer auf deine Rückkehr gehofft.

Ich weiß, sagte er und trat ans offene Fenster. Kaum hatte er seinen Kopf hinausgesteckt, flatterte auch schon ein Schwarm grauer gezauster Tauben um ihn herum. Die Tiere drangen, als erwarteten sie was zu fressen, an Brandigs Ohren vorbei bis herein in unseren Verschlag.

Die Freunde in Athen – Freunde, sagte er nun mit mir halb zugewandtem Gesicht – hielten mich übrigens für erholungsbedürftig. Und schickten mich auf jene Insel. In dieses alte Widerstandsnest.

Bitte, Paul, ich flehe dich an ... Und jag mir die Tauben hinaus.

Unser unglückseliger Ort, sagte er geradezu versonnen, Beglükkung, Glückseligkeit –

Er machte eine kleine Pause.

Gut, nennen wir ihn *unseren* unglückseligen Ort, einverstanden, sofern du endlich Paul Brandig vergißt.

Gut.

Ich zog die Knie aneinander. Auf eines hatte sich schon eines dieser frechen Geschöpfe gesetzt.

Und er, Myslik, Max Myslik, wandte sich mir nun ganz zu, hob den Arm und stach, haarscharf an meinem Gesicht vorbei, ein paar Mal scharf in die Luft. So daß die Taube von meinem Knie aufflatterte und mit den anderen aus unserem Verschlag im grellen Himmel verschwand. Ich vernahm nur noch von ferne ihr wildes empörtes Gurren.

Er aber, der, mein alter Freund ... also Myslik schloß die beiden Fensterflügel und stieß den Brieföffner gezielt und hart als Keil vor die Flügel in den fensterbrettlosen Rahmen. Dann griff er nach einer bunt gestreiften Decke, die zwischen hohen Bücherstapeln eingeklemmt war, stieg auf den Schreibmaschinentisch – es rutschten vom Tisch einige Bücher dorthin zu Boden, von wo er die Füße gehoben hatte – und hängte die Decke an zwei dicke Nägel oberhalb des Fensters. Jene Decke, die ich nach der weiteren – immer noch 21 Stunden dauernden – 24-Stunden-Einweisung fast ohne Unterlaß im Auge haben sollte. Und immer noch im Auge habe. Sie bewegt sich nicht.

Und stell dir vor, sagte mein Gastgeber, als er sich umwandte in dem diffusen – durch die Decke gefilterten und in allen Regenbogenfarben schimmernden – gestreiften Sonnenlichtdunkel: das alles nur wegen der Eier.

7

Ceterum censeo Carthaginem esse delendam. Es gibt keinen Ausweg und keine andere Wahl. Gehen wir es an. Lassen wir ihn sprechen. Kommen wir zum Kern. Und wenn auch das, was wirklich einmal war vor langer Zeit – insbesondere in seiner Folge, der Anordnung und Chronologie – in meinem Innern als Erinnerung verklumpt, so sind mir doch die unwirklichen Worte, die ich hier wiederzugeben mich anschicke, auf das wahrhaftigste und genaueste, ja das unheimlichste präsent. Sie sind die Gegenwart selbst und brauchen nicht erinnert zu werden. Gegenwärtig sind die Worte. Allerdings werde ich sie, insofern sie nun von Myslik stammen, in Anführungsstriche setzen. Ja, ich sehe mich gezwungen, die Gänsefüßchen wieder einzuführen, die wörtliche Rede. So schwer es mir auf der mir zugefallenen Maschine auch fällt. Es fällt mir wirklich nicht leicht. Andererseits bin ich in Höchstform; sitze ich doch der Decke, der gestreiften, hinter der sich Brandig verbirgt, hinter der er gefangen ist, auf kaum mehr als 150 Meter gegenüber. Habe ihn also – gewissermaßen – im Auge. Auch wenn er sie noch immer nicht heruntergenommen hat. Läßt er sie aber fallen, dann ist es vorerst sowieso mit dem Schreiben vorbei. Dann muß ich ja hinüber. Vorerst allerdings sieht es nicht danach aus, als fiele die Decke. Ich werde es somit in aller Gelassenheit angehen; das, was ich von ihm zu hören bekam. In aller Wahrhaftigkeit und Genauigkeit, ja, in aller Unheimlichkeit. Und verfüge ich nicht schon ohnehin über ein nicht übles Kurzzeitgedächtnis, wie man wohl sagt, so möchte ich, in Anbetracht dessen, was es hier wiederzugeben gilt, behaupten: hier hat das von einem Hemmungslosen gesprochene Wort seinen protokollierenden Meister gefunden. Ich weiß, das klingt überspitzt. Übertrieben. Aber ich kann es beweisen. Oder habe ich es nicht vielleicht schon bewiesen? Denn alles ist eine Frage des Trainings. Ich habe mir inzwischen ein geradezu phänomenales Gedächtnis für Worte antrainiert. Denn die Worte sind doch – wie mir im Verlaufe des Schreibens zunehmend bewußt wurde – ungleich wichtiger als die Taten. Auch die mit ihrer Hilfe geschilderten Taten. Tun kann jeder. Reden ist schon schwieriger. Aber schreiben?

8

»Das Erschauen«, sagte Max Myslik – wir hatten diese kleine unscheinbare Bar ganz in der Nähe seiner Unterkunft, über deren Tür in verwitterten, rissige Farbschichten abblätternden Buchstaben stand: *Vins · Liqueurs · Bois · Charbons,* betreten, in der Ecke Butangasflaschen, Kohlesäcke, Ölkanister, wir waren die einzigen Gäste, der gebückte Alte hinter der Theke wusch mit schweren Händen – in Finger und Innenflächen tief schwarz eingegraben Linien wie das Vernetzungsschema unterirdischer Flöze – unter laufendem Wasserhahn zwei Gläser mit hohen Stielen und sagte: *comme toujours?* worauf Myslik antwortete: *comme toujours,* so daß der Alte nach einer Flasche im Kühlfach griff und einschenkte: *deux côtes alors,* murmelte er, und da mein Glas überlief, beugte ich mich mit den Lippen an seinen Rand und nippte an dem eisgekühlten Roten, während Myslik, die Hand am Glas, wiederholte: »Schon das bloße Erschauen.« Er blickte sich zwischen Flaschen, die vor der Spiegelwand hinter der Theke aufgereiht standen, ruhig und lang anhaltend ins eigene Gesicht. Dann richtete er – über den Spiegel – den Blick auf mich. »Es ergriff meinen ganzen Körper«, sagte er. »So wurde von einem Augen-«, er zögerte, »von einem *Augen*-Blick zum anderen das Erschauen zu meiner Existenz.« Er hob sein Glas. »Was das bedeutet«, sagte er, »habe ich vorher nicht gewußt, und jetzt, da diese Existenz vorüber ist, nichts jedoch vergessen, ist alles, was ich sehe, erblicke, erkenne, nicht erschaut, sondern nur noch ein ...« er zögerte abermals: »unaustragbarer Schmerz. Ich sehe alles lediglich an ... natürlich mit anderen Augen ... und ich sehe«, sagte er, vermutlich weil ich nun meinen Blick senkte, »daß du nicht verstehst, wovon ich spreche. Aber ich werde es dir erklären.« Er trank sein Glas in einem Schluck leer und der Alte füllte es sogleich wieder unaufgefordert bis an den Rand. »Ich saß«, sagte Myslik, »wie jeden Nachmittag im Café an der Busstation, um mir die Menschen anzuschauen. Unter den ankommenden Einheimischen – du weißt: Federvieh unter den Achseln, Hirtenstäbe, Brotbeutel und Bündel von Kräutern – immer auch ein paar Fremde. So wie unlängst vermutlich noch du. Ich überblicke den Platz, die Schleife der von der Hügelkette im Osten auf den Platz führenden Straße, das Meer. Ich höre die wie eine Sirene aufheulende Hupe des Busses und sehe die Räder, die den Staub aufwirbeln. Das Fahrzeug hält. Die

Reisenden steigen aus. Ich bemerke eine kleine kräftige Gestalt, die mir den Rücken zukehrt. Sie wirft den Kopf in den Nacken. Das lange glatte Haar fliegt hell über die Schultern. Die Gestalt trägt weit um die Beine schlotternde, aber prall auf den Hüften und den Schenkeln sitzende *blue jeans*. Sie langt nach dem Rucksack, den ihr der aufs Busdach gekletterte Fahrer hinunterreicht. Sie steht auf Zehenspitzen. Hat Sandalen an. Sie hängt sich den Rucksack lose in einer Schlaufe über eine Schulter. Ich sitze im Inneren des Cafés. Im Schatten. Tür und Fenster stehen offen. Es ist eine milde Kühle im Raum. Ein Hauch von die Wände entlangwandernder Luft. Die Gestalt draußen inmitten der Bewegung der Ankömmlinge und der sie Begrüßenden steht etwas krumm und schräg. Wie angewurzelt, verwachsen. Kehrt mir weiterhin den Rücken zu. Eine Strähne des Haars ist ihr zwischen die Rucksackschlaufe und die Schulter geraten. Jemand – ein einheimischer Bursche – spricht sie an. Sie greift sich mit einer Hand in den Nacken unter das Haar, stemmt mit der anderen den Rucksack rücklings kurz in die Höh und dreht sich, dem, der sie ansprach, den Rücken kehrend, ruckartig um.« Brandig – oder vielmehr: Myslik nahm einen Schluck und rollte kaum merklich, sah ich, als ich zögernd wieder aufblickte, den Kiefer in seinem verwüsteten Gesicht; wie einer, der eine glühende Kugel zu kühlen versucht zwischen Zunge und Gaumen. »Das Erschauen eines Menschen«, sagte er, »kann bis in die tiefsten Abgründe deiner Seele fahren.« Wahrhaft seltsame Worte. Seltsam, wahrhaftig – wären sie aus dem Mund eines Paul Brandig gekommen. Aber sie kamen ja, daß ich es bloß nicht vergesse, aus Max Mysliks Mund. »Und die«, sagte er und meinte also wohl die Seele, »sitzt da, wo« – er wies mit dem Zeigefinger auf sein Herz – »das Herz stille steht, wo« – er schloß die Hand zu einer Faust vor dem Leib – »der Magen dicht macht, wo« – er krallte seine Finger in den Unterleib – »der Darm sich windet in Krämpfen – überall«, sagte er und ließ die Hand fallen, führte sie aber sofort wie unwillkürlich und von ihm selbst unbemerkt an den Kopf, als wollte er sich den feinen glänzenden Schweißfilm wegwischen, der ihm auf der Stirn lag. Aber die Hand machte nur einen fahrigen Bogen an seinem Kopf vorbei zu seinem Glas. »Ich erschaue«, sagte er, »mit einem Mal alles ... was soll ich schon sagen: alles, was sein kann und sein muß ... das Unausweichliche erschaue ich, es gibt zahllose Wörter und Worte dafür, aber lassen wir die«, ich blickte nun ganz ohne Scheu auf und in diesem Augenblick blickte auch er mir – Auge in Auge – direkt ins Gesicht, »die spiegeln nur«, sagte er, »ein Geheimnis vor, wo keines ist.« Er nahm wieder einen Schluck aus seinem Glas. Auch ich nahm einen Schluck. »Das Mädchen ist schön«, sagte er, »es ist keine Aura um sie herum. Sie kommt auf mich zu. Sie scheint mich aber nicht wahrzunehmen. Sie hält noch einmal inne, wirft einen Blick auf das Meer nach links, dann einen Blick nach rechts auf die Berge, und sieht dann auf mich, in Richtung auf mich. Oder durch mich hindurch. Denn später sagt sie, sie habe mich bis zu dem Augenblick, als ich sie anspreche, gar nicht gesehn. Es ist müßig, ihren Blick, diesen Blick, den ich nie vergessen werde, zu beschreiben, den Blick, dessen Gegenwart mich noch heute durchdringt wie mich seine Abwesenheit durchdringt, als sie auf mich zutritt«, sagte Brandig, o zur Hölle mit Brandig: sagte Myslik natürlich, »obwohl der Blick es ist, der erst der ganzen Erscheinung diese seltsam strenge Verlassenheit gibt – wofür sie ihm dann zurückgibt den körperlichen Halt.« Ja, auch mir sei dieser bemerkenswerte Blick aufgefallen, wollte ich einwerfen, diese Augen, wasserblau, die blaßblau werden, wenn sie einen beim Sprechen anschauen, und türkis, blicken sie durch einen hindurch. Aber der, der da einen Schritt auf mich zutrat und *pssst* den Zeigefinger steil vor den Mund hob wie gegenüber einem vorlauten Kind, ließ mich erst gar nicht anfangen zu reden. Er bestellte vielmehr bei dem Alten zwei weitere *côtes*. Obwohl wir beide noch nicht ausgetrunken hatten; der Alte füllte die Gläser nur auf. »Man möchte angesichts eines solchen Blicks«, bekam ich stattdessen gesagt, »augenblicklich davonlaufen bis ans Ende der Welt – oder aber den, der so schaut, in den Arm nehmen und nie mehr loslassen im Leben. Natürlich«, sagte er, »tut man weder das eine noch das andere.« O doch, sprach ich schweigend in mich hinein, man tut sehr wohl das eine oder das andere; ich zum Beispiel bin davongelaufen fast bis ans Ende der Welt, wenn auch in der Erwartung, dort ihn, Myslik, oder – in diesem Falle wohl tatsächlich, ich will sagen: meinen subjektiven Tatsachen entsprechend – Brandig zu treffen. Aber der war natürlich nicht da. »Ich stehe auf von meinem Stuhl«, sagte er und hielt, als wollte er mir zuprosten, das Glas zwischen sein Gesicht und das meine, »ich trete hinaus aus dem Café und aus dem Schatten und trete der mir in der Sonne Entgegentretenden entgegen. Bevor wir uns gegenüberstehen, trete ich einen Schritt, wieder in den Schatten, zurück. Jetzt sieht sie mich an. Was für ein Ernst. Sie lächelt.« Auch er übrigens, Myslik, der das zu mir sagte, lächelte mit einem Mal. »Sie zeigt die Zähne«, sagte er, »und ich lade sie ein zu einem Kaffee. Mit einem mir etwas ungeübt scheinenden Englisch bittet sie um Tee. Wir betreten die Kühle des Raums«, sagte Brandig, Myslik, verflucht. Und kehrte mir den Rücken zu. Seine Jacke hatte im Rücken einen Schlitz, in den er mich, man stelle sich das vor, ganz unvermittelt und unverhohlen bat hineinzugreifen. Er öffnete mit der Rückhand den Schlitz. Ich solle ihn – bitte – kratzen. Es jucke ihn im Rückgrat, wahrscheinlich, sagte er, vom Duschen. Und ich konnte gar nicht anders ... der Wirt beobachtete uns. Ich griff Brandig unter die Jacke und kratzte. Er wand seinen kräftigen festen Körper, ich solle, sagte er, immer an einer Stelle kratzen; er bewege schon seinen Rücken von selbst an die richtigen Stellen, die seinen. Und er ging ein wenig in die Knie, sein Rücken rotierte, während ich mit steifem Arm kratzte. Er gab Laute des Wohlgefallens von sich, ich übertreibe nicht, wenn ich feststelle: er grunzte – und drehte sich so unvermittelt, wie er sich vorher umgedreht hatte, nach einer Weile mir wieder zu. Mein ausgestreckter Arm blieb fast an ihm hängen – und wenn ich hier von diesem kleinen Freundschaftsdienst so viel Aufhebens mache, dann aus dem einfachen Grund: mein Kratzen war die erste körperliche Berührung mit Brandig, seitdem – mit Myslik, seitdem wir uns wiedergefunden hatten, jedenfalls war es die erste körperliche Berührung, die ich als solche in meiner Hand, an meinen Fingerspitzen, verspürte, wenn auch nicht unmittelbar auf der Haut, seiner, mein ich, es war immer noch ein Hemd dazwischen. Als wäre aber nichts geschehen, als hätte er nicht selbst den Fluß seiner Rede unterbrochen gehabt, fuhr er im gleichen, ihm eigenen vollen und gewissermaßen doppelten Tonfall fort. »Wir betreten also die Kühle des Raums. Zwischen uns der Rucksack, nehmen wir Platz. Sie spreche, sagt sie, am liebsten Französisch. Also sprechen wir Französisch, obwohl ich meine Mühe habe«, sagte er, Brandig/Myslik, Myslik/Brandig. »Und sie fragt mich, wann das nächste Boot geht. Was für ein Boot? Das Boot nach Westen. Zur Schlucht. Ich blicke aus dem Fenster, aufs Meer, dann auf meine Armbanduhr. Natürlich könnte ich sie das Boot verpassen lassen und die Schuld auf die Uhr schieben, die ja an einem Ort, an dem Zeit keine Rolle spielt, schon mal nachgehen darf. Aber ich sage: das Boot geht in zwanzig Minuten. Das letzte? Das letzte! Angesichts dieser Person bin ich außerstande, etwas zu meinem Vorteil zu tun... wenn sie ihn nicht von selbst als den ihren verfolgt. Ich bin wie gelähmt. Mein Vorteil darf nicht ihr Nachteil sein. Ich wundere mich über mich selbst. Ich bin nicht mehr Herr meines Willens und meiner Vernunft, sage unwillkürlich die Wahrheit. Und sie sagt: dann haben wir nicht mehr viel Zeit. Der Tee und der Kaffee werden serviert. Sie schaut mich nicht an, nippt an ihrem Glas. Ich kann meinen Blick nicht von ihrem Gesicht lassen; auch das geht über Vernunft und Wille, das Einprägenwollen von Gesichtszügen etwa oder das Umstimmen durch Anschauen, weit hinaus. Sie beginnt an den Fingernägeln zu kauen. Sie hat eine hohe Stirn und ein breites, von feinstem Flaum bedecktes Gesicht. Die Augen liegen ein wenig tief in ihren Höhlen. Sie zieht mit der Nase.« Du brauchst mir, Alter, nichts zu erzählen, ich kenne sie, auch wenn ich nichts sag. Nimm einen Schluck! So hob ich denn mein Glas und ließ ihn trinken. Selbst trank ich nicht. Ich kenne sie, Freund, habe mir mein eigenes Bild von ihr gemacht. Und wenn es auch nicht ganz den Gepflogenheiten der Freundschaft entsprochen haben mag, daß ich ihn, Myslik, Paul, berichten ließ über eine Person, von der er nicht wissen konnte, daß ich sie kenne, daß ich ihn also prüfend und in seiner Erinnerung überprüfend Gefahr laufen ließ, wie soll ich mich ausdrücken? aufzulaufen sozusagen, aufzulaufen auf die Klippen und Riffe einer schärferen und authentischeren, zumindest aber frischeren Erinnerung, über die ich verfügte – selbst eingedenk der Tatsache, daß die vielen vielen Jahre, die unsere Erinnerungen trennen, dem äußeren Erscheinungsbild zumal einer Frau (und nicht allein eines Brandig, der zu einem Myslik...) durchaus zuzusetzen vermögen –, dann bitte ich doch geflissentlich in Rechnung zu stellen, daß ich meinen Vorteil nicht nutzte. Ebensowenig wie er – seinerzeit – den seinen. Ihr gegenüber. Ja, ich ließ ihn ungehindert sein Schiff besteigen (stieg allerdings – anders als er es tun sollte – gleich mit zu!). Und behaupte, daß ich gerade durch meine so ungeteilte wie diskrete Aufmerksamkeit entscheidend dazu beitrug, daß er die gefährlichsten Riffe und Klippen ohne Schaden umschiffte. Gewissermaßen fungierte ich, indem ich mein Wissen nicht preisgab und also nicht störte, als Steuermann; als der beste Steuermann, den man sich denken kann. Dafür nehme ich sogar den Vorwurf einer vielleicht nicht gänzlich korrekten freundschaftlichen Hinterhältigkeit in Kauf. Die aber eben das Gegenteil von Taktlosigkeit ist. Und hätte es ihn, den Freund, im übrigen überhaupt interessiert, wie die

Frau, von der die Rede war, auf mich wirkte? Die Frau, die ja fast noch ein Mädchen – er selbst gebrauchte das Wort! – gewesen sein mußte zu seiner Zeit? Das ist zu bezweifeln. Und entscheidender noch: hätte er sich mir überhaupt so unerhört offen und rückhaltlos anvertraut, wenn ich ihm gestanden hätte, daß ich den Gegenstand, das Objekt, wie soll ich sagen? mit Verlaub: diese Person, die Frau, kannte? Mitnichten. Er hätte mir womöglich gar nichts erzählt. Ich sagte also besser nichts. Denn mich interessierte schon, was er zu sagen hatte. Ich kann nicht leugnen, daß mich alles interessiert, was Brandig, was Myslik, was Max zu sagen hat. Heute wie früher. Zumal, wenn es um diese Frau geht, die ja – wie ich schon an anderer Stelle bemerkte – auf eine verhängnisvolle Weise, auf das erschrekkenste und fatalste, zu ihm paßte. Oder hat Elisabeth es bemerkt? Ich weiß es nicht mehr. Zu meinem Bedauern. Ja, merkwürdig, wirklich. Ich erinnere mich nicht mehr. Ich hätte es aber durchaus bemerken können und bemerke es also jetzt, schreibe es nieder, da Brandig selbst mir ja zu bestätigen begann, daß so etwas zu bemerken seine volle Berechtigung hat. Kurz: Brandig, der als Myslik auftretende Brandig, fuhr ungehindert, von mir ungehindert fort. Und vertraute mir noch mancherlei an, was ich schon wußte. Wenn ich auch, wie ich erleben sollte, schließlich in einem nicht unwesentlichen – das äußere Erscheinungsbild der Frau allerdings weniger berührenden – Punkt doch noch korrigiert werden mußte. Wie er, Brandig, Myslik-Myslik-Myslik, im übrigen selbst. Damals, als er noch Brandig war. Aber dazu später. Vorerst wieder zu ihr und zu ihm. Zum Präludium, dem Vorspiel. »Sie trinkt ihren Tee«, sagte er, »springt plötzlich auf, verläßt das Café – ich sehe sie verschwinden – und kommt – ich sehe sie eintreten – nach kurzer Zeit wieder zurück. Sie stellt ein durchsichtiges Tütchen neben ihr Glas auf den Tisch. Das, sagt sie, ist der richtige Tee. *Malotíri*, sagt sie. Sie kennt sich aus. Ich mache Anstalten zu zahlen. Sie will mich nicht bezahlen lassen. Dann läßt sie mich bezahlen. Sie schaut auf ihre Armbanduhr. Wir vergleichen die Uhren. Und jetzt den Yoghurt, sagt sie. Ich greife nach ihrem Rucksack. Sie steckt das Teetütchen in eine Seitentasche und nimmt mir den Rucksack mit Entschiedenheit ab. Ich folge ihr nach draußen. Ich folge ihr in das Restaurant, in dem sie nach Yoghurt verlangt. Der nicht industrielle Yoghurt, sagt sie. Sie läßt sich fünf der breiten, pfannenartigen Plastikbecher, zerrissene Kartondeckel dazwischen, übereinander binden. Sie trägt einen

Yoghurtturm vor sich her und ich trage nun hinter ihr her den Rucksack. Der hat einiges Gewicht. Das Bootshorn dröhnt. Entschieden schreitet sie aus. Ich gehe die Hafenpromenade bis zum Anleger hinter ihr her.« Brandig, Max, mein Gott, diese Namen, wenn man sich konzentrieren muß auf ihn und das, was er sagte und tat: er, Myslik also, machte eine Pause. Trank. Der Alte hinter der Theke schenkte nach. Ich legte meine Hand flach auf den Rand meines Glases. »Siehst du es vor dir?« fragte Myslik. »Die Sonne, das Meer, Geruch von Fisch, Algen und Teer, riechst du's? Das Weiß der Häuser und an den Tischen die Männer?« Ich sah es. Ich roch es. »Das Boot«, die ANASTASSIA, fügte ich hinzu und er sah mich mit einem Mal ganz entgeistert an, »das Boot«, sagte er, »hat seine Maschinen schon laufen. Sie steigt durch die Luke an Bord. Sie setzt den Yoghurtturm ab und nimmt ihren Rucksack entgegen. Der Kapitän winkt, der Matrose schaut und sie stemmt die Hände in den Rahmen der Luke. Sie hat nackte Arme, die vibrieren. Und sie sieht mich an«, sagte Myslik, »sieht mich zum ersten Mal eindringlich an. Und ich seh sie an. Wir sehen uns in die Augen. Wir hören gar nicht mehr wieder auf, uns in die Augen zu sehen. Unmerklich beginnt sie zu lächeln. Sie hat eine kleine Falte an einer Seite des Munds.« O ja, mein Freund, ich weiß, allzu gut weiß ich es: die Falte wider die Einfalt. »Der Matrose steigt von innen unter ihrem Arm hervor auf den Kai und macht die Leinen los. Mit einem solch gewichtigen Rucksack die Schlucht hoch? sage ich. Sie schüttelt den Kopf. Sie bleibe, sagt sie, am Fuße der Schlucht liegen. Wie schon vergangenes Jahr. Sie zieht mit der Nase. Gegen den Heuschnupfen, sagt sie. Aber da ist doch kein Mensch! Sie zuckt die Achseln. Und für wie lange? Sie zuckt abermals die Achseln. Einen Monat, zwei Monate, drei. Da komme sie, sage ich, sicher mal wieder vorbei. Zum Beispiel wegen Yoghurt. Gib mir eine Zigarette, sagt sie. Sie sagt ohne Du zu sagen das erste Mal Du. Ich gebe ihr eine Zigarette. Halte mein Feuerzeug hin. Der kleine Wind bläst die Flamme aus. Sie legt ihre Hände um meine Hand. Sie zieht den Rauch tief in die Lungen. Der Matrose springt, als spränge er auf sie drauf, haarscharf an ihr vorbei durch die Luke zurück aufs Boot. Er streift sie und hält sie. Oder sich. Mit seinem Sprung legt das Boot ganz langsam ab. Wenn du willst, sagt sie, kannst du mich ja mal besuchen, sagt sie. Wir sehen uns, uns voneinander entfernend, weiter unverwandt an.« Max Myslik hob sein Glas und trank. »Das Boot hat abgelegt«, sagte er, »macht eine Wende im Hafen und sie, die unbewegt in der Luke steht, kommt nicht auf die andere, nun mir zugewandte Seite des Schiffs, das vorbei fährt und weg fährt nach Westen.« Er nahm einen weiteren Schluck. »Nun ist das Boot mit einem Mal ein Schiff«, sagte er, »das ist auch schon alles. Damit ist alles entschieden. Ich wende mich um und – ja, so ist es, ich kann es nicht anders sagen: ich vergewissere mich. Ich seh, daß ich erschaue. Nichts von dem, was ich erblicke, ist mehr denkbar ohne die, die gerade meinen Blicken entschwunden ist. Und ist daher etwas anderes als zuvor. So ist das Erschauen von einem Augenblick zum anderen unwiderruflich zu meiner Existenz geworden. *Unwiderruflich* seit dem Augenblick, da sie meinen Blick erwidert hat. Was für eine Beglückung! Mein Leben ins Unbekannte, in neue Wahrnehmungszonen lenkende Beglückung! Nur ist diese Beglückung von einer solchen Heftigkeit, daß ich sie, allein, wie ich da zurückgeblieben bin auf dem Anleger, nicht so ohne weiteres ertrage. Ich schwanke. Wie in Trance, einem sanften – sicherlich eher torkeligen als tänzerischen – Taumel, der mich durch die Dinge hindurch trägt, bewege ich mich fort; reiße mit meiner Wahrnehmung alles an mich und mit. Die zu meinen Häupten kreisenden schwarzen Schwalben, die wie Raubvögel kreischen, die Kiesel, Kiesellöcher und Verschalungsstreifen im Beton des Anlegers, über den ich mich bewege, das Knirschen der aus den Fischerbooten gehängten Autoreifen an den Dalben der Kaimauer, die ausgebreiteten Netze und die großen stumpfen Nadeln in den Händen der Fischer, die Muränen, die sich in den Wellen des seichteren Wassers schlängeln und nach den von Kindern ins Wasser geworfenen Brotkrumen schnappen, um sie wieder fahrenzulassen, denn sie fressen kein Brot, die in den aufgebockten Ruderbooten liegenden Spielzeugpistolen, der steinerne Hang, der golden, ocker, gelblich, erden, rostig und schwarz gebrochene Widerschein der Felsen hoch über dem Dorf, das Rot des Bluts, das die Stufen des Dorfes färbt von den Schlachtungen der Hühner und Schafe seit dem letzten, Wochen zurückliegenden Regen, das Weiß der Häuser, die Schreie von Kindern, Frauen und einem einsamen Truthahn, der Geruch von gebratenem Fisch, von fritierten Kartoffeln, die riechen nach Fisch, von nach Fisch riechendem Haar, das Weiß der Häuser, das Schwarz der Röcke und Stiefel und der um die Köpfe der alten Männer gewundenen Tücher, das Weiß der Häuser, das Blau der Fensterläden, die Heime der Menschen, das Stöhnen, das Lachen, die Stätten des Lebens, das Weiß der Häuser, die unsichtbaren Frauen in ihnen und die Männer auf Stühlen davor und die Zehen in meinen Sandalen – auch ich trage Sandalen – wie Perlen, ja, Zehen wie Perlen, die vor mir herrollen und mir den Weg ebnen, meine dicken kurzen Zehen: der Weg hinauf zum Weiß des Hauses, in dem ich wohne. Erschauen und Entsetzen, da diese Beglückung unausweichlich und ohne Rückversicherung ist. Ein Sturz in die Höhe«, sagte er, »komm!« Und blickte wie beschämt über den eigenen Wortschwall zu Boden. »Komm, laß uns gehn«, sagte er. Er warf einen Geldschein auf die Theke, der Alte neigte sein kurzsichtiges Auge darauf, sagte sowas wie: stimmt so – und er, Myslik, mein ich, zog die Brauen auf seine von Falten zerrissene Stirn, machte mit den Händen die Bewegung dessen, der sich schon lange nicht mehr wehrt gegen einen kleinen Betrug, und zog mich am Arm auf die Straße. »Die Fischer an den Tischen«, sagte er draußen, »sagen: Du hast ihr den Rucksack getragen. Ich sage: ja. Und sie laden mich ein. Sie stopfen mir mit Gabeln und bloßen triefenden Fingern gebackene Tintenfischkringel, schwarze und grüne Oliven, Tomatenscheiben und Lammrippchen in den Mund. Wir trinken, trinken Wein, Wein und Schnaps. So habe ich noch nie in meinem Leben getrunken. Und ich hatte durchaus in meinem Leben getrunken«, er hielt inne, sah mich an, verzog sein Gesicht, ohne daß ich erkennen konnte, ob er ein Lächeln zeigen wollte oder Abscheu vor seinem Lebenswandel in studentischen Tagen, »du weißt.« Er ging weiter und ich folgte halb hinter ihm. »Ich trinke mit den Männern bis in den Abend«, fuhr er fort, »und bis in die Nacht. Sternennacht und laue Lüfte von Süden. Das Licht der Wüste über dem afrikanischen Meer. Ich sitze oder liege im Mondschein auf dem Anleger, von wo *sie* abgefahren ist, und stürzte ich nicht ins Wasser des Hafens, so wüßte ich am folgenden Morgen nicht, daß ich einem Bären, dem hünenhaftesten und trinkfestesten Fischer am Ort, in der Nacht auf dem Anleger in den Armen gelegen habe. Jedenfalls tauchen wir Arm in Arm auf. Rechtsanwalt Brandig«, sagte Myslik, »mit einem Bären.« Er nahm meinen Arm; unvermittelt – vielleicht, weil ich ihm den Rücken gekratzt hatte, kannte er nunmehr keinerlei Befangenheit mehr: er nahm meinen Arm und hakte sich ein. Ja, wir beide, wie zwei alte Freunde. Und schon standen wir im nächsten Lokal. Brandig reichte dem Wirt, einem jüngeren knabenhaften Herrn in hauteng sitzender Schürze, mit drei Fingern flüchtig die Hand und hob aus derselben Bewegung heraus zwei der drei Finger hoch in die Luft. Wieder gab es Roten. Ich wurde gar nicht gefragt. »Ich werde dich«, sagte er, »geziemend behelligen. In weitere Einzelheiten werde ich kaum gehn. Es sei denn, sie sind vonnöten. Es war aber unumgänglich, den Anfang etwas deutlicher zu machen, du wirst es mir nicht verübeln, denn ich sehe, du verstehst.« Ich nickte. »Außerdem«, sagte er, »brauchst du dir gar nichts zu merken. Ich vergesse selbst ohnehin nichts – außer vielleicht...« er lächelte, »außer vielleicht die Essenz.« Er griff nach seinem Glas und stieß mehrmals gegen den Rand des meinen. Auch ich hob mein Glas, trank jedoch nichts, hielt lediglich den Rand des Glases lange genug an meine Lippen. »Die Welt«, sagte Brandig – ah, verflucht und versabbert, ich bins allmählich, nein, endgültig bin ich es leid, diesen Myslik/Brandig/Maxlik/Paulig, ich bleib jetzt bei Brandig, das wär doch gelacht, ich will und kann mich nicht an Myslik gewöhnen, was ja auch ein bißchen zu viel verlangt ist, denn er ist nicht meine Sache, Mysliks Sache ist Brandigs Sache, die seine allein, solange er jedenfalls der Auffassung ist, ein Name ändere wirklich etwas im Leben, was meine Auffassung nämlich nicht ist, aber bitte: soll er nur der Auffassung sein, meinetwegen, und soll er meinetwegen auch tatsächlich bei ihm etwas ändern: bei mir ändert der geänderte Name nichts, rein gar nichts, ich bleibe bei Brandig: punktum, schließlich ist das, was ich mich hier gezwungen sehe über ihn und seine ganze bedenken-, besinnungs- und verantwortungslose Ungeheuerlichkeit zu notieren, zuallerletzt für ihn bestimmt, wenn es überhaupt für jemanden bestimmt ist (außer für mich), dann bestimmt nicht für ihn, nein, ich bin es leid, dieses läppische Namensvexierspiel, diese elende Seinsmaskerade und diesen – wenn schon Hose runter, dann bis an die Knorpel, möchte ich einmal ganz für mich sagen –: diesen mir dreist und dekretierungsdämlich abverlangten Erinnerungsentzug: nein – Brandig bleibt Brandig für mich, mag er geworden sein und scheinen oder erscheinen wollen und meinetwegen sogar tatsächlich sein, was er will, und ist er auch tausendmal nicht der alte, ich lasse mir das Neue nicht wegnehmen von ihm, meine Welt, ja, er raubt mir ohne jeden Respekt und mit nicht einmal einem Anflug von Skrupel die mir erst durch und dank und mittels der Namen, der Wörter und Worte, Bezeichnungen, Begriffe geöffnete Welt, und die lasse ich mir, auch von einem Brandig – und wenn er noch so ein Myslik sein will – nicht mehr nehmen (das nur eben – als Parenthese – dazwischen, damit man mich, im Notfall, versteht!) – »die Welt«, also sagte Brandig, »ist von seltsam verändertem Aussehen, wenn man sie erschaut. Besonders, wenn man auch noch erwacht in klitschnaß durchweichten Kleidern.« Hier nun bestellte Brandig – als habe er gewissermaßen den Augenblick, da ich mich endgültig weigern würde, mich auf seinen neuen Namen einzulassen, auf das exakteste im voraus erahnt – einen einzelnen doppelten Schnaps. Einen Cognacschwenker mit, wie er sagte: *Calva*. Ernst und schweigend prostete er mir zu. »Ich reiße«, sagte er, »meinen Schlafsack an mich, verlieren wir nicht den Faden, mein Geld, Zigaretten, und stürze mit geschlossenen Augen gegen die Morgensonne die Stufen des Ortes hinab in den Hafen und erwische noch gerade das Schiff. Es ist das erste. Der Kapitän nickt mir zu und der Matrose wendet sich ab. Ja«, sagte er, »der Kapitän nickt mir zu und der Matrose wendet sich ab. Sie haben beide – jeder für sich – ihren Grund.« Jetzt legte mir Brandig seine Rechte auf die Schulter, in der Linken hielt er das Glas mit dem Schnaps. Sein halb volles Glas Wein hatte er stehen gelassen. »Denn der Kapitän hat Vorsorge getroffen. Er tritt auf mich zu«, sagte Brandig, »und fragt, wo ich hin will. Wo will ich schon hin? Zur Schlucht. Und da willst du, sagt der Kapitän, hoch. Das, sage ich, werden wir sehn. Du bist, sagt der Kapitän, noch nicht einmal von oben die Schlucht runtergekommen, wie willst du da hoch? Er kickt mir, wir stehen zwischen den Bankreihen im Innern des Schiffs, mit dem Knie gegen den Oberschenkel. Mal sehn, sage ich. Du willst zu dem Mädchen, sagt er. Welchem Mädchen? Dem Mädchen von gestern. Ich sage: Mal sehn. Da sagt er aber, wir verständigen uns in einem verständlichen Englisch: Nix mal sehn. Ich glaube«, sagte Brandig, »ich sage immer: *Let's see* und er antwortet: *Nothing to see*. Jedenfalls fügt er hinzu: Siehst du da meinen Mann am Ruder? Ja. Kennst du ihn? Ja, das heißt, nur vom Sehen. Das Mädchen, sagt der Kapitän, das du gestern ans Schiff gebracht hast, ist seines. Ah. *Do you understand? His girl, she is. So, you understand, don't touch her. O.k.?* Das also«, sagte Brandig, »ist der Stand der Dinge, als wir ankommen am Fuße der Schlucht. Ich denke«, er ließ nun die Hand von meiner Schulter fallen, »du hast sie auch mal *gemacht* – oder wenigstens einmal von oben – oder unten besichtigt.« Ich war dermaßen in das zuvor Geschilderte versunken, daß ich gar nicht dazu kam ihm zu antworten. Aber er fuhr ja ohnehin fort: »Von dort, wo der steil ins

Wasser betonierte Steg zum Anlegen ist, zieht sich der steinige Strand weiter nach Westen. Bis an die Wand, den schroffen Fels, der abfällt ins Meer. Dort geht es nicht weiter. Nur dort kann sie liegen, denk ich, als ich, in die Mitte genommen von meinem Kapitän und seinem Matrosen, hinaufsteig zu der Erfrischungshütte, die zwischen den wenigen verfallenen Häusern, Ställen und zwei drei aufgegebenen zweistöckigen Rohbauten steht. Die Raststätte für die geprüft und erschöpft aus dem Berg purzelnden Touristen. Bevor sie das Schiff aufnimmt und mitnimmt nach Osten –«, Brandig zögerte, »an unseren unglückseligen Ort. Unter dem Schilfdach noch niemand. Oder vielmehr: drei reglose Gestalten. Je näher wir kommen, desto genauer erkenn ich einen alten schlohweißhaarigen Mann am Tisch, eine Alte mit schwarzem Kopftuch in der Tür und am Tisch mit dem Alten hinter riesiger dunkler Sonnenbrille, ja, ich erkenn sie zunächst allein an den Haaren, den hellen, sie. Reglos. Wie die Alten. Sie trägt ein Kleid. Der Kapitän, sein Matrose und ich setzen uns zu dem Alten und ihr an den Tisch. Sie verzieht keine Miene; nach dem, was ich seh hinter dem Dunkel des Glases. Sonst niemand? sagt sie auf französisch. Niemand, sage ich. Der Kapitän sieht mich mit aufmerksamem Auge an. Was hat sie gesagt? sagt er. Sonst niemand, sage ich, *nobody else*. Und du, sagt er. *Nobody*, niemand. Der Matrose setzt sich nun seinerseits eine Sonnenbrille auf. Der Kapitän bestellt bei der Alten in der Tür vier Kaffee. Der Kaffee kommt, wir schlürfen. Nur sie rührt den ihren nicht an. In unglaublicher Langsamkeit, als habe sie stunden-, nein: tage-, jahre- ein Leben lang in derselben Haltung verharrt, sich streckend und dehnend, die Hände verdrehend wie eine«, sagte Brandig wörtlich, »aus *vor*körperlichem Schlaf erwachende balinesische Tempeltänzerin, erhebt sie sich von ihrem Stuhl. Und sagt in eigenartig gereizt gelangweiltem Tonfall: Dann können wir ja gehn. Ihr Kleid ist knöchellang. Auch ich erhebe mich, der Kapitän greift nach meinem Handgelenk und sagt: *And don't forget... our agreement... I never forget, you know...* Ich entziehe ihm ohne Hast meinen Arm.« Pause, Brandig machte eine Pause. »Komm«, sagte er – zu mir – und trank in einem Zug seinen Schnaps. Er warf zwei Münzen auf die Zinnplatte der Theke, ließ unsere beiden halbvollen Weingläser stehn und zog mich schon wieder hinaus. »Wir müssen weiter«, sagte er, »man muß in Bewegung bleiben, sonst säuft man sich fest.« Und er fuhr auch schon fort. Inmitten des inzwischen ohrenbetäubenden Nachmittagsverkehrs, der an uns vorbeibrandete, brüllte er mich von der Seite an. Gelegentlich blieb er stehen. Als überlegte er: wohin. »Das Erschauen«, brüllte er, »das Erschauen, von dem ich spreche, verstehst du?« Er nahm meine Hand und führte mich wie einen Blinden zwischen den mit kreischenden Reifen um uns herumkurvenden und in unseren Kniekehlen zum Stehen kommenden Fahrzeugen sicher über die Straße. »Das Erschauen«, brüllte er, »nimmt seinen Lauf.« Wir gingen auf das hüfthohe Türchen einer inmitten des Häusermeers eingebetteten kleinen Grünanlageninsel zu. Ein Square. Brandig öffnete das Türchen, indem er sich umständlich mit dem Hinterteil dagegen drückte, um mir den Vortritt zu lassen. Sträucher, Platanen, junge Kastanien in dem Karree. Auf den Bänken junge Mütter, in einiger Entfernung davon junge dunkelhäutige Männer, die – ins Gras geflätzt – die Mütter im Auge hatten, und im Sand die grabenden, schaufelnden und den ungebrochenen Verkehrslärm mit schrillen Schreien übertönenden Kinder. Wir gingen auf einen offenen Pavillon zu. Schlanke himmelwärts strebende gußeiserne Pfeiler und ein – wenn auch aus Kanten ein Rund formendes – fast asiatisch anmutendes Dach. Ans zierliche Geländer preßte sich von innen ein jugendliches Paar. Wir setzten uns auf eine Bank, zugegeben: die einzige freie – mit dem Blick auf das Paar. »Sie geht«, sagte Brandig, er sprach wieder leiser und ich verstand ihn kaum, so daß ich näher rückte, »sie geht vor mir her. Ihr Kleid, das knöchellange, das sich fest um ihre Hüften spannt, hat ein waagerechtes Wellenmuster. Blaue, rote und violette Streifen. Die Streifen nehmen die Schwingungen des Körpers auf – und heben auf die senkrechte Behutsamkeit der Schritte im Kies. So ist die Gangart sowohl voller Vorsicht und Verhaltenheit als auch«, Brandig hielt inne, »ein einziges unbekümmert unverhohlenes Versprechen. Ich kann«, sagte er, »meinen Blick nicht von diesem Widerspruch nehmen. Auf halbem Weg aber zieht sie sich das Kleid über den Kopf. Ich drehe mich um. Ich schätze die Entfernung zu der Erfrischungshütte ab. Ich sehe, daß das Schiff, das mich gebracht hat, gerade wieder ablegt. Sie hat nichts an unter dem Kleid. Ist vollkommen nackt. Nur die Sandalen. Als wäre sie durch die Nacktheit besser gegen die Blicke geschützt. Sie geht weiter vor mir her. Hat sich nicht umgedreht. Ich drehe mich noch einmal um. Ob uns das Schiff folgt. Am Ufer entlang. Sie muß wissen, daß ich meinen Blick auch von ihrem nackten Körper nicht lassen kann. Dabei ist sie«, Brandig unterbrach, »übrigens: das Schiff folgt uns nicht – sie ist – du kennst Elisabeth«, unverhofft suchte Brandig nach Worten, »du kanntest mich damals«, er druckste herum, fast stotterte er, »nein, dieser hier ist – geradezu stämmig, gedrungen – hab ich es nicht schon gesagt? natürlich zwinge ich mich doch, von ihrem Körper abzusehen, über sie hinwegzugehen – ihr über die Schulter zu blicken – etwa auf die sanfte Dünung des Meers, die sich am Fuße der Felswand bricht – Gischt, auf die sie zusteuert – sie – ich – sie ist von ziemlich kompakter – wollte ich sagen, und du wirst noch rechtzeitig erfahren, warum ich sage: Bergbauernmädchenstatur.« Er blickte vor sich ins Leere. Zu Boden. Führte mit der Spitze seines Schuhs einen Bogen aus in dem schotterigen festgetretenen Sand der Anlage. Und vertiefte sich buchstäblich in die Leere, um die er einen Bogen geschlagen hatte. Bis er aufblickte. Das gegen das Pavillongeländer gepreßte jugendliche Paar hatte die Position gewechselt, jetzt drückte sie ihn – und nicht er sie – gegen die eisernen Streben. Brandig aber fuhr fort: »Sie liegt tatsächlich am Ende des unwegsamen Geländes. Sie hat sich ein Lager geschaffen. Eine Mulde zwischen Fels und Gestein. Sie läßt sich auf der Decke nieder, die ihr geöffneter Schlafsack ist. Sie legt sich auf den Rücken, verschränkt die Arme unter dem Nacken. Sie schließt die Augen, aber nicht ganz«, sagte er, »denn sie kann, was ich noch nicht weiß, ihre Augen nie ganz schließen ... nicht mal im Schlaf ... sie schließt also nicht ganz die Augen, zwischen den Wimpern zwei blindweiße Streifen, und sagt: Ich wußte, daß du mit dem ersten Boot kommst. Und da«, sagte Brandig, »ich weiß nicht – das Augenweiß, die Sauferei am Abend zuvor, die tiefe Ohnmacht der Nacht, da bricht es über mich herein. Kaum liegt sie dort ausgestreckt auf dem Rücken zu meinen Füßen, bricht es über mich herein. Die Atemnot, die Trockenheit in der Kehle, die Panik. Der Anfall ist da. Wie ich ihn noch nie gehabt habe. Er kommt ganz eindeutig vom Kopf. Von der Steuerungszentrale. Ich bin kein Mediziner. Das Zentralnervensystem in hellstem Aufruhr. Gegen den Kreislauf gewissermaßen. Der schon zusammenbrechen will. Damit der aber nicht zusammenbricht, muß ich selbst im Kreise gehen. Gegen die in meinem Kopf und in meinem Brustkorb rasende Fluchtbewegung des Kreislaufes, der zusammenbrechen will, an. Ein Schwindel sondergleichen erfaßt mich. Ich ersticke. Ich drohe das Bewußtsein zu verlieren. Und laufe vor den Augen des Mädchens im Kreise wie ein eingesperrtes Tier. Sie öffnet, denke ich, wieder die Augen. Und sieht mich an wie ein Kind, dem grausame Eltern vor der hinter den Stäben kreisenden Bestie zuflüsterten, daß diese in Freiheit über Menschen herfalle und morde. Ich laufe im Kreise im Kies. Laufe vor und zurück. Mir wird schwarz vor den Augen. Dann rot. Dann blau. Schließlich weiß. Ich erkenne die Frau zu meinen Füßen, die sich jetzt auf ihre Ellenbogen stützt und mich ansieht. Sie betrachtet mich. Ich kann nicht stehenbleiben, sage ich kreisend. Und mir schießt das Blut aus allen Extremitäten zum Herzen, zum Kopf. Sie sieht mich. Die Beine wollen versagen. Verschwinden, verschwinden aus der Welt... allein sein, nur ein wenig allein sein in der Welt, damit mich niemand sieht in meiner Hilflosigkeit und meinem Jammer. Ich falle, stürze, nein, ich gehe weiter im Kreis und höre das Mädchen, die Frau, vor deren nacktem Körper ich kreise, etwas sagen, ich weiß nicht, sagt sie: paß auf, daß du den Wassersack nicht umschmeißt! oder sagt sie: Wassersack heißt *vache à eau* und paß doch auf heißt *fais gaffe!* Gibt sie Lektionen? während ich gegen Ohnmacht und Bewußtlosigkeit ankämpfe? Ich verliere den Boden unter den Füßen. In den Kniekehlen kein Gefühl mehr beim Gehen, ich stakse. Im Kopf ein Überdruck. Das Herz rast. Im Rachen Dörre. Lähmung, Übelkeit und rasende Unruhe zugleich. Mein Kopf droht zu zerspringen. Alle Körperteile sind erfaßt. Ist das das Ende? Soll hier schon Schluß sein? Ich will nach dem Wassersack greifen, kann aber nicht. Muß weiter im Kreis gehn. Ich kann nicht trinken. Ich bin, sage ich, krank. Ich habe einen Erstickungsanfall. Ich brauche, sage ich, einen Arzt. Woher, antwortet sie, einen Arzt nehmen hier? Vielleicht – ja, sprechen geht, sprechen ist wie im Kreis laufen«, sagte Brandig, »das hilft – vielleicht kommt gegen Mittag mit der ersten größeren Gruppe auch ein Arzt aus der Schlucht, diese Schlucht machen vor allem Leute aus den besseren mittleren Kreisen, was für bessere mittlere Kreise? sagt sie, und ich gebe sowas zur Antwort wie: die gymnastischen, die akademischen, die naturverbundenen Kreise, aber ich weiß nicht – oder haben die Alten dort in der Hütte, wo ich dich traf, vielleicht Telephon, sie müssen eins haben, schon wegen all der von Hitzschlag und Sehnenläsionen Bedrohten, es muß eine Möglichkeit geben, denn wenn das so weitergeht, wenn das nicht aufhört, sag ich, wenn ich nicht stehenbleiben kann, wenn ich nicht zur Ruhe komme, wenn sich die Lähmung, die mich daran hindert stehenzubleiben, nicht löst, dann weiß ich nicht weiter, dann muß ich dich bitten, sage ich«, sagte Brandig, »zu der zu meinen Füßen liegenden Frau, hinüberzugehen und zu telephonieren. Hilfe zu holen. Vielleicht einen Hubschrauber zu bestellen. Bei der Nato-Basis im Norden. Oh, sagt sie, du bist Soldat. Nein, sage ich, das nicht gerade. Ich bin vielmehr am Ende. Einen Rettungshubschrauber brauch ich, koste er, was er wolle, worauf sie sagt: Ich hab keinen *sou,* jedenfalls nicht zum Fliegen. Bevor ich hier, sage ich, elendiglich krepiere, lasse ich mich lieber wegfliegen. Sie könne ja, wenn es ihr nichts ausmache, mitkommen, sag ich. Und es steht mir kalter Schweiß auf der Stirn«, sagte Brandig, »sie aber, die Nackte zu meinen Füßen, erhebt sich und sagt: Erstens sind die Berge zu hoch, da kommt kein Hubschrauber rüber, und zweitens wolle sie, bevor wir losflögen, erst einmal baden. Ob ich nicht mitkäme ins Wasser. Mir sei doch sicher auch heiß. *Oh quelle chaleur!* Ich bedanke mich«, sagte Brandig, »und sage, daß es schon ginge, es ginge auch so, sie solle sich nicht um mich kümmern, sie tritt auf mich zu, ich käme schon klar, sie gibt mir einen Kuß, einen Kuß auf die Wange, so daß ich einen Augenblick innehalte im Kreisen, irgendwann werde es mir schon bessergehen, ich fahre zu kreisen fort, sie solle nicht beunruhigt sein – ich bin nicht beunruhigt, sagt sie –: sie solle nur, sage ich, allein baden gehn. So zuckt sie die Achseln, macht kehrt und geht an dem Wassersack vorbei hinunter ans Ufer, die zehn oder zwanzig Schritte zum Meer. Sie läßt mich allein. Es wird schon wieder werden. Ich kreise. Es wird schon vorbeigehn. Ich schleppe mich kreisend dahin. Mit mir allein. Und wenn es nicht vorbeigeht, dann ist es besser, es geht allein nicht vorbei. Geht es aber vorbei«, sagte Brandig, »indem ich umfall und das Bewußtsein verlier, dann ist es ebenfalls besser allein. Aber wie? Erst staksen, jetzt schleppen? Ja, kreisend. Mit bei jeder Runde zweimal zu wendendem Kopf blicke ich aufs Meer. Die Nackte steigt ins Wasser. Ich sehe ihren Rücken, das helle Haar legt sich auf die nur leicht bewegte Fläche, und sie zieht es, sachte eintauchend, als dunkelnde Spur hinter sich her. Immer schwerer aber mein Schritt. Ich spüre den Kies unter den Sohlen. Ich sehe aufs Meer, auf das sie hinausschwimmt. Je kleiner ihr Kopf wird, sie schwimmt schnurstracks geradeaus, desto schwerer und schleppender wird mein Schritt. Der Schwindel läßt nach. Der Druck im Kopf löst sich. Die Beine werden sicherer. Das Herz schlägt ruhig. Noch atme ich schwer, aber die Luftröhre weitet sich, ich hebe die Arme, bleibe stehen, blicke hinaus auf die von der im

Zenit stehenden Sonne beglänzte Fläche des Meeres – und da ist sie, die Hinausgeschwommene, verschwunden. In großer Erschöpfung greife ich nach meinem Schlafsack und lege mich in den Schatten. Unter einen überhängenden Felsen. Das«, sagte Brandig, »denke ich, wäre erst einmal überstanden. Ein Totalangriff auf den Gesamtorganismus, wie er bislang noch nicht abzuschlagen war. Jetzt zieh auch ich mich aus bis auf die Haut.« Und er stand auch von der Bank, auf der wir nebeneinander saßen, auf. Er blickte mich an. »Es ist unglaublich«, sagte er, »ich weiß, auch sie wird glauben, ich habe ihr was vorgespielt.« Er wendete sich ab. »Mein Gott«, hörte ich ihn sagen, »was habe ich für einen Durst.« Auch ich erhob mich sogleich. Ich warf noch einen Blick auf das gegen das Pavillongeländer gedrückte Paar – jetzt preßte er wieder sie gegen die Streben – und wir verließen, durch ein anderes Türchen tretend, den Square. Wieder ließ mir Brandig den Vortritt. Um mich aber – wortwörtlich – umgehend zu überholen und, nachdem ich ihm über die weniger verkehrsreiche Straße gefolgt bin, gleichsam mit mir im Schlepptau das allernächste Lokal zu betreten. Wasser, rief ich hinter ihm her, nicht ohne Grund in der Annahme, daß sein Durst keiner war auf Wasser. Und so war es denn auch: er wieder Wein und ich, er machte eine kleine Verbeugung vor mir, Wasser. »Trotz eines höllischen Durstes«, fuhr er auch schon fort, »rühre ich in ihrer Abwesenheit ihren Wassersack nicht an. Ich warte. Sie hat mir kein Wasser angeboten. Zwar habe ich nicht gesagt, daß mich dürstet, aber ich habe gesagt, daß ich krank sei. Ich warte eine Stunde. Sie ist nicht mit einem einzigen Wort auf meine plötzliche Erkrankung eingegangen. Ich warte zwei Stunden. Wieder überkommt mich eine Unruhe. Der Anfall, die Erkrankung, droht wiederzukehren. Sie ist, das spüre ich deutlich, auch ohne die Schreckenssymptome in mir. Sie lauert. Das Mädchen aber ist schnurstracks aufs Meer hinausgeschwommen und dort verschwunden. Als sei sie versunken. Und taucht nirgendwo auf. Bis sie schließlich nach einer schon gar nicht mehr möglich erscheinenden Zeit – inzwischen frage ich mich, wie sie nun zu retten sei: doch wohl kaum von meinem Kapitän und seinem Matrosen – einen Steinwurf von mir entfernt, um den steil ins Meer fallenden Fels herum auf mich zugeschwommen kommt. Ich erhebe mich und ziehe meinen Schlafsack in die Sonne. Neben den ihren. Ich setze mich. Was für eine Gestalt, die da auf mich zukommt! Der Körper glitzert. Sie streicht sich mit beiden Händen die Haare über den Kopf. Ihre Schritte im Kies hören sich an wie eine heimliche Verschnellerung der sanft gegen das Ufer schlagenden Wellen. Sie läßt sich neben mir nieder. Na? sagt sie, sinngemäß«, sagte Brandig, »alles in Ordnung? Alles in Ordnung. Sie streckt sich wieder auf den Rücken aus. Und ich betrachte sie. Sie hat wieder die Augen – sozusagen – geschlossen. Ich rücke näher an sie heran. Von meinem Schlafsack auf den ihren. Sie atmet ruhig. Als habe sie eben nur mal ihren Körper unter eine Dusche gehalten. Die Tropfen auf ihrer Haut bewegen sich mit dem Atem, vereinigen sich, perlen an abschüssiger Fläche hinab. Gekräuselt die dunklen Brustwarzenhöfe. Monde im Sonnenlicht. Ich betrachte sie lange und lege am Ende die Fingerspitzen, zwei Fingerkuppen meiner Rechten, auf ihre Stirn. Bewege sie nicht. Auch sie bewegt sich nicht. Ich spüre das Naß, bis ich es nicht mehr spüre. Ich verharre. Dann führe ich die beiden Finger von der Stirn über die gerade kräftige Nase über den Mund, den vollen, die Oberlippe tritt ein wenig stärker hervor als die Unterlippe, über das Kinn und den Hals und zwischen den Brüsten hindurch über den Bauch und den Nabel und die Wölbung unter dem Nabel auf das dichte Gestrüpp, in dem die schillernden und blinkenden Tropfen des Meeres hängen wie Schmuck. Meine Hand ruht eine Weile auf dem Hügel. Dann nehme ich sie weg. Es geht ein Zittern durch ihren Körper. Wie heißt du? vernehme ich sie. Paul. Ich, sagt sie, heiße Eliada oder Carla oder, wenn du willst, Jeanne. Also Jeanne.« Brandig hielt inne, blickte sich in dem Lokal um und grüßte hinüber zu einigen Männern, die um den Billardtisch herum standen. Einer von ihnen fingierte mit dem Queue, mal vor dem Leib, mal rücklings hinter dem Rücken, verschiedene mögliche Stoßrichtungen. Schließlich gab er einem anderen den Stock. »Das Erschauen«, sagte Brandig, »ist etwas, das einem schwer zusetzen kann.« Er hatte schon wieder sein zweites Glas in der Hand. »Denn das Erschauen, du hast es ganz richtig verstanden«, plötzlich zog er mich mit der freien Hand am Revers meiner leichten Sommerjacke an sich heran, »ist ja nicht das bloße Sehen. Es ist das jeden Saum (*Saum,* sagte er) und jede Sorge zusammenführende Bewußtsein. Eine Art Urzeitgedächtnis. Der Stoff, mit dem das Innere das Äußere bedeckt, damit ...« er löste die Hand von meiner Jacke, »darunter das Äußere das Innere entdeckt. Zumindest die im Innern schlummernden Kräfte. Die natürlich nicht zu verwechseln sind mit den sowieso hellwachen Sinnen. Denn das bloße Sehen ist ganz selbstverständlich im Erschauen mit dem Hören und Fühlen, dem Schmecken und Riechen vereint. Mehr noch: was gesehen, gehört und gefühlt, geschmeckt und gerochen wird, wird auch unmittelbar erkannt, erfaßt und begriffen. Wird zu einem Begriff. *Ist* der Begriff.« Brandig starrte auf das Glas mit dem Rotwein, das er zwischen Zeigefinger und Daumen vor sich kreisen ließ, bis es überschwappte. Ein paar Spritzer besprengten Handgelenk und Ärmelansatz. »Jeanne«, murmelte er. Und nach einer Weile – er setzte das Glas auf der Theke ab und beleckte sich das Gelenk – fuhr er wieder laut und vernehmlich fort: »Ja, das Erschauen ist die vollkommene Aufnahme der Welt in dein Sein und die vollkommene Aufnahme deines Seins in die Welt. Vermittels einer einzigen Person. Die Welt steht dir offen und du bist offen der Welt. Was aber den Geschmack und den Geruch anbelangt«, er wandte den Kopf und bestellte bei der Frau, die hinter der Theke bediente, einen weiteren Wein und ein Wasser, »so bekommen die noch eine ganz eigenartige«, Brandig wiederholte und trennte: »*eigen-artige* Bedeutung, denn sie sind die Verankerung des Erschauten im ...« er zögerte, »allgegenwärtigen Tod.« Sagte es und ging geradezu hastig über das von ihm selbst Gesagte hinweg; als wolle er es – ausgesprochen – schon nicht mehr wahrhaben. »Du siehst«, trieb es ihn voran, »es ist unerläßlich, darüber zu berichten. Wenn man überhaupt etwas sagen will. Denn es birgt natürlich nicht geringe Gefahren.« Als müsse er sich jetzt aber kräftigen, nahm er aus meinem Mineralwasserglas einen kräftigen Schluck. »Ich sehe mich um«, sagte er und wischte sich mit dem Handrücken über den Mund, »ich sehe die Felsen in meinem Rükken, die Kieselsteine, die Öde. Ich sehe die Weite des Meers, weit hinten im Osten das Schilfdach. Es scheint eine Gruppe von Touristen angekommen zu sein. Ich sehe Bewegung. Es könnten aber auch Maulesel sein, große Hunde. Das Schiff ist noch nicht wieder da. Jeanne schläft neben mir. Ich beuge mich zu ihr hinunter und sehe die weißen Streifen zwischen den Wimpern. Sie muß die Augäpfel nach oben, Pupillen und Iris unter die Lider drehen, um nichts zu sehen im Schlaf. Sie seufzt. Sie erwacht erst, als die Sonne hinter dem Felshang zu unserer Rechten verschwunden ist. Das erste, was sie sagt, als sie die Augen ganz aufmacht – sie sieht mich aber nicht an, nein, sie sieht über das Meer –: das erste, was sie sagt, ist: Noch nie ist mir ein Weißer mit derart dunklen Augen begegnet wie du. Ich begreife sie nicht. Sicher, ich hab ziemlich dunkle Augen. Als du mich gestern ansahst am Schiff, sagt sie, hab ich gedacht: gut, dann nehm ich ihn eben als Schwarzen. Von Weißen, sagt sie, habe sie sowieso fürs erste wieder mal genug. Eigentlich wolle sie überhaupt keinen mehr. Aber wie's eben so komme. Was für Weiße? frage ich«, sagte Brandig, »und sie sagt, daß sie, bevor ich mich ihr in den Weg gestellt habe – ich mich ihr in den Weg! –, am selben Tag schon zwei anderen begegnet sei. Wie begegnet? frage ich. *Eh bê, j'ai baisé avec,* sagt sie. Der eine gehörte zur Besatzung der Fähre von Athen und lud sie für die Nacht ein in seine Kabine und der andere war am Morgen nach Ankunft der Fähre im Norden der Insel derjenige von den Störenfrieden, die sie nicht schlafen ließen in dem Pinienwäldchen in der Nähe des Hafens, der ihr am besten gefiel, mit dem habe sie dann den Vormittag im leeren dunklen Kino seines Vaters verbracht. Ich könne mir sicher vorstellen, wie müde und erschöpft sie gewesen sei, als ich mich ihr, nachdem sie auch noch mit dem Bus über die Berge gemußt habe, in den Weg stellte. Den Matrosen aber, sagt sie, ich wisse schon, der von dem Schiff, das mich gebracht hat, habe sie sich in der darauf folgenden Nacht erspart, obwohl der vielleicht der interessanteste gewesen wäre von den dreien. Aber den habe sie sich erstens erspart, weil sie ihm, sagt sie, offenbar von seinem Kapitän zugeteilt worden sei – kannst du dir das vorstellen? fragt sie mich noch, worauf ich aber nicht antworte – und zweitens, fährt sie fort, weil sie gewußt habe, daß ich komme. Ja, sagt sie, und jetzt sei ich da«, sagte Brandig, »ich mit meinen dunklen Augen ... die so dunkel sein sollen wie die eines Schwarzen. Sie nimmt mich bei der Hand. Ich bin geschwächt, auch ich bin müde und erschöpft nach meinem Anfall, dieser so plötzlich aufgetretenen und so ausdauernd an den schwindelerregenden Graten eines Kollapses sich haltenden Krankheit, die immer noch in mir ist und jeden Augenblick wieder ausbrechen kann. Jeanne lächelt. Sie läßt meine Hand los, greift nach dem Wassersack und kippt aus einer Öffnung an der oberen Naht einen Plastikbecher voll, den sie mir hinhält. Ich trinke. Sie greift nach etwas in ihrem offen stehenden Rucksack, greift nach ihrem Schlafsack, den sie sich an den Körper drückt, und sagt: Nimm du deinen. Sie zieht mich nach unten ans Ufer, wo noch die Sonne hinfällt. Dort schürft sie mit bloßen Händen eine neue Mulde im feineren Kies. Sie breitet beide Schlafsäcke übereinander. Leg dich hin, sagt sie. Ich lege mich hin. Auf den Rücken! Sie hat ein weißes Fläschchen in der Hand. Ich müsse jetzt entspannen, sagt sie.

Sie schraubt den Verschluß des Fläschchens auf, kniet nieder zu meinen Füßen und träufelt mir eine dicklich weiße Flüssigkeit auf den Spann. Ich brauche, sagt sie, während sie mir die Flüssigkeit zwischen den Zehen zu verteilen beginnt, keine Angst zu haben, das sei keine gefährliche Milch, sie habe sie selbst gemacht, selbst zubereitet, sagt sie, es handele sich um keine geruchs- oder/und geschmacksübertönende, sondern vielmehr um eine eigengeruchs- und eigengeschmacksintensivierende Milch, ja, keine Chemie, es handele sich auch nicht etwa um eine Sonnenmilch, nein, es handele sich um eine Mondmilch, denn sie sei vor allem für die Nacht gemacht, o ich habe vergessen, wann wir den nächsten Vollmond haben, weißt du es? fragt sie – und streicht die Mondmilch mit wendigen Fingern um meine Zehen, reibt Zeh für Zeh einzeln ein, fährt sachte in die Spalte zwischen den Zehen, massiert, sie biegt auch die Zehen mal hier hin, mal dort hin. Erst behandelt sie einen Fuß, dann den anderen. Sie fährt die Schienbeine hoch. Du bist schon schön braun. Tröpfelt ein wenig auf die Kniescheiben, drückt den weißen Klecks mit flacher Hand auseinander, fährt mit der Hand herum um das Knie und behutsam die Schenkel hinauf. Wie zufällig berührt sie flüchtig die Hoden. Dann greift sie nach einer meiner neben mir liegenden Hände. Wieder fließt ein wenig von der feuchten kühlen Masse, die fast eine Creme ist, auf meine Haut. In den Handteller genau. Mit besonders feinem, fast drucklosem Streichen verteilt sie sie hin zur empfindlichen Gegend des Pulses. Ich sehe nicht hin. Ich blicke in das tiefe Blau des Himmels. Sie läßt den Puls und beginnt Finger für Finger und Zwischenraum für Zwischenraum für Zwischenraum zwischen den Fingern zu massieren wie vorher die Zehen. Bis sie über die gekneteten Handballen zurückfindet zum Puls. Dort verharrt sie. Sie hebt und senkt die Hände, ihre, einen Finger, eine Kuppe des Fingers, so daß sich mein Puls anfühlt, als käme schon eine erste linde Abendbrise vom Meer. Oder ist es wirklich eine Brise? Mit verstärktem handfestem Druck bewegen sich ihre Hände meinen Arm hoch, die Innenseite entlang hinauf zur Achselhöhle, immer, sagt sie, von den Extremitäten zum Herzen, darauf komme es an, immer von außen nach innen. Sie tröpfelt mir Milch in die Vertiefung zwischen Brustbein und Hals, streicht sie über die Schlüsselbeinknochen zu den Schultern und nieder zur Brust. Sei froh, sagt sie, daß du nicht so behaart bist wie ich. Ich hebe den Kopf. Sie drückt ihn – Hand auf meiner Stirn – wieder zurück. Und streicht dann übers Herz weg und am Herzen vorbei abwärts zu meinem durchaus nicht unbehaarten Bauch. Träufelt noch ein paar Tropfen in die Tiefe des Nabels und führt immer weiter gegen die Herzensrichtung die Hände weiter«, Pause, »sie nimmt mein Geschlecht«, sagte Brandig, er schien noch einen Augenblick zu überlegen und leerte schon wieder ein Glas, »sie nimmt meinen Schwanz«, sagte er, »in die Hand. Sie zieht die Vorhaut über die Eichel, reibt, tupft, streicht, läßt nicht das mindeste aus und geht noch weiter nach unten. Du hast sehr große Hoden, sagt sie. Und: Ach, mein Gott, jetzt habe ich den anderen Arm ganz vergessen. Sofort greift sie nach dem anderen Arm und beschäftigt sich mit ihm wie mit dem ersten. Dann sagt sie: Umdrehn! Ich drehe mich um auf den Bauch. Sie beginnt wieder bei den Füßen. Kneten und Drehen von Zehen, Ballen und Fersen. Die Gelenke, Waden, Kniekehlen, Schenkel hoch bis zum Gesäß. Natürlich erst das eine Bein und dann das andere. Als nächstes wieder die Hände, die Handrücken jetzt, die Ellenbogen, die Arme bis hoch zu den Schultern, eins nach dem anderen. Sie massiert sich fest in meinem Nacken. Es tut nur gut, sagt sie, wenn es schmerzt. Dann hilft es, sagt sie und fährt mit den Händen die Wirbelsäule hinab, läßt das Herz wieder links liegen und landet auf meinen Lenden. Sie führt ihre Hand in den Spalt, über den Anus weg zur Wurzel des Schwanzes«, sagte Brandig und bestellte, nun auch wieder für mich, zwei weitere *côtes*. Die Frau, die bediente, wandte sich nach der Flasche um und knickte plötzlich um mit dem Fuß. Die Flasche taumelte. Die Frau taumelte. Keine junge Frau, keine alte. Als sie sich gefangen hatte, bemerkte ich, daß einer ihrer Füße zwischen chromblitzenden metallenen Schienen im Schuh steckte. War sie damit umgeknickt? Ich fühlte mich mit einem Mal beobachtet. Brandig ließ mich die Behinderung der Frau regelrecht *an*schauen ... fast hätte ich *er*schauen gesagt, aber – na ja – ich ja wohl nicht. »Sie sagt«, fuhr Brandig, nachdem ich sozusagen ostentativ der Theke den Rücken gekehrt hatte, fort, »sie sagt zu mir«, sagte er, »du hast einen schönen Arsch. Sie streicht noch einige Male über ihn hinweg. Dann sagt sie, ich solle mich noch mal umdrehn. Ich drehe mich noch einmal um. Sie nimmt einen meiner Füße und sagt: Du hast Zehennägel wie Perlen. Seltsam, denke ich, gestern, als ich schwankte, wankte und taumelte, sie war gerade mit dem Schiff abgefahren: rollende, vor mir her rollende Perlen! Das, sage ich, hat mir noch niemand gesagt: Zehen wie Perlen. Nicht Zehen, sagt sie, Nägel. Sie biegt meinen Fuß nach außen, spreizt meine Beine«, sagte er, er hob sein Glas, »und legt sich der Länge nach auf mich drauf. Ich schließe«, sagte er, »die Augen.« Und nahm einen Schluck. Auch ich nahm einen Schluck. »Ich liege starr und steif«, sagte er, »halte den Atem an. Sie küßt mich. Sie küßt. Sie kost nicht, nein, sie kostet eher. Von meinem Gesicht, das nicht eingecremt ist. Ich öffne die Augen. Ich öffne den Mund. Sie küßt mich, schließt nicht die Augen, schaut ernst und... sie schaut fast entsetzt und drückt ihren Unterleib fest gegen den meinen. Sie untersucht mich, zupft am Ohrläppchen, drückt einen Finger auf meine Nase, lächelt auch und schnuppert hinter meinem Ohr. Sie lacht lautlos. Sie erhebt sich. Fährt mit den Lippen von meinem Mund über den ganzen Körper nach unten. Sie küßt meinen schlaff in der Leiste liegenden Schwanz. Ich werde dir nie verzeihen, haucht sie, daß du dich mir in den Weg gestellt hast. Und ich Dummkopf«, sagte Brandig, »bilde mir noch ein, sie wolle mir heimlich schmeicheln mit Koketterie, wo sie in Wahrheit nichts anderes als schroff und unverhohlen gnadenlos ist. Dann aber sagt sie: Und nun zu mir! Jetzt sei sie dran. Ich erhebe mich, sie legt sich an meine Stelle, jedoch zunächst auf den Bauch. Ich mach es genauso wie sie. Erst die Füße, die Beine. Dann die Hände, die Arme, die Schultern, den Nacken, fester, sagt sie und windet sich: Und nicht sparen mit der Milch. Ich streiche die Wirbelsäule, die in festes Fleisch gebettete Kette, die ausläuft in einen kleinen blondbehaarten rosa Streifen zwischen den Lenden, hinab: Du hast, sage ich dumm und dumpf, auch einen schönen Arsch. Den sie tatsächlich hat, aber wie kann man«, sagte Brandig, »so etwas sagen zu jemandem, der es einem selbst erst soeben gesagt hat? Ich habe die beiden sehr hoch angesetzten Hälften unter den Händen, hebe die Hände, senke sie, schiebe ich, aber das, verzeih«, sagte Brandig, »geht wahrscheinlich zu weit, es geht dich nichts an, obwohl es wahrlich nichts Kompromittierendes, nichts sie Bloßstellendes hat, nein, ich meine nur, schiebe ich die beiden Hälften mit anhaltendem Druck nach oben, entstehen zwischen der Höhe des Gesäßes und der Taille winzige Falten, als wäre sie, die unter mir Liegende, nun um einiges älter als sie tatsächlich ist und ich könnte«, sagte Brandig, »weinen vor Freude. Als hätte ich schon all die Jahre zwischen der Gegenwart und einer nicht mehr endenden Zukunft unter meinen bebenden Händen.« Er wandte sich plötzlich von mir ab, blickte hinüber zum Billardtisch, an dem weiter gespielt wurde. Ich sah nicht sein Gesicht. Nach einer Weile fuhr er, mir nur halb zugewandt und durch die großen unverhängten Scheiben auf die Straße blickend, fort: »Sie legt sich auf den Rücken. Ich träufle ihr die Mondmilch auf den hohen Spann der im Verhältnis zu ihrem übrigen Körper überaus zierlichen Füße. Ich träufle ihr die Milch in die Handteller, aber lassen wir nun wirklich die Einzelheiten«, sagte er, »ihre Brustwarzen sind umkränzt von kurzen dunklen, ein wenig borstigen Härchen, die ich in Wuchsrichtung kreisend umstreiche. Ihr Gesicht ist gerötet. Der Flaum der Wangen richtet sich auf. Moos. Helles Moos unter Tau. Die Wölbung der unteren Rippen. Der Bauch, der, selbst wenn sie auf dem Rücken liegt, etwas erhabene Bauch. Kein Mädchenbauch. Der Bauch einer Frau. Ich träufle Milch genau an die Grenze zwischen Schamhaar und Bauch. Und frage, als müßte ich mit Worten ablenken von dem Teil ihres Körpers, dem meine Hände sich nähern: Und aus was ist die Mondmilch gemacht? Garantiert chemiefrei, kommt es kühl aus ihrem halb geöffneten Mund, ein Geheimrezept, eigengeruchs- und eigengeschmacksintensivierend. Und während ich nun die Milch noch über den Bauch streichend verteile, sagt sie: Gut, weil du es bist, ich verrat das Rezept. Unendlich langsam, bevor meine Hände anlangen in der Tiefe des dichten Behaarungsgestrüpps, spreizt sie die Beine und sagt: Die Basis ist wirkliche Milch. Ich lege das Fläschchen zur Seite, rutsche nach unten und lege mein Gesicht in ihren Schoß. Ich lausche. Als käme aber die Stimme direkt aus ihrem Bauch, aus dem Leib, vernehme ich das Rezept: Einfache entfettete sterilisierte Milch von der Kuh, das ist immer die Basis, dann Olivenöl, reinstes kalt gepreßtes, davon allerdings nicht zuviel, dazu nicht wenig geriebene Platanenrinde, wenns geht eine Prise Elfenbeinpulver und schließlich ein kombiniertes Hormonpräparat, das ist das Wichtigste. Ein Hormonpräparat? Sowohl ein Eierstockhormon- als auch ein Hodenhormonpräparat, z. B. Östrogen und Testosteron, verstehst du, nur im richtigen Verhältnis, aus der getrockneten und pulverisierten Tierdrüse müssen sie sein, aus gereinigten Drüsenextrakten, den aus innersekretorischen Drüsen isolierten – und keinesfalls künstlich hergestellten – Hormonen, sagt sie. Ich lausche. Und sie verstummt. Sie nimmt meinen Kopf zwischen die Hände, schiebt ihn weiter nach unten, dorthin, wo ich sie nicht eingecremt hab, sie schmeckt und riecht, sie schmeckt nach Meersalz und riecht nach Meersalz, sie schmeckt und riecht, ich werde das nie –« Brandig wandte sich mir wieder zu und griff wieder nach seinem Glas, »ich rieche und schmecke sie immer noch, sie riecht und schmeckt nach – so eben wie jeder seinen Geruch und seinen Geschmack hat, unverwechselbar: sie riecht und schmeckt stark und betäubend nach, nach sich selbst: ihr.« Brandig trank. »Genau genommen lecke ich ihr erst das Meersalz weg und versinke dann in ihrem Eigengeschmack und Eigengeruch, ich schmecke, rieche und lecke sie und höre nicht auf unter ihren Händen, die meinen Kopf umklammert halten, bevor sie nicht –: ich habe einen solchen Schrei«, sagte er, »in meinem Leben noch nicht vernommen, ein Schrei wie ein Vogelruf, ein einziger zum Himmel gerichteter Schrei, Schmerz und Jubel zugleich, als stieße«, sagte Brandig, »die gefiederte Seele im Sturzflug – in entgegengesetzter Richtung also – vor zum Kern des irdischen Planeten.« Das sagte er, Brandig, ein Bild, das ich seiner ansonsten so unnachgiebigen Nüchternheit nicht zugetraut hätte. »Der Körper aber dazwischen«, fuhr er fort, »reglos. Oder besser: aus der reglos mir entgegengestemmten Straffung niedersinkend in reglos weiche Ermattung. Und sie sagt, so habe es bei ihr noch keiner geschafft. Sie umschlingt mich. Sie reibt ihre Wange über meine von ihrer Mondmilch geglättete Haut. Sie hinterläßt Küsse auf dem Weg nach unten. Sie führt den Mund auf mein Glied, umschließt es, saugt, preßt, nimmt die Hand zur Hilfe, zieht die Vorhaut sanft bis vor die Zähne, spielt mit der Zunge um die Spitze herum, wiegt mit der zweiten Hand die Hoden und hört nicht auf, läßt nicht nach, küßt. Aber nichts. Es geschieht nichts. Nichts geschieht bei mir. Ich versage. Das erste Mal in meinem Leben. Sie aber gibt sich mit dem fremden Körper ab, bis die Dämmerung einbricht. Sie ist von geradezu unbändiger Geduld. Aber, wie gesagt, nichts. Ich krümme mich, ziehe meinen Körper über meiner Schwäche zusammen und rolle mich auf die Seite. Ich erwarte die Nacht. Sie, die Frau, kniet reglos neben mir. Stille. Nur das Wasser zu meinen Füßen, das im rhythmischen Zurückweichen immer ein paar Kieselsteine bewegt. Ja«, sagte Brandig, »so ist es. Schweigen. Die Nacht. Und die ersten Mücken, die kommen und stechen. Zusammengerollt auf der Seite liegend, schlage ich mir mit der flachen Hand auf die Haut. Jeanne erhebt sich, zieht mir einen der beiden aufeinanderliegenden Schlafsäcke unter dem Körper weg, bedeckt mich mit ihm und schlüpft zu mir herunter. Sie rührt mich nicht an. Sie beginnt zu sprechen wie jemand, der in der gleichen Lage ist wie der, zu dem er spricht. Sie sei, sagt sie, eigentlich auch nicht freiwillig hier. Sie sei wegen eines gräßlichen Heuschnupfens hier. In Frankreich, im *Midi,* wo sie lebe, sagt sie, könne sie um diese Jahreszeit, der schönsten, April/Mai/Juni, überhaupt nicht die Wohnung verlassen. Vorhänge und Jalousien Tag und Nacht vor und herunter. Aber die Reizstoffe, die Pollen drängen durch alle Ritzen. Und sie drängen ein in sie. So daß es ihr aus allen Öffnungen nur so herauslaufe. Mit verquollenen Augen, verquollener geschwollener Nase und geschwollener Vagina, sagt sie, liege sie in ihren Kissen. Sie sei kein Mensch mehr. Nur dort, wo um diese Jahreszeit die Sonne schon alle Kräfte des Blühens versengt und verkohlt hat, sagt sie, wie hier zum Beispiel – hast du das schwarze Gras gesehen an den Hängen? –, hier ließe sich leben. Deshalb sei sie hier. Nicht wegen irgendwelcher Männer. Die liefen halt so nebenher. Und, sagt sie, ich müsse zugeben, die Stelle hier unterhalb der Schlucht, die sie sich ausgesucht habe, um den Hochsommer abzuwarten, sei ja für Männer nicht gerade die einladendste. Männer hätten keine Ahnung von der Natur. Sie habe sich aber für den Notfall, sagt sie, zwei Bücher mitgebracht. Für die Zeit. Was für zwei Bücher? Tausendundeine Nacht, sagt sie, und Michail Alexandrowitsch Bakunin, gesammelte Schriften. Dünndruckausgaben. In ihrem Rucksack. So sei es dann wenigstens nicht das reinste Dahinvegetieren... hier in der verbrannten und verkohlten Natur. Wie dort oben im Norden. Toulouse. Wo sie ja, wenn sie nicht noch ein Examen zu machen hätte, auch nichts zu suchen habe. Wie eigentlich nirgendwo in Europa. Aber wohin gehen? sagt sie. Sie habe keine andere Wahl. Sie sei Südamerikanerin, sagt sie, aus Montevideo, Uruguay, wenn ich wüßte. Den Heuschnupfen aber wolle sie Europa nicht anlasten, sagt sie, den habe sie mitgebracht, den habe sie in dem Jahr gekriegt, als sie von ihrem ersten Geliebten verlassen worden sei. Danach sei sie von niemandem mehr verlassen worden. Sie habe verlassen. Aber wenn man, sagt sie, von seinem ersten Geliebten verlassen wird und noch keine Erfahrung hat und ja auch nicht den Überblick – wer hat den schon im Alter von elf Jahren? sagt sie –, dann ist man verletzlich, verwundbar, nicht wahr? Sie, sagt sie, habe auf das Verlassenwerden mit Heuschnupfen reagiert. Sonst habe es sie nicht umgebracht; aber so ein Heuschnupfen, der reiche. Vollauf. Vor allem, wenn der schon länger dauere als ein halbes Leben und wenn man sich seine Ursache schon lange nicht mehr vorstellen könne.

Ich weiß, sagt sie, nicht mehr im mindesten, wie der Mann, den ich als ersten liebte, ausgesehen hat. Aber das ist ja bekanntlich auch nicht das Wesentliche, sagt sie. Das Wesentliche ist, daß man verlassen worden ist. Das sitzt. Man muß nur aufpassen, daß einem sowas nicht noch einmal passiert. Dafür nimmt man dann sogar einen noch so dauerhaften und gräßlichen Heuschnupfen in Kauf. Oder man haut eben ab. Wozu sie sowieso gezwungen gewesen sei. Sie habe ihr Land verlassen müssen. Sie sei über die brasilianische Grenze und dort habe sie ja dann irgendwann ihr Mann aufgegabelt. Ein wunderbarer Mann, sagt sie, ich liebte ihn. Auf den ersten Blick. Und er versprach mir, daß dort, wo er lebte, keinerlei Pollenflug herrsche. *Les Landes*, in Frankreich. Sand, hat er gesagt. Nichts als Kiefern und Sand. Aber nichts dergleichen. Er wollte mich nur besitzen, sagt sie. Und ich? Was sollte ich tun. Erst einmal da ... wo sollte ich hin? Zurück ging nicht, die Heimat lag am anderen Ende der Welt und so viel war schon geschehn. Und sie erzählt mir«, sagte Brandig, »eine ausführliche Geschichte über ihr Land und über Vater und Mutter, und da die Mücken über mich herfallen, sich durchstechen: durchbeißen von oben durch die Schlafsackdecke und von unten durch den Kies und mir zusetzen und ich zudem ja noch nicht der Allerverständigste bin im Französischen, verstehe ich nicht alles, bekomme alles durcheinander, die herrschenden Verhältnisse, den von einem Schlaganfall heimgesuchten Vater, die Willkür, den Schrecken, der herrscht im Lande, eine selbstmordsüchtige Mutter, die Folter, Mord und Totschlag und die Aufopferung, die die Mutter aufbringt für den gelähmten Vater, der in seinem Rollstuhl sitzt und sabbert, und die Vereinigten Staaten, den CIA und die Kurie in Rom, die für Ordnung sorgen in der Welt und vor allem dort, wo die Mutter, um der Selbstmordsucht zu begegnen, einem religiösen Wahn verfällt, der den sabbernden Vater zum Erlöser stempelt, als den sie ihn schon seit Anbeginn habe sehen wollen, weswegen er sie – bevor er erkrankte – immer nur mit Gewalt unter seinen mächtigen Leib habe kriegen können: so seien sie, sagt sie, die zu mir spricht«, sagte Brandig, »gezeugt worden, sie und ihre Geschwister, mit Gewalt – und ich kriege, wie gesagt«, sagte er, »alles durcheinander, all die Schandtaten, die Untaten und Verbrechen, die sie aufzählt, wem sind sie zuzuschreiben? dem Vater? der Regierung? der Trägheit und Lebenslust des Volkes? der Mutter? der Sehnsucht? alles geht durcheinander in dieser Nacht, der ersten, die ich wachend mit ihr verbringe, und wenn ich etwas mit Sicherheit auf Anhieb versteh und mit nichts durcheinanderwirble, dann den Stolz, mit dem von einem Kind berichtet wird, das, nachdem es von ihrem ersten Geliebten verlassen worden ist, über die Schulbank hinweg *directement* in den politischen Widerstand hineinwächst, es wird, sagt sie, von den Tupamaros, der Stadtguerilla, eingesetzt für ganz spezielle Fälle, eine Sondermission von höchsten Graden, denn es sei ja schließlich bekannt, daß die Herrschenden, sagt sie, in ihrer ruchlosen und unersättlichen Machtgier sowie ihrer mit nichts zu befriedigenden Geilheit sich am liebsten an Kindern vergreifen, und da habe sie eben zur Verfügung gestanden, trotz Heuschnupfen, und sie habe, wie ein Soldat, sagt sie, über das, was ihr widerfuhr in den Armen der Mächtigen, der Bankpräsidenten, Generäle, Rechtsanwälte und Großgrundbesitzer, über das, was sie hörte und sah, Bericht erstattet, so daß sie für die revolutionären Kräfte ein unersetzlicher Faktor wurde, ja, aber dann hätten ja bekanntlich die Kräfte der Reaktion gesiegt, oder vielmehr: die behielten die Macht in ihren Händen! die revolutionären Kader wurden zerschlagen und auch sie, deren Hingabe zu Mißtrauen Veranlassung gegeben zu haben schien bei denen, in deren Armen sie lag, mußte das Land verlassen, bevor es sie den Kopf kosten würde. Anders als ihre Mutter, sagt sie, habe sie sich körperlich nie vor jemandem geekelt, nicht einmal vor dem Feind, so fett, feist, heruntergekommen und erbärmlich er auch immer gewesen sein mochte, eher im Gegenteil, sagt sie, sie habe immer auch eine Art Mitleid verspürt ... und das sei natürlich, wie jeder weiß, die sublimste Art der Verachtung. Von der, wie sollte es anders sein? sagt sie, dann unweigerlich auch mein Teil – oder sein Teil – mein Vater mit abbekam. Er hat sich mit seiner Krankheit wirklich allzu früh aus der Affäre gezogen. Ich hatte keinen Vater, sagt sie. Er habe seine Frau und seine Kinder mit Hilfe ... oder zugunsten ... oder mit Hilfe und zugunsten seiner Krankheit im Stich gelassen, schlimmer: er hat sie alle nicht verlassen, sondern sie mit seiner Gebrechlichkeit und Hilflosigkeit umso unverbrüchlicher an sich gekettet. Er nahm allen die Freiheit. Schon allein deshalb, sagt sie, mußte ich weg. Und jetzt, sagt sie, gibt es natürlich kein Zurück mehr. Sie sei gewissermaßen Französin geworden. Wenigstens habe sie Französisch gelernt wie eine Französin. Und mit ihrem Mann lebe sie auch schon seit geraumer Zeit nicht mehr zusammen. Sie hätten von vornherein ein Abkommen geschlossen gehabt: sollte einer von beiden eines Tages den anderen nicht mehr lieben, müsse Schluß gemacht werden. Aber ohne einander was nachzutragen. Er, der, sagt sie, sowieso Geld wie Heu hat, habe von vornherein versprochen, daß in einem solchen Falle keine Zwietracht aufkommen dürfe. Wenigstens dies Versprechen, sagt sie, habe er gehalten. Er zahlt ihr die Wohnung in der Stadt. Bis sie ihr Abschlußexamen an der Universität gemacht hat. Selbst den Wagen habe er ihr gelassen, sagt sie. Er sei wirklich großzügig, oder besser: fair. Schließlich sei es ein Abkommen gewesen. Zwar kriege sie auch noch monatlich zusätzlich ein wenig Geld von ihm, aber der Wagen fresse zu viel Sprit, sagt sie. Jetzt stehe er in der Garage. Das Geld brauche sie zum Leben; und das heißt: zum Wegfahren, wenn der Heuschnupfen kommt. Und außerdem ginge der Kampf ja auch weiter, der Befreiungskampf, sagt sie, und als ich frage«, sagte Brandig, »inwiefern für sie der Befreiungskampf weitergehe, sagt sie, sie lebe jetzt nur noch allein, werde nie mehr mit jemandem zusammenleben und die Geliebten, die sie habe, seien alle ausschließlich Schwarze. Neger, sagt sie, damit du es weißt. Und da ich nichts weiter sage«, sagte Brandig, »fügt sie hinzu: Nicht nur wegen ihrer größeren Schwänze, wie du vielleicht denkst, weit gefehlt, nein, weil die Schwarzen genauso unterdrückt sind wie wir. Wir? frage ich«, sagte Brandig, »ja, wir Frauen, sagt sie. Und da ich wieder nichts sage, fügt sie hinzu: Man kann bei dir wie bei Schwarzen die Iris nicht von der Pupille unterscheiden, so schwarz sind deine Augen. Na ja, sag ich, es ist ja auch Nacht. Sie drückt sich an mich. Nein, sagt sie, ich hab deine Augen bei Tage gesehn. Und dann umschlingt sie mich und sagt: Ich liebe dich, Paul. Ich bitt dich«, sagte er zu mir, »das mußt du dir mal vorstellen. Die Sterne funkeln, die Wellen plätschern ans Ufer, ich liege impotent in ihren Armen und sie sagt: *Ich liebe dich* zu mir.« Brandig trank. Oder trank er nicht mehr? Standen wir bereits auf der Straße? Oder gar schon wieder im nächsten Lokal? Jedenfalls näherten wir uns der Abendbrotzeit und Brandig trank weiter, während er dafür Sorge trug, daß ich etwas zu essen bekam. Ja, irgendwann um diese Zeit schleppte er mich in das Hinterzimmer. In das Lokal mit der schmalen Theke, an der ein paar Männer standen, und dann in das Hinterzimmer, in dem drei Tische standen mit Papiertischdecken darauf und zum Essen gedeckt. Ein dunkelhäutiger Mann mit krausem Haar erschien und machte vor Brandig eine Verbeugung. Auch Brandig machte eine

Verbeugung. Beide führten dabei die Hand an die Brust. Der Dunkelhäutige führte auch noch die Fingerspitzen an seinen Mund. Beide murmelten etwas mir Unverständliches. Dann setzten wir uns. Ich war nicht im mindesten beachtet worden. Brandig aber rief dem Mann, der schon wieder in einem Zimmer hinter dem Hinterzimmer verschwand, hinterher: *Alors un royal!* Ich fragte Brandig nach der Bedeutung der geradezu spiritistisch anmutenden Zeremonie und er bedeutete mir mit wortlosem Blick: ich würde schon sehn. So kam ich denn, ich roch es schon, endlich zu einer Mahlzeit. Und bald schmeckte ich es auch. Es schmeckte, beileibe, nicht schlecht, was mir Brandig da auftischen ließ. Hammelfleisch, Rindfleisch, eine äußerst scharfe und pikante wie rotgefärbte Wurst und ein ganz ordentliches Stück Huhn – alles in einer Schale serviert; eine weitere Schale mit einer leichten Brühe oder Suppe, in der verschiedene Gemüse schwammen; und dann eine Schale mit, ja, was ich nicht kannte, erklärte mir Brandig: die feinkörnige Basis war Hirse, und die dicken runden Dinger in der Suppe waren Kichererbsen, und die flammend rote Wurst, die flammend heiß brannte auf Zunge und Gaumen, nannte er – und da ich es nicht verstand, schrieb er mit einem Kugelschreiber aufs Papiertischtuch: *Merguez.* Ja, man lernt wirklich was kennen mit Brandig. Es schmeckte nicht schlecht. Ehrlich gesagt: es schmeckte vorzüglich. Ich hatte einen gewaltigen Hunger. Ich frage mich nur, warum er, Brandig, sich nicht eine eigene Portion bestellte. Sicher, es war eine Mordsportion, die mir da aufgetischt worden war, aber mußte er denn immerfort nach einem Stück Fleisch oder Wurst greifen, das ich gerade abgeschnitten hatte, es in meine Suppe tauchen, um dann mit dem triefenden Stück auch noch ein Häufchen Hirse von meinem Teller zu schaufeln? Ich hab das nicht gern. Auch wenn ich zugeben muß, daß die Portion gut für zwei Personen reichte. Aber schließlich hatte er, Brandig, sich keinen eigenen Teller bestellt. Er *wollte,* vermute ich, von *meinem* Teller essen. Obwohl er gar keinen richtigen Hunger zu haben schien. Er nahm nur so teil. Und ließ sein Besteck liegen. Aber ich schaffte – und hätte es auch ohne ihn geschafft: das Ganze. Das ganze *Couscous.* Wie das Gericht heißt, wie mir Brandig über die von dem dunkelhäutigen Wirt oder Koch auf dem Papiertischtuch aufgestellte Rechnung schrieb. Er ließ mich bezahlen. Alles. Und leckte sich die Finger. Sprach dabei sogar noch weiter, war überhaupt nicht aufzuhalten, auch im weiteren Verlauf seiner 24-Stun-

Wenn einer Geld hat wie Heu …

... sollte es ihm eigentlich nicht schwerfallen, großzügig zu sein und seiner Exfrau Wohnung und Wagen zu bezahlen...

Wenn einer nicht so viel Geld hat, braucht er nur ein wenig vorzusorgen, um sich wenigstens ab und zu etwas Großzügigkeit leisten zu können.

Es muß ja nicht anläßlich einer Scheidung sein. Man kann erspartes Geld auch zu zweit ausgeben...

den-Einweisung nicht. War sogar mit den Pausen, die er einlegte, nicht aufzuhalten. Sprach und redete und schwieg, und ich war zu nichts anderem da, zu nichts anderem gut als zum Zuhören und, von diesem *Couscous* an gerechnet, zum Zahlen. »Soweit«, sagte er, »also das Vorspiel, das Präludium, wenn du so willst«, sagte er. Wenn ich so wollte! Pah! »Ich mache kein Auge zu in der Nacht«, sagte er, »die Mücken, Montevideo und in meinen Armen die Frau, der ich anheimgegeben (*anheimgegeben,* sagte er) bin, ihr Atem wird stetig und länger und ich denke, sie schläft, und da, nur damit du es weißt«, sagte Brandig, »ich lausche, ich spüre ihren Rücken an meiner Brust, und unten: ihre Wölbung in meine Krümmung gebettet, und da, wie im Rhythmus mit ihrem tiefen gleichmäßigen Atem, hebt sich mein Schwanz, hebt sich gegen den ruhenden Körper, den ich für einen schlafenden halte. Aber ich wiege mich«, sagte Brandig, »in allzu großer Sicherheit, fast unmerklich, unendlich behutsam in mein Beben hinein, schiebt sich ihre Hand hinter ihren Rükken und faßt mich an. Faßt dies hart, steif und zuckend sich von ihrem Körper wegziehende Ding. Sie ergreift es. Rückt, ruckt und rutscht sich mit ihrem Körper zurecht, gibt dem Ding eine Richtung, es schmerzt, der Eingang ist eng, zu eng. Aber wohin steckt sie das Ding? Nein, es ist kein Zweifel möglich: sie versucht es hineinzukriegen ins Arschloch«, sagte Brandig, »und da sinkt es auch schon wieder in sich zusammen.« *Sidi Brahim* oder ähnlich hieß übrigens der Wein, den Brandig und ich beim *Couscous*-Essen tranken. Ein feuriger algerischer Roter. Ich hatte es auf der Papiertischdecke, die ich als Andenken mitnahm, notiert. Leider ist sie mir jedoch abhanden gekommen in der sich anschließenden Nacht. »Sie läßt das Ding, das schlaffe, aus der Hand gleiten«, sagte Brandig, »rührt sich nicht weiter, als habe sie das, was sie tat, im Schlafe getan, und so vergeht die Nacht. Ich mache kein Auge zu«, sagte er, »aber nun wirklich einmal von den Einzelheiten weg«, oder sagte er: Besonderheiten – oder gar: Absonderlichkeiten? Ich für mein Teil habe immer Einzelheiten im Ohr, allerdings, an weitere Einzelheiten, die zusammenhingen, erinnere ich mich auch nicht mehr so genau, traten wir doch eher ein in die Phase der unzusammenhängenden – oder besser: der übergreifend zusammenhängenden Einzelheiten. Eine ganz besondere Spezialität von Brandig, wie ich wieder einmal – schon früher in seinen beispielhaften Plädoyers hatte er die großen Bögen besonders beeindruckend geschlagen –: wie ich wieder einmal beispielhaft demonstriert bekommen sollte. Insofern war er ja durchaus der alte. Auch wenn der Gegenstand seines rhetorischen Einsatzes ein kaum mit den Gegenständen seiner früheren Einsätze zu vergleichender war. Aber das... nun, das liegt auf der Hand. Außerdem hatte ich das Gefühl, die Getränke taten inzwischen ihre Wirkung. Nicht nur bei ihm. Auch wenn er gut und gern das Doppelte von dem trank, was ich trank. Nach dem *Couscous* gab es einen kräftigen schwarzen Kaffee. Auch er, Brandig, trank einen, aber in den hinein kippte er sich einen *Calva,* einen *Calvados,* schrieb er auf die Papiertischdecke, worauf ich darunterschrieb: *Calvados,* ach so! »Wir liegen«, sagte er, »einen weiteren Tag dort am Strand. In der Ferne sehe ich das Schiff kommen und fahren. Sie badet und schwimmt. Und ist auch an diesem Tag wieder fast am Horizont verschwunden. Es geht mir«, sagte er, »an diesem Tag schon ein bißchen besser. Es geht mir einerseits besser, da ich eine weitere Kreislaufattacke – in ihrer Abwesenheit – erfolgreich abwehren, und andererseits schlechter, da ich vor Müdigkeit die Augen nicht mehr aufhalten kann. Aber auch nicht schlafen. An Essen«, sagte er, »ist am wenigsten zu denken. Sie hat ein paar Konserven in ihrem Rucksack, aber auch sie rührt nichts an. Wir gehen nicht einmal hinüber zur Erfrischungshütte, wo wir uns von den Alten zu essen machen lassen könnten. Nur einmal schickt sie mich nach Frischwasser mit dem Wassersack los. Wir vergessen das Essen«, sagte er, »und wenn sie nicht schwimmen geht, versuchen wir es immer wieder aufs neue... du weißt schon, irgendwann muß es ja klappen... und natürlich klappt es auch irgendwann, aber nur irgendwie... nicht mehr als ein Halbschlapper in dem gewissermaßen richtigen Loch, es ist eine Mühsal, es ist zum Verzweifeln. *Er* will einfach nicht stehn, wie er soll. *Er* steht nur, wenn sie sich abwendet von mir«, sagte er, »aber sie drängt nicht. Sie braucht ein weiteres Fläschchen Mondmilch auf. Und ich frage vor lauter Verlegenheit und Trübsal, woher sie denn die Hormonpräparate für ihre Mondmilch hat, worauf sie antwortet: natürlich aus den entsprechenden Labors an der Universität, warum glaubst du denn, daß ich studiere? Sie studiere, sagt sie, doch nicht zum Spaß Biochemie, genauer: Humangenetik. Sie hole sich immer dann, wenn sich die Gelegenheit böte, ein wenig von dem Zeug von dort, wo es isoliert werde, ab. Da habe sie Zugang. Und du glaubst, sage ich, in Mondmilch gemischt und verteilt auf der Haut zeitigt es eine spezielle

Wirkung? Quatsch, sagt sie, was du glaubst, daß ich glaub. Das, was wir hier machen, hat doch nichts mit Biochemie und mit Humangenetik zu tun. Das Zeug in der Milch hat einen einzig und allein symbolischen Wert. Das ist bei allen Präparaten so. Sonst gibt es doch gar keine Werte, nimmer und nirgends.« O ja, hätte nun ich, der davon vernahm über den Freund, beipflichten können, die Frau weiß Bescheid, sie spricht mir aus der Seele, all die Tinkturen, Cremes, Salben und Puder, die schon an meinem vermaledeiten Körper ausprobiert worden sind, sie haben alle nur einen symbolischen Wert, das kann ich vollauf bestätigen, obwohl ich nicht einzusehen vermag, warum wir sie dann weiterhin so versessen benutzen. Siehe Brandig und sie. Da halfen sie ja auch nicht. Ich kam regelrecht ins Sinnieren. Wenn bei denen was half, dann nicht die Mondmilch, dachte ich und wurde unvermittelt herausgerissen aus meinem Gedanken von der Feststellung: »Sie tanzt Tango im Kies.« Ja, so ist Paul Brandig. Das war eine seiner übergreifend zusammenhängenden Einzelheiten, oder Besonderheiten, oder meinetwegen Absonderlichkeiten, wenn er will. »Sie tanzt wilde laszive Figuren mit einem imaginierten Partner, sie biegt sich und beugt sich, hält inne und wirft sich unter der Wucht des Imaginierten über das Hohlkreuz zurück. *El tango con el traslúcido*. Im Gegenlicht. Sie summt mit sehr hoher Stimme die Melodie. Die Kiesel fliegen. Plötzlich verharrt sie. Sie zieht ein Bein waagerecht angewinkelt an ihren Körper und stößt mit äußerster Kraft die Ferse des Fußes in Richtung auf mein Gesicht. Ich zucke zurück. Fast hätte sie mich getroffen. Ich bleibe abwartend sitzen am Ufer. Die Nackte sinkt neben mir nieder. Der Tango kommt übrigens nicht aus Buenos Aires, sagt sie, wie alle Welt glaubt. Er ist entstanden in den Hinterhöfen, Bordellen und Kellern Montevideos. Über den Rio de la Plata ist er auf Schmugglerschiffen hinübergeschafft worden nach Argentinien und hat dort das ganze Volk infiziert. Da ist er dann schon ziemlich runtergekommen. Und was aus ihm geworden ist, seitdem er sich wie eine Epidemie in gewissen europäischen Kreisen ausgebreitet hat, davon wollen wir gar nicht anfangen zu reden, sagt sie, deshalb habe sie sich inzwischen auch auf verschiedene ostasiatische Kampfsportarten verlegt, die hätten noch was an sich ... Karate, Tai-kwan-do«, sagte Brandig, »und was sonst noch an martialischer oder – wie sie sagt: schein-martialischer Technik. Körperlichkeit, sagt sie und es überkommt mich«, sagte er, »allein schon bei dem Gedanken an die explosive Beherrschtheit des ersten Fersenstoßes ein Schauer. Außerdem, sagt sie, sei sie seit dem letzten Selbstmordversuch ihrer Mutter Vegetarierin. Ihre Mutter sei ausgeblutet, und da habe sie, die Tochter, sie in den nächstbesten Abtritt gekippt. Seltsamerweise aber habe die leergelaufene Hülle der Mutter weitergelebt, ohne Blut, allein durchflutet und offenbar aufrechtgehalten von einem exquisiten, sagt die Tochter, religiösen Wahn. Heilige Mutter Gottes. Unbefleckte Empfängnis. Erhöre uns! Was die Verblödung des Vaters nach dem dritten Schlaganfall gewesen sei, das habe seine wunderbare Entsprechung gefunden in der verspäteten Offenbarung der Mutter. Es lief, sagt die Tochter, am Ende auf dasselbe hinaus. Außerdem sei ihr eigenes Haar, das bis dahin schwarz gewesen sei wie Pech, von da an immer heller geworden. Ich solle mich, sagt sie«, sagte Brandig, »auch nicht wundern, wenn sie schlafe. Alle denken, daß sie nicht schlafen könne. In Wirklichkeit aber sei es so, daß sie nur ihre Augen nicht gänzlich schließen könne. Sie drehe einfach die Augäpfel unter die Schädeldecke, sagt sie, sie blicke sich ins eigene Hirn. So schlafe sie ein. Ich sollte es auch mal versuchen, ich mit meinen Schlafstörungen. Wer ehrlich ist und sich ins eigene Hirn schaut, sagt sie, schläft ziemlich schnell ein. Denn da blickt er ins Nichts. Alle aber denken, sagt sie, während sie schläft, sie täte nur so. Sie tät, als wär nichts. In Wirklichkeit *ist* nichts. Sie habe einfach nur zu kurze Augenlider, von Geburt an, jeder habe so einen kleinen Defekt. Und je seltener deiner bei anderen anzutreffen ist, desto mehr trägt er zur Einzigartigkeit deiner Persönlichkeit bei. Das ist dann aber auch schon alles. Was dich unterscheidet. Augen, die man nicht ganz zumachen kann. Sie wisse auch, daß es aussehe, als blicke sie pausenlos entsetzt in die Welt, wenn sie einfach nur so mit offenen Augen in die Welt sehe, nur gucke; das hätten ihr schon viele gesagt, aber sie sei nicht entsetzt, sie sei eher gelangweilt; wenn sie nicht schlafe, sich also nicht ins eigene Hirn sehe, ins Nichts, sehe sie eigentlich auch nur das Nichts – dieses aber möbliert, dekoriert, verhängt mit Menschen, Autos, Gebäuden, mit Kunst, Kitsch – sie sagt wortwörtlich *Kitsch* – und Kultur ... zur Beseitigung der Natur, zumindest zur Verstellung der Sicht auf die Natur, die für sich allein ja auch zu nichts tauge. So schön wie sie sei. So schön wie sie sein kann, sagt sie«, sagte Brandig, »o was kann und wird diese Frau alles ersinnen, um das Nichts zu beschwören – hier aber im selben Atemzug mein schlaffes Glied mit einer Inbrunst und Hingabe zu umschlingen, als bete sie einen Rosenkranz. So jedenfalls«, sagte Brandig, »ihre eigenen Worte. Sie verlangt, daß ich ihr Deutsch beibringe. Dein Schwanz, mein Kranz. Jawohl. Dein Kranz, der gewundene, sag ich, anstatt daß er steht. Wie ein Zepter, sagt sie. Er wird schon noch stehen. Ihr Blick ist zugleich scheu und hart«, fuhr Brandig zusammenhanglos bzw. übergreifend zusammenhängend fort, »noch ist es nicht erreicht. Vor Glück umfallen und schlafen. Sie steigt glitzernd aus dem Meer und ich sage: was für ein Gedanke! Ich beneide das Meer, das dich umspült, dich an allen Stellen, überall, umfassend umfaßt. Man könnte eifersüchtig werden. Sie wirft mir einen verächtlichen Blick zu und sagt: Was bist du blöd! Eifersucht ist das Dümmste von der Welt. Niemand hat das Recht, eifersüchtig zu sein. Faß mich nicht an. Sie sitzt im Kies, vor sich ein kleines metallenes Gerät oder Gestell, das sie aufklappt. Sie legt ein längliches weißes Rechteck von der Größe eines doppelten Würfelzuckerstücks oder eines halben Dominosteinchens unter das Gestell und entzündet es mit einem Streichholz. Sie kramt ein kleines hohes Aluminiumtiegelchen aus dem Rucksack und erhitzt die darin klebende gelblich braune Masse. Bis sie flüssig ist. Sie sitzt im Kies und breitet die Beine aus. Mit einem Stück Treibholz streicht sie wie mit einem Spachtel die heiße Masse fast von den Knien über die ganze Länge der inneren Schenkel bis hinauf an die äußeren Schamlippenränder. Sie reißt sich die Masse, die sie eine Weile hat trocknen lassen, mit einem Ruck samt der Körperbehaarung von der plötzlich wie spitze Kraterzacken aus Lava abstehenden Haut. Sie verzerrt das Gesicht vor Schmerz. Sie sagt, sie hätte lieber ein Mann sein mögen, weil ein Mann mehr Möglichkeiten habe im Leben. Aber sie hasse ihre Behaarung. Ich sage, ich mag deine Behaarung. Sie schlägt sich unvermittelt mit den Fäusten gegen die Brüste. Ihre Brüste sind nicht groß, nicht klein; weiche, runde, volle Brüste, durchaus in Übereinstimmung mit der runden vollen Festigkeit des ganzen Körpers. Sie sagt, sie hasse ihre Brüste. Sie wolle keine Brüste. Brüste seien überflüssig, wenn man keine Kinder wolle, wenn man keinen Mann wolle, wenn man allein sein wolle. Ich sage, sie habe schöne Brüste. Und die Borsten da drauf? antwortet sie. Ich liebe die Härchen auf deinen Brüsten. Sie hat einen Rasierapparat und eine Tube Rasierschaum in ihrem Rucksack. Sie setzt die Klinge ein. Drückt sich den aus der Tube quellenden Schaum um die Brustwarzen herum und setzt an mit der Klinge. Mir stockt der Atem. Ritsch ratsch um die mit einem Mal hervorstehende Brustwarzenspitze herum. Da hast du, sagt sie, deine Härchen, die du liebst – und schmiert mir den Rasierschaum mit der Zeigefingerkante auf den Oberschenkel. Sie sagt: Weißt du, was Thomas von Aquin sagt? Als sei der einer der unseren oder weilte zumindest noch unter uns. Er sagt: Jede Furcht rührt daher, daß wir etwas lieben. Ich, sagt sie, fürchte mich vor nichts. Hält inne, blickt aufs Meer, läßt den Rasierapparat in den Kies fallen und fällt mir um den Hals. Verzeih, sagt sie. Es täte ihr leid. Und sie fängt fast unmerklich, zunächst denke ich, es ist ein Schluckauf, an zu schluchzen. Sie weint. Sie zittert am ganzen Leib. Den ich festhalte. Den ich streichel. Und wie ich ihn so festhalt und streichle, hebt sich wieder mein Schwanz. Stoßweise mit ihrem Schluchzen. Sie aber drückt mich nieder und zwängt sich weinend und schluchzend auf den Stehenden drauf. Als sie sich jedoch aus dem schon wieder verebbenden Schluchzen heraus rhythmisch auf mir zu bewegen beginnt, fällt er schon wieder in sich zusammen. Ich höre auf sie zu trösten. Sie tröstet mich«, sagte Brandig und: habe ich übrigens schon erwähnt, daß er rauchte? Viel mehr als früher? Er rauchte eine hinter der anderen – oder soll ich sagen: nach der anderen? –, so daß mir nur auffiel, wenn er nicht rauchte. Er hantierte mit den Zigaretten herum, als seien sie Fingerzeige. Hinweise. Zu Boden, auf mich, zurück in die Vergangenheit, auf die Tür, den Wein und den Wirt. Nie jedoch auf etwas Zukünftiges, nach vorn. Er legte eine Zigarette in den Aschenbecher und zündete sich eine weitere an. Dann griff er nach der ersten. Er rauchte, wie mir schien: ohne sich dessen gewahr zu werden, zwei Zigaretten zugleich. Immer aber stieß er äußerst bedachtsam den Rauch aus seinem Mund in eine Richtung, wo niemand stand oder saß. So daß sein Rauchen nicht eigentlich störte. Ich selbst rauche ja nicht; bin deshalb aber noch lange nicht engherzig gegen das Rauchen derer, die abhängig sind. Jeder nach seiner Façon, denk ich, auch in dieser Hinsicht. Was aber Brandigs Lebensphilosophie anbelangt, soweit man da von Philosophie sprechen kann: na ja. »Liegen«, sagte er zum Beispiel, »und aus der Fülle deiner Existenz ins Leere sehn.« Oder: »Strenge ist es, unbeugsamste Strenge mit uns selbst ist es, die uns allen fehlt.« Auch: »Wie immer die Welt aussehen mag, wir finden in ihr, ob wir wollen oder nicht, den uns angemessenen Platz, ein jeder, denn die Größe unserer Sehnsucht findet ihren natürlichen Widersacher und Partner, ja, Komplizen in der grenzenlosen Schrecknis dieser Welt.« Um dann wieder konkreter zu werden: »Sie sagt«, sagte er, »Negerhaut sei die schönste Haut, die es gebe. Schwarzer Samt. Auf einem Bindegewebe aus Elfenbein. Aber auch ich hätte eine gar nicht so üble Haut. Sie drückt mir den Daumen in den Bauch. Für einen Weißen, sagt sie, immerhin. Im selben Atemzug sagt sie: *on s'emboîte*. Ich verstehe nicht. Sie macht mit den Händen eine Bewegung, als setze sie einen sperrigen Pappdeckel auf einen Karton. Wir passen aufeinander? Zusammen? Nun, sage ich, das kann man eigentlich noch kaum sagen. Worauf sie sagt: Stimmt auch wieder. Außerdem sei ich zu dick. Sie selbst sei schon dick genug, fett, da passe besser ein Magerer. Sie habe sowieso fast immer nur Magere, Hagere, gehabt. Im übrigen habe sie tatsächlich für gewöhnlich nicht viel Geduld. Und ich«, sagte Brandig, »erstarre noch mehr. Mehr als ohnehin schon. Nur eben nicht dort, wo ich sollte. Es vergeht eine weitere Nacht. Sie wird weniger von den Mücken behelligt als ich. Sie sagt: Du trinkst eben zuviel. Die Mükken zieht der Alkohol an. In deinem Blut. Du ruinierst deine Gesundheit. Ich sage: Seitdem ich bei dir bin, trinke ich Wasser. Sagt sie: Weil du dich schämst. Aber auch sie hat die kleinen harten Stichknoten auf ihrer ... ja, ich sage, ihrer samtenen Haut. Sie ist keine Negerin, sie ist heller als ich, aber sie hat eine samtene Haut, eine bronzesamtene Haut. Ich spreche von der Kraft der Frühjahrssonne hier. Und von dem Haus, das ich gemietet habe. Wenn sie wolle, könne sie ja mal mitkommen, sage ich. Sie schweigt, erhebt sich und schwimmt in die Nacht hinaus. Aufs offene Meer. Der Mond – ist er nicht ein Vollmond in dieser Nacht? – spiegelt sich als schlanker silberner Keil, eine in die sanfte Wildnis des Meeres geworfene Lanze, auf der unbewegt schimmernden Fläche. Ihre kräftigen Schwimmzüge durchbrechen immer wieder die Wurfspur und die Stille. Der Glanz wird aufgerissen und nichts ist so voller Endgültigkeit wie der Stein, der sich in meinem Rücken aus Geröll in der Felswand gelöst hat und keine Armlänge von mir entfernt wuchtig niederschlägt im Kies. Als sie zurückkehrt, sagt sie: O.k. Ich komme mit. Ich kann nun wegen der Mücken und weil sie mitkommen will und weil ich fürchte, sie könnte es sich bis zum Morgen noch anders überlegen – schließlich hat sie für gewöhnlich nicht viel Geduld – nicht schlafen. Am Morgen in der Frühe um fünf aber stehen wir auf, räumen auf, packen. Sie kommt tatsächlich mit. Das heißt: sie führt mich. Natürlich nehmen wir nicht das Schiff mit unserem Kapitän und unserem Matrosen. Sie sagt, wir müssen über die Berge. Wie über die Berge? Nicht hoch durch die Schlucht und dann von Norden mit dem Bus wieder herunter? Nein, durch die Berge, sagt sie. Sie geht voran. Aber es gibt keinen Weg, sage ich. Hast du Angst? sagt sie. Es gibt Pfade. Und die Sonne als Kompaß. Sie trägt ihren Rucksack und ich trage meinen Schlafsack unter dem Arm. Sie führt an. Ich habe Mühe, ihr zu folgen. Gelegentlich bleibt sie stehen und wartet. Wir steigen mitten hinein in die Unermeßlichkeit und Enge, die enge Unermeßlichkeit, die unermeßliche Enge der Bergwelt. Spalte, Ritzen und Schlünde hinauf. Thymian und trockene harte Dornkräuter streifen die Füße. Skorpione, Vipern und Eidechsen im brennenden Glast schwarzen und violetten Gesteins. Blutig gerissene Fingerkuppen. Wir hangeln uns durch Schluchten, setzen im Sprung über Abgründe, kraxeln und klettern Steilwände hinan. Mich erfassen Schwindel. Ich sehe Bergziegen vor mir, die mir beim Kraxeln und Klettern mit schräg gehaltenem Kopf zuschaun, ich rutsche ab mit dem Fuß, mehrfach drohe ich abzustürzen. Sie aber, die schwer Beladene, als hätte sie ihr ganzes Leben nichts anderes getan. Sie führt mich sicher durch die steinige unabsehbare Wüste, in der auf erreichten Gipfeln und Kuppen immer wieder die nächste Absehbarkeit droht, hindurch zu meinem Haus. Wir kommen in der Dunkelheit an. Wir sind zusammen«, sagte Brandig. »Am folgenden Morgen, nach einem ersten Rundgang im Ort, gehen wir baden. In der kleinen Bucht, wo die Pumpstation ist«, sagte er, »die kennst du.« Ja, kenn ich. »Sie hat einen schwarzen einteiligen Badeanzug an. Hautenger Sportlerdress. Deine Schuld, sagt sie, daß ich jetzt mit diesem Ding schwimmen muß, überall muß man ja hier mit Menschen rechnen. Und sie schwimmt wieder hinaus. Diesmal aber – weg vom Ort – gleich die Küste entlang nach Westen, herum um die Buckel und Grate der schroff ins Meer fallenden Gebirgsausläufer und hinein in die zwischen ihnen sich öffnenden Eingänge, Höhlen und Grotten. Sie verschwindet und kehrt nicht wieder. Sie läßt mich im ungewissen. So daß ich unruhig werde. Aber ich folge ihr nicht. Befreie sie nicht aus Felsspalten und Grottenengen, aus Gesteinszangen und Hohlraumwannen, ich blicke über das Meer. Ich bin nicht eifersüchtig. Ich lasse mich selbst ins Wasser sinken und vom Wasser umspülen, tauche wieder auf, trockne mir mit dem Handtuch die Knie und die Hände und schreibe, in der Sonne sitzend und nur gelegentlich die Küste mit dem Blick abstreifend, auf den Knien einen Brief. Ich schreibe Elisabeth, daß ich nicht zurückkehren werde. Ich schreibe, daß ich eine Frau getroffen habe. Eine, die mir die Entscheidung abgenommen hat. Ich sei ein anderer Mensch geworden, schreibe ich. Der, der ich eigentlich sei. Der ich bin. Ein anderer also als der, den sie, Elisabeth, gekannt habe, kennte. Sie würde mich nicht wiedererkennen. Der, der ich gewesen sei, bliebe immer, für immer bei ihr. Der ginge ihr gewissermaßen nicht verloren. Der aber, der ich jetzt sei, käme dort, wo sie sei, niemals hin. Ich könne nichts dagegen tun, schreib ich. Es täte mir leid. Es sei nicht mein Wille. Ich bliebe nicht freiwillig weg. Obwohl es gerade eine Art Freiheit sei, die mich hielte. Eine Freiheit jedoch, die nicht das geringste zu tun habe mit einer Befreiung etwa von ihr, ihr, Elisabeth. Die Freiheit, die ich meine, sei keine, die erkämpft werden müsse. Sie habe vielmehr schon immer in mir geschlummert. Und nun sei sie geweckt worden. Von dieser anderen Frau. Daß die mir nicht das sein werde, was sie, Elisabeth, mir gewesen sei, verstehe sich von selbst. Sie werde mir sie also nicht ersetzen. Das eine«, hier sagte Brandig nicht: *die* eine!, »das eine schließe das andere von selber und zwangsläufig aus. Beides zusammen sei ein Unding. Und ja wohl auch von ihr, Elisabeth, nicht zu wünschen. Es schmerzte auch mich, es täte mir, wie gesagt, leid. Ja«, sagte Brandig, »es ist tatsächlich eine schmerzliche Abschiedsrührung in mir, als ich den Kopf hebe und um einen der Gebirgsvorsprünge hervor in der kurzwelligen vormittäglichen See als Punkt wieder den Kopf hervorkommen sehe, von dem ich abgesehen habe beim Schreiben, aber, schreib ich, während der Kopf in der See mir von kräftigen Schwimmzügen entgegengetragen wird, in eiligen Schriftzügen weiter, es sei etwas geschehn, das mache alles Vorherige zunichte und auf den Trümmern wachse nichts mehr, jedenfalls nichts Vernünftiges, kaum wohl Vernunft.« Brandig beschleunigte nun mir gegenüber sein Sprechen. »Vom Erschauen«, sagte er, »schreibe ich natürlich nichts. Ich kann es nicht. Müßte sie das nicht besonders hart treffen? Möglicherweise würde sie gar die Trümmerstätte mißverstehen als eine Art kostenlos von mir betretenes Paradies.« Er machte eine Pause. »Und im übrigen, denke ich«, sagte er, »hat sie ja dich.« Spätestens von dem Augenblick an, da Brandig dies sagte, kam ich ein wenig durcheinander. Mehr äußerlich als innerlich, gewiß, aber nichtsdestoweniger durcheinander. Denn ich weiß nicht mehr genau, wo er mir sagte: Im übrigen hat sie ja dich! Ich weiß nicht mehr, wo wir uns befanden, in welcher der zahllosen Kneipen, Cafés und Kaschemmen, durch die er mich zog. Immerhin standen wir wieder an einer Theke. Brandig hielt mir ein Glas hin, nahm das seine, stieß Rand an Rand, daß es ganz heimelig, möchte ich einmal sagen, klang, und sagte: »Komm, alter Junge, so hat jeder – jeder auf seine Weise – seinen Jammer.« Und wir tranken wie in alten Tagen eine Weile schweigend zusammen, ganz einig und ohne die freundschaftsuntergrabende Kraft seiner Worte. Als wir aber unsere Gläser geleert hatten und wir uns wieder auf der Straße befanden, fuhr er schon fort: »Als sie zurückgeschwommen kommt, sage ich ihr, daß ich einen Brief geschrieben habe. An meine Frau. Ach, sagt sie, und was hast du geschrieben? Daß ich nicht zu ihr zurückkehren werde. Worauf sie die Achseln zuckt. Soll passieren, sagt sie. Sonst sagt sie nichts. Und du willst nicht wissen, wohin ich gehen werde? frage ich dumm. *Pas spécialement,* antwortet sie. Dann, fahre ich ohne jedes Feingefühl fort, werde ich es dir sagen. Sie schweigt. Und ich sage: ich gehe mit dir. Sie blickt mich an. Niemand geht mit mir, sagt sie, bestenfalls gehst du hinter mir her. Aber das, sagt sie, sei meine eigene Angelegenheit. Sie habe nichts damit zu tun. Ich müsse wissen, was ich tue. Und sie greift nach ihrem Handtuch, steigt an mir vorbei die Stufen hoch. Geht hinauf zu meinem Haus. Ich bringe den Brief zur Post. Dann folge ich ihr. Auf dem Dach des unterhalb meines Hauses in den Fels geschobenen Hauses sitzt eine Irre, die immer dort sitzt. Pavlo, Pavlo, ruft sie, als ich unter ihr vorbeikomme, deine Frau, deine Frau, deine Frau ist gekommen, geh schnell ins Haus, in dein Haus, deine Frau. Ich betrete den Vorraum. Natürlich hat die Irre uns am Vorabend in der Dunkelheit nicht ankommen sehn. Ich steige die Stiege hinauf. Aber hat sie uns nicht gesehn, als wir am Morgen hinabgingen in den Ort? O Elisabeth. Ich durchquere den großen hellen Tagesraum und betrete die Kammer. Auf dem Bett natürlich sie, Jeanne, bekleidet mit ihrem knöchellangen wellenschlagenden hautengen Kleid. Sie starrt an die Balken der Decke. Ich ziehe mir die von der Badehose durchnäßte leichte Sommerhose vom Körper. Ziehe die Badehose aus. Ich lege mich neben die Frau. Ich betrachte sie. Und lege eine Hand auf ihre Hüfte. Sie aber zuckt zurück. Wälzt sich zur Seite. Sieht mich nicht an. Beginnt an ihren Nägeln zu kauen. Dann wälzt sie sich zurück auf den Rükken und preßt sich die Hände gegen die Brust. Und ich, ja«, sagte

Brandig, »sie liegt da, läßt sich nicht berühren, und ich erigiere... kriege einen hoch, wie ich noch keinen hochgekriegt habe angesichts dieser Frau, die von oben bis unten bekleidet ist und sich nicht anrühren lassen will, ich verdecke, verberge, verweise geradezu diese Erektion wo immer auch hin, damit die Frau sie nicht sieht, aber sie spürt sie, auch wenn sie sie nicht sieht, sie weiß, was sich abspielt... vor meinem Rücken«, sagte Brandig, »sie beißt sich die Nägel von den Fingerkuppen, preßt sich mit den Unterarmen die Brust in den Leib, kratzt sich mit den Zehennägeln des einen Fußes um den Knöchel des anderen und wirft sich mit plötzlicher gewalttätig anmutender Kraft ins Hohlkreuz zur Brücke, reißt sich das Kleid bis ans Kinn, spreizt weit die Beine und flüstert: Nun mach schon, sonst ist es zu spät. Ja«, hielt Brandig einen winzigen Augenblick inne, weiß stand ihm der weder eingeatmete noch ausgeatmete Rauch der Zigarette im Mund, »und so mach ich's. Ich mach es, wie ich's noch keiner gemacht hab. Und sie feuert mich an: *encore, encore, plus fort, plus fort, ne cesse jamais* und endigt selbst nach kürzester Zeit mit einem unerhörten, einem elementaren, nein, einem die Elemente zu einem einzigen materielosen Gedanken wieder zusammenschmelzenden Schrei. Einem. Einem einzigen Schrei. Sinkt aber danach nicht in sich zusammen, sinkt nicht zurück. Sie ergreift meinen Schwanz, sie cremt ihn ein mit der Mondmilch. Sie kehrt mir den Rücken. *J'aime comme ça,* sagt sie, *à quatre pattes,* sagt sie, *encule-moi,* sagt sie, ja«, sagte Brandig, »jetzt nur noch rein in den Arsch. Sie führt mir den Schwanz, sie fiebert, sie zittert, das Loch ist zu klein, sie drückt, zuckt und stemmt sich, es geht nicht, sie bibbert und bebt, die Enge zerreißt mir das Bändsel, es dauert, es dauert, es geht nicht, sie wimmert und weint, weint wieder und wimmert und schließlich stoße ich zu. Kein Laut mehr. Wir verharren. Ich verharre in ihrer Tiefe. Sie verharrt um mich herum. Unvorstellbar unerklärlich unerinnerbar lange. Eine Ewigkeit. Wir beide. Stille. Andacht und Schauen. Erschauen. Bis ihr ein Seufzer entfährt. Ein Seufzer, zwei Seufzer zugleich aus dem Mund und dem freigebliebenen Loch, während ich mich aufbäum und in das Arschloch ergieß.« Brandig trank. »Sie bricht unter mir zusammen«, sagte er, »sie wischt sich mit den Handrücken über die feuchten Wangen, sie schaut mich an. Und jetzt, sagt sie, mach ich dich sauber. Sie kauert sich vor mich hin und nimmt den Schwanz in den Mund. Saugt und leckt. Dann schaut sie ihn aufmerksam an. Oh, sagt sie, du blutest. Zaghaft läßt sie ihn los, schaut mir in die Augen. Wir knien uns gegenüber. *Je suis à toi,* sagt sie, jetzt – wie soll ich's übersetzen? –« sagte Brandig, »jetzt bin ich dein. Oder: ich gehör dir! Sie blickt mich sehr lange an. Und sagt dann ganz langsam, als spräche sie eine fremde Sprache: *Mon amour*. Um gleich leise zu lächeln und hinzuzufügen: Das nächste Mal nehmen wir aber die Vaseline, die ich für einen solchen Fall immer bei mir habe im Rucksack. Sie umarmt mich. Und wir schlafen, niedersinkend, Arm in Arm, das erste Mal, seit wir uns kennen, ein.« Soweit fürs erste einmal Brandig, der nicht lange vorher versprochen zu haben schien, sich ein wenig der Einzelheiten bzw. der Besonderheiten oder Absonderlichkeiten zu enthalten. Aber damit war es natürlich nichts. Was schon ganz der Ungeheuerlichkeit entsprach, von der ich sprach, und die sich natürlich als noch viel ungeheuerlicher erweisen sollte als die bloße halt- und zügellose Schilderung der Einzelheiten bzw. Besonderheiten oder Absonderlichkeiten selbst. Denn die Bedeutung, die den Dingen, den Erscheinungen, Ereignissen und dem menschlichen Handeln beigemessen wird, macht ja bekanntlich erst ihren Wert, will heißen: macht eben erst ihren Glanz und ihre Schönheit bzw. ihre Verworfenheit und Ruchlosigkeit aus. Aber warten wir ab. Ich konnte mich deshalb natürlich noch lange nicht einschüchtern lassen. Ich mußte die Ungeheuerlichkeit in jeder Form und Hinsicht aushalten. Ihr innerlich entgegentreten, ohne dem, der sie von sich gab, ja nachgerade verkörperte, dessen ganzem Wesen und Charakter sie entsprang, persönlich zu nahe zu treten. Denn ich bin nicht von der Sorte, die einem alten Freund, den die Erinnerung übermannt, Einhalt gebietet. Er aber, Brandig, zog mich, kaum hatte er wieder ein Glas – oder waren es zwei? – geleert, schon wieder hinaus ins Freie. Auf die Straße. Und dort war es Nacht. Es war Nacht geworden. Nachdem er mir anvertraut hatte, was ich hier getreulich wiedergebe. Ein lauer Sommerregen fiel auf uns herab. Brandig hakte sich bei mir ein. »Jetzt wollen wir«, sagte er, »uns erst einmal ein wenig ausruhn.« Und betrat – wir waren keine fünfzig Schritte gegangen – schon die nächste Bar. Überhaupt, die ganze Gegend schien nur aus Gastgewerbebetrieben zu bestehen. Und Brandig ließ uns nicht einmal die Zeit, gemeinsam etwas naß zu werden, abzukühlen gewissermaßen, unter dem milde niedergehenden Regen. Schon wieder standen wir an einer Theke. Der Wirt begrüßte uns mit Handschlag, ich erinnere mich genau, er griff sowohl bei Brandig als auch bei mir erst ein- bis zweimal daneben, sah jedoch weder betrunken noch sonderlich unaufmerksam aus. An der Theke, die sich von einem Ende des weiten Raumes, der von Spiegelwänden vervielfältigt wurde, bis zum anderen erstreckte, standen zahlreiche Gäste. Asiaten, Schwarze, Araber, aber auch ein paar – wenn auch einigermaßen abgerissene – Blonde, Männer mit Baskenmützen und ältere Frauen auf Stöckelschuhen. Hinter der Theke spitzten zwei riesige deutsche Schäferhunde die Ohren, je einer postiert an den Zutrittsstufen zum erhöhten Bedienungspodest. Zum Glück mußten wir eine Weile warten, konnten pausieren, denn ganz offensichtlich hatte der Wirt alle Hände, mit denen er immer wieder ein Glas umwarf oder neben eine Flasche griff, voll zu tun. »Wir einigen uns darauf«, sagte Brandig, »erst einmal zusammenzubleiben.« Und ich dachte, er meinte mich, ihn und mich. Aber weit gefehlt. Er war weiterhin tief versunken in die Abwegigkeiten jener fernen Vergangenheit, die ihm den Blick auf die Gegenwart auf eine Weise verkürzte, daß er mich, als ich zur Antwort gab: Wenn es dir recht ist! ansah wie ein von myopischer Blindheit Geschlagener auf der Suche nach seiner Brille. »Nach einer Woche aber kündigt sie für den folgenden Morgen ihre Abreise an«, sagte er, »sie hat die ganze Zeit versäumt die Pille zu nehmen, sie hat sich um eine Woche vertan, meinetwegen, sagt sie, jetzt sei sie aller Voraussicht nach schwanger. Plötzlich sei alles durcheinandergeraten in ihrem System. Sie habe noch nie die Pille vergessen. Sie wirft sich auf den Bauch und reißt sich mit den Händen die beiden Hinterteilhälften auseinander. *Regarde*, sagt sie, *j'ai déjà assez de vergetures comme ça!* Ja, ihre *vergetures*. Die hellen Streifen auf der Haut. Die Schwangerschaftsstreifen, die sie schon habe, ohne je schwanger gewesen zu sein. Sie wolle kein Kind, sie wolle nicht mal drei Wochen lang schwanger sein. Sie wirft sich auf den Rücken. Nachher kriege ich die Streifen auch noch hier auf dem Bauch. Und im übrigen: Es sei ungerecht gegenüber den Kindern. Was?« sagte Brandig, »frage ich, ist ungerecht gegenüber den Kindern. Sie in die Welt zu setzen, sagt sie. Schau doch mal an, sagt sie, was dabei rauskommt. Was? frage ich. Na schau dich doch selbst einmal an, schau in den Spiegel! Oder schau mich an. Hier mein Arsch. Meine Angst. Ich denke, du hast keine Angst. Ach, sagt sie, leck mich am Arsch. Sie wirft sich wieder auf den Bauch. Sie keucht. Du bist, keucht sie, einzig und allein darauf aus, mich reinzulegen. Ja«, sagte Brandig,

»sie glaubt tatsächlich, ich wolle ihr was beweisen. Sie glaubt, ich habe sie davon abgehalten die Pille zu nehmen, sie glaubt, ich habe eine heimliche Technik, um Macht zu gewinnen über sie. Sie glaubt, ich wolle ihr beweisen, daß ich in der Lage bin, sie vergessen zu machen, daß sie täglich die Pille zu nehmen hat. Nicht daß sie glaube, sagt sie selbst, daß ich sie schwängern wollte. Ich komme mit, sage ich. Schon wegen der Schwangerschaft, wenns eine ist. Da sei ich ja dran beteiligt. Das ginge auch mich an. Einen Dreck, sagt sie, geht es dich an. Und so reisen wir ab«, sagte Brandig. Inzwischen standen zwei Gläser vor uns. Wie immer dieser mal mehr, mal weniger trockene Rote, ein *Côtes du Rhône*, wie ich heut weiß. »Außerdem fielen ihr, sagt sie, seitdem ich mich ihr in den Weg gestellt habe, die Haare aus. Sie reißt sich ein paar Strähnen vom Kopf und hält sie mir hin. Hier, sagt sie, der Beweis. Alles psychisch. Ich halt dich nicht aus. Das, sage ich, hätte sie mir nun wirklich vorher sagen können, nicht jetzt erst, hier auf dem Schiff nach Piräus. Wir liegen auf dem Oberdeck hinter dem Schornstein. Ein Schlafsack unter uns, der andere über uns. Die sternklare Nacht. Das Geräusch der Motoren. Wie heißt *baiser* auf deutsch? Miteinander schlafen. Nein, sagt sie. Ich möchte das richtige Wort. Ein kräftiges Wort. Das deftige will sie. Also sag: bumsen. Oder ficken, sag ich. Gut, sagt sie, jetzt bumsen. Jetzt ist sowieso alles egal. Das Schiff«, sagte Brandig, »wird von derselben Erschütterung ergriffen wie wir. Und sie sagt, sie wolle weiterfahren von Piräus nach Marseille mit einem Schiff, auf die paar Tage mehr oder weniger käme es am Ende auch nicht mehr an. Hingegen der nächtliche Himmel, die Sterne, das Meer, paß auf, daß wir nicht in einen Sturm geraten und gemeinsam hinweggefegt werden von den Planken des Schiffs. Im Hafen von Piräus kaufen wir am frühen Morgen für den Abend des nächsten Tags die Tickets für ein türkisches Schiff. Und machen zwei Tage Urlaub, sozusagen Urlaub«, sagte er, »wir schlendern durch Athen, wir essen Eis, wir trinken Kaffee. Da wir beide nichts Festeres essen, werden wir, sagt sie, von Tag zu Tag schöner. Jedenfalls«, sagte Brandig, »schlanker. Wir besichtigen das Parthenon und das Erechtheion. Das Hadrianstor enttäuscht sie. In einer der belebten engen Handwerkergassen, durch die die Touristen sich drängen, stürzt sie auf ein grobmaschig gehäkeltes farblos wollfarbenes Bolero los, das auf einem Bügel vor den Auslagen hängt. Sie hält es sich vor den Leib. Es ist sehr schön, sagt sie. Ich sage: Ich kauf es. Sie umarmt mich, tritt ins Geschäft. Ich bleibe draußen. Heraus tritt sie mit dem hellen offenen Stück auf ihrer bloßen inzwischen dunkelbronzegebräunten Haut. Die Brustwarzen treten aus den Maschen hervor. Die Umrisse leuchten. Und was nun darunter? frag ich. Nichts, gibt sie zur Antwort, wir wollen doch mal sehn. Oder hast du etwa Angst? Sie streckt sich in dem prall die Körperbräune gliedernden Netzwerk. Sie lacht. Und so, sagt sie, möchte ich jetzt mit dir durch diese verdammte Männerstadt gehn. Ja, wir gehen durch die verdammte Männerstadt. Die Männer weichen uns aus und bleiben«, sagte Brandig, »ich schwöre es dir, offenen Mundes hinter uns stehn. Sie könnte ebensogut völlig nackt durch die um uns sich teilenden Massen hindurchschreiten. Obwohl«, sagte Brandig, »sie nicht eigentlich schreitet. Sie wiegt sich auch nicht. Sie geht festen schwingenden Schrittes neben mir her. Manchmal soll ich ihr vorangehen. Oder zurückbleiben. Dann übertreibt sie in komödiantisch selbstversunkener Anzüglichkeit die mir gewidmeten Bewegungen des Körpers. Wäre sie nackt, wirkte sie keuscher. Überhaupt kriege ich mehr und mehr mit: sie ist die glühendste Feministin, die sich denken läßt, wenn auch, wie sie mit kleinem Selbstbedauern und großer Entschiedenheit hervorhebt, unorganisiert; eine Frauenrechtlerin also, deren Kampfesmut sie nicht nur nicht daran hindert, sondern – im Gegenteil – geradezu auf das vehementeste dazu verpflichtet, mittels der betörendsten Hüftschwünge und atemberaubendsten Hinterteilschwenks jedermann – je-der-mann«, artikulierte Brandig Silbe für Silbe, »darauf aufmerksam zu machen, wie sehr sie sich doch vom anderen Geschlecht unterscheidet. Sie hakt sich bei mir ein. Sie lächelt. Ist ernst. Küßt mich unters Kinn. Sie bleibt stehen, nimmt Abstand und schaut mich an wie eine übersinnliche Kraft. Sie braucht mich nur anzuschauen und schon spüre ich meinen Schwanz. Im Gedränge, inmitten der Menschen, faßt sie nach ihm in meiner Hose. Wir stürzen ins nächste Hotel. Schon im Fahrstuhl. Fast. Bezahlen im voraus. Unser Gepäck steht woanders. Wir treiben es eine Stunde, zwei. Drei. Über dem Waschbecken. Überhaupt«, sagte Brandig, »sollen wir es fortan überall treiben: überall und zu jeder Zeit«, sagte er, glaube ich, wenn ich nicht doch schon ein wenig zu viel getrunken hatte, weil er mir immer zu trinken bestellte, jedenfalls sagte er, wann und wo und wie sie es trieben, glaube ich: sowas kann doch keiner erfinden, nicht einer wie ich – und woher sonst sollte ich derlei haben: »am Morgen, am

Mittag, am Abend, in der Nacht, bei Schnee und bei Eis und in sengender Sonne«, sagte er, Brandig, nicht ich, »im Bett und auf dem Bettvorleger, in Flußbetten und auf Betonfußböden, in Betstühlen, auf Baustellen und Förderbändern, in Sandburgen, Badewannen und Besenkammern, unter Baumkronen, auf von Orkanen gefällten Baumstämmen, in Baumwipfeln, auf Berggipfeln, in Sturzbächen, Burgruinen und Zugaborten, unter Brauseduschen, auf und unter Barhockern, in Blumenkästen, auf Baumwollballen, Bügelbrettern, Parkbänken, auf Laborkonsolen und inmitten von biologischen Versuchsanordnungen, auf Brachlandfeldern, in Buchenwäldern, in Bulldozerkabinen, Bergwerksloren, auf Blasebälgen, Bongotrommeln, Birkenkätzchen, in Bananenstauden, O-Bus-Sitzen, Brennesselbüschen, Buchsbaumbüscheln, auf Bücherstapeln und Banknotenbündeln, und es hätte nicht viel gefehlt: beim durch den allzu häufigen Orts- und Landeswechsel bedingten Wechsel derselben an Bankschaltern, in Bürosesseln, auf Botschaftstoiletten, über der Kühlerhaube des schwarzen Mercedes auf dem Parkplatz des nächstbesten Beerdigungsinstituts«, behauptete er, sofern mich allein die Fülle der Vorstellung dessen, was Brandig aufzählte, nicht trügt, denn er hielt ja nicht ein, im Gegenteil, er fuhr, wenn mich nicht alles täuscht, fort, sprach von Haarbürsten und Besenstielen, die sie zu irgendetwas benutzten, von Bügeleisen und Bergsteigerpickeln, von Brom- und Badesalz, von Brotlaiben und Bücherrükken (unter das Hohlkreuz?), von Gummibändern, Bindfäden, Bierseideln, Geburtshelferzangen, Bierflaschen und von Butter zum Einschmieren der Haut, von Brombeermarmelade und Bienenhonig und von Semmelbröseln zum Bestreuen und von Kohlebriketts zum Schwärzen der Körper, und wenn ich ihn, Brandig, hier nun nicht wörtlich – in Gänsefüßchen – zitiere, dann allein deshalb, um am Ende nicht dazustehen als einer, der ungenau zitiert einen von genauesten Obsessionen und Unmöglichkeiten heimgesuchten Freund, nein, das haben wir nicht nötig, denn er selbst leistete doch allen Genauigkeiten mit äußerster Kaltschnäuzigkeit gewissermaßen Vorstellungsvorschub, wenn er zum Beispiel sagte: »Ich habe mir nicht nur das Bändsel des Penis zerrissen, ich habe mir auch eine Entzündung geholt. Der Riß heilt, aber die Eichel glüht. Rote Pünktchen und Pusteln. Sie aber sagt: Du hast dir nur meine Champignons geholt. Pech. Wer mit ihr zu tun kriege, laufe Gefahr, sich Champignons zu holen. Sei aber harmlos, nichts als eine, wenn auch lästige, Irritation der Schleimhäute. Sagt sie. Sicherheitshalber – sicher, sagt sie, vergessen wir nicht den Kinosessel und die Schiffsfährenkoje –: sicherheitshalber könnten sie sich ja beide untersuchen lassen. Alles in einem Abwasch. Zuerst machen wir – wir, sagt sie – einen Schwangerschaftstest. Zu Hause. Und dann machen wir zur Sicherheit noch einen in der gynäkologischen Abteilung. Und schließlich gehen wir zum *Service MST* – wie bitte? – zum SERVICE DES MALADIES SEXUELLEMENT TRANSMISSIBLES. Der ist gleich nebenan. *Consultations gratuites,* sagt sie. Da zahlen wir nichts. Venerische Krankheiten, sagt sie, sind in Frankreich umsonst. Die sind überall, sag ich. Siehst du, sagt sie, da haben wir es wieder: du lauerst mir auf, du willst mich nur reinlegen, du wartest darauf, daß ich mich verspreche, daß ich was Falsches sag, du machst, daß ich was Falsches sag, du bist der Grund dafür, daß, aber, sagt sie, wenn du es genau wissen willst: venerische Krankheiten sind bei mir wirklich umsonst! Und plötzlich verzieht sie ihren Mund voller Ekel. Verzieht ihn wie ein Filmdiktator, der den von Seuchen und fiebernden Heimkehrvisionen zermürbten Resten seiner geschlagenen Armeen angewidert den Rücken kehrt.« Sagte Brandig! So wie es hier steht! Er! Er sagte immer mal wieder solche Sachen, meist nach einem allzu kräftigen Schluck aus dem Glas. Ich allerdings rührte vorerst entschieden mein Glas nicht mehr an. Aber das schien Brandig nicht zu stören. Geschweige denn zu hindern an der Verfolgung des offenbar einmal ins Auge gefaßten Ziels, das, es lag auf der Hand, nur sein konnte: der Vollrausch. Erstaunlich nur, wie gut er sich hielt, während ich, eingestandenermaßen, schon ein wenig schwankte. Dabei waren wir noch nicht einmal bei Mitternacht angelangt. Brandig sagte – aber ich sollte eher sagen: er sprach – immer mal wieder solche Sätze. Auch zum Beispiel den: »Die Gier leuchtet auf in ihrem Gesicht wie ein heiliges Feuer; die Augen das Öl – und der Uneingeweihte macht sich weis, sie habe es mit Staubkörnchen zu tun und weine.« Oder er sprach: »Das Verlangen ist in ihren Gesten wie die Versuchung in den weiten Gewändern der Priester; es raschelt, ohne daß etwas berührt zu werden braucht.« Hier schien mir Brandig allerlei zu verwechseln; mir fiel zudem eine mir an Brandig gänzlich unvertraute Vorliebe für ritual-religiöse Bildgebung auf… die auch eines gewissen neu-biblischen Tons nicht entbehrte – wenn er etwa sagte: »Und gib kein Dorn und falsch Zeugnis, wenn du sie knabbern siehst an den Nägeln ihrer Finger und ihrer Zehen am

Fuß; sie ist die Schakalin, die nagt an den längst heruntergefressenen Knochen des aller Welt abhanden gekommenen Haushunds – das macht die Wollust und die flammende Versonnenheit in ihrem Gesicht.« Ja. Oder: »Nicht Gerechtigkeit ist ihr Erbarmen; ihr Erbarmen ist der Wüste Wasser, der Sonne Dach, der Seele Körper.« Oder, wieder weniger biblisch: »Ihr Anspruch hat etwas von der Reinheit, Lächerlichkeit und Verzweiflung derer, die mit Sinngebungsfragen beschäftigt sind; die Demut kommt vor dem Fall.« Kryptisch, kryptisch, kann ich da nur sagen, wahrlich. Brandig hat wahrhaftig eine bemerkenswerte Phantasie. Die ihm aber zu nichts anderem dient, als die eigentliche – ihm eigene – Ungeheuerlichkeit zu verbergen. Da muß man auf der Hut sein bei ihm. Besonders, wenn man, wie ich in diesem Lokal, in das er mich geführt hatte und in dem der Wirt hinter der Theke immer mal wieder eine Flasche oder ein Glas umstieß mit seinen ungeschickten Händen, gerade seine schwache Phase hat. Ich hielt mich mit beiden Händen fest an der Theke. Brandig aber fuhr standhaft und ungerührt fort. »Das türkische Schiff, auf dessen Decksplanken wir liegen, ist die AKDENIZ. Oder ist es die KARADENIZ? Jedenfalls ist es eines der beiden Zwillingsschiffe, denn wir sollen, da wir uns vornehmen, dasselbe noch einmal gemeinsam zu nehmen – und zwar die Route Marseille / Genua / Neapel / Piräus / Istanbul / Izmir / Beirut / Alexandria / Neapel / Marseille –, später auf das andere geraten. Und warum nehmen wir, sagt sie, um die Rundreise voll zu machen, nicht auch noch Barcelona mit? Was sollen wir in Barcelona? sag ich. Die Nächte in Barcelona, sagt sie. Nein danke, sag ich«, sagte Brandig, »da habe ich nicht die besten Erfahrungen gemacht. Sie fragt aber nicht, welcher Natur meine Erfahrungen sind. Vielmehr fragt sie zum ersten Mal, was ich denn beruflich so tu. Rechtsanwalt sei ich, sag ich, habe aber nunmehr den Beruf an den Nagel gehängt. Gänzlich, wie sie sehe. Sie denkt nach, wie ich sehe. Ich wolle nur noch eine Schrift verfassen, eine justizkritische Schrift. Das, sagt sie, sei unbedingt vonnöten. Sie rückt näher an mich heran. Das sei in jedem Fall vonnöten. Überhaupt, sie habe schon allerlei über Deutschland gehört. Was? Sie wisse nicht, ob es stimme. Was? beharre ich«, sagte Brandig, »aber sie sagt's nicht. Sie sagt: jetzt, da sie es ja mit einem Deutschen zu tun habe, werde sie schon sehn – und sie greift nach einem der beiden Schlafsäcke, der aufgezogen ist zur Decke, zieht ihn sich über den Kopf, rutscht mir mit dem Schlafsack über dem Kopf zwischen die Beine, hebt noch einmal einen Zipfel und sagt: Jetzt leck ich dir erst einmal meine Champignons weg. Sie öffnet – ich hör es, ich spür es – den Reißverschluß meiner Hose. Ich blicke um mich. An der Reling stehen die Passagiere und blicken über das Meer. Manche kehren dem Meer den Rücken zu. Hellichter Tag. Ich spüre die Kühle ihrer Zunge, die behutsam um meine Entzündung herum spielt. Und gelegentlich steigt ein Passagier mit steif gehobenem Bein über mich und den sich zwischen meinen Beinen wölbenden Buckel hinweg. Ich blicke zum Himmel. Bis ich zusammenzucke. Ganz sanft fließt es aus mir heraus. In ihren Mund. Sie taucht wieder auf. Lächelt, als habe sie – verrat mich nicht! – fast ein Dritter beim Naschen ertappt. *T'as bien jouis?* fragt sie. Ich atme durch. Was sagt man auf deutsch für *jouir*? Es gibt, sag ich, glaub ich, kein Wort auf deutsch für *jouir*. Das Wort kommt von Freude, sagt sie. Und wie ist das Verb? Es gibt kein Verb für *jouir*. Ich habe einen Orgasmus, es kommt mir, ich spritze ... aber ich spritze doch nicht, sagt sie, wie soll ich spritzen als Frau? Sie schüttelt den Kopf, sie greift nach meiner Hand. Mein Gott, sagt sie, was für eine Armut, kein Wort, kein Verb für *jouir*. Vielleicht sollte ich jubeln sagen, sag ich. Ihr habt nur große Substantive, sagt sie, Hinterland, Kindergarten, Panzer, Gemüt ... und was sonst noch. Ach, sag ich, woher weißt du denn das? Das sind doch, sagt sie, heute französische Wörter. So gut sprichst du französisch? Nun, sagt sie und es fliegt ein rötlicher Schimmer über ihre Stirn, Französisch ist schon auf dem Gymnasium in Montevideo meine Lieblingsfremdsprache gewesen, deshalb sprech ich auch fast ohne Akzent – und sie fügt ohne Pause hinzu: Und was bedeutet eigentlich Weltschmerz auf deutsch? Schwer zu sagen, sag ich denn auch, wirklich schwer zu sagen«, sagte Brandig, »sie aber«, sagte er, »sagt, daß Weltschmerz vermutlich nichts anderes sei als eine simple landesübliche *dépression nerveuse*, so wie sie immer mal wieder eine habe. Und was, sagt sie, sagt ihr, wenn ihr sagen wollt: *Je t'ai dans la peau*? Wie? Was? sage ich: in der Haut? Unter der Haut? Ich meine, sagt sie, was noch mehr bedeutet als *je t'aime* ... zumindest für mich. Ja, ich weiß nicht, sag ich«, sagte Brandig, »ich dich in mir, unter, in meinem Innern, ich weiß nicht. Da sagt sie«, sagte Brandig, »sag mal: was hast du eigentlich für Gefühle? Hast du Gefühle wie ich? Oder hast du andere Gefühle? Wenn man so eine Sprache spricht wie du. Die soll doch sehr reich sein. Die aber alles ausläßt. Wie geht das? Was fühlt man da? Man kann doch nicht das Wichtigste, was es im Leben gibt, auslassen beim Sprechen. Was bist du für ein Mensch? Was seid ihr Deutschen für Menschen? Gut, sag ich«, sagte Brandig, »einigen wir uns für *jouir* auf jubilieren, so komisch es auch klingt – das hat dann wenigstens den Vorteil, daß nur wir beide verstehn, was wir sagen. So wird die KARADENIZ oder die AKDENIZ, das türkische Schiff, zu unserem großen Verständigungsschiff – im Zug von Marseille nach Toulouse aber verwickelt uns ein altes, so freundliches wie gesprächiges Bauernsleutpaar in ein Gespräch über die Abenteuerlichkeiten des Reisens und fragt am Ende auch ganz ungeniert, ob wir – in unserem unübersehbaren, also ins Auge springenden *und* unermeßlichen Glück – denn auch schon verheiratet seien, worauf sie, Jeanne, fest und stolz erwidert: ja – beide. So daß die Alten wohlgefällig lächeln, worauf sie hinzufügt: aber nicht miteinander, so daß die Alten in Trübsal verfallen.« An dieser Stelle, ich erinnere mich genau, trotz meiner kleinen vorübergehenden Kniekehlenschwäche erinnere ich mich genau, bestellte Brandig wieder einmal einen Schnaps. Einen *calva* natürlich. Er kippte ihn mit einem Schluck weg. Und wischte sich mit dem Handrücken über den Mund. »Apropos Toulouse«, sagte er, »Toulouse und Giordano Bruno, du kannst es nachlesen in den gesammelten Schriften oder vielleicht sogar in deiner kleinen Kurzbiographie«, und tatsächlich, ich hab, was Brandig sagte, gefunden und schreib es hier authentisch und wortwörtlich ab: *»Daher ging ich von dort«*, ganz offenkundig Lyon, *»nach Toulouse, wo eine berühmte Hochschule ist und nachdem ich hier die Bekanntschaft intelligenter Leute gemacht hatte, wurde ich von ihnen eingeladen, vor einem Zuhörerkreise über die Sphäre* (Astronomie) *zu lesen; ich hielt diese Vorlesung, außerdem andere Vorlesungen über Philosophie sechs Monate lang.* Er blieb«, sagte Brandig, »mehr als ein Jahr, von Ende 1579 bis weit ins Jahr 1581 hinein. Und seltsam, nicht wahr, daß er neben der Tugend- und Staatslehre des Aristoteles, darunter – wie sich denken läßt – zuvorderst der Nikomachischen Ethik mit ihrer bemerkenswerten Dialektik von Fremdsein und Freundschaft, sich hauptsächlich mit Raimundus Lullus, dem großen katalanischen Mystiker, Dichter und Missionar Ramón Lull, und seiner *Ars magna*, später auch Lullische Kunst genannt, beschäftigte; jenem berühmten Verfahren, durch schematische Anordnung der Begriffe übersichtliche Erkenntnis und sichere Beweisführung zu lehren?

Und zog nicht vielleicht gar den später von Hütern der reinen apostolischen Lehre Verbrannten – einmal abgesehen von übergeordnetem Wissensdurst und eingefleischtem Grundlagenehrgeiz – das persönliche Schicksal des einstmals von Mohammedanern Gesteinigten – sie hatten sich von ihm nicht bekehren lassen wollen zu Christen – auf höchst magisch-moralische Weise an? Ich stelle«, sagte Brandig, »anheim. Jedenfalls mach auch ich in Toulouse die Bekanntschaft verschiedener intelligenter Leute, darunter Jean und Jean-Paul – falls dir«, sagte er, »an den Namen was auffällt –: auch sie im übrigen gläubige Christen, mehr: von Berufs wegen Geistige. Geistliche, Priester, Verkünder. Sie sind Jeannes und werden unsere einzigen Freunde. Zunächst aber zur physischen Realität. Der G-Test *(Test de Grossesse)*, den wir«, *wir*, sagte er, »mittels Morgenurin machen *à la maison*, verläuft negativ. Was objektiv negativ ist, ist immer subjektiv positiv, sagt sie. Der Bluttest in der Gynäkologie ergibt ebenfalls: negativ (objektiv). Schon der Augenschein aber verrät den im *Service MST* um uns – wir lassen uns nicht trennen – versammelten Fachleuten für und Studenten der Geschlechtskrankheiten, daß wir – wir alle sozusagen – es hier mit typischen Mykosen zu tun haben, sowohl bei ihr als auch bei mir. Habe ich es nicht gesagt, sagt sie, Champignons, Pilze. Der die Untersuchung leitende Arzt aber legt am Ende noch mal seine Hand unter meine Hoden«, sagte Brandig, »er hebt sie an, wiegt sie in der Hand, die Kollegen senken die Köpfe und schauen. Sie haben, sagt der Mann mit meinen Hoden in der Hand, keine Schmerzen. Nein, sage ich, keine. Es wird eine Vergrößerung beider Testikel konstatiert. Dies sei keine Diagnose, wird gesagt. Es wird mir empfohlen, bei der geringsten weiteren Vergrößerung oder sonstigen Veränderung unverzüglich einen Arzt aufzusuchen. Oder wiederzukommen. Es wird ein aufmunternder – die Größe der Hoden betreffender – Scherz gemacht. Es wird mir die Hand auf die Schulter gelegt und ihr zugezwinkert. Zuguterletzt wird uns noch Blut abgezapft. Zur Sicherheit. Mit Lues ist nicht zu spaßen. Im Falle eines positiven Befundes. Lassen Sie Ihre Anschrift da. Welche? Wir benachrichtigen Sie von uns aus sofort. Hast du, sagt sie draußen, die Assistenzärztin mit den zarten Fingern gesehn? Nein, sag ich, beziehungsweise: ich erinnere mich nicht, welche? Mit der, sagt sie, habe sie eine Affäre. Oder besser: eine Affäre gehabt – bis zu dem Tag, als sie den Heuschnupfen nicht mehr ausgehalten habe und abreisen mußte.

Ich denke«, sagte Brandig, »kann ich da nur sagen, du hast es nur mit Schwarzen. Worauf sie sagt: Mit schwarzen Frauen gehts leider nicht, Afrikanerinnen machen das nicht, höchstens mal eine aus der Karibik, aber da kommt man schlecht ran. Die sind, sagt sie, wie die Pfaffen. Und da wären wir denn also bei Jean und Jean-Paul, den Freunden, den einzigen ruhenden Polen. Bei Jean, der neben der Erfüllung seiner seelsorgerischen Aufgaben *(paroisse Les Saints-Dominique et Thomas)* mit Eispickel und Hochgebirgsstiefel umständliche und risikoreiche, den Zoll in die Schranken weisende Bergtouren macht, um in Spezialrucksäcken japanisches elektronisches Präzisionsgerät aus Andorra herunterzuschaffen in die Ebene und die Stadt, damit aus den Verkaufserlösen – Konfidenten in der kommunistischen Partei kommen bei ihm in den Genuß eines kleinen Rabatts – die allmonatlich zu veranstaltenden Tanz-, Diskussions- und Selbstversenkungsabende der ihm anvertrauten christlichen Jugendgruppen finanziell abgesichert und somit auf Dauer gewährleistet sind – und bei Jean-Paul, der neben der Erfüllung seiner seelsorgerischen Aufgaben (*paroisse Saint-Sernin,* man beachte die Basilika, die größte und vollkommenste romanische Kirche ganz Frankreichs) im Zuge eines Zweitstudiums – auch stellvertretend für Jeanne – an langwierigen und nervenzehrenden humangenetischen Laborexperimenten teilhat und sich in den ausgiebigen nächtlichen Pausen mit Francine, der Kommilitonin aus dem höheren Semester, auf die nach der schon seit Jahren beantragten Rückversetzung in den Laienstand einzugehende Ehe vorbereitet; bei den ruhenden Polen also, die einander gegenüberstehen – Jean mißbilligt Jean-Pauls voreheliche Kontakte – und mietfrei wohnen in dem abbruchreifen Gemeindehaus am Rande der Stadt. Sie stellen den Garten, den kirchlichen, hinter dem Haus zur Verfügung. Der liegt aus naheliegenden Gründen verwahrlost und brach. Auf ihn stürzt sich Jeanne und findet einen Halt. Denn ansonsten mögen wir ein wenig unstet sein. Sie baut an Tomaten, Gurken, Salate, Kartoffeln, Auberginen und Courgettes. Zwiebeln, Lauch, Paprikaschoten. Aber auch ich«, sagte Brandig, »stelle mich zur Verfügung. Wenn auch nicht zum frühmorgendlichen Begießen der Pflanzung. Ich schlafe, da ich in der Nacht schlechter einschlaf als sie, morgens länger. Natürlich teilen wir tagtäglich und allnächtlich das Bett. Aber wir wohnen – zunächst – nicht zusammen. Sie hat ihre moderne Dreizimmerwohnung mit Teakholzmobiliar, Einbauschränken und Einbauküche und sucht mir binnen kürzester Zeit mein eigenes Appartement. Das dann monatelang freisteht; gelegentlich machen wir dort auf dem Fußboden – dicke Auslegeware – Besuche. Bis wir es aus Kostengründen aufgeben. Ich wohne für ein paar Tage bei ihr. Dann für ein paar Tage in einer Dachkammer in Jean-und-Jean-Pauls Haus. Ich versuche mich an der justizkritischen Schrift, finde aber keinen Zugang mehr, komme nicht weiter. Alles liegt sehr weit weg. Dann zieht sie aus ihrer Komfortwohnung aus und bezieht eine kleinere Wohnung, im Zentrum. Sie rechnet mit der Fairness ihres Mannes, sagt sie, und hofft die eingesparte Differenz mit den monatlichen Unterhaltszahlungen auf ihrem Konto wiederzufinden. Aber sie täuscht sich in ihrem Mann, der sich, seitdem sie nachts nicht mehr zu ihm zurückkehrte, zurückgezogen hat in sein Haus auf dem Land. Einmal zeigt sie ihn mir von hinten auf der Straße. Das ist er, sagt sie. Er tue ihr leid. Er könnte – auch von hinten – ihr Vater sein. Und den, sagt sie, habe ich einmal geliebt. Während sie sich in der neuen kleineren Wohnung im Zentrum einrichtet, suche ich mir wieder ein Zimmer. Nachdem der Mann vom Städtischen Desinfektionsdienst mittels einer wirksamen Giftspritze die in dem mittelalterlichen Stiegenverschlag sich binnen weniger Tage – aufgrund meiner Anwesenheit? frage ich mich«, sagte Brandig, »zu ganzen Völkerschaften vermehrenden Wanzen und Flöhe vernichtet hat, betrete ich nicht mehr den Raum. Ihre kleinere Stadtwohnung, stellt sie, nachdem sie sich eingerichtet hat, fest, ist nicht nach Süden gelegen. Es kommt keine Sonne herein. Wozu auch dann der Balkon? Sie begibt sich auf die Suche nach einer anderen Wohnung. Die sollte möglichst in unmittelbarer Nähe des Gartens und der Freunde sein. Sie findet ein Einzimmerappartement und sagt: gib dein Zimmer auf, es hat keinen Sinn, wir müssen sparen. Oder willst du etwa arbeiten gehn? Eines Morgens, ich bin ihr gefolgt, sie hat schon mit der Gießkanne gesprüht, ich brauche nicht mehr den Schlauch aus dem Keller zu holen, sie ist über die neuen Setzlinge der Blattsalate gebeugt, während ich die tagtäglich um Blattlänge sprießenden Triebe der Tomaten an die Schilfstangen binde – dieses Morgens sagt sie: Und wenn wir ihn beseitigen? Beseitigen? Wen? Meinen Mann, sagt sie. Er wohnt so einsam. Weit und breit nichts. Das Haus liegt in den Wäldern. Aber, sag ich, aber sie läßt mich nicht sprechen. Er fährt, sagt sie, jeden Tag eine bestimmte Strecke, ich kann sie dir zeigen, wenn du ein Seil spannst, ein Stahlseil, zwischen den Bäumen, nachts. Und da fährt er rein. Und wenn er sich nicht gleich das Genick bricht, dann – sie richtet sich auf und schaut mir ins Gesicht –: dann mußt du eben nachhelfen. Ihr Gesicht ist nicht ernst, es ist plötzlich voller Entsetzen. Sie greift nach meinen Händen. Die Gegend, wiederholt sie gewissermaßen, ist einsam. Ich erwarte dich, sagt sie, mit dem Wagen an einem vereinbarten Punkt. Ich habe, sagt sie, schon einen genauen Plan gemacht – und zieht ein Stück zerknittertes Millimeterpapier aus der Tasche, auf dem Pfeile, Kurven, Linien, Punkte und Kreuze eingezeichnet sind. Entfernungen, Umgehungen, Fluchtwege. Du bist, sage ich, wahnsinnig. Worauf sie sagt: Hast du das Geld, das wir brauchen, um glücklich zu sein? Aber, sage ich, braucht man Geld und muß man jemanden umbringen, um. Sie unterbricht mich: Ich liebe ihn nicht mehr. Aber, sage ich. Er hat mich gehabt, sagt sie. Aber, sage ich. Was, sagt sie, soll er denn ohne mich tun? Ohne mich ist er doch sowieso schon tot. Ich«, sagte Brandig, »wende mich ab und sage, ich wolle darüber nachdenken. Am selben Tag noch kündige ich meine Verpflichtungen in Deutschland. Krankenversicherung, persönliche Haftpflicht, Hausrat, Unfall. Ich erfülle mir einen Kindheitswunsch, kaufe mir ein weißes Rennrad mit Zwölfgangschaltung. Sie kauft sich das passende kleinere Junior – ebenfalls ein Rennrad mit Stange, ebenfalls weiß, aber mit Fünfgangschaltung – hinzu. Das silbergraue Alfa-Romeo-Kabriolett, das ihr Mann ihr gelassen hat, steht auf dem Hof. Nur wenige Male benutzen wir es zu Ausflügen in die Pyrenäen oder ans Meer. Meist fahren wir Fahrrad. Die Leute sehen hinter uns her. Der Alte mit seiner Tochter, die Tochter wie ein Sohn, ihre prallen Waden am Zahnrad und unter den aufgekrempelten Jeans. Ich lege die justizkritische Schrift zur Seite und versuche mich in Reiseberichten, hab ja inzwischen schon allerhand gesehn. Schreibe, wie du weißt«, sagte Brandig, »auch eine Kleinigkeit über, wie sagten wir noch? über unseren unglückseligen Ort. Die Schwierigkeit ist nur: wie schildere ich etwas, das ich liebe, ohne beim späteren Leser mehr als verhalten verharrendes Interesse zu wecken? Oder anders ausgedrückt: wie schrecke ich Neugierige ab, ohne das zu verunglimpfen, was ich liebe und was abschrecken soll? Wie preise ich etwas, damit es verschont bleibt? Und ab und zu lasse ich mir von dir die Wertbriefe mit den Banknoten kommen, du warst mir«, sagte er wie in einer plötzlichen Anwandlung von Absprachееrweichung, »immer ein zuverlässiger

Kreditnehmer und Freund. Je ferner«, sagte er und nahm einen Schluck aus dem nächstbesten vollen Weinglas, »desto näher. Und ich«, sagte er, »zu Füßen der Wunderbaren, der Unerhörten, der unverantwortlichen Unschuld. Ich bete sie an. Habe ihre Zehen auf dem Weg von der Gartenerde zur Badewanne zwischen den Zähnen, die Zunge in den Zwischenräumen zwischen den Zehen, Erde im Mund, schließe die Augen und vergeß, wer ich bin. Sie aber sagt: Weißt du eigentlich, daß zur Erhaltung der Menschheit Frauen allein ausreichen würden? Dank der Wissenschaft. Der Wissenschaft, die ich betreibe. Wir steuern nämlich inzwischen die Mutationen. Wir reproduzieren durch Klonen die Gene zur Befruchtung der Eizellen. Wir brauchen nur, sagt sie, zwei genetisch idente menschliche Embryonen zu nehmen, den einen in einer sogenannten Gastschwangerschaft bei einer beliebigen Frau austragen zu lassen und den anderen über Jahre tiefgekühlt zu erhalten. In Texas ist das, frag die Cowboys, bei Kühen fast schon der Alltag. Eine Tochter aus der Gastschwangerschaft kann bei Erreichung ihrer geschlechtlichen Reife dann den mit ihr selbst identen Embryo austragen. Sie wird dadurch nach der Geburt des Kindes zu ihrer eigenen Mutter. Ja«, sagte Brandig, »und mir fällt ihr Zeh aus dem Mund. Wir haben euch Männer, sagt sie, also bald nicht mehr nötig. Es sei denn, sagt sie... und verliert sich in Gedanken. Um sich wiederzufinden in der Eröffnung: weißt du eigentlich, daß ich Vegetarierin bin? Weiß ich, sage ich. Seitdem sie mir aber, sagt sie, das Blut weggeleckt habe von meiner kleinen Wunde, habe sie wieder einen täglich wachsenden Appetit auf Fleisch. Komm, sagt sie, wir kaufen Lammfleisch, ein ganzes Lamm oder eine ganze Keule. Oder zwei. Wir gehen Fleisch kaufen, sie bereitet Salate zu aus unserem Garten, Kartoffeln, Gemüse: wir beginnen von heute auf morgen wieder zu essen. Was mich anbelangt«, sagte Brandig, »mehr denn je zuvor. *On bouffe,* sagt sie. Wir fressen. *T'es un goinfre,* sagt sie und reißt mit ihren weißen ebenmäßigen Zähnen hin und her an dem gerösteten Stück. Es sei eine Lust, sagt sie schmatzend, saugend und kauend, mir zuzuschauen beim Essen. Was ich, sag ich, auch nur von ihr sagen kann. Sie verdreht die Augen, blickt an die Decke, die weiße, und blickt an die Wand. Findst du sie nicht gräßlich, diese Tapete? Nun ja, sag ich, die üblichen Blümchen in Fett, halt die Franzosen. Sie leckt sich die Finger, springt auf, eilt zum Wandschrank; hol schon Hammer und Nagel, sagt sie, guck nicht so einfältig, das

Werkzeug findst du dort, wo du's hingestellt hast, im Kasten unter der Spüle; sie steigt auf den Stuhl und hämmert an alle vier Wände des Zimmers, das wir bewohnen, weiße leinene Laken. Das, sagt sie – sie stemmt die Hände in die Taille –, ist die einzige erträgliche Aussicht. Pause. Im Leben, fügt sie hinzu. Und dann die Berge. Die Aussicht von Bergen. O wie sehne ich mich nach den Bergen. Vor drei Tagen erst waren wir in den Bergen. Die Pyrenäen, sagt sie, sind keine Berge. Gibt es in oder um Montevideo Berge? frag ich. Das hat nichts damit zu tun, gibt sie zur Antwort. Und du«, sagte Brandig zu mir, der ich einfach nicht den Blick von den ungeschickten Händen des Wirtes lassen konnte, der uns bediente, »wirst bald begreifen warum. Was, sagt sie, stellst du überhaupt für Fragen. Sie springt auf und sagt, sie gehe heut tanzen. Ich sage, ich komme mit. Du kommst, sagt sie, nicht mit. Ich kann mit dir nicht tanzen. Haben wir noch nie versucht, sag ich. Du kannst nicht tanzen, sagt sie. Weiße können nicht tanzen, es sei denn den Tango, aber den tanze sie sowieso nur allein. Selbst wenn sie mit Schwarzen tanze, tanze sie nämlich allein. Das ist so mit denen. Man faßt sich nicht an. Höchstens danach. Wie danach? frag ich, ins Leere. Sie müsse allein tanzen gehn, sagt sie, sie brauche ein wenig Abstand. Alleinsein. Mit Schwarzen, die tanzen. Allein. Dann bin ich, sagt sie, *plus seule que toute seule*. Alleiner als allein. Auch du solltest mal allein sein, sagt sie. Sie geht zweimal die Woche tanzen. Jedenfalls zu Anfang. Und ich gehe trinken. Ich habe von der Bar, in der ich trinke, den Eingang zu der *boîte,* in der sie tanzt, im Auge. Kommt sie am Morgen heraus, allein oder mit einem Schwarzen, verstecke ich mich hinter einer Säule, von der ich mich, sollte sie oder sollten beide die Bar betreten, zurückziehen kann aufs Klo. Wo ich einmal, als ich es nach einer halben Stunde verlaß, im Vorraum auf sie pralle. Sie sieht mich an, als erkennte sie mich nicht. Geht mit leeren Augen und wortlos an mir vorbei. Murmelt eine Entschuldigung in meinem Rücken. Ich flüchte nach draußen. Kein Schwarzer an der Theke. Ich flüchte nach Haus, ach«, sagte Brandig, »unser zu Haus. Zehn Minuten später steht sie, ich weiß nicht wie, an unserem Bett. Du brauchst mir nicht nachzuspionieren, sagt sie. Denn nachdem ich dir schon nicht verzeih, daß du dich mir in den Weg gestellt hast, verzeih ich dir erst recht nicht, daß ich keine Lust mehr habe auf andere. Nicht mal auf Schwarze. Seitdem ich dich kenne. Ich denk nur, sagt sie, an dich. Selbst wenn du nicht bei mir bist. Nur beim Tanzen vergeß ich dich, aber beim Tanzen seh ich auch niemanden sonst, nicht mal den, mit dem ich gerade tanze, den vielleicht am allerwenigsten. Sie geht immer ausgiebiger und länger tanzen und ich trinke – auch am entgegengesetzten Ende der Stadt und an Orten, an denen sie mich nicht vermuten würde – immer mehr. Ich stürze vom Fahrrad, hole mir Schürfwunden und Beulen, ich kotze die Lenkstange voll, liege im Rinnstein, verkomme. Ich richte mich bald wieder auf. Du bist, sagt sie, ein selbstzerstörerischer Typ. Du ruinierst dich. Hast, wenn du besoffen bist, einen Blick wie mein verblödeter Vater. Du hast keinen Halt. Hast du selbst überhaupt einen Vater? Und eine Mutter? Hast du je Vater und Mutter gehabt? So wie du aussiehst! Siehst nicht so aus. Wie sie, die Mutter und Vater gehabt habe, wenigstens zu Anfang, sagt sie und summt, was sie sonst – in der Badewanne liegend, ihren Kopf in meine Achselhöhle schmiegend, ihre Augen mit der Hand beschattend – selbstversunken singt nach eigener Melodie und Erdichtung:

La mére dan-se
Le père chan-te
L'enfant assis
sur le tapis
su-ce son pouce

Aber das sei ja nun schon lange her. Aus und vorbei, sagt sie, und schon gar nicht mehr wahr. Dabei«, sagte Brandig und nahm wieder mal einen Schluck, »hat sie sehr wohl noch beide, sowohl Vater als auch Mutter, nicht einmal sonderlich fern, wie sich herausstellen soll, wenn auch den Vater nicht mehr sehr lange. Was es mit dem auf sich hat«, aber sagte er, »das erzähl ich dir woanders, trinken wir hier erst mal aus.« Er schwieg und drehte, sofern ich es richtig mitkriegte, sein Glas in der Hand, während ich weiterhin nicht den Blick von den Händen des Wirtes nehmen konnte. Sie sahen wie fremde Hände aus; wie ihm von einem anderen Körper auf Ellen- und Speichenstümpfe – leicht parallel verschoben – aufgesetzte Hände. Beide. Der Mann sah mich an. Er tauchte die Hände in Spülwasser, griff nach dem daneben liegenden Handtuch, griff halb daneben, trocknete sich umständlich die Finger, die Ärmel waren aufgekrempelt, blickte mich unablässig unerbittlich an, beugte mir steif seinen mächtigen Oberkörper entgegen, die Schäferhunde in den

Ecken hinter der Theke spitzten die Ohren – und schmetterte beide Hände mit den Handrücken vor meinen Augen aufs Blech. Ließ sie so unbewegt liegen und schaute mich an. *Regarde,* sagte er mit heiserer, ja, nachgerade einschmeichelnd rauchiger Stimme, *regarde bien*. Ich sah hin. An den Pulsstellen, quer über die wie gestaut hervorquellenden Adern der knochigen Gelenke, verliefen stark gerötete Narben. *Tu vois?* sagte der Wirt. Und Brandig sagte: »Ja, hör, was er sagt, und schau gut hin.« Erst, sagte der Wirt, je ein Schnitt mit dem Rasiermesser, um die Sehnen zu durchtrennen, und dann – er griff mit einer Hand unsicher nach dem Gelenk der anderen und schlug es sich, die Schnittnarbe nach oben, kurz und hart über das unter der Wirtsschürze hochschnellende Knie – *crac, tu vois* – er wechselte die Hände – *et crac, voilà*: so brechen sie dir die Knochen, versetzen dir noch einen Tritt und lassen dich liegen, deine Gäste, die geschätzten, damit du es weißt: ihr! Wir? Ich blickte Brandig an. Der hob gleichzeitig knapp Brauen und Schultern. Als bedauerte er. Nur was? fragte ich mich und frags mich noch jetzt. Ja, ihr, sagte der Wirt, nun lauter, und wies ohne hinzusehen, als sei ihm plötzlich auch der Blick gebrochen, mit den verkrümmten Händen, an denen die verheilten Knöchel hervorragten wie riesige Überbeine, in Richtung auf die Gruppe von Arabern neben uns an der Theke. Die wurden aufmerksam, natürlich, lächelten, zuckten, ganz ähnlich wie Brandig, die Schultern und hoben die Brauen und sagten: Alter, du kriegst wieder alles durcheinander heut nacht, das waren doch *die* – und die Araber zeigten mit Zeigefingern oder Daumen auf die Gruppe von Negern, die gleich neben ihnen standen, friedfertig und in angeregtem Gespräch, und als die das hörten, wandten sie halb die schwarzen Köpfe und sagten, wenn ich sie richtig verstand und sie hier richtig wiedergebe (sie sprachen ja nicht deutsch): Weit gefehlt, *cher ami,* das sind nicht unsere Methoden, wende dich in dieser Angelegenheit an *die* – und sie zeigten mit Händen und ausgestreckten Armen auf die abgerissenen Blonden, jüngere, jugendliche, fast kindliche langhaarige Geschöpfe, die mit den älteren Frauen auf Stöckelschuhen und zwei drei ausnehmend elegant gekleideten Chinesen – oder vielleicht auch Japanern – inzwischen Platz genommen hatten in einer Ecke und zechten. Die aber hatten von alledem nichts mitgekriegt. Der Wirt hingegen sagte: Und das alles, weil ich armer Irrer (?) – *pauvre con,* sagte er – ein einziges Mal versäume, nach Feierabend die Hunde mitzunehmen nach draußen, zum Müllcontainer, verstehst du, meine eigene Schuld, zugegeben, aus Schaden wird man klug, sagte er, man ist sich nicht immer einig mit seinen Gästen, da muß man halt wissen, zu was das führt. Sie brechen dir die Knochen, weil sie dreckige Araberschweine sind. Und ein verlaustes Niggerpack. Und arbeitsscheue Hurensöhnchen dazu. Ganz klar. Und das muß man ihnen, sagte der Wirt, indem er gewissermaßen dem ganzen Lokal und der gesamten Kundschaft einen Seitenblick zuwarf, immer mal wieder sagen. Schon aus gesundem Selbsterhaltungstrieb, sagte er, wenn ich ihn richtig verstand. Er meine – nun zwinkerte er mir auch noch auf das freundlichste zu –: aus reiner Selbstachtung. In aller Freundschaft, oder? Jetzt weißt du Bescheid, sagte er – schließlich breit und wie befreit lächelnd –: also glotz nicht so dumm. Das, was du vor dir hast, sind Arbeiterhände, damit du's ein für alle Male weißt. Hände von einem Arbeiter, der keinen über sich hat. Ist das klar? »Ist klar«, sagte Brandig stellvertretend für mich, »schenk uns noch einen Doppelten ein – und dann, bitte, die Rechnung.« Der Doppelte bestand aus zwei Doppelten, und zwar Schnäpsen, wieder Calvados, glaube ich, wenn ich noch richtig roch und schmeckte. Die zahlte ich – ich hatte meinen wie Brandig den seinen in einem Schluck runtergekippt – mit allem, was sonst noch zu zahlen war. Merkwürdig aber, in der Tat – obwohl ich selbst ja nun auch nicht gerade mehr der Nüchternste war –: nach dem Doppelten und dem Zahlen, ich ließ mich beim Trinkgeld nicht lumpen, ging es mir viel besser, mehr: ich kam mir erheblich klarer, aufnahmefähiger, ja, scharfsinniger vor als zuvor (um nicht zu sagen: als ohnehin schon!). Und ich kam mir nicht nur so vor. Ich war es wahrhaftig. Alle möglichen Voreingenommenheiten und Vorurteile – wer wollte schon von sich behaupten, daß er gänzlich frei sei von solchen; zumal wenn er sich unversehens in Gesellschaft eines Menschen befindet wie Brandig (denn jeder Augenblick mit Brandig – man mag mit ihm verkehren so lange und vertraulich, wie immer man will – ist immer ein unvorhergesehener und unvorhersehbarer, ein wirklich unversehener mithin) – alle Voreingenommenheiten und Vorurteile fielen nunmehr wie von selbst von mir ab. Ich war gespannt darauf, was folgen sollte. Weswegen ich auch mit garantiert – fast hätte ich niedergeschrieben: tödlicher, meine jedoch: mit höchst authentischer Genauigkeit wiederzugeben vermag, was Brandig an schier Unglaublichem von sich gab über die Frau, von der die Rede ist, und ihren Vater. »Wir liegen«, sagte er draußen in der Nacht irgendwo zwischen finsteren, in einen schweflig gelben Himmel ragenden Häuserblocks, es hatte aufgehört zu regnen, »bei offener Tür nackt auf dem Teppich in der Sonne, sie blättert in der neuesten Ausgabe von *Charlie Hebdo*, ihrer Lieblingslektüre, hat neben sich irgendwas in spanischer Richtung von Miles Davis aufgelegt, ich lese die alte ausgelesene Nummer von *Charlie Hebdo*, um rauszukriegen, welche Stellen jene gewesen sein mögen, an denen sie besonders herzlich oder hämisch lachte, meist ist ihre Herzlichkeit so hämisch wie ihre Häme herzlich, da klingelt es an der Tür. Geh du, sagt sie.« An dieser Stelle blieb Brandig unter dem Torbogen einer engen lichtlosen Straßenpassage neben mir stehn, es roch nach Fruchtfäule, Benzin und Urin. »Ich geh an die Tür«, sagte er, »und nehm ein Telegramm für sie entgegen. Sie liegt auf dem Bauch, die Füße in der Luft, das Kinn auf die Handballen gestützt. Was ist? fragt sie ohne aufzusehen. Ich reiche ihr das Telegramm hinunter. Sie reißt es auf, mit den Zähnen, entblättert das Papier, liest, springt auf und stürzt aus dem Zimmer. Das Papier flattert zu Boden. Ich hebe es auf. Ich lese. VIENS VITE–PAPA VA MAL – MAMAN. Mein Blick erfaßt die Absenderleiste: VALLON–LYON. Ich laß das Papier sinken. Sie stürzt, schon in einem sehr engen schwarzen Rock, den sie bislang nie getragen hat, wieder ins Zimmer. Sie reißt mir das Papier aus der Hand. Ich muß sofort weg, sagt sie. Sie ist atemlos, keucht, als wäre sie schon eine Strecke Wegs gelaufen. Komm mit, keucht sie, um sogleich keuchend zu flüstern: nein, bleib lieber hier. Und stößt, jetzt am ganzen Leibe zitternd, tonlos hervor: Jetzt stirbt er, jetzt stirbt er, jetzt stirbt er allein. Auch ich«, sagte Brandig, wir standen nebeneinander in der Dunkelheit der Passage ohne uns anzusehen: wir hätten uns auch gar nicht ansehen können, so dunkel war es, »auch ich«, sagte er, »ziehe mich, so schnell es geht, an. Ich schließe ihr die Büstenhalterhäkchen im Rücken. Sie trägt eine weiße Bluse und ein unmögliches Kostümjäckchen in Grau, das ihr viel zu klein ist. Ihre Arme stehen ein wenig ab. Sie scheint gar nicht wahrzunehmen, wie ich sie an einem Arm halte, wie ich die Wohnung hinter uns abschließe, wie ich sie zum Wagen bringe, mich neben sie setze. Wie sie den Wagen startet und mit mir losfährt. Nein, sie fährt nicht – für gewöhnlich, wenn wir schon den Wagen benutzen, schleicht sie, um, wie sie sagt, den Verkehr zu behindern. Jetzt rast sie. Sie rast nach Osten, gleich hinaus aus der Stadt. Nicht nach Süden, zum Flughafen; nicht zur

Küste nach Westen. Nicht Richtung Atlantik, Äquator, südamerikanisches Festland. Sie rast Richtung Lyon. Und sagt: Jetzt weißt du es endlich. Jetzt kannst du ja, sagt sie, die Konsequenzen ziehn. Ich solle sie gefälligst ziehen, die Konsequenzen. Brauche, sagt sie, nur was zu sagen. Sie hielte sofort. Ich brauchte nur auszusteigen. Wenn mir auch nur ein Fünkchen an Stolz und Selbstachtung verblieben sei, müßte ich aussteigen. Wenn ich konsequent sei, müsse ich die Konsequenzen ziehn. Sie nimmt die Rechte vom Steuerrad, als ich ihr meine Linke auf den Arm legen will. Wir rasen schweigend dahin. Wir stoßen auf die Autobahn. Rechts von uns im Mittagsglanz das Meer. Auf der breiten Piste drosselt sie das Tempo und fällt in zügig geruhsame Spurfahrt. Sie lehnt sich zurück und rollt die Schultern. Es sieht aus, als wollte sie sich an dem harten Schalensitz das zu enge Kostümjäckchen vom Körper reiben. Nach einer Weile sagt sie, sinngemäß, versteht sich«, sagte Brandig, »das wärs denn auch schon. Ich verstehe sie nicht«, sagte er, dessen Umrisse zu wachsen schienen in der Dunkelheit, »sag aber nichts. Jetzt, fährt sie fort, hat er mich auch noch verraten. Nicht genug, daß er mir in den Rücken fiel mit seinem Leben, jetzt will er mir, nein, jetzt *ist* er mir, ob er noch lebt oder nicht, auch noch in den Rücken gefallen mit seinem Tod. Jetzt, da sie das erste Mal in ihrem Leben angefangen habe, ein wenig Vertrauen zu fassen, sagt sie. Ja«, sagte Brandig, »sie sagte: Vertrauen, ich habe mich nicht verhört. Jetzt, sagt sie, habe ihr der Vater das Leben endgültig zunichte gemacht. Indem er ihre Legende zunichte machte. Ihre Lügen. Indem er ihr schönes, großes, vielstöckiges Lügengebäude, für dessen Aufbau er selbst ja das Material geliefert hatte, zum Einsturz brachte. Wenn es mich aber interessiere zu erfahren, warum sie es überhaupt habe hochziehen müssen, bitte: ein jeder braucht ein Dach über dem Kopf, um darunter zu leben. Um einen Schutz und eine Sicherheit zu haben. Denn von ihrem Vater sei spätestens nach dem zweiten Anfall kein Schutz mehr zu erwarten gewesen. Er habe sie allein gelassen. Sie und die Mutter und die Schwester. Sie alle. Er habe sich aus dem Staub gemacht, habe sich allein in die Krankheit geflüchtet, habe es sich in der Krankheit eingerichtet und bequem gemacht. Und habe niemanden mit hinunter gelassen unter das ihn schützende Dach. Er habe vielmehr eitel und eigensüchtig in seinem Verstummen und schließlich, nach dem dritten Anfall, in seiner Verblödung gehockt und sich von draußen die Suppe einlöffeln lassen in den sabbernden Mund. Aber nicht von der Mutter, der Frau, oder der jüngeren Schwester, nein, einzig und allein von der ersten Tochter, der älteren, ihr. Es habe sogar Anzeichen gegeben – schwer zu beschreiben, sagt sie –, die darauf schließen ließen, daß er sie, die Tochter, zunehmend mit dem Abbau der geistigen Kräfte für einen Sohn hielt. Und habe sie umso mehr beschämt. Denn, sagt sie«, sagte Brandig, dessen Stimme sich in der Dunkelheit von mir entfernte, »der Vater habe ja ein Leben hinter sich gehabt, mit dem kein Kind – und verfügte es über die ungewöhnlichste Natur und den Gestus der Heroen – konkurrieren kann ... am wenigsten, wenn sich seine Kindheit im großen und ganzen darin erschöpfe, (eben) dem Vater von früh bis spät den Brei, den es ihm gerade oben reingeschaufelt hat, auch schon wieder, nur geringfügig verfärbt, unten abzuwischen vom Arsch. Der Vater habe ein Leben hinter sich gehabt, das beispielhaft gewesen sei, sagt sie«, sagte Brandig, dessen Stimme wieder näher kam. »Er, der Freie, der Unerschütterliche, der nicht zu Bezwingende in den Bergen, der junge Bergbauer und Widerstandskämpfer, hatte ein Beispiel sondergleichen gegeben. Bis auf den letzten Schuß hatte er sich verteidigt gegen die Deutschen, die ihn von den Matten durch die Wälder immer höher hinauftrieben ins Eis. Bis sie ihn auf dem Gipfel, wo es nicht weiterging, erwischten. Sie haben ihn, sagt sie«, sagte Brandig, »nur deshalb nicht umgebracht, weil er am Ende über ihnen stand. Sie hätten ihn herunterschießen müssen. Das aber wagten sie nicht. Er wäre ihnen, sagt sie, aufs Haupt gefallen. So packten sie ihn an den Beinen und zerrten ihn vom eisigen Gipfel herunter in den Schnee. Sie haben ihn aber nicht ganz heruntergebracht, sie haben ihm ein Territorium zugewiesen. Steilhänge, Abhänge, Wände. Ein wüstes Grateterrain. Bis zur Baumgrenze. Wo sie einen Cordon um ihn legten. Sie haben mit ihm experimentiert. Er lebte als Schneemensch unterhalb des Gipfels. Zunächst in einem Schneebett, dann in einem Schneebunker. Im ersten Sommer in einer Höhle, im zweiten in einem Felshaus, im dritten in einer hölzernen Hütte. Vier lange Jahre, allein. Nach unten gab es kein Ausweichen. Kein Entkommen. Sie haben ihn immer wieder auf der Flucht erwischt. Aber aufgeben konnte er nicht. Sie haben ihn fertiggemacht, sagt sie. Kaum jedoch sei der Krieg vorüber gewesen, haben ihn seine Befreier zu Untersuchungen heruntergebracht in die Stadt. Und sie sind ihm in den verschiedenen Abteilungen der Universitätskliniken mit neuen Experimenten zu Leibe gerückt. Sie wollten herauskriegen, was der Feind mit ihm angestellt hatte. Er aber schwieg. Es sei, sagt sie, nichts aus ihm herauszuholen gewesen. Er habe nur immer wieder Schneebett, Schneebunker, Höhle, Felshaus und hölzerne Hütte erwähnt. Sonst nichts. Nicht einmal die eigens zu seiner Pflege abgeordnete Schwester, die ihn durch die verschiedenen Abteilungen der Universitätskliniken begleitete, erfuhr mehr. Sie wurde, noch vor der Entlassung, seine Frau. Als er jedoch entlassen wird, trifft ihn das erste Mal der Schlag. Die weiterbehandelnden Ärzte sagen: eine unmittelbare Folge der in den Bergen erlittenen Torturen. Welcher Natur diese im einzelnen waren, wissen auch sie nicht zu sagen. Vom ersten Schlag erholt sich der ausnehmend widerstandsfähige Körper schnell. Die Frau bringt in kurzen Abständen zwei Töchter zur Welt. Sie leben zusammen in der Stadt, im Tal, in der Nähe ärztlicher Hilfe. Aber er wird sich nie an die Stadt und das Tal gewöhnen, im Grunde, sagt sie, hat er eine panische Angst vor dem Tal und der Stadt. Er hat eine ebenso panische Angst vor dem Tal und der Stadt, wie er inzwischen eine panische Angst vor den Bergen und der Bergeinsamkeit hat. Nach denen sehnt er sich nur, will aber nie wieder hin. So hat er überall eine panische Angst. Dort, wo er ist, und dort, wo er nicht ist. Allein nicht weniger als in Gesellschaft. Am wenigsten, sagt sie, die Tochter«, sagte Brandig, »scheint er sich noch vor ihr, die heranwächst, zu ängstigen. Im Sommer fährt die Familie ans Meer, dort geht es ihm besser. Vielleicht am besten. Bis ihn der zweite Schlaganfall trifft. Der raubt ihm die Sprache. Aber – sichtlich – noch keinesfalls die Aufmerksamkeit und die Intelligenz. Nun braucht er, sagt sie«, sagte Brandig, »wenigstens nicht mehr, um die Familie durchzubringen, als Versicherungsvertreter von Tür zu Tür hausieren zu gehen, er, der wortkarge Mann aus den Bergen, mit den naturgemäß kargen Einkünften, die dieser Job einbringt, sagt sie. Dafür beginnt die Mutter, die mit der Entlassung des Vaters aus den Universitätskliniken ihre Schwesterntätigkeit aufgegeben hat, nun zu nähen. Er aber sitzt im Schaukelstuhl und blickt bei klarem Wetter auf das schneebedeckte Juragebirge oder auf die fernen Gipfel der Alpen, beziehungsweise, sagt sie, die Tochter, auf das, was er allem Anschein nach – er lächelt – für die Alpen hält, oft gar in der Nacht und bei Nebel. Während sie ihm die Hand hält und zusieht, wie er – mit leuchtenden Augen, die voller Aufmerksamkeit und Intelligenz in die Ferne blicken – verfällt. Ja, sagt sie, er verfällt.

Körperlich. Nur sein Blick leuchtet, während ich ihm die Hand halte. Auch das Gesicht, es verfällt. Dabei muß er, sagt sie – wir nähern uns«, sagte Brandig, »in dem von ihr in aller Ruhe gesteuerten Wagen allmählich den aus dem Dunst aufsteigenden Mauern, Türmen, Giebeln und Schornsteinen einer Stadt: Montpellier, sagt sie – er muß einmal ein schöner Mann gewesen sein. Ein sehr schöner Mann. Ein unabhängiger und eigenwilliger Mann. Ein Mann der Berge und der Freiheit. Denn schon als Jüngling habe er sich, soviel habe sie immerhin vor dem zweiten Anfall aus ihm herausgekriegt – das wenigstens kriegte man aus ihm heraus! – schon als Jüngling habe er sich von Vater und Mutter, den kleinbäuerlichen Eltern, losgemacht, um eine eigene Wirtschaft zu gründen. Es sei ihm gelungen, ohne fremde Hilfe – kein Handschlag, kein Geld und kein Rat, im Gegenteil, sagte er: nichts als Warnungen, Unkenrufe und Hohn –, ohne fremde Hilfe also die Grenze des zu bearbeitenden Bodens, des die Hänge hinaufzutreibenden Viehs und des zu schlagenden und hinabzutransportierenden Holzes ein ordentliches Stück weiter in Richtung der Gipfel hinaus-, was heißen will: hinaufzuschieben. Oben in den Bergen, sagt sie«, sagte Brandig, der plötzlich – der Stimme nach zu urteilen – hinter mir zu stehen schien in der stockfinsteren Passage, in der ich die eigene Hand nicht vor Augen sehen konnte, »oben in den Bergen sei der Vater noch wer gewesen. Unten aber war er nichts. Unten zog er eine Frau an sich und zog sie, nein, riß sie hinein in sein Nichts. Und machte ihr, die, wie sie sich ausgedrückt haben soll, von Anfang an in seine Wortkargheit vernarrt gewesen war, zu allem Überfluß, wie gesagt, auch noch zwei Töchter. Die er ebenfalls in sein Nichts hineinriß. Wie soll man da, sagt sie«, sagte Brandig – ich hatte, seiner Stimme entgegen, eine Kehrtwendung gemacht, »als Tochter bestehen. Bei so einem Vater. Bei so einem Mann. Der die eine der Töchter, sie, zudem – wirklich schwer zu beschreiben, sagt sie: die obszönen oder ihretwegen auch initiatorischen Gesten, die ältere Männer jüngeren, aber auch schon Knaben gegenüber machen! – der die Tochter also offenbar mehr und mehr für einen Sohn hielt, gleichzeitig aber diesem *Sohn* – trotz des ihm drastisch vor Augen geführten körperlichen Verfalls (unfreiwilliger Harnfluß, Muskelerweichung, subkutane Verknotung der Bindegewebe), den die mit dem zweiten Anfall aufgetretene Sprachlähmung eingeleitet hatte – eine unauslöschliche Vision ins Herz senkte, oder ihretwegen auch: suggerierte. Eine

Vision jedenfalls von Größe und Stolz, Freiheit, Tapferkeit, Zähigkeit und Opfermut; von Würde und Wert nicht nur des einzelnen, sondern eigentlich des ganzen Menschengeschlechts, um das es zu kämpfen gilt, jetzt und fürderhin. Damit die auf die Mißhandelten, Entrechteten, Gedemütigten, die Verlierer folgenden Generationen leben. Und daran arbeiten, die Schuld und die Schmach aller, auch und gerade die der Sieger, zu tilgen. Damit die Untaten abgedungen werden können durch Taten. Und seien es Taten der Rache. Damit es überhaupt eine Hoffnung gibt. Wie aber soll eine Tochter mit einer solchen Vision leben, aufwachsen, erstarken, wenn der, der sie ihr eingab, sich am Ende mit seinem dritten Anfall schnurstracks und unwiderruflich flüchtet in die totale Verblödung? Die ihm dann als Hort dient und von ihm genutzt wird zur Versklavung derer, die draußen bleiben, denen er die Hände bindet von innen her; obwohl niemand anders als sie den Auftrag gehabt hätten, Rache zu üben für eben diese – und jede – Verblödung? Da löffelt der Nachkomme«, sagte Brandig – nun wieder in meinem Rücken, »buchstäblich löffelnd auch noch die Vision aus, die der sabbernde, tatternde, rotz- und urinflußtriefende Vater ihm eingebrockt hat. Und erstarrt im Ekel. Da gibts, sagt sie«, sagte Brandig – nun von der Seite, »keinen Ausweg. Kein Entkommen in der Realität. Da gibts nur noch die Lüge. Die rettende Lüge, sagt sie. Und so habe sie«, sagte er – jetzt wieder von vorn, »schon früh angefangen gehabt, sich passende Geschichten zurechtzulegen. Zunächst, als der Vater sich noch händeringend und augenrollend weigerte (weigern konnte), sich im Rollstuhl hinausfahren zu lassen auf die Straße, in die benachbarten Terrassencafés, die städtischen Anlagen oder auf die Brücken, von denen aus er dem Fließen des Flusses hätte zuschauen können – zunächst habe sie ihren Mitschülerinnen erzählt, ihr Vater sei zurückgekehrt in die Berge, aus denen er stammte. Da aber keine wissen wollte, warum, oder was er dort tue, habe sie schon bald – unmerklich, sagt sie – die Geschichte modifiziert. Bis sie zu dem Ergebnis kam: er sei in den südamerikanischen Bergen. Den südamerikanischen Bergen? Ja, habe sie gesagt, in den südamerikanischen Bergen. Bei Che? haben die Mitschülerinnen gefragt. Richtig, habe sie geantwortet, bei Che. Er kämpfe Seite an Seite mit Che Guevara um die Befreiung der Unterdrückten und Ausgebeuteten. Das habe ihr, sagt sie, einen Nimbus verschafft. Jetzt brauchte sie sich für ihren Vater nicht mehr zu schämen. Denn, das lag auf der Hand, sie wäre vor Scham vor ihren Mitschülerinnen im Boden versunken, hätten die von der Verblödung ihres Vaters gewußt. Allein der Gedanke, sie könnten sich seine Verblödung vorstellen, trieb ihr die Schamröte ins Gesicht. Ganz zu schweigen von der eigenen Vorstellung, sie könnten es schon wissen. Oder es eines Tages erfahren. Obwohl sie sich zu Hause, in den vier Wänden, für ihren Vater nicht schämte. Nachdem sie jedoch die Geschichte von seinem Freiheitskampf in den südamerikanischen Bergen, besser: dem bolivianischen Hochland, in Umlauf gebracht hatte, schämte sie sich für ihn weder draußen noch drinnen. Plötzlich war ihr Vater der Held, der er wirklich gewesen war. Denn, das habe sie damals gelernt, ein Held ist nur so lange ein Held, so lange er lebt. Oder wenn er tot ist. Ein Held, der weder lebt noch tot ist, ist niemals ein Held. Er ist ein Krüppel, ein Schatten und Aussatz. Oder günstigstenfalls ein Versicherungsvertreter. Vielleicht noch gerade ein rüstig alternder und von seinen Erinnerungen auf den Beinen gehaltener Held, warum nicht? Aber somit eben auch nur ein gewesener Held. Also kein richtiger mehr. Keiner. Ein Held lebt, ist jung, das heißt: siegt oder stirbt. *Point final,* sagt sie«, sagte Brandig – und ich glaubte seinen Atem zu spüren in meinem Gesicht, »dazwischen gibts nichts. Als sie jedoch die Universität bezog, sagt sie«, sagte er, »habe sie in der berechtigten Annahme, daß die Geschichte mit ihrem Vater, wie sie sagt, nicht zünden würde, weiter ausgeholt. Beziehungsweise die Sache ihres Vaters schließlich zu der eigenen gemacht. Sie habe sich eine regelrechte Legende zugelegt. Sie habe gelesen, viel gelesen. Historisches, Politisches, Militärisches, Ökonomisches, Soziales. Sie habe Geographie, Geologie und Landeskunde studiert. Die ganze, sagt sie, vertikale und horizontale lateinamerikanische Infrastruktur. Nebenbei, versteht sich. Insgeheim habe sie Stück für Stück und Steinchen um Steinchen zusammengetragen und das erwähnte, ganz auf ihren Geschmack und ihre Bedürfnisse zugeschnittene gigantische Lügengebäude aufgebaut. Sie sei – vielleicht das erste und einzige Mal in ihrem Leben – nicht anspruchslos gewesen. In dem Gebäude konnte sie herumwandern nach Belieben. Durch die verschiedensten Stockwerke, Zimmer, Fluchten, Flure und Kammern. Sie habe sich darin aber noch nicht wirklich einrichten können; sie habe niemanden zu sich einladen können. Solange sie noch in Lyon blieb. Denn alle kannten sie an der Universität, ihre früheren Mitschülerinnen waren nun ihre Kommilitoninnen. Als sie sogar an einen Röntgenologie- resp. Radiographie-Professor geriet, der sie als die Tochter jenes alten armen Haudegens Vallon aus dem Gebirge erkannte, der die ganze Wissenschaft vor unlösbare Rätsel gestellt hatte, exmatrikulierte sie sich und reiste erst einmal per Autostop kreuz und quer durch das Land. Von Osten nach Westen und Norden und Süden. Bis sie mal einer mitnahm, der ihr wirklich gefiel. Ein Flugzeugbauer oder Luftfahrtingenieur, sagt sie, aus Toulouse. Nicht mehr der Jüngste, aber italienischer Abstammung, sagt sie. Den heiratet sie wegen des Namens. Außerdem hat er einen Bruder in Uruguay, einen Rechten, wie man sich denken kann, sagt sie, sowas wie einen Haziendabesitzer. Aus dessen Briefen, die ihr der Gatte gegen ihre allzu verdrehten politischen Ideen zu lesen gibt, lernt sie viel. Der Gatte – wenn sie sich derart über ihren Mann ausläßt«, sagte Brandig, »durchzuckt es mich schmerzhaft und heiß –: der Gatte liegt ihr zu Füßen, er erwirbt als gemeinsames Refugium das große herrschaftliche Haus auf dem Land, sie ziehen sich gänzlich zurück und sind glücklich, sagt sie. Sie sagt, sie liebe ihn wirklich. Jedenfalls eine Weile. Bis sie, nackt, frei und allein, mit dicken Büchern und Broschüren unter den Armen umherstreifend auf leuchtenden Lichtungen und blühenden Wiesen – man führe sich nur mal die Situation, so wie sie sie immer wieder bedenkenlos zu schildern pflegt, bildlich vor Augen«, sagte Brandig: »gesäumt von Wäldern, Weihern, verwunschenen Wegen und gefolgt nur von Hunden, Zicklein, Wildschweinferkeln und Rehen sowie den Brutvögeln der Sümpfe und den farbenprächtigsten Libellen, die ihr wehendes Haar umschwirren, während der Mann wacht, wartet und werkelt im Haus, plötzlich – wie mag sie sich ausdrücken?« sagte Brandig, »von heute auf morgen aus ihrer wunderbaren Saumseligkeit und der furchtbaren Pflichtvergessenheit aufschreckt. Es packt sie ein großes und unbändiges Ungenügen. Das erworbene Wissen, ihr Glaube, ihr inzwischen wirkliches (wirkliches!) inneres Sein, wollten zur Anwendung gebracht werden. So immatrikulierte sie sich an der Universität von Toulouse. Und trat auf als die Jeanne Guinetti, die sie ja nun – vom Namen her – tatsächlich war. Ergänzte Jeanne um den Vornamen Carla, um einen mir«, sagte Brandig, »unbekannten Schriftsteller mit Vornamen Juan Carlos zu ehren, und setzte noch Eliada davor; eine unerfindliche Erfindung von ihr, die ihr besonders gefiel. Rufen aber ließ sie sich, der Einfachheit halber, weiterhin Jeanne. Anders ausgedrückt: nahm als aus Montevideo stammende und durch Eheschließung naturalisierte Französin, um den in fremden Sprachen und Aussprachen nicht sonderlich geübten Franzosen entgegenzukommen, den Rufnamen Jeanne an. Und trat nun, wo immer es ging, auch als die auf, die sie keinesfalls war. Ihr Mann aber wußte von alledem nichts. Er blieb auf dem Land. Er bezahlte das Auto und das Appartement. Wenn er sie sehen wollte, mußte er schreiben. Dann fuhr sie ihn am Wochenende besuchen. Nicht ein einziges Mal kam er sie stören, sagt sie. Sie habe sogar fließend Spanisch gelernt. Habe Privatstunden genommen. Bei einer Studentin aus Uruguay. Die ihr den letzten Schliff gab. Sie lerne leicht Sprachen und habe auf spanisch einen uruguayischen Akzent«, wie sie, möchte ich mich hier einmal in aller Stille und Verschwiegenheit einschalten, einen ausgeprägten bremischen hat, wenn sie deutsch spricht, zweifelsfrei. »Alles also sei«, sagte Brandig, »schon lange, bevor ich mich ihr in den Weg gestellt habe, dagewesen, alles. Ihre ganze Existenz, sagt sie, die eine erlogene und erstunkene sei. Dazu habe sie mich nicht nötig gehabt. Der Mühe, allein meinetwegen ein Lügengebäude aufzubauen, wie sie es bereits aufgebaut gehabt habe, hätte sie sich mitnichten unterzogen. Sie habe nicht auf mich gewartet, um das Lügen zu lernen. Ich brauchte mir also«, sagte er, »nichts einzubilden, sagt sie. Ganz im Gegenteil. Sie habe vielmehr zunehmend und das erste Mal einem Liebhaber – *amant,* sagt sie«, sagte Brandig, »sagen wir denn doch vielleicht besser: Geliebten gegenüber das Bedürfnis verspürt, sich zu offenbaren. Die Wahrheit zu sagen. Mir nichts vorzumachen wie all den anderen. Als habe sie eine Art frivoler Vertrauensseligkeit beschlichen; eine geradezu exhibitionistische Lust, auszuziehen aus ihrem Lügengebäude. Entblößt dazustehen und sich in eine neue Pflicht und Unschuld zu begeben, wenn ich verstünde, was sie meine. Daß sie es dann aber doch nicht getan habe, sei einem einzigen Umstand zuzuschreiben. Nicht daß sie sich geschämt habe, wie etwa früher für ihren Vater. Oder gar eine andere geworden wäre, nur weil ich mich ihr in den Weg gestellt habe. Sie habe nichts zurückzunehmen, sagt sie. Sie habe sich einzig und allein deshalb nicht offenbart, weil ich ein Deutscher sei. Schließlich könne ich nichts dafür, sagt sie«, sagte Brandig und ich spürte, wie er mich plötzlich in der Dunkelheit hart am Arm packte. »Sie habe mich schonen wollen, sagt sie – und wir fahren«, sagte Brandig, »vergessen wir das nicht, durch die Ebene dahin, lassen Montpellier links in der gleißenden Sonne und das helle horizontlose Meer rechts liegen, schweigen, während sie langsam wieder das Tempo erhöht, die Augen starr nach vorn gerichtet. Sie gerät, ruckartig auf die linke Fahrspur wechselnd, wieder ins Rasen. Bis ich«, sagte Brandig, der langsam seinen harten Griff von meinem Arm löste, »das Schweigen breche und sage: Jetzt begreife ich schon mehr. Das aber hätte ich nicht tun sollen. Denn schon heult sie neben mir auf, der Wagen gerät ins Schlingern, sie heult, schreit, wimmert, klagt wie in einer unsäglichen Erbitterung. Ich verstünde gar nichts, heult sie, rein gar nichts. Ihr Vater stürbe, klagt sie, stürbe, sie spüre es in ihren Gedärmen, gerade in diesem Augenblick, in dem ich mich erdreistete zu behaupten, daß ich irgendetwas verstünde. Das, sage ich«, sagte Brandig, »meine ich nicht. Worauf sie schreit, was immer ich meine, das sei ihr egal. Ich möge ihr nur noch eines verraten, wimmert sie, ja«, sagte Brandig, »sie wimmert und schaltet pausenlos, die Hand an der Handkupplung, so daß ich am Ende nicht einmal sicher bin, ob es nicht das ständig wechselnde Heulen, Schreien, Wimmern und Klagen des allzu nervös und hochtourig gefahrenen und malträtierten Fahrzeugs ist, das ich vernehme; sie wimmert, herzzerreißend wimmert sie: Hat dich jemals jemand so belogen wie ich? Um von einer Sekunde zur anderen, sie schaltet, in einen hohen, alles Heulen, Schreien und Klagen des Motors überlagernden, geradezu deklamatorischen Ton zu verfallen«, sagte Brandig. »Sag, deklamiert sie, bist du jemals jemandem begegnet, der solche Lügen verbreitet wie ich? Jemand, der mit seinen himmelschreienden Lügen jenen, die wirklich aufstehen, kämpfen und sterben in der Welt, mitten in ihre stolzen und elenden Gesichter hineinschlägt. Jemand, sie hebt die Hand vom Kupplungsknauf und hält sie, die Handfläche nach oben«, seltsam, ich habe die Frau so vor Augen, obwohl ich nicht einmal sicher bin, daß Brandig sie tatsächlich derart eingehend beschrieb, »die Handfläche nach oben, als spräche sie zu dem Autobahnband und den Fahrzeugen, die sie rasend überholt und umkurvt: jemand, deklamiert sie, der *meine* Unverfrorenheit besitzt? Sie scheint«, sagte Brandig – das aber mit Sicherheit, denn so betrunken war ich nun auch wieder nicht, im Gegenteil, die Dunkelheit der Passage, in der wir standen, nüchterte mich, vermutlich auch wegen des eindringlichen Geruchs von Fruchtfäule, Benzin und Urin, geradezu aus, während Brandig von allen Seiten auf mich einsprach: »sie scheint regelrecht stolz auf ihre Unverfrorenheit zu sein, so daß ich in einer mir selbst heute noch unverständlichen Wut«, sagte er, »einer Wut, die nichts mit der Wut darüber zu tun hat, belogen worden zu sein, nicht einmal mit der verständlicheren, es nicht gemerkt zu haben, aber doch in einer mich unvermittelt wie ein heißer starker Lebensstrom erfüllenden Wut erwidere: Jawohl. Es hat mich schon mal jemand belogen wie du. Und das mit größerer Unverfrorenheit und ungleich nachhaltigerer Wirkung, als die deine sie je wird haben können. *Alors ça,* ruft sie da in fröhlich singsanggequälter Vorfreude aus, als kämen ihre Lügen nun wahrlich keinen anderen gleich. So daß ich«, sagte Brandig, »das erste Mal, seit wir uns begegnet sind, ein eingehenderes Wort über mich und mein Leben verlier, über Kindheit und Jugend. Und auf meine Mutter zu sprechen komme. Meine Mutter, die mir meine Kindheit und Jugend hindurch weisgemacht hat – und mir auch weiterhin, bis auf den heutigen Tag, glaubt weismachen zu können, daß mein Vater als regulärer Frontoffizier am Ende des Krieges beim Versuch, eine Gruppe Königsberger Frauen und Kinder über das gefrorene Frische Haff zu führen, damit sie den sich nähernden brandschatzenden, vergewaltigenden und mordenden Horden der ins Land eingefallenen Russen entkämen, ertrunken sei. Und das zu einem Zeitpunkt, da die Russen noch nicht einmal Ostpreußen endgültig abgeschnitten hatten vom Reich. So vorausschauend sei er, mein Vater, gewesen. Die Frauen und Kinder haben sich, sofern sie nicht doch noch auf dem langen Marsch Hunger und Kälte erlagen, retten können. Wie sie, meine Mutter, und ich. Nur der Vater, er, sei, vorauseilend und die Sicherheit des Eises für die Nachfolgenden prüfend, versunken und ertrunken. Eingebrochen ins Eis. Was ich«, sagte Brandig, »auch lange Zeit glaubte. Was ja denkbar ist, wenn man denkt. Was, wenn man den zahlreichen später veröffentlichten Augenzeugenberichten über die ostpreußische Katastrophe sowie den Suchmeldungen Glauben schenken wollte – es nicht zu tun, lag keinerlei Veranlassung vor –, durchaus naheliegend erschien. Ich selbst übrigens«, sagte Brandig, »erinnerte mich persönlich an nichts. Meine Mutter, die ich später fragte, warum ich mich an nichts erinnerte, gab mir immer zur Antwort, daß ich noch zu klein gewesen sei. Ganz abgesehen davon, daß ohnehin und zumal Kinder, deren empfindliche und unvorbereitete Körper einmal von Hunger, Kälte und Angst vorangetrieben und also auf unnatürliche Art und Weise erhitzt worden seien, nicht selten fürs Leben an Beeinträchtigungen ihres

Erinnerungsvermögens litten, sagte sie. Bis ich«, sagte Brandig, »herauszukriegen suchte, weswegen mir, dem Sohn des früheren bei Grundbesitzern in Lohn und Brot gestandenen Diplomlandwirts und späteren Frontoffiziers, der Besuch einer zur Universitätsreife führenden Schule im neuen Arbeiter- und Bauernstaat, in den es uns verschlagen hatte, verwehrt wurde. Nirgendwo, weder auf den Ämtern und Dienststellen noch bei Kadern der neuen politischen Parteien, resp. der Einheitspartei, erhielt ich erschöpfende Auskunft. Lediglich den ausweichenden und doch auf etwas hinweisenden Bescheid, daß da etwas gewesen sei mit meinem Vater. So daß ich bei sich bietenden Gelegenheiten, Feiertagen, an denen meine Mutter auch schon mal ein Gläschen trank, beiläufig Namen von mitgeretteten Frauen zu erkunden wußte. Eine der Geretteten fand ich schließlich auf einer Reise nach Berlin. Und die gab mir erschöpfend Auskunft über den wirklichen Tod meines Vaters. Er, nicht nur schlichter Parteigenosse, nein, Parteifunktionär und mittlere Charge, verlängerter, wenn auch ziemlich kurzer, Arm von Koch, dem Gauleiter Ostpreußen, habe gegen Kriegsende den Auftrag gehabt, die regellosen, strengste Parteiverbote und nachhaltigste Durchhalteappelle unterlaufenden Fluchtunternehmungen der ostpreußischen und namentlich königsbergischen Bevölkerung mit aller gebotenen Entschiedenheit und allem ihm zu Gebote stehenden Nachdruck zu unterbinden. Was er denn auch getan habe, mit aller gebotenen Entschiedenheit und allem ihm zu Gebote stehenden Nachdruck. Als jedoch in Anbetracht des nicht mehr aufzuhaltenden Vormarsches der 2. Weißrussischen Frontverbände unter Rokossowskij von höheren Orts Fluchterlaubnis erteilt worden sei, habe er sich als einer der ersten abgesetzt. Mit meiner Mutter und mir«, sagte Brandig, »so zumindest die Frau in Berlin, die ich befragte. Uns sei aber, sagte die Frau, in einem Treck eine größere Gruppe von Frauen und Kindern gefolgt. Eine der Frauen – eine jüngere aus dem früheren Stab meines Vaters – habe Einblick in Unterlagen oder vielleicht auch von ihm, leichtsinnigerweise, einen Tip bekommen gehabt. Die Frauen und Kinder folgten meinem Vater, meiner Mutter und mir auf dem Fuße. In steilem Winkel zur rettenden Nehrung über das Haff. Über das Eis. Und schon in der ersten Nacht, meine Mutter und ich hätten geschlafen, seien sie auf dem Eise ans Ziel gelangt. Sie hätten meinen ebenfalls schlafenden Vater«, er betonte, »*aus dem Schlaf* geholt. Um Lärm zu vermeiden, *ohne ihn zu wek-*

ken. Meine Mutter und ich, eingehüllt in dicke wollene Decken, hätten keinen Laut vernehmen können, sagte sie. Es sei alles geschehen wie vorher verabredet. Alle Frauen hätten teilgenommen. Auch einige der Kinder hätten sich nicht abhalten lassen wollen. Sie hätten dann meinen Vater gemeinsam in ein nicht weit entfernt ins Eis geschlagenes Loch versenkt. Ja, sagte die Frau, so sei es gewesen. Sie stehe noch heute dazu. Trotz des Verzweiflungsschreis meiner Mutter, an den sie sich noch heute erinnere, sagte sie, denn obwohl zwischen den Frauen und Kindern vereinbart worden war, der Frau und dem Kind, mir«, sagte Brandig, »die Wahrheit über den Verbleib des Mannes vorzuenthalten – es sollte behauptet werden, er habe in der Nacht seine Familie im Stich gelassen und sei *voraus*geflüchtet! –, habe ein Kind offenbar nicht dichtgehalten und meiner Mutter gestanden, daß mein Vater von den Frauen und Kindern im Schlaf mit Eisbrocken aus einem zuvor ins Eis geschlagenen Loch und bloßen Händen erschlagen worden sei. Kein rühmliches Ende«, sagte Brandig, »und das sage ich auch ihr, meiner Eliada Jeanne Carla Guinetti, die mich durch die nach verblühendem Lavendel und Pinienharz duftende sommerliche südfranzösische Tiefebene chauffiert, und noch weniger rühmlich, sage ich«, sagte er, »die Lüge meiner Mutter. Denn auch sie habe mich schonen wollen. Und das nun«, sagte er, »hätte ich am allerwenigsten sagen dürfen. Was, sagt sie, die Geliebte, du vergleichst mich mit deiner Mutter? Nein, sage ich, um Himmels willen, nein. Aber schon reißt sie das Steuer herum, sie schleudert den Wagen auf den Seitenstreifen, die Bremsen kreischen, und hält. Sie sieht mich an. Mit weit aufgerissenen Augen. Auch meine Mutter, wiederhole ich hilflos, habe mich schonen wollen. Als Deutschen, sage ich, und da, ich weiß es ja längst, was immer ich noch vorbringen mag, was immer: es ist sinnlos – sie sieht mich nur an, zieht tief die Mundwinkel abwärts, beugt sich ruhig und ohne mich zu berühren über meine Beine, greift nach dem Türgriff, stößt die Wagentür auf und sagt: Raus! Ja«, sagte Brandig, »sie schmeißt mich auf freier Strecke raus. Nicht ohne mich noch ungerührt – sie steigt gleichzeitig aus mit mir – darum zu bitten, ihr doch noch eben beim Öffnen und Zurückklappen des Kabriolettdachs behilflich zu sein. Wir lösen, uns gegenüberstehend, die Haken, klappen das schwarzleinene Verdeck zurück und verankern es in der Lade hinter den Notsitzen. Ich stehe in der Mittagsglut. Sie steigt ein und fährt, ohne mich auch nur eines einzigen letzten Blikkes gewürdigt zu haben, davon. Ich wende mich um und marschiere in entgegengesetzter Richtung – zurück Richtung Montpellier, Richtung Bahnhof – davon. Ja«, sagte Brandig in der Dunkelheit, die uns umfing, und ich verspürte, glaube ich, mit einem Mal seinen Atem in meinem Gesicht, »ich marschiere davon, seltsam, nicht wahr?« Sicherlich, seltsam genug, brachte ich nur hervor; was sollte ich auch anderes hervorbringen. »Marschieren auch wir«, sagte er, »endlich davon. Du hast mich aufgehalten mit dem, was du zu hören bekamst« – *du* zu hören bekamst! – »und außerdem: wo stehst du eigentlich? Ich kann dich«, sagte er, »in dieser verdammten Dunkelheit gar nicht sehn.« Als bemerkte er erst jetzt, daß er mich – so wie ich ihn – nicht sehen konnte in der wahrhaft verdammten Dunkelheit der Passage, in der er mich doch von allen Seiten eingedeckt hatte mit der Aufdeckung dieser schlechthin monströsen Lügengeschichten. Die in ihrer Unglaublichkeit und doch so triftigen Glaubwürdigkeit alles übertrafen, was mir in meinem Leben an Lügengeschichten untergekommen ist. Und das ist nicht wenig für einen ehemaligen Scheidungsanwalt und mit allzu leicht zu Fälschungen verführenden Münzen und Medaillen handelnden Geschäftsmann. Also erwiderte ich: Gewiß, man erkennt die eigene Hand nicht vor Augen – und: Du wirst es mir nicht verübeln, aber ich habe einen ganz unglaublichen – ja ich glaube, ich sagte: einen ganz unglaublichen Durst. Worauf Brandig sagte: »Wohlan, das gefällt mir. Überhaupt: Du fängst an, mir zu gefallen«, sagte er, »gehen wir also einen trinken.« Kaum aber waren wir in die torbogenförmige von weitem matt gelblich schimmernde Öffnung der Passage hinein- und somit hinausgetreten in die angrenzende und nur wenig hellere Gasse, auf die sie führte, blieb Brandig auch schon vor einer nicht sonderlich kenntlich gemachten Tür stehn. Hoch über der Tür leuchtete ein kleines rotes Licht, wie die Lichter in Tiefgaragen oder modernen Kirchen: keine Laterne, keine Flamme, ein stetes rundes elektrisches Licht vielmehr, wie ich es – in Blau – auch von ländlichen Feuerlöschsäulen her kenn. Brandig drückte auf einen Knopf neben der Tür. In der Tür öffnete sich eine Klappe. Ein Gesicht schaute heraus. Schon fiel die Klappe wieder zu und die Tür öffnete sich. Die Frauen, die an der geschwungenen Theke auf Hockern saßen, und die Frauen, die hinter der Theke standen, waren von großer, ich möchte sagen: sichtlich ausgesuchter Schönheit. Und leichter bis knappster Bekleidung. Tiefe Dekolletés, nackte Arme, übereinandergeschlagene oder vorgestellte wippende Beine und Knie. Über ihnen, von der Decke, hingen, als stünde Weihnachten ins Haus, Trauben von Lametta, Silberhaar und metallisch glänzenden Kugeln. Dazwischen regenbogenfarbige Wunderpilze. Goldstaubschwingen senkten sich herab, Goldregenüberschüttungen gingen hernieder, aus goldpapierentfalteten Aufbauschungen quollen im Übermaß Sternschnuppen hervor. Ich kam mir, zugegeben, nach allem, was ich von Brandig zu hören bekommen hatte, durchaus fehl am Platze vor. Was er gemerkt haben muß. Denn er sagte, ohne mich anzusehen: »Du hast es nicht anders gewollt.« Mehrere der Frauen – und Mädchen, muß ich sagen – küßten Brandig auf beide Wangen und sahen mich freundlich und neugierig an. *Comme toujours?* wurde Brandig gefragt. *Comme toujours,* antwortete er und fügte hinzu: *Et pour monsieur un simple calva.* Sagte es so und so wurde seinem Wunsch auch entsprochen: *Er* trank ein Fläschchen Mineralwasser, ich nippte kurz einmal daran, die Mädchen vor und hinter der Bar ließen an dem über uns hängenden Christbaumschmuck vorbei hintereinander weg zwei drei Champagnerkorken gegen die seltsam tiefschwarz schimmernde Decke prallen und schenkten sich ein – und ich, *monsieur,* trank aus einem riesigen Cognacschwenker einen Calvados, der auch nicht besser war als der, von dem ich an weniger erlesenen Theken gekostet hatte. Ich bestellte allerdings, ohne lange zu zögern, gleich für mich selbst auch noch ein Mineralwasser nach. Kein anderer Mann zu sehen in dem unter tiefschwarz schimmernder Decke schwarzsamtausgeschlagenen Etablissement. Wir machten es uns auf den schwarzsamtbeschlagenen Hockern bequem und Brandig sagte: »Lassen wir uns nicht stören. Verlieren wir nicht aus dem Auge«, sagte er, »worum es mir« – mir! IHM! – »geht.« Er nahm einen Schluck von seinem Wasser. »Nach drei Tagen«, sagte er, »ist sie zurück.« Nun bat ich aber Brandig, für einen Augenblick innezuhalten; ich müsse mich, sagte ich, erst einmal an die veränderten Voraussetzungen und Umstände gewöhnen. Ich blickte um mich, als meinte ich das indirekt aus Spalten, Blendschienen, samtenen Verkleidungen und hinter tiefen schwarzen Sesseln im Hintergrund hervordringende Licht, das den Gesichtern der Mädchen und Frauen eine fahle Mattheit und fast strenge Mattigkeit gab; sagte es, um nicht zu sagen, daß ich durchaus noch mit den Lügengeschichten zu tun hatte, die gerade erst von ihm aufgedeckt worden waren.

Schließlich konnte er nicht ahnen, wie sehr sie mich selber angingen. Denn wenn er zwar sowohl von seiner Mutter als auch von der Guinetti auf das wirksamste mit diesen Lügengeschichten hinters Licht geführt worden war, so war er doch von denen nicht mit deren Aufdeckung überrumpelt worden wie ich von ihm. Er hatte – zumindest im ersten Fall (auch biographisch gesehen) – einen Verdacht schöpfen und sich dann – im zweiten – zur Wehr setzen können mittels des Berichts über die Aufdeckung des ersten. Mir aber blieb nichts anderes übrig, als mich wehrlos beiden Fällen zu stellen. Und zu schweigen. Denn ich bin nicht allein von beiden Frauen ebenfalls hinters Licht geführt worden, ich hatte auch noch die Aufdeckung aller Lügen zugleich zu bewältigen. Im Gegensatz zu ihm. Hatte außerdem dem Schlag, den er mit der Aufdeckung gegen mich führte, keinerlei Eigenleistung entgegenzusetzen und mußte nun zudem noch im geheimen meine Beschämung und Empörung verdauen. Kein leichter Brocken, kann ich nur sagen. Kein leichter Brocken. Aber ich stand es durch. Ich prostete den uns mit aufmerksamen und freundlichen Gesichtern zugewandten Frauen und Mädchen zu. Und sie stießen mit ihren Champagnerschalen gegen den Rand meines Mineralwasserglases. Den Calvados hatte ich – nach verschiedenen Probeanläufen – schon in einem Schluck runtergekippt. »Also«, sagte Brandig, »bist du soweit?« Ich schüttelte mich. »Dann fahren wir fort«, sagte er, während sich eines der Mädchen sanft an meine Seite schmiegte und mit dem langen schwarz lackierten Fingernagel auf mein leeres Cognacglas wies, das ein anderes Mädchen gluckernd füllte. »Drei Tage später«, sagte Brandig, »ist sie zurück. Sie fällt mir an der Tür um den Hals. Sie schluchzt. Ihr ganzer Körper bebt. Sie faßt sich weicher an als zuvor. Sie scheint in der kurzen Zeit an Gewicht verloren zu haben. Verlaß mich nicht, schluchzt sie«, sagte Brandig. »Sie hat ihren Vater tatsächlich nicht mehr lebend zu Gesicht bekommen. Er sei, schluchzt sie, ohne Schmerzen hinübergegangen. Dann geht ihr Schluchzen in ein tiefes weites Weinen über«, sagte Brandig, »ja, ein tiefes und weites Weinen – bis auch ich wider alle Absicht und eigene Erwartung widerstandslos zu weinen beginn. Ich weine, sie in den Armen haltend, mit ihr. Wir weinen zusammen. Ich weine, wie ich noch nie in meinem Leben geweint habe«, sagte er, »jedenfalls nicht bis zu diesem Tage. Und weine doch schon um all das, was kommen wird nach diesem Tag. Denn ich weiß, daß ich sie nicht mehr verlassen kann.

Ich weiß, daß ich niemanden je mehr liebte als sie. Ich weiß, daß ich niemanden lieben werde wie sie. Ich weine und schluchze, sie streicht mir über das Haar. Ja, schluchze ich, wir bleiben für immer zusammen.« Hier, das kann ich nicht verschweigen, will ich ihm, Brandig, gerecht werden, machte er eine Pause. Ohne zu trinken. »Worauf ein Zucken durch ihren Körper geht«, sagte er, »sie kämpft sich frei, aus meinen Armen, und sagt, Tränen in den Augen – aber nicht mehr eine einzige Träne, die zu diesen Tränen hinzukommt: Nein, nicht für immer – nur für so lange, wie's geht. Und sie wischt sich mit dem Ärmel des Kostümjäckchens, das ihr nun paßt, wie es ihr drei Tage zuvor nicht gepaßt hat, quer über Nase und Mund. So kommen mir«, sagte Brandig, der nun einen kleinen Schluck aus dem Wasserglas nahm, und das Mädchen, das sich an mich geschmiegt und mit rauchiger Stimme versonnen angefangen hatte zu summen – war es das Lied von Lili Marleen? –, plötzlich von mir abrückte, als sei ich ihr und nicht sie mir zu nahe getreten, »so kommen mir«, wiederholte Brandig, »schließlich alle Zusammenhänge abhanden. Mir schwindelt. Ich erreiche noch das Bett«, sagte er, »ich setze mich auf die Kante, nehme meinen Kopf zwischen die Hände. Der Kopf dreht sich, die Hände drehen sich mit dem Kopf, die Wände mit den daran genagelten weißen Laken drehen sich, die Laken flattern, wehen, drehen sich um meinen Kopf, der Kopf fällt zu Boden, der Körper folgt, ich richte mich auf, wo ist oben, wo ist unten, wo ist rechts und wo links. Ich krieche, ich robbe. Ich bewege mich auf die offene Balkontür zu. Die Sonne, das Licht. Der Kopf schlägt nieder auf die brennend heißen Fliesen. Ich richte mich auf. Ich schlage mir die Stirn auf am Gittergeländer des Balkons, durch das ich mit den Händen greife, als gäbs ein Entkommen.« Brandig machte wieder eine kleine Pause. »Ich breche zusammen«, sagte er, »während sie, ich spüre es noch, sich von hinten auf mich wirft und mit trommelnden Fäusten meinen Rücken traktiert.« Plötzlich, wirklich plötzlich, urplötzlich und unvermittelt, wie es unvermittelter nicht sein kann, wandte sich Brandig, der mich die ganze Zeit nicht angesehen hatte, sondern durch die Frauen und Mädchen hinter der Theke hindurchgeschaut zu haben schien, mir zu und sagte: »Gefallen sie dir?« Ich verstand ihn nicht. »Ob sie dir«, sagte er, »gefallen ... die da!« Er nickte in Richtung der Frauen und Mädchen, die mir unbewegten Gesichts zulächelten. Sicher, sagte ich kleinlaut – Brandig schien gar nicht bemerkt zu haben, daß ich gerade erst verlassen worden war –, sicher gefallen sie mir, um nicht zu sagen: selten eine solche Ansammlung von Schönheiten gesehn. »Gut«, sagte Brandig, »aber so weit sind wir noch nicht. Hör mir noch ein kleines Weilchen zu. Wozu haben wir uns denn sonst.« *Wir uns*, sagte er, der Besitzergreifende, um sogleich fortzufahren in der ganz anderen ersten Person Plural: »So leben wir zusammen«, sagte er und blickte wieder zu den Frauen und Mädchen hinüber bzw. durch sie hindurch, »sie und ich«, sagte er, »ich und sie, meine Beglückung und meine Zerrüttung.« Pause. »Begegnen sich unsere Blicke«, sagte Brandig, »lächelt sie oder wendet sich ab. An der Universität nähert sie sich einem Examen. Sehe ich sie – manchmal verabreden wir uns wie Erwachsene zu Fuß und nicht mit dem Fahrrad – inmitten der Menschen im Innern der Stadt von weitem schon kommen, springt sie mit Riesensätzen auf mich zu und hüpft mir, mich – ob mit gelüpftem Rock oder in Jeans – mit den Beinen umklammernd, auf die Hüften. So trage ich sie durch das Gewühl, während sie mir Versprechungen ins Ohr flüstert und mich küßt. Im Fond des Busses, in dem wir nach Haus fahren, drückt sie mich gegen die waagerechte Haltestange und greift mir – ich ziehe unter ihrem unnachgiebigen Daumen den Bauch ein – von oben hinter den Gürtel; sie kehrt mir, die Hand fest an mich gelegt, den Rücken zu und beginnt ein Gespräch mit einer älteren Frau, ich denke, ich höre nicht richtig: über die Dürre des Sommers … und daß endlich Regen fallen muß. Ja, die Landwirtschaft, sagt die Alte, und die Pflanzen in unserem Garten. Und mein Engel«, sagte Brandig, »leckt sich, nachdem wir ausgestiegen sind, das, was sie von mir hat, vergnügt aus der Handfläche heraus. Sieht sie mich, während sie über biologischer und genetischer Fachliteratur liegt, mit dem Putzlappen die wenigen dürftigen Regale entlangstreifen, springt sie auf, stürzt auf mich zu und entreißt mir den Lappen. Du brauchst gar nicht so zu heucheln, schleudert sie mir entgegen; indem du putzt, willst du mich nur daran erinnern, daß ich vergessen habe zu putzen. Sie nennt mich einen unverbesserlichen Macho. Ganz abgesehen davon, fügt sie noch hinzu, daß sie schon deshalb nicht putze, weil ich es von ihr erwarte. So verkommt langsam die Wohnung. Nur das Bad, in dem sie mehrere Stunden am Tag verbringt, bleibt rein. Sie ruft mich, ich soll sie waschen. Ich wasche sie, ich trockne sie ab. Dann wäscht sie mich und trocknet mich ab. Sie zieht sich das knöchellange Kleid über den Kopf. Sie zieht mich aus der Wanne, betrachtet mich«, sagte Brandig, »der ich angefangen habe, mich unter ihren Blicken als schön zu betrachten, womöglich bin ich gar schön«, sagte er; er mit seinem heute so kaputten Gesicht und seinem doch etwas zu ausladenden Körper, »sie tastet mich ab«, sagte er, »sie nimmt meine Hände, streichelt die Hände, ich fang an zu zittern und zu frieren, nackt wie ich da steh vor der Wanne, und sie sagt: Verzeih! Verzeih? gebe ich«, sagte Brandig, »zur Antwort. Verzeih die Sache mit dem Putzlappen, sagt sie. Und sie zieht mich aus dem Badezimmer aufs Bett. Jetzt streichelt sie mein Gesicht«, sagte Brandig, »sie widmet sich meinem Gesicht, sie spricht von meinen Augen, meiner Stirn, meiner Stärke«, sagte er, »und rollt, sich fest an mich klammernd, auf den Rükken. Sie preßt sich gegen mich, hebt das Becken wie zu einer Brücke, über die ich schreite. Zieh mir das Kleid aus, sagt sie. Ich zieh ihr das Kleid über Knie, Hüften und Arme. Sie trägt – wie meist und auch draußen – nichts drunter, weder Slip noch BH. *Pense à ta mère,* sagt sie, *pense à ta sœur* und *toujours prête,* wie sagen die Pfadfinder bei euch? Allzeit bereit! Sie öffnet die Beine. Ich lege meine Hand auf ihren Bauch. Ich schaue sie an. Der Glanz ihrer an die Decke des Zimmers gerichteten Augen. Was ist das für ein Glanz? Sie hat doch nicht etwa ... nein, sie hat nicht geweint. Sie gähnt jetzt. Also hat sie auch schon vorher gegähnt. Ich küsse ihr das feuchte Salz aus den Augenwinkeln. Sie zieht mich an sich. Damit ich sie nicht seh? Wahrscheinlich. Damit ich sie nicht ansehen kann, als sie sagt: Wäre ich an der Stelle meiner Mutter gewesen, hätte ich mich umgebracht. Ich hebe den Kopf, sie drückt ihn wieder zurück. Mein Ohr dicht an ihrem Mund. Sie hat sich für ihn geopfert, flüstert sie. Und seufzt. Legt den Kopf, von mir weg, zur Seite. Abgewandt. Greift nach unten, nach mir, hält mein Glied fest in der Hand und versucht es sich hineinzustecken. Aber es geht nicht. Sie ist zu trocken. Überhaupt ist sie meist trocken, auch wenn sie in Ekstase gerät. Ziemlich trocken«, sagte Brandig, was ich nun wirklich nicht so genau wissen wollte – aber er ließ nicht nach: »Sie ist ziemlich trocken und der Schmerz des Eindringens bringt auch mich in Ekstase. Manchmal aber geht er, auch mit Hilfe der Hände, gar nicht erst rein. Dann spuckt sie sich entweder Schleim auf die Fingerspitzen und befeuchtet sich selbst oder ich rutsche nach unten und leck sie. Also rutsche ich runter und lecke. Ihr Körper ist fest wie zuvor. Nach drei Tagen hat sie, was sie in drei Tagen verlor, wieder angesetzt. Sie hält ganz stille, bewegt den festen Körper kaum, auch wenn sie in Ekstase gerät. Nur die Festigkeit ihres Körpers wird fester, sie stemmt sich mir entgegen, ich wandere mit meinem Mund über das feste dichte Buschhaar, den Flaum auf dem Bauch, die härchenumkränzten Brustwarzen zurück und dringe jetzt ein, behutsam, verhaltend. Wir ruhen angespannt ineinander. Ich weiß nicht, an was ich denke, ich weiß nicht, an was sie denkt. Wir denken jeder an etwas anderes, deshalb sind wir uns, ineinanderliegend, so nah. Ich bewege mich kaum, sie bewegt sich kaum. Jetzt schau ich sie an. Sie schaut mich an. Und stößt ihren unnachahmlichen unvergleichlichen klagend jubelnden Schrei aus. Diesen Schrei, der mir das Herz zuschnürt vor Glück. Als wäre alles von ganz alleine geschehn. So daß auch ich, ich bäume mich auf, und sinke zusammen«, sagte Brandig, »man muß ja mal über so etwas reden, keiner redet davon«, sagte er, »als wüßte jeder Bescheid, wüßte genau, worums geht«, sagte er, »aber da will ich dann auch nicht verschweigen, wie's endet«, sagte er, »denn ich sinke gelöst und ermattet zurück in die Kissen, sie wendet sich ab und ich höre: Du bist mir zu sanft und zu schlapp, zu passiv, zu weibisch. Immer, sagt sie, wenn ich mal richtig gefickt werden will, gehst du mit mir um, als sei ich eine Mimose. Es braucht nicht lange«, sagte Brandig, »und ich fick sie wie eine, ich weiß nicht wie und nicht was: wie eine *Hochgebirgseiche*, wie einen von weiß der Himmel von was für Gotteserbarmens- und Weltendblitzen gespaltenen Stamm. Bis sie abermals ihren unnachahmlichen unvergleichlichen Schrei ausstößt, den einzigen, großen, klagend jubelnden, schrill. Um dann, zurückfallend, den Blick starr an die Decke gerichtet, zu keuchen: Jetzt hast du mich gefickt wie auf Befehl. Du fickst, als interessiertest du dich überhaupt nicht für mich. Als wär ich irgendwas, irgendwer, niemand. Ein lebloser Gegenstand, ein Stück. So daß ich«, sagte Brandig, »sage, daß das Stück – bei allem – noch erstaunlich gut funktioniert. Und ich wende mich ab«, sagte er, »lasse ab von ihr, während sie schon zu ihren Büchern und Tabellen hinüberkriecht. Sich über die Bücher und Tabellen wirft, um sie nach kürzester Zeit, einem fahrigen Blättern, gegen die an die Wand genagelten Leintücher zu schleudern. Dann zieht sie sich die Gesichtsmaske, die sie von ihrem Vater mitgebracht hat, über die Augen. Die schwarze Gesichtsmaske ohne Schlitze für Augen. Das einzige Erbstück, das sie haben wollte. Die Maske, die ihr Vater von ihr immer zum Schlafen aufgesetzt bekommen hat. Tags und auch nachts. Denn auch nachts herrscht für Verblödete Tag. Heute aber erfüllt die Gesichtsmaske, sagt sie, einen doppelten Zweck: zum einen ist sie für ihre Augen, die sie nie ganz zumachen kann, das geradezu Ideale – und zum anderen könne ich nun, da ich ja immer weniger schlafe, sagt sie, nachts wenigstens ungestört lesen. Irgendwann«, sagte Brandig, »reise ich das erste Mal ab. Ich stopfe Kleidung und Papiere in meinen Koffer und verschwinde. Aber ich komme nicht weit. Am Bahnhof versinke ich in Nachdenken. Die erste Nacht verbringe ich auf einer Bank in der Nähe des Bahnhofs. Die zweite auf den Planken eines am Kai des *Canal du Midi* festgemachten Kahns. In der dritten stoße ich in einer Bar auf jene jugendlichen Feinschweißer und Flugzeugmechaniker – ausgerechnet – aus Bremen, die im Zuge der europäischen Wirtschafts- und Technologie-Kooperation und also im Verein mit französischen Technikern und Ingenieuren die Herausforderung – sie sagen: Kurzstrecken-Herausforderung – an die amerikanische Flugzeugindustrie, den Airbus, zusammenbauen. Einen Monsieur Guinetti kennen sie nicht. Wollen aber von mir wissen«, sagte Brandig, »was ich denn in diesem elenden Kaff verloren habe. Worauf ich, geschwächt und verstört, antworte: eine Frau. Wegen einer Frau, sagen sie, nach Toulouse? Sie starren mich an, stoßen sich auch in die Seiten. Er ist, sagen sie, nicht bei Trost. Und ihr, sage ich«, sagte Brandig, »seid ihr denn bei Trost? Worauf sie aufzählen ein Schweinegeld: Auslösung, Überstundenerträge, Wochenendzulagen, Kilometergeld, Schmutz- und Gefahrenzulagen, Trennungsentschädigungen, Weihnachtsgratifikationen, dreizehntes und vierzehntes Monatsgehalt, Wohngelder für zu Haus und für hier, Trennungsentschädigungen, die sich summieren, da kann man nicht nein sagen, sagen sie und wollen wissen, wovon ich denn so lebe. Doch wohl nicht, so wie ich aussehe, von dieser Frau. Nein, sage ich, ich lasse mir von einem Freund ab und zu etwas schicken, greife auf Erspartes zurück. Da hast du aber, sagen sie, ganz offenbar seit ziemlich langem nichts mehr geschickt gekriegt. Und überhaupt: Erspartes! Wovon ich denn Erspartes habe? Von was für einer Arbeit? Was für einem Beruf? Ehrlich gesagt, sage ich«, sagte Brandig, »und es ist mir dabei wahrhaftig nicht wohl in der eigenen Haut, ehrlich gesagt, sage ich, bin ich Anwalt, Rechtsanwalt. Aber wie sie ja sehen, übe ich derzeit meinen Beruf gerade nicht aus. Sie gucken zu Boden und gucken mich verstohlen an wie einen ihnen untergeschobenen, womöglich zur Kontrolle ihrer Trinkgewohnheiten von der Firmenleitung abgeordneten geheimen Kollegen, um dann aber – als wär beim Stand der Dinge sowieso nichts mehr zu retten – mit einem Mal fröhlich auszubrechen in ein Höllengelächter. Er, brüllt einer, Rechtsanwalt, daß ich nicht lache, das ist das Tollste, was ich seit den ersten Triebwerkproben der *Concorde* zu hören bekomme, der Mann gefällt mir, lallt er, komm, Bruder, trink, das wird gefeiert«, sagte Brandig, »das habe ich mein Lebtag noch nicht erlebt, steigert sich der Junge, so einen muß man sich warmhalten, brüllt er, einen Rechtsanwalt, komm, trink, Alter, wer wird denn da – wird denn da zimperlich sein? doch nicht unser Rechtsanwalt, brüllen sie jetzt alle und prosten mir zu, den behalten wir als Maskottchen. Und so bekomme ich«, sagte Brandig, »meine Unterkunft für die dritte Nacht. Und die vierte. Als ich am der vierten Nacht folgenden Nachmittag aus dem Reihenhaus, das meine Zechkumpanen bewohnen, ans Tageslicht trete, sehe ich einen Schatten hinter die frisch geschnittene Hecke huschen zur Rechten. Ich trete hinter den Busch. Und da hockt sie. Sie sieht mich an, bebt, als wollte ich ihr etwas antun. Ich beuge mich nieder, nehme sie bei den Schultern und schließe sie in meine Arme. Sie habe mich Tag und Nacht in der Stadt gesucht. Sie sei in allen Bars und Kaschemmen gewesen. Gestern habe sie mich mit den jungen Leuten, die heute morgen mit verquollenen Augen das Haus verlassen haben, von draußen an einer Theke stehen gesehn. Sie sei uns dann in der Nacht mit dem Wagen gefolgt. Er steht dahinten, sagt sie. Sie habe mich hinter einem Fenster hin und her gehen gesehn. Sie habe gesehen, wie ich mich fühle. Ihr ginge es nicht anders, sagt sie. Sie könne nicht ohne mich leben«, sagte Brandig, »das zweite Mal aber komme ich schon bis Bordeaux«, sagte er, »und bleibe eine ganze Woche. Das dritte Mal einigen wir uns auf eine vorübergehende Trennung. Bis sie ihr Examen hinter sich gebracht hat. Ich fahre los, sie bringt mich zum Bahnhof, damit ich auch wirklich abfahr, und sagt, irgendwer habe mal sehr richtig gesagt, jeder Abschied ist ein Schritt näher zum Tod, so oder ähnlich, sagt sie: oder ist überhaupt schon der Tod. So müssen wir also bei jeder Wiederkehr auferstehen von den Toten. Und wer kann das schon? sagt sie. Und gibt selbst zur Antwort: Wir. Ich fahre los und miete mich ein in einem Lissabonner Hotel. Ja«, sagte Brandig, »ich muß weit genug weg, haben wir entschieden, damit wir es der Schwäche nicht zu leicht machen. Eine Woche Ruhe, den Blick gerichtet auf den gelb und ocker dem Meer zufließenden Strom, eine weitere Woche Unruhe, den Blick gerichtet auf den gelb und ocker dem Meer zufließenden Strom, die dritte Woche ein langsam und stetig in mich einsickernder Schmerz, als sei das Meer in der Ferne verbarrikadiert und der Strom suchte sich unterirdisch, die Stadt untergrabend, Keller und Geschosse aufsteigend gegen seine Natur ein neues Bett in meinem sich windenden Körper. Der Schmerz strömt in mich ein und setzt sich fest in meinen Hoden«, sagte Brandig, »du hast richtig gehört«, sagte er, »in meinen Hoden – und ich kann die Sehnsucht, die ich süß als Verheißung vom ersten Tag an in meinem ganzen Körper verspür, nicht mehr unterscheiden von dem Schmerz, der mich trifft dort, wo es den Mann schrecklicher trifft als im Auge. Ich blicke über den Strom, der die Farbe ändert, grün und blau fließt er dahin, wie die Verspottung meines Schmerzes, dessen Ursache das meinem Blick Entzogene ist. Ich betrachte meine Hoden in dem schmalen Spiegel des Hotelzimmers, ich betaste sie, ich hebe sie an. Haben sie sich verändert? Sind sie nicht größer geworden? Sie schmerzen, es ist ein Ziehen und Stechen. Ich onaniere, einmal, zweimal, dreimal, den ganzen Tag. Nichts. Ich höre auf zu onanieren. Nichts. Der Schmerz wächst an in den Hoden. Und ich packe die Sachen. Zwei Wochen noch bis zu ihrem Examen, aber ich packe die Sachen. Und nehme den Zug. Die Geliebte empfängt mich, als habe sie von meinen Schmerzen gewußt. Wir fahren sofort zum *Service MST – tenez,* sagen die Ärzte, *les vieux amis* – und sie betasten die Hoden. *Eh bien,* sagen sie, damit ist nun nicht mehr zu spaßen. Rüber zur Urologie. In der Urologie betasten verschiedene Männer und Frauen die Hoden und holen den Chef. Der Chirurg, sagen sie, der auch die Eingriffe macht, die komplizierteren. Und der erfragt Schritt für Schritt: Krankheiten in der Familie, Kinderkrankheiten von mir, Sterbeursache des Vaters – erschlagen, sag ich«, sagte Brandig, »der Mann verzieht nicht die Miene, meine Hoden in der Hand, blickt er aus dem Fenster, er ertaste da was, sagt er, die Hoden rollen in seinen Händen hin und her, aufwärts, hinab, und da sei natürlich auch eine Hydrozele, ob ich, fragt er, vielleicht einmal irgendwie verletzt worden sei. Außere Gewalteinwirkung, meine er. Schläge. Ein Fußball oder ähnliches, beim Spiel. Ja, sage ich, da sei was gewesen. Ich hätte Tritte bekommen. Tritte, ja. Eins zu fünf, sagt der Mann, stehen die Chancen. Welche Chancen, frage ich. Daß es etwas Gutartiges ist. Etwas Gutartiges ist, etwas Gutartiges ist. Eins zu fünf. Was eins zu fünf? Fünf zu eins, sagt der Mann, daß wir das beheben. Aber was nun, *docteur*? Sagen Sie, welche Chance hab ich. Hab ich eine? sag ich«, sagte Brandig, »Sie werden verstehn, man ist verwirrt, ich meine, wenn man betroffen ist, das ist keine Kritik, ich meine nur: sagen Sie es doch bitte in Prozenten, damit ich es nicht versehentlich verwechsel, denn es geht einem Betroffenen allzu sehr durch den Kopf, mit Verlaub: eine wievielprozentige Chance hab ich? Gut und gern, sagt der Mann mit meinen Hoden in der Hand, eine achtzigprozentige Chance, sofern Sie Ihre Einwilligung zum Eingriff geben. Überlegen Sie das. Ganz abgesehen davon, sagt er, vergessen Sie nicht: auch die Medizin und die Wissenschaft, wir, sind betroffen. Ein Eingriff ist, um hundertprozentig festzustellen, wie hoch die Chancen tatsächlich sind, ganz unumgänglich. Überlegen Sie das. Je schneller, desto besser. Selbst im schlimmsten Falle sind wir heute bei Vornahme einer rechtzeitigen radikalen Resektion in der Lage, noch etwas zu retten. Überlegen Sie es sich also gut, sagt der Mann und läßt mit äußerster Behutsamkeit meine Hoden in seinen Händen sinken, zieht mir sogar mit äußerster Behutsamkeit eigenhändig den Slip über mein Geschlecht. Im übrigen, sagt er, die Hydrozele, das Wasser, es muß abgezapft werden. Sie werden sehen, sagt er an der Tür, wie Sie sich danach fühlen. Ich wanke«, sagte Brandig, »wie betäubt hinaus und fast an der Geliebten vorbei. Sie sieht mich erwartungsvoll an. Erst, sage ich, gehen wir einen trinken. Lange Flure, lange Stufen, lange zwischen den Krankenhauskomplexen angelegte Blumenbeete und lange irgendwie besonders gekennzeichnete Parkstreifen für Unfall- und Krankenhausfahrzeuge, du kennst das«, sagte Brandig, »und draußen trinkt sie, ausnahmsweise, einen mit.« Brandig war, als habe ihn mit den letzten Worten ein Bewegungsdrang erfaßt, vom Hocker gerutscht und von einem Bein aufs andere getreten. Er käme gleich wieder, sagte er. Kaum aber war er – offenbar auf der Toilette – verschwunden, rückten gleich mehrere der Frauen und Mädchen an mich heran. Du bist nicht von hier, sagten sie. Ja – oder nein – ich bin nicht von hier. Bist vom Land, sagten sie. Ja, bin vom Land; kann man das sehn? Es ist so schön auf dem Land, sagten sie, wenn wir das Geld zusammenhaben, sagten sie, wollen wir alle aufs Land. Und dann sagten sie irgendwann: Guck dort, Max, laß ihn nicht warten, er wartet auf dich. Ich drehte mich um und sah Paul in einem der tiefen schwarzsamtbezogenen Sessel, hinter denen das

Licht in Pfauenradstrahlen hervordrang, sitzen wie eine schwarze unkenntliche und nur als Umriß vorhandene Gestalt. Auf einem silbernen Tablett brachte eines der Mädchen Paul ein weiteres Fläschchen Wasser hinüber. Auch ich bestellte ein weiteres Wasser, rutschte vom Hocker und ging, an Brandig vorbei, zur Toilette. Kaum aber war ich zurück und hatte mich in einem der Sessel neben Brandig niedergelassen, fuhr er, als hätten wir nicht unterbrochen, auch schon fort (im Hintergrund – von uns aus gesehen – an der Theke und hinter der Theke nun aufgereiht, nur gelegentlich die Positionen wechselnd und wie zur Auswahl posierend, die Mädchen und Frauen): »Am Ende sagt sie«, sagte Brandig, »das kannst du nicht machen. Das darfst du nicht tun. Das kannst du nicht machen lassen mit dir. Sie kenne den Betrieb, sagt sie. Es ginge denen nur um ihre Experimente. Sie schnitten, wo und was sie nur könnten. Sie verunstalten den menschlichen Körper, sobald er ihnen nur unter die messerbewehrten Hände kommt. Sie wollen lediglich wissen, wie es geht. Wie man es macht. Wo sie schon nicht helfen können, wollen sie wenigstens ausprobieren, ob nicht doch noch irgendwie und irgendwas zu verbessern wäre. Aber nicht zu verbessern an dir. Sie wollen nur ihre Techniken verbessern. Was ich denn glaube, sagt sie, während wir trinken«, sagte Brandig, »warum sie schon nach wenigen Semestern von Medizin umgesattelt habe auf Biochemie, natürlich, das sei ihr von Anfang an klar gewesen, es handelte sich lediglich um eine Verlagerung des Schwerpunktes. Aber es habe ihr eben nicht gereicht. Nur die Techniken zu verbessern. Sie habe geglaubt, man müsse den Menschen verbessern. Bis sie habe begreifen müssen, daß die Biochemie nichts anderes sei als die zeitgemäße potentielle verbrecherische Vollendung aller Medizin. Denn die Biochemie sei tatsächlich drauf und dran, den Menschen zu verbessern. Aber in welchem Sinne? fragt sie und schaut mich«, sagte Brandig, »an wie eine Erscheinung aus einer anderen Welt. Nachdem wir nämlich – jetzt sagt sie: wir – den Menschen einmal als das definiert haben, was er, wie jedes andere Lebewesen auch, ist, nichts weiter halt als eine Ansammlung bestimmter molekularer Sequenzen, ein paar Kohlestoff-, Sauerstoff-, Stickstoff-, Wasserstoff- und Phosphoratome, und seit das Prinzip alles Lebenden mit der Aufklärung der Struktur der DNS, einer Nukleinsäure«, sagte Brandig, »deren genauen Namen ich immer vergesse, aufgeklärt und somit die *black box,* sagt sie, der Vererbung aufgebrochen ist, was soviel heiße, daß wir dank Crick und Watson, falls ich schon mal von denen gehört haben sollte, und dem von diesen im Wendeltreppen-Modell der Doppel-Helix zusammengefaßten Forschungsergebnisse, die für die Biologie keine geringere Bedeutung haben als das Atommodell in der Physik, wo waren wir stehengeblieben?« sagte Brandig, »ach ja«, sagte er, »da wir also in die Lage versetzt worden seien, mittels dieses Universal-, um nicht zu sagen: Gottesschlüssels, sagt sie, die Türen zu öffnen und aufzustoßen auf alle möglichen Bereiche des Lebens, alle *möglichen,* betont sie, mithin alle, die möglich sind und möglich erscheinen, sind wir denn auch unverzüglich darangegangen, mit unseren Möglichkeiten zu tun, was wir wollen. Oder was wir glauben zu wollen, sagt sie. Wollen möchten. Man braucht, sagt sie, sich nur einmal vor Augen zu führen, was heutzutage in den Hochsicherheitslabors der Wissenschaft und der Wirtschaft an Gen-Manipulationen und künstlichen Mutationen bereits realisiert, sie sagt: *realisiert* worden ist. Ja«, sagte Brandig und lehnte sich, in einer Hand sein Wasserglas, in der anderen die Zigarette, zurück, »sie ist unversehens mitten in ihrem Fach, hält sich grüblerisch Zeigefinger und Daumen an die Stirn, während ich darüber zu befinden habe, ob ich mir nun die Eier abnehmen laß oder nicht. Ein wirklich schwieriges Fach«, sagte er. »Die DNS-Chirurgen, die sich Zugang zur genetischen Schaltzentrale im Zellkern verschafft haben, seien, sagt sie, inzwischen in der Lage, nicht nur Tiere und Pflanzen gentechnisch zu manipulieren – eine aus der Tomate und der Kartoffel fusionierte Tomoffel gebe es ja schon –, sie arbeiteten auch daran, den Charakter des menschlichen Lebens in den Griff zu bekommen. Der Mensch werde, sagt sie, bald nicht mehr das Ergebnis einer genetischen Lotterie sein wie bisher, d. h. seine Gen-Ausstattung werde nicht mehr dem biologischen Zufall überlassen bleiben, nein, sagt sie, er werde das Resultat einer gesellschaftlichen und politischen Entscheidung sein. Er werde von Instanzen, die aus gutem Grund der Verantwortlichkeit der Liebe und Triebe mißtrauen, zum Empfänger der besten Erbanlagen bestimmt, die jeweils zu seiner Zeit von der Wissenschaft zur Verfügung gestellt werden können. Und die Wissenschaft, sagt sie, stellt zur Verfügung. Was immer sie hat, stellt sie zur Verfügung. So uneigennützig oder menschlich ist sie, sagt sie, und wird es wohl auch dank ihrer eigenen Anstrengungen und tätigen Mithilfe bleiben. Wer aber, sagt sie, sind die Instanzen, die der längst totgesagten Eugenik, der wissenschaftlichen Zuchtauswahl, die gesellschaftlichen und politischen Impulse geben? Sie fragt. Fragt mich«, sagte Brandig, »mich, der ich durch die großen Fensterscheiben des Cafés auf die weitläufigen Gebäude und Anlagen der Universitätskliniken blicke. Wer wird die Entscheidung fällen? fragt sie. Und gibt auch schon selbst die Antwort. Darauf, sagt sie, käme es am Ende nicht einmal an. Die Menschen werden allemal zu jenen Monstern werden, die sie sich in ihrer ohnehin kaum überbietbar erscheinenden Monstrosität, sagt sie, schon immer sehnlichst erträumt haben zu sein; so wird die besinnungslose Vorliebe, aus sich immer neue Monster zu gebären, wenn diese denn nur nicht den Makel des Zufalls auf ihren monströsen Antlitzen tragen, der menschlichen Monstrosität, so wie sie heute noch ist und gewesen sein wird, geradezu den Anstrich des Hausbackenen geben – der Mensch, sagt sie, wird schön sein, nützlich, gehorsam und frei: frei, das zu tun, was er nicht einmal wollen muß; denn einen Willen, der auf etwas außerhalb der ihm zugeordneten Funktionen Gerichtetes zielte, kennt er ja nicht. Was aber, sagt sie«, sagte Brandig, »während mir schwindelt und ich mich festhalte an einer Stuhllehne oder an der Theke oder ich weiß nicht«, sagte er, »was aber, wenn, wie es in der Natur, ja, der Natur, sagt sie, der Dinge liegt, sie erlebe es täglich in den Laboratorien, in denen sie den praktischen Teil ihres Examens abschließt: was, wenn unvorhergesehene Ereignisse eintreten. Wenn sich die Dinge verselbständigen, wenn es Unfälle gibt. Es werden eines Tages nicht nur infolge einiger unkontrollierter Mutationen, die, wie es in ihrer Natur liegt, nie mehr rückgängig gemacht werden können, aus Affen entstandene Riesenmäuse die Erde bevölkern. Es werden nicht nur bäumeverschlingende haarige Superinsekten, die einmal Elefanten oder Maikäfer waren, in unsere Wälder einbrechen, sagt sie und erhebt sich, als ich den Stuhl oder die Theke loslaß, so jedenfalls habe ich es in Erinnerung«, sagte Brandig, »auf ihre zierlichen Zehenspitzen vor mir: am Ende werden die Nobelpreisträger, die wir ansetzen – ansetzen, sagt sie«, sagte Brandig, »Nagetiere sein, mit Fledermausohren und Flossen statt Beinen, die Arbeiter spalthufige und hornknieige Känguruhs mit Krakenarmen und phosphoreszierenden Saugrüsseln, die in Büros sitzenden Menschen pulsierende glitschige Fischblasen und die Dichter augenlose Hunde mit Echsenschuppen als Panzer oder ihretwegen, sagt sie, auch dünnbeinige Hühnchen mit Hoden wie Bullen und einer Freßsucht – Hoden wie Bullen, Hoden wie

Bullen, klingt, wie du dir denken kannst«, sagte Brandig, »in allem, was sie noch sagen soll, unüberhörbar nach: und einer Freßsucht also, die nicht haltmacht vor dem Sand, auf dem die Häuser der noch verbliebenen Menschheit stehn – und ich«, sagte Brandig, in seinem Sessel, »ich«, er legte nun die gespreizte flache Hand auf seine Brust, »kann ihr nicht Einhalt gebieten im Fluß ihrer so innig verzweifelten Rede, sie klammert sich sogar fest an mir, an den Revers meiner Jacke und erreicht, ich weiß nicht wie, schließlich mein über sie hinweggerichtetes Auge mit ihrem flehentlich fiebrigen Blick, hörst du? hörst du? fleht sie mich an, als wär ich der Retter: wir werden das menschliche Leben vernichten und zu allem werden noch Seuchen ausbrechen, Seuchen, die schlimmer sein werden, als Pest und Cholera je waren, es werden sich verselbständigende Killermikroben in unsere Nahrung, ins Trinkwassersystem und in die Blutkonserven geraten, denn wenn wir heute schon in der Lage sind, fremde DNS-Abschnitte in Bakterien einzuschleusen, d. h.« ja, was heißt das? es fielen die Worte Enzyme und Schrotschußverfahren, nicht kalkulierbare Vielfalt von Gen-Kombinationen, Rückverpflanzung der neukombinierten Gene in die Bakterien: die künstlichen Gene vermehren sich mühelos und selbständig, neues Leben, neues Leben, sie verdoppeln sich mit jeder Zellteilung, zweimal pro Stunde millionenfach, milliardenfach, billionen … trillionen … was heißt das alles, wenn man ein Laie ist wie ich und nicht wie Brandig jemand, der es ganz offenkundig gelernt hat, von ihr, dieser Frau, die ihm, sagte er, »das Ende der Welt vor Augen führt dergestalt, daß vielleicht – wenn wir Glück haben – ein letzter Gütiger, Weiser, Menschlicher unter all den Monstern, Krüppeln und biologischen Bestien übrigbleiben wird, der uns alle, die wir dahinsiechen und dahinkriechen werden, mittels des schon lange von ihm ins Auge gefaßten Knopfdrucks auf ewig befreit. Hier macht sie«, sagte Brandig, »ganz atemlos eine Pause. Läßt mich los und läßt von mir ab, geht mehrmals die wenigen Schritte zwischen Lokaltür und Theke hin und zurück, zieht die Schultern hoch, ballt die Fäuste, bleibt vor mir stehen und sagt: Das darfst du nicht tun. Du darfst dich nicht ausliefern. So wie ich mich nicht ausliefern werde. Ich werde, sagt sie, noch das Examen hinter mich bringen und dann, sagt sie: *adieu*. Ich werde mich nicht zur Verfügung stellen, ich werde nicht teilnehmen an ihren Experimenten, ich werde mich nicht zum Handlanger machen. Ich werde nichts tun, sagt sie, außer leben. Eher stehle, raube und töte ich, sagt sie, als daß ich mich der von allgemeinem Fortschrittsschwachsinn und individuellem Erhellungsehrgeiz sanktionierten stillen Vernichtung unterwerfe. *Il nous reste qu'à baiser,* sagt sie, ficken und bumsen, sagt sie, bevor es zu spät ist, und nimmt mich«, sagte Brandig, »an der Hand, sagt, daß meine Eier, *tes couilles,* immer so waren, wie sie jetzt sind. Sie haben sich nicht im mindesten verändert, sie seien schon immer so groß gewesen wie jetzt. So groß und so schön, sagt sie. Sie greift mir zwischen die Beine, ich zucke zurück und wende mich ab«, sagte Brandig, »und sie sagt, ich bilde mir alles nur ein, ich selbst habe gesagt, die Schmerzen in den Eiern kämen von der Sehnsucht, von der Sehnsucht nach ihr, na bitte. Laß dich nicht, sagt sie, sinngemäß natürlich«, sagte Brandig, »ins Bockshorn jagen, laß dich nicht von denen verbraten. Ich aber«, sagte er, »spreche mit Jean und Jean-Paul, den Priestern. Wir stehen dir bei, sagen die. Jean-Paul hat einen Bruder, der Arzt ist, und der hat einen Freund aus gemeinsamer Studienzeit, der ist Urologe und dazu noch Chirurg, der arbeitet in einer Privatklinik und hat – deshalb oder trotzdem, wie immer – ein unabhängiges Urteil, da gehen wir hin. Wir gehen hin«, sagte Brandig, »und der Mann sagt: Fünf zu eins. Fünf zu eins? Nicht eins zu fünf? Ich würde, sagt er, operieren. Das, sage ich, hat auch schon der Kollege von der Universitätsurologie gesagt. Sie seien, sagt der Mann, nicht immer einer Meinung, aber in diesem Falle stimme er dem Kollegen vorbehaltlos zu. Einmal abgesehen von dem Wasser, der Hydrozele, die Sie sich zugezogen haben, sagt er – hier, fühlen Sie selbst: dieser Knoten in der Epididymis, der sich anfühlt wie ein kleiner Testikel – ja, sagt sie, die sich nicht hat abweisen lassen und neben mir steht, das ist sein dritter Testikel. Der ist ein Knoten, sagt der Mann, den man sich schon einmal näher anschauen muß. Ich gebe zu«, sagte Brandig, er richtete sich auf und rückte näher an mich heran, mitsamt dem Sessel; als könnte uns jemand – etwa die Frauen und Mädchen dort drüben – belauschen; tatsächlich gab es ja keine Musik, lediglich ab und zu das Klirren von Gläsern und Flaschen sowie verhaltenes Flüstern in diesem schwarzen und doch so weihnachtlich anmutenden Etablissement, »ich gebe zu«, sagte er, »ich weiß nicht mehr weiter, weiß nicht ein und nicht aus, nicht vor noch zurück, und frage umständlich nach den Kosten. Ich sei, sage ich, ohne Arbeit derzeit und auch nicht versichert und meine Ersparnisse, ehrlich gesagt ... Darüber, sagt der Mann, machen Sie sich keine

Gedanken, wir operieren übermorgen mittag um zwölf, in der Mittagspause. Ein Bett habe er sowieso nicht frei. Ich möge in Begleitung von mindestens zwei Personen kommen, am besten Jean-Paul und hier, Ihrer, er stockt und sie sagt: *Je suis sa maîtresse.* Also abgemacht, sagt er, sollte ich es mir jedoch noch anders überlegen, dann möge ich doch bitte bis morgen abend Bescheid geben; meine Privatnummer, sagt er, bitte hier. Und geht mit großen Schritten davon. Übergehen wir«, sagte Brandig, »die Zeit bis zum folgenden Abend, es ist eine Zeit, in der ich viel rauche und nichts trinke außer Kaffee und Tee und sie, die Geliebte, jenen Knoten, den ich – soweit wir uns erinnern – von Anfang an unterhalb des rechten Hodens sitzen habe, nur selbst nicht besonders beachtete, zu ihrem von Anfang an bevorzugten erklärt. Sie sagt: Was heißt denn sonst Epididymis? Was anderes als Nebenhoden? Wo bei dir eben ein drittes Ei sitzt. Sei doch froh, sagt sie, daß du da wirklich ein zusätzliches hast. Ich aber bin längst entschlossen«, sagte Brandig, »und sie, Jean-Paul und sie, Jeanne, bringen mich hin. Die Sache ist kurz erzählt«, sagte er. Vorher aber hob er den Arm, schnipste mit zwei Fingern und bestellte bei dem mit wiegendem Hüftschwung an unser niedriges Tischchen tretenden Mädchen – bitte, sagte er, einen oder zwei, also (ich hatte vorerst wirklich genug): *einen* großen *calva;* das Mädchen wiegte davon und Brandig wartete, bis es mit dem großen Schwenker auf dem Silbertablett wiedergekommen war; er nahm einen kleinen – fast hätte ich gesagt: genießerischen Schluck; er nahm einen vorsichtigen, ich würde sogar sagen: nachdenklichen Schluck. »Ich leg mich also«, sagte er, »auf so eine fahrbare Krankenhausliege, um mich herum Jeanne, Jean-Paul und der Arzt, ich krieg ne Spritze und bin auch schon weg und wache auf, ohne zu wissen, wo ich mich überhaupt befinde. Ich greife in die sich seltsam bauschende Leere zwischen meinen Beinen, du wirst das kennen«, sagte er, »die lokale Anästhesie, die mir ganz offenbar zusätzlich verabreicht wurde, erzeugt eine die Hitze des Wundschmerzes aufsaugende Kälte, die sich als fühllose Leere aufbläht im Körper, und ich spüre, wie meine Hände genommen werden von ihr, ja, von ihr, die neben mir steht wie ein Schemen, und ich vernehme ihre Stimme: Es ist gut, alles ist gut, du brauchst keine Angst zu haben, hör ich, es ist gut, alles wird gut, ich bin bei dir. Ich will mich erheben«, sagte Brandig, »aber ich kann nicht, sie richten mich auf, sie helfen mir von der Liege, sie stellen mich auf die Füße, sie und Jean-Paul, sie legen meine Arme um ihre Schultern, sie führen mich, halb tragen sie mich, sie führen mich hinaus aus dem Seiteneingang, an dem Jean-Pauls R 4 steht. Sie bringen mich ins Haus von Jean und Jean-Paul, in die Dachkammer tragen sie mich hoch, im Haus von Jean und Jean-Paul gibts Telephon, damit man, im Falle einer Komplikation, anrufen kann. Auch nachts sollen wir uns nicht scheuen anzurufen, habe der Operateur gesagt. Man könne nie wissen. Ich fiebre«, sagte Brandig, »zwei Tage. Die Leere zwischen meinen Beinen ist nun ein riesiges Paket, das, wie ich sehe, als ich mich das erste Mal aufrichte, auf das sorgfältigste verschnürt ist. Oben guckt aus der weißen Verpackung, die an den Rändern rot und schwarz und gelb ist von Eiter und Blut, ein winziger Penis hervor. Darüber aber, in den Leisten, bis hoch in die Bauchhöhle, ein brennender Schmerz. Was haben sie gemacht? Ich denke, ich habe etwas an den Hoden gehabt? Was hat er gesagt, der Arzt, frage ich sie und sie sagt: Nichts hat er gesagt. Nach einer Woche wiederkommen, hat er gesagt. Was aber hat er in meinem Bauch zu suchen gehabt? Was hat er mir herausgenommen, denke ich, und: kann ich überhaupt noch ... bin ich überhaupt noch ... werde ich überhaupt? Ich fordere die Geliebte auf, es zu probieren. Erst beugt sie sich über mein schweißgebadetes Gesicht. Dann beugt sie sich über das Schwänzchen. Sie zupft, saugt und lutscht. Und es erwacht, es regt sich, wird wieder zu ihm, dem alten, dem fremdesten Freund, meinem Schwanz. Der steht, wie er immer stand – inmitten der Gaze, dem Verbandsmull und dem kreuz und quer gehefteten Pflaster. Ich blicke ihn an. Aber, denk ich«, sagte Brandig, »wenn er auch steht – was hat das zu sagen? Wenn sie was kaputtgemacht haben? Wenn sie was zerschnitten haben. Sie, d. h. er, denn er hat, sagt die Geliebte, glaube sie, ohne Zeugen operiert. Wenn ... Epididymis, Nebenhoden, Samenleiter, was immer. Und warum schmerzt mich der Bauch, als blutete er nach innen? Bitte, sage ich«, sagte Brandig, »zu ihr, mach es mir ganz, ich will wissen, ob überhaupt noch was rauskommt. Mach es mir ganz, sage ich. Und sie machts. Sie lutscht und sie saugt und sie bewegt behutsam und sacht zwischen Zeigefinger und Daumen unter der Vorhaut den Schwanz. Ich schließe die Augen, ja, in Erwartung einer Entladung, in schrecklichster Furcht, daß die Kraft keinen Weg und Ausweg mehr findet, sondern sich, statt herauszuspritzen aus dem Schwanz, in meine brennenden Gedärme ergießt, schließe ich die Augen. Und. Und es kommt, es kommt, es kommt, es schmerzt, es trennt mich in zwei Hälften, ich weiß nicht wohin ich mich ergieße, in mich hinein oder aus mir heraus. Bis ich unter Krämpfen die Augen öffne, halb, klein und achtsam. Kaum. Vor mir kniet die Geliebte und hält mir triumphierend ihr spermatriefendes Gesicht vors Gesicht. Sie lächelt. Sie küßt mich, preßt mir ihr Gesicht gegen Wange und Hals. Ich sinke zurück. Und bald halte ich mich schon wieder an der Thekenkante der Bar fest, die mich auf der gegenüberliegenden Straßenseite des Kirchenhauses, in dem ich genese, als sporadischen Stammgast empfängt. Ich kann schon allein gehen, wenn auch auf kaum vom Pflaster gelösten voreinandergeschobenen Sohlen, kann allein stehen und trinken. Zumindest zwei drei eilige Gläser. Was aber ist los? Ich kann nicht sitzen. Ich kann mich nicht niederlassen auf einen Stuhl. Will ich mich setzen, trifft mich im Unterleib ein Schmerz, der mich aufstöhnen macht, als bräche ich – nun quer – in der Hüftbeuge auseinander. Ist es nur eine Frist, die mir bleibt? Zum verabredeten Termin fahren wir wieder zur Klinik, wieder ist Mittag, wieder – im übrigen – weit und breit niemand zu sehen, wieder lege ich mich – nein, legen sie, Jeanne und der Arzt; auf Jean-Paul können wir diesmal verzichten –: legen sie mich auf die fahrbare Liege, den Tisch. Ich bitte, sage ich«, sagte Brandig, »mich noch einmal halb aufrichtend, um ein offenes Wort. Was ist los? Hab ich nun Krebs oder hab ich ihn nicht? Der Mann schaut mich an, lächelt, schüttelt bedächtig den Kopf. Sie sind gesund, sagt er, kerngesund, legen Sie sich nur zurück. Und er drückt mich sanft an der Schulter nieder. Wir haben nichts gefunden, sagt er, keinen *early cancer*, kein *carcinoma verum*, in dieser Richtung – Gott sei Dank – nichts, nur eben diese Hydrozele, die Wassersucht, da müssen Sie sich mal empfindlich gestoßen haben, man unterschätzt leicht die Fragilität der eigenen Männlichkeit. Die Hämatome, die Blutergüsse, heilen aus, aber das Wasser, das Wasser, es steht. Daher der Schmerz. Vom Gewicht. Das haben wir abgezapft. Er reißt mit einem Ruck das Heftpflaster von meinem unteren Bauch. Sehen Sie hier – also soll ich mich doch wieder aufrichten: ich richte mich halb auf und sehe in den rasierten Leisten zwei lange schräg senkrecht genähte Schnitte, verkrustete Fäden, geronnenes Blut. Von hier aus haben wir abgesaugt, sagt der Mann. Was aber das Knötchen in der Epididymis anbelangt, so war es nichts Schlimmes, eine Zyste, wenn Sie so wollen, ein Grützbeutelchen, ein Talgpfröpfchen, das wir natürlich auch rausschneiden mußten, es rührte – im Gegensatz zur Hydrozele – nicht von äußerer Einwirkung her. Es läge vielmehr in meiner Natur, so etwas zu entwickeln. Da könne man nichts machen. Beziehungsweise: da müsse man was machen. Einfach um den Weg freizuhalten. Denn, nicht wahr? wer weiß – immerhin, falls ich nicht schon welche habe und daher keine mehr wolle, immerhin hätte ich vielleicht noch einmal die Absicht – Seitenblick auf Jeanne, die zwischen uns steht und mir die Hand hält –: Sie verstehen schon. Kinder. Um Gottes willen, sagt da sie, Kinder wollen wir nicht. Jetzt nicht, sagt der Mann, aber vielleicht später. Ich nie, sagt sie. Aber vielleicht er, sagt der Arzt, der unten an mir herumhantiert. Aber mit wem dann, sagt sie, wenn nicht mit mir. Inzwischen hat er mich vollständig entblößt. Ich sehe, daß ich vollständig rasiert bin. Aber ich wage nicht, meinen Kopf so weit zu heben, daß ich die Hoden sehen könnte, die ich spür. Der Mann greift nach einer Zange und senkt sie über die krustigen Narben, einmal hier, einmal dort, sucht, untersucht. Sehr gut, sagt er, greift mit der Zange, es wird noch einmal ein wenig jucken, sagt er, die Fäden ziehen wir dann auch gleich mit raus, und zieht mir rechts und dann blitzschnell auch links je ein blut- und sekreteverschmiertes Plastikröhrchen aus meinem Körper, aus meinem Leib, Röhrchen so lang, daß ich nicht weiß, aus welcher Tiefe sie kommen, aber begreife, warum ich nicht auf einem Stuhl habe Platz nehmen können vorher. Das war die Drainage, sagt der Chirurg, aus dem Hodensack nach oben. Und schon sind auch die Fädchen raus, wunderbar, nur noch ein Pflaster hier und eines da, sagt er, noch einmal Glück gehabt. Und wie gesagt – im Falle einer Unregelmäßigkeit, wie immer auch –: Sie haben meine Nummer. Nur jetzt, Sie werden verzeihen, der Mittagstisch, *la bouffe*. Und die Geliebte hilft mir vom Tisch auf die Beine.« Brandig machte eine kleine Pause, als dächte er nach. »Zu Hause lege ich mich sofort wieder zu Bett. Die Schwellungen gehen nur langsam zurück. Die Hoden sind verfärbt, wechseln die Farben von blauschwarz und gelblich am Rande auf violett, blau und lindgrün. Er hat dir, sagt die Geliebte, die Leisten aufgeschnitten und die Eier nach oben geklappt. Er hätte ebensogut durch die Hodenlappen hindurchstoßen können. Du hättest dich nicht so behandeln lassen dürfen. Ich hab es ihm angesehn, er ist einer von der Sorte, die aufs Ganze gehn, die in dir herumsäbeln, um dir am Ende mit aufgekrempelten Ärmeln voller Leutseligkeit zu gestehn, daß du kerngesund bist. Es ekelt mich an, sagt sie. Komm, sagt sie, steh doch mal auf. Laß dich mal anschaun. Ich stehe auf und stelle mich neben das Bett. Sie zieht mir die Hose runter. Sie schaut mich an. Ja, sagt sie, jetzt hat er dir die Eier ruiniert, sie sind viel kleiner als vorher, sie sind nicht mehr so schön wie sie waren. Das hast du nun davon, sagt sie. Und ich«, sagte Brandig, »der ich noch immer auf ziemlich wackligen Beinen steh, mache einen Schritt auf sie zu, einen Schritt oder zwei – und schlage. Ich schlage ihr mit aller mir verbleibenden und zugleich aller wiedererwachenden Kraft ins Gesicht. Schlage zu, mit beiden Händen, rechts und links. Und sie rührt sich nicht. Und ich schlage. Bis ich zusammenbreche und sie aus dem Zimmer hinausstürzt. Dort«, sagte er, »eigentlich noch im Türrahmen, bleibt sie stehen, macht kehrt und kommt mit langsamen Schritten zurück. Faß mich nicht an, schrei ich«, sagte Brandig, »faß mich nicht an, ich bringe dich um. Und ich bringe mich auch schon mühselig allein auf die Beine, wie sie sieht. Ich falle aufs Bett. Ich liege auf dem Bett. Und sie zieht sich neben dem Bett aus. Sie legt sich, ohne mich zu berühren, zu mir. Wir liegen beide auf dem Rücken. Ich weiß nicht, wie lange wir nebeneinander auf dem Rücken liegen. Eine seltsame Seligkeit breitet sich in mir aus«, sagte Brandig, »aller Schmerz weg. Wir sind untrennbar miteinander verbunden. Aber berühren uns nicht. Schließlich sagt sie: Ich hab es gewollt. Ja«, sagte Brandig, »sie sagt, sie habe es nicht anders gewollt. Dorthin wollte sie mich haben. Sie wisse, sagt sie, daß es das erste Mal gewesen sei, daß ich zugeschlagen habe bei einer Frau. Es sei gut, daß sie die erste gewesen sei, sagt sie. Dann liegen wir wieder lange schweigend nebeneinander. Bis ich sage: Nur fehlt dir nun auch noch mein drittes Ei. Nein, sagt sie, ich habe es gerettet. Und sie richtet sich auf. Sieh dort, sagt sie, das Reagenzglas in den Pelargonien, dort auf dem Fensterbrett im Licht. Die glänzende Kugel darin. Sie ist es. Ich habe es in reinem Alkohol eingelegt. Er hat es mir schließlich überlassen, wegen des Theaters, das ich ihm androhte. Er hätte es sonst weggeschmissen. Ich bewahre es auf. Jetzt ist es wirklich meines. Wenn du es mir schenkst. Ich sage«, sagte Brandig, »behalts.« Er blickte nun auf seine ineinanderliegenden Hände, als suchte er in ihnen nach etwas: er öffnete die Hände, sah sich in die Handinnenflächen und schüttelte ganz verhalten den Kopf; ich glaube, er lächelte, wenn ich es bei der – ich sollte nun wirklich sagen: schwarzen Beleuchtung des Raums, in dem wir saßen, richtig erkannte. »Siebenmal«, sagte Brandig, der immer noch nicht am Ende war, »schlage ich sie noch. Siebenmal – bevor sie mich verläßt. Endgültig verläßt. Vorher soll sie mich ja erst noch einmal vorübergehend verlassen. Sie macht ihr Examen. Wir reisen nach Beirut, zu Freunden«, sagte Brandig. »Wir nehmen die AKDENIZ oder die KARADENIZ. Wir steigen aus in Alexandria. Auf dem Atlas suchen wir uns einen Ort aus zum Leben. Wir wollen am Meer sein. Und nicht so weit weg. Sie wird sich scheiden lassen. Wir entscheiden uns für *La Ciotat*. Das wir beide nicht kennen. Die Stadt. Wir mieten eine kleine möblierte Wohnung. Wir blicken über das Meer. Ich schreibe einen Reisebericht über Lissabon. Dann einen über Toulouse. Sie tut nichts. Es ist eine schöne Zeit. Das, was an Schrecken eindringt ins Leben, ist, da es denselben Glanz hat wie das Glück, nicht sichtbar, nicht spürbar, also nicht da. Eines Nachts komme ich vom Apéritif, den ich mit Seeleuten und Schauerleuten nehme, zurück in die Wohnung. Ihr Zimmer verschlossen. Nie war ihr Zimmer verschlossen. Ich klopfe, ich rufe, kein Laut. Ich gehe in die Küche, ins zweite Zimmer. Ich kenne jeden Gegenstand, jedes Kleidungsstück, jeden Schuh. Sie ist nicht ausgegangen. Sie kann nicht ausgegangen sein. Zwar war abgeschlossen, aber dort liegt ihr Wohnungsschlüssel auf dem Küchentisch. Ich trommle gegen die Tür ihres Zimmers. Ich brülle: Mach auf! Kein Laut. Ich brülle: Ich trete die Tür ein. Kein Laut. Ich werfe mich gegen die Tür, die kracht, und vernehme zwischen zwei Schulterstößen den Schrei. Ja, auch den zweiten Stoß führ ich noch aus, den, der die Tür aufbricht im Schloß. Und da sitzt sie zitternd auf der Kante des kleinen Sessels. Sie starrt mich an. Aber, sage ich, was ist dir?« sagte Brandig, »und sie sagt: nichts; zittert und bebt nur. Ich fasse sie bei den Armen und ziehe sie hoch, sie zittert und bebt und schreit, wie vorher durch die geschlossene Tür: Nein. Ich lasse sie los. Aber was ist? frage ich ratlos. Sie fängt an zu weinen: bitte laß mich allein. Und ich laß sie allein. Ich gehe abermals aus dem Haus und trinke. Als ich heimkomm, ist sie verschwunden. Sie hat ihren Rucksack und ihren Koffer gepackt und ist verschwunden. Kein Stück von ihr in der ganzen Wohnung, auf dem Tisch nur ein Brief. In dem Brief steht: Ich muß Dich verlassen. Heute nachmittag, als Du im Ort warst, schreibt sie, habe sie die ganze Zeit daran gedacht, daß sie mich verlassen müsse. Nicht wegen eines anderen, nein, einfach mich verlassen, weil es nicht mehr ginge. Sie habe sich geprüft, habe in der ruhigen glücklichen Zeit der Wochen, die hinter uns liegen, über alles nachgedacht, über alles, sie habe keinen Ausweg gefunden und während sie nachgedacht habe und sich immer mehr Klarheit über uns verschafft habe und zu dem Ergebnis gekommen sei, daß sie mich verlassen müsse, habe sie einen Zorn auf mich bekommen, eine große Wut, so etwas wie Haß, ganz so, als sei ich derjenige, der sie verließe, und je mehr es ihr klar geworden sei, daß sie mich verlassen müsse, desto größer sei der Haß gegen mich geworden, bis sie, als sie mich auf der Stiege gehört habe, in Panik in ihr Zimmer gelaufen sei, um sich einzuschließen, weil sie gefürchtet habe, daß ich sie schlagen würde. So wie sie mich kenne, sei es ausgeschlossen gewesen, daß ich sie nicht hätte schlagen müssen. Denn sie sei überzeugt gewesen, daß ich ihren Haß, der ja gerade daher gekommen sei, daß sie sich von mir verlassen fühlte, und der sie zwinge, mich zu verlassen, sofort in ihrem Gesicht erkannt hätte. Und also hätte zuschlagen müssen. Denn zu diesem Haß habe sie ja, wie sie sehr wohl wisse, keinerlei Recht. Da ich sie ja gar nicht verlassen wolle. Der Haß aber sei dagewesen, und selbst wenn sie mir nicht gesagt hätte, daß sie mich verlassen müsse, weil sie sich von mir verlassen fühlte, hätte ich mit Sicherheit zugeschlagen. Sie habe mein Gesicht schon vor sich gesehen. Davor habe sie eine furchtbare Angst gehabt. Denn sie sei außerdem sicher: hätte ich das Ausmaß ihres Zorns und ihrer Wut und schließlich ihres ganzen Hasses gegen mich in ihren Augen erkannt, hätte ich sie totschlagen müssen. Da es ja nun glücklicherweise nicht zu einem solchen Ende gekommen sei, aber auch, um das Schicksal nicht noch einmal herauszufordern, habe sie die Konsequenzen gezogen. Sie sei abgereist. Bevor es zu spät sei. Sie bitte mich nur um eines: sie nicht zu verfolgen. Nicht nachzuforschen, wo sie sich aufhielte. Ganz abgesehen davon: es sei ohnehin zwecklos. Ich würde sie nicht finden. Betrachte, schreibt sie«, sagte Brandig, »unsere Geschichte als beendet. Es war eine schöne und eine schmerzliche Zeit. Sie liebe mich, schreibt sie. Und wiederholt noch einmal in einem Postskriptum: Wenn Du auch nur ein wenig Selbstachtung hast und auch *Du* mich liebst – *Du* unterstrichen! –, dann unternimmst Du tatsächlich nichts, um herauszufinden, wo ich mich aufhalte. Ich werde es Dir immer zu danken wissen.« Brandig machte eine Pause. »Die Verzweifelte«, sagte er. »Nicht zu reden von mir«, fügte er kaum vernehmlich hinzu. »Ich reise an den Ort unserer Begegnung zurück ... wie nannten wir ihn noch?« fragte er und antwortete, als könnte ich ihm zuvorkommen, auch schon selbst: »an unseren unglückseligen Ort. Dort verhalte ich drei oder vier Wochen – und halte es am Ende nicht mehr aus. Die Anschrift der Mutter habe ich, ich weiß nicht woher, auswendig im Kopf. Ich schreibe einen Brief, den ich die Mutter bitte weiterzuleiten. In dem Brief schreibe ich, daß es nicht angehe, daß zwei, die sich lieben, nicht miteinander bleiben könnten. Es nicht zumindest miteinander versuchen sollten. Versuchen müßten. Trotz allem. Ich schreibe, sie hätte sich ansonsten die Bemerkung ersparen können, daß sie mich liebe. Ich schreibe, es sei mir scheißegal, ob ich noch Selbstachtung hätte. Und: meine Liebe könne mir nicht per Entscheid dessen, den ich liebe, abgesprochen werden. Ich befände mich an dem Ort, an dem – ich zitiere –« sagte Brandig, *»ich mich ihr vor zwei Jahren in den Weg gestellt habe.«* Brandig nahm wieder mal einen Schluck aus seinem riesigen Cognacschwenker mit dem Calvados. »Nach vierzehn Tagen ist sie da. Sie eilt mir auf der Hafenpromenade entgegen. Mir stockt das Herz«, sagte Brandig. »sie ist es, sie ist es tatsächlich. Sie verharrt vor mir. Kein Lächeln, nichts. Wir schließen uns in die Arme. Oben in dem Pensionszimmer, das ich dieses Mal gemietet habe«, sagte er, »sagt sie, dies nun sei der dritte Fehler, den ich gemacht hätte. Den sie mir nie verzeihen werde. Erstens, zähle ich auf, daß ich mich dir in den Weg gestellt habe, zweitens, daß du keine Lust mehr auf andere Männer hast, zumal nicht auf Neger – o, sagt sie, das hat sich inzwischen geändert – und drittens, ja, drittens, setzt sie selbst fort: daß sie kapituliert habe. Sie betrachte ihre Rückkehr zu mir als Kapitulation. Mein Fehler«, sagte Brandig. »Sie betrachte fortan ihre ganze Existenz als eine einzige sie entwürdigende Kapitulation vor mir, vor der Liebe, vor den Gefühlen, sagt sie. Ihr ekele vor sich selbst. Das werde sie mir niemals im Leben verzeihen. Es sei das Schlimmste. Denn was bedeute es denn? Was, wenn nicht Unfreiheit, Aufeinanderangewiesensein, Abhängigkeit? Aber, sage ich«, sagte Brandig, »was heißt hier Unfreiheit, Abhängigkeit – schmeiß einen Fisch aus der Tiefe und Weite des Meeres an Land, er krepiert. Sage nicht, er sei unfrei, weil er abhängig ist vom Wasser. Ein romantisches Beispiel, sagt sie, ein albernes. Wir sind keine Fische.« Brandig nahm abermals einen Schluck und sagte, glaube ich, noch mehrmals: keine Fische, keine Fische... wenn er nicht gar *kleine* Fische sagte, denn er drehte das große bauchige Glas in den Händen, umfaßte wie schützend die Wölbung und sprach weiter – ich verstand ihn nicht, denn zum einen sprach er zu leise und undeutlich und zum anderen, wie mir schien, in einer fremden Sprache –: sprach hinein in sein Glas wie in ein Goldfischglas, das er an die Lippen hob und schließlich, als sei alles vergebens, begleitet von einem deutlich vernehmbaren Seufzer, ganz behutsam auf dem kleinen niedrigen Tisch vor uns abstellte. Er hatte ausgetrunken und sagte: »Jetzt sollten wir aber gehn. Es ist höchste Zeit.« Er erhob sich. Etwas schwerfällig. Als seien ihm die Beine eingeschlafen. Er schüttelte eines nach dem anderen aus. Auch ich erhob mich. »Erst einmal genug der Romantik«, sagte er und sah mich an. Ich erwiderte fest seinen Blick. Bis er sich abwandte und an die Theke trat. Die Frauen und Mädchen – ach, Mädchen, ach, Frauen – begannen, wie von Brandigs über sie hinwegschweifendem Blick in feine Schwingungen gebracht, sich zu bewegen; als gelte es, einem ganzen Schwarm ungestüm auf sie eindringender junger Soldaten auf das verheißungsvollste Respekt – und Disziplin! – einzuflößen. Sie lächelten und schauten. Brandig blickte zur Tür und kaum, daß ich mich versah, hatte mir auch schon eine dieser Personen, die ich ja nicht zufällig Personen nenne, in Brandigs Rücken ein silbernes Tablettchen mit der zusammengefalteten Rechnung unter die Hand geschoben. Ich entfaltete das Papier und zuckte zusammen. Ich führe aus Gewohnheit – und selbst im Moor – stets ein kleines Bündel Banknoten der verschiedenen härteren Weltwährungen bei mir, als eiserne Reserve und Notbehelf, man kann nie wissen; meine französischen Franken aber waren mir nichts dir nichts dahingeschmolzen in dieser Nacht. Ich blätterte in der Brieftasche. Da zupfte schon jene, die sich vorher an mich geschmiegt hatte, mit spitzen Fingern nach meinen US-Dollars. Die täten es auch, raunte sie mit ihrer schönen rauchig rauhen Stimme. Ich gestehe, ich ließ mir die ganze Brieftasche entwinden und mir, während ich die gewiß arg überhöhte Rechnung studierte, den geforderten Betrag nach dem Ermessen der meine Geldscheine auf der Theke hin und her schiebenden – hier sage ich ein letztes Mal: Frauen und Mädchen abziehn. Natürlich war ihr Champagner in der Rechnung enthalten. Kaum aber waren Brandig und ich ins Freie getreten – ein strahlender heller Sommermorgen empfing uns; ich vermeinte die berauschende Frische von Erde, Laub und Kastanienblüte zu riechen; ich vernahm das Plätschern kleiner verschwiegener Wasserläufe und sah, als sich meine Augen halbwegs an die Helligkeit gewöhnt hatten, daß die die anheimelnden Geräusche erzeugenden Kaskadenaufwerfungen keine Moospolsterchen waren, sondern als Barrieren vor Hydrantenlöcher geworfene rohe Jutesacktücher, die das die Stadt reinigende Morgenwasser breit in die Rinnsteine lenkten; ich sah überdies aufrecht, forsch und geschäftig dahineilende Menschen und Fahrzeuge, die nicht stanken, nein, die vielmehr einen seltsamen würzig herben Geruch von sich gaben, durch den derjenige von Erde, Laub und Kastanienblüte, der in die Sonnenaufgangsluft verströmte, erst zu seiner wirklich berauschenden Frische kam – wer das kennt, wird mich sogleich verstehn: Lebensfreude und Wiedererwachen, in dieser Reihenfolge – kurz: kaum hatte ich mich zurechtgefunden in der Außenwelt, wohlweislich aber immer gegen den blendenden Tag die Augen zu Schlitzen verengt, dafür die Nüstern umso weiter auf, um richtig zu riechen, da sagte Brandig: »Haben sie dir gefallen?« Worauf ich in alter Geistesgegenwart, sicher auch dank der in mir noch nachwirkenden finanziellen Aufwendungen und der Frischluft, erwiderte: Das hast du mich schon einmal gefragt. So daß er, Brandig, sich, plötzlich nach einem nachgerade jugendlichen Wechselschritt in meinen Schritt zum Gleichschritt einfallend, einhakte und sagte: »Es waren allesamt Männer.« Ich hatte Mühe, ich gebe zu, nicht umgehend wieder aus der mir dergestalt aufgezwungenen Gangart hinauszustolpern. Ich atmete tief durch. Nicht allein, daß mich dieser Mensch auf das ärgste seelisch strapaziert – »Fahren wir fort mit unserem Grundlagenkurs in großer Stadt und guten Getränken!« sagte er –, er will mich auch noch körperlich treffen. Mich in die Irre führen. Mein Vertrauen in die Zuverlässigkeit meiner geschlechtlichen Neigungen erschüttern. Mich foppen. Aber da ist er an den Falschen geraten. Gewiß, einen weniger stabilen Charakter als mich hätte er leicht aus dem Gleichgewicht bringen können. Aber mich? Nein. Zumal er selbst es war, der den Gleichgewicht gewährleistenden Gleichschritt gesucht hatte. Und der, wäre ich, wie ich es einmal nennen möchte, ins Schleudern geraten, sich selbst unweigerlich auf äußerst abschüssigem Gelände befunden hätte. Wenn ich mich verständlich ausdrücke. Ich hielt ihn, Brandig, ja schon mehr als er mich. Ich stützte ihn, wie ich an der Schwere seines Arms in meiner Ellenbeuge spürte. Auch an ihm war die Nacht offenbar nicht ganz spurlos vorübergegangen. Richtig schwach wollte er mir mit einem Mal erscheinen, so daß ich, obwohl ich ja wohl allen Grund gehabt hätte, ihn ein wenig hängenzulassen, mit ihm die nächste Bar ansteuerte. Jetzt, Max Myslik, sagte ich, zahlst du. Und er ließ sich widerstandslos führen. Allerdings will ich nicht verhehlen: auch ich war auf das äußerste erschöpft. Ich konnte nicht mehr. Frauen, Männer, Mädchen, früher, heute, Brandig, Myslik, Calvados und Wasser, Wein. Ich konnte nicht mehr. Umso weniger aber konnte ich aufgeben. Jetzt, da Brandig, wie mir schien, kurz vor dem Zusammenbrechen war. Aber ich sollte mich täuschen. Er hatte mit Sicherheit eine etwas schwächere Phase zwischen jener schwarzen Nachtbar und der hellen Frühstücksbar, in die ich ihn zog. Aber am Ende war er noch lange nicht. Denn wenn der schwächeren Phase nun auch noch eine längere Phase der äußeren Desorientierung folgte, so hielt er doch ganz klar ersichtlich sein Ziel fest im Auge. Und das war Bremen. Ja, meine Vaterstadt Bremen. Zunächst aber noch ein Wort zur Frühstücksbar, die wir betraten ... und zur Desorientierung, die sich meiner bemächtigte. Ich hatte und habe auch jetzt noch den Eindruck, es handelte sich bei der Bar, die wir betraten, so wie bei allen Bars, die noch folgen sollten, um dieselbe Bar beziehungsweise dieselben Bars, die wir in der Nacht, am Vorabend, am vorangegangenen Nachmittag und Mittag aufgesucht hatten. Manche würde ich auch einfach Kneipen nennen, Restaurants, Kaschemmen, Cafés. Nur alle mit ausgewechseltem Personal. Diese oder jene Bar etc. mag äußerstenfalls eine gewesen sein, die wir noch nicht betreten hatten, aber auch eine solche machte den zwingenden Eindruck, als hätten wir sie doch schon einmal betreten. Sie gehörte dazu. Mit allen anderen zusammen. Man braucht ja nur von der einen in die andere zu fallen. Man braucht sich kaum fortzubewegen. Da kommt es auf eine bekannte oder unbekannte Bar mehr oder weniger auch schon nicht mehr an. Wozu Bars in solcher Fülle, wie mir heute scheint, wohl auch hauptsächlich da sind. Wir kamen sogar noch einmal an jenem Square vorbei, in dem wir uns am Vortag für ein Weilchen ausgeruht hatten. Wie zur Reminiszenz setzte sich Brandig mit mir auf dieselbe Bank. In der Vormittagssonne. Alles wie gehabt. Nur drückte sich natürlich diesmal kein jugendliches Paar gegen das Geländer des chinesisch anmutenden Pavillons. Und die Vormittagssonne war auch nicht die Nachmittagssonne vom Vortag. Aber wie dem auch sei: zunächst aß Brandig – in der ersten Bar – ein Omelett. Ich aß nichts. Mir war etwas flau im Magen, flau in der Art, die umkippt in Brechreiz, nimmt man auch nur den geringsten Happen zu sich. Erst als Brandig zwei oder drei Bars weiter ein weiteres Omelett zu sich nahm, bestellte ich mir einen großen Milchkaffee und ein Butterhörnchen. Brandig übrigens trank von dem Augenblick an, da wir an den Tag getreten waren, nur noch Bier. Bier vom Faß. Wenn ich mich nicht täusche, aß er auch noch ein Steak mit einem Spiegelei drauf. Zwischen den Omeletts, glaube ich. Aber da bin ich nicht so sicher. Denn später trank auch ich Bier. Sicher bin ich nur, daß er ungeachtet seiner vorübergehenden Schwäche und meiner Erschöpfung, wenn er nicht gerade aß, weiterredete. Ich gebe zu: ich habe da eine kleine Lücke. Ein kleines *black-out*. Von vor dem Bier. Oder danach. Ich weiß nicht. Halb aber auch aus Absicht. Denn man kann sich nicht alles gefallen lassen. Als Brandig aber auf Bremen zu sprechen kam, da horchte ich naturgemäß wieder auf. Da war die Phase der Desorientierung mit einem Schlag vorbei. »In Bremen«, sagte er, »versuche ich wieder Fuß zu fassen.« Sagte er. »Nicht gerade im alten Beruf«, sagte er, »aber doch so, daß eine gewisse Ordnung einkehrt, wie sie es nennt. Man müsse sich entscheiden. Ich versuche ihretwegen Fuß zu fassen. Sie hat sich von ihrem Mann scheiden lassen. Von mir aber will sie kein Geld. Zunächst wohnen wir zusammen. Sie will ihr eigenes Geld verdienen. Alle Leute, denen wir auf der Straße oder in Kneipen begegnen, fragt sie nach Arbeit. Kollegen, ehemalige Mandanten, meinen früheren Arzt. Sie könne auch putzen, sagt sie. Die Leute schauen mich an, zucken die Achseln, ja wenn das so ist, da könne man vielleicht was machen. Unterderhand. Schwarz. Ohne Steuerkarte und so weiter. Sie putzt bei einem Architekten und bei einem Lehrerehepaar. Bis ihr Elisabeth«, sagte Brandig, »in ihrer grenzenlosen Großmut und selbstverleugnerischen Güte, die mich schon immer überfordert hatten, einen Job in der Kinderpsychiatrie verschafft. Aber das hält auch nicht lange. Sie läßt sich, wie Elisabeth sagt, auf eine Weise mit einem kranken Kind ein, die vom medizinischen wie auch vom sozialtherapeutischen Gesichtspunkt her betrachtet ihren Verbleib als Aushilfsaufsichtskraft nicht mehr als sinnvoll erscheinen läßt. Klarer drückt Elisabeth sich nicht aus. Wohingegen die fristlos Entlassene mir fröhlich gesteht, sie habe mit einem autistischen Kind Liebe gemacht und – stell dir vor: es hat *fast* funktioniert. Sie besucht – wie früher – Karate- und Tai-kwando-Kurse. Kämpft um einen ich weiß nicht was für farbigen Gürtel. Ihr Heuschnupfen ist, ohne daß wir es so recht wahrnehmen, irgendwann einfach nicht mehr da; der Frühling kommt und die Pollen fliegen in ihr Gesicht, ohne daß sie ein einziges Mal niest. Als täten ihr die männlichen Keimzellen der Samenpflanzen in der norddeutschen Tiefebene nicht das mindeste an. Gegen den Norden ist ihr Organismus gefeit. Trotzdem will sie sich therapieren lassen. Gegen die Hoffnungslosigkeit, sagt sie. Sie besorgt sich ein altes Fahrrad – unsere Rennräder in Toulouse haben wir auf dem Flohmarkt verkauft – und radelt von Psychologenpraxis zu Psychologenpraxis. Von Psychiater zu Psychiater. Sie schließt auch eine Analyse nicht aus. Sonst, sagt sie, werde sie sich umbringen. Sie findet einen Platz in einer psychotherapeutischen Gruppe. Jetzt sucht sie einen Job mit Kranken- und Sozialversicherung. Sie entwickelt ungeahnte Energien«, sagte Brandig. »Das erste Mal bittet sie mich in einer Angelegenheit um Hilfe. Sie bewirbt sich als wissenschaftliche Hilfskraft an der Universität. Sie hat von einer im Aufbau befindlichen Genetischen Beratungsstelle gehört. Ich schreibe die Bewerbung«, sagte Brandig, »schreibe, sie sei bereit und in der Lage, verschiedene – auch niedere – Tätigkeiten im Bereich der experimentellen und angewandten Humangenetik zu erledigen. Sie beabsichtige gleichzeitig zu promovieren. Die mit dem Gesundheitsamt zusammenarbeitende universitäre Beratungsstelle, die in erster Linie blutsverwandte Heiratswillige und Frauen, die das kritische Alter von 38 Jahren überschritten haben, berät, um Mißbildungen bei Neugeborenen möglichst von vornherein auszuschließen, kann die neue Kraft gebrauchen. Sie befaßt sich mit den eher technischen Problemen. Sie nimmt an der Chromosomenanalyse teil. In einer Nährlösung werden von ihr Zellen aus einer Blutprobe kultiviert. Dann werden aus denen die Chromosomen, die ja die Träger der Erbeigenschaften sind, abgetrennt und unter dem Mikroskop untersucht. Es kann jedoch nur ein Teil der Erbkrankheiten auf diese Weise sichtbar gemacht werden, sagt sie. Das läßt sie zutiefst unbefriedigt, aber der Job, sagt sie, sichert ihr die eigene Therapie. Nun ist sie krankenversichert. Ein praktischer Arzt überweist sie – Suizidgefahr! – und die Krankenkasse zahlt. Die Therapie bringe was bei ihr in Bewegung, sagt sie. In der Nacht aber wacht sie immer wieder auf, was – anders als bei mir –«, sagte Brandig, »neu ist bei ihr. Einmal schrickt sie auf«, sagte er, »knipst die am Rand der Sperrmüllmatratze stehende Nachttischlampe an und starrt entgeistert ins Leere. Sie sagt: Hör auf zu reden. Ich habe wach gelegen und nachgedacht. Du hast laut geredet, sagt sie, ich habe es genau gehört, sonst wäre ich doch nicht aufgewacht. Sie sieht mich an. Ich wache nicht grundlos auf, sagt sie. Und was, frage ich«, sagte Brandig, »hab ich gesagt? Steh auf und geh, hast du gesagt, hast gesagt, ich soll verschwinden. Nichts, sage ich, habe ich gesagt, nichts dergleichen und auch nichts anderes. Ich habe wach gelegen und gehört, wie du aufgewacht bist. Du hast, sagt sie, geschlafen und willst nur nicht wahrhaben, was du alles sagst im Schlaf. Ich aber hab es gehört, sagt sie, und bin davon aufgewacht. Niemand wisse, was er wirklich redet im Schlaf und ich«, sagte Brandig, »sagt sie, wisse nicht einmal, ob ich schlafe oder nicht. Ich hielte mich, sagt sie, für einen Schlaflosen, der schweige, in Wirklichkeit sei ich einer, der sehr gut schlafe und pausenlos rede, was er sich nicht zu reden traue, wenn er wach sei. So sei es und ich brauchte gar nicht zu widersprechen. Ich hätte im Schlaf geredet und sie damit geweckt. Ich bin zu müde«, sagte Brandig, »um zu widersprechen und sie hat sich schon auf die andere Seite gelegt und schläft weiter. Auch an anderen kleinen Abweichungen lese ich ab, daß sich etwas ändert. Sie, die findet, daß ich vergleichsweise – nicht nur verglichen mit Schwarzen! – wenig rieche, wenig Geruch, Eigengeruch entwickle, wenige Ausdünstungen, Schweißsekrete und so weiter, vergißt von einem Tag zum anderen, sich die von mir abgelegte Unterhose, die sie mich immer gut und gern vierzehn Tage tragen heißt, zwischen das Kopfkissen und ihre Wange zu legen; erst wenn das Stück nicht mehr nach mir roch, wanderte es in die Wäsche. Irgendwann sucht sie sich eine eigene Wohnung«, sagte Brandig, »ein Einzimmerappartement im Altbau. Das richten wir ihr ein. Der Schrank kommt von Elisabeth. Unser erster, der nun, da Elisabeth mit einem anderen Mann lebt, für zwei nicht mehr geräumig genug ist. Das meiste vom Mobiliar tragen die Mitpatienten aus der Therapiegruppe heran. Jetzt schlafen wir abwechselnd bei ihr und bei mir«, sagte Brandig. »Bis sie eines Tages aus der Therapie kommt – zwar habe ich keinen Schlüssel, aber gelegentlich darf ich in ihrer Wohnung bleiben –, ich sitze in einem zierlichen Sessel am Erkerfenster, sie kommt auf mich zu, zerrt aus ihren Manteltaschen Stück um Stück dicke feste Strickenden, wirft sie mir zu, ich fang sie auf, sie entkleidet sich und sagt: Binde mich fest. Binde mich an den vier Beinpfosten des Betts fest, sagt sie. Schmeiß das Bettzeug runter. Sie schmeißt es selbst zu Boden und wirft sich auf das Laken. Sie liegt bäuchlings mit gespreizten Armen und Beinen auf dem Bett. Wie auf einem Rad, auf das ich sie flechten soll. Das Bett«, sagte Brandig, »die Quadratur des Kreises. Ich zögere. Nun mach schon, sagt sie. Ich beginne mit den Armen, den Handgelenken. Dann zurre ich die Fußfesseln fest. Sie zuckt. Jetzt, sagt sie – ich sehe sie nicht –: jetzt zieh deinen Gürtel aus den Schlaufen deiner Hose. Ich zögere. Sie liegt reglos. Ich hör ihren Atem. Ich ziehe den Gürtel aus den Schlaufen meiner Hose. Paß auf, sagt sie, daß du mich nicht mit der eisernen Schnalle triffst. Ich halte den Gürtel in der Hand, stehe neben dem Bett. Knie dich zwischen meine Beine, sagt sie. Ich knie mich zwischen ihre gespreizten Beine. Falte beide Enden des Gürtels zusammen, sagt sie. Bist du soweit? Ich zögere. Ich betrachte den Gürtel in meiner Hand. Mir wollen die Tränen kommen, aber ich halt mich zurück. Bist du soweit? wiederholt sie. Ich bin kaum in der Lage zu antworten, ich greife mit einer Hand in die Leere der Luft zwischen ihr und mir. Der Gürtel hängt in der anderen. Ich berühre mit den Fingerspitzen die Rundung ihres Hintern, die feste gewölbte Glätte. Rühr mich nicht an, schreit sie auf. Bitte. Und flüstert sogleich mit einer tiefen Stimme, die ich nicht von ihr kenne: Schlag zu. Und ich schlage. Sie zuckt und ich schlage. Ich schlage sie auf das Gesäß, auf den Rükken. Sie zuckt. Ich verharre. Schlag weiter, keucht sie nun. Sie ist ganz starr und zuckt nicht einmal mehr. Ich schlage. Schlage ihr Striemen auf ihren glatten festen makellosen Körper. Schlage sie wund. Kreuz und quer. Und werfe mich auf die Wunden, um sie zu küssen. Sie aber sagt: Bitte, noch nicht, noch nicht. Bitte, mach weiter. Und ich mach weiter. Werde, wie durch das Verbot sie zu küssen, immer ruhiger und sicherer mit den Hieben, bis sie aufstöhnt: Genug. Ich muß sie losbinden. Sie setzt sich im Schneidersitz vor mich hin. Sie zittert und bebt. Ihr Gesicht ist gerötet, als sei sie in dieses geschlagen worden. Sie sieht mich an. Wieder wollen mir die Tränen kommen. Da streckt sie die Hand aus, berührt mein Gesicht. Ich halte die Tränen zurück. Jetzt spreizt sie die Beine, lehnt sich zurück und stemmt die Fäuste in die Laken. Sie hebt ihren Unterleib leicht an, zieht Füße und Unterschenkel unter die Oberschenkel, senkt ihren Rücken fast bis aufs Laken: Jetzt hier. Sie legt für einen kleinen Augenblick wie schützend die Hand auf ihre Scham. Dann hebt sie die Hand hoch in die Luft, als wolle sie das Zeichen geben, und sagt: Worauf wartest du noch? Und hier nun gelingt es mir nicht mehr, meine Tränen zurückzuhalten. Wie von selbst füllen sie mein Auge. Es sind Tränen, die von keinem Schluchzen begleitet sind. Ich hätte, obwohl mir die Tränen aus den Augen die Wangen herunterlaufen, nicht gesagt, daß ich weine. Nur sehen kann ich nicht. Ich sehe nicht, was ich tu. Mit einer Hand ertaste ich ihre Scham, den struppigen Hügel, die Vulva. Mit der anderen ziehe ich den Gürtel darüber. Ja, flüstert sie, *mon amour, n'arrête pas*. Ich lasse den Gürtel auf das fallen, was ich nicht seh. *Vas-y,* sagt sie. Ich schlage. Ja ich schlage, schlage blindlings zwischen ihre Beine, schlage und schlage, bis sie aufheult vor Schmerz und meine Tränen versiegen. Ich bin ganz ruhig. Ich lasse den Gürtel fallen. Sie sagt: *Je t'aime*. Und ich ziehe mich aus. Hätte ich nicht gewußt, daß sie mir täte, was ich ihr tat, hätte ich nicht fertiggebracht, was ich tat. Sie brauche mich nicht festzubinden wie ich sie, sagt sie. Ich solle mich nur hinlegen und nicht bewegen. Ich lege mich auf den Bauch und vergrabe meinen Kopf in meinen Armen. Auch sie zögert. Du hast es nicht verdient, sagt sie. Ich zucke unter ihren Worten zusammen, als schlüge sie schon. Es ist eine heilige Handlung, sagt sie. Es ist ein Sakrament, sagt sie – sie macht eine Pause –: nicht aber eine Absolution. Und sie schlägt zu. Sie schlägt zu und ich winde mich unter ihren Schlägen; drohe ich allzu sehr meine Position auf dem Laken zu ändern und hin zur Bettkante zu fliehen, drückt sie mich mit der freien Hand wieder in die Mitte des Bettes zurück. Ich zwinge mich. Ich rühr mich nicht mehr. Das Zucken meines Körpers ist mehr in den Hieben als in mir. Sie schlägt in unregelmäßigen Abständen, so als dächte sie zwischen den einzelnen Hieben nach. Sie schlägt mir den Rücken wund, wie ich ihr den Rücken wund geschlagen habe. Sie schlägt mir das Gesäß wund und die Beine bis zu den Waden. Dann muß ich mich umdrehn. Und sie schlägt mir die Brust wund. Dort aber, wo ich sie zwischen die Beine geschlagen habe, schlägt sie mich nicht. Stattdessen schlägt sie mir den Gürtel mitten hinein ins Gesicht. So daß ich am Ende mit blutunterlaufenen Striemen und Rissen auf Stirn und Wangen in der Nacht durch die Straßen schleiche, mich gegen Morgen mit brennendem Gesicht und wie mit einem neuen flammenden Körper auf meine Matratze schlage. Nach Einbruch der Dunkelheit kehre ich zu ihr zurück, um mich vor Sonnenaufgang wieder davonzuschleichen. Es vergeht keine Nacht mehr ohne die neue Glückseligkeit und Qual. Die heilige Handlung bringt uns bis an den Rand. Diese Schläge können, das spüren wir beide, die tödlichen sein. Bis die anderen Schläge, meine«, sagte Brandig, »jene, die noch siebenmal auf sie niedergehen sollen, uns retten. Ich habe jedoch vergessen«, sagte er, »warum ich sie schlug.

Warum ich in kalter Weißglut und Jähzorn noch siebenmal über sie herfall. Ich erinnere mich lediglich an die Orte. Einmal treten wir in der Nacht aus einem Lokal und ich schlage. Wahrscheinlich hat sie zu ausführlich und begeistert mit einem anderen Mann gesprochen. Oder auch einer Frau. Ein anderes Mal geschieht es auf einem Spaziergang im Park. Was mag sie nur gesagt haben, daß ich nicht anders kann als sie zu schlagen? Ich weiß es nicht mehr. Einmal schlage ich sie im Badezimmer, sie rutscht aus und schlägt mit dem Kopf gegen den Rand der Wanne. Ein anderes Mal ... nein«, sagte Brandig, »es ist nicht von Bedeutung und Belang, siebenmal passiert es noch. Das siebte Mal befinden wir uns auf der Autobahnbrücke, der Fußgänger- und Radfahrerbrücke zwischen Universität und dem Baggersee, in dem die Studenten baden. Wir sind allein. Es ist Herbst. Nein«, sagte Brandig, »es ist Frühling. Unten fahren die Autos durch. Seltsam, die Orte merkt man sich, nicht den Grund, weswegen man zuschlägt. Ich schlage«, sagte er, »diesmal aber nur ein einziges Mal, denn es bricht etwas auf in ihrem Gesicht. Ein Glanz, ein seltsam starrer schrecklicher irgendwie jenseitiger Glanz, wie der Erleuchtungsglanz, in dem die Ohnmacht und Einsamkeit des Diesseits erlischt. Anders«, sagte Brandig, »kann ich es nicht sagen. Es ist keine Angst in ihren Augen. Keine Angst, die mich trifft, als meine Hand fällt. Sie sieht mich wie einen Fremden an und sagt: Es ist vorbei. Einfach so, sagt sie«, sagte Brandig, »es ist vorbei. Und macht kehrt. Geht davon Richtung See, Richtung Land, hinein ins Land, hinaus aus der Stadt, weg. Ich folge ihr. Ich weiß, es ist alles vorbei, aber ich folge ihr. Was kann ich tun. Ich halte sie fest. Am Arm. Sie schüttelt sich los. Ich flehe sie an. Mir zuzuhören. Ich fall ihr zu Füßen. Sie tritt mich, nein, eher schiebt sie mich beiseite. Ich stehe auf und folge ihr weiter. Wolken am Himmel. Der Duft der Erde. Ich falle ihr abermals zu Füßen. Schluchze, winsel, wimmer, klage. Falle ihr abermals ... ja, will mich um ihre Beine klammern. Da macht sie einen Bogen um mich herum. Mein Gesicht fällt in den Dreck. O hätte sie wenigstens auf mich gespuckt«, sagte er. »Aber das braucht sie nicht mehr. Es ist einfach alles zu Ende. So einfach. Einfach alles zu Ende. Ich schleppe mich auf den unerfindlichsten Umwegen nach Haus. Auf meine Matratze. Ich winde mich in den entsetzlichsten Qualen«, sagte Brandig, »aber gehen wir hier nicht mehr allzu sehr ins Detail.« Er griff nach meiner Hand, ja, erstaunlich genug, griff nach meiner Hand und sagte: »Ich habe dich schon genug strapaziert.« Wir saßen inzwischen an einem vor die Glasverkleidungen des Cafés gestellten Tisch in der Sonne, ich im Schatten, er, Brandig, mit seinem zerstörten Gesicht ungeschützt dem Licht ausgesetzt, als täte es ihm nichts. »Nur soviel«, sagte er und ließ meine Hand wieder los, »bevor wir diesen ausdauernden gemeinsamen Spaziergang rund um die Uhr beenden, du wirst erschöpft sein, nicht wahr«? – erschöpft, lieber Freund, dachte ich, ist nun wirklich geprahlt! – »soviel nur«, wiederholte er, »denn ein jedes Ende hat ein anderes Ende als sich selbst, du wirst es sehen«, sagte er, »es handelt sich um alles andere als um eine sinnig-überflüssige Floskel. Ich kehre«, sagte er, »allnächtlich zu ihrem Fenster zurück. Es ist erleuchtet. Ich sehe Schatten dahinter. Frauen, Männer, die auch ein und aus gehen durch die Tür. Sie hält es nicht einmal für nötig, die Vorhänge vorzuziehen oder die Jalousien herunterzulassen. Und ich weine«, sagte Brandig, »jetzt weine ich wirklich. Ich kann nicht mehr aufhören zu weinen. Tagsüber halte ich es nicht länger als eine halbe Stunde auf offener Straße und unter Menschen aus. Ich eile in meine vier Wände und weine. Es läuft mir aus den Augen, als bestünde mein ganzer Körper aus nichts als salzigem Wasser. Ich esse nicht mehr. Ich magere ab wie in den Wochen, nachdem ich sie kennengelernt hab. Ich schlafe nicht mehr. Nachtsüber laufe ich weinend durch die Straßen. Ich falle weinend um Baumstämme, umarme Geäst, halte mich, falle, sauge den Geruch des Körpers, den ich vermisse, aus allen Rinden, aus dem Gras, in das ich sinke im Park, der nicht weit ist von ihrer Wohnung. Und ich suche ihren Geruch in jeder Frau, die vorbeigeht. Wenn ich trinke, hört das Weinen auf. So sitze ich in den Kneipen und rücke an Frauen heran. Ich begleite sie, sie begleiten mich. Ich liege in den Armen von Frauen und zwischen den Schenkeln von Frauen und finde nicht einmal sie ... diese, die mir fremd sind und die mir vertraut werden wollen. Sie betten meinen Kopf wie einen heißen pulsierenden Stein neben sich und machen mir kalte Umschläge. Ich spreche nicht. Sie sind um mich und ich trinke. Zwischendurch geh ich aufs Klo, um zu weinen. Ich schicke sie weg. Bis ich nach drei Monaten aufhöre zu weinen. Ich gehe auf die Straße und schaue die Menschen an, ich schaue die Blätter an den Ästen der Bäume an, die säuberlich gestrichenen Fenster der Häuser, die Zäune, die Vorgärten, die Hand, die ein junger Mann auf die Schulter des jungen Mädchens legt, und den schlurfenden Schritt des Greises, der eine Tüte mit Milch in der Hand trägt. Alles ist Schmerz. Aber ich weine nicht mehr. Und ich beginne mit den Frauen, die ich begleite und die mich begleiten, zu schlafen. Sie sehen mich befremdet an«, sagte Brandig, »denn ich berühre sie, als berührte ich eine andere. So hat sie noch niemand berührt, so unstillbar und unerträglich: das können nicht sie sein, die ich berühre. Und sie selbst berühren mich mit der Scheu, die nichts als die nur allzu verständliche Rache ist für die in ihnen erwachende Gier. Sie wissen nichts mit mir anzufangen«, sagte Brandig. »Nicht einmal jene weiß es«, sagte er, »in deren Armen ich nach zwei oder drei Jahren für Augenblicke alles Elend vergeß. Sie gibt sich hin und nimmt nichts. Hat keine Hände. Rührt mich nicht an. So daß ich«, sagte Brandig, »mich abwende, mich ankleide, den Ort und die Frau, die mich zum ersten Mal hat meine Sehnsucht vergessen lassen, verlaß und mich in der Stadt betrinke. Ich trinke und gehe zum Bahnhof. Ich nehme einen beliebigen Zug. Einen Zug weg, weg. In die Nacht. Weg. Ich schwanke. Ich torkle durch den Gang des Schnellzugwagens und pralle auf einen am Fenster stehenden Mann. Ein junger Mann. Er lächelt. Die Tür zu seinem Abteil steht offen. Die Vorhänge sind vorgezogen. Das Abteil ist dunkel. Ich betrete das Abteil und lege mich, den Kopf zur geöffneten Tür, auf eine Sitzreihe. Mir dreht sich der Kopf. Wo fahre ich hin? Der junge Mann betritt das Abteil und schließt die Tür. Er zieht die Vorhänge bis vor die Tür und zieht die Vorhänge zu vor der dahinfliegenden Nacht im Fenster. Auch er legt sich hin, auf der gegenüberliegenden Sitzreihe. Er legt seinen Kopf auf den Oberarm. Der Unterarm hängt ausgestreckt in den Gang zwischen uns. Da ergreif ich die Hand. Kein Wort. Nur die Hand. Die Hand erwidert den Druck. Mir dreht sich der Kopf. Wohin fahr ich? Ich rutsche von meiner Sitzreihe, gehe zu Boden, knie vor dem dunklen Menschen vor mir. Ich greife nach ihm. Ich löse dem sich nun auf dem Rücken Ausstreckenden den Gürtel, löse den Knopf, ziehe den Reißverschluß herunter. Ich nehme das Glied des Fremden in die Hand. Es steht. Ich streichel es, ich küsse es, ich sauge es und finde mich. Das große Glied, der schöne Schwanz. Härte, Zucken, Streicheln. Zart. Zart. Zärtlichkeit. Der Fremde ergießt sich in meinen Mund. Ich sauge ihn aus, ich bedecke ihn, schließe den Reißverschluß, erhebe mich und lege mich auf meine Seite zurück. Da aber kommt er zu mir, greift nach mir. Nein, sage ich, nicht bei mir. Der junge Mensch läßt auch sofort wieder von mir ab. Und ich schlafe ein. Als ich erwache, ist es heller Tag. Der junge Mann sitzt mir gegenüber. Er hat eine etwas steife Haltung und einen rötlichen Schimmer unter dem Flaumhaar der Wangenknochen, ich erinnere mich genau«, sagte Brandig, »er hält einen Zettel in der Hand, den er mir, als ich mich aufrichte, reicht. Meine Anschrift, sagt er, er möchte mich wiedersehen. So habe ihm das noch keiner gemacht, so wie ich. Das, sage ich«, sagte Brandig, »war nicht ich, der das gemacht hat, das war jemand anders, und der – oder vielmehr die! – habe es nicht ihm gemacht, sage ich, sondern mir. Er, sage ich, sei lediglich, es täte mir leid und ich wolle mich dafür entschuldigen, für mich eingesprungen, habe mich nur ersetzt. Er werde verstehn, daß ich ihm das nicht noch ein zweites Mal zumuten wolle. Mit anderen Worten: Ich sei weder schwul, noch meine ich ihn. Im Suff nur sei ich wider Erwarten und zu meiner eigenen Bestürzung eine Frau. Der Mann aber, der ich dem äußeren Anschein nach bin, der ist gewissermaßen ein jeder. Der junge Mann«, sagte Brandig, »sieht mich, wie man sich denken kann, an wie eine grund- und bodenlose Erscheinung, allenfalls die fleischgewordene Behauptung schlechthin«, sagte Brandig, »und zieht sich völlig verwirrt aus dem gemeinsamen Abteil zurück. So daß ich allein weiterreise. Und nicht mehr zurückkehre nach Bremen«, sagte er, »mehr noch: ich kehre überhaupt nicht mehr zu meinem vergangenen Leben zurück.« Kleine Pause. Brandig verschränkte die Hände hinter seinem Kopf, der sich rötete. Dann prustete und pustete er kräftig aus. »Soweit also erst mal das. Die Tränenströme«, sagte er, »leiten wir nunmehr nur noch nach innen.« Brandig wandte sich um und machte durch die Scheiben des Cafés ein Zeichen. Die Zwei. Nein, danke, sagte ich, es ist wirklich genug. Mir bekomme das Bier nicht besonders. »Dann laß es stehn«, sagte er. »Müde?« Ich schüttelte, ich weiß nicht warum, den Kopf. So bist du also, sagte ich, untergetaucht. Brandig sah mich an. »Wie bitte?« Ich meine, sagte ich, von da an hast du dich ganz deinen Aktivitäten gewidmet. »Aktivitäten?« Nun, ich meinte sozusagen die politische Seite seiner Existenz, sagte ich. »Politische Seite meiner Existenz?« Na, ich meine, sagte ich, von wegen: wofür er bekannt sei. Sozusagen. Weshalb er mal gesucht worden sei. Brandig schaute mich unverwandt an. Und lächelte. »Na«, sagte er, »weiter, nur weiter.« Nun, sagte ich, immerhin habe er doch wohl ziemlich mitgemischt, ich meine ... die Zuständigen lassen ja nicht so ganz von ungefähr fahnden ... er wisse schon ... Ich hatte wirklich Mühe, das Wort in den Mund zu nehmen. Denn daß er nicht nur ein Sympathisant geblieben war, das lag doch klar auf der Hand. So einer wie er. Was hatte er denn noch zu verlieren gehabt, nicht wahr? Er aber legte seine Hand auf meinen Arm und blickte an mir vorbei, ja, ich sah ein Leuchten in seinem Blick an mir vorbei. Fast hätte ich mich umgedreht. »Ich versteh«, sagte er, »du bist müde. Kein Wunder. Ich habe dich in Anspruch genommen. Nur noch einen kleinen Augenblick, du wirst verzeihn.« Er stand auf. Ich dachte, er müßte wieder mal aufs Klo. Da er aber ziemlich lange nicht wiederkam, wandte ich mich schließlich um. Er stand im Innern des Cafés an der Theke, einen Arm um die Schultern eines blutjungen Mädchens gelegt. Ja, es war kein Zweifel möglich, es handelte sich um ein blutjunges Mädchen. Keine Schönheit, aber blutjung. Er muß auch sofort gespürt haben, daß ich mich umgedreht hatte. Er winkte mir zu. Aber ich blieb an meinem Platz sitzen. Ich lasse mich nicht auch noch von ihm herumkommandieren. Er sprach mit dem Mädchen. Ließ den Arm von ihren Schultern gleiten. Sprach ganz offenbar über mich zu dem Mädchen. Und kam dann zu mir herüber. Es täte ihm leid, sagte er, aber da sei was dazwischengekommen. Eigentlich habe er ja noch in aller Kürze das Ende, das wirkliche Ende vom Ende erzählen wollen, aber leider ginge das jetzt nicht. Wahrscheinlich sei mir das ja ohnehin nur recht. So wie ich aussehe, sagte er, erweckte ich den Eindruck, als könnte ich nicht mehr. »Machen wir es so«, sagte er, »du gehst zurück ins Hotel und legst dich erst mal aufs Ohr. Das Hotel ist da drüben. Du siehst, wir waren nicht weit. Sobald du dich ausgeruht und neue Kräfte geschöpft hast, erfährst du den Rest. Hast du mein Fenster von deinem Fenster aus gesehn?« fragte er. Er wartete gar nicht erst eine Antwort ab. »In meinem Fenster hängt eine gestreifte Decke. Wenn die fällt, kommst du rüber zu mir. Dann gibts den Rest. Einverstanden? Jetzt aber entschuldige«, sagte er, »du wirst verstehen, nachdem ich mich dir so ausgiebig gewidmet habe, muß ich mich nun erst einmal wieder meinen eigenen Angelegenheiten zuwenden.« Und er griff nach den Kassenbons, die unter den Biergläsern steckten. Die nahm er – immerhin – mit.

9

So weit, so gut. Oder besser: so schlecht. Soweit Brandig. Er hat mir wenigstens die Zeit gelassen, dies noch alles festzuhalten. Aufzuschreiben. Tag und Nacht habe ich geschrieben. Jetzt aber nichts wie weg. Weg von diesem schaurigen Ort. Genauer: dieser schaurigen Gegend.

Die Decke ist nicht gefallen, noch immer nicht. Mir will mehr und mehr scheinen, alles ist Bluff. Ein ausgemachter und ausgebuffter, diesem Brandig/Myslik vollauf zuzutrauender Bluff. Oder zumindest gewaltige Übertreibung, maßlose, die Grenzen der zwischenmenschlichen Mitgefühlsbereitschaft sprengende Übertreibung. Brandig läßt einem keinerlei Chance für Mitgefühl. Er will es nicht anders. Was ihm ähnlich sieht. So wenig auch er selbst dem Brandig ähnelt, den ich kannte. Aber es war wohl schon alles in diesem Menschen angelegt.

Grundlagenkurs in großer Stadt und guten Getränken! Lächerlich! Wir haben literweise von diesem *Côtes du Rhône* getrunken, wirklich nichts Besonderes. Immer vom billigsten *Calvados,* doch auch ein recht zweifelhafter Fusel, wenn man es richtig bedenkt. Apfelüberschußproduktion! Dann mal ein Wasser und einen von diesen allzu bittren landesüblichen Kaffees. Und schließlich gar noch die Biere. Sie machen mich jetzt noch schütteln. Jagen mir einen Schauer nach dem anderen über den Rücken. Ganz zu schweigen von der großen Stadt! Wo war sie denn? Was habe ich denn gesehen von ihr? Was hat sie denn geboten? Nichts. Rein gar nichts. Brandig hat mich im Kreise herumgeführt. Wir haben nicht mehr als die Grundfläche von einem Quadratkilometer abgelatscht. Wir sind auf dem Fleck getreten.

Und dann – aber lassen wir das. Ich will nicht auch noch auf diese Damen zu sprechen kommen, diese Damen, die er mir gegenüber als Herren ausgab, und die aussahen wie Mädchen und Frauen. Wer garantiert mir denn, daß sie tatsächlich Herren waren? Nichts spricht dafür – weder ihre Freundlichkeit, ihre Schönheit, ihre Eleganz, ihre Üppigkeit, noch die Art und Weise, wie sie sich mir gegenüber verhielten. Ich meine: abgesehen von dieser einen, die sich an mich schmiegte, ging ja keine – oder, wenn man so will: eben doch *keiner* wirklich an mich ran. Haben sich sicher abgestoßen gefühlt von meinen verschorften Händen. Oder mir nichts zugetraut. Nein, ich traue dem Ganzen nicht. Brandig blufft. Er will mich, wie früher schon, wie immer schon, beschämen. Nichts als das. Aber das ist ihm diesmal nicht gelungen. Ich lasse mich nicht beschämen von ihm. Nicht mehr. Ich reise ab. Endgültig. Dafür lege ich meine Hand ins Feuer. Er kann mir gestohlen bleiben. Und wenn ich auch wegen eines immer noch nicht gemachten Geständnisses so lange ausgeharrt habe – vier oder fünf Nächte und Tage bin ich schon wieder nicht mehr zur Ruhe gekommen –, dann doch auch, weil ich währenddessen einer sinnvollen Tätigkeit nachgehen konnte. Der Niederschrift dessen, was er mir zugemutet hat. Jetzt ist es aber geleistet. Ich kann abreisen. Ich pfeife auf ein Geständnis, mir reicht's. Mir reicht's voll und ganz.

Ganz zu schweigen davon, wie er am Ende noch mit mir glaubte verfahren zu können. Dieses Ungeheuer. Nachdem er seine Ungeheuerlichkeiten, die er, ehrlich gesagt, ebensogut hätte für sich behalten können, von sich gegeben hatte, verfährt er auch noch mit mir auf diese wohl allerungeheuerlichste Art und Weise. Rüde geradezu. Schickt mich einfach weg. Wegen einer jungen Dame. Die so besonders reizvoll nun auch nicht gerade ist. Nicht mal schön. Überhaupt: bei ihm kann man ja gar nicht mehr sicher sein, ob es sich da jeweils um Damen oder Herren handelt. Er ist ein Ungeheuer. Er schickt mich weg wie ein Stück Dreck. Mein alter Freund Brandig. Das ist nun wirklich nicht die Art, die man von einem alten Freund erwarten darf.

Ich reise ab. Allerdings muß ich mir zuvor noch schnell von meiner bremischen Bank die nötigen Mittel anweisen lassen. Telephonisch. Das geht am schnellsten. Meines Wissens hat meine Bank eine Korrespondenzbank auf den *Champs Elysées*. Wie die meisten wichtigen Banken. Die Nacht war nicht billig. Brandig ließ mich – mit Fug und Recht kann ich heute sagen: *seine* Ausschweifungen allerhand kosten. Ich sollte mal überschlagen. Ich sollte ihm von der Summe, die ich ihm noch schulde ... aber halt! Habe ich nicht schon längst errechnet, daß wir quitt sind? Da brauche ich keine halben Zechen mehr abzuziehen. Na klar, genaugenommen sind wir schon seit langem quitt. Nun aber, nach dieser mir aufgezwungenen Nacht, dieser 24-Stunden-Einweisung, diesem Spaziergang rund um die Uhr, sind wir es für immer. In jeder Hinsicht. Quitt.

Ich werde mir ein Taxi nehmen und zu den *Champs Elysées* fahren. Um wenigstens noch etwas zu sehen zu bekommen von dieser

Stadt. Um Trude etwas erzählen zu können. Sie hat es ja nun wirklich verdient. Ich hoffe nur, daß sie nichts Unüberlegtes und Überstürztes unternommen hat. Ich hoffe, daß sie nicht hat fahnden lassen. Womöglich über Interpol. Ist ihr ja durchaus zuzutrauen. Ihr, mit ihrer Kraft. Aber Interpol interessiert sich mit Sicherheit nicht für mich. Denn, was mich anbelangt, so habe ich mir nichts zuschulden kommen lassen, jedenfalls nichts, was die Interessen der Öffentlichkeit, insonders die öffentliche Sicherheit berührt. Für einen wie mich bequemen sich mit Sicherheit die Organe der öffentlichen – zumal der internationalen öffentlichen – Sicherheit nicht. Aber sei's drum. Trude wird neugierig sein.

Wie ja auch ich neugierig bin. Was hat sie gemacht in der Zwischenzeit? Ist es ihr gut ergangen? Hat sie sich nach mir gesehnt. Wie ich mich nach ihr gesehnt habe? Und dann bin ich überhaupt neugierig auf zu Hause, aufs Moor, die Birken und Buschwindröschen, auf Bremen. Auf die ganze Republik, ja, die Bundesrepublik, meine Heimat.

Da will ich mir auf den *Champs Elysées* auch gleich mal ein paar Zeitungen kaufen. Ich habe ja – nur wegen dieses Menschen, der es nicht verdient hat – seit Monaten keine Zeitung mehr gelesen. Keine Außenkontakte gehabt. Trotz des Reisens. Und wenn ich es recht bedenke ... wenn ich mich recht erinnere: da muß doch was geschehen sein in der Heimat! Was waren das denn sonst für Worte von dem jungen Herrn in der für mich zuständigen Botschaft? So ein Mensch, bei seiner Verantwortung, macht doch nicht aufs Geratewohl Andeutungen und Anspielungen. Wie er sie tatsächlich gemacht hat. Das kann er sich gar nicht leisten in seiner Position. Er ist immerhin Beamter. In der Rechtsabteilung. Kein Brandig, der sich Dinge leisten kann, jeden Bluff, jede Übertreibung. Ungestraft. Jede Irreführung, um nicht zu sagen: Lüge.

Denn gleicht er nicht doch irgendwie auch dieser Guinetti? Gleich zu gleich gesellt sich gern. Sie sind sich allzu gleich, das hat auch Elisabeth, die bedenkt, was sie sagt, schon gesagt. Warum soll nicht auch er ein ausgemachter Lügner sein? Der alles nur erfunden hat. Um sich interessant zu machen. Der ganze Lügengebäude aufbaut, um es sich darin wohl sein zu lassen. Nichts ist ausgeschlossen. Nichts ist ausgeschlossen bei so einem Ungeheuer. Ich habe es selbst zu spüren bekommen. Er ist ein Ungeheuer, dieser Brandig. Ein Monster. Innerlich garantiert schon das Monster, das sie, die Guinetti, ihm einmal als uns allen drohendes Äußeres... Äußerliches beschwor. Und äußerlich, nun, ich habe Brandigs Äußeres beschrieben. Dem ist nichts hinzuzufügen. Auch äußerlich ist er nicht allzu fern. Er ist ein Ungeheuer. Und das – zumindest mir gegenüber – ohne jeden Grund.

Der junge freundliche Herr in der Rechtsabteilung der Botschaft aber wird seine Gründe gehabt haben, wenn er auf die von mir dokumentierte ominöse Weise von der Bundesrepublik Deutschland sprach. Ich werde mich zunächst einmal in den Zeitungen informieren. Und dann das Geld holen. Oder umgekehrt. Dann mein Hotel bezahlen. Und schließlich:

Brandig, *adieu*!

10

Jetzt ist es erwiesen, jetzt ist es endgültig raus, in gewisser Weise fällt mir sogar ein Stein vom Herzen, denn das war doch wirklich ein bißchen viel, was mir Brandig in diesen wenigen Tagen zugemutet hat. Für einen gesunden Menschen, für einen gesunden Verstand. Brandig nämlich ist wahnsinnig, ja, wahnsinnig. Jawohl. Er ist von Sinnen, von allen guten Geistern verlassen. Er leidet unter Verfolgungswahn. Eine regelrechte Paranoia ist das, womit wir es in diesem Fall zu tun haben. Mein Gott, was bin ich erleichtert.

Zwar bin ich ihm ja nun tatsächlich gefolgt, habe mich seinetwegen das erste Mal seit Jahren aus meinem Moor fortbewegt, um ihn zu finden. Aber es war alles andere als Niedertracht und Übelwollen, die mich hießen, ihn zu verfolgen. Ich habe ihn verfolgt, um ihm zu beichten. Um meine Schuld abzutragen. Das ist nun geschehn. Das hat sich dadurch, daß ich mich schließlich auf die – ihn – so bezeichnende Weise von ihm finden ließ, erledigt. Und die Sache mit der Strafverfolgung, der er unterworfen war wegen seiner politischen Umtriebe, wie ich mal in aller Zurückhaltung seine bis heute nicht geklärten terroristischen Aktivitäten nennen will, ist ja, da ich sie ihm auftragsgemäß zur Kenntnis gebracht habe, ebenfalls erledigt. Keine Ursache mehr nervös zu werden. Und sich mittels eines Tarnnamens eine neue Identität und ach so mysteriöse Aura zu verleihen. Aber was macht er? Er geht noch weiter. Er bildet sich noch was ganz anderes ein. Unglaublich. Und beschimpft am Ende noch mich, seinen – ich glaube, ich greife nicht zu hoch, wenn ich hier einmal sage: seinen Retter. Er beschimpft mich und nennt mich seinerseits einen Wahnsinnigen. Das ist nun wirklich der Gipfel. Ich ziehe ihn, ihm geduldig, übergeduldig lauschend, bis zur Selbstaufgabe lauschend, am Schopf aus dem Sumpf seiner Wahnideen – und er hat die Stirn, mich – mich! – den Wahnsinnigen zu nennen. So weit kommt es, so weit ist es gekommen, so weit ist es gekommen mit ihm. Und mit mir, der ich mir derlei gefallen lasse. Ich hätte, wäre ich nicht der körperlich Schwächere, ein Exempel statuiert. Hätte um ein Haar die Nerven verloren. Ich hätte ihn geschlagen. Mit Gewißheit. Das kann ein guter alter Freund nicht mit einem machen. Ich hätte, mit Gewißheit, das erste Mal in meinem Leben die Kontrolle über mich verloren, ich, der Mann des unbeirrbaren Wartens und Wägens, des Sammelns und Sonderns. Ich hätte nicht lange gefackelt, hätte zugeschlagen. Aber womöglich hätte Brandig zurückgeschlagen und dann, mein Gott, bewahre! Er hätte mich, bei seiner Körperkraft, am Ende gar noch tödlich getroffen. Einfach erschlagen. Und hätte sich eine Schuld aufgeladen, die untilgbar ist, eine Schuld, die bei weitem die übertrifft, die er – in seinem Wahn – glaubt auf sich geladen zu haben.

Ja, Brandig glaubt tatsächlich, er habe die auf dem Gewissen, von der ich so lange alle Veranlassung gehabt habe zu glauben, daß sie ihn auf dem Gewissen habe. Die Guinetti! Er bildet sich eine Schuld ein, die er nicht hat. Er versteigt sich vollends.

Dabei habe ich sie doch mit eigenen Augen gesehn. Dabei ist sie doch überhaupt erst der entscheidende Auslöser gewesen für meine Jagd hinter ihm her. Und für alles, was ich seither erdulden mußte. Damit es nun zu diesem niederschmetternden Ergebnis führt. Zu einer eingebildeten Untat. Einem Verbrechen. Brandig ist wahnsinnig. Ich werde erklären: warum. Beziehungsweise: Ich werde eben doch noch aufzeichnen müssen, wie es dazu kam, daß ich am Ende erfuhr, wie wahnsinnig er ist. Ich komme nicht drum herum.

Aber erst einmal will ich mir einen Schnaps einschenken. Ich habe mir von dem Geld, das ich mir anweisen ließ, Zeitungen geholt. Es steht – seltsamerweise – nichts Verdächtiges drin über die Bundesrepublik Deutschland. Und ich habe mir eine Flasche Champagner, *Veuve Clicquot Ponsardin,* beste Qualität, dafür bürgt schon der Preis, und einen alten Armagnac gekauft. Das kann man sich nach so einer Tour, wie ich sie erlebt habe, *tour de force,* müßte ich sagen, nachdem ich sie auch noch aufgezeichnet habe, schon leisten. Wenn man schon mal in Paris gewesen ist. Bevor man zu heimischem Bier und Korn zurückkehrt. Wenn überhaupt.

Ich werde mir also erst mal einen genehmigen. Vielleicht erst den Champagner, das nunmehr unverdeckte Fenster von Brandig im Auge, den unverstellten Wahnsinn ... und dann ein kleines Gläschen von dem Armagnac. Ich habe auch ein wenig Volksmusik – ein paar Musette-Walzer auf Kassette aus der *Rue de Lappe,* hier gleich um die Ecke, sehr volkstümlich – für Trude gekauft. Leider konnte ich sie, da mir ja an jenem fernen unglückseligen Ort mein Radio-Kassetten-Recorder abhanden kam, noch nicht anhören. Aber bald ist es ja soweit. Bald reise ich. Bald schließe ich Trude in meine Arme.

Vorerst aber einen Schluck.

II

Also das kam so.

Ich hol also das Geld, eine wirklich schöne Stadt, eine wirklich schöne Fahrt mit dem Taxi auf die sagenhafte Prachtstraße, bißchen trübes Wetter nur – und kehre zurück zum Hotel, zahle unten die Rechnung, da kann man nichts sagen: vergleichsweise preiswert – betrete mein Zimmer, beginne meinen Koffer zu packen, werfe einen Blick aus dem Fenster, als ich das Tischchen, an dem ich geschrieben habe, an seinen Platz neben dem zugemauerten Kamin zurückstellen will, einen ganz zufälligen Blick ... und was erblicke ich? Was muß ich sehen? Die Decke ist gefallen. Was soll ich da tun? Mir schlägt das Herz bis zum Halse. Soll ich die Augen schließen? Die Herausforderung ausschlagen? Nachdem er mich so lange hat warten lassen? Ich gebe zu, so wenig konsequent es erscheinen mag: ich zögere keine Sekunde. Ich stürze aus meinem Zimmer und meinem Hotel, soll man mich schimpfen, was man will, nur eines laß ich mir nicht nachsagen: daß ich ein Feigling wäre, ich eile über die Straße, beachte weder Ampel noch Schutzmann noch sonstwas, steige, nein, fliege die sechs Stockwerke hoch zu Brandig und poche mit aller Kraft gegen die Tür seines Verschlages. Darauf ein gewaltiges Bellen von einer ganzen Meute Hunde. Ich wußte gar nicht ... und dann das Öffnen der Tür. Vor mir Brandig.

Na, da bist du ja, sagte er, das ist ja prima.

Prima, sagte er.

Gut erholt von dem Suff? So kanns kommen, nicht wahr? Ist mir selbst seit Jahren nicht mehr passiert.

Er sprach sehr laut, fast brüllte er, denn die Hunde hörten nicht auf zu bellen. Er bat mich aber nicht zu sich herein. Fuhr vielmehr fort:

Ja, wenn zwei alte Freunde sich treffen. Man hat sich viel zu erzählen. Und dann vergeht die Zeit.

Ich dachte, ich höre nicht richtig. Der tat, als hätten wir mal eben so ein Plauderstündchen miteinander verbracht.

Wo sind die Hunde? fragte ich.

Brandig machte einen Schritt auf mich zu und legte seinen Arm auf meine Schulter.

Ach, die Hunde, sagte er, die gehören meinen Nachbarinnen, den alten Damen in den Zimmern nebenan.

Das Bellen wollte mir inzwischen noch wilder und ungehaltener erscheinen als zuvor. Bellen von großen und kleinen Hunden, helles und dunkles Bellen. Um mich herum.

Sie fürchten sich vor Einbrechern, Vergewaltigern, Mördern, sagte Brandig. Obwohl sie mir danken, daß ich hier unter ihnen wohne – übrigens *incognito,* nicht *ich* begleiche die laufenden Rechnungen –, obwohl sie mir also, gelegentlich auch in Form kleiner Geschenke, Gebäck oder ausgelesener Modezeitschriften, zu danken wissen dafür, daß ich sie, wie sie es nennen, beschütze, wollen sie doch auch auf die Hunde nicht verzichten. Sie sagen: ein Mann und ein paar Hunde, das ginge in Ordnung. Ein Mann aber allein? Oder ein paar Hunde allein? Nein. Aber, sagte Brandig, ich möchte dich bitten – und schob mich an sich vorbei in seinen Verschlag.

Was mich anbelangt, so komme ich, wie du weißt, ohne Hund aus.

Und die Tauben? murmelte ich, glaube ich, während er mich gewissermaßen zwischen seine Bücher schob, vor mich hin. Aber da saß ich schon auf einem Stapel. Die Fenster waren geschlossen. Ich fröstelte. Ja, ich fröstelte, ich fror. Wie ich zu Hause, bei Trude, leicht fröstel und frier. Ich legte meine Hände ineinander und harrte dem, was da auf mich zukommen sollte.

Und es kam; schneller, als ich gedacht hätte, kam's.

Gut, daß du gekommen bist, sagte er, es wäre wirklich unerträglich gewesen, wenn ich dir nicht noch den Schluß erzählt hätte. Aber leider sind wir ja unterbrochen worden. Leider, sagte er, der alte Heuchler.

So, er versank in Nachsinnen. Als spulte er einen Film in seinem Kopfe zurück. Ja, sagte er; er drückte tatsächlich mit dem Zeigefinger auf verschiedene Stellen seines Knies, ganz so, als probierte er nur einmal die verschiedenen Vor- und Rücklaufknöpfe eines Vorführgeräts aus.

Also das war so.

Ich war wieder mal – wie lange war das nach der Trennung von ihr? ich weiß es nicht mehr, sagte er, ich war wieder mal in Deutschland und in Bremen und da denke ich: ich suche sie einmal auf. Und ich finde sie auch. Sie ist eine andere geworden, sie ist nicht mehr die, die ich liebe. Die, die ich liebe, sitzt schmerzend in mir, in meinem Innern, während die, die vor mir steht und die ich nicht liebe, mich umso schmerzlicher an die, die ich liebe, erinnert, weil es sie außerhalb von mir, draußen, nicht mehr gibt. Es gibt sie, wie gesagt, nur noch in mir. Sie ist mir also erhalten geblieben. Diese. Die andere, die vor mir steht, schlägt einen gemeinsamen Ausflug vor. Es ist ein schöner, geradezu südlich heißer Tag. Ein wunderbarer, wenn auch etwas schwüler Sommertag. Ich schlage eine Radtour vor, sagte Brandig.

Eine Radtour aufs Land, au ja, sagt sie fast so begeistert wie früher. Wir fahren ins Moor.

Und da fahren wir also dahin zwischen den die schmalen Chausseen und Landwirtschaftswege säumenden Bäumen.

Ja, Pappeln und Birken, nickte ich.

Wir fahren dahin, sagte Brandig, und was glaubst du, worauf wir am Rande des Moors stoßen, an einer Art Kreuzweg oder Biegung? Nun, sagte er, auf ein Straßenschild. Ich denke, sagte Brandig: das ist doch nicht möglich. Hier rechts herunter muß doch mein alter Kompagnon und Gefährte wohnen, meine ganze Treue und mein Zinsgewinn, meine Bank, die mir meine Rücklagen abzahlt in sporadischen Raten und sie mir bar in Wertbriefen nachschickt, wo immer auch hin in die Welt. Da machen wir eine Pause, sage ich. Den wollen wir überraschen. Den wollte ich dir, sage ich, sagte Brandig, schon immer mal vorstellen. So wie Trude, seine Frau.

Ich finde deinen Namen an der Tür, sagte Brandig.

Seltsam übrigens, mir wurden, während Brandig in ganz ruhigem

Tonfall mit seiner wärmsten und angenehmsten Stimme berichtete, die Innenflächen meiner Hände ganz feucht.

Aber du bist nicht zu Hause, sagte er. Niemand ist zu Hause. Wir gehen ums Haus herum, klopfen an alle Fenster und Türen. Niemand. Wir stellen die Räder ans Haus. Und denken: die können nicht weit sein. Die kommen schon irgendwann wieder. Laß uns, sage ich zu ihr, die sich bei mir einhakt wie früher nie, einen Spaziergang machen. Einen kleinen Spaziergang ins Moor. Und so gehen wir ins Moor, geraten immer weiter hinein in die Einsamkeit, die Stille zwischen die unter brütender Sonne glänzenden Tümpel und Weiher. Wir nehmen uns wie früher an der Hand. Wir staksen zwischen Binsen und Brüchen hindurch und sinken ein. Bis wir am Rande eines Wasserlaufs oder Teiches, ich weiß es nicht mehr so genau, sagte Brandig, halten. Sie hält, sagte er. Sie will sich einen Augenblick ausruhn. Wir lassen uns nieder. Und da, sagte Brandig ... Ich weiß nicht mehr: trug sie ein Kleid? Oder Jeans? Die sie erst ausziehen mußte. Sie wollte es. Sie wollte es noch einmal spüren, sagte er. Sagt sie, sagte er. Und da nun, sagte er, ich weiß nicht wie, sie vor mir, *à quatre pattes,* wie sie immer sagte, wir müssen hier nicht mehr in die Einzelheiten gehn, sagte er, nicht wahr.

Brandig schob mit der Schuhspitze vor seinem Kamin, eigentlich schon inmitten des Zimmers, zwischen den Bücherstapeln, kleine Pyramiden von Holzkohlestückchen und Asche zusammen.

Du erinnerst dich, sagte er, an die bayrische Kälberstrickaffäre, die uns seinerzeit in einem der gemeinsamen Strafrechtsseminare besonders beschäftigt hat?

Die Affäre Lettenbauer, sagte ich.

Zwanzig Jahre hat der Mann unschuldig gesessen, sagte er, bis sich wie zufällig herausstellte, daß die Frau, die unter seinen Händen weggesackt war, es kreislaufmäßig nur dieses eine Mal rektal nicht vertrug. Und daß die Kratzer am Hals nicht von einem Kälberstrick herrührten, sondern die Kratzer der Liebe und der Leidenschaft waren.

Aber, wollte ich ihn unterbrechen.

Ich weiß nicht, sagte er, ob es der Hals war. Ich weiß nur, daß ... sie kippte vornüber und ich stieß sie noch hinein in den Sumpf, in dem sie versank.

Aber, wollte ich abermals anheben.

Da hob er, Brandig, aber die Stimme, hatte mit einem Mal, so sehr er sich auch verändert hatte inzwischen, die mir so vertraute stolze und aufbrausende Art, die ich womöglich gar einmal an ihm geliebt hatte, und ich vernahm, als säßen wir in dem möblierten Zimmer, in dem er mich zu unserer Studienzeit insbesondere in strafrechtlichen Fragen unterwiesen hatte:

Es geht nicht darum, ob es Totschlag war oder Mord, ob fahrlässige Tötung oder unterlassene Hilfeleistung. Dies alles sind Kategorien eines hilflos vor den eigentlichen Erscheinungen des Lebens stehenden Ordnungssystems. Sicherlich nützliche Kategorien. Vielleicht sogar notwendige. Aber sie sind hier nicht von Belang.

Er machte eine kleine Pause. Hielt mit der Schuhspitze inne.

Ich habe sie umgebracht. Sie ist tot, sagte er, und ich lebe.

Sie ist nicht tot, stieß ich nun hervor. Paul –

Bitte nicht Paul!

Du hast sie nicht umgebracht, sagte ich.

Und da lachte Brandig auf, schrill, hoch, herzzerreißend und irr.

Du hast sie nicht umgebracht. Du kannst sie nicht umgebracht haben, schleuderte ich ihm entgegen. Denn ich habe sie noch vor wenigen Monaten mit eigenen Augen gesehn.

Brandig blickte mich irrlichternd an.

Jawohl, sagte ich, mich beherrschend, ich habe sie gesehn. Sie hat mich ja überhaupt erst auf deine Fährte gebracht, sagte ich.

Damit ich dich finde, sagte Brandig kalt.

So hör doch, sagte ich, alter Freund. Ich habe diese Frau –

Die du nie zu Gesicht bekommen hast!

– mit eigenen Augen gesehen.

Und hier nun sagte Brandig, was mir in die tiefste Tiefe meines Herzens stieß. Er sagte:

Guter alter Freund, du siehst Gespenster. Phantome. Du hättest dich in der langen Zeit, die du bereits vergeudet hast in deinem Moor, besser mal mit was Konkretem beschäftigen sollen. Anstatt wie ein Wahnsinniger irgendwelchen Erscheinungen nachzujagen. Hättest dich entscheiden sollen.

Das habe ich doch, schrie ich vor Schmerz auf.

Dann misch dich also, sagte Brandig geradezu eisig, nicht ein.

Er machte wieder eine Pause und stieß völlig unvermittelt mit der Fußspitze gegen die verschiedenen kleinen Holzkohle- und Aschepyramiden, daß sie nur so aufstäubten in dem kleinen Verschlag. Ich kriegte sogar was in die Augen. Die ich mir rieb.

Ich glaube, sagte Brandig dann, es ist nun besser, du gehst. Mehr habe ich nicht zu sagen.

Ich aber, mir die Augen reibend, ließ es mir, bevor er mich seines Zimmers, dieses schäbigen Verschlages, verwies, nicht nehmen, ihm noch etwas mit auf seinen Weg zu geben; sofern er überhaupt noch einen Weg hat.

Max Myslik, sagte ich, ich habe getan, was ich konnte, es gibt keinen Paul Brandig mehr für mich.

12

Nachdem ich, als alles von dieser Guinetti in Gang gesetzt worden war, noch glauben mochte, daß ich in Gegenden der Welt und des Herzens, die mir vorher verborgen geblieben waren, Einblick genommen hätte, muß ich jetzt sagen, daß ... aber überlassen wir das dem Leser. Soll er entscheiden, was ich jetzt alles weiß. Denn wohlan: Ich habe mich entschieden. Gegen meine ursprüngliche Absicht habe ich mich entschieden, diese meine Aufzeichnungen zu veröffentlichen. Alle drei Teile. Ich bin dazu gezwungen worden. Von ihm, Brandig. Denn kann ich auf mir sitzenlassen, was er, der Wahnsinnige, mir vorwirft? Daß ich meine Zeit vergeudet habe, daß ich Gespenstern und Phantomen nachjage, daß ich ... Das kann ich nicht. Kann ich mitnichten. Das laß ich nicht mit mir machen. Ungestraft.

Ich werde mich aber auch nicht verteidigen. Wie heißt es noch in dem ihm selbst so geläufigen Idiom: *Qui s'excuse, s'accuse.* Ich werde lediglich diese Aufzeichnungen vorlegen. Als Zeugnis und Zeit-Dokument. Und es dem Leser überlassen zu entscheiden. Möge der Leser befinden. Ich habe mein möglichstes getan. Ich sehe keine Veranlassung, meinerseits noch wortreiche Plädoyers folgen zu lassen. Ich halte mich raus. Ja, ich halte mich fürderhin vollständig raus. Aus der Diskussion. Wie immer der Leser befinden mag: ich halte mich raus. Ich habe mein möglichstes geleistet. Getan.

Jetzt ist es an ihm, dem Leser, zu entscheiden, wer hier wahnsinnig ist.

13

Nachtrag – (auch) um der Gerechtigkeit willen:

Ich will trotz allem, trotz aller Demütigungen und Beleidigungen, trotz aller fast übermenschlichen Anstrengungen und der mich sogar an Leib und Leben bedrohenden Gefahren – genaugenommen gehen ja auch die Stillen und die Kämpfer, denen ich glücklich entronnen bin, auf das Konto von Brandig: hätten sie sonst einer doch an sich nicht sonderlich auffälligen Erscheinung wie mir die Aufmerksamkeit gezollt, die sie ihr auf so unglückliche, ja, unglückselige Art und Weise zollten? – trotz des geradezu infamen Vorwurfs auch, daß ausgerechnet ich hier der Wahnsinnige sei (oder meinetwegen auch nur *wie* ein Wahnsinniger hinter irgendwelchen – aber bitte: was für *Erscheinungen* denn wohl? herjage!), wäre ja gelacht, trotz dieser sich von selbst entkräftenden, aber nichtsdestoweniger himmelschreienden Unterstellung, die einzig und allein dadurch eine gewissen Abmilderung erfährt, daß sie von einem Wahnsinnigen in die Welt gesetzt worden ist... trotz all dem will ich nicht verschweigen, daß ich ihm, diesem Individuum, meinem früheren Freund, auch etwas verdanke.

Zum ersten werde ich mich wieder intensiver um mein Moor kümmern, ja, um mein Moor. Ich habe dank Brandig so viel gesehen und erlebt, daß es für lange Zeit reicht. Wenn nicht sogar für ein ganzes Leben. (Dieses und jenes werde ich auch Trude anvertrauen; vielleicht kann ich ihr ja einen Anstoß geben – von wegen das Buch über die *Wirklichkeit der Liebe*! Da wären ja nun allerhand Fragen zu beantworten. Die ich mir auch selbst stelle. Die sich jeder stellen sollte. Zumindest für sich. Was ist denn zum Beispiel von einer Liebe und Leidenschaft, wie sie uns Brandig vor Augen geführt hat, zu halten – oder rundheraus: Was sind denn Liebe und Leidenschaft überhaupt wert, wenn sie zu einem solchen Ergebnis führen! Zu einem solch niederschmetternden Ergebnis! Und was soll ein Erschauen, das zu nichts als Aussichtslosigkeit führt? Schließlich aber: was soll denn wohl eine Wirklichkeit, bei der dem Menschen jeder Sinn für sie selbst – eben diese Wirklichkeit – verlorengeht? Alles unerledigte Fragen. Die ich Trude stellen werde.*)

* Die Aufzeichnungen selbst aber enthalte ich ihr, die ich ja zu meinem Leidwesen nicht geschont habe, besser vor; die veröffentliche ich unter Pseudonym. Überhaupt: Ich werde alle Namen ändern, um niemandem zu nahe zu treten. Im Sinne der bekann-

Zum zweiten: Da ich mich um mein Moor kümmern werde, will ich auch nicht verschweigen, womit im einzelnen. Ich werde mich um den Sonnentau kümmern. Eine wie viele andere Arten um ihr Überleben kämpfende Moorpflanze. Nur noch selten bekommt der einsame Wanderer sie auf schwellenden Moorpolstern, aber auch auf nacktem abgelagertem Torfschlamm zu Gesicht. Der Sonnentau ist eine schützenswerte Pflanze. Denn er ist nicht nur von großer Schönheit, zumal am Morgen. Da funkeln seine Schleier in den wunderschönsten Farben: smaragdgrün, rubinrot, aquamarinblau. Nur gerade eine Streichholzlänge hat der Durchmesser des Blattkranzes. Die Oberseite und die Ränder des Blättchens aber sind mit zahlreichen Wimpern besetzt und tragen an den Enden knopfförmige Verdickungen, die Drüsenköpfchen, von denen ein jedes einen funkelnden Tropfen absondert, der jedoch alles andere ist als Tau. Denn den Tropfen entströmen Duftwölkchen, die von den empfindlichen Organen der verschiedensten Insekten wahrgenommen werden. Das Glitzern des Sonnentaus im Sonnenlicht und die rötliche Färbung der Drüsenhärchen locken Fliegen, Mücken, Käfer und Schmetterlinge an. Sie setzen sich nieder. Aber, so weiß der Botaniker, das ist das Verhängnis; denn im Augenblick des Kontaktes mit der Pflanze entpuppt sich das vermeintlich nahrungspendende Wassertröpfchen als zäher todbringender Fangschleim. Die Insekten bleiben kleben, verstricken sich mit ihren Beinchen im Kampf um die Freiheit immer mehr, bis sie von Drüsenhaaren, die von außen zugreifen, unter Absonderung von Verdauungssäften erdrückt, erstickt und schließlich verschlungen werden. Ich habe es nicht selten beobachtet. Mit eigenen Augen. Der Sonnentau ist eine fleischfressende Pflanze, die dem Menschen im Moor ungemein dienlich ist. Gerade dann, wenn er, wie ich, einer ist von empfindlicher Haut. Denn was gibt es nicht an lästigen und zuweilen auch schmerzhaft stechenden Insekten im Moor! Diese werden an ihrer allzu großen Ausbreitung gehindert durch den Sonnentau, den es seinerseits zu schützen gilt, damit er seine nützliche Tätigkeit zum Wohle des Menschen ausüben kann. Ich werde mich darum kümmern. Werde dafür Sorge tragen, daß diese nützliche Gattung nicht wie so viele nützliche und schöne Gattungen vom Erdboden verschwinden. Das

ten Formel: Jede Ähnlichkeit mit lebenden und verstorbenen Personen ist rein zufällig usw. Nur ich selbst kann in aller Aufrichtigkeit der Namenlose bleiben, der ich von Anfang an war.

ist eine Aufgabe, eine wirklich alternative Aufgabe. Denn meine numismatischen Forschungen allein befriedigen mich nicht. Auch wenn ich sie in geschäftliche Gewinne umzumünzen, wortwörtlich: umzumünzen weiß. Es fehlt was. Es hat mir immer was gefehlt. Ich werde mich der Hege und der Pflege der im Aussterben begriffenen fleischfressenden Pflanzen widmen. Im Interesse der Allgemeinheit. Denn weniger Insekten, Stechmücken, Libellen, Sumpffliegen kommen auch anderen Menschen zugute.

Drittens und letztens aber verdanke ich Brandig vor allem den überraschenden Wegfall meiner Flugangst. Ja. Insofern hat es sich besonders gelohnt. Dank Brandig – oder sollte ich vielleicht doch besser schreiben: dank des Schreibens? – ist meine eingefleischte Flugangst wie weggeblasen. Einfach weg. Ich kenne sie nicht mehr. Im Gegenteil. Ich habe ein Flugticket gekauft. PARIS–FRANKFURT–BREMEN. Nun bin ich brennend gespannt. Auf das neue Erlebnis. Denn Fliegen ist, wie mir heute erscheinen will, doch mit Sicherheit aufregender als zum Beispiel Schreiben. Ich bin wirklich gespannt. Ich habe nicht einmal mehr Angst, aus Versehen abgeschossen zu werden. Wer soll mich schon aus Versehen abschießen? Und wer kann? Und falls … dann: nun – wenn schon. In gewisser Hinsicht – siehe oben – habe ich ja nun wirklich genug gelebt für ein Leben.

William Kotzwinkle

Fan Man
rororo 4592

«Mann, Kotzwinkles «Fan Man» ist das verrückteste, heiligste, liebste, geilste und witzigste Buch, das ich seit einiger Zeit gelesen hab ... Werd auch du Fan Man-Fan Mann. Heute noch!»
(Jörg Gülden in «Sounds»)

Nachtgeschichte
rororo 4897

Der vielfach preisgekrönte amerikanische Autor, versteht sich auf die Kunst, pikante Details aus dem Geschlechtsleben seiner Zeitgenossen mit erotischen Legenden aus der Antike zu verknüpfen. Obszöne Tollereien im alten Athen, perverse Exzesse im modernen New York – Kotzwinkle weiß sie süffisant zu beschreiben in einer Sprache, die keine Einzelheit unbenannt läßt, und mit einer Lässigkeit, angesichts derer die einschlägigen Texte aus den letzten zehn Jahren nachgerade verkrampft wirken.»
(«Frankfurter Allgemeine Zeitung»)

Fata Morgana
rororo 4986

«Ein Horror-Krimi von Format ...»
(«Welt am Sonntag»)

Elefant rammt Eisenbahn
rororo 5160

Die Geschichten in diesem Buch sind wie willkürlich in den Nachthimmel geschossene Leuchtkugeln; jede hat ihren eigenen Glanz, alle unterscheiden sich in Farbe, Form, Richtung und Flugbahn, meinte ein amerikanischer Kritiker, und der Autor, der auch bei uns längst eine ständig wachsende Schar von Bewunderern hat, sei clever und kapriziös, wie das Wetter an einem Tag im April.

Dr. Ratte
rororo 5685

«Die Tierversuchsgegener haben ihre Bibel»
(«Münchener Stadtzeitung»)

ro
ro
ro

C 2065/3